中文社会科学引文索引（CSSCI）来源集刊

人文论丛

2020年

第2辑（总第34卷）

陈　锋　主编

教育部人文社会科学重点研究基地
武汉大学中国传统文化研究中心　　主办

WUHAN UNIVERSITY PRESS
武汉大学出版社

KEY RESEARCH INSTITUTE IN UNIVERSITY

图书在版编目(CIP)数据

人文论丛.2020年.第2辑:总第34卷/教育部人文社会科学重点研究基地,武汉大学中国传统文化研究中心主办.—武汉:武汉大学出版社,2020.11

ISBN 978-7-307-21969-4

Ⅰ.人… Ⅱ.①教… ②武… Ⅲ.社会科学—2020—丛刊 Ⅳ.C55

中国版本图书馆 CIP 数据核字(2020)第 234737 号

责任编辑:李 程 责任校对:李孟潇 版式设计:马 佳

出版发行:**武汉大学出版社** (430072 武昌 珞珈山)
(电子邮箱:cbs22@whu.edu.cn 网址:www.wdp.com.cn)
印刷:湖北金海印务有限公司
开本:787×1092 1/16 印张:22.75 字数:551 千字 插页:2
版次:2020 年 11 月第 1 版 2020 年 11 月第 1 次印刷
ISBN 978-7-307-21969-4 定价:96.00 元

《人文论丛》2020年第2辑（总第34卷）

学术顾问（以姓氏笔画为序）

卜松山　艾　兰　冯天瑜　池田知久

朱　雷　杜维明　宗福邦　章开沅

谢和耐　裘锡圭

编委会成员（以姓氏笔画为序）

刘礼堂　李维武　陈文新　陈　伟

陈　锋　吴根友　沈壮海　余来明

张建民　杨　华　杨逢彬　罗国祥

尚永亮　郭齐勇　储昭华

主　编　陈　锋

副主编　郭齐勇　陈文新　杨　华

本卷执行主编　陈　锋

本卷执行编辑　王林伟

本 卷 编 务　王　迪　李小花

目 录

明清经济·社会·文化

文学书写研究

人 文 探 寻

中国传统的"内在超越"及其争议辨析

□ ［德］卜松山（Karl-Heinz Pohl）著　龚润枝 译　昌切 校

【摘要】黑格尔断言中国传统思想缺少超越的维度，当代汉学权威郝大维、安乐哲和于连承接了这一观点。20 世纪 80 年代，随着韦伯思想在中国的重新发现，在新儒家及西方汉学家中，出现了不少有关中国传统是否存在"内在超越"的讨论。唐君毅、牟宗三、徐复观和余英时等，或隐或显地以超越/内在这对西方概念谈论中国传统，而郝大维等则不以为然，主张"以中释中"。中国人不必妄自菲薄，非用西方的概念来阐释中国传统不可。从严格意义上讲，"内在超越"这种阐释是不成立的，因为中国人的用法与取自西方哲学和神学的超越和内在这对概念的本义相去甚远。

【关键词】中国传统；内在超越；争议；新儒家

一

许多西方汉学家认为，中国传统思想是纯粹世俗性的，缺少超越的维度。这一观点自 19 世纪的哲学权威黑格尔以来流传甚广。黑格尔在他的《宗教哲学讲演录》中这样论述儒家思想和实践中的"天"：

> "天"指的是物质的力量而不是一种精神的神性。"天"并非仅仅局限于精神和道德的意义，它是至高无上的存在。"天"指明整体混沌而抽象的普遍性，是物质和道德结合而成的不确定的整体。就此而言，统治人世的是皇帝而不是天；天没有给出人类所尊重的宗教和伦理生活的"法则"。统治自然的不是"天"，因为皇帝统治着一切，只有他与"天"联系在一起。唯有皇帝四季祭"天"，向"天"祷告，与"天"沟通。皇帝独自与"天"保持联系，因此，皇帝统治着人世间的一切。而在我们这里，统治者除了君主还有上帝，而且君主还得听命于神谕。然而在中国，皇帝主导自然，驾驭权力，这就是为什么人世间的一切会以其所是的方式呈示。
>
> 我们把上帝统治的超越性世界与世俗性世界区别开来。这就是天——也许是亡灵

的居所——之所在。与此相反，中国人的"天"完全是某种空洞的东西。①

黑格尔仅仅从社会观察的角度论述"天"——当然，并非唯有他如此——关注帝制社会的秩序、皇帝及其祭"天"的功用，完全没有考虑（无知）中国原有的文本资源。论及西方与中国的宗教差异，黑格尔有如下说法：

> 不能把中国的宗教看成我们所说的宗教，因为在我们看来，宗教意味着精神（Geist）自身思索其基本实质和存在本源的栖身之所。②
> 没有任何内在的德性与中国宗教相关，没有任何固有的理性可以赋予人以价值和尊严。一切都是外在的，与他们联系在一起的只是一种外在的权力，因为他们无权支配其本应具有的理性和德性。③

黑格尔得出的结论是："必与精神（Geist）相关的一切……都有悖"于精神。④

黑格尔似乎认为中国的道德与超越毫不相干。这里的引文清楚地表明，黑格尔的观点缺少文本依据，既没有儒家经典也没有继任者新儒家的文本依据。然而，从今天某些阐释儒学的西方学者如郝大维、安乐哲和弗朗索瓦·于连等人那里，我们仍然可以听到黑格尔权威观点的回响。郝大维和安乐哲在其有影响的著作《通过孔子而思》中说："'天'……是一个自然产生的现象世界的总称。'天'完全是内在的，所有建构它的成分都不会独立于它而存在。"⑤ 其结论是"天"是"宇宙论整体"。⑥ 于连也持相似的观点，认为"天"是"内在的总和"："相对于人世，'天'是超验的，其本身是内在性的综合化，或说绝对化。"⑦ 这些作者实际上是我们这个时代的汉学权威，他们的见解显然继承

① Georg Wilhelm Friedrich Hegel, *Lectures on the Philosophy of Religion*, Vol. II: Determinate Religion, Peter C. Hodgson (ed.), Berkeley: University of California Press, 1987, pp. 447-448.

② Georg Wilhelm Friedrich Hegel, *The Philosophy of History*, trans. by J. Sibree, M. A., Kitchener: Batoche Books, 1956, p. 131.

③ Georg Wilhelm Friedrich Hegel, *The Philosophy of History*, trans. by J. Sibree, M. A., Kitchener: Batoche Books, 1956, p. 249.

④ Georg Wilhelm Friedrich Hegel, *The Philosophy of History*, trans. by J. Sibree, M. A., Kitchener: Batoche Books, 1956, p. 138. 埃里克·戴尔把黑格尔有关中国的观点概括为："对于黑格尔来说，中国只是一个必然而越出人类史的废墟，不能使人类超越对外部权力和社会惩戒仪式规范赤裸裸的崇拜。"引文详见 Eric M. Dale 的《人道主义与专制主义：雅斯贝尔斯和黑格尔论中国历史和宗教》（Humanism and Despotism: Jaspers and Hegel on Chinese History and Religion, http://emdonline.org/dale_hegel_jaspers_china_rev.pdf, 2019.11.15）。本文引黑格尔语亦见于戴尔此文。

⑤ [美] 郝大维、[美] 安乐哲：《通过孔子而思》，何金俐译，北京大学出版社 2005 年版，第 255 页；David L. Hall and Roger T. Ames, *Thinking Through Confucius*, Albany: State University of New York Press, 1987, p. 207.

⑥ [美] 郝大维、[美] 安乐哲：《通过孔子而思》，何金俐译，北京大学出版社 2005 年版，第 256 页。

⑦ [法] 余莲：《势：中国的效力观》，卓立译，北京大学出版社 2009 年版，第 234 页；François Jullien, *La propension des choses*, Paris: Editions du Seuil, 1992, p. 238.

了黑格尔有关中国传统缺乏超越性的观点。

为了进行比较，我们先来看看中国人的"界外"观。不同于自古希腊以来的西方哲学传统（柏拉图对"理念"、亚里士多德对"不动的推动者"｛"第一推动者"｝的追索），中国思想的确无意于追索超越的问题。譬如庄子，他就对越出人界之外的事物不感兴趣："六合之外，圣人存而不论。"①《论语》所载孔子的一段有名的语录就没有谈到这个主题，这表明与庄子一样，孔子也无意于谈论"天道"的宏旨。他的弟子"子贡曰：'夫子之文章，可得而闻也；夫子之言性与天道，不可得而闻也'"②。然而儒家思想随后有了引人注目的发展。虽然孔子不谈"天道"，但其最重要的传人孟子谈到了它。《中庸》以"天道"为原始和核心的主题，这就是《中庸》经常被认作最具"形而上学"或"宗教"意味的文本的原因。出于同样的原因，宋代的新儒家（理学家）尤其关心形而上学的问题，极为推崇《孟子》和《中庸》，这两部经典是他们特别重要的思想来源。

二

现在让我们转向现代新儒学。1958 年，四位著名的儒学学者唐君毅、牟宗三、徐复观（他们皆是熊十力的学生）和张君劢，合著并发表了《为中国文化告世界人士宣言》。这篇宣言强调儒学的现代宗教意义，也含蓄地谈到内在超越："中国儒者所讲之德性……其本原乃在我们之心性，而此性同时是天理，此心亦通于天心。此心此性，天心天理。"③

该宣言发表以后，在新儒家中引起有关超越和内在以及"内在超越"的广泛讨论，尽管并非严格遵循西方哲学的方式。

自古希腊以来，超越／内在就是欧洲哲学的一对核心概念。康德在《纯粹理性批判》中特意对超越作了详尽阐述。与此同时，他引入"先验"（涉及"认识［本身］何以可能"）这个新的概念，以与古典的概念"超验"（超出人类任何认知的可能）相对。康德之后，辨别超越与内在，成为像马克思·韦伯、恩斯特·布洛赫、埃德蒙德·胡塞尔、吉尔·德勒兹、保罗·蒂希利那样的思想家在相当不同的语境中经常谈论的话题。中国传统思想中并不存在"超越"一说，现代中国人对超越（和内在）的讨论只是由与西方思想的遭遇触发，我们将看到，他们在这一概念中注入了新的意义。

特别是 20 世纪 80 年代马克思·韦伯的思想在中国的重新发现，引起人们对超越／内在的极大关注。众所周知，韦伯在《儒教与道教》一书中发现，在欧洲历史上存在一种来世（超越）与现世（内在）之间的紧张关系，按他的说法，超越（上帝）观致使欧洲人对世俗事物保持距离和批判态度。但是，在中国，只存在未拉开距离的世俗性（内在）。因此，韦伯认为，中国缺少欧洲那样的政治体制。④ 在某些现代中国文化批评家看

① *The Complete Works of Zhuangzi*, New York：Columbia University Press, 2013, p. 13.

② *Confucian Analects* (*Lun Yu*), http：//ctext.org/analects, 2019.11.15.

③ Cf. Carsun Chang (Zhang Junmai), *The Development of Neo-Confucian Thought*, Vol. II, New York：Bookman Associates, 1962, p. 466.

④ Max Weber, *The Religion of China：Confucianism and Taoism*, New York：The Macmillan Company, 1964, pp. 148-150.

来，中国道德（和政治）的腐败是由于缺乏（类似基督教的）"超越"和"原罪"的观念。他们把"超越"视为西方拥有的优势，认为西方所取得的所有实质性的进步，如善政和法制，（据说）都缘于这个概念。

西方学者加入讨论并强调纯粹的西方超越传统与中国"内在的"思维模式的区别，使得争论有了新的进展，达到了新的高度和广度。这尤其体现在于连、郝大维和安乐哲等人著作的中译本上，例如郝大维和安乐哲的《通过孔子而思》（2005、2012）和《汉哲学思维的文化探源》（1999）出版以后。因此，这一问题的争论不限于中国学术界，也波及国际汉学界，但并未越出中文世界。

对于郝大维和安乐哲而言，很清楚，中国没有超越这样一个概念："我们想辩明，中国有这样一个传统，它既是非超越的，又具有深刻的宗教性。"① 在他们看来，中国传统具有极其明显的独特性，因而不应当使用充满西方观念的术语来阐释。于连也持相似的立场：中国人应当"依据自己的术语"去理解中国。②

在儒学是否有宗教性或宗教意义的问题上，论争出现了新的分歧。论争的长处是强调了超越或内在超越等概念，不足之处是它反对超越的概念。但是，也有一个明显的例外，郝大维和安乐哲就从儒学中看出并非超越性（至少不在"严格意义"③ 上）的宗教意义。

问题在于，用取自西方哲学和神学的概念如超越和内在阐释中国的"哲学"是否有意义，其限度在哪里。自从与西方遭遇以来，中国人似乎已经丧失了使用其传统概念论述自己思想史的自信，结果是观念的杂烩和概念的滥用。中国人并没有"严格"考究西方的传统概念，同样也经常没有"严格"参照西方的概念。

一些中国学者为什么感到需要按照西方同行（如郝大维和安乐哲）规劝他们应当放弃的那种方式来讨论自己的传统？毕竟，在郝大维和安乐哲看来，中国人对那些过时的术语和概念感兴趣，是颇有些讽刺意味的。④

————————————————

① ［美］郝大维、［美］安乐哲：《汉哲学思维的文化探源》，施忠连译，江苏人民出版社 1999 年版，第 240 页；David L. Hall, and Roger T. Ames, *Thinking from the Han*, Albany：State University of New York Press, 1998, 233. 至于对他们立场的批评，参见 William Franke, *Apophatic Paths From Europe to China：Regions Without Borders* (manuscript, to be published), p. 134. "对于郝大维和安乐哲而言，中国文化只能以'自己的术语'来进行阐释，从而保证其独特性和完整性。遗憾的是，这种立场可能会变得教条。毕竟，哪种术语仅仅是'自己的'语言？它们都有自己或远或近的关涉，从来就不是纯粹的独立的。此外，这些品质不能被完全地理解，也不能被理解为它们自身，而只能通过与其他文化的联系和相互作用来理解。文化及其鲜明的特征，只能通过对比、对抗才能表现出来。为了使比较哲学可行，尊重差异的目的是值得称赞和必要的，但严格来说，这也是不可能实现的。"

② 参见 William Franke, *Apophatic Paths From Europe to China*, and Fabian Heubel, Immanente Transzendenz im Spannungsfeld von europäischer Sinologie, kritischer Theorie und zeitgenössischem Konfuzianismus, http：//www. polylog. net/fileadmin/docs/polylog/26_thema_Heubel. pdf, 2019. 11. 15.

③ ［美］郝大维、［美］安乐哲：《通过孔子而思》，何金俐译，北京大学出版社 2005 年版，第 13～14 页；David L. Hall and Roger T. Ames, *Thinking Through Confucius*, Albany：State University of New York Press, 1987, pp. 12-13.

④ ［美］郝大维、［美］安乐哲：《汉哲学思维的文化探源》，施忠连译，江苏人民出版社 1999 年版，第 229 页；David L. Hall, And Roger T. Ames, *Thinking from the Han*, Albany：State University of New York Press, 1998, p. 222.

探究这种明显的矛盾和反讽的背景，我们关注的问题是：中国学者使用超越和内在超越之类的概念究竟意味着什么？

三

在整个中国历史上似乎一直存在一种意识，即在人界"之外"有一种比人本身更为强大的深不可测的力量，这种力量被称作"天"或"道"。在儒学中，"天"被视为人的德性之源；相反，在道家思想中，据《道德经》开篇语"道可道，非常道"，"道"则被认作不可言说的"玄之又玄"的东西。①

宋明理学家转向形而上学，发展了中国的思想传统，将"天"和"道"形上的核心要素融入其思想。因此，在理学即中国人亦常称的道学中，"天"和"道"这两个范畴在某种程度上是难分彼此的。程颐说："夫天，专言之则道也。"② 我们在此的确碰到了一种并非"严格意义"上的"超越"。

下面以当代著名学者余英时为例，尤其是他于 1983 年发表的文章《从价值系统看中国文化的现代意义》，着重讨论儒家思想。③ 如余英时所说，中国人坚持六合之外存而不论的观念，而古希腊人却不一样，他们试图以理性去探索超越却收效甚微。基督教信仰填补了这一空缺，回答了生命起源和价值的问题。西方世界见证了从宗教到世俗的发展。经过启蒙哲学阶段，宗教（和超越）变得越来越微不足道。今天，宗教与科学或世俗观念之间的冲突是显而易见的。

论及中国传统的超越问题，余英时并未看出（无论儒还是释道）在超越领域与世俗领域断然两橛的事实。对他来说，超越是一种超然的力量，是人类存在的基础和归宿，因而也是人的道德的基础。他特别强调中国（儒家）思想中人的价值的超越源头："我们所强调的一点只是中国传统文化并不以为人间秩序和价值起于人间，它们仍有超人间的来源。"这个源头便是"天"和"道"。他据此认为，"内在超越"是人的天赋道德和价值系统。

现在来看一下这类问题：为什么某些中国学者（如余英时）会被"内在超越"之类的概念所吸引？支持他们论证的文本依据是什么？④

让我们从冯友兰开始。他的《中国哲学简史》描绘了宇宙与道德秩序的相互关系："人的道德原则也是宇宙形而上纯粹哲学的原则，而人性则是这些原则的一个范例。"⑤

---

① *The Texts of Taoism. The Tao Te Ching of Lao Tzu*, http：//ctext. org/dao-de-jing, 2019. 11. 15.

② 程颐：《周易程氏传》，台湾文律出版社 1987 年版，第 1 页。

③ 我受到杨煦生一篇德语论文的启示。Yang Xusheng, Immanente Transzendenz, Eine Untersuchung der Transzendenzerfahrung in der antiken chinesischen Religiosität mit Berücksichtigung des Konfuzianismus, 2004, https：//publikationen. uni-tuebingen. de/xmlui/bitstream/handle/10900/46229/pdf/yang- xusheng-diss-publish-web. pdf？sequence＝1, 2019. 11. 15.

④ 除了余英时、冯友兰和杨煦生，我还要感谢郭齐勇的研究。郭齐勇：《中国儒学之精神》，复旦大学出版社 2009 年版。

⑤ Fung Yu-lan, *A Short History of Chinese Philosophy*, New York：Collier-Macmillan, 1948, p. 10.

同样，据上面提到的《为中国文化告世界人士宣言》，儒学的主要思想是："天道"以"人道"（即人的美德和德性）显现其自身。儒学的核心观念是"天人交贯"和"天人合一"。似乎有这样的可能性：天下及于人，人上达于天。① 该宣言的作者坚持认为天人互动，所谓"配天"与"天命"。"天命"通常被译作"decree/will/mandate of Heaven"，也就是说，人的道德行为顺从天命，但有趣的是，"命运"也为人力所不可违。

作为经典文本，《郭店楚简》有这样的说法："性自命出，命自天降。"② 这是人的道德与超越源头即天关联的文本依据。

《易经》中也有早期形而上学的概念，如"形而上者谓之道"③。这种观念在某种程度上与超越观相吻合。《易经》进而表示"天之大德曰生"。这对宋代理学有很大的影响，因为它有助于改变儒家"仁"的观念，使之含纳生或生命力的意义。

《论语》载有不少关于天和人的语录，例如：

> 孔子曰：君子有三畏：畏天命，畏大人，畏圣人之言。
> 子曰：获罪于天，无所祷也。
> 子曰：天生德于予。
> 知我者，其天乎。
> 五十而知天命。④

《孟子》中也有天人关系的表述："莫之为而为者，天也；莫之致而至者，命也。"⑤ 我们知道，"性善"和"良知"是孟子的主要思想。人何以如此？孟子的回答是：人性善源于"天"，于是善便有了超越和形上的来源。天是道德世界秩序的源头也是其维护者，故而天成为孟子的一个重要参照点。我们还可以在孟子那里发现知人以知天的说法："尽其心者，知其性也。知其性，则知天矣。存其心，养其性，所以事天也。"由此可见，尽心尽性（怜悯之类）能够使我们知悉人之德性的形上源头从而尽其"天命"。孟子以多种方式谈天：

> 有事君人者……有天民者。
> 有天爵者，有人爵者。仁义忠信，乐善不倦，此天爵也……古人之修其天爵，而人爵从之。
> 乐天者保天下。⑥

---

① Fung Yu-lan, *A Short History of Chinese Philosophy*, New York：Collier-Macmillan, 1948, p. 10.
② Guodian bamboo strips ，https：//ctext.org/guodian, 2019.11.15.
③ Book of Changes, http：//ctext.org/book-of-changes/xi-ci-shang, 2019.11.15.
④ Confucian Analects (Lun Yu)，http：//ctext.org/analects, 2019.11.15.
⑤ The Mengzi, http：//ctext.org/mengzi, 2019.11.15.
⑥ The Mengzi, http：//ctext.org/mengzi, 2019.11.15.

《中庸》谈"天人"论"道"的见解与《孟子》相似,例如其重要的开篇所示:

> 天命之谓性,率性之谓道,修道之谓教。
> 道也者,不可须臾离也,可离非道也。
> 道不远人,人之为道而远人,不可以为道也。①

"诚"是《中庸》中最重要的概念之一,其主要表述是:"诚者,天之道也;诚之者,人之道也。"② 这意味着人的道德为"天"所预设。《中庸》进而阐明:

> 唯天下至诚,为能尽其性;能尽其性,则能尽人之性;能尽人之性,则能尽物之性;能尽物之性,则可以赞天地之化育;可以赞天地之化育,则可以与天地参矣。
> 唯天下至圣,为能聪明睿知,足以有临也;宽裕温柔,足以有容也;发强刚毅,足以有执也;齐庄中正,足以有敬也;文理密察,足以有别也。溥博渊泉,而时出之。溥博如天,渊泉如渊。见而民莫不敬,言而民莫不信,行而民莫不说。是以声名洋溢乎中国,施及蛮貊;舟车所至,人力所通,天之所覆,地之所载,日月所照,霜露所坠;凡有血气者,莫不尊亲,故曰配天。③

于是,我们从《中庸》和《孟子》中发现了儒学史上影响巨大的思想——宋明理学的"天人合一"说、当代新儒学的"内在超越"说——的来源。

至于理学(道学)论及的"天人",还可以引出不计其数的言论。张载的《西铭》可为其代表。他说:"乾称父,坤称母。予兹藐焉,乃浑然中处。故天地之塞,吾其体;天地之帅,吾其性。"④

程颢也说过:"仁者,以天地万物为一体。"⑤ 宋代新儒学即理学的哲学特征经常被概括为"性即理",故而显现为天人合一。另一方面,明代新儒家即理学家如王阳明,关注的重点是人心而不是人性,即视心为"天"和"道",所谓"心即道,道即天"⑥。因而明代理学的标志是"心即理"。

现借用冯友兰有关中国主要哲学传统的论述概括以上争议。他说:"在中国传统中,生活在于追求最高境界,而最高境界不离于日常人伦,它既在此世,也在彼世,我们可以说,它'极高明而道中庸'。"⑦

概括这种争议,郭齐勇声称,中国人的超越("天道")不是认识论而是伦理学和价

---

① The Doctrine of the Mean, https://ctext.org/liji/zhong-yong, 2019.11.15.
② The Doctrine of the Mean, https://ctext.org/liji/zhong-yong, 2019.11.15.
③ The Doctrine of the Mean, https://ctext.org/liji/zhong-yong, 2019.11.15.
④ 张载:《西铭》,http://old.pep.com.cn/gzyw/jsxx/tbjxzy/kbjc/ywdb/zgjdyd/201012/t20101215_987691.htm,2019 年 11 月 15 日。
⑤ 儒家经典委员会编:《儒家经典》,团结出版社 1997 年版,第 1572 页。
⑥ 王阳明:《阳明语录》,高邦仁编,中国财富出版社 2017 年版,第 3 页。
⑦ Fung Yu-lan, *The Spirit of Chinese Philosophy*, London: Kegan Paul, 1962, p.3.

值观的问题。中国传统很少谈论认识论，谈论超越也仅限于它自身作为人性或人心如何从人身上体现出来的范围。郭齐勇认为，内在超越指向人之内外（天）的互动，意即先天道德。①

也可以从审美的角度讨论中国传统中超越的问题。中国的"天""命""道"都是强有力的隐喻。不妨采用一种超出人的理解能力而无法理喻的诗意的方式谈论它们。从这个角度看，到处套用译迻过来的西方概念是徒劳无功的。威廉·弗兰克说："'道''天'之类是中国传统中的基本词汇，其所指或语义总是无法穷尽的，不能由取自经验的、有限的、人类生活的隐喻语言引出。"②

由以上简要的论述可见，存在某种与中国特有的方式接近的否定神学的否定式。这种"否定性"一般在中国"美学"中由趋向"神秘主义"或"神秘化"而得到强化。中国美学特别是"诗学"中最重要的主题是言"不可言"，确切地说是"言外"。尤其在司空图的《二十四诗品》中，就存在大量自反式否定性的表达，如"意在言外""景外之景""象外之象"③。与司空图一脉相承，18世纪的黄钺也有"妙在画外"的说法。

"神"也是中国美学中极为常见的一个概念。有代表性的是被严羽视为诗歌最高境界的"入神"说。而在严羽之前八百年，顾恺之就已经强调绘画的目的在"传神"。④

最后，我们引现代著名作家林语堂的一段话，看看他如何看待中国美学与宗教的关系。他说："在中国，诗歌承担了宗教的功能，如洗涤人类的灵魂，感受宇宙的神秘和壮丽，抚慰同伴和卑微生物的生活。"⑤ 又说："诗歌或许可以称为中国人的宗教。"⑥ 蔡元培也曾经要求现代中国应当"以美育代宗教"⑦。

四

关于中国传统中超越的问题，我们在这里并不想给出一个确定的结论，它仍然是一个悬而未决的话题。尽管有大量的证据表明，中国的超越观关涉高深莫测的"宇宙论整体"和秩序，但是可以肯定，它大多与上帝紧密关联的西方普适的观念并不一致。如郝大维和安乐哲所说，中国可能并不存在"超越"这样一个"严格意义"上的哲学概念。

① 郭齐勇：《中国儒学之精神》，复旦大学出版社2009年版，第242~252页。

② William Franke, *Apophatic Paths From Europe to China：Regions Without Borders*（manuscipt, to be published）, p. 111.

③ Maureen A. Robertson, "…To Convey What is Precious'：Ssu-k'ung T'u's Poetics and the Erh-shih-ssu Shih-p'in", in D. Buxbaum und F. W. Mote, *Transition and Permanence, Chinese History and Culture. A Festschrift in Honor of Dr. Hsiao Kung-ch'iian*, Hong Kong：Chinese University of Hong Kong Press, 1972, pp. 323-357.

④ Karl-Heinz Pohl, *Ästhetik und Literaturtheorie in China*, Munich：Sauer, 2007, 132, pp. 280-281.

⑤ Lin Yutang, *My Country and my People*, New York：John Day, 1939, p. 242.

⑥ Lin Yutang, *My Country and my People*, New York：John Day, 1939, p. 243.

⑦ 刘泳斯、蔡元培：以美育代宗教，http：//theory. people. com. cn/GB/9692357. html, 2019年11月15日。

比较而言，诚如上述，由于孔子不愿谈论"天道"，道家倾向于称"道""玄之又玄"，所以，从审美语境来看，中国传统中的超越可能更接近（自反式）否定的意义，是一个我们不能谈论的领域或问题。

那么，西方哲学中有没有接近以上概述的中国思想的内容呢？我想到的是保罗·蒂利希。他不是一个"严格意义"上的哲学家，而是一个影响非常大的（非正统）神学家。在蒂利希看来，就西方主流思想而言，超越等同于上帝，但超越并不是其他实体中的超自然实体，而是人类赖以生存的"自在存在之根基"："自我存在"。① 据此，蒂利希的主要观点是：上帝并不是悬于人"之上"（卡尔·巴斯）而是位于人"之内"，他既是人又是超人，既是超越的又是内在的。因而就有了我们无法理解的"人神邂逅"。结果，在蒂利希眼里，上帝只是象征性的。这种思想再度接近否定神学的神秘传统，也近似于中国人"天""道"的观念。

然而，我们在蒂利希那里却看不到与"内在超越"对应的那个中国概念——先天道德。哪些是可资比较的点呢？我们可能会想到斯多葛的"自然法"或托马斯·阿奎那的"神授法"。但我以为更适于拿来比较的，是康德的《道德的形而上学》，因为这部著作与当代儒家的"内在超越"观发生了联系。对于新儒家如牟宗三来说，探讨中国传统中可追溯到孟子的"先天道德"，康德的《道德的形而上学》极富魅力。所以，牟宗三说他的工作带有康德的风格，是"道德的形上学"。② 康德的《实践理性批判》结尾的一句话，在中国已经成为广为人知的箴言：

> 两样东西使我常觉得惊讶与敬畏，那就是：在我头上众星的天空，在我心中道德的法则。③（李泽厚译："位我上者，灿烂星空；道德律令，在我心中。"——译者注）

这句话让人联想到前引冯友兰将宇宙与道德融为一体的论述。孔子说君子"畏天命"，这天命意指先天道德，与我们的说法多相一致。这样的比较可能被认为是有缺陷的，因为所涉及的对象处于不同的思想背景之中。但是，当我们试图理解其他文化时，我们不得不将比较拽进我们自己的文化。比较既要强调同又要突出异——许多方面常常是既同且异的……我们制造意义的方式仅仅是阐释——事实上是隐喻的阐释。

尽管"西方"似乎在人文科学领域获得了决定话语的界说权，但是无论东方学者还是西方学者，都没有权利独自占有特定的概念或观念。就我们在这里讨论的争议而言，问题是用西方的概念或范畴如超越和内在之类来阐释中国传统是否合理。这个问题看起来与其他问题以及中国哲学的某些问题相似。例如，将中国思想称作"哲学"（缺乏"理性"

① Werner Schüssler, *Paul Tillich*, Munich：Beck, 1993, pp. 55-72.

② Jason Clower, Mou Zongsan（Mou Tsung-san）（1909-1995）, Internet Encyclopedia of Philosophy, http：//www. iep. utm. edu/zongsan/, 2019. 11. 15.

③ Immanuel Kant, *The Critique of Practical Reason*, http：//www. philosophy-index. com/kant/critique-practical-reason/conclusion. php, 2019. 11. 15.

"逻辑""因果关系"的特质……）是不是恰如其分？能不能将中国人所说的艺术"理论"称作"美学"？答案应当是：不确定是，至少在严格的意义上不是……但是，我们还可以追问：为何不是？

（作者单位：德国特里尔大学汉学系）

吴志达先生访谈录：程门问学，四代也，人格精神传承，源远流长

□　吴恭俭

时间：2019 年 10 月 15 日

地点：武汉大学东湖新村志达先生寓所

吴恭俭：1958 年咱们在天门小庙劳动，志达兄比我年长几岁，为什么总称我"恭俭哥"？

吴志达："恭俭小哥"，你心地善良，个头又显得小。

吴恭俭：那时我很想听你谈谈程千帆先生。

吴志达：那时哪能。咱们虽然住在一户社员家里，同睡在一张床上（可谓抵足而眠），但你一上床就打呼噜。

吴恭俭：上面交代过我，说你是内定右派，有什么异常，要汇报上去。但是我不在意。历史可以等待，现在可以请谈谈千帆先生和你了。

（张雷　摄）

一、初见千帆先生，四十出头，热情爽朗，严格要求，约法三章

吴志达：1956 年秋季，我和北师大的同窗郝延霖君，同时考取了程千帆先生的古代文学专业研究生（当时学习苏联称副博士研究生）。

吴恭俭：正是我们 55 级（本科）入学的第二年，提出"向科学进军"的口号。

吴志达：我们的研究方向是宋元明清文学史。在我们报到后的第二天晚上，我和延霖登程门拜见导师。

吴恭俭：珞珈山南麓半山腰 18 栋，教授住宅。

吴志达：程先生才四十出头，容光焕发，风度潇洒，热情爽朗，和蔼可亲。

吴恭俭：此情此景，已是六十三年了。

吴志达：老师听我们简要的介绍后，明确指出：第一，在对本研究方向学术领域有较全面了解的基础上，结合国家所赋予的使命——在高校独立任课或科研机构承担科研任务，拟订研究计划。

吴恭俭：（此时我有一个闪念：这意味着什么？大学研究生的培养目标首要的定为高校教师。程先生 1978 年离开武大去南京大学后培养了十几位博士、硕士，其中有六位博士留在南大，这着眼于学术的传承。他说："凡是没有留在学校里的，将学问传下去就困难了。"分散了，链条就断了。至 1981—1988 年刘道玉做校长时，武大有了一个黄金时期，他像匡亚明一样爱才，不会放程先生走的。）

吴志达：第二，学术研究，当然要出成果，但是切不可急功近利，要打基础。研究生是一个新的起点，要有新的奋斗目标。你们的研究方向虽是宋元明清文学，但也要熟悉先秦两汉的主要典籍、汉魏六朝小说、唐人传奇，又到后来的小说、戏曲影响深远，不溯源难以穷流，广博才能专精。

吴恭俭：哦。

吴志达：第三，中国有自己的文学理论批评特色，系里请刘弘老（永济先生）开《文心雕龙》，认真学，必有成效。理论批评要与文献考据相结合，既不能作空疏之论，也要避免烦琐的史料堆砌。

吴恭俭：果如此，广博与专精统一（由博返约），文献考据与理论相结合，成为程门治学之道的不二法门。

吴志达：后来我才从老师的实践中懂得这两条法则的缘起和丰富内涵，以及它的发展阶段性。比如"将批评建立在考据基础上"的"批评"一词，确实等同于《文学批评史》之"批评"，含有文学批评和文学理论的双重含义，不同于"批判"。比如还涉及文史结合，以史证诗，以诗证史；还涉及辨体中形式与内容的结合分析……

吴恭俭：恐怕不仅是以他的实践熏陶、示范，还包括实际的训练，求得学生和老师走同一条治学之路，传统也就形成了。是不？

（此后，吴志达他们隔一周汇报一次学习情况，谈心得等有关问题。先从分析某篇作品做起，然后写一个作家文集的札记，对程先生的《宋代文学史》写出最简炼《四库全书提要》式的评述。要能提出自己的不同看法，进而选择一个作家或有争论的学术问题撰写论文。

凡是交上的各类文稿，程千帆先生都仔细批阅。他有时不同意他们的选题，赞同地把自己的藏书借给他们，有的是线装善本书。）

吴志达：那天，程先生还用大牛皮纸资料袋装上大袋芝麻花生糖给我们。饶有风味地说："各有所携，满载而归。"爽朗的笑声，仿佛犹在耳际。

吴恭俭：程先生上课，三分钟就可以把学生带进艺术的境界。

吴志达：此话不虚。他的课堂语言，流畅精警而游刃有余。抑扬顿挫，触处生春。比譬形象生动而又具有雄辩的逻辑力量。

吴恭俭：真神！

吴志达：批判反面人物或丑恶现象，言语犀利而又富有幽默感。

吴恭俭：等一等，你说程先生"批判反面人物或丑恶现象"？

吴志达：当然，我说的是 1956—1957 这段时间……

1913—1928	幼年少年；
1928—1941	青年，南京上金陵大学；
1941—1945	乐山武汉大学和成都金陵大学任教；
1945—1957	珞珈山武汉大学任教；
1957—1975	十八年不由自主的生活；
1978—2000	南京大学任教。

吴恭俭：（延宕）人到中年，人生最好的时间段。

吴志达：程先生总是在上课前，把讲义铅印发给学生，这对学生来说，无疑方便多了。但对教师来说，把自己的秘密武器事前交给学生，却是一种高度自信的表现。在当时（1956—1957）的文学史著作中，还没有如此详尽丰厚的同类著作。

（至 1988 年 10 月才定稿的《两宋文学史》和 2013 年才出版的《元代文学史》，虽然前书经吴新雷、后者经吴志达协助修订，但其初稿即当年印发给学生的讲义规模。尽管论点、史料、考据、鉴析诸方面，在讲义上都已备载，而程先生的讲课都仍然具有很强的魅力，讲义之外还大有学问。）

吴恭俭：他一贯地"把自己的研究工作摆在第二位，而把培养学生放在第一位"。

二、以人格魅力感染学生，用人格教育去培育人格

吴志达：无论在武大，还是晚年在南大，凡是经程先生传授的入门弟子，在教学和科研事业上都有所成。他的人格魅力，具有极强的凝聚力。

吴恭俭：对，这是一个关键。人格两字，说来比让学生在教学与科研事业上有成就更为重要。志达兄专撰有《两代大师的风范——刘永济，程千帆两先生的学术与人格》，可见不仅着眼于学术，也把人格放在重要的位置上。

吴志达：诚如王瑶先生所称赞："程千帆很善于带学生"，在他指导下学习和工作，有如沐春风之感。

吴恭俭：千帆先生达到了一种足可享誉的境界：以人格精神去感染学生，用人格教育去培育人格。

吴志达：每当我在治学上遇到困难时，老师就用巧妙的方法开导我。

（吴志达撰写《中国文言小说史》感到战线太长时，程先生写了"锲而不舍，金石可镂"的条幅托张三夕带给他，并题写"穿石居"做他的书斋名。每当见此教诲，志达兄懈怠顿消。接着程先生交给他任《中华大典·文学典·明清文学分典》主编的重担，1200万字。其间因一些棘手问题使他困惑时，程先生用宋人方子通的一首七绝写了条幅给他："溪流乱石碍通津，一一操舟若有神。自是人间无妙手，古来何事不由人。"）

吴志达：我当然心领神会，要有善于处理复杂问题与困难的方法和毅力。

吴恭俭：也不妨说，程先生给人格的内涵做了诗意的解释："古来何事不由人"，人格的主体性也，世间妙手通神，无非是发挥其主体性（无论是认识、道德还是信仰，都是自主的）。仁兄的"当然心领神会"使人感悟：人格教育，惯于现身说法，也是一种人格互动，处处表征为师生的人格互动是也。

吴志达：（笑）程先生也写了对联鞭策我："恪勤在朝夕；俯仰愧古今。"

吴恭俭：愚弟愿与仁兄进一步探讨创新在程先生人格精神中的地位以及它的条件和环境。

吴志达：创新高对程先生不言而喻。他认为不应把马列主义理论与研究对象作为互相引证其正确性的手段。"治学，做学问，就是创新。"

（明代兴起的八股文，以往的文学史著作大多把八股文作为反面教材。20世纪80年代后期，吴志达接受教育部授予编写《明清文学史明代卷》的任务时，千帆先生就曾嘱咐他：应将八股文列专章，程氏著文学史自然把八股文列为专章，叙论允当，在众多文学史著作中首创。）

吴恭俭：他的专业是古代文学。

吴志达：但他对中外文艺理论和现当代文学创作都很关注。因此，在他当文学院中文系系主任期间（1947—1952），凡是无人肯教的课，他都自己承担。

例如应历史系主任吴于廑之邀，讲一年制每周三节课《中国文学通史》。因他取舍得当，讲课生动，效果很好。收在他的全集第十二卷的《程氏汉语中国文学通史》，就是在当年的讲义基础上修订的，具有鲜明的特色。

吴恭俭：这叫歪打正着。

吴志达：再如由丽尼（郭安仁）教文艺学，人调东北后，这课就也由他来承担。还有四年级的写作课，教写总结、报告之类没人教，也由他去教，效果都很好。

吴恭俭：可以得出一个结论来？

吴志达：创新，原来都与他丰富的知识结构、广阔的视野、接受新事物的能力密切相关。

吴恭俭：我想起来，程先生善于运用比较方法论诗，例子很多。

如有陶潜、王维、韩愈与王安石四家桃源诗的比较（《相同的题材与不同的主题、形象、风格》）。

如《张若虚〈春江花月夜〉的被理解和被误解》。

如道潜诗《临平道中》品评。

吴志达：没有广阔的视野，就难以运用比较方法，囊中羞涩嘛！

吴恭俭：诚然。第一例同中见异，且上升到不同时代诗人之间的异化和深化；第二例，同一首诗在传播中的历史比较：展现了这首诗自初唐以降，经盛唐、晚唐、明、清、民国以至当代传播的曲折复杂过程，并反映出初唐四杰这一流派升沉显晦的命运，各时期的诗学诗风和审美时尚……

吴志达：第三例也有趣。"风蒲猎猎弄轻柔，欲立蜻蜓不自由。五月临平山下路，藕花无数满汀洲。"真美，然而程先生是从诗画的同异中去论美。

莱辛指出诗与画在时间与空间上的相异。"我们古典作家的追求则在于诗与画的相同、相通、相融合、相渗透，而非两者的差异、隔绝或对立。"

千帆先生随即介绍苏轼诗画相通的理论，用来对道潜此诗的分析，指明其状物之妙："可见它又以诗人所表现在时间中永恒的动替代画家所表现在空间中刹那的静，因而使两种艺术在这首诗中合二而一。"

吴恭俭：程千帆先生与学生合作的《被开拓的诗世界》中的比较达到极致。

"被开拓的诗世界"取义于宋代王禹偁的"子美集开诗世界"之句，其着力点当然在于探讨杜甫在诗史中的地位和作用，用比较方法来发力：与前人比（杜甫之所前承与开拓），与后人比（巨大影响），与同时人比（特异之处）。既比较杜甫与屈原、贾谊的忧患与责任感，又比较杜甫的七律诗与李商隐、韩偓七律诗中的政治内涵，且比较杜甫与韩愈、欧阳修、苏轼及其他数家的禁本物诗，还比较杜甫与高适、岑参等登慈恩寺塔诗……你会得到多少教益？

吴志达：然而比较虽然是一个通用的方法但并不容易，你说呢？

吴恭俭：它正是得益于丰富的知识和开阔的视野，不如把它叫通识。

吴志达：千帆先生是非常强调以通识去治学的。他认为研究古代文学应注意各种文体关系。

吴恭俭：辨体，不宜局限于某一种样式。

吴志达：推而广之，他还主张文史哲相通，文学与艺术相通，古代与现代相通，东方与西方相通……

吴恭俭：由通识至通融，达通融化境。"治学撰文，不作空泛之论，能从某一不为人所注意的侧面切入，以微见著，既微观又宏观，通融无碍。如此能进而达于化境的，当以王国维、陈寅恪先生为显例。周勋初先生亦近此境，很不容易。"

吴志达：是这样。

吴恭俭：于是独具匠心，才谈得上创新。创新达创造，发现达发明。

吴志达：千帆先生的每部著作都有其鲜明的特色，具有学术个性。

文学史，无论是通史，还是断代史，在有几家著作同时问世的情况下，难免会有所雷同，而他能在略有所同的情况下突出其所异。

《程氏汉语中国文学通史》《两宋文学史》《元代文学史》等著作中，就足以见出其学术共性与个性。在武大乐山时期，他为教学而写的《文论十笺》《史通笺记》《校雠广义》等专著，别人似无同类著作，其学术个性似更突出。

吴恭俭：这种学术个性与创造力有天然的机缘。按现代人格整合理论：只有个体才能释义，也就是个体才能创造。自由社会所特有的不羁的心灵和无尽的想象力，尤其是创新的强烈冲动……都系着个体不然？

吴志达："现代人格整合理论"？

吴恭俭：不瞒你说，二十年来，在湘潭大学退休以后，我都在研究这个理论，撰写有《现代人格整合论纲》。

吴志达：送我一本，带来了吗？

吴恭俭：未刊稿。"现代人格是一个具有主体性（自由意志）的个体"，我如是定义。我钟情于个体。

吴志达：当个体遭受外界的厄运时，人格个体依然是人格个体！程先生不失为一位典型的例证。

1957年程先生因参与"大鸣大放"而获罪，冠以"右派元帅"称号，先后下放八里湖、沙洋农场劳动，其间有一段时间正是1961年大饥荒之时，放宽政策，让"右派"回校做教辅工作，他回到中文系资料室，在业余时间做起个性化的研究来，收入先生《全集》第八卷的《唐代进士行卷与文学》和《古诗考察》中的若干具有代表性的考据文章，就是在这期间写的。一个得一支点就能创造奇迹的个体。

吴恭俭：我们欣喜地看到程先生那里，创新、通识通融与发扬学术个性三位一体。人格精神如此奇妙，实不简单。

吴志达：为什么把创新作为一种人格精神，而不是一种学术精神？

吴恭俭：创新并不源于学术，也不限于学术。这就是前述"只有个体才能创造"的含义，以及创新要接受主体性的道德等的制约，受良知制约才有价值。对不起，是不是我说得太多了？我不是一个提问者，我在求证。在程先生那里，在你这里求证。

吴志达：恭俭倡导现代人格整合理论，会让我受益匪浅。

给程先生来做人格评估很有必要，对重要的历史人物，没有人格评估是难以准确下笔的。

吴恭俭：有可能，应该对千帆先生的人格结构心理进行研究分析，静态的或是动态的。后者当然更难，尤其是不局限在学术环境而是放置在整个社会冲突环境中去考察，看它是怎样地处在种种复杂的矛盾之中？仁兄是否已经这样做了？

吴志达：恭俭哥，难呀！

吴恭俭：人格评估，显示社会文明的进程。人格必兼有三种禀赋：有生命，有理性，能够负责任。生命个体的动物性加上理性发展成为社会个体，再加上能负责任达人格个体。程先生是在一定程度上达到了，并以之培育学生，希望学生也一个个养成现代人格。

吴志达：好啊！

吴恭俭：咱们要做一次长谈。六十一年前未能，不仅因为当时的政治环境，而且因为我太年轻，太懵懂。能谈什么？听不懂什么。

吴志达：今晚彻夜长谈？先去湘潭，广州，再去新州？

吴恭俭：是。咱们什么时候再有这样的长谈？"东不见启明，西不见长庚。"

吴志达："人生不相见，动如参与商。"

三、十八年来家国，享不公正待遇；待家人与事业执着忠诚，穷而弥坚

从1952年秋到1956年9月，沈祖棻先生应邀先后在苏州江苏师范学院和南京师大任教。沈先生因健康状况不太好，总是程先生去苏州或南京相聚。但他工作很忙，有一次为

了按约定日期赶到南京（当时一般只能坐船，需要花将近两天的时间），他就急忙乘飞机如期赴约，成为佳话。

1956年10月，沈先生调武汉大学中文系任教。

为了庆贺他们全家团聚，全系教师和研究生在行政大楼第一会议室举行联欢会。

系领导和老师们作了热情洋溢的讲话，在一片掌声中，程先生神采飞扬，满腔激情地吟唱沈先生作的词《浪淘沙》四首中的第一首，以表达沈先生抗战时期忧国之情，而与眼前的幸福欢快对照。

亦吟唱疑为沈先生作的《临江仙》：

> 如此江山如此世，十年意比冰寒。蛾眉容易镜中残。相思灰篆字，微命托词笺。
> 独抱清商弹古调，琴心会得应难。几时相会在人间？平生刚制旧，一夕洒君前。

离别、相思、冰寒、残镜，一切似乎都过去了，换了新天地。

然而，现实飞速进展，厄运降临了。

在政治道德化与现代人格整合的冲突中，程千帆成为悲剧人物，虽然他本人并未意识到或不想承认。

吴志达：千帆老师的心，是灼热赤诚的，像炉火似的热，又像秋水似的清。他的心总是那么坦荡透明，年逾不惑且心无城府。对家人温馨忠诚，对学生友人重信谊，笃真情，对事业执着追求，对国家和人民，具有高度的责任感和使命感。

吴恭俭：这当然是对程先生的人格作整体评价，可是那——

吴志达：先生秉性旷达爽朗，对于"以非罪获严谴，厕身刍牧者垂二十年"的不公正待遇，并不十分介意。

吴恭俭："对于以非罪获严谴——并不十分在意"，这会使后人非常吃惊，而以"先生秉性旷达爽朗"为由来解释又使人难以理喻。

（沉默了好一阵）

吴恭俭：他说："我一生中最大的挫折就是遇到反右的政治运动。"

吴志达：不假。《桑榆忆往》中（第44页）还有这一段话：

"这个账算不得，所以，'此情可待成追忆，只是当时已惘然'。我常常有这样的感觉。但是有一点，我也累次同你们讲过，我没有什么太多的愤怒、不平，我在想这个损失不是属于我个人的，是整个中华民族的。这个命运也是整个民族要负担的，刘少奇扛一大块，我扛一小块。"

吴恭俭：我当然注意到了。顾大局，识大体，以德报怨——这段话似乎不只是这方面的含义，有一个声音在说：值得深思……

吴志达：正是家庭生活中高雅温馨之爱的力量和传统文化的精神支撑使程先生在遭遇"扩大化"运动的沉重打击，以及"史无前例"的浩劫中能够坚强地度越困陋不堪之境。

吴恭俭：哦……（"传统文化的精神支撑"所指？联系传承？）

吴志达：千帆师被贬谪到农场从事惩罚性的劳动，在他们的来往书信或所作的诗词中，抑或偶获"恩准"得以回到学校最荒僻的穷巷陋室少聚，都洋溢着人间苦涩而又深挚的至情。他们是患难夫妻，又是文章知己。

吴恭俭：唯沈先生的不幸车祸惨死，心灵受到重创，既悲且愤。

沈先生在诗里说，"历尽新婚垂老别，未成白首碧山期"。本来是想两人可以平平安安地过日子，没有多久她就出了事。

吴志达：那是在 1977 年 6 月间，我闻此噩耗，顾不得会不会挨批判，前往程家吊唁。

先生的爱女丽则在门外洗衣服，双眼红肿，哽咽着说："爸爸在屋里。"

我走进屋里，只见千帆师凄凉地坐在桌旁，左手缠着绷带悬挂在脖子上。目视此情此景，黯然神伤。

我们紧握着手，好一阵子说不出话来，唯泪眼相对，心灵共鸣，同病相怜。"我们师生两代人的命运何其相似，苍天为什么这样冷酷！"

吴恭俭：你终于喊出来了！

巧合产生喜剧，悲剧却是某种必然：师生两代人的命运何其相似，让人追思。

吴志达：（情不自禁）我的心灵亦有无法愈合的创伤，就是患难发妻黄馥梅的惨死。

她是安徽医科大学毕业的医生，受我的连累，结婚 15 年，已经有两个孩子了，却没有能调到一起。

1973 年 10 月合影于珞珈山

吴恭俭：受你的牵连，不就是因为在"大鸣大放"中，你反映一些当时存在的实际问题，因此而获罪，说你是"右派元帅"的忠实门徒。

1968 年夏天，我路过芜湖时，你嘱我去看她，她那时还在芜湖市医院工作。好像是住在简陋的单间楼上。嫂夫人贤惠、热情，好人哪！

吴志达：1970 年强制将她下放到繁昌县一个公社卫生院当赤脚医生。在那里苦干了几年。1974 年黄馥梅正是在回芜湖咨询调动情况的途中遇难的。

怀中抱着三岁的老二，在车门刹那间突然撞开时，她为了护卫儿子，自己头部着地……

这是在悲剧时代出现的悲剧！

吴恭俭：两个孩子不幸失去了母亲，确是"悲剧时代出现的悲剧"……

现在他们怎样？

吴志达：两个都在大洋彼岸，情况还不错。我去过几次，他们每年都带着孩子回国来看我……

　　吴恭俭：程先生在整理沈先生的《唐人七绝诗浅释》遗著时，他是否曾想过要像李商隐、元稹那样要写悼亡诗？

　　吴志达：千帆师亦有两首悲悼沈先生的《鹧鸪天》：

> 文章知己千秋愿，患难夫妻四十年。
> 相思已是无肠断，夜夜青山响杜鹃。
> 春风重到衡门下，人自单栖月自圆。
> 难偿憔悴梅边泪，永抱遗编泣断弦。

（此情此景，听起来倒好像是志达兄在给自己的亡妻吟诵）

> 浅浅梅痕苾馥香　依稀犹似昔年妆
> 一枝盛寄江南意　惆怅清辉月满廊
> 　　　　　　　　　——忆梅

　　吴恭俭："我一辈子对不起沈祖棻，因为她是一个应该过得好一点、舒服一点的人，可是我让她过得很苦，稍微好一点又出了车祸。一直到现在为止，我要以更多地理解她的作品作为对她的忏悔。"（《桑榆忆往》）

　　[千帆先生于 1977 年 7 月 1 日致函志达兄云："祖棻在武大中文系古典文学教研室工作二十年，逮其遇祸惨，教研室同人来吊唁者，先生一人而已，此意不敢忘也。"（《闲堂书简》）]

　　吴恭俭：程先生后来调去南京大学，是否因为对武大"绝望"了？

　　吴志达：古典文学教研室的有些青年教师，确实有点"左"，但李健章先生正直爽朗，淡泊名利，治学严谨，作为系主任（程先生之后，又是我的导师）爱护青年，敢于负责；他对我专业能力的肯定，起了保护我的作用。我一直尊敬他。

1996 年 5 月，程千帆在吴志达的陪同下为沈祖棻扫墓。

四、南方程千帆，北方钱锺书——"在喝彩声中退场"

直到 1975 年，终于盼到了"乌头白，马生角"，程千帆戴了十八年之久的右派大帽终于摘掉了，又立即奉命被"自愿退休"。

说起摘帽，不能不令人对这位年逾花甲的老人产生由衷的敬意。那是在沙洋农场，程先生驾着牛车顺着下坡路疾奔，当此时，前面来了一群放学归家的学生，眼看就要出现撞倒小学生的惨剧，千钧一发，先生毅然跳下牛车牵着牛鼻子拐个弯——小学生免遭横祸，而他自己却折断了腿骨，受重伤卧床近一年。由此"感动了上帝"，在他所属那个班组群众的强烈呼吁下，才搞掉那个帽子。

吴恭俭：一个长于治学，才华出众的学者，正当年富力强之时，被迫"放下笔杆子，拿起牛鞭子和粪耙子"，确实令人惋惜。

吴志达：在如此艰难的环境中，只要有可能，他就悄悄地拿起书本或牵动笔杆。1978 年春，我去看他时，可见他方桌在侧的墙壁上，用毛笔写的纸条："一寸光阴一寸金"。他对我说：这看似老生常谈，我就是要以惜分阴的精神，把失去的时光夺回来。我每次去看他，他都在伏案写作，以每天写三千字左右的速度，整理沈先生遗留的论著和诗词创作稿。

吴恭俭：左丘明、屈原、司马迁等古人发奋著书，大概就是这种精神。

吴志达：在十八年间，他大约一年半时间是在校内农场中或中文系资料室工作，白天放牧或在资料室上班，晚间回家，与沈先生论诗谈文，读书写作，照旧不误。在沙洋农场劳动时，还利用晚上图书馆开放之机，认真地读了隋唐八代史。特别是"奉命退休"成为街道居民后，更加专心致志地从事学术耕耘。

吴恭俭：1978 年程先生离开武大去南大，终究是一生的一大转折。他说："我离开武汉到南京，真可以说是落荒而走，几乎一无所有，家破人亡。"到了南大安家，恢复了教授职称和工资，有了学生，有了学术领地。

从此，至 1999 年二十年间，其学术成果，可谓著作等身。由河北教育出版社出版的十五卷本《程千帆全集》，还有由师母陶芸编的《闲堂书简》。

吴志达：他曾经对我说："一棵扎根深土的树，即使把它的枝干砍光了，也会萌发出新芽的。"

吴恭俭：文史哲兼修，学贯古今中外，在文献学、诗学、古代文学史几大专业领域，都取得了学术界公认的建树。

吴志达：前《文学遗产》主编徐公持曾说："当代学者，研究中国文学取得最高成就的是南方程千帆，北方钱锺书。"这是很公允的评价。

吴恭俭：文献学方面，不能不提到 120 万字的《校雠广义》是吧？

吴志达：程先生说他的治学是从校雠学入手的。《校雠广义》包括版本、目录、校勘、典藏四编，是一本"治书之学"的学术著作和教科书。全部或部分留藏至今的中国古籍有八九万种之多，历史上不断完善这种"治书之学"，如何才能使它富有民族特色又有科学意识，为今人直接利用？

吴恭俭：好像还有现代故事？

吴志达：程先生从 1941 年撰写《校雠广义叙录》到 1996 年完成，写了半个世纪。"文革"中，程先生的书稿被抢夺，被焚烧，被撕毁，被践踏。一天，原中文系所在地"工农楼"一间放杂物的房子，发现一口铁锅中堆满写有程先生姓名的手稿，沈先生得知，如获失而复得的至宝，喘着气把它们抱回家去，其中就包括《校雠广义》的残稿，劫后幸存，也是奇迹。

至南大后，由研究生徐有富协助整理，教学相长，合作完成了这部书，"薪尽火传，实为晚年的一大乐事"。

吴恭俭：校雠学被恢复，训练文科学生的基本功。

文献考据与理论批评相结合的法则，是有理由的。我的同窗陶敏教授（已逝）整理唐诗文献与作家作品的考订成绩斐然，正是得益于校雠学。他赞赏《校雠广义》洋溢着著者对于学术的执着与真诚，用先生的话说是"惟真理是从，不曲学以阿世"。

吴志达：程先生在古代文学方面，贯通文学史，尤精于诗，特别是唐宋诗。涉及诗学著作，他不愿意搞选本，只是因教学工作需要，才与沈祖棻合作编了从汉魏六朝到唐宋的《古诗今选》，也具有鲜明的特色，选篇精当，一些艺术性上乘而一般人认为思想性不强的，他们选了，如张若虚的《春江花月夜》。

程先生曾多次讲授《杜甫研究》，也出版过《宋诗选》，但最后作为专项科研成果收入《程千帆全集》的是《杜诗镜铨批钞》《读宋诗随笔》。

吴恭俭：还有《古诗考察》和学生合作的《被开拓的诗世界》。

吴志达：有一些论文，如研究辛弃疾、元好问的论文，均未收入《全集》，其用意：去除一般，独存精髓，不追求字数之多，而重视质量之高，保留真正独创性的成果，《全集》是生前定稿。

吴恭俭："最重要的是删题。"

"就是说，一般的、很容易证明的文章我是不写的。像一汪清水，一上来就一眼能看到底，没有必要写。"

吴志达：其诗论著作的精髓值得把握。

吴恭俭："感"字当头。这涉及写诗、读诗以至论诗的方法论。

基于"文学本身是一种情感作用，从感情开始，然后归结到感情"。"文学活动，无论是创作还是批评研究，其最原始和最基本的思维活动应当是感性的，而不是理性的，是感字当头，而不是知字当头。"

吴志达：所以程先生的诗论著作总是用自己的心灵去感触诗人的心。这样的例子很多。

吴恭俭：如果探讨程先生的知识与研究的心理结构，是否可以说它是一种圆形结构？

吴志达：何谓圆形结构？

吴恭俭：研究对象以作品为中心，从文学感受出发进行剖析，旁及考订和历史背景、作者身世、观念，再运用文艺理论或哲学理论，得出结论。此过程中常常出现人格心理的高峰体验。

吴志达：高峰体验的事例比比皆是。例如《一个醒的，八个醉的》的写作……可是这与圆形结构有什么关系？

吴恭俭：它总要回到具体作品这个整体，由具体到抽象，再由抽象到具体，这个具体当然是一个新的具体，被重新认识了的。这种圆形结构可以推至程先生的整个著作体系：由具体作品作家的研究而文学史的研究，以至历史研究，再至典籍通编。

吴志达：他的文学史前面已经涉及，历史研究有《史通笺记》；典籍通编就是主编《中华大典·文学典》。

吴恭俭：从明代永乐大典到清代康熙、雍正年间编纂《古今图书集成》约300年，而今到国务院批复新闻出版总署出版《中华大典》又大约300年……

吴志达：程先生意味深长地说："大概300年内不会有人再编同样的书了！"

吴恭俭：这就是高峰体验！

吴志达：在1975年之前，沈先生就曾与程先生相约："要在喝彩声中退场"。于是程先生在1990年一级教授的岗位上，声望最为隆高之际，主动上书引退；而对培养青年学者和著书立说，仍然孜孜不倦。他是在2000年5月中旬主持通过《中华大典·文学典》最后两个分典《魏晋南北朝文学》和《文学理论》的样稿论证后，于6月3日溘然长逝的。他对学生的遗嘱是："在我身后仍能恪守敬业、乐群、勤奋、谦虚之教，不堕宗风"。弟子们都牢记于心。

五、承前启后，继往开来

吴恭俭：历史地位，离不开传承。程千帆先生是棵大树，根深叶茂。

吴志达：千帆师的学识，首先与他的家学相关。家境虽较贫寒，"却有一个非常丰厚的文学传统"。"诗是我的家学。"他的叔伯祖父、父亲都是著名诗人。他早年在堂伯父君颐先生办的"有恒斋"私塾学习我国古代经典著作，"童子功"很扎实。

吴恭俭：“有恒斋”的起点非常高（对今天的中小学生来说，恐怕没有可能也无必要了），试想，从来不读《三字经》《百家姓》《龙文鞭影》《幼学琼林》，连《古文观止》《唐诗三百首》君颐先生都认为是“不知义法的俗学”，而是一上来就读《资治通鉴》，按照君颐先生的设想，“他几乎要把传统士大夫应当具备的知识都教给我们”。

吴志达：他学过的主要经典有《论语》《孟子》《诗经》《左传》《古文辞类纂》《经史百家杂钞》《通鉴》，都是通读的。文言基础扎实。主要经典文献都储备在脑子里。

吴恭俭：他的启蒙老师既然讲授文辞义理并重，就影响他一辈子如何做人。

吴志达：说来程先生之所以能成为当代大师级的学者，具有广阔视野和开放意识的学界领军人物，与他从初中三年级开始到大学毕业，去南京接受现代教育密切相关。

当时的金陵大学（包括附中）和中央大学可谓大师云集。教师可以在两校兼课，学生可以在两校听课，像黄季刚、胡小石、刘衡如、胡翔冬、吴梅、汪辟疆、林公铎、汪东、王晓湘，商承祚等名师的课他都听了，转益多师，融会贯通，与时俱进，终成大家。

吴恭俭：1928 年秋天到 1936 年金陵大学毕业，可以说是程先生的人格传统和学术传统由孕育期进入形成期。

吴志达：是这样。比如上国学概论的课，这种概论式的宏观论述当然是他在私塾期所不曾接触的，所以，“受之者其思深”。

吴恭俭：我特别看重的是他跟黄季刚（侃）（1885—1935）的人格互动。时 1934 年，黄季刚从北大来南京，在中央大学和金陵大学任教。

吴志达：当然。季刚先生早年即接受革命思想，后东赴日本，不久即加入孙中山领导的同盟会。其后，师从章太炎。“既有太炎先生赏其才华，而季刚先生亦推崇太炎先生学问的因素，也有二先生皆欲寻求真理，投身革命，因而志同道合的缘故。”

吴恭俭：这样看来，章黄学派早年并不是一个纯粹的学派。

吴志达：它的主心骨依然是传统的重道尊师精神。季刚先生从太炎先生“二十余年，为学一依师法，能传太炎先生之学，为人则谦恭谨慎，执弟子礼始终不渝”。

吴恭俭：我们系的刘博平（颐）先生和黄耀先（焯）先生皆为季刚先生弟子，其重道尊师传统由此而来！

吴志达：相关联的是“以治学求报国”的传统。

那是辛亥革命以后的事。是季刚先生一生中的一个大转折：“季刚先生见国事日非，遂致力于教学、研究，以治学求报国。他认为治学是‘存种性，卫国族’的手段，学术不绝，人心不死，民族复兴方有希望。”

吴恭俭：千帆先生在文章中如此深情执着，现身说法，有如夫子自道。程门有幸，想必仁兄自况。

（此刻，这位有着一颗柔软之心的老者，眼前一亮。）

可是为了这个“以治学求报国”，季刚先生委曲求全他也干！事情要提到刘师培。

（蔡元培当时因为刘师培党附袁世凯，不想聘刘任北大教授，季刚先生极力劝蔡，“学校聘其讲学，非聘其论政，何嫌何疑，而不予聘？”刘受聘北大倒也罢了，季刚先生虽然鄙薄其为人，但觉得经学不如刘，他且是四代传经的呀，于是行拜师礼，从刘师培研读经学，直到刘去世。）

(张雷 摄)

吴志达：哦，是这个，不如说体现了季刚先生的胸襟和志向。也就是"反映他有意识地提倡尊师崇道精神，昌明祖国学术的良苦用心"。还是说治学不过是"存种姓，卫国族"的手段。

吴恭俭：学术传统与人格传统是否就是手段与目的的关系？

吴志达：二者互相渗透不假。你有备而来，不难求证不是？

吴恭俭：不只是求证，整个说来，是求教。越今年，九十初度，我想听听仁兄将有什么作为和计划？正在做什么？（对此他没有理会，旁顾左右。三个月后，我才知他患肺癌已至晚期。）

吴志达：季刚先生是中外学术界公认的大师之一。

你注意到了吧，千帆先生就此作出"大师之大，大在何处"的自问自答。

吴恭俭：讲了四个原因，如学问既博且专精；学而不厌，诲人不倦的精神等。问题在于个案是否具有普遍性（他不是说到从具体问题要上升到历史主义和逻辑主义的高度吗？它们都是讲普遍性的）。四点几乎都是指人格精神，这也值得琢磨。

吴志达："季刚先生之所以成为一代大师，也是和他热爱祖国、热爱人民的思想分不开的（第三点）。"这点当然也指的是人格精神。

吴恭俭：两种热爱之说，自然都有先生的诗和行为作证，特别值得注意的是程先生将多种阐释熔为一炉。看这里：

> 在这些诗里，反映了他对国家现状、民族前途的深切忧虑，对当时反动政府的无比愤慨。但是他手上并未握有改变现状的权力，他所能做的，只能是像王夫之、顾亭林和章太炎先生等人所做的一样，以维护并发扬祖国的传统学术、民族文化为己任。爱国主义炽热的火焰是指引他在学术道路上不停地前进的明灯。（《黄季刚老师逸事》）

吴志达：亏你还带上书！

吴恭俭：其一，让人看到一个不可忽略的事实：季刚先生身上强烈的忧患意识。其二，国家、政府对权力的掌握和运用，本来是为了治国的。其三，一种合理的爱国主义：以维护并发扬祖国的传统学术、民族文化为己任。其四，可贵的传承：从王夫之、顾亭林、章太炎到季刚先生…… 其五，既是在事实判断的基础上做的是非判断，又是程先生的明志。

吴志达：最后一点很重要，是落脚点。由此也就不难明白"大师之大"何以强调人格精神，其普遍导向也不必怀疑的吧？

吴恭俭：原来咱们能如此默契。千帆老师所叙他的老师的最后一堂课和最后一首诗，以至"伤时纵酒遂以身殉"令人震撼。

原来"儒家哲学认为：兼善天下是人生最终目的。季刚老师也是这么想的。——思想境界是多么崇高！"

吴志达：程先生时处晚年，依然不忘明志，他说，"四十七年之后的今天（1982），我们作为一个强大的社会主义国家的公民，回想往事，也就更其能够亲切地体会"季刚先生在日本侵略和蒋介石法西斯统治下而无力挽救祖国的痛苦……

那么，咱们要谈谈程门的第三个源头了？

吴恭俭：且慢。

"大师之大"的第四点，说的是季刚先生的性格：其狂放是有名的，对于国民党中那些卖国贼、贪官污吏，学术界中那些欺世盗名、崇洋媚外之辈，常常不留情面加以怒骂，但这只是他性格的一面，另一面是谦虚淳厚。那么，程先生讲究"圆通"，他秉性旷达爽朗，这是一面，另外他是否有金刚怒目的一面？

吴志达：金刚怒目式，好像他没有？前说他有批判精神，但是1957年以后似乎不见了？性格是不能传承的。

吴恭俭：人格也与性格关联，批判精神的弱化、消融实乃人格的嬗变。

对不起，我是不是说多了，说过了？

吴志达：不哪，贤弟不只是求证，而是赐教，人格互动嘛，愚兄洗耳恭听！

吴恭俭：前面所说作为季刚先生人格精神的传承之一，其忧患意识包括重道尊师，以治学求报国以及维护并发扬祖国学术、民族文化为己任三项，皆由学术思想层面提升，但隐含对待国家的政治思想层面，如爱国主义、批判反动政府等。学术思想与政治思想矛盾统一。程先生政治上受打击，依然热爱社会主义国家，否则，就难以实践维护并发扬祖国学术、民族文化的己任，此中有妥协。政治是妥协的产物，民主政治如此，妥协于阳光之下；独裁政治更是如此，妥协于深闺幕后。这里可以说是学术向政治妥协。

吴志达：不是"妥协"，本来就是"以治学求报国"，何况他觉得自己的思想改造做得还不够，要就此"自我反省"。

吴恭俭：他说："我倒是觉得退休以后这几年，慢慢地对一些事物的理解不说是怎么样进步，至少要比较圆通一些。"这是很值琢磨的，"圆通"成为他定格的人生哲学。

其人格的圆形结构由此可见。此前所述其知识储备与研究讲求通识，通融，成了伏笔。

吴志达：刘永济（弘度）先生（1887—1966）当然是继黄季刚先生之后，对程先生影响最深的人。"我从刘先生二十多年，得他教益最深。"

吴恭俭：刘弘老给我们上过"元曲"，当时只知道他是"学衡"派，"内定右派"，还有"白旗"。中文系的"五老八中"实在是一种传统的表征，刘弘老是"五老"之首，程先生是"八中"之首。

（且说1941年刘先生推荐程先生在乐山的武汉大学中文系任教，成了同事。时程先生28岁，学识丰厚，刘先生怕他不能胜任，就在他讲课的隔壁悄悄地旁听了一个星期的11节课，才放了心。）

刘先生精于屈赋、《文心雕龙》和词，程先生和沈先生常登门求教，先读先生著作的稿本，得知其惨淡经营的过程，深受教益。

程先生没有辜负刘先生的期望，以其勤奋与才能，屡创佳绩。1941—1947七年间，由助教晋升至教授。周鲠生校长遴选他为中文系系主任，与金克木、吴于廑、唐长孺、周煦良同为文学院少壮派的五大俊杰。

吴志达：程先生总结了刘永济先生的治学特点：求真，这是贯穿在五十余年为人治学的一根红线；其次是由博返约，着眼于"辨章学术，考镜源流"；"好学深思，多闻阙疑"。

吴恭俭：不过，这些都是我们知道也容易解释的，说明程先生从刘永济先生那里传承的学术传统，只是一种深化而已。

吴志达：对黄季刚先生学术传承的深化，那么，政治思想层面呢？程先生对刘先生有个定位："先生为人一向热爱祖国，耿直不阿，富于正义感。——作为一个受党重视的老知识分子，也必须对党的事业十分忠诚；要敢于直陈利弊，知无不言，言无不尽。"

吴恭俭：正是在这里：悲剧发生了！

先生是这么想的也是这么做的。但就是因为这些，他却被打成"内定右派""白旗""反动学术权威"，在十年浩劫中，饱受凌辱，终于被夺去了宝贵的生命。（《忆刘永济先生》）

吴志达：悲剧发生了？

吴恭俭：准确地说悲剧时代的悲剧发生了！

试想，如果黄季刚先生活到这个时候，他的遭遇会怎样？那不是"扩大化"！以至程先生感同身受。然而他没用"悲剧"这个词，至少他不认为刘先生和他是悲剧人物，这是为什么？

吴志达：（笑）恐怕谁也不愿承认自己是悲剧人物！

吴恭俭：正确的悲剧观不是否定而是肯定悲剧人物，所以程先生把刘先生和屈原来比："先生一辈子服膺屈原，研究屈原。屈原由于——亦余心之所善兮，虽九死其犹未悔——终身与黑暗势力斗争，最后自沉。但最公正的历史老人却给了他以极高的评价，同意刘安所说的他的志行可与日月争光的话。"

然而，为什么——程先生为什么反而"自我反省"？

（沉默。）

吴志达：我国自古以来正直的知识分子，有关心国事民瘼、直言敢谏的传统，而这种诤谏精神，又往往对圣君英主的理想和希望联系起来。正基于这种思想认识传承，当1957年早春邀请知名人士出席整风座谈会的时候，很多人都和程先生一样，本着"知无不言，言无不尽"的精神，坦诚地直抒己见，谁也没有料到，会上的谠言，竟成了入另册的罪状。

吴恭俭：好的，让我们来探个究竟，这是要害：考察用传统文化滋养着的传统知识分子。

吴志达：有一次，我和延霖去程先生家，与他谈学术问题，谈宋明理学与士大夫的精神面貌，他对明代嘉靖年间一批正派士大夫为国家民生大计"苟利社稷，死生以之"的品格，深为赞赏。

吴恭俭：哦——

吴志达：我们有一个共同的认识，就是每个时代，每个阶级，都有自己的忠臣。所谓忠臣，就是意识到社会的忧患，具有责任心和使命感，为了国家和人民的利益，置个人荣辱于度外。

吴恭俭：好透彻。然而出现了反常现象。就当时的背景来看，现实已经不那么看重传统了，泛政治化的一个后果是从"左"的方面否定了传统的价值，"关心国事民瘼，直言敢谏的传统"遭到拒斥打击。也就是政治道德化适得其反，反而否定了传统道德。

程先生不是说他一生中最大的挫折就是遇到反右的政治运动吗？问题是作为受害者，难道不该问一个为什么，如何防得悲剧的重演？进而反思传统本身，也是作"自我反思"的最有价值的一面。

吴志达：反思传统本身而且和自我反省联系起来，如何反思？

吴恭俭：传统难道不是因为优良与恶劣并存而必须一分为二的吗？继承其优良而批判其恶劣。

"苟利社稷，死生以之"在语言传承中，其"社稷"已由代表专制的王朝进到了"邦"和现代国家。社稷＝执政者（统治者或公仆）＋民＋士大夫（知识分子）。"民为邦本，本固邦宁"，可贵的民本思想，且不说民为重，君为轻。如果还是朕即社稷，"苟利社稷，死生以之"的性质就值得考虑了。而所谓"忠臣"，即从不放弃对"圣君英主"的理想和希望，也就不乏愚忠的气味了。

因此，当人以"左"的角度去贬斥优良传统，我们何尝不可以从"右"的角度去批判恶劣传统！

吴志达：自己给自己戴上"右派"的帽子！

吴恭俭：生发开放、自由的人格精神，这正是"右派"的合理性、合法性，它没有得到承认和发扬，反而应该遭罪。

吴志达：未敢那么想。

吴恭俭："为了国家和人民的利益，置个人荣辱于度外"，高尚是高尚，但个体才是实体，如果这"国家"和"人民"只是抽象的概念，以它去否定个体存在的价值，就把二者对立起来，这样的传统，不仅显示了恶劣的一面，而且显示了它的偏狭。

吴志达：中国传统的偏狭，这怎么说？

吴恭俭：被称为"最后一个儒家"的梁漱溟在《中国文化要义》中也不得不承认：缺失个体的人是中国文化的最大积弊。在正统儒家那里，其思想的焦点，在于担忧个体意识会造成对群体的冲击，导致群体秩序的失效，所以他们更多讲的是人的群体性，以群体为本位，即便重视个人在道德意义上的主体性，也是以群体利益为旨宿的，从而表现出群体性消融个体性的倾向。对此，梁漱溟评论说："在以个人为本位的西洋社会，到处活跃看权利观念。反之，到处活跃着义务观念之中国，其个人几乎没有地位。此时个人失没于伦理之中，殆将永不被发现。自由之主体且不立，自由其如何得立？"缺乏个体本位的中国传统文化，在18世纪法国启蒙思想家孟德斯鸠看来，这是不正常的，没有前途的。"正常情况下，每个人都是独立的个体，独立的个体必应具备独立的精神和思想。千篇一律、千人一面的思想和精神是没有前途的。"相应地，人治处于统治地位而法治和问责都显得那么稀罕——

吴志达：恭俭哥新锐、先进，老朽迟钝了。

吴恭俭：我怕传统因坚守群体本位而使传统人格只是一种准人格，而现代人格是必得以个体本位为支撑的。否则，所谓人格教育，即使是通过传统知识分子的现身说法，也可能只是培育出准人格来，其独立、自由的禀赋（开放和批判精神）越见其微，这种历史的传承是否堪忧？（我这不过是一支不调和的音在奏，志达兄不顾及我的掩面而叹，没有回答，却拿出一帧照片给我来看。）

1996年，程千帆受邀到武汉大学作学术报告，报告之后，师生四代同屋合影，左起：陈文新（吴志达的研究生）、吴志达（程千帆的研究生）、程千帆、欧阳锋（陈文新的研究生）

吴志达：可告慰老师的是：付出我们四代人（帆师，我及我的学生和学生的学生）辛劳的文化工程——整部《文学典（中华大典）》的六个分典，均已如期出版。

吴恭俭：1994年到2004年，十年磨一剑，壮哉！

千帆先生不是说，大概300年内不会有人再编同样的书了！

［1999年主编《文学典·明清分典》的吴志达做心血管手术（我只知道他患有哮喘病，常带个"喷雾器"，后来却好了，这次手术能不能过关？）上手术台前他写下委托书交给陈文新，说万一有不测，请陈文新挑起担子，相信他能靠得住，有能力担当主编的责任。你不感到悲壮吗！现实来得比想象、虚设更真实而严酷，1998年8月，身体一向健朗的蔡守湘（也许因为耳背，他说话大声，1958年中文系"拔白旗"，他被称为蔡大炮）脑溢血猝逝。他曾对吴戏言："我长子蔡靖泉，也是古代文学教授，万一我走了，他能接替我完成任务没问题。"戏言不幸而中，靖泉临危受命，接受乃父未竟事业，挑起《清文学部一》的大梁。

吴志达倾十年之功于 1995 年独立完成《中国文言小说史》，程千帆在其《序》中，对著者的人品与求真创新、独抒己见的治学理念信加赞许。主编《中华大典》的《明清文学典》以后，2010 年，《明代文学与文化》创新篇。十余部学术著作和近百篇学术论文有一半是在退休后完成的。"以治学求报国"成了他一生的追求。

从 1994 年以后，他被聘为武汉大学校长教学工作顾问，连任三届九年。曾获武大首届教学成果一等奖，被评为武大优秀共产党员、优秀研究生指导教师等。]

吴志达：我把接力棒交给了陈文新教授。

你有兴趣，可以发现其中的链接——

吴恭俭：你称他正当盛年，才思敏捷，治学严谨，为人诚笃，托给他的事一定能完成……

吴志达：千帆先生到南京大学后，有一个工作就是为他的老师整理著作或推荐出版。他亲手整理的《黄侃日记》，虽然早已发排，因故未能及时出版，故到 2000 年 6 月千帆师弥留之际，反复地说着一句话："我对不起我的老师"。无论是刘永济先生还是程千帆先生，这两代大师，对他们的老师来说，是最好的学生；而对我们这些学生来说，又是最值得尊敬的好老师。正是：

江河流日夜，薪火传千秋。

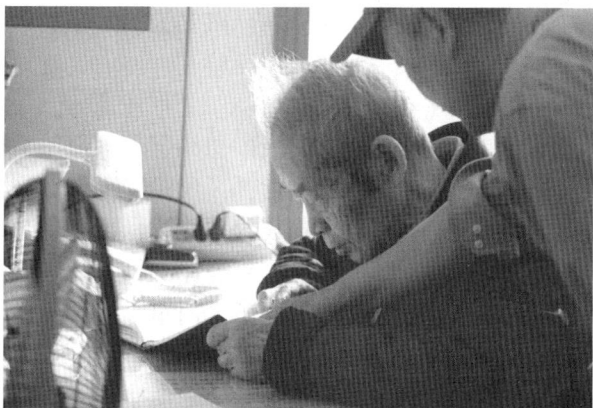

（张雷 摄）

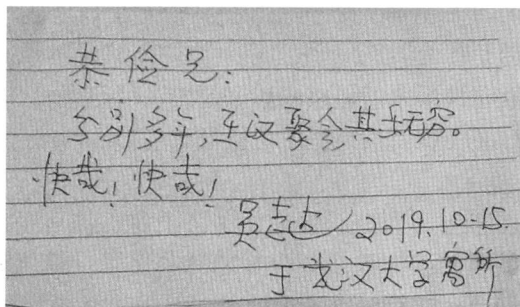

六、后记：两种世界观、历史观的博弈和互补

访谈似乎并未结束，如有机会，我会再找志达兄对话。没有想到，就在 2020 年 1 月 25 日传来吴志达先生当天逝世的噩耗。震惊。沉痛地悼念。翻阅刚整理完的吴志达先生访谈录时说不明白的惆怅。我必得补写一个后记，与其说是跟已逝的前三代在天之灵诉说，不如说是跟程门的后继者，跟后人对话。

综观国学大师程千帆先生的精神遗产，可以表述如次：

人格传统：一是"存道救世"的忧患意识（总括有三项），一是三位一体的创新意识；

学术传统：一是广博与专精统一（由博返约），一是文献考据与理论批评结合；

树立宗风：敬业，乐群，勤奋，谦虚。

其局限在于两多两少，即对传统文化的继承多而批判少；着眼于整体多而着眼于个体少。

程先生晚年在《劳生志略》中回顾一生：

> 我这一生逢到的可以说是多灾多难，但不管怎么样，我没有沉沦下去。这个原因，如果说得冠冕堂皇一些，就是对传统文化，特别是儒家文化有深厚的感情。我所接触到的各种思想，也是要用传统文化来加以衡量，也就是"批判地接受"。（《桑榆忆往》）

程千帆先生没有沉沦，其原因何在？这是我们想知道的，程先生自己的解释是得益于传统文化特别是对儒家文化的深厚感情，诚如此，不仅没有沉沦而是进而在有生之年，为整理传统文化耗尽精力，我们赞美还来不及而要提出异议？以至陷入悖论之中！

说来对中国传统文化的深厚感情的表现之一，是以之作为批判的工具、武器，去"批判地接受"各种思想。程先生惯常只用"批评"而很少用"批判"，二者是绝对不能混淆的。他在这里看重"批判"的价值，无异于找到了享用以至推崇传统文化的极高的指标。值得注意的，我们真实地看到，这种批判是唯一的，因为不见有第二种批判，即对中国传统文化本身批判的提出。"以治学求报国"的"治学"，即治中国传统文化之学，它不仅成为"存道救世"的人格传统必不可少的组成部分，而且把人格传统和学术传统联系起来，但"以维护并发扬祖国的传统学术、民族文化为己任"，却并不见把"批判"的要义寓于其中，因此恰恰需要反思传统文化本身，不只是继承其优良而且要批判其恶劣，突破偏狭，这是上述访谈录中已经点到却未能展示的问题。

那么，是不是中国传统文化特别是儒家文化没有值得批判的，中国传统文化至上？答案是否定的。

中国传统文化中优良与恶劣乃至偏狭并存实乃事实。就其恶劣者而言，即有皇权思想，世袭观念，绝对等级制，成王败寇，为尊者讳，迷信，偶像崇拜，报复，斗狠，自恋，忠君，唯上，从众，专权滥权，仇富，掠夺，歧视，复古，愚民，甘作顺民，奴性，哗众取宠，欺世盗名，忽悠，欺凌，伪善，等等。

这使人想起法国 18 世纪启蒙思想家孟德斯鸠关于"专制十恶"的归纳：

没有人性的政治，

没有思想的崇拜，

没有人文的科学，

没有道德的商业，

没有良知的知识，

没有真实的历史，

没有独立的精神，

没有自由的幸福，

没有劳动的富裕，

没有制约的权力。

中国传统文化中"没有"的没有，"有"的皆有，而正是没有的皆有构成其恶劣，它们沉积，丰厚，不可胜数：没有人性的政治是伪善、斗狠、哗众取宠。没有思想的崇拜是迷信、偶像崇拜。没有道德的商业是制假贩假。没有真实的历史是成王败寇、为尊者讳、欺世盗名。没有良知的知识是忽悠、学而优则仕、党同伐异。没有独立的精神是从众、无我。没有自由的幸福是奴性、甘作顺民、唯上。没有劳动的富裕是掠夺。没有制约的权力是专权、滥权、"防民之口，胜于防川"……

是不是因为"传统思想文化对现代社会的影响，多是间接的"（《桑榆忆往》）而无须批判？不管是直接影响还是间接影响，上述列举的恶劣者在现实生活中都能找到对应，为害殊不浅！

你也可以用自组织做理由来解释对中国传统文化无须批判，即以其优良克服其恶劣。可是它们并不是对应的，而是胶合着的，就像那"苟利社稷，死生以之"中优良与恶劣在不同背景下性质的蜕变。数千年来这种自组织极其缓慢，成效不大。于是进入 20 世纪初便有胡适《新思潮的意义》这样的长文（1919 年 11 月 1 日）。"整理国故，即对我国固有文明作有系统的严肃批判和改造。"它是激进主义的？反正他强调批判而不是继承。"我国固有文明"，相应他便是"外国固有文明"，来个文明的融合，因此，"输入学理"，即从海外输入新理论，新观念和新学说不言而喻，以之来批判我国传统文化中的恶劣者，便成为理所当然的第二种批判，何乐而不为？如果说，胡适的这种说法在 20 世纪初的思想文化界居于主导地位，现在是一百年了，是否已经过时，还是在达到两百年时还得倡导！

程先生也多次谈及新知识、新方法的重要性："我也在探索，寻求新方法，新路子"，"现在研究新方法是个好风气"，"学者心胸应该广阔，要善于把一切有益的东西吸取过来，偏见比无知更有害"。也许他在暗示，不破不立，有破才有立嘛，可是，为何他绝口不提必要对传统文化有所批判？

"文化大革命"的"大批判"使程先生害怕了。

"他们越批判，我就越觉得不是那么一回事，屈打成招得不出真理来。"对传统文化持有一分为二的批判态度，当然不是"屈打成招"式的，而是像庖丁解牛那样去剖析、辨析，扬弃传统文化的恶劣与偏狭，达到否定其恶劣与偏狭的结果。

那样，肯定传统文化中的优良上了一个层次，增添了"没有"的"有"，是不是真正"维护并发扬祖国的学术……"？

于是乎，也就如程先生所希望的："传统的魅力在于不断能从古老的东西中发现新的、与现代相合的东西。万古常新，既是万古，又是常新。"

刘（永济）程（千帆）吴（志达）三代遭劫，这本是一个契机，由此认识它是旧传统渗入政治道德化的现实产生的恶果，他们也成了悲剧人物，从而批判传统的恶劣和偏狭似乎是不言而喻的事，可是相反，这是怎么了？

不限于政治思想，因为背后有一个更为宏观的东西支撑，那就是世界观和历史观。"存道救世"的忧患意识传统，与着眼于整体多而于个体少，皆为整体主义所致。

（1）个人的历史、命运与整个国家、民族的历史、命运相依存。

"我总感觉到中华民族无权沉沦下来，如果说这个文化中没有一种真正合理的内核，她为什么亡国多少次又站起来？从小的方面说，我是感觉我个人总可以对国家人民有所贡献的，你们让我这样下去，我不服。所以这是对祖国文化传统的理解，也是对个人的自信。"个人有什么损失，"不是属于我个人的，是整个中华民族的"。"中国传统的知识分子不是那儿容易被摧毁的。哪怕很软弱，但是又很坚强。"（《桑榆忆往》）

（2）"屈己以存道，贬身以救世。"

《魏修孔子庙碑》中说夫子"遭世雾乱"，"屈己以存道，贬身以救世"（《隶释》卷十九），千帆先生们恰在这里找到了历史营养剂，视其为中国道德准则的传承，或者说，不妨亲自体验一番：虽"遭世雾乱"而"屈己以存道，贬身以救世"。如果说"存道救世"以其人格的忧患意识成了传统中的优良，那么其代价就必然是"屈己"和"贬身"，即抛开个人荣辱、个人恩怨。这不与现代的传统知识分子的"为了国家和人民的利益，置个人荣辱于度外"一脉相承？

（3）传统世界观是整体主义的。

"存道救世"的忧患意识传统是整体主义的。

访谈录中已引用梁漱溟之说加上上述材料以证。整体主义总是隐含对个体的轻视和拒斥，上升即与个体主义对应、对立。

其群体本位削弱个体的创造性、自由天性和民主的质量（没有个体就没有真正的民主）。

整体主义激发爱国主义。从黄季刚、刘永济到程千帆，再到吴志达，其爱国主义的政治思想层面与维护并发扬祖国传统学术皆源于此。

这与整体主义在国难时期（如抗日战争）激发民众的爱国主义没有本质的区别。爱国主义要防止非理性（理性是检测"卖国贼"与"爱国贼"的试金石）；不能只"爱国"而不怜民。

整体主义一旦被独裁者利用就会祸害无穷。

（4）历史唯物主义及辩证唯物主义与整体主义是何关系？

"我们运用的基本理论还是历史唯物主义和辩证唯物主义"，殊不知它们正是整体主义的。

（5）圆通与整体主义互为表里。

晚年他以"圆通"为荣。圆通，是圆形结构形态的别称，无论是其知识、研究，还是著作，以及人格，都可窥见圆通形态。

圆通，使他对传统文化的照应不是保守主义（国粹主义），也不是激进主义，而是中和致用。

总之，整体主义依赖传统，反过来传统又固守整体主义。

时过境迁，当今程门三代以下后继者的境遇处于常态，他们如何对待程千帆的精神遗产？他们超越了师辈的局限，或者说，有必要超越吗？

南京大学的张伯伟教授将程千帆先生的精神遗产概括为："行道救世，保存国粹"，"分别代表了中国文化中的忧患传统和知识传统"。（《中国文化》二〇一四年春季号）应该感谢张伯伟对程氏口述自传《劳生志略》等的整理，但对其关于程氏的精神遗产的概括却有质疑："保存国粹"失之偏颇。

吴宓 1942 年 3 月 8 日日记："昌（千帆先生旧名会昌）棻均有行道救世，保存国粹之志。"张伯伟引此得出结论说："而这一志向的秉持，是终其一生的。"

程先生的"行道救世"不乏证明，但"保存国粹"却并不准确。上述引证用的并不是第一手材料的"事实"，只是吴宓的观感，属于第二手材料，这么说吧，"用假说来发现事实"，在你的头脑能够领会之前，已经经过了别人头脑（吴宓）的过滤（有趣的是作者的结论只是一个观念，而不是一个事实）。于是我想问：此说程先生生前苟同吗？

程先生就像他给黄季刚先生的定位："并不是什么国粹主义者、顽固分子"，虽然他绝口不提对传统文化的批判，也没有激进分子的嫌疑，但中和致用而已，退至"保存国粹"是谈不上的。

不怕拖老师的后腿。由此以至断言："孔子奠定的传统，就是中国学术、中国教育的根本大统。只要这一根本大统不被丢失，中国文化的统绪就不会断绝，而必有再生，光大之一日。"其实，朱熹说得更厉害："天不生仲尼，万古如长夜。"但孔子的志向不是一般地继承前代文化，乃至对传统一分为二，却是复古。他声称"述而不作，信而好古"，还认为"殷因于夏礼，所损益可知也。周因于殷礼，所损益可知也。其或继周者，虽百世可知也"。

中华民族无权沉沦，中国文化的统绪必有再生云云，都不是复古，而必须去复古。而且，对孔子奠定的传统就是中国学术、中国教育的"根本大统"，我也质疑。我研究人格教育，认为中国教育的根本在于现代人格教育，而现代人格教育与儒教，与传统整体主义甚少关联。

武汉大学的陈文新教授呢？未辜负志达先生的期望，来势很猛。

这位程门的台柱，除曾任《中华大典》的《文学典·明清文学典》的副主编外，后任《中国文学编年史》总主编（十八卷，1400 万字），有学术专著近十种。其学术研究涉及诗学研究、小说研究、中国文学史研究和刘永济研究等不同领域，而一以贯之的基本学术理念和研究方法为注重辨体研究，注重"了解之同情"，注重阐释循环而不偏重一端。

先看辨体研究。"文体本质上是一种把握世界的方式。"其实，也可说文体是一种媒介形态。何谓？媒介形态是在传播时基于传播的具体目标，媒介和内容、环境相互制约的产物。也叫体裁，对书面媒介来说，它就是文体。放到传播中去考察，文体就不等于文本了。不进入传播的文本不是没有，一旦你把它作为研究对象，它也就是文体了。我要提请注意的是辨体研究中忽略或缺失受体的研究，绝对是一种落后的状态。

"把握世界"的侧重而不提及传播的本质特征，其导向就有可能忽略或缺失受体的研究。

辨体研究无疑体现了陈文新的人格精神。试想，如果文体的辨析不是建立在烦琐的技术手段上，而是认定人（作者和读者）是文体的主体，其深度和气魄会大增。他从古代文论（如曹丕《典论·论文》）得到启发：文体与性格具有内在的联系。"作家们对不同文类的倾心和擅长，就不只是一个技巧和训练问题，而是意味着不同的人格和癖好。从这个角度来考察人，比读他们的自我表白效果更好。或者说，这种无意的表白比有意的表白更真实。"敏锐如此。

辨体研究的创新，可以说是领域的创新，还没有见如此之多的辨体文集者如《古典文学论著四种》。有许多创获、溯源、比较、异中见同、同中见异，讲究异量之美，这当然是发扬学术个性化的程门传统。体裁，属形式范畴，但无论是外形式还是内形式，都和负载的内容相制约，尤其是内形式，因此，对内容诸如题材、主题，所蕴含的知、情、意等的关注便相当重要。所谓传统的优良或恶劣都系于此，诸多辨析文字，似乎重形式而轻内容？而一旦涉足内容，又少作是非判断。如是已涉及"了解之同情"了。

所谓"了解之同情"本出于陈寅恪："凡著中国古代史专著，其对于古人之学说，应具了解之同情方可下笔。"不失为一种针对性，金岳霖与之相呼应："哲学要成见，而哲学史不要成见。"陈文新本此在诗学研究和刘永济研究中致力于准确的理解研究对象而不以判断为首务，既是学术研究的追求，也是人格精神的体现，我看重的正是其人格精神。

在陈文新看来，"对于上古、中古的历史人物和事件，需要有一种超越是非判断的客观理解，对于离我们这个时代还不太遥远的，更需要超越是非判断的理解"。初看，这话似乎值得商榷，因为无论是古还是今，是非就是是非，岂能超越？然而"是非判断"就不同了，它是第二位的东西，其依据是"客观理解"。以至"判断比理解容易得多，而理解比判断更有价值"。如此说来，对千帆先生和志达先生何尝不可用"了解之同情"去对待？而且读陈君近作《四大名著应该这样读》（中华书局 2019 年版）突发奇想，千帆先生确像《三国演义》中的关羽，不难联想起关羽的"义绝"。

关羽以"义绝"华容道"义释"曹操，实为人格之举？

云长是个义重如山的人，"关羽的义为一种复杂的、充满人情味的英雄气度，超越了政治利益和个人生死的考虑""毛宗岗回前总评认为，曹操的确是个大奸大恶、得罪朝廷、得罪天下的人，但他始终把关羽当国士来对待，不愧为关羽的知己。因此，别人杀曹操，那是为朝廷杀贼；关羽杀曹操，那是杀他的知己。杀自己的知己，这是关羽宁死也不会做的。毛宗岗说得很对。关羽丧失了原则性，却成就了其义的人格。"有趣的是陈君在这里特别提到"人格"一词，不仅把"义"看成一种人格精神（道德的主体性内容），而且表明它出自个体行为，与类的"原则性"（"忠"）相悖。

说关羽的"义绝"与诸葛亮的"智绝"、曹操的"奸绝"鼎足而三，陈君实在是在评述传统文化中的三绝，如果说义绝和智绝是其优良者，奸绝则是其恶劣者，可惜在他那里，几乎没有这种区分，也就是说不是"是非判断"，而只有"客观理解"。对曹操的"奸绝"模棱两可。

比如借苏东坡的《前赤壁赋》称"连曹操这样的伟人尚且抗拒不了人生无常的悲剧"，这当然可以说因为形象大于思想，曹操并不等于"奸绝"，但接连称赞曹操的权术、权谋（把道德当权术来用，招揽人才和民心面有过人之处，实为大英雄人、有大谋略的人，等等），以至说"智足以揽人才而欺天下的曹操，纯用霸术，堪称雄才大略的奸雄。其行为虽以权谋为出发点，但却符合中国儒家传统的政治理会——"无不表现出对"奸绝"的肯定而不是批判否定。典型的例子是对由"奸雄"引出的"假仁义"的评述：

> 毛宗岗曾意味深长地说：人们都骂曹操是奸雄，然而这奸雄岂人人可以骂的？曹孟德应该骂别人不是奸雄。
> 毛宗岗所谓"不是奸雄"，即不懂"假仁义"。
> "假仁义"是伴随着春秋五霸而出现的一种说法。他们都是靠实行"假仁义"而赢得民心、称霸一时的。有人谈起他们，用不屑一顾的口气说："是何足道哉？"但元末明初的刘基却不这么看，他在《假仁义》一文中指出："五伯之时，天下之乱极矣，称诸侯之德无以加焉，虽假而愈于不能，故圣人有取也。故曰诚胜假，假胜无。无下之至诚吾不得见矣，得见假之者亦可矣。"意思是说：真仁义胜过假仁义，假仁义胜过不仁义；既然真仁义已不得见，得见假仁义也不错。
> 所谓"假仁义"，即化仁义为谋略，以改善政治，争取民心。刘基指出："假仁义"有助于政治的清明，可以给民众带来好处。又有什么理由不加以提倡呢？由此可以看出刘基的思路：比起毫无顾忌地损人利己的"不仁义"，"假仁义"也有值得肯定的地方。（《四大名著应该这样读》，中华书局 2019 年版，第 18 页）

看得出来，这是一个完整的单元：以对"假仁义"的肯定，来做"奸雄（奸绝）"的肯定论证。"假仁义也有值得肯定的地方"成了论据。为此，作者引用刘基的话和思路："故曰诚胜假，假胜无。"因为属历史研究，这是惯用的史家之笔（此前引用毛宗岗的话亦然），实乃引用"是非判断"作为事实根据。"故曰"之前是一段关于此说的背景："五伯之时。"由此体现陈君一以贯之的理念："需要有一种超越是非判断的客观理解。"

求新，哪怕是在旧说中求新，毛氏和刘氏的话皆有针对性。

用委婉的语气求得褒贬：说对立面的"何足道哉！"用的描述是"不屑一顾的口气"。

不动声色，心平气和而无有剑拔弩张之势。

然而，关键的是对"假仁义"的肯定是值得商榷的，要打一个大问号。

刘基的话倒是透露了"假仁义"的本质和后果："假仁义有助于政治的清明，可以给民众带来好处"云云，也就是"化仁义为谋略，争取民心"，为陈君所称道。然刘基之说，纯属表面现象。这里有两种立场，共处于一国之中：统治者求霸业；民众求生存发展（中国历来如此）。"假胜无"，实施"假仁义"争取民心的权谋，对统治者是权宜之计，对民众退而求其次，实乃妥协。仁义本是个好东西，现在"假仁义"把仁义化掉，冠以"假"，就是伪善。伪善虽只是传统恶劣者之一，却是恶中之恶，恶的"假"再加上欺骗性。历来民众受害者有四：暴力、恶政、欺骗、愚昧。

"诚胜假，假胜无"的思路作为对比分析，一方面固然充实了"客观理解"，一方面却落入"假仁义"也有值得肯定的陷阱。陈君习惯用此法，其效果便也同样是出乎意料的："《三国演义》的尊刘而抑曹，写曹操的忠君举动，往往揭示其背后的权谋；写刘备的权谋，却希望读者相信他真有道德。一扬一抑，倒也好看煞人。在《三国演义》中，曹操视为心口如一的小人。有趣的是，这个心口如一的小人，他给刘备的评价是外君子而内小人。鲁迅《中国小说史略》曾说《三国演义》欲显刘备之长厚而似伪，倒是和曹操的意思有几分相近。"（《四大名著应该这样读》，中华书局 2019 年版，第 24 页）以刘备的伪善来抬举曹操的伪善，同为伪善，有什么必要？其结果除了"做得花团锦簇""好看煞人"之外，便是削弱对伪善本质的揭露与否定意味。

其实，以刘基之说作为事实来引用，它本身并没有得到证明，何以这么说？

这使人想起汤因比《历史研究》的一段话："常说的事实摆在那里供人使用的假定无疑是错误的"，因为"人的活动对事实的形成起着一定的作用，历史事实并不是存在于人的头脑之外的原始事物或事件，因为在我说它们之前，它们已经经过人（我）的头脑过滤。还应该补充说，是在我个人的头脑能够领会之前"。对事实的加工、选择的链条确实存在，其中包括历史学家本人的领会、选择，可不可以说历史学家也成了"历史事实"的一部分？而"历史事实"反成了持某种历史观的历史学家的一部分？无论是"是非判断"还是"客观理解"都如此。总之，"相信历史事实是独立于历史学家的解释之外的客观存在，这种想法是极其荒谬的"。陈君似乎没有考虑这些，没有怀疑刘基之说不过是经过了他及他之前的头脑过滤了的"事实"，它明明是一种观念，乃至一种"是非判断"。也就是止于此，这妨碍他进一步去寻找、发现"假仁义"这种权谋带来祸害、不值得肯定的事实。

陈寅恪的历史观是一种传统的历史观，"了解之同情"实质是坚守客观真实。历史学是纯粹的科学。"在复原历史事实的基础上，探索以往人类社会发展变化规律"，"在一种具体的规律被发现后，历史研究的结果也可以用于验证这一规律"（葛剑雄《历史学是什么》，北京大学出版社 2002 年版，第 249 页）。他是不是比对汤因比的《历史研究》"不敢多作恭维？"但他明朗地说："今天甚至有一些学者引用西方后现代主义史学家的观点，认为历史事实不过是历史学家头脑中的产物，'在历史学家创造历史事实之前，历史事实对于任何历史学家而言都是不存在'（爱德华·霍列特·卡尔：《历史是什么》，商务印书馆 1981 年版），我还是不敢苟同。"因为他说得绝对了。但就是这个卡尔又说："历史中的客观性不可能是事实的客观性，而只能是一种关系的客观性，事实与解释之间关系的客观性，过去、现在和未来之间关系的客观性。"我想面对复杂的历史和令人困惑的境遇，它不失为一种洞见。

那么历史是什么？传统历史观（复原历史事实，哪怕是严格地以文献考据为用）遇到了挑战，我们看到了另一种历史观："历史是探讨问题的框架，而问题是由特定背景下的特定的人所提出来的；人提出问题，然后援引证据来支持自己的回答，在这两种情况下，人都是用假想来发现事实。"（汤因比《历史研究》）也就是说，历史是主体的人的历史，不妨称之为主体历史观。它和克罗齐的"一切历史都是当代史"相呼应。

历史观呈现多元态势以至互补并非坏事，这与人格整合中主体性的发挥是开放的相吻合。

陈文新教授的历史观如何定位？

说来陈文新把刘永济研究作为自己的研究领域，不是偶然的，有其特殊意义。程千帆晚年评介刘永济二十种已成书者，其中列出文学理论二种：《文学论》《文心雕龙校释》。对《文学论》如是说："学贯中西，要言不烦。"并未推及该书在文学批评史上的地位。陈文新心有灵犀，撰写了《论刘永济〈文学论〉的三重视野》（2015 年）、《文心雕龙校释的文学史阐释》。前文不仅指出《文学论》在中国古代资源的现代转化方面所做的探索至今仍有意义，而且公正地评定"刘永济在中国文学批评史领域中的开创者地位"。我感兴趣的是他在文化视野上把程千帆与刘永济之间的传承设下了伏笔。

陈文新直言不讳，在 20 世纪初保守主义和激进主义激烈相持的时代，"刘永济无疑是一个文化保守主义者"。他阐释文化保守主义的内涵是既"比附旧说"（倚重中国文化分析问题），又"参稽外籍"（参照西方理论确立问题意识）。"刘永济辩证地表述了对中西文化的态度：西方文化大规模进入中国，这有助于中国文化的新生，机遇难得；同时中国文化需要得到更多的呵护，只有弘扬光大中国文化，中西文化的融合才有一个坚实的基础。"这位"文化保守主义者"实在是在倡导中西文化的融合，善哉！所以，文化保守主义"并不认为中国文化十全十美，更不赞成文化锁国"。那么，"文化保守主义"几乎不像是"文化保守主义"，不如说是中和致用！正是在这里，我们悟出程千帆"传统的魅力在于不断能从古老的东西中发现新的与现代相合的东西。万古常新，既是万古，又是常新"之说，与刘永济的文化视野一脉相承。

陈文新做了"刘永济无疑是一个文化保守主义者"的"是非判断"之后，很快进入"客观理解"。不可忽略的是他对刘永济的"文化保守主义"并没有一丝贬义，"中国文化需要得到更多的呵护"，"呵护"两字绝了，"呵护"而不是"批判"，反正与"激进主义"有别。这正是陈文新的文化视野（历史观）。

看来，它是属于传统历史观的。他追求的是传统认识论所关注的如何超越"主观性"而达到"客观"有效的知识。有了"了解之同情"作依托，他在程门谱系中就比他的师辈更自觉地坚守传统历史。

反观程氏精神遗产的局限性——两多两少，如果说着眼于整体多而个体少涉及世界观，那么对传统的继承多而批判少则涉及历史观，所见是传统历史观。陈君追求超越"是非判断"的"客观理解"，不管逻辑上和实施过程中有着怎样的矛盾，其结果是对传统继承多而批判少。以至超越程氏的局限也就成了问题。无妨，陈君要反问的是有没有这个必要？

事情难以呈直线式的发展。"了解之同情"，一方面固然有了积极效应，另一方面却可能自以为"超越是非判断"而注重"客观理解"产生负面作用：回避"是非判断"，却用了本是"是非判断"去作论据，而且做了肯定"假仁义"的误判。其结果消融了人格精神。关于"假仁义"的失误可能是一个孤证，出乎意料，我未能研读陈君的海量著述。但如果对传统文化的优良与恶劣不做区分，以至肯定恶劣，就违背了传承人格精神的初衷。

见说陈君激赏与采用陈寅恪"了解之同情"理论缘于对"影射史学"的厌倦心理，但无论是"影射史学"还是历史实用主义，实在是对克罗齐"一切历史都是当代史"的歪曲，主体历史观的价值正在于其古为今用和史鉴。历史研究如果因超越"是非判断"而简单地少做或不做"是非判断"，以至对传统继承多而少批判，甚至称道其恶劣与偏狭，必定削弱对当代的责任心和使命感。没有当下，哪有历史和未来！

今日本非春秋"五伯之时，天下之乱极矣……"却按"假胜无"的逻辑，难怪现实中的"假"可以推向极致？有二月河者，其作品宣扬帝王之恶劣为优良之举，流毒难消。"整理国故"，如果不是"对我国固有文明作系统的严肃的批判和改造"会如何？胡适的话成了一种警示。

我原来不明白程千帆先生为什么强调古典文学的研究者要关心现当代文学？他曾说："关心当代文学，就是关心当代人民，因为当代文学提出有关人民命运的问题。""没有一部真正有价值的文学作品不是回答现实生活当中的问题的，指引读者走上美好的生活道路的。"（《闲堂文薮》）其实，也可理解为传统历史观应与主体历史观互补。

国内亦有持主体历史观者，如李开元。他认为"一切历史都是推想。有时候，文学比史学更真实"（《楚亡》序言）。诚然，这一方面出于"史料少于史实"的永恒困境，要填补历史的空白；一方面却是有其"逻辑的真实性。"

"历史需要不断地再叙事。只有再叙事，才能重回历史现场，让历史复活。叙事，是基于新的发现和新的思考重新叙述历史，重新寻求观照当代的历史镜像。"（李开元《秦崩》代序和后记）其"重新寻求观照当代的历史镜像"，可以说是对传统历史观的一个启发。

传统的历史观以不变的道义去赢得会变的民心；主体历史观以会变的道义去适应会变的民心。

让传统历史观与主体历史观互补如何？

2020 年 2 月吉日

（作者单位：湘潭大学）

文 史 考 证

从太师人騝乎鼎看金文中有关人物称谓现象及社会价值理念

□ 黄锦前

【摘要】据古文字字形、铭文文义和有关金文文例，太师人騝乎鼎的"太师人"例同金文中常见的"××臣""××仆""××有司"等，即系××属官，表示人物隶属关系。"太师人騝乎"，即太师之臣属名騝乎者，而非太师氏之人名騝乎者，系表人物隶属而非血缘或族属（亲属）关系。通过对铜器铭文中表血缘族属（亲属）和隶属关系诸例及其称谓格式的分析，指出标示血缘族属（亲属）关系，即标示阀阅，以彰显血缘关系，显示社会地位和影响力。东周金文中流行的标示阀阅现象，应系西周金文中流行的标示族属和血缘关系现象的延续和进一步扩展。同样，标示隶属关系亦系彰显社会关系，显示社会地位和影响力。标示族属和阀阅及人物隶属关系的铜器铭文的盛行，从本质上体现了周代社会的权力基本结构模式，折射了当时社会的价值观念，是周代社会和价值理念的浓缩。

【关键词】称谓方式；血缘；权力；社会结构；价值理念

一、騝乎鼎称谓方式献疑

传世有一件太师人騝乎鼎（集成 5.2469）①，原藏刘体智（《贞松》）、天津市艺术博物馆，现藏天津博物馆。新近出版的《天津博物馆藏青铜器》公布了该鼎器形照片②，鼎窄沿方唇，口微敛，鼓腹圜底，三蹄足，双立耳。口沿下饰重环纹和一道弦纹。形制纹饰与毛公鼎③近同，年代为西周晚期。《北京图书馆藏青铜器铭文拓本选编》所录其全形

---

① 中国社会科学院考古研究所：《殷周金文集成》，中华书局 1984—1994 年版。本文中《殷周金文集成》简称"集成"。

② 天津博物馆：《天津博物馆藏青铜器》，文物出版社 2018 年版，第 84 页。

③ 中国青铜器全集编辑委员会：《中国美术分类全集 中国青铜器全集》第 5 卷，三六，文物出版社 1996 年版。

拓系另一件鼎①，吴镇烽《商周青铜器铭文暨图像集成》（简称《铭图》）沿其误②。该鼎窄平沿，立耳，口微敛，腹微鼓，圜底三柱足。口下饰兽面纹。其年代应系西周早期，与太师人騃乎鼎明显不符，应据改。

鼎内壁铸铭文作：

> 太师人騃乎作宝鼎，其子孙孙用。

作器者自称"太师人騃乎"，据上下文，騃乎应系作器者名，"太师人"应表其所属，吴镇烽云騃乎系"以太师为氏"③。

金文中以职官为氏者甚夥，以师、太师为氏者，铜器铭文即屡见，如散氏盘（集成16.10176）的"师氏右省"、太师氏姜匜④的"太师氏姜"等。量盨（集成9.4469）"有进退，雩邦人、正人、师氏人"，蔡簋（集成8.4340）"汝毋弗善效姜氏人"，瑂生尊⑤"其有敢乱兹命，曰汝事召人，公则明殛"，对照来看，"太师人"似可理解为"太师氏人"之省，果如此，则上揭吴镇烽云騃乎系"以太师为氏"可信。"太师人"系表示其族属，所谓"太师人騃乎"，即太师氏名騃乎者。

但对照南宫乎钟（集成1.181）的南宫乎、黿乎簋（集成8.4157、8.4158）的黿乎及周乎卣（集成10.5406）的周乎等来看，"騃乎"的"騃"抑或如南宫乎的南宫、黿乎簋的黿及周乎卣的周一样，系氏称。果如此，则"太师人"就不应理解为"太师氏人"之省，"人"在铭文中的含义，当另寻其解。

西周中期的王人甯辅甗（集成3.941）铭作：

> 王人甯辅归观，铸其宝。

"王人甯辅"与"太师人騃乎"，称谓格式完全相同。

"王人"又见于宜侯夨簋（集成8.4320）"王命虞侯夨曰：迁侯于宜……锡在宜王人十又七姓……锡宜庶人六百又□六夫"等，所谓"在宜王人"，指在宜地为王所属之下层民众。甗铭的王人甯辅，据上下文，应指王之臣下名甯辅者。

铜器铭文中常见称"××小子"者，如：

（1）师望鼎（集成5.2812）、簋（集成6.3682）、盨（集成9.4354）、壶（集成15.9661）：太师小子师望。

① 北京图书馆金石组：《北京图书馆藏青铜器铭文拓本选编》59，文物出版社1985年版。
② 吴镇烽编著：《商周青铜器铭文暨图像集成》第4卷，上海古籍出版社2012年版，第155页。
③ 吴镇烽：《金文人名汇编》（修订本），中华书局2006年版，第369页。
④ 深圳博物馆、山西博物院、山西省考古研究所：《晋国霸业——山西出土两周时期文物精华展图录》，文物出版社2008年版，第32页。
⑤ 宝鸡市考古队、扶风县博物馆：《陕西扶风县新发现一批西周青铜器》，《考古与文物》2007年第4期；宝鸡市考古队、扶风县博物馆：《陕西扶风五郡西村西周青铜器窖藏发掘简报》，《文物》2007年第8期。

（2）大师小子䡊簋①：太师小子䡊作朕皇考宝尊簋。

（3）伯蔑父鼎（集成5.2580）：太师小子伯蔑父作宝鼎。

（4）伯公父簋（集成9.4628）：伯太师小子伯公父作簋。

（5）仲太师小子休盨（集成9.4397）：仲太师子休为其旅盨。

（6）小子吉父甗②：仲太师小子吉父作虢孟姬宝甗。

（7）侯父甗（集成3.937）：郑太师小子侯父作宝甗。

（8）小子毅鼎（寒姒鼎）（集成5.2598）：叔史小子毅作寒姒好尊鼎。

（9）遣小子鞞簋（集成7.3848）：遣小子鞞以（与）其友作鲁男、王姬媵彝。

（10）裘卫盉（集成15.9456）：卫小子鞞。

（11）九年卫鼎（集成5.2831）：颜小子具唯封……卫小子家逆诸其剩。

（12）五祀卫鼎（集成5.2832）：小子者逆其绘剩。

（13）散氏盘：散人小子履田：戎、微父、效櫂父。

（14）莒小子簋（集成7.4036、7.4037）：莒小子蹏家弗受邀，用作厥文考尊簋。

（15）秦骃玉牍③：有秦曾孙小子骃曰……小子骃敢以珍圭、吉璧、吉丑以告于华大山。

（16）圯小子启鼎（集成4.2272）：圯小子启作宝鼎。

所谓"××小子"，即××之子。

上揭各例，其称谓格式大别之主要有二：一是"××小子+人名"，如例（1）～（8），其前缀"××"一般为具体的人，或以职官代称，如例（1）～（7）；人名前或缀以职官名，如例（1）的师望。小子系具体明确作器者身份。这类系表示作器者血缘关系。另外一种是"×小子+人名"，如例（9）～（16），或省去人名，其前缀"×"一般为族氏名，或兼作地名。其中例（13）散氏盘"散人小子"，系在氏名后加"人"，起进一步补充说明作用。这类系表示作器者族属关系。例（15）秦骃玉牍"有秦曾孙小子骃"，在国族（氏族）名和"小子+人名"间加"曾孙"，进一步明确其身份。这种既可表示作器者族属关系（秦人），又可兼表其血缘关系（秦曾孙）。

铜器铭文中又有一些称"×人"者，如：

（1）晋人事寓簋（集成7.3771）：晋人事寓作宝簋。

（2）露人守盉（集成3.529）：露人守作宝。

（3）柬人守父簋（集成6.3698）：柬人守父作厥宝尊彝。

（4）降人繁簋（集成7.3770）：降（绛）人繁作宝簋。

（5）永盂（集成16.10322）：公乃命郑司徒盠父，周人司工殷、散史、师氏、邑

① 吴镇烽编著：《商周青铜器铭文暨图像集成》第11卷，上海古籍出版社2012年版，第64~68页。

② 河南省文物考古研究所、三门峡市文物工作队：《三门峡虢国墓》（第一卷），文物出版社1999年版，第44页。

③ 李学勤：《秦玉牍索隐》，《故宫博物院院刊》2000年第2期。

人奎父、毕人师同。付永厥田，厥率履厥疆、宋句。

（6）五祀卫鼎：荆人敢、邢人偶犀。

（7）散氏盘：矢人有司履田：鲜、且、彭、武父、西宫襄、豆人虞丂、彔贞、师氏右省、小门人繇、原人虞莽、淮司工虎字、龠、丰父、唯人有司刑、丂，凡十又五夫，正履矢舍散田：司土㣇寅、司马單鼍、觥人司工騵君、宰德父，散人小子履田：戎、微父、效櫗父，襄之有司橐、州就、焂从属，凡散有司十夫。

"×"一般系国族名或兼作地名，这类称谓通常表明其族属关系。其称谓格式属于上述第二种类型。

将"王人盗辅"与"太师人骍乎"与上述两种称谓格式相比较，尤其是结合散氏盘"散人小子"、秦骃玉牍"有秦曾孙小子骃"等例来看，此二例与上揭表族属关系诸例"人"的前缀一般系国族名或兼作地名的族氏名格式不同，亦与表血缘关系的诸例"太师"等职官称谓之后缀不同，二者显然应非表血缘或族属（亲属）关系，"太师人"不应理解为太师氏，而应另当别论。

总之，从辞例角度，也显然可见"太师人"不应理解为太师氏，"太师人骍乎"非表示族属或血缘（亲属）关系。

二、问题的解决与金文人物称谓方式分析

在古文字中，"人"和"夷"常混用不别，如甲骨文和铜器铭文的"人方"即"夷方"，皆为大家所熟知。铜器铭文中，"夷"与"臣""仆""庸"等词常连用，如：

（1）齲簋（集成8.4215）：锡汝夷臣十家，用事。

（2）害簋（集成9.4258-9.4260）：官司夷仆、小射、底鱼。

（3）静簋（集成8.4273）：丁卯，王令静司射学宫，小子眔服、眔小臣、眔夷仆学射。

（4）文公之母弟钟①：用宴乐诸父、兄弟，余不敢困穷，龚好朋友，氏夷仆。

（5）闻尊②：汝无不善，胥朕采达（?）田、外臣仆。

（6）琱生尊：余老止，我仆庸土田多柔，式许，勿变散亡。

（7）逆钟（集成1.61-1.63）：锡戈彤绥，用总于公室仆庸臣妾、小子室家。

（8）晋侯苏钟③：大室小臣车仆折首百又五十，执讯六十夫。

---

① 陈佩芬：《夏商周青铜器研究》（东周篇），五四〇，上海古籍出版社2004年版，第260~261页。

② 张光裕、黄德宽主编：《古文字学论稿》，安徽大学出版社2008年版，第10页。

③ 陈佩芬：《夏商周青铜器研究》（西周篇），四二七，上海古籍出版社2004年版，第566~594页；上海博物馆编：《晋国奇珍——山西晋侯墓群出土文物精品展》，上海人民美术出版社2002年版，第111~118页。

"夷"与"臣""仆""庸"等义亦相近,即臣仆、仆庸。

准此,"太师人"似可理解为"太师夷",即太师之臣仆。

1974年山东莒县中楼镇崔家峪出土一件者仆故匜①,铭作:

者仆故作匜,其万年眉寿永宝用。

作器者自称"者仆故",应系者之臣属名故者。与"太师人"即"太师夷"辞例相同。

又如现藏上海博物馆的仲爯臣盘(集成16.10101)铭曰:

仲爯臣巾肇徚以金,用作仲宝器。

作器者自称"仲爯臣巾",即仲爯之臣属名巾者,下文"用作仲宝器","仲"显指上文的仲爯,巾系仲爯之臣属,人物关系据铭文看显明。

类似的称谓方式在铜器铭文中屡见,如夹膚簋②、来虎盘③"郑伯大小臣来虎"、师旂鼎(集成5.2809)"师旂众仆"等,格式与之近同。

铜器铭文中常见"臣×",如:

(1)臣高鼎④:乙未,王赏臣高贝十朋,用作文父丁宝尊彝。

(2)荣簋(集成8.4241):王休赐厥臣父荣瓒、王祼、贝百朋。

(3)臣栒簋(集成7.3790):太保锡厥臣栒金,用作父丁尊彝。

(4)臣卫尊(集成11.5987):唯四月乙卯,公锡臣卫宋翩贝四朋,在新乔,用作父辛宝尊彝。

(5)臣卿鼎(集成5.2595)、臣卿簋(集成7.3948):公违省自东,在新邑,臣卿锡金,用作父乙宝彝。

(6)殳簋(相侯簋)(集成8.4136):相侯休于厥臣殳,锡帛(白)金。

(7)高卣盖(集成10.5431):尹锡臣唯小奜,扬尹休,高对作父丙宝尊彝,尹其旦万年受厥永鲁,亡竞在服。

(8)献簋(集成9.4205):唯九月既望庚寅,楷(黎)伯于遘王,休亡尤,朕辟天子,楷(黎)伯命厥臣献金车,对朕辟休,作朕文考光父乙,十世不忘,献身在毕公家,受天子休。

(9)虏簋(集成8.4167):休朕宝君公伯锡厥臣弟虏丼五㮙,锡祎胄、干戈。

① 吴镇烽编著:《商周青铜器铭文暨图像集成》第26卷,上海古籍出版社2012年版,第292页。

② 吴镇烽编著:《商周青铜器铭文暨图像集成》第13卷,上海古籍出版社2012年版,第166、167页。

③ 吴镇烽编著:《商周青铜器铭文暨图像集成续编》第3卷,上海古籍出版社2016年版,第283、284页。

④ 王长启:《西安市文物中心收藏的商周青铜器》,《考古与文物》1990年第5期。

（10）蚋鼎（集成5.2765）：休朕皇君弗忘厥宝臣，对扬，用作宝尊。

（11）濒事鬲（集成3.643）：姒休锡厥濒事贝，用作邻宝彝。

上揭诸例中，有关人物隶属关系及其身份，铭文皆交代得很清楚。

2008年发掘的山西翼城大河口墓地M1出土一件斁䛂盉（M1：270）①，铭作：

> 攴，斁䛂作母己尊彝。

"攴"过去或误释作"又"，"斁䛂"或误释作"羞口""羍（彝）臣"等②，斁䛂系作器者名。

现藏美国旧金山亚洲美术博物馆的斁䛂方鼎（集成5.2729）铭作：

> 唯二月初吉庚寅，在宗周，楷仲赏厥斁䛂逐毛两、马匹，对扬尹休，用作己公宝尊彝。

鼎与盉年代相同，系同人即斁䛂所作，己公与母己分别系其父母。鼎铭"对扬尹休"，"尹"指楷仲，系斁䛂的上司，在王朝任职。③斁䛂系其臣属，人物关系十分清楚。斁䛂的称名方式，可能与王臣簋（集成8.4268）的王臣等类似，与其身份有关。

"人"亦常与"臣"连用，铜器铭文及古书中常见"人臣"一词，指臣下，臣属。中山王𪇞壶（集成15.9735）："为人臣而反臣其主，不祥莫大焉。"《左传》僖公十五年："陷君于败，败而不死，又使失刑，非人臣也。"《孟子·尽心上》："贤者之为人臣也，其君不贤，则固可放与？"因此，"太师人"亦可直接理解为太师之臣仆，鼎的作器者駜乎名乎，駜氏，系太师之臣属，而非太师氏之人名駜乎者。

中甗（集成3.949）铭曰：

> 王命中先，省南国，贯行设居。在曾，史儿至，以王命曰："余令汝使小大邦，厥有舍汝刍量，至于女虘，小多口。"中省自方、邓、履、口邦，在鄂师次，伯买父乃以（与）厥人戍汉、中、州，曰叚曰旟，厥人鬲廿夫，厥贮咎言，曰贮口贝，曰传口王休，肆屏有羞，余口捍，用作父乙宝彝。④

"伯买父乃以（与）厥人戍汉、中、州"，据上下文，"厥人"当指伯买父的僚友、臣属，

① 深圳博物馆、山西省考古研究所、山西博物院：《封邦建霸——山西翼城出土西周霸国文物珍品》，文物出版社2016年版，第50、51页。

② 吴镇烽编著：《商周青铜器铭文暨图像集成续编》，上海古籍出版社2016年版，第1卷，第372页；第3卷，第335页。

③ 详拙文：《翼城大河口M1出土铜器铭文试析》，《史地》第三辑，社会科学文献出版社2019年版，第163~182页。

④ 释文参考李学勤《论斁甗铭及周昭王南征》，朱凤瀚、赵伯雄编：《仰止集——王玉哲先生纪念文集》，天津人民出版社2007年版，第76~80页。

所谓"伯买父乃以（与）厥人戍汉、中、州"，即伯买父与其僚友臣属戍守汉、中、州。
类似辞例铜器铭文屡见，如农卣（集成 10.5424）、师旂鼎等，大鼎（己白鼎）（集成
5.2806-5.2808）铭曰：

> 唯十又五年三月既霸丁亥，王在𦼻侲宫。大以（与）厥友守，王飨醴。王呼膳
> 夫騅召大以（与）厥友入捍。

"大以（与）厥友守""大以（与）厥友入捍"与中甗铭文辞例相同，可见上述"厥人"
当指伯买父的僚友、臣属不误。由此也可见，将鼎铭"太师人"理解为太师之僚友臣属，
亦有理有据。

铜器铭文中常见"××有司××"，如：

> （1）南公有司𣪘鼎（集成 5.2631）：南公有司𣪘作尊鼎。
> （2）荣有司再鼎（集成 4.2470）、甗（集成 3.679）：荣有司再作齍鼎/甗。
> （3）仲枏父簋（集成 8.4154、8.4155）、仲枏父甗（集成 3.746-3.752）：师汤
> 父有司仲枏父作宝簋/甗。
> （4）伯颂父甒①：尹氏有司伯颂父作旅甒。
> （5）有司简簋盖②：丰仲次父其有司简作朕皇考益叔尊簋。
> （6）五祀卫鼎：邦君厉眔付裘卫田：厉叔子夙、厉有司申季、庆癸、燹表、荆
> 人敢、邢人偈屖。
> （7）九年卫鼎：舍颜有司寿商貉裘、盠幎。

所谓"××有司"，即系××属官，系表示人物隶属关系。同样，所谓"××臣"
"××仆""××人"等称谓，与"××有司"辞例近同，亦表人物隶属关系。

总之，据上下文义和有关金文文例，鼎铭的"太师人"例同金文中常见的"××臣"
"××仆""××有司"等，即系××属官，表示人物隶属关系。"太师人騅乎"，即太师
之臣属名騅乎者，而非太师氏之人名騅乎者，系表人物隶属而非族属或血缘（亲属）关系。

三、表族属（血缘）关系称谓方式

铜器铭文中标示族属和血缘关系，除常见的"×子""×孙"及上文所揭"××小
子"诸例外，还有其他各种形式，如哀成叔鼎（集成 5.2782）"余郑邦之产"。
又如较为常见的称"×氏"：

> （1）虢季氏子馭甗（集成 3.683）：虢季氏子馭作宝甗。

---

① 吴镇烽编著：《商周青铜器铭文暨图像集成》第 7 卷，上海古籍出版社 2012 年版，第 223、224
页。
② 周晓陆：《西周中殷盨盖、有司简簋盖跋》，《文物》2004 年第 3 期。

（2）虢季氏子组鬲（集成 3.661、3.662）、簋（集成 7.3971、7.3972、7.3973）、壶（集成 15.9655）：虢季氏子组作鬲/簋/宝壶。

（3）虢季子组卣（集成 10.5376）：虢季子组作宝彝。

（4）伯高父甗（集成 3.938）：郑氏伯高父作旅甗。

（5）原氏仲簋①：原氏仲作沦仲妫家母媵簋。

（6）赵氏余戈②：赵氏余𣪠𢾾夷用元镐作铸戈三百。

（7）焦犻戈③：赵氏孙焦犻作造戈三百。

（8）吴氏季大鼎④：吴氏季大为其饮鼎，子孙孙永宝用之。

（9）楚伯氏孙皮簋⑤：楚伯氏孙皮择其吉金，自作筐簋。

（10）伯游父罐⑥：黄季氏伯马颈君游父作其尊罐。

（11）仲㛸董鼎（集成 5.2624）：樊季氏孙仲㛸董用其吉金自作橐沱。

（12）鲍氏钟（集成 1.142）：齐鲍氏孙𢎥择其吉金自作龢钟。

（13）厚氏元铺（集成 9.4690）：鲁大司土厚氏元作膳铺。

（14）申五氏孙矩甗⑦：申五氏孙矩作其旅甗。

（15）汤叔盘（集成 16.10155）：棠汤叔伯氏荏铸其尊。

（16）散车父壶（集成 15.9669、15.9697）：散氏车父作皇母麤姜宝壶。

（17）宫氏白子元戈（集成 17.11118、17.11119）：宫氏伯子元栺戈。

（18）𥼶氏劕簋⑧：𥼶氏劕作簋。

（19）赗金氏孙盘（集成 16.10098）、赗金氏孙匜（集成 16.10223）：赗金氏孙作宝盘/匜。

（20）干氏叔子盘（集成 16.10131）：干氏叔子作仲姬客母媵盘。

（21）翚氏谚鎗（集成 16.10350）：翚氏谚作膳鎗。

（22）小臣氏樊尹鼎（集成 4.2351）：小臣氏樊尹作宝用。

（23）尹氏叔緐簋（集成 9.4527）：吴王御士尹氏叔緐作旅筐。

---

① 秦永军、韩维龙、杨凤翔：《河南商水县出土周代青铜器》，《考古》1989 年第 4 期。

② 吴镇烽编著：《商周青铜器铭文暨图像集成续编》第 4 卷，上海古籍出版社 2016 年版，第 228~231 页。

③ 吴镇烽编著：《商周青铜器铭文暨图像集成续编》第 4 卷，上海古籍出版社 2016 年版，第 183 页。

④ 吴镇烽编著：《商周青铜器铭文暨图像集成续编》第 1 卷，上海古籍出版社 2016 年版，第 174~175 页。

⑤ 吴镇烽编著：《商周青铜器铭文暨图像集成续编》第 2 卷，上海古籍出版社 2016 年版，第 268~271 页。

⑥ 周亚：《伯游父诸器刍议》，《上海博物馆集刊》第 10 期，上海书画出版社 2005 年版，第 121 页。

⑦ 中国青铜器全集编辑委员会：《中国美术分类全集 中国青铜器全集》第 8 卷，二九，文物出版社 1995 年版。

⑧ 吴镇烽编著：《商周青铜器铭文暨图像集成》第 10 卷，上海古籍出版社 2012 年版，第 238~242 页。

（24）尹氏士叔善父壶①：尹氏士叔善父作行尊壶。
（25）大师氏姜匜：大师氏姜作宝盘。

　　上揭各例，其称谓格式主要有二：一是"××氏+人名"，如例（1）～（6）、例（8）、例（10）、例（13）、例（15）～（18）、例（20）～（25）；另外一种是"××氏子、孙+人名"，如例（7）～（9）、例（11）、例（12）、例（14）、例（19）。皆明确表示作器者血缘或族属（亲属）关系。其中第一种还可再细分，如例（22）～（25），皆系以职官为氏。"氏"有时字可省去，如虢季氏子组鬲、簋、壶铭称"虢季氏子组"，而卣铭则称"虢季子组"。吴季大鼎的吴氏季大，同人之器吴季大甗②、簋③、盂④则作"吴季大"。伯游父罍"黄季氏伯马颈君游父"，伯游父匜⑤则称"黄季之伯游父"，系改"氏"为"之"，与臧之无咎戈⑥"庄之无咎"、竞之定簋、鬲、豆⑦"竞之定"等格式近似。或简称"黄季"，如黄季佗父戈⑧"黄季佗父之戈"。楚季苟盘（集成16.10125）"楚季苟作媯尊媵盥盘"，"楚季"应系"楚季氏"之省；曾季卿事夬壶⑨"唯曾季卿事夬用其吉金自作宝醴壶"，"季"系排行兼氏称，器主系曾国公室曾季氏⑩，等等，不赘述。而以职官为氏称者，似不可省、改。
　　省称的形式五花八门，如行氏伯为盆⑪"行氏伯为安（？）天姬子姑媵盆"。总体上讲亦属"××氏+人名"的称谓格式，但器主名减省。

　　①　吴镇烽编著：《商周青铜器铭文暨图像集成》第22卷，上海古籍出版社2012年版，第254、255页；吴镇烽编著：《商周青铜器铭文暨图像集成续编》第3卷，上海古籍出版社2016年版，第115页。
　　②　吴镇烽编著：《商周青铜器铭文暨图像集成续编》第1卷，上海古籍出版社2016年版，第377页。
　　③　吴镇烽编著：《商周青铜器铭文暨图像集成续编》第2卷，上海古籍出版社2016年版，第217页。
　　④　吴镇烽编著：《商周青铜器铭文暨图像集成续编》第2卷，上海古籍出版社2016年版，第314页。
　　⑤　周亚：《伯游父诸器刍议》，《上海博物馆集刊》第10期，上海书画出版社2005年版，第114～129页。
　　⑥　吴镇烽编著：《商周青铜器铭文暨图像集成》第31卷，上海古籍出版社2012年版，第154页；吴镇烽编著：《商周青铜器铭文暨图像集成续编》第4卷，上海古籍出版社2016年版，第61页。
　　⑦　陈全方、陈馨：《澳门惊现一批楚青铜器》，《收藏》2007年第11期；张光裕：《新见楚式青铜器器铭试释》，《文物》2008年第1期。
　　⑧　信阳地区文管会、光山县文管会：《河南光山春秋黄季佗父墓发掘简报》，《考古》1989年第1期。
　　⑨　吴镇烽编著：《商周青铜器铭文暨图像集成续编》第3卷，上海古籍出版社2016年版，第118～119页。
　　⑩　拙文：《续论曾卿事宣诸器》，刘玉堂主编：《楚学论丛》第九辑，湖北人民出版社2019年版。
　　⑪　吴镇烽编著：《商周青铜器铭文暨图像集成续编》第2卷，上海古籍出版社2016年版，第323页。

还有一些径称"×氏",如臧氏鼎①"臧氏作□母朕鼎",一般多见于东周尤其是战国时期的铜器铭文,如:

(1) 杅氏鼎(集成3.1509):杅氏。
(2) 盛氏官鼎②:盛氏官。
(3) 安氏私官鼎(集成4.1995):安氏私官。

与西周时期常见的称氏如伯氏鼎(集成4.2443-4.2447)"伯氏作曹氏羞鼎"、鼄季鼎(集成5.2585)"鼄季作嬴氏行鼎"、伯氏始氏鼎(集成5.2643)"伯氏始(姒)氏作羋嫚臭鑄鼎"、嬴氏鼎(集成4.2027)"嬴氏作宝鼎"的"伯氏""曹氏""嬴氏""始(姒)氏"等不同,应分别看待。

又:

(1) 建阴氏孝子鼎③:建阴氏孝子。
(2) 兹氏中官冢子戈④:兹氏中官冢子。

这种"××氏"后加泛称的称谓格式,也主要见于战国时期铜器铭文。与上述战国时期径称"×氏"的铜器铭文一样,多系物勒主名,和本文所论西周和春秋时期的有关称谓现象关系不大,亦应另当别论。

还有一些称"×人"者,如上文所举散人小子、晋人事寓、露人守、柬人守父、降(绛)人繁、周人司工殿、邑人奎父、毕人师同、矢人有司、豆人虞丂、小门人鬶、原人虞芬、隹人有司刑、丂及㲋人司工騂君等例。"×"一般系国族名或兼作地名,这类称谓通常也是表明其族属关系。

以上是表示族属和血缘(亲属)关系的一些代表性例子。

四、表隶属关系称谓方式

铜器铭文中表示隶属关系者,除上揭"××有司""××臣""××仆""××人"诸例外,也还有很多。

铜器铭文中常见"××土××",如2002年山东枣庄东江春秋小邾国墓地M2出土的

---

① 吴镇烽编著:《商周青铜器铭文暨图像集成续编》第1卷,上海古籍出版社2016年版,第194页。
② 湖北省文物考古研究所、襄樊市考古队、襄阳区文物管理处:《襄阳王坡东周秦汉》,科学出版社2005年版,第158页。
③ 吴镇烽编著:《商周青铜器铭文暨图像集成》第3卷,上海古籍出版社2012年版,第428页。
④ 吴镇烽编著:《商周青铜器铭文暨图像集成续编》第4卷,上海古籍出版社2016年版,第157~159页。

两件鲁酉子安母簋（M2：11、12），其器名分别作①：

> 正叔之士豳䑸作旅簋，子子孙孙永宝用。
> 鲁宰虢作旅簋，其万年永宝用。

据铭文上下文并对照有关金文文例如封子楚簋②"封子楚，郑武公之孙，楚王之士"、仆儿钟（集成 1.183、1.184）"余义楚之良臣，而乘之慈父，余購乘儿"等，"士"在铭文中当理解为"卿士""臣属"一类的意思，所谓"正叔之士豳䑸"，即器主豳䑸系正叔的臣属之义。"正叔之士豳䑸"与"鲁宰虢"实系一人，"豳䑸"系其字，"虢"为其名，"鲁宰"系其所任职称，"正叔之士"表明其所属。盖铭"鲁酉子安母"的"子"在铭文中应理解为女儿之义，而非美称；"酉"应读作"酋"指魁首，"鲁酉"指器铭的"正叔"，即"三桓"之一的叔孙氏，"鲁酉子安母"即鲁正叔之女安母，系"鲁宰虢"即"正叔之士豳䑸"之妻，簋系鲁国权臣之女与其女婿兼臣属夫妻共同作器，故器、盖分别铸以具夫、妻之名的铭文。

传世有一件鲁正叔之宁盘（集成 16.10124），铭作：

> 鲁正叔之宁作铸其御盘，子子孙孙永寿用之。

从铭文和年代来看，盘铭的"鲁正叔"与簋铭的鲁"正叔"应即一人，"正叔"应系鲁侯一类人物。

与战国时期楚系铜器铭文中常见的如臧之无咎戈"庄之无咎"、竞之定诸器"竞之定"邵王之諻簋（集成 6.3634、6.3635）"昭王之諻"等表血缘关系不同，"××之（士）××"则表隶属关系。

中国国家博物馆近年入藏一件春秋晚期的封子楚簋，铭曰：

> 唯正月初吉丁亥，封子楚，郑武公之孙，楚王之士，择其吉金，自作饑簋，用会嘉宾、大夫及我朋友。虢虢叔楚，剌之元子，受命于天，万世朋改，其眉寿无期，子子孙孙永保用之万世。

器主自名"封子楚"，"封"系其氏称，"子楚"系美称加字。

封子楚自称"郑武公之孙……剌之元子"，系郑武公后裔，见于《左传》的"七穆"之一的"丰氏"丰卷之子，与湖北襄樊余岗团山春秋墓③出土的郑庄公之孙虘鼎及缶的器

① 枣庄市政协台港澳侨民族宗教委员会、枣庄市博物馆编著：《小邾国遗珍》，中国文史出版社 2006 年版，第 42~46 页；枣庄市博物馆、枣庄市文物管理办公室：《枣庄市东江周代墓葬发掘报告》，《海岱考古》第四辑，科学出版社 2016 年版，第 157~163 页。

② 中国国家博物馆、中国书法家协会：《中国国家博物馆典藏甲骨文金文集粹》，安徽美术出版社 2015 年版，第 302~306 页。

③ 襄樊市博物馆：《湖北襄阳团山东周墓》，《考古》1991 年第 9 期。

主虘系兄弟。春秋中晚期以来，郑国因贵族间内斗不断，在这样的大背景之下，封子楚等仕楚，因而称"楚王之士"。

与上揭诸例相同者，还有：

> 郑伯氏士叔皇父鼎（集成 5.2667）：郑伯氏士叔皇父作旅鼎。
> 尹氏士吉射簠①：尹氏士吉射作庐姑媵簠。
> 尹氏士叔善父壶：尹氏士叔善父作行尊壶。

据铭文，器主的从属关系皆很清楚。
善夫克盨（集成 9.4465）铭曰：

> 唯十又八年十又二月初吉庚寅，王在周康穆宫，王令尹氏友史趩典膳夫克田、人。

所谓"尹氏友"，即尹氏的僚友臣属。
又尹氏贾良簠（集成 9.4553）铭曰：

> 尹氏贾良作旅簠，其万年子子孙孙永宝用。

所谓"尹氏贾良"，即尹氏的臣属贾名良者。

据以上所论，可知尹氏士吉射、尹氏士叔善父、尹氏友、尹氏贾等的尹氏皆指职官，例同伯颂父甗"尹氏有司伯颂父"的尹氏，而与尹氏叔絲簠"吴王御士尹氏叔絲"及叔善父壶"尹氏士叔善父"的尹氏指氏称不同。或谓"尹氏贾良"名贮良，尹氏②，实误。

五、金文人物称谓方式的社会历史背景及其反映的社会价值理念

东周时期尤其是南方地区的铜器铭文中，常见标示阀阅的现象，如器主在叙述自己的身份时，多称"余××之子（孙）"等。

对东周金文中这种标示阀阅的现象，张政烺说："凡此皆作器者自述其徽德，或制器勒铭以光显其亲，或意在标举阀阅以自重。"③ 李学勤说："这种现象的出现，无疑是器主要显示其族氏的显赫。不妨设想，这些器主虽多有社会地位，甚至为诸侯、卿大夫，可

———————————

① 吴镇烽编著：《商周青铜器铭文暨图像集成》第 10 卷，上海古籍出版社 2012 年版，第 96～99 页。

② 吴镇烽：《金文人名汇编》（修订本），中华书局 2006 年版，第 81 页。

③ 张政烺：《邵王之諻鼎及殷铭考证》，《中央研究院历史语言研究所集刊》第八本第三分，商务印书馆 1939 年版，第 371～378 页。

是他们在姬、姜等华夏大姓之外，从而特别感到有申述世系的必要，以至表明谱系在南方这些诸侯国及其后裔间流行起来。"① 所言并是。南方地区这种具有时代和地域特色的"阀阅类"铭文，是作器者对自己特殊身份的一种有意识强调，其所要表达的，其实是器主的一种政治宣言，与吴越徐楚等地处蛮夷，政治地位较低，春秋中晚期以后，随着国力的上升，纷纷争霸中原，楚国北上东进、侵国夺地的灭国运动等历史和文化背景皆息息相关。春秋中晚期之后，中原和山东地区此类铭文的出现及流行，很可能是受同时期南方风气影响之故。②

标示族属，表明血缘关系，其实就是标示阀阅，二者本质相同。东周金文中流行的标示阀阅现象，应系西周金文中流行的标示族属和血缘关系现象的延续和扩展。

大家知道，周代是血缘社会，宗法制和分封制是周代社会的基石，分封制的基础是宗法制，宗法制的核心是血缘关系，是姬姓和姜姓的联盟，这是西周王朝赖以生存和维持统治的根本。通过以血缘关系为纽带的宗法制和分封制，将王朝的权力分配于周公、召公、南公、晋侯、芮伯等人组成的核心集团。通过鲁、燕、曾、晋、芮等核心封国，实行对四土诸侯国和地方的统治，这便是西周王朝权力的基本结构和运作模式。周初的西周政治地理空间布局，是以王朝的权力分配结构为基础，其维系和运作模式，也是以贯彻和实施王朝的权力和统治，实现以周王领导下的姬周贵族家天下为目的的。③ 基于这样的社会大背景，血缘关系即决定了社会关系，是一种隐形的社会关系。标示族属即阀阅，实际上是为了彰显血缘关系，显示社会地位和影响力。

与宗法制和分封制相结合，保障西周王朝权力结构正常运转的，是一套从中央到地方和基层的周王领导下的官僚体系和姬周贵族家天下为首的层级的基本社会结构单元，其具体体现，即君、臣和主、仆形式的社会从属关系。无论是中央王朝或诸侯国，君、臣和主、仆之间，又多有血缘关系，血缘所占比例和所起的作用，往往是决定性的，有关问题我曾有专文分析④，不赘述。同标示族属和阀阅一样，标示隶属关系实即彰显社会关系，显示社会地位和影响力。

因此，这类标示族属阀阅和隶属关系的铜器铭文，从本质上体现了周代社会的权力基本结构模式，折射了当时社会的价值观念，是周代社会和价值理念的浓缩。体现在物质文化和文字的层面，就是这种标示族属和阀阅及人物隶属关系的铜器铭文的盛行，其背后的权力分配结构和社会价值理念，更引人深思，值得探究。

六、结　语

综上所述，据古文字字形、铭文文义和有关金文文例，太师人騂乎鼎的"太师人"

① 李学勤：《春秋南方青铜器铭文的一个特点》，《缀古集》，上海古籍出版社1998年版，第116~121页。

② 详拙文：《东周时期南方地区"阀阅类"铜器铭文试析》，《华夏文明》2020年第4期。

③ 详拙文：《金文"公""伯"与西周王朝的权力结构分配及运作模式》，未刊稿。

④ 详拙文：《铜器铭文所见曾国职官及其身份举隅》，《纪念徐中舒先生诞辰120周年国际学术研讨会论文集》，巴蜀书社2019年版。

例同金文中常见的"××臣""××仆""××有司"等，即系××属官，表示人物隶属关系。"太师人骍乎"，即太师之臣属名骍乎者，而非太师氏之人名骍乎者，系表人物隶属而非血缘或族属（亲属）关系。

通过对铜器铭文中表血缘族属（亲属）和隶属关系诸例及其称谓格式的分析，指出标示血缘族属（亲属）关系，即标示阀阅，以彰显血缘关系，显示社会地位和影响力。东周金文中流行的标示阀阅现象，应系西周金文中流行的标示族属和血缘（亲属）关系现象的延续和进一步扩展。同样，标示隶属关系亦系彰显社会关系，显示社会地位和影响力。

标示族属和阀阅及人物隶属关系的铜器铭文的盛行，从本质上体现了周代社会的权力基本结构模式，折射了当时社会的价值观念，是周代社会和价值理念的浓缩。

（作者单位：兰州大学历史文化学院）

正统竞争与文明承继：论汉赵国的"以孝治天下"

——由《晋书》类传所载汉赵人物切入

□ 刘 兵

【摘要】《晋书》类传多载十六国人物，其中又以汉赵国人物居多。在《晋书》类传所载汉赵人物中，有明确的孝德孝行记录者又超过半数。《晋书》类传所载汉赵国人物列传的史源，是以和苞《汉赵记》为代表的汉赵国史，而除《晋书》类传以外，汉赵国史中另有不少存在同类现象的人物，范围涵盖皇室宗亲、公卿将帅以及普通百姓，此是汉赵国奉行"以孝治天下"的表现和反映。汉赵政权选择"以孝治天下"，有继承汉室"以孝治天下"的传统和竞争晋室"以孝治天下"的正统这两种正、反动因，但归根结底是对华夏文明和传统的切实承继。

【关键词】《晋书》类传；汉赵国；以孝治天下

北魏宣武帝时，御史中尉王显奏称："自金行失御，群伪竞兴，礼坏乐崩，彝伦攸斁。"① 这是孝文帝以北魏直接承继西晋法统，将十六国打入僭伪行列之后，② 时人对十六国统治下政治秩序和社会风气的总体评价。崔鸿著述《十六国春秋》亦本此观念，不仅将十六国斥为北魏兴起之"驱除"，而且以"穷兵锐进，以力相图"③ 来概括其历史面貌。这样的评价标准与历史叙述，经唐修《晋书》的采录引用而流传下来，遂成为后世对五胡十六国历史的固定观感。当前，学术界已经开始对这种惯性观感进行反思，对十六国时期的思想文化、学术教育以及宗教事业等均已展开探索，并给予了基于历史事实的客观评价。④ 但就笔者阅读所及，目前有关十六国诸政权的伦理秩序建设，尤其是本文所关

---

① 《北史·景穆十二王上·广平王洛侯传附继子匡传》，中华书局 1974 年版，第 645 页。

② 参见罗新：《十六国北朝的五德历运问题》，《中国史研究》2004 年第 3 期，后收入罗新：《王化与山险：中古边裔论集》，北京大学出版社 2019 年版，第 284 页。

③ 《魏书·崔光传附弟子鸿传》，中华书局 1974 年版，第 1503 页。崔鸿自称著述十六国史，不过因其"善恶兴灭之形，用兵乖会之势，亦足以垂之将来，昭明劝诫"（第 1504 页）。

④ 参见刘国石、高然：《二十世纪中国大陆十六国史研究》"六、思想、文化及社会史"，《魏晋南北朝史研究：回顾与探索——中国魏晋南北朝史学会第九届年会论文集》，湖北教育出版社 2009 年版，第 51~52 页。

注的孝治政策及其实践的研究，似不多见。故本文拟由《晋书》类传所载汉赵国人物切入，① 探讨汉赵国"以孝治天下"表现、成因及其意义，在助力汉赵国史研究的同时，期以丰富和深化学界有关十六国史认知的点滴之效。

一、《晋书》类传所载汉赵人物及其共性

《晋书》三十卷载记是今所留存的最完整、最集中的十六国史料。载记之外，《晋书》中另一处十六国史材料相对较多且集中的地方就是类传。② 在《晋书》诸类传中，不少传主存在由西晋而入十六国各政权的情况，除却为晋死节或守节者（如麹允、辛勉之类）、避世而不仕者（如隐逸、艺术传所载相关人物）之外，后又入仕十六国各政权、或与之存在较密切关系者亦所在皆有，③ 而其中尤以进入汉赵国者居多，由此出现晋朝的忠臣义士，与不共戴天之敌国即汉赵国的孝子节妇同传并列的奇特现象。

这种情况的出现，自然与《晋书》自身体例有关。中华书局点校本"出版说明"总结《晋书》内容称："它的叙事从司马懿开始，到刘裕取代东晋为止，记载了西晋和东晋封建王朝的兴亡史，并用'载记'形式，兼叙了割据政权'十六国'的事迹"④，也就是说，《晋书》仍以晋朝历史为叙事主线、内容框架和时空范围，只不过同时兼及十六国历史，并将之集中安置在"载记"部分。这种体例原则表现在类传中，就是在述及由西晋而入十六国时代的相关人物时，传主事迹的主体内容仍放在晋朝，而只在传尾处简单交代传主在晋亡以后的出处或结局。⑤ 但这并不代表此类传记的内容结构本就如此，其实这些传主更主要的活动、更重要的事迹恰恰是在其进入十六国政权之后。作为灭亡西晋、继而在中原建立起第一个非华夏政权的汉赵国，自然是十六国诸政权中接收此类人物最多者。那么相应地，在十六国诸政权中，《晋书》诸类传述及汉赵国人物也就最多。

当然，以晋为主、以晋为正、以晋为断，只是《晋书》体例的总体原则，但因晋史本身的复杂性，《晋书》取材、叙事已然越出两晋范围之外，加之《晋书》成于众手，破例疏漏之处所在不少，所以《晋书》诸类传中也就多有跳脱上述通例的情况。最显著的是《晋书·列女传》，该传前序交代其时限、范围为"上从泰始，下迄恭安，一操可称，

---

① 近见利用《晋书》类传探讨汉赵国相关问题的研究还有董刚：《匈奴汉国汉化问题辨析》，《甘肃社会科学》2018年第4期。

② 虽然各类传所载十六国人物都以个体的形式出现，篇幅也不大，史料地位与载记相比不在同一个量级，但由于十六国史料稀缺，如对这些类传中仅存的十六国人物资料，不深入挖掘加以利用，就太可惜了。

③ 如后赵：桑虞（孝友传）、续咸和韦謏（儒林传）、佛图澄（艺术传）；冉魏：韦謏（儒林传）；前燕：王欢（儒林传）、黄泓（艺术传）、慕容垂妻段氏和段丰妻慕容氏（列女传）；前秦：王嘉和僧涉（艺术传）、韦逞及其母宋氏和苻坚妾张氏、窦涛妻苏氏、苻登妻毛氏（列女传）；前凉：宋矩和车济（忠义传）、郭瑀和祈嘉（隐逸传）、张天锡妾阎氏和薛氏（列女传）；后秦：王嘉和鸠摩罗什（艺术传）；后凉：鸠摩罗什（艺术传）、吕纂妻杨氏和吕绍妻张氏（列女传）；南凉：昙霍（艺术传）；西凉：李玄盛妻尹氏（列女传）；另有特殊者如郭黁，则历仕前凉、前秦、后凉、西秦、后秦。

④ 《晋书》"出版说明"，中华书局1974年版，第1页。

⑤ 如下文将要论及的汉赵国人物刘殷、王延、王育、韦忠、刘敏元、乔智明、范隆及朱纪等，都是此种情况。

一艺可纪，咸皆撰录，为之传云"，这正是《晋书》通例在类传中的贯彻，然其下紧接着又补充道"在诸伪国，暂阻王猷，天下之善，足以惩劝，亦同搜次，附于篇末"①，并收入了刘聪、苻坚、慕容垂等十六国主之妃后的事迹，此即《晋书》叙事、取材兼及十六国史而在类传中出现的变例。另一个较显著的例外是《晋书·艺术传》，该传前序并未言及将行用如《列女传》那样的变例，但事实上，该传中不仅有部分传主的事迹，十六国时期的篇幅较之西晋时代，或几乎相当（如《卜珝传》等），或已大幅超过（如《佛图澄传》等），甚至多有十六国人物的专传（如《鸠摩罗什传》等），此属《晋书》类传中变例之外的破例。除《艺术传》外，破例的情况在其他类传中亦偶有之，典型者如《儒林传》中的韦謏、《孝友传》中的王延。这些情况同样也是由于《晋书》叙事、取材兼及十六国史而造成的，这也正是《晋书》中除载记之外，类传中保存了不少十六国各政权人物的原因。然而，变例、破例的情况虽然存在，但就《晋书》类传总体而言，毕竟仍属少数，因此在《晋书》诸类传中，十六国各政权人物虽皆有所见，但仍以汉赵国人物居多。②

表1统计了《晋书》诸类传所载汉赵国人物，总共16人，显然远多于其他十六国政权只有零星或少数人物见载的情况。就族属而言，这些人物有屠各，有南匈奴，也有汉人；就身份而言，这些人物有朝廷三公、皇帝妃后，也有地方牧守、文臣武将，以及官员家属、普通百姓；就时间而言，这些人物的活动跨度基本涵盖了汉赵国的始终。可以说除载记之外，这样一种相对集中的类传呈现，也为我们从新的角度切入汉赵国史提供了新的线索。

表1 《晋书》类传所见汉赵国人物简表

	姓名	族属	在汉赵国的终官	亡期	出处
●	刘殷	汉	太保、录尚书事	刘聪朝	孝友
●	王延	南匈奴③	金紫光禄大夫	刘粲朝	孝友
	王育	汉	太傅	刘聪朝④	忠义
●	韦忠	汉	镇西大将军、平羌校尉	刘聪朝	忠义

① 《晋书·列女传》，中华书局1974年版，第2507页。

② 王应麟尝从晋失节的角度谓"《晋史·忠义传》可削者三人"，即韦忠、王育、刘敏元［王应麟著，翁元圻等注，栾保群、田松青、吕宗力校点：《困学纪闻》（全校本），上海古籍出版社2008年版，第1541页］，就是未看破《晋书》类传的体例特点。

③ 《晋书·孝友传·王延传》仅言其为"西河人也"（中华书局1974年版，第2290页），未明言其族属，但本传载其"继母卜氏"，而卜氏（须卜氏）乃匈奴四姓名族之一［参见姚薇元：《北朝胡姓考》（修订本）"卜氏"条，中华书局2007年版，第158~160页］，加之西河本南匈奴最主要的聚居地，而王氏亦是匈奴及屠各的常见姓氏（参见陈连庆：《中国古代少数民族姓氏研究——魏晋南北朝民族姓氏研究》匈奴"王氏"条，吉林文史出版社1993年版，第16~17页），因此，王延有可能是南匈奴族人，但也仅属推测。

④ 刘聪嘉平四年"大定百官"，曾任"王育为太傅"（《晋书·刘聪载记》，中华书局1974年版，第2665页），然自此以后，王育不再见诸记载，应是在此不久后即去世，故表1中姑且定其死于刘聪朝。上列刘殷的亡期，亦系如此推知。

续表

	姓名	族属	在汉赵国的终官	亡期	出处
	刘敏元	汉	中书侍郎、太尉长史	刘曜朝以后	忠义
•	乔智明	南匈奴①	司隶校尉、冠军将军	刘聪朝②	良吏
•	范隆	汉	太尉	刘曜朝③	儒林
	朱纪	汉	太傅	刘曜朝	附见上传
	韦謏	汉	黄门郎	冉闵朝④	儒林
	卜珝	南匈奴	太常、使持节、平北将军	刘聪朝	艺术
	台产	汉	太子少师	刘曜朝以后	艺术
•	刘娥	汉	皇后	刘聪朝	列女
	刘英	汉	左贵嫔	刘聪朝	附于上传
•	王广女	不明	王广为西扬州刺史⑤	刘聪朝	列女
•	陕妇人	不明	民女	刘曜朝	列女
•	靳康女	屠各	靳康为靳准篡乱的左右手	刘曜朝	列女

备注：标●者，为传文中有对传主孝德、孝行明文记载者

在这些林林总总、或长或短的记录中有一个值得注意的共性现象，即其中九人的传文都有关于传主孝行的具体记载，或对传主孝德的明确强调。⑥ 见载于《孝友传》的刘殷、

① 《晋书·良吏传·乔智明传》记其"鲜卑前部人也"（中华书局1974年版，第2337页），周一良先生已指出"鲜卑前部"为"匈奴前部"之讹，见氏著《魏晋南北朝史札记》（补订本）《晋书》部"匈奴乔氏"条，中华书局2015年版，第101~102页。

② 汉赵嘉平三年（313年）四月，乔智明随刘曜出征长安，出发时其官爵为司隶校尉，当年十一月兵败被杀时，官职为冠军将军，见《资治通鉴》卷八八"晋愍帝建兴元年"条，中华书局2011年版，第2842、2851页。《晋书·刘聪载记》亦载其出征时官"司隶"（中华书局1974年版，第2664页），但未记其战败被杀事。

③ 《晋书·儒林传·范隆传》载"隆死于刘聪之世，聪赠太师"（中华书局1974年版，第2353页），但事实上，至刘粲朝靳准乱政时还见"太傅朱纪、太尉范隆出奔长安"（《晋书·刘聪载记》，中华书局1974年版，第2668页），在刘曜平定靳准之乱时仍见"太傅朱纪、太尉范隆等上尊号"（《晋书·刘曜载记》，中华书局1974年版，第2684页），此后则皆不再见诸记载，应皆亡于刘曜朝。

④ 韦謏先仕刘曜，后入石赵、冉魏，本传所载事迹亦主要集中在后，严格来说，应当划属《晋书》类传所见后赵国人物的行列，但考虑到本传明言其"仕于刘曜，为黄门郎"（《儒林传·韦謏传》，中华书局1974年版，第2631页），故暂收入表中。

⑤ 吴士鉴疑西扬州乃《晋书·地理志》载刘聪所置西河阳（中华书局1974年版，第429页）之误，见吴士鉴、刘承幹：《晋书斠注》卷九六"梁纬妻辛氏"条，《续修四库全书》第227册，上海古籍出版社2002年版，第252页下栏。

⑥ 九人之外其他人物，除韦謏不论外，朱纪、刘英因是附见，所以记载简略；卜珝、台产则偏重对其占术的记述，未多涉及其品行一面；《忠义传》中的王育、刘敏元，分别表彰的是前者忠而欲杀辱其长官者、后者义而欲代同邑老人陷于贼者的事迹；《晋书》类传择取此六人的材料，虽未留下传主孝德孝行方面的记录，但并不排除其原始材料中存有这方面记载的可能性，尤其王育、刘敏元的事迹已有此端倪。

王延，重点表彰的就是其孝行，传中载录了二人孝感冥通以致天赐菫粟、邻火绕行、叩凌鱼出等异迹。《忠义传》的韦忠，本传载其 "年十二，丧父，哀慕毁悴，杖而后起……服阕，遂庐于墓所"①。《良吏传》的乔智明，亦记其 "少丧二亲，哀毁过礼"。《儒林传》的范隆，亦载其 "年四岁，又丧母，哀号之声，感恸行路"。《列女传》的刘聪后刘娥，记其 "性孝友"②。《王广女传》重在交代其为父报仇之烈节，正乃至孝之行。《陕妇人》虽重在渲染其蒙冤被诛所致之灾异，但原因仍在其本是 "事叔姑甚谨" 乃至毁面目拒再嫁的孝媳，这从后来刘曜赠谥 "孝烈贞妇"③ 亦可见。《靳康女传》虽重在表彰其父兄被诛后不事刘曜之志操，但其行为的出发点以及 "曜哀之，免康一子"④ 的结局，无不都是大孝。《孝友传》表彰传主孝行自是应有之义，《忠义传》涉及传主孝德也可以理解，但《良吏传》《儒林传》都专门强调传主的孝行，特别是《列女传》所载四人全有对其孝德的表彰，而且这种情况在《晋书》类传所见并不算多的汉赵人物中所占比例已然过半，尤其是其他十六国政权所见人物列传几无相关记载，即使对比西晋人物出现相关记载的频次亦无不及，这就应该引起注意了。

无论这些传记中有几分夸张虚构，⑤ 它们以如此集中的方式呈现出来，尤其考虑到其中绝大多数都是与汉赵政权关系密切的政治人物，这就不能不让人思考这种现象与汉赵国政权之间所存在的关联，这种关联性最明显的一点，无疑就是这些传记的史源就是汉赵政权所编撰的汉赵国史。

二、《晋书》类传所载汉赵人物传记的史源及其意义

众所周知，唐初官修《晋书》短期而成，系 "以臧荣绪《晋书》为主"⑥，综合此前诸家《晋书》，"兼引伪史十六国书"⑦ 而成。因《晋书》中十六国史料的主体是载记，学界关注的重心自然也在载记，故而多忽略了《晋书》类传中亦有相对较多的十六国资料，因此，言及《晋书》取自十六国史传的部分，通常也就局限于载记，而往往不及类传中的相关传记。⑧ 但毫无疑问的是，《晋书》类传中所见十六国人物的列传，其史源亦

---

① 《晋书·忠义传·韦忠传》，中华书局 1974 年版，第 2310 页。

② 《晋书·列女传·刘聪妻刘氏传》，中华书局 1974 年版，第 2519 页。

③ 《晋书·列女传·陕妇人传》，中华书局 1974 年版，第 2520、2521 页。

④ 《晋书·列女传·靳康女传》，中华书局 1974 年版，第 2521 页。

⑤ 刘殷等的孝感神迹，皆取自当时流行的孝子叙事模式，如《刘殷传》中火烧殡屋的故事，又见于同卷《何琦传》，如《王延传》叩凌鱼出的故事，就同于广为人知的同书《王祥传》卧冰求鲤的故事。因此这些记载的真伪虚实，并非本文的关注点所在。

⑥ 《旧唐书·房玄龄传》，中华书局 1975 年版，第 2463 页。

⑦ 刘知幾著，浦起龙释：《史通通释》外篇《古今正史》（第 3 册），商务印书馆 1930 年版，第 33 页。

⑧ 如张泽咸先生介绍《晋书》时说："《史通》说它'兼引伪史十六国书'即是就《载记》而言"，见陈高华、陈志超等：《中国古代史史料学》，天津古籍出版社 2006 年版，第 115 页。另如柴德赓先生亦言："《晋书》所载十六国事，大部分在载记中"，"载记以《十六国春秋》为主要资料，参考唐初流传的范亨《燕书》、裴景仁《秦记》、张证（笔者按，张证应是张咨）《凉记》等记述撰成"（见氏著《史籍举要》，北京出版社 1982 年版，第 47、50 页），也未言及类传部分。

为列国国史。

　　就上举《晋书》类传中所载汉赵国人物传记而言，表 2 通过检索《太平御览》等类书，对其史源进行了追溯。① 由表 2 可见，《孝友传》中的刘殷和王延、《艺术传》中的卜珝、《列女传》中的刘聪后刘娥和陕妇人，相关传记材料在《太平御览》中都引自崔鸿的《十六国春秋·前赵录》。众所周知，崔鸿《十六国春秋》乃"搜集诸国旧史"，"因其旧记"，② 增删改编而成。因此，这些参考了崔鸿《十六国春秋·前赵录》的《晋书》汉赵国人物传记，其史源自然也就是汉赵国的史传材料。如《列女传》王广女的材料，《太平御览》所引正是和苞的《汉赵记》，就非常有力地证明了这一点。

表 2　　　　　　　　　《晋书》类传所载汉赵国人物传记史源统计表

《晋书》类传		《太平御览》③ 所引
孝友传	刘殷传	卷四一一·人事部五二·孝感，引崔鸿《十六国春秋·前赵录》，第 1895 页下栏
	王延传	卷四一一·人事部五二·孝感，引崔鸿《十六国春秋·前赵录》，第 1895 页下栏
艺术传	卜珝传	卷六四六·刑法部一二·斩，引崔鸿《前赵录》，第 2892 页下栏④
列女传	刘娥传	卷一四二·皇亲部八·刘聪小刘后，引崔鸿《三十国春秋·前赵录》，第 694 页上栏⑤
	王广女传	卷四四〇·人事部八一·贞女中，引和苞《汉赵记》，第 2025 页上栏
	陕妇人传	卷四三九·人事部八〇·贞女上，引崔鸿《前赵录》，第 2021 页上栏

　　注：a. 为避繁琐，相关条目重出或有其他内容，仅取录与孝德孝行相关者；
　　　　b.《汉赵记》《十六国春秋》及《三十国春秋》重出，则靠前征引，不录其余。

　　虽然《忠义传》中的王育、韦忠、刘敏元，《良吏传》的乔智明以及《列女传》

① 当然，笔者同时参考了王谟《十六国春秋辑本》和吴士鉴《晋书斠注》有关各条的辑考成果。
② 《魏书·崔光传附弟子鸿传》，中华书局 1974 年版，第 1504、1502 页。
③ 《太平御览》，中华书局 1960 年版。
④ 《太平御览》此条"卜珝"写作"卜栩"，但系同一人无疑。
⑤ 前一条即"刘聪大刘后"刘英，亦引崔鸿《三十国春秋·前赵录》，但言其"以左贵嫔立为皇后"，将劝说刘聪勿杀大臣、停建宫殿一事系于其下，与《晋书》不同。另，此处《太平御览》所谓崔鸿《三十国春秋》应误，因该书并非崔鸿所著。《三十国春秋》有南朝宋武敏之撰、南朝梁萧方等撰两种，前者流传不广，内容也不得而知；后者则见录于《隋志》以下诸书目文献，且多被史家采用、论及（参见吴振清：《四种久佚史籍简介》，《古籍整理研究学刊》1986 年第 2 期），《太平御览》所引《三十国春秋》即为后者。特别是，《太平御览》引《三十国春秋》缀以作者姓名者，只有崔鸿、萧方两种情况，缀以崔鸿者，极少数以"崔鸿《三十国春秋》"的形式出现，绝大多数则具体到《三十国春秋·某某录》；而缀以萧方者，则几乎都以"萧方等《三十国春秋》"的形式出现，唯一例外则具体到《三十国春秋·西凉传》（《太平御览》卷一七六《居处部四》"堂"条，中华书局 1960 年版，第 857 页上栏），考虑到征引体例与录、传之不同，笔者认为《太平御览》所引崔鸿《三十国春秋·某某录》者（甚至包括仅具崔鸿《三十国春秋》这种情况），可能都是崔鸿《十六国春秋·某某录》的讹误。当然，萧方等撰《三十国春秋》亦是网罗诸国群史而成（参见晁公武撰，孙猛校证：《郡斋读书志校证》，上海古籍出版社 1990 年版，第 109 页），不论此条究系崔著、还是萧著，都不致影响本文立论。

的靳康女，在《太平御览》中的记载都引自《晋书》；《儒林传》的范隆、《艺术传》的台产，暂未找到线索，但无疑都同样取材于崔鸿的《十六国春秋·前赵录》，或直接录自和苞的《汉赵记》。靳康女的事迹，毫无疑问是如此，自不需赘论。作为匈奴前部人的乔智明，作为刘渊同门的范隆（包括朱纪），凭其在晋朝时期的身份地位及个人事迹，断无入列晋朝国史的可能，而他们之所以出现在唐修《晋书》的类传中，无疑是因为他们后来在汉赵政权跻身高层，得以入载汉赵国史，最终又被唐修《晋书》所采录。同理，其他人物如王育、韦忠、刘敏元、台产，虽在晋朝时皆已略有事迹，但同样职位均低（如王育为司马颖帐下将领、韦忠为平阳郡功曹），甚至是白身（如刘敏元、台产），为晋朝国史载录的可能性很小，而他们同样在汉赵国仕至高位，也应该是因为进入了汉赵国史记载，后才被唐修《晋书》所择取。① 可以为此提供侧证的是，史源出于汉赵国史者，如《孝友传》中的刘殷、王延两传，《列女传》中的刘聪妻刘氏、王广女、陕妇人、靳康女，皆以类相从、前后相连，说明《晋书》史臣在采录汉赵国史材料时，基本遵循着汉赵国人物集中安置、密集排列的原则。② 《忠义传》中的王育、韦忠、刘敏元三人同样也是前后紧接，虽然刘敏元与前两人之间，夹着一个为晋守节的辛勉，但辛勉传的主体内容皆是其随怀帝被俘平阳后的情况，因此辛勉事迹应亦取材自汉赵国史。不仅如此，王育之前的贾浑，虽也是为晋死节者，但《太平御览》载其妻宗氏不屈于汉将乔晞的事迹却引自崔鸿《十六国春秋·前赵录》，③ 由此可推，贾浑的事迹与辛勉一样，应亦取自汉赵国史，因此贾浑、王育、韦忠、辛勉、刘敏元诸人才会在《晋书·忠义传》中前后相连④。

十六国政权"各有国书"⑤，《隋书·经籍志》"举其见在"，列出"二十七部，三百三十五卷"⑥，其中就有和苞所撰《汉赵记》十卷。《史通·古今正史》"十六国史"条历述诸政权国史详情，其中述及："前赵刘聪时，领左国史公师彧，撰《高祖本纪》及功臣传二十人，甚得良史之体，凌修潜其讪谤先帝，聪怒而诛之。刘曜时，平舆子和苞撰《汉赵记》十篇，事止当年，不终于曜灭。"⑦ 公师彧所撰可能不慎触及屠各刘渊的某些

① 汉晋时代，将本地孝子贤妇的德行记录上报中央，是地方政府上计的规定内容（参见《汉书·循吏传·黄霸传》，中华书局 1962 年版，第 3632~3633 页），此项材料应系后来朝廷修史之际，孝友、列女等传的主要史料来源。但考虑到西晋末年"衣冠轨物，图书记注，播迁之际，皆归江左"（《隋书·牛弘传》，中华书局 1973 年版，第 1299 页），而且此处所举人物皆身入汉赵，其本人、包括其家人子孙就是"活的材料"，因此，汉赵国史的主要史源因采自当朝，原西晋朝廷保存的相关档案材料或毁灭、或南迁，未必是这些人物列传的主源。

② 《艺术传》中的卜珝、台产两传不邻接，属于破例。但上文已言，《晋书》众手官修，破例的情况颇多。所以，虽有此一处破例，但并不足以否定上述史例的存在。

③ 《太平御览》卷四二二《人事部六三》"义妇"条，中华书局 1960 年版，第 1947 页上栏。引文中，贾浑作贾潭，但系同一人无疑。

④ 颇疑贾浑之前的《麹允传》亦出汉赵国史，暂无直接证据，姑志于此。

⑤ 《魏书·崔光传附弟子鸿传》，中华书局 1974 年版，第 1502 页。

⑥ 《隋书·经籍志二》，中华书局 1973 年版，第 964、963 页。

⑦ 刘知幾著，浦起龙释：《史通通释》，商务印书馆 1930 年版，第 38 页。

忌讳，因而被刘聪诛杀，① 但其所撰不可能皆触忌讳，其初衷和主体应仍是歌颂开国之君及创业功臣，就像后赵石虎亦有刊削史稿之事，但其所刊削者也正是此前石勒所授意编撰者②。和苞修史应吸取了公师彧的前车之鉴，在敏感处更多回避，在麻烦处更行回护。上举《太平御览》王广女的前一条，是同引自和苞《汉赵记》所述的梁纬妻辛氏事迹，内容与《晋书·列女传·梁纬妻辛氏传》基本相同，特别是其结尾记辛氏"亦自杀"，《晋书》本传亦与之同，且还有"曜以礼葬之"③ 一句，足证《晋书》此传史源亦为和苞《汉赵记》，这一点由其与相同史源的《贾浑妻宗氏传》前后并列亦可证④。然《太平御览》引邓粲《晋纪》同述辛氏事，却记其"因据地大哭，从者亦哭，曜并杀之"⑤。事实的真相暂置不论，和苞作为汉赵史臣，与作为东晋史家的邓粲，叙述同一件事而有情节不同的版本，正说明了各自皆有其政治立场，在修史之际皆有取舍裁剪。

顺着梁纬妻辛氏出现不同版本的思路，我们或许会将《晋书》类传所载汉赵国人物多有孝德孝行的现象，解释为汉赵史官在修史之际的隐恶虚美，但其超过一半的比例，又显然说明这种现象并非仅仅是史官对个别人物或特定对象的虚美所导致。那么跳出《晋书》类传的范围，我们还可以见到更多汉赵人物的孝德孝行记载，特别是这些人物、包括《晋书》类传中所见者，他们的孝德孝行又是与其生前的政治身份、政治地位以及政治活动密切相关的，而不仅仅是死后对其的一种虚美性生平书写，换句话说，汉赵国史中传主孝德孝行的高频次出现，应是汉赵政权国家意识形态及社会伦理导向的直接反映。

三、汉赵国实践"以孝治天下"的表现

表3统计了《晋书》类传以外、同样有孝德孝行记载的其他汉赵国人物。⑥《载记》记刘渊"七岁遭母忧，擗踊号叫，哀感旁邻，宗族部落咸共叹赏"，自是对其孝德的明确记录。刘曜汲汲于将父、母之丧自太原、平阳迎还，大建陵墓，追赠谥号，自然皆属孝行的表现。刘曜太子刘熙被誉为"孝友仁慈"，"足以堂负圣基，为承平之贤主"，仁孝之德正是其克承统胤的主要原因。刘聪后呼延氏有"恭孝称于宗族"之德，上夫人王氏在刘聪"大怒"的情况下，"叩头乞哀"保住父命，无疑亦属孝举。江都王刘延年"少孤，为

① 关于刘聪朝这起"国史之狱"的探讨，可参罗新：《从依傍汉室到自立门户——刘氏汉赵历史的两个阶段》，《原学》第5辑，中国广播电视出版社1996年版，后收入罗新《王化与山险：中古边裔论集》，北京大学出版社2019年版，第123~124页。

② 事见《晋书·石勒载记下》，中华书局1974年版，第2735~2736页。刘知幾著，浦起龙释：《史通通释》外篇《古今正史》"十六国史"，商务印书馆1930年版，第38页。

③ 《晋书·列女传·梁纬妻辛氏传》，中华书局1974年版，第2513页。

④ 贾浑妻宗氏、梁纬妻辛氏二人，虽与后面刘聪妻刘氏诸人分割开来，但仍体现了上述《晋书》于汉赵国史材料集中排列的体例。

⑤ 《太平御览》卷四三九《人事部八〇》"贞女上"引邓粲《晋纪》，中华书局1960年版，第2021页上栏。

⑥ 除表3中所列者外，《太平御览》卷五五七《礼仪部三六》"冢墓一"引崔鸿《前赵录》，述陇西人张嵩哀感幽显母死复活之事（第2521页上栏），但张嵩系王弥部下（见《晋书·王弥传》，中华书局1974年版，第2611页），其最后是否进入汉赵国不明，故暂未列入表3中。

叔父所养"，"奉叔以孝闻"，以己子从 "噉人贼" 手中换回叔孙；长乐王刘洋"性至孝，言及二亲，未尝不呜咽摧恸，每忌日辄三日不食"；上郡王刘俊亦为叔父刘密从贼人手中以己子换回，"密后亡，俊勺饮不入口者五日，虽服丧期年，而心丧六载"，都是大孝至孝的典型。以之与表 1 所列人物相比，前者身份多样、地位各异，而此七人全属帝室与皇族一系，也就是说，更加集中在了汉赵政权的核心成员身上。这反映出汉赵政权统治阶层对孝德的普遍重视，从而透露出汉赵国应亦奉行着 "以孝治天下" 的政策。

表 3　　　　　　　　　　　有孝德孝行记载的其他汉赵国人物简表

身份	姓名	出　　处
皇帝	刘渊	《晋书·刘元海载记》，第 2645 页①
	刘曜	《晋书·刘曜载记》，第 2684、2693 页
太子	刘熙	《晋书·刘曜载记》，第 2696 页
后妃	刘聪后呼延氏	《太平御览》卷一四二·皇亲部八·刘聪呼延后，引崔鸿《三十国春秋·前赵录》，第 694 页上栏
	刘聪上夫人王氏	《晋书·刘聪载记》，第 2661 页
宗王	江都王刘延年	《太平御览》卷四二一·人事部六二·义中，引崔鸿《十六国春秋·前赵录》，第 1940 页下栏
	长乐王刘洋②	《太平御览》卷四一三·人事部五四·孝中，引崔鸿《十六国春秋·前赵录》，第 1905 页上栏
	上郡王刘俊	《太平御览》卷四一六·人事部五七·友悌，引崔鸿《十六国春秋·前赵录》，第 1918 页

虽然史料中没有汉赵国奉行 "以孝治天下" 的直接且明确的记载，但通过梳理，我们还是能够辨识出某些个别事件，正是汉赵国实践孝治精神、实施孝治政策的体现。比如上已提及的，刘曜为陕妇人平反冤屈并赠谥 "孝烈贞妇" 的行为，即可视为汉赵政权将孝治政策贯彻至民间的一个例证。此外，史料中留有一条刘曜朝 "赐人爵两级"，同时加赐 "孤老贫病不能自存者帛各有差"③ 的记载，此虽是远袭汉代普赐民爵之陈迹，④ 所赐之爵已无实际意义，但其中特别针对 "孤老" 的救济举措，无疑仍显示出汉赵政权在民间贯彻孝治政策的精神。再如刘粲继位后，"尊聪后靳氏为皇太后，樊氏号弘道皇后，

---

① 《太平御览》卷一一九《偏霸部三》前赵刘渊，全引崔鸿《十六国春秋·前赵录》，但无相应内容，或是《太平御览》裁省之故，因为《太平御览》皇王、偏霸载诸帝王类皆精简。下列刘曜内容同此。

② 《太平御览》刘洋作刘详，但系同一人无疑。

③ 《晋书·刘曜载记》，中华书局 1974 年版，第 2693 页。

④ 有关汉代普赐民爵的情况，可参 [日] 西嶋定生：《中国古代帝国的形成与结构：二十等爵制研究》，武尚清译，中华书局 2004 年版。

宣氏号弘德皇后，王氏号弘孝皇后"①。其中王氏所获"弘孝"的封号，与"弘道""弘德"这两个至高至极、本已统辖其他所有具体"道""德"的封号并列，则无疑是汉赵国孝治精神在后宫妃号封赠中的体现。由此三例进而与上述史籍中所见汉赵人物多有孝德孝行的现象同观并览，则不难判定此种现象也正是汉赵国奉行"以孝治天下"的表现和结果。也只有放在汉赵国奉行"以孝治天下"的背景之下，我们才能够理解何以汉赵国史所记上自皇帝妃后、宗室诸王，下至三公保傅、卿将众臣，以及命官家眷、普通百姓，都无不天生孝性、躬行孝德。

那么在这种意义上，也就不宜将汉赵国史录其本国人物多记其孝德孝行的现象，仅仅解释为史官的曲笔虚美或一种单纯的历史书写，而应将之视为当日汉赵国建设政权、实施统治，以及立主选妃、命官择人，乃至政教宣扬、民风导化过程中的实情反映与实态记录。也就是说，汉赵国当时本就要求其政治人物，包括普通民众具备并践履孝德孝行，且以此作为旌善表德、选贤与能的重要标准。比如刘殷、王延居汉国三公保傅，应即由于其在西晋时期就已是广为人知的大孝，故而被屠各刘氏选为汉赵政权朝廷百官的表率和代表，并以此来彰显和强化自身"以孝治天下"的国策。另如刘殷二女被选入后宫，小女刘娥进而成为汉赵国一代贤后，也同样是由于其家门背景与自身修养。当然，汉赵国史所载有孝德孝行的本国人物中自然会有名实不副者，但这就完全属于另外的问题，而与本文主旨意在揭示汉赵国亦奉行"以孝治天下"的国策已不相干。

在这个背景下，汉赵史官的秉笔也就同样可以视为汉赵国孝治国策的体现和反映，虽然其必有回护剪裁之处，但其所推崇表彰者无疑仍代表着汉赵国的官方意识形态。比如它记载了本国帝王将相的孝德孝行，同时也存录了那些不降于汉赵的义士烈妇的事迹（如上举贾浑及其妻宗氏、辛勉兄弟、梁纬妻辛氏等）；比如除了表彰孝德之外，它同时还表彰了友悌、忠义、吏能、儒业、数术、贞烈（如表一所列类传所示），以及直谏（如陈元达②）、明直（如段凯③）、谦冲（如陈寔④）、困学（如李景年⑤）、轻死（如曹光⑥）、骁武（如刘翌⑦）等。那么从这串不短的名单中，我们不难看出汉赵国在政治秩序、社会伦理方面，绝非如文首所引北魏王显所言之"礼坏乐崩，彝伦攸斁"，而是同任何一个国家政权一样，也在积极建设、努力维系，"以孝治天下"的孝治政策正是其中的核心理

---

① 《晋书·刘聪载记附刘粲传》，中华书局 1974 年版，第 2678 页。

② 陈元达事见《太平御览》卷一七六《居处部四》"堂"引和苞《汉赵记》，中华书局 1960 年版，第 857 页下栏。

③ 段凯事见《太平御览》卷二二六《职官部二四》御史中丞下引崔鸿《十六国春秋·前赵录》，中华书局 1960 年版，第 1073 页下栏。

④ 陈寔事见《太平御览》卷四二四《人事部六五》"让下"引崔鸿《前赵录》，中华书局 1960 年版，第 1955 页下栏。

⑤ 李景年事见《太平御览》卷三五一《兵部八二》"戈"引崔鸿《前赵录》，中华书局 1960 年版，第 1616 页上栏。

⑥ 曹光事见《太平御览》卷三七四《人事部一五》"须"引崔鸿《前赵录》，中华书局 1960 年版，第 1725 页下栏。

⑦ 刘翌事见《太平御览》卷三七九《人事部一一》"手"引崔鸿《前赵录》，中华书局 1960 年版，第 1704 页上栏。

念与核心策略，只是其努力和效果被五胡十六国时代民族纷争的动乱形势所遮蔽和冲淡了而已。①

四、汉赵国奉行"以孝治天下"的原因

上述汉赵国从皇帝皇后到三公保傅都有孝德孝行的现象，很容易让人联想到陈寅恪先生探讨西晋统治阶级的阶级属性、西晋治术的文化面貌时所谈到的现象：

> 晋皇室司马懿（宣帝）至司马炎（武帝）都重孝、重礼。"三年之丧，自古达礼"，而晋皇室自司马懿以来，"居亲丧皆毁瘠逾制"，可谓有过之而无不及。②
> 司马氏将移魏鼎之际，其三公为王祥、何曾、荀顗，而此三人者，当时皆以孝行著称。③

真可谓是易代而同工。众所周知，陈先生认为西晋统治阶级乃东汉儒家大族之后继，故视西晋代魏乃"尽复东汉时代士大夫阶级统治全盛之局"④，西晋皇室躬行三年丧礼、西晋三公多用大孝之士等，皆应求之于"其家传之政治理想"，因为"东汉儒家（即）以孝治天下"⑤。虽然学界对陈先生以阶级、文化的视角远接东汉与魏晋的研究取径已有反思与商榷，⑥ 但陈先生所揭示的西晋奉孝治为国策这一点则确然为不易之事实。《世说新语·任诞》篇载：

> 阮籍遭母丧，在晋文王坐进酒肉。司隶何曾亦在坐，曰："明公方以孝治天下，而阮籍以重丧，显于公坐饮酒食肉，宜流之海外，以正风教。"⑦

此条材料为世所习知，亦足证西晋奉行"以孝治天下"之国策。

西晋司马氏皇室皆重孝行孝，晋朝三公皆用大孝之士，而灭晋继起的汉赵国主亦皆有

---

① 《晋书》诸类传中，除《外戚传》不计，《隐逸传》特殊之外，只有《文苑传》不见汉赵国人物。这种现象与当时东晋与十六国南、北社会风尚不同的现实亦复相合，恰可反过来证明，其他类传中多出现汉赵国人物，一定程度上也应是当时汉赵国实际情况的反映。

② 万绳楠整理：《陈寅恪魏晋南北朝史讲演录》，贵州人民出版社 2012 年版，第 5 页。

③ 陈寅恪：《崔浩与寇谦之》，《岭南学报》1950 年第 1 期；收入陈寅恪：《金明馆丛稿初编》，生活·读书·新知三联书店 2009 年版，第 144 页。

④ 陈寅恪：《书世说新语文学类钟会撰四本论始毕条后》，《中山大学学报》1956 年第 3 期；收入陈寅恪：《金明馆丛稿初编》，生活·读书·新知三联书店 2009 年版，第 49 页。

⑤ 陈寅恪：《崔浩与寇谦之》，《金明馆丛稿初编》，生活·读书·新知三联书店 2009 年版，第 143、144 页。

⑥ 见田余庆：《曹袁之争与世家大族》"作者跋语"，《秦汉魏晋史探微》（重订本），中华书局 2004 年版，第 161~162 页。另参仇鹿鸣有关魏晋政治史研究与"政治集团"分析方式的学术史回顾及反思，见氏著《魏晋之际的政治权力与家族网络》"绪论"，上海古籍出版社 2012 年版，第 1~11 页。

⑦ 刘义庆著，刘孝标注，余嘉锡笺疏，周祖谟、余淑宜、周士琦整理：《世说新语笺疏》，中华书局 2007 年版，第 854~855 页。

孝德孝行，汉赵三公保傅亦皆用孝名卓著者，这其中明显透露出攀比、竞争的意味。特别是汉赵大孝刘殷、王延之事迹，与西晋首孝王祥类多相似，尤其王延之孝感祥征为叩凌鱼出以进继母，几就是王祥卧冰求鲤以奉继母的翻版，[1] 这些现象都进一步透露出汉赵国当时私下模仿、刻意攀比的痕迹。虽然在现存汉赵国史料中，我们看不到有关屠各皇室服丧及其年限的记载，无从在这方面与司马氏诸帝作对比，但刘曜悦纳乔豫、和苞之谏，停建自己之寿陵，而不纳游子远之谏，为父营造规模盛大之陵墓，这看似前后反复、互相矛盾的现象，其实应即屠各皇室欲在孝治方面压过司马氏之心理与意图的反映，只不过将着力点放在了物质表现层面而已。

众所周知，五胡十六国诸政权，尤其是推翻西晋首先在中原建国的汉赵国，其开国立朝所面临的首要任务就是政权合法性的争夺与树立。学界已有研究证明，汉赵政权合法性的建设最初走的是一条"延续炎汉，排斥魏晋"[2] 的路子。刘渊起兵之初自号"汉氏之甥"，借助汉与匈奴曾"约为兄弟"的历史事实，依据"兄亡弟绍"的继承原则，建国称汉，在即汉王位的诏书中历述西汉、东汉、蜀汉诸帝功业时，皆称"太宗孝文皇帝""世宗孝武皇帝""中宗孝宣皇帝""显宗孝明皇帝""肃宗孝章皇帝"，特别是还"追尊刘禅为孝怀皇帝"，[3] 明确显示出屠各刘氏对两汉"以孝治天下"精神的准确认知及有意识的继承。[4] 由此可以说，汉赵国"以孝治天下"国策之所以形成并贯彻，来源于完全不同但又彼此相关的两个路径——续汉，故要承继其"以孝治天下"的传统政策；斥晋，则要竞争其"以孝治天下"的正统地位。[5] 这承继与竞争正、反两方面的动力和压力，可以说直接促成了汉赵国孝治政策的顺利确定与激进推行，由此才会出现上述汉赵国史所载人物多有孝德孝行，虽经唐初史臣筛选过滤，但在《晋书》中仍留下众多线索。

这里还必须强调的是，汉赵国对汉朝"以孝治天下"的承继，绝不仅仅是权宜借用汉家旗号的无心插柳，汉赵国史中出现如此众多具有孝德孝行的人物，也绝非全为与西晋"恶性"竞争的结果，而应是其对华夏传统、华夏文明有意识、有目的地选择和承继。因为五胡十六国诸非华夏族群所建立的政权，仍多以立足华夏世界、建立华夏式政权为其理想和目标，[6] 作为其揭橥者的汉赵国，最初即"以取晋而代之为目标"，要"仿照晋朝建立政权"，而"要建立一个能够号召晋人的华夏式政权，就不可避免地要适应传统政治观

---

① 参见《晋书·王祥传》，中华书局 1974 年版，第 988 页。

② 罗新：《十六国北朝的五德历运问题》，《王化与山险：中古边裔论集》，北京大学出版社 2019 年版，第 275 页。

③ 《晋书·刘元海载记》，中华书局 1974 年版，第 2649~2650 页。

④ 有关汉代孝治的情况，可参刘修明：《"汉以孝治天下"发微》，《历史研究》1983 年第 6 期；赵克尧：《论汉代的以孝治天下》，《复旦学报》（社会科学版）1992 年第 3 期。

⑤ 学界对司马氏施行孝治天下的原因，以及汉晋间忠孝关系问题亦多有探讨（参唐长孺：《魏晋南朝的君父先后论》，《魏晋南北朝史论拾遗》，中华书局 2011 年版），姚大力还将此问题与古代中国的国家意识、国家认同联系起来作了考察（参见氏著《变化中的国家认同：对中国国家观念史的研究述评》，《追寻"我们"的根源：中国历史上的民族与国家意识》，生活·读书·新知三联书店 2018 年版，第 81~82 页），本文主旨集中在究发汉赵国亦行孝治天下政策，暂不旁涉其他相关问题。

⑥ 参关尾史郎：《日本的五胡十六国时代史研究——以谷川道雄的〈隋唐帝国形成史论〉与三崎良章的〈五胡十六国的基础性研究〉为中心》，《魏晋南北朝史研究：回顾与探索——中国魏晋南北朝史学会第九届年会论文集》，湖北教育出版社 2009 年版，第 64 页。

念与文化"①。而且，这种适应并不是被动消极的，而是积极主动的，刘渊在起兵建汉之际称"夫帝王岂有常哉，大禹出于西戎，文王生于东夷，顾惟德所授耳"②，就明确反映出他要成为天命所寄之德的代表，以此来缔造华夏传统所认可的政权。当此之际，本之于最基本的人情伦常的孝，经汉晋以来历代王朝的政治实践，③ 已发展成为一套内涵丰富、体系完备、运用成熟的孝治理念和方案，作为当时公认的华夏传统政治理念和治国方略，当然最易被刘渊及汉赵国统治阶层所继承和运用，④ 而其建立华夏式政权的理想和目标，也决定了汉赵国的"以孝治天下"绝不是权宜假借或攀比竞争，而是对华夏文明和传统的切实承继⑤。毕竟，比起更多集中在名分、名义层面的法统竞夺，实践环节的具体治术选择和政治运作成效，才真正关乎政权的稳定与命运，这同样也决定着汉赵国实践和推行"以孝治天下"不会仅是自欺欺人、流于形式。

《隋书·经籍志》备举十六国"霸史"后论曰："自晋永嘉之乱，皇纲失驭，九州君长，据有中原者甚众。或推奉正朔，或假名窃号，然其君臣忠义之节，经国字民之务，盖亦勤矣。"⑥《晋书》载记前序虽称十六国时期"穷兵凶于胜负，尽人命于锋镝，其为战国者一百三十六年"，但仍承认其"华夷咸暨，人物斯在"。⑦ 对比文首所举王显、崔鸿的说法，唐初史臣似对北魏孝文帝以来形成的五胡十六国史观已有所更张，对十六国诸政权的评价也更趋公允，这是十六国北朝纷乱世局迈入隋唐统一之局后的应有结果。本文由史载汉赵国人物多孝德孝行的现象切入，揭示汉赵政权亦奉行"以孝治天下"的华夏传统治术，进而论证此乃汉赵政权实质性拥抱华夏文明的观点，可为唐初史臣的上述观点添加一条注脚。

（作者单位：山西大学历史文化学院）

---

① 罗新：《十六国北朝的五德历运问题》，《王化与山险：中古边裔论集》，北京大学出版社 2019 年版，第 274 页。

② 《晋书·刘元海载记》，中华书局 1974 年版，第 2649 页。

③ 张分田认为"以孝治天下"的政治模式发端于华夏国家产生之初，其巅峰状态出现在西周，不认同将"孝治"理论的创造归功于"儒家"，将"孝治"实践的拓展归功于汉朝 [见氏著《西周"孝治"的主要特征及其历史性蜕变》，《天津师范大学学报》（社会科学版）2014 年第 2 期]，且这一政治传统在秦朝也并未中断（见氏著《秦朝"以孝治天下"的主要措施及其历史贡献》，《天津社会科学》2014 年第 1 期）。

④ 匈奴族旧有所谓"贵壮健，贱老弱"（《史记·匈奴列传》，中华书局 1982 年版，第 2879 页）之风俗，似与后来匈奴汉赵国重孝德、行孝治颇成抵牾，但前者实乃人类社会在特定阶段和极端条件下的应激反应，华夏族在早期亦有过与之类似的风俗（参吴天明：《原始文化的生存竞争与生殖竞争主题——论原始先民贵壮贱弱弃杀老弱的野蛮习俗》，《中国文化》2002 年第 19、20 期），所以并不足以对后来汉赵国推行孝治产生滞碍。

⑤ 后刘曜虽改变了汉国的历运选择路径，由继汉攘晋改为坦承种族、接续晋朝，但其使用华夏传统文化及治国方略的本质没有改变，此由表 1 所列人物中有刘曜朝者可见。

⑥ 《隋书·经籍志》，中华书局 1973 年版，第 964 页。

⑦ 《晋书·刘元海载记》，中华书局 1974 年版，第 2644 页。

青岛土山屯木牍所见汉代"更赋"新探[*]

□ 朱德贵 李惠芹

【摘要】最新公布的青岛土山屯西汉木牍首次披露了一些未见于传世文献的财税名目，如"罢癃钱""罢癃卒钱""更卒钱""戍卒钱""过更卒钱"等。研究表明，汉代"更赋"实乃由"罢癃钱""罢癃卒钱""更卒钱""戍卒钱"和"过更卒钱"五部分组成。其中"罢癃钱""罢癃卒钱"和"过更卒钱"属官府固定征收的税目。从土山屯西汉木牍《堂邑元寿二年要具簿》和《元寿二年十一月见钱及逋簿》上看，"更卒"既是本郡县"一月一更"之役的承担者，也是"岁更"戍边之役的承担者。同时，汉代的徭役并非"更卒徭役"和"戍卒徭役"的合称，"更卒钱"实乃雇人服役一月的代役金。
【关键词】土山屯木牍；更赋；罢癃卒钱；卒更钱

在中国古代税收史中，"更赋"是因徭役而产生的，徭役又是古代税收史研究的重要内容。长期以来，中外学术界对秦汉"更赋"制度进行了热烈的讨论，如日本学者平中苓次、楠山修作，中国学者范文澜、臧知非、崔曙庭、田泽滨、钱剑夫、黄今言和杨际平等先生分别就"更赋"的构成、"更赋"与徭役的关系等问题提出各自不同的意见。① 大体说来，有如下三种代表性观点：一是"更赋"即"过更"；二是"更赋"由"卒更""过更"演变而来，是"戍边三日"300 钱与雇人代役一月 2000 钱构成的；三是"更赋"

---

* 本文系国家社会科学基金重大项目"秦汉三国简牍经济史料汇编与研究"（19ZDA196）、2020 年度黑龙江省哲学社会科学基金项目"新出简牍与秦汉兵役制度研究"阶段性成果。

① ［日］平中苓次：《漢書貨貨志に見える「更賦」について》，《立命館文學》卷 265，1967 年，第 307~322 页；［日］楠山修作：《更賦と軍賦》，《研究紀要（立海南高等學校）》卷 2，1968 年，第 19~37 页；崔曙庭：《汉代更赋析辨》，《中国历史文献研究集刊》第 2 集，1981 年，第 116~126 页；田泽滨：《汉代的"更赋"、"赀算"与"户赋"》，《东北师大学报》（哲学社会科学版）1984 年第 6 期；臧知非：《汉代更赋辨误——兼谈"戍边三日"问题》，《徐州师范学院学报》（哲学社会科学）1987 年第 2 期；钱剑夫：《秦汉赋役制度考略》，湖北人民出版社 1984 年版，第 142~143 页；黄今言：《秦汉赋役制度研究》，江西教育出版社 1988 年版，第 219 页；胡大贵：《汉代更赋考辨》，《四川师范大学学报》（社会科学版）1995 年第 1 期；范文澜等：《中国通史（第二册）》，人民出版社 1994 年版，第 60 页；杨际平：《秦汉财政史》，湖南教育出版社 2015 年版，第 583 页。

是 "月为更卒" 的代役金。可喜的是，最近刊布的青岛土山屯西汉木牍所记《元寿二年十一月见钱及逋簿》和《堂邑元寿二年要具簿》两份官文书为解决这一历史悬案提供了最为鲜活而有力的历史证据①。本文拟利用传世文献及出土材料对这两份文书中涉及 "更赋" 的简文作一系统而全面的分析和考察。不妥之处，敬请专家指正。

一、"罢癃钱" 和 "罢癃卒钱"

在青岛土山屯西汉木牍背面下栏有 14 行文字，记录了堂邑县在汉哀帝元寿二年（前 1 年）十一月的赋税征缴情况，彭峪等先生将之命名为 "元寿二年十一月见钱及逋簿"②。从这份《元寿二年十一月见钱及逋簿》的内容上看，它首次向世人展示了一些未见于传世文献的财政收入名目：

> 元寿二年十一月见钱及逋簿·凡逋钱二百卌五万五千七百卌一
> 见赋钱三万二千六十二
> 见税鱼钱千二百一十
> ·凡见钱三万三千二百七十二
> 逋二年口钱三万九千七百八十二
> 逋二年罢癃卒钱十五万七百五十
> 逋二年所收事它郡国民秋赋钱八百
> 逋二年所收事它郡国民口钱四百八十三
> 逋二年所收事它郡国民更卒钱九千二百
> 逋二年所收事它郡国民冬赋钱四百
> 逋二年冬赋钱八十四万二千八百六十六
> 逋二年过更卒钱五十九万六百
> 逋二年罢癃钱千二百
> 逋三年戍卒钱八十一万六百五十

在以上材料中，"罢癃卒钱" "罢癃钱" "更卒钱" "戍卒钱" "过更卒钱" "冬赋钱" 等在传世文献及以往出土材料中均不见记载。③ 如何理解和阐释这些财政收入名目，就成为摆在我们面前亟待解决的问题。在《元寿二年十一月见钱及逋簿》中，"罢癃钱" 和 "罢癃卒钱" 是单列出来的，它们显然是两种不同的财政收入项目。就目前现存的所有秦汉文献资料来看，班固《汉书·食货志》载："（王莽下令曰）汉氏减轻田租，三十而税

---

① 彭峪等：《山东青岛土山屯墓群四号封土与墓葬的发掘》，《考古学报》2019 年第 3 期。
② 彭峪等：《山东青岛土山屯墓群四号封土与墓葬的发掘》，《考古学报》2019 年第 3 期。
③ 在以往文献中，学界承袭了三国如淳的说法："天下人皆直戍边三日，亦名为更，律所谓繇戍也。虽丞相子亦在戍边之调。不可人人自行三日戍，又行者当自戍三日，不可往便还，因便住一岁一更。诸不行者，出钱三百入官，官以给戍者，是谓过更也。"（《汉书·昭帝纪》注）尽管该文献提及了 "过更"，但并未言明此钱乃 "过更卒钱"，故 "过更卒钱" 亦属首次披露。另外，"冬赋钱" 属秦汉 "赋算" 中的一种，不在本文讨论的范围，此处从略。

一，常有更赋，罢癃咸出，而豪民侵陵，分田劫假，厥名三十，实什税五也。"① 按照东汉班固 "常有更赋，罢癃咸出" 这一说法，"罢癃钱" 和 "罢癃卒钱" 当归属于 "更赋"，是税种 "更赋" 下的两个税目。

但问题是，何谓 "罢癃钱" 和 "罢癃卒钱"？它们之间又有何种区别和联系？就目前所见现存的传世文献来看，我们无法获得答案。但庆幸的是，上引青岛土山屯西汉木牍《元寿二年十一月见钱及通簿》为我们解决这些问题提供第一手原始资料。为了解决这些问题，我们首先必须弄清楚 "罢癃" "罢癃（癃）筭（算）" 和 "罢癃卒" 在当时历史条件下的真实含义。

1. 罢癃

据《二年律令·傅律》简 363 记载："当傅，高不盈六尺二寸以下，及天乌者，皆以为罢癃（癃）。"② 整理者解释云："乌，疑读为亚。《说文》：'亚，丑也，像人局背之形。' 在此当指天生残疾丑恶。"③我们认为，"天乌" 是指因天生残疾或后天疾病而导致身材矮小，"高不盈六尺二寸（大约 1.426 米）" 者。在承担国家义务方面，"罢癃" 与一般正常人有所区别。如简牍文献记载：

> 罢癃（癃）守官府，亡而得，得比公癃（癃）不得？得比焉。
> 睡虎地秦墓竹简《法律答问》133④
> 诸当行粟，独与若父母居老如睆老，若其父母罢癃（癃）者，皆勿行。金痍、有
> □病，皆以为罢癃（癃），可事如睆老。《二年律令·徭律》408⑤

在《法律答问》中，"罢癃" 仍需承担部分劳役，如 "守官府" 等⑥。上引《二年律令·徭律》则规定，若父母属 "罷癃（癃）" 者，家中男丁可以不 "行粟" 事，即不需要承担转运粮食的工作。如果因战争或其他原因导致 "罢癃（癃）" 的，可按 "睆老" 规定执行。何谓 "睆老"？《二年律令·傅律》简 357 载："不更年五十八，簪裹五十九，上造六十，公士六十一，公卒、士五（伍）六十二，皆为睆老。"⑦ 这说明，爵位的高低决定了 "睆老" 年龄。对于无爵位的 "士伍" 来说，62 岁及以上者皆为 "睆老"。另据

① 《汉书·食货志》，中华书局 1962 年版，第 1143 页。

② 彭浩、陈伟、[日] 工藤元男：《二年律令与奏谳书：张家山二四七号汉墓出土法律文献释读》，上海古籍出版社 2007 年版，第 234 页。

③ 彭浩、陈伟、[日] 工藤元男：《二年律令与奏谳书：张家山二四七号汉墓出土法律文献释读》，上海古籍出版社 2007 年版，第 235 页。

④ 睡虎地秦墓竹简整理小组：《睡虎地秦墓竹简》，文物出版社 1990 年版，第 124 页。

⑤ 彭浩、陈伟、[日] 工藤元男：《二年律令与奏谳书：张家山二四七号汉墓出土法律文献释读》，上海古籍出版社 2007 年版，第 247 页。

⑥ 该简文大意是说，如果 "罢癃（癃）" 在当值的时候逃亡，与因公而 "癃（癃）" 者处罚相同。

⑦ 彭浩、陈伟、[日] 工藤元男：《二年律令与奏谳书：张家山二四七号汉墓出土法律文献释读》，上海古籍出版社 2007 年版，第 232 页。

《二年律令·徭律》载："睆老各半其爵繇（徭）员，入独给邑中事。"也就是说，"睆老"因年老体弱，仅需承担一半的劳役，而不是全役。当然，根据律文，"罢癃"者亦如此。

由于"罢癃"者享有政策优待，"虚占""匿占"现象较为普遍，故法律对此作出了严格的规定："匿敖童，及占罢癃（癃）不审，典、老赎耐，·百姓不当老，至老时不用请，敢为酏（诈）伪者，赀二甲；典、老弗告，赀各一甲；伍人，户一盾，皆罨（迁）之。"（睡虎地秦墓竹简《秦律杂抄》简32）①

2. "罢瘁（癃）筭（算）"

"算"在汉代有其特定的含义。据《汉书·贡禹传》记载："自禹（贡禹）在位，数言得失，书数十上。禹以为古民亡赋算口钱，起武帝征伐四夷，重赋于民，民产子三岁则出口钱，故民重困，至于生子辄杀，甚可悲痛。宜令儿七岁去齿乃出口钱，年二十乃算。"② 在这里，贡禹建议元帝，凡汉朝小孩"七岁去齿乃出口钱"，至"年二十乃算"。后来，元帝采纳了前一个建议，而"年二十乃算"，元帝并未采纳。我们从《汉书·贡禹传》"年二十乃算"可知，"算"与年龄大小密切相关。又，东汉卫宏在《汉官旧仪》中说："算民，年七岁以至十四岁出口钱，人二十三。[二十钱]以食天子。其三钱者，武帝加口钱，以补车骑马通税。又令民男女年十五以上至五十六赋钱，人百二十为一筭（算），以给车马。"③也就是说，凡"民男女年十五以上至五十六"者，每人"百二十为一筭（算）"，即为120钱/算。此处之"一筭（算）"，指的就是一个成丁应承担的赋税额度。

那么，汉代官府又是如何界定成丁的呢？根据出土资料记载，汉代凡年龄2岁至6岁者为"未使男（女）"；7岁至14岁者为"使男（女）"；15岁至56岁者为"使大男（女）"或"大男（女）"。如《居延汉简释文合校》④ 载：

□妻大女止□，年廿一，用谷二石一斗六升大。
　弟使男陵，年十二，用谷二石一斗六升大。凡用谷四石三斗三升少 **27·3**
　　　妻大女止氏〈耳〉，年廿六，用谷二石一斗六升大。
制虏隧卒周贤 子使女捐之，年八，用谷一石六斗六升大。
　　　子使男并，年七，用谷二石一斗六升大。　凡用谷六石 **27·4**
　　　妻大女眇，年卅五。
第五隧卒徐谊 子使女待，年九。　　见署用谷五石三斗一升少
　　　子未使男有，年三。 **203·3**
　妻大女待，年廿七。
□　子未使男偃，年三。　省荌用谷五石三斗一升少
　子小男霸，年二。 **203·23**

---

① 睡虎地秦墓竹简整理小组：《睡虎地秦墓竹简》，文物出版社1990年版，第82页。
② 《汉书·贡禹传》，中华书局1962年版，第3075页。
③ （汉）卫宏：《汉官旧仪》，（清）孙星衍等辑：《汉官六种》，中华书局1990年版，第50页。
④ 谢桂华、李均明等：《居延汉简释文合校》，文物出版社1987年版。

据此，彭卫、杨振红两位先生说："（汉代）简牍文书载录的年龄分层是：大男和大女，年龄在 15 岁以上；使男和使女，年龄在 7 岁至 14 岁；未使男和未使女，年龄在 2 岁至 6 岁。又据《居延新简》收录的简文，汉代尚有'小男'和'小女'概念，分别包括使男、未使男和使女、未使女。"① 也就是说，"使大男（女）或曰大男（女）"达到了"算"的条件，即 15 岁至 56 岁者。

但"事"的起始年龄为多少呢？为了回答这个问题，让我们先看看青岛土山屯木牍正面《堂邑元寿二年要具簿》的记载：

> · 堂邑元寿二年要具簿
> 城一舟（周）二里百廿五步，县东西百卅五里五十步，南北九十一里八十步
> 户二万五千七，多前二百卅七
> 口十三万二千一百四其三百卅奴婢，少前千六百八
> 复口三万三千九十四
> 定事口九万九千一十，少前五百卅四
> 凡筭（算）六万八千五百六十八，其千七百七十九奴婢
> 复除罢癃（瘫）筭（算）二万四千五百六十五
> 定事筭（算）四万四千三多前六百廿二
> 凡卒二万一千六百廿九，多前五十一
> 罢癃睆老卒二千九十五
> 见甲卒万九千五百卅四
> 卒复除繇使千四百卅一
> 定更卒万七千三百八十三
> 一月更卒千四百卅六
> ……②

据此可知，当时堂邑县有人口"十三万二千一百四"，即 132104 人，其中"复口三万三千九十四"人，即免除"役使"者 33094 人。最后达到"事"条件者（7 岁以上）凡"口九万九千一十"，即 99010 人。那么，何谓"事"？三国如淳在《汉书·高帝纪》注曰："事谓役使也。"③ 晋灼《汉书·宣帝纪》"且毋收事"条目下注曰："不给官役也。"④ 因此，"事"是官府的差役，其起始年龄是秦汉官府依律规定的。

接下来的问题是，为什么达到"算"条件者（15 岁及以上）才"六万八千五百六十八（68568）"人呢？其中 30442 人又属于哪一类人？根据前述，"事"的起始年龄为 7 岁，而"算"的起始年龄为 15 岁。也就是说，这 30442 人乃为 7 岁至 14 岁者，即

---

① 彭卫、杨振红《中国风俗通史·秦汉卷》，上海文艺出版社 2002 年版，第 354 页。
② 彭峪等：《山东青岛土山屯墓群四号封土与墓葬的发掘》，《考古学报》2019 年第 3 期。
③ 《汉书·高帝纪》，中华书局 1962 年版，第 54 页。
④ 《汉书·宣帝纪》，中华书局 1962 年版，第 244 页。

"使男（女）"；68568 人则为年龄 15 岁至 56 岁者，是"使大男（女）"或"大男（女）"。因此，在这 68568"使大男（女）"中，显然包含年龄达到 15 岁以上且未达到"傅籍"标准之"罢癃（癃）"①。此类"罢癃（癃）"，汉代人称之为"罢癃（癃）筭（算）"。

正是因为存在"罢癃（癃）筭（算）"，所以汉代"事"并不等同于"事算"。从上引《堂邑元寿二年要具簿》可知，"事算"不包括"罢癃（癃）筭（算）"。"事算"等于"算"减去"罢癃（癃）筭（算）"，即"68568 人 – 24565 人 = 44003 人"（事算）。

在复除这些"罢癃（癃）筭（算）"后，剩下的当然就是承担劳役的"事算"人数。关于"事算"，汉代设有专门的登记簿书。如天长纪庄西汉木牍《算簿》载：

> 算簿
> ·集八月事算二万九复算二千卅五。
> 都乡八月事算五千卅五。
> 东乡八月事算三千六百八十九。
> 垣雍北乡八月事算三千二百八十五。
> 垣雍东乡八月事算二千九百卅一。
> 鞠（？）乡八月事算千八百九十。
> 杨池乡八月事算三千一百六十九。
> ·右八月。
> ·集九月事算万九千九百八十八复算二千六十五。②

其中"复算二千六十五"，指的就是"罢癃（癃）筭（算）"人数。我们认为，当时"罢癃钱"征缴的对象为年龄达到 15 岁以上且未达到"傅籍"标准者。更关键的是，这种"罢癃钱"应该是按人头依据一定额度而征收的固定税目，具体征税额度为多少，不得而知。另外，我们从《元寿二年十一月见钱及逋簿》中"逋二年罢癃钱千二百"一句可以推测，当时堂邑县对"罢癃钱"征缴的税率很小。

3. 罢癃卒钱

"罢癃卒钱"与汉代"傅籍"制度密切相关。前引《堂邑元寿二年要具簿》，"事筭（算）四万四千三（44003）"人，但卒为什么才"二万一千六百廿九（21629）"呢？其中减去的 22374 人为什么被剔除了？这得从汉代的"傅籍"制度和"卒"的身份谈起。

汉代的"傅籍"制度经历了三次重大变化。在汉初，"傅籍"标准以爵位高低为准。如《二年律令》简 364-365 载："不更以下子年廿岁，大夫以上至五大夫及小爵不更以下至上造年廿二岁，卿以上子及小爵大夫以上年廿四岁，皆傅之。公士、公卒及士五

---

① 关于"傅籍"问题，下文将论及。
② 天长市文物管理所、天长市博物馆：《安徽天长西汉墓发掘简报》，《文物》2006 年第 11 期。

（伍）、司寇、隐官子，皆为士五（伍）。"① 也就是说，在汉初，爵位越高，傅籍的年龄亦越大，这显然是对高爵位者的一种政策优待。降至汉景帝二年（前155年），傅籍年龄统一确定为20岁。如《汉书·景帝纪》载："令天下男子年二十始傅。"② 第三次傅籍制度的改革发生在汉昭帝时期。据《盐铁论·未通》载："（御史曰）今陛下（昭帝）哀怜百姓，宽力役之政，二十三始傅，五十六而免，所以辅耆壮而息老艾也。"③ 自此以后，"二十三始傅"的制度可能至汉末也未曾改变。

那么，"傅籍"又有何作用呢？云梦秦简整理小组指出："傅，傅籍，男子成年时的登记手续。《汉书·高帝纪》注：'傅，着也。言着名籍，给公家徭役也。'据简文，本年喜十七周岁。汉制傅籍在二十或二十三岁。"④ 据前引《堂邑元寿二年要具簿》，无论是整理小组的观点还是《汉书·高帝纪》注，皆值得商榷。这是因为秦汉人15岁就已成丁，符合"算"的条件。而《汉书·高帝纪》注所云"给公家徭役"更是宽泛之言，因为秦汉时期即使未傅籍者也必须承担徭役。如《二年律令·徭律》简413载："……菌（即）载粟，乃发公大夫以下子未傅年十五以上者。"⑤ 因此，《堂邑元寿二年要具簿》有力地证明，傅籍才是判断"卒"身份的唯一标准。也就是说，汉哀帝元寿二年（前1年），傅籍年龄为23岁，只有达到23岁者才可称为"卒"⑥。

关键的问题是，"更卒"又是否等同于"甲卒"呢？我们知道，堂邑县总共有"甲卒万九千五百卅四"，在剔除了"繇使千四百卅一（1431）"人后，剩下的就是服役的"更卒"。这是因为，秦汉"繇（徭）使"是"地方吏员日常工作之一，他们每年约有十分之一的时间繇使在外……（繇使）主要作用是处理文书行政无法解决的具体政务，如校勘律令、地图，处理刑狱等。同时也是了解地方情况，加强社会控制的手段"⑦。正是由于"繇（徭）使"必须经常巡视各地政务情况，事务缠身，故上引《堂邑元寿二年要具簿》将"徭使"排除在"更卒"之列。所以，"更卒"并非"甲卒"，"更卒"实乃是"甲卒"的主体构成部分。在秦汉时期，"甲卒"既承担作战任务，也是转输工作主要承担者。如《汉书·翟方进传》载："莽闻之，大惧……（孙建等）将关东甲卒，发奔命以击义（翟义）焉。"⑧ 又，《汉书·王莽传》："募天下囚徒、丁男、甲卒三十万人，转众郡委输五大夫衣裘、兵器、粮食……天下骚动。"⑨

简言之，汉代"卒"不等于"甲卒"，"甲卒"亦非"更卒"。前引《元寿二年十一月见钱及逋簿》中的"罢癃卒钱"，其征缴的对象是23岁至56岁的"罢癃卒"，与"罢

---

① 彭浩、陈伟、［日］工藤元男：《二年律令与奏谳书：张家山二四七号汉墓出土法律文献释读》，上海古籍出版社2007年版，第234页。

② 《汉书·景帝纪》，中华书局1962年版，第141页。

③ （汉）桓宽撰，王利器校注：《盐铁论校注·未通》，中华书局1992年版，第192页。

④ 睡虎地秦墓竹简整理小组：《睡虎地秦墓竹简》，文物出版社1990年版，第9页。

⑤ 彭浩、陈伟、［日］工藤元男：《二年律令与奏谳书：张家山二四七号汉墓出土法律文献释读》，上海古籍出版社2007年版，第248页。

⑥ 《肩水金关汉简》所披露的简文证明我们的结论是正确的，详见下文。

⑦ 沈刚：《徭使与秦帝国统治：以简牍资料为中心的探讨》，《社会科学》2019年第5期。

⑧ 《汉书·翟方进传》，中华书局1962年版，第3427页。

⑨ 《汉书·王莽传》，中华书局1962年版，第4121页。

癟钱"征缴的对象显然是不同的。也就是说,"罢癃卒"依律缴纳"罢癃卒钱"后,并不需要承担"甲卒"和"更卒"之役。

二、"更卒钱""过更卒钱"和"戍卒钱"

在现存所见的传世文献及以往出土材料中,我们均未发现"更卒钱""过更卒钱"和"戍卒钱"的任何记载。如何解释这些财政收入名目?这又是一个非常棘手的问题。庆幸的是,三国时期学者如淳的"更有三品"说或许能为我们提供一点历史线索。《汉书·昭帝纪》载:"(昭帝元凤)三年(前78年)以前逋更赋未入者,皆勿收。"三国如淳在此注曰:

> 更有三品,有卒更,有践更,有过更。古者正卒无常人,皆当迭为之,一月一更,是谓卒更也。贫者欲得顾更钱者,次直者出钱顾之,月二千,是谓践更也。天下人皆直戍边三日,亦名为更,律所谓繇戍也。虽丞相子亦在戍边之调。不可人人自行三日戍,又行者当自戍三日,不可往便还,因便住一岁一更。诸不行者,出钱三百入官,官以给戍者,是谓过更也。律说,卒践更者,居也,居更县中五月乃更也。后从尉律,卒践更一月,休十一月也。《食货志》曰:"月为更卒,已复为正,一岁屯戍,一岁力役,三十倍于古。"此汉初因秦法而行之也。后遂改易,有谪乃戍边一岁耳。逋,未出更钱者也。①

针对如淳以上这段话,历史学家范文澜先生在解释"更赋"时曾说:"更是力役的一种。男子二十三岁至五十六岁,都得服役。每人每年在本郡或本县服役一个月,称为更卒或卒更。每人按一定次序轮流到京师服役一年,称为正卒。雇贫民代本人服役,每月出钱二千,称为践更。每人每年戍边三日,称为繇戍,不能去的人出钱三百,称为过更。"②但是,长期以来,学术界对如淳"更有三品"说提出了很多疑义。钱剑夫先生说:"践更为正在服行更卒繇役,过更为已经服过更卒繇役……如淳以'卒更''践更''过更'为'三品',已是一个错误;又混淆更钱、更赋与服役为一,更是一个错误……汉代的更赋实质上是后世的代役金。"③在此研究的基础上,黄今言先生提出了不同的意见。他说:"'更赋'是'戍边三日'的代役金,实际上也是按丁征收的一种固定赋目。"④但杨际平先生并不认同这种观点,他撰文指出:"'更赋'自然都是指时人视为重负的'月为更卒'的代役金,而绝不可能是区区'三日戍'的代役金。"⑤

那么,"更赋"究竟是什么?是一种固定税目吗?上引《元寿二年十一月见钱及逋簿》为我们解决这一历史疑难问题提供了直接证据:(1)"逋二年所收事它郡国民更卒钱

① 《汉书·昭帝纪》,中华书局1962年版,第229页。
② 范文澜等:《中国通史(第二册)》,人民出版社1994年版,第60页。
③ 钱剑夫:《秦汉赋役制度考略》,湖北人民出版社1984年版,第142~143页。
④ 黄今言:《秦汉赋役制度研究》,江西教育出版社1988年版,第219页。
⑤ 杨际平:《秦汉财政史》,湖南教育出版社2015年版,第583页。

九千二百";（2）"逋二年过更卒钱五十九万六百";（3）"逋三年戍卒钱八十一万六百五十"。不难看出，以上"更卒钱""过更卒钱"和"戍卒钱"在《元寿二年十一月见钱及逋簿》中都是单列的，它们属于不同的财政收入项目。

1. "更卒钱"

上引如淳说："古者正卒无常人，皆当迭为之，一月一更，是谓卒更也。"此"一月一更"之"卒更"指的就是"更卒"。如《汉书·食货志》："……又加月为更卒，已复为正一岁，屯戍一岁，力役三十倍于古。"唐代颜师古注曰："更卒，谓给郡县一月而更者也。"① 也就是说，"更卒"是在本郡县服役的。倘若"更卒"不去服役，必须"出钱顾之，月二千"。此代役金 2000 钱就是《元寿二年十一月见钱及逋簿》中的"更卒钱"。如淳所言之"践更"，指的是代役者为了获取这笔代役金而亲自去服役的意思。这与"更卒"亲自服役不是一回事儿。可见，根据《元寿二年十一月见钱及逋簿》记载，如淳所言之"月二千"的"更卒钱"是确实存在的，不容怀疑！

2. "过更卒钱"

上引《元寿二年十一月见钱及逋簿》中的"逋二年过更卒钱五十九万六百"一句证明，汉代"过更卒钱"也是确实存在的。它应是如淳所说的"戍边三日"的代役金。所谓"戍边三日"，实乃承袭了先秦的劳役制度。如《礼记·王制》记载："用民之力。岁不过三日。"汉代郑玄解释说："治宫室、城郭、道渠。"唐代孔颖达疏曰："……三日，谓使民治城郭、道渠。年岁虽丰，不得过三日，自下皆然。"再如：

> 古者税民不过什一，其求易共；使民不过三日，其力易足。（《汉书·食货志》）②
> 古者宫室有制……任贤使能，什一而税，亡它赋敛繇戍之役，使民岁不过三日，千里之内自给，千里之外各置贡职而已。（《汉书·贡禹传》）③
> 古之田租，十税其一，一岁役兆庶不过三日也。（《汉书·五行志》颜师古注）④

以上材料中的"古者"指的是先秦时期的统治者，"使民"就是役使之意，属徭役范畴。但如淳所言之"三日"，却是戍边。我们知道，《元寿二年十一月见钱及逋簿》中的"堂邑"属当时的临淮郡，即今南京市六合区北部。试想：如果以当时的交通技术，从"堂邑（今南京六合）"到边境"居延（今内蒙古额济纳旗东南）"服 3 天的戍役，是一件非常困难的事儿！正因为如此，如淳才说："不可人人自行三日戍。"

我们认为，如淳所言"出钱三百入官"确实值得怀疑。据《堂邑元寿二年要具簿》

① 《汉书·食货志》，中华书局 1962 年版，第 1137 页。
② 《汉书·食货志》，中华书局 1962 年版，第 1137 页。
③ 《汉书·贡禹传》，中华书局 1962 年版，第 3069 页。
④ 《汉书·五行志》，中华书局 1962 年版，第 1508 页。

记载，在"甲卒"当中，复除"徭使"人数后，真正服役的就是"更卒"。这些"更卒"既要服"一月一更"之役，更是戍边之役的承担者。当时堂邑县有"更卒万七千三百八十三（17383）"人，如果按"出钱三百入官"计算，堂邑县当时应收5214900钱。但迄止元寿二年十一月，未征收到的"过更卒钱"为"五十九万六百（590600）"钱。也就是说，4624300钱已经入库了。但奇怪的是，当时堂邑县全年的财政收入"凡见钱三万三千二百七十二"，即33272钱。那么，这4624300钱为什么没有体现在簿书中？我们认为存在以下几种可能：一是"出钱三百入官"可能曾一度施行，但在汉哀帝时已改变；二是"出钱三百入官"是汉哀帝以后的制度；三是"过更钱"可能是分批次征收的；四是官府收取"过更卒钱"的标准可能并非300钱。

通过以上分析，我们认为"过更卒钱"是汉王朝借用古制而巧立的名目，其实质乃是针对具有"甲卒"（包括"更卒"）身份者征收的一种固定税目①。另据《元寿二年十一月见钱及逋簿》中的"逋二年过更卒钱五十九万六百（590600）"可知，"过更卒钱"对堂邑县来说是一笔非常大的财政收入。

3. "戍卒钱"

何谓"戍卒钱"？为了弄清楚这一问题，我们首先必须明确"戍卒"的概念及相关问题。顾名思义，"戍卒"就是戍边的士卒。在秦代，"戍卒"也称为"更戍卒"或"更戍"，如《里耶秦简牍校释》中的"更戍卒城父公士西平贺"（9-885）②，"更戍卒士五（伍）城父成里产"（9-757）③"更戍士五（伍）城父西章义"（9-2215）④ 等。在秦代，戍者是一月一更换的。如《岳麓书院藏秦简（肆）》载："·《戍律》曰：戍者月更。"⑤ 但至汉初，这一制度出现了变化。如《史记·汉兴以来将相名臣年表》："（吕后五年，前183）令戍卒岁更。"

接下来，我们谈谈"戍卒钱"。"戍卒钱"应该是秦汉"取庸代戍"制度中雇佣者向官府上交的代役金。如《肩水金关汉简》载：

戍卒淮阳郡陈安众里不更舒毕年廿四，庸同县不更夏随来年廿六 73EJT30：12⑥
戍卒淮阳郡陈高里不更宋福年廿四，庸张过里不更孙唐得年卅 73EJT30：13⑦
戍卒淮阳郡陈逢卿里不更许阳年廿七，庸进贤里不更□常年卅三 73EJT30：15⑧

---

① 黄今言先生认为，"更赋"就是过更，是一种固定的税目（参见黄今言：《秦汉赋役制度研究》，江西教育出版社1988年版，第219页）。愚以为，此观点前半部分不正确，但"过更卒钱"是一种固定税目，则是正确的。

② 陈伟主编：《里耶秦简牍校释（第二卷）》，武汉大学出版社2017年版，第220页。

③ 陈伟主编：《里耶秦简牍校释（第二卷）》，武汉大学出版社2017年版，第199页。

④ 陈伟主编：《里耶秦简牍校释（第二卷）》，武汉大学出版社2017年版，第433页。

⑤ 陈松长主编：《岳麓书院藏秦简（肆）》，上海辞书出版社2015年版，第129页。

⑥ 甘肃简牍保护研究中心等编：《肩水金关汉简（叁）》，中西书局2013年版，第104页。

⑦ 甘肃简牍保护研究中心等编：《肩水金关汉简（叁）》，中西书局2013年版，第104页。

⑧ 甘肃简牍保护研究中心等编：《肩水金关汉简（叁）》，中西书局2013年版，第105页。

戍卒梁国杼秋东平里士伍丁延年卅四，庸同县敬上里大夫朱定□☑**73EJT5：39**①
☑庸同里累干年廿四☑**73EJT24：711**②
☑庸荧里黄齐年廿四☑**73EJT24：952**③

我们发现，在这些"戍卒"中代为服役的一般都是青壮年，如"夏随来年廿六""孙唐得年卅""□常年卅三""累干年廿四""黄齐年廿四"等。这些人显然都是23岁及以上"傅籍"者。尤为重要的是，这些"戍卒"身高一般在1.6米以上。如《肩水金关汉简》简73EJT37：985载："济阴郡冤句谷里吕福年廿六，庸同里大夫吕怒士年廿八 长七尺二寸黑色"④；又简73EJT37：993："魏郡内黄北安乐里大夫程延年五十五，庸同县同里张后来年卅二长七尺二寸黑色"⑤。

根据以上《肩水金关汉简》之记载，"戍卒钱"就是由"舒毕""宋福""许阳""丁延"等雇佣者向"夏随来""孙唐得""□常""朱定□"等取代者支付的佣金。但上引《元寿二年十一月见钱及逋簿》说明，这笔佣金是由官府统一收取的，属官府财政收入的一部分⑥。由于史料阙如，"戍卒钱"所收额度及具体的分配方式，不得而知。另外，由于汉代的戍期是一年，所以"戍卒钱"收取的额度肯定不小。《元寿二年十一月见钱及逋簿》中"逋三年戍卒钱八十一万六百五十"一句正好印证了我们的这一结论。

三、木牍所反映的历史真相

综上所述，青岛土山屯西汉木牍《堂邑元寿二年要具簿》和《元寿二年十一月见钱及逋簿》刊布的这些新的财税收入名目，将彻底颠覆中国财税史学界对"更赋"研究的传统认识。

（1）"更赋"既不是"践更"和"过更"的合称，也不是仅指"过更"。三国时期的如淳在《汉书·昭帝纪》"三年以前逋更赋未入者"条目下注曰："更有三品，有卒更，有践更，有过更。"⑦范文澜先生依此说认为，汉代"更赋"是由"践更"和"过更"两部分构成。⑧ 但钱剑夫、高敏和黄今言等为代表的史学家却认为，汉代"更赋"仅指

---

①　甘肃简牍保护研究中心等编：《肩水金关汉简（壹）》，中西书局2011年版，第55页。
②　甘肃简牍保护研究中心等编：《肩水金关汉简（叁）》，中西书局2013年版，第14页。
③　甘肃简牍保护研究中心等编：《肩水金关汉简（叁）》，中西书局2013年版，第27页。
④　甘肃简牍保护研究中心等编：《肩水金关汉简（肆）》，中西书局2015年版，第82页。
⑤　甘肃简牍保护研究中心等编：《肩水金关汉简（肆）》，中西书局2015年版，第83页。我们知道，汉代1尺相当于现今0.23厘米，故身高7.2尺就是1.656米。也就是说，"罢癃卒"（即身高1.426米以下）既不能充当"甲卒"，也不能服戍役。这也进一步证明，上引《堂邑元寿二年要具簿》中"甲卒"及"更卒"不包含"罢癃皖老卒"。其中，堂邑县"更卒万七千三百八十三"人，既是本郡县"一月一更"的服役者，又是戍边的"戍卒"。因此，秦汉的徭役不能划分为"更卒徭役"和"戍卒徭役"两类。
⑥　朱德贵：《岳麓秦简所见〈戍律〉初探》，《社会科学》2017年第10期。
⑦　《汉书·昭帝纪》，中华书局1962年版，第229页。
⑧　范文澜等：《中国通史（第二册）》，人民出版社1994年版，第60页。

"过更"之钱。① 上引《元寿二年十一月见钱及逋簿》证明，以上观点皆不正确。汉代"更赋"实乃由"罢癃钱""罢癃卒钱""更卒钱""戍卒钱"和"过更卒钱"五部分组成。

（2）"罢癃钱"和"罢癃卒钱"是"更赋"下的两个固定税目。以往历史学家根据《汉书·食货志》所载"常有更赋，罢癃咸出"认为，汉代"罢癃"者也必须缴纳"更赋"，但具体为何？不得而知。《元寿二年十一月见钱及逋簿》证明，"罢癃"者纳税后，仅需承担部分徭役；同样，"罢癃卒"纳税后亦不必充当"甲卒"，更不必承担"更卒"之役。我们从《元寿二年十一月见钱及逋簿》中"逋（元寿）二年罢癃卒钱十五万七百五十"一句推测，当时"罢癃卒钱"缴纳的额度是很高的。

（3）从"更卒钱"和"戍卒钱"上看，汉代的徭役不能按"更卒徭役"和"戍卒徭役"划分。青岛土山屯西汉木牍《堂邑元寿二年要具簿》证明，"更卒徭役"和"戍卒徭役"的承担者皆是"更卒"。木牍揭示，堂邑县"更卒"既从事本郡县"一月一更"之劳役，也承担"岁更"的戍边任务。

问题的关键是，青岛土山屯西汉木牍《堂邑元寿二年要具簿》和《元寿二年十一月见钱及逋簿》向世人展示了西汉晚期朝廷陷入了严重财政危机的历史真相。木牍揭示，堂邑县在元寿二年有"户二万五千七（25007）"，人口"十三万二千一百四（132104）"。这在当时算是一个非常大的县。据《汉书·百官公卿表》载："县令、长，皆秦官，掌治其县。万户以上为令，秩千石至六百石。减万户为长，秩五百石至三百石。皆有丞、尉，秩四百石至二百石，是为长吏。"② 如此大的一个县级机构，全年的财政收入才"三万三千二百七十二（33272）"钱。但拖欠未征缴的却达到了2455741钱，即"凡逋钱二百卌五万五千七百卌一"。其中"赋钱"占了绝大部分，如"逋二年口钱三万九千七百八十二""逋二年冬赋钱八十四万二千八百六十六""逋二年过更卒钱五十九万六百"和"逋三年戍卒钱八十一万六百五十"等。那么，为什么当时的堂邑县会拖欠如此多的"更赋"？这么严重的财政危机又是由何种原因造成的呢？愚以为，我们应从自然灾害和政权更迭两方面予以分析。

第一，自然灾害。在《堂邑元寿二年要具簿》中登记了堂邑县元寿二年的"垦田租簿"。据该"垦田租簿"记载：

……
提封三万五千五百六顷廿七亩
其七千七百九十八顷六十六亩邑居不可貇（垦）
八千一百廿四顷卌二亩奇卌二步群居不可貇（垦）
千七百卌九顷亩奇廿步县官波湖溪十三区
可貇（垦）不貇（垦）田六千卌顷九十八亩奇六十八步
貇（垦）田万一千七百七十五顷卌一亩

① 参见钱剑夫：《秦汉赋役制度考略》，湖北人民出版社1984年版，第142~143页；黄今言：《秦汉赋役制度研究》，江西教育出版社1988年版，第219页。
② 《汉书·百官公卿表》，中华书局1962年版，第742页。

　　它作务田廿三顷九十六亩

　　凡狠（垦）田万一千七百九十九顷卅七亩半

　　其七千一百九十一顷六十亩租六万一千九百五十三石八斗二升葘害

　　定当收田四千六百七顷七十亩租三万六千七百廿三石七升

　　百四顷五十亩租七百卅一石五升园田

　　民种宿麦七千四百二顷五十九亩，多前百顷

　　……①

　　也就说，汉哀帝元寿二年（前1年），有"狠（垦）田万一千七百七十五顷卅一亩"，但其中有"它作务田廿三顷九十六亩"，即不用于农业耕作之田。剩下的就是实际耕种面积，即"田万一千七百七十五顷卅一亩（1179941亩）"。这其中又有"其七千一百九十一顷六十亩（719160亩）"为"葘害"之田。何谓"葘"？《说文》曰："葘，不耕田也。从艸甾。《易》曰：'不葘畬。'甾，葘或省艸。"《诗经·小雅》载："于此葘亩。"唐代孔颖达疏曰："葘者，灾也，始灾杀其草木也。"从狭义上讲，"葘"田即杂草丛生而无法耕种之田；从广义上讲，"葘"属一种自然灾害，与"灾"同义。青岛木牍中的"葘"即广义上之意。如《汉书·平准书》："郡国颇被葘害，贫民无产业者，募徙广饶之地。"② 又，《汉书·严助传》："朕奉先帝之休德……是以比年凶葘害众。"唐代颜师古注曰："葘，古灾字。"③ 总之，当年堂邑县可耕面积为1179941亩，其中受灾面积为719160亩，占总面积的61%。从田租上看，按往年之田租收入，堂邑县垦田"七千一百九十一顷六十亩"，即719160亩，应征收田租"六万一千九百五十三石八斗二升（61953.82石）"。但实际征收的田亩面积仅为"四千六百七顷七十亩（460770亩）"，所收田租为"三万六千七百廿三石七升（36723.07石）"。这说明，堂邑县当年的田租收入仅占往年的59%。田租收入下滑如此之大，这对堂邑县来说，可谓是特大自然灾害。

　　同时，由于当时堂邑县还存在园田"百四顷五十亩（10450亩）"，因此又必须剔除田租"七百卅一石五升（731.05石）"。那么，为什么必须剔除"园田"之田租呢？据《后汉书·窦融传》载："（窦）宪恃宫掖声执，遂以贱直请夺沁水公主园田，主逼畏，不敢计。"④ 又，《后汉书·黄香传》载："延平元年（106年），迁魏郡太守。郡旧有内外园田，常与人分种，收谷岁数千斛。"⑤ 毋庸置疑，"园田"是指汉代特权阶级所拥有的田产，属免征田租的范围。

　　可见，百姓在如此天灾和特权阶级面前，啼饥号寒，饔飧不继，根本无力承担官府的毒赋剩敛。这才是导致汉哀帝元寿二年"逋钱二百卅五万五千七百卅一"真实原因之所在。

　　第二，政权更迭。在汉哀帝元寿二年前后，西汉社会进入了一个多事之秋。我们知

---

① 彭峪等：《山东青岛土山屯墓群四号封土与墓葬的发掘》，《考古学报》2019年第3期。

② 《汉书·平准书》，中华书局1962年版，第1430页。

③ 《汉书·严助传》，中华书局1962年版，第2786页。

④ 《后汉书·窦融传》，中华书局1965年版，第812页。

⑤ 《后汉书·黄香传》，中华书局1965年版，第2615页。

道,《元寿二年十一月见钱及逋簿》中的"元寿",指的是西汉末年哀帝的第 2 个年号,"元寿二年十一月"即公元前 1 年 11 月。《汉书·哀帝纪》载:"六月戊午(16 日),帝(哀帝)崩于未央宫。"① 汉哀帝在元寿二年六月就已经去世。其实,根据汉制,皇帝驾崩后,新皇即位,一般于次年改元建制。唐代颜师古对此解释说:"(新皇帝,即汉平帝)即位明年乃改元,(哀帝)寿二十六。"据《汉书·平帝纪》记载,在哀帝元寿二年六月以后,王莽采取了一系列总揽朝中大权的措施。如在该年 6 月,依靠太皇太后王政君的扶持,"新都侯王莽为大司马,领尚书事";7 月,王莽"遣车骑将军王舜、大鸿胪左咸使持节迎中山王"。同时,"贬皇太后赵氏为孝成皇后,退居北宫,哀帝皇后傅氏退居桂宫"。8 月,废成帝皇后赵飞燕、哀帝傅后,令她俩自杀。10 月,"中山王(刘衍,即平帝)即皇帝位,谒高庙,大赦天下"②。由于当时平帝年仅 9 岁,故"太皇太后(王政君)临朝,大司马莽秉政,百官总己以听于莽"③。在这种政权更迭、社会巨变之时,全国政治和经济形势发生了一系列重大变化。青岛土山屯出土《堂邑元寿二年要具簿》和《元寿二年十一月见钱及逋簿》所反映的地方财政危机,正是这一特定历史时期的真实写照。

(作者单位:哈尔滨商业大学经济史研究所)

---

① 《汉书·哀帝纪》,中华书局 1962 年版,第 344 页。
② 《汉书·平帝纪》,中华书局 1962 年版,第 347 页。
③ 《汉书·平帝纪》,中华书局 1962 年版,第 348 页。

马王堆帛书《相马经》补识三例

□ 高一致

【摘要】马王堆帛书《相马经》所涉及相马理论古奥难懂，学者对帛书中一些内容的理解和认识仍有商补余地。（1）帛书 3 行"百节尽关"，学者无说，比对传世医书的记载可知，它应指马的关节闭合，不松懈弛缓。（2）帛书 8 行上、55 行下所记"十焦"以及 27 行所记"焦"，并非是所谓"六腑之一"或穴位，而是马匹个体间具有差异性的外部特征。结合《相马经》文本与汉代马式来看，这类"焦"似指马匹肌肉上的褶皱纹理。（3）《相马经》所载"庈肉"之"庈"以及全篇同样表示"庈肉"的"尺"，或皆读作"坼"，分散、散开义。"庈（坼）肉"意为破散之肉，即《齐民要术》中所记载的"八肉"。但"八肉"之名源自马额左右盾肌所呈现的直观"八"字形态，"庈（坼）肉"则得名于肌肉自身摇动破散的特性。

【关键词】马王堆帛书；《相马经》；考释

　　帛书《相马经》1973 年末出土于长沙马王堆 3 号汉墓，篇名为整理者根据文本内容所拟，并先后经过两次整理。① 全篇用整幅高约 48 厘米的帛写成，上下画出黑色横界栏，中间用红色画出竖界格，现已断烂成 24 块，其中书有文字者共 10 块，经整理者拼合为 8 块。②《相马经》凡 77 行，根据学者的归类和研究，第 1 行至 22 行上为第一部分，第 23 行至 43 行下为第二部分，第 44 行至 77 行上为第三部分；三者在性质上分别属于"经""传"和"故训"。③ 第三部分常常引用第一部分的文句，二者可以对读。学界对《相马经》的归类和各部分定性尚有不同看法。④ 本文主要是对帛书中三处内容进行考释和补

---

　　① 《文物》1974 年第 7 期刊载湖南省博物馆、中国社会科学院考古研究所《长沙马王堆二、三号汉墓发掘简报》，介绍有 3 号墓发掘与文物出土情况。《文物》1977 年第 8 期刊载马王堆汉墓帛书整理小组《马王堆汉墓帛书〈相马经〉释文》，发表了《相马经》释文。湖南省博物馆、复旦大学出土文献与古文字研究中心合作对长沙马王堆汉墓简帛进行重新整理，成果即 2014 年由中华书局出版的《长沙马王堆汉墓简帛集成》（凡七册）。《相马经》图版见于第二册，释文、注释见第五册，刘钊先生为其整理者。下文所引《相马经》释文，若无说明者皆出自此书，不另注。

　　② 参看裘锡圭主编：《长沙马王堆汉墓帛书集成（伍）》，中华书局 2014 年版，第 169 页。

　　③ 赵逵夫：《马王堆汉墓出土〈相马经·大光破章故训传〉发微》，《江汉考古》1989 年第 3 期；赵逵夫：《马王堆汉墓帛书〈相马经〉发微》，《文献》1989 年第 4 期。

　　④ 参看裘锡圭主编：《长沙马王堆汉墓帛书集成（伍）》，中华书局 2014 年版，第 169 页。

说，为行文方便暂依学者的归类，不就此多作讨论。

一、百节尽关

"百节尽关"，《相马经》相关记载如下：

> 前又（有）卢（颅）首，后又（有）从轨，中又（有）臧（藏）保（宝）。得薄与转，马乃少患。信能知一，<u>百节尽关</u>。3 行上知一之解，虽多不烦。3 行下

整理者指出，"百节"本指人身的各种关节，此指马的各种关节。① 此理解当是。"信能知一，百节尽关"，前一句整理者云"此谓如果确实能知一。'知一'即《庄子·天地》'通于一而万事毕'的'通于一'"，后一句则无说。② 从上下文意看，"百节尽关"是说马满足"知一"条件时，各种关节所呈现的良好状态。

传世文献中"百节"的用例颇多，医书中便有"百节皆纵"之说。《素问·论要经终论》："少阳终者，耳聋，百节皆纵，目睘绝系，绝系一日半死，其死也，色先青白，乃死矣。"③《灵枢经·始终》记载与之类似，又《灵枢经·经脉》云："脾之大络，名曰大包。出渊腋下三寸，布胸胁。实则身尽痛，虚则百节尽皆纵。"④ "百节皆纵"，学者注释作："筋主连属关节，少阳气绝，故遍体关节均松懈弛缓。《说文·系部》：'纵，缓也。'"⑤ "百节尽皆纵"，语译作"周身骨节皆弛缓无力"。⑥ 可知，古医书中认为身体百节松懈弛缓，是不利于人的症状。对比而言，《相马经》"百节尽关"是表示马的良好状态，此处"关"似应作动词，为闭合、关闭之义。《说文》："关，以木横持门户也。"《方言》："关，闭也。"可参。"百节尽关"大概是说马的关节闭合，不松懈弛缓。如此文意通畅，也正与医书所载"百节皆纵"相对。

此外，北大秦简《杂祝方》载有一则"愿气（乞）媚道"之术⑦：

> ·某愿气（乞）媚道，即取其树下土，投小囊中。取土时言曰："愿气（乞）足下壤，以投M-006男女项，令百节索（缩）踬（蹶）。"俛（俯）取土，言如此，盈囊去乚。M-005节（即）欲有求也，最（撮）土以徐（涂）。M-013

这则"媚道"巫术目的是通过一系列祷祝与仪式，令受此术之男女"百节索踬"。简文"索踬"，整理者田天先生认为，"索，通'缩'，即抽搐、抽筋。踬，疑读为'蹶'，

---

① 裘锡圭主编：《长沙马王堆汉墓帛书集成（伍）》，中华书局 2014 年版，第 172 页。
② 裘锡圭主编：《长沙马王堆汉墓帛书集成（伍）》，中华书局 2014 年版，第 172 页。
③ 郭霭春主编：《黄帝内经素问校注》，人民卫生出版社 1992 年版，第 212 页。
④ 河北医学院校释：《灵枢经校释》，人民卫生出版社 1982 年版，第 279 页。
⑤ 郭霭春主编：《黄帝内经素问校注》，人民卫生出版社 1992 年版，第 214 页。
⑥ 河北医学院校释：《灵枢经校释》，人民卫生出版社 1982 年版，第 280 页。
⑦ 田天：《北大藏秦简〈杂祝方〉简介》，《出土文献研究》第 14 辑，中西书局 2015 年版，第 17 页。

训为僵，即强直之症，筋骨不能屈伸自如"，"这里可能指将囊中土投至对方项领后，对方便身体僵直、不能随意动作"，其又云："'躩'或为'遻'字，读为'逆'，训为迎、顺，即指向男女项投以囊中土后，则对方百般顺从"。① 宋华强先生则认为，从传世文献中妇人施行恶毒媚道术的记载来看，"百节索躩"应是狠毒的诅祝之辞。"躩"当从"昺"声，"昺"从"芇"声（疑是"罻"字之省），"芇""蹘"韵部相隔，"索躩"难读为"缩蹘"。"错"属清母铎部，与"索"声母都属齿音，韵部相同，古音很近。故"索躩"可读为"错逆"。"百节错逆"是指人体各个关节错逆反常。②

宋先生指出"百节索躩"是狠毒诅咒的看法，可信从，释读其作"百节错逆"也是很好的意见。但结合《相马经》"百节尽关"与传世医书"百节皆纵"的记载，《杂祝方》"百节索躩"或可在宋说基础上补充一种理解。"索躩"之"躩"，从"芇"声，或读作"墌（坼）"，取裂散义。"墌"所从的"庶"，亦从"芇"声，同"斥"。《正字通》："庶，斥本字。"朱骏声《说文通训定声》："庶，今字作斥。""斥"通"坼"时，有分散义。《晏子春秋·内篇》："管钥其家者纳之宫，财在外者斥之市。"《后汉书·梁冀传》："收冀财货，县官斥卖，合三十余万万。""坼"从"斥"得声，本有分散、散开义。《诗经·大雅·生民》："不坼不副，无菑无害。"孔颖达疏："坼、堛，皆裂也。"《说文》："坼，裂也。"《广雅·释诂一》："坼，分也。"可参。"索"可如宋说读作"错"，错乱义；亦可如字读，训作散，与"躩（墌）"义近。《尚书·牧誓》"惟家之索"孔颖达疏引郑玄云："索，散也。"《礼记·檀弓上》"吾离群而索居"郑玄注："索，犹散也。"王充《论衡·问孔》："如自知未足，倦极昼寝，是精神索也。"陆机《答贾谧》："分索则易，携手实难。"皆可参看。从文意看，"百节索躩（墌）"这种全身关节裂散或错乱裂散的情况，恐怕比医书中"百节皆纵"更严重。这也能反映《杂祝方》所载媚道术的恶毒和狠辣。

二、十　焦

《相马经》第一部分谓马目上有"十焦"：

·凡相目：高以复，上有十焦，昄戚=（戚戚），环毋（无）毛，当为肉。8上

第三部分亦记有"十焦"：

十焦者，欲目上见□55下如卢，见冐（骨）材。56上

整理者注：十焦，《汉语大词典》"焦"字下说："中医学名词。六腑之一。《素问·灵兰秘典论》：'三焦者，决渎之官，水道出焉。'王冰注：'引导阴阳，开通闭塞，故官

---

① 田天：《北大藏秦简〈杂祝方〉简介》，《出土文献研究》第14辑，中西书局2015年版，第21页。

② 宋华强：《北大秦简〈杂祝方〉札记》，简帛网（http://www.bsm.org.cn/show_article.php? id=2957），2017年12月27日。

司决渎，水道出焉。'"①

第二部分记载有"焦"：

　　籔（嫠—彻）肉欲长欲深，欲27上【薄】欲泽，欲又（有）焦，欲前高。故长贤短，深贤浅，薄贤厚，泽贤不泽，又（有）焦贤无27下焦，高前贤庳（卑）前。28上

　　整理者注：贤，胜过、超过。焦，疑在此用为中医名词，即"三焦"之"焦"，指穴道。②

　　我们认为，第一、三部分"十焦"与第二部分的"焦"，恐皆非中医学说中的"三焦"。"三焦"为六腑之一，乃古代中医藏象学说特有的器官，与六腑之胃、胆、膀胱、大肠、小肠等五个实体器官有别。三焦所在，历代医家有不同看法，但大概部位还是在除头部、四肢之外的躯体上。如《史记·扁鹊仓公列传》："别下于三焦、膀胱。"张守节正义引《八十一难》："三焦者，水谷之道路，气之所终始也。上焦在心下下鬲，在胃上口也；中焦在胃中脘，不上不下也。下焦在脐下，当膀胱上口也。"③ 六腑自有其功用。《素问·五脏别论》："六腑者，传化物而不藏，故实而不能满也。所以然者，水谷入口，则胃实而肠虚。食下，则肠实而胃虚。"④ 按中医理论，六腑"传化物而不藏"，胃、胆、膀胱、大肠、小肠等器官都具有化物、排物的功能，与五脏作用相对。因此，整理者注引"三焦者，决渎之官，水道出焉"的"三焦"乃人体器官，应与8行上所记"目"上"十焦"无关。

　　"十焦"之"十"，是实数还是虚指，尚不明。但从文意看，"十焦"位于马目上，恐亦非穴位。穴位的分布在人与动物身体上是相对固定的，若"十焦"为穴，则诸马之目上皆有，不会以此作为判断马匹是否优良的依据。27行上谓彻肉欲有"焦"，27行下至28行上又强调"又（有）焦贤无焦"，即可证"焦"不应是穴位。又，帛书36行下至37行上有云"·凡□□□四决（决）：前，籔（彻）肉也；上，庌肉也；下，游肉也；后，微肉也"，从这段交代四种肌肉在马眼位置的表述可知，彻肉大致是马眼前部的肌肉。"十焦"之"焦"与彻肉上的"焦"分别位于马眼上部与前部，性质和内涵应当相关。据此来看，所谓"焦"应是马眼上部或前部的某种个体间有差异的外形特征。

　　值得注意，帛书第一部分记有"刻卢"一词：

　　根亓（其）□□□【上】有刻卢，亓（其）中有玉。7行上

帛书第三部分的相应解释为：

　　上又（有）刻卢者，欲匡（眶）骨（骨）充盈＝（盈，盈）又（有）材。55行上

① 裘锡圭主编：《长沙马王堆汉墓帛书集成（伍）》，中华书局2014年版，第173页。
② 裘锡圭主编：《长沙马王堆汉墓帛书集成（伍）》，中华书局2014年版，第176页。
③ 《史记·扁鹊仓公列传》，中华书局2014年版，第3376页。
④ 郭霭春主编：《黄帝内经素问校注》，人民卫生出版社1992年版，第168页。

对比来看，前引 55 行下至 56 行上解释"十焦"之语"欲目上见□如卢，见胄（骨）材"与解释"刻卢"内容的关系极为密切。前者"欲目上见□如卢"之"卢"，应即"刻卢"之"卢"；"见胄（骨）材"之"骨"，恐即"欲匡（眶）胄（骨）充盈，盈又（有）材"的眼眶骨。同时，"刻卢"之"卢"，萧旭先生读为"缕"，谓 20 行下"玉中又（有）瑕，县县（悬悬）如丝，连如纑"之"纑"亦"缕"借字。"刻卢"言如有刻画的丝缕。① 若据此说，"欲目上见□如卢"之"卢"亦读作"缕"，则"十焦"或可指马眼上部如同丝缕的纹理。《战国策·魏策四》："衣焦不申，头尘不去。"吴师道补注："焦，卷也。"王念孙读"焦"为"癄"。②《广雅·释诂三》："癄，缩也。"焦，不论训作"卷"，还是读作"癄"，在"衣焦不申"的语境中都是描述衣物褶皱不平整、需要铺伸整齐的情况。这种用法的"焦"，似乎在《相马经》中引申为表述肌肉上的褶皱纹理。单纯从视觉上看，动物肌体上的褶皱缝隙与衣物上的褶皱不平，并无本质不同，应该都可以视作"焦"。前文已述，"焦"应是马眼上部或前部的某种个体间有差异的外形特征，因此将"上有十焦"之"焦"理解为马目肌肉上如同丝缕的褶皱纹理，是可能的。

台北乐从堂藏有一件精美铜马式，马式"眼窝深陷，上眼睑的上平面如高台，又转角而直下如悬崖"，"崖壁有三层褶皱"。③ 审看马式，不难看出这"三层褶皱"正是分布在充盈眼眶上的（参见图 1、图 2）。这一形象就是帛书 55 行上所载马眼"上又（有）刻卢（缕）者，欲匡（眶）胄（骨）充盈"的直接体现，也可作为将"十焦"理解为马眼上部褶皱的佐证。在这种情况下，"十焦"之"十"应该就是虚指，强调马眼上部褶皱较多。而帛书 27 行和 28 行中所述彻肉"欲又（有）焦""又（有）焦贤无焦"，也是说彻肉上要出现褶皱纹理，这是良马的特征。

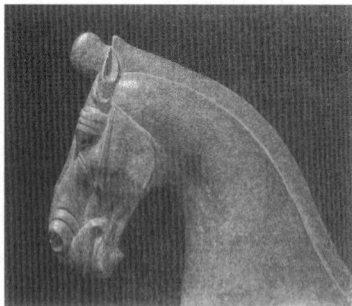

图 1　马式头部左视图　　　　　　　图 2　马式头部前视图④

① 萧旭：《马王堆帛书〈相马经〉校补》，复旦大学出土文献与古文字研究中心网（http://www.gwz.fudan.edu.cn/Web/Show/2437），2015 年 1 月 17 日。

② 参看宗福邦、陈世铙、萧海波主编：《故训汇纂》，商务印书馆 2003 年版，第 1362 页。

③ 董珊：《乐从堂铜马式考》，《出土文献与古文字研究》第 7 辑，上海古籍出版社 2018 年版，第 250 页。

④ 图 1、图 2 分别引自董珊：《乐从堂铜马式考》，《出土文献与古文字研究》第 7 辑，上海古籍出版社 2018 年版，第 250 页。

三、庴　肉

《相马经》中"庴"，除第二部分中凡 4 见之"庴肉"及 31 行下"能高锡薄庴"之"庴"外，还有 9 处：

前为出，后为入，开阖尽利，**3 下**庴（尺）且安卒。庴（尺）也，三材作也。**4 上**
庴（尺）居横，寸【居纵，**10 上**庴（尺）】寸相瘱（应）。庴（尺）为索，寸为绳。庴（尺）也而非，百节之几（机）。**10 下**
庴（尺）且安卒者，捭挈之，善走。庴（尺）者，庴（尺）也，从前□□□□□□乃欲鹃（鹘）绝**49 下**会＝（会，会）又（有）材。**50 上**
庴（尺）为索者，卦从前夬（决）中出而上＝（上，上）是**59 上**乃有下畨（曲），有材。**59 下**

除这些"庴"字外，《相马经》中用"尺"字来表述与"庴"相同的含义，因此整理者将"庴"皆读作"尺"。帛书 5 行下"有尺有扶，千里之渠（驹）；有扶又（有）寸，万乘之骏"，整理者注云"尺"指马的某一经脉或穴位。① 结合来看，整理者似乎是将"庴（尺）"都理解为经脉或穴位。但 31 行下"能高锡薄庴"描述的是"庴肉"的特征，将此句中"庴"以及凡 4 见的"庴肉"之"庴"，都读为"尺"，理解为经脉或穴位，不太合适。

"庴肉"是第二部分中所阐述的马眼部周围肌肉类型之一，在帛书中与"彻肉""游肉""微肉"并称"四肉"。其中，相"庴肉"的内容如下：

□□□□□□□□欲戬（纤），欲□，**29 下**身欲浅毛，欲毛上逆，欲动榣（摇）破骹（散），高锡之，如火之炎。故长【短，□贤不廉，则】匼贤见②□□□□□**30 上**□□毛贤逆毛＝（毛，毛）上逆者贤伏，能动榣（摇）破骹（散），高锡之，【如】火之炎，贤毋（无）动榣（摇）者。
庴**30 下**肉索缠之，如緵（收）索者，命（名）曰虎缠，良马也。能动榣（摇）【而】锡之，□强援又□，答之益疾；锡而洋洋，忣（急）者答**31 上**□□益俞（愈）衰。
庴肉有画三，野毋（无）禽（禽）；五，沓（逮）敔（乌）雅（鸦）；九，为天下保（宝）。能高锡薄庴，久毋（无）下**31 下**者，久走马也。胅＝（胅胅）上下疾者，易足不久；能动榣（摇）破骹（散），高锡之，走马也；□而不能动榣（摇）破骹（散）者，非走**32 上**马也。能博能浅，能短能长，善走马也。
庴肉之奴（驽）四：短者，一奴（驽）也；厚革遂毛者，**32 下**【二】奴（驽）

---

① 参看裘锡圭主编：《长沙马王堆汉墓帛书集成（伍）》，中华书局 2014 年版，第 172 页。
② 此句释文从张传官先生改订，参看氏著《马王堆汉墓帛书〈相马经〉校读札记》，《出土文献与古文字研究》第 7 辑，上海古籍出版社 2018 年版，第 373 页。

也；不能动摇（摇）者，三奴（駑）也；亓（其）会也，启而远目者，四奴（駑）也。33 上

根据以上标识内容可知，相马"庴肉"时非常强调"破斄（散）"的状态。查验帛书第二部分，未见相其他部位时使用"破斄（散）"一词。破散应是"庴肉"相较于彻肉、游肉、微肉的独有特征。31 行下"能高锡薄庴"之"庴"或读作"坼"，分散、散开义。"庴"从"屰"声，同"斥"，可读"坼"，前文可参。"庴肉"若理解作分散之肉，正可与帛书所载其破散的特点相合。又，"能高锡薄庴"中"高锡"与"薄""庴"并举，而帛书中"动摇（摇）破斄（散）"与"高锡之"为前后文者凡 3 见，"能动摇（摇）"与"锡之"为前后文者 1 见。这 4 组均是描述良马"庴肉"所具备的特征，亦可作"能高锡薄庴"中"庴"读"坼"之证。

台北乐从堂藏铜马式上以错银文字题写着非常明确的马体部位名称，其中在马额上左右的位置写有"八肉"（参见图 3）。① "八肉"传世相马文献有载。《齐民要术》卷六："额欲方而平，八肉欲大而明。"注："八肉，耳下。"② 铜马式所书"八肉"位置大体与《齐民要术》原注"耳下"相合。董珊先生指出，据铜马式，两块"八肉"左右相对如"八"字形，即马的"额左右盾肌"。八字本有分裂义，《相马经》"庴"可读为"坼"，与"八"字义相近，"八肉"为"庴肉"的别名。同时，其认为周代制度以八寸为一尺，"八肉"之"八"或是"八寸"即"一尺"的意思。因此推测，这些专有名词或许有更早的来源。③ 在这种认识基础上，董先生又将《相马经》中"庴肉"都括读为"庴（尺）肉"④。

将《相马经》中"庴"读作"坼"，与我们意见相同。⑤ 但是，董文对"八肉"与"尺"之间关联的探讨，我们稍有不同看法。从马式头部前视图来看，"八肉"由于其在马额上左右相对的形态与"八"字相近，据此直观视觉效果取名，较易理解。"尺肉"若是据周制古尺度量从"八肉"衍生而来之名，尺字本身并无破散、分裂义，那么《相马经》中所谓"尺肉"则也可看做由肌肉直观"八"字形态的进一步衍生名。前述董文认为可读"庴"作"坼"，取分裂义，而董先生理解的分裂其实是马额左右盾肌之间的分裂，即"八"字形肌肉左右侧的分裂。根据这种认识，《相马经》中"庴肉"与"尺"肉，可以视作含义相同的异文关系，反而没必要将"庴"皆读作"尺"。

我们将"庴肉"之"庴"读作"坼"，更倾向于认为"庴（坼）肉"是描述马额左

① 董珊：《乐从堂铜马式考》，《出土文献与古文字研究》第 7 辑，上海古籍出版社 2018 年版，第250 页。

② 贾思勰撰、缪启愉校释：《齐民要术校释》，中国农业出版社 1998 年版，第 390 页。

③ 董珊：《乐从堂铜马式考》，《出土文献与古文字研究》第 7 辑，上海古籍出版社 2018 年版，第261 页。

④ 董珊：《乐从堂铜马式考》，《出土文献与古文字研究》第 7 辑，上海古籍出版社 2018 年版，第261 页。

⑤ 学者亦有持此说者，参看高一致：《秦汉简帛农事资料分类汇释及相关问题研究》，武汉大学博士学位论文，2017 年，第 219~221 页。

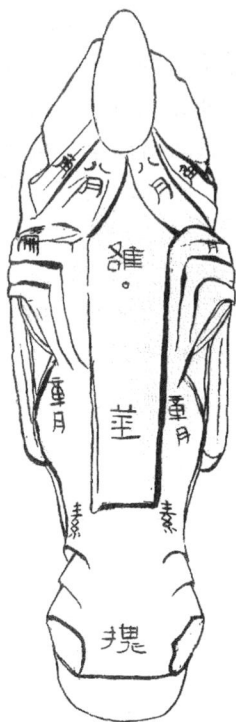

图3 马式头部前视图线图①

右盾肌本身的特性，即《相马经》中多次强调的肌肉性状——"破散"。这种"破散"如果仅仅看做马额上"八"字形肌肉左右的分裂，是与帛书表述不符的。马额左右盾肌的分裂是所有马匹的共有特征，并不能作为判断马优劣的依据，而马额上左右这两块肌肉自身是否有摇动破散的特点，才是《相马经》所看重的。或许因此，《相马经》将读作"坼"、有破散义的"庶"提炼出来作为这种肌肉的专名。而《相马经》中的"尺"或也应读作"坼"，取破散、裂散义。"尺"上古音为昌纽铎部，"坼"为透钮铎部，二字韵部相同，声纽相近，可通。②"尺（坼）"肉即"庶（坼）肉"，它未必是由"八肉"据周代古尺度量关系衍生而来的。

另外，"八肉"见于《齐民要术》，它最早出现于何时不得而知，但"庶肉""尺肉"之名似乎未被沿用下来。"尺"在《相马经》中用作马额上肌肉之名，但在传世医籍中尺与关、寸一起表示的是中医诊脉部位。《素问·通评虚实论》："经络皆实，是寸脉急而尺

———————————

① 图3引自董珊：《乐从堂铜马式考》，《出土文献与古文字研究》第7辑，上海古籍出版社2018年版，第251页。

② 古书中"尺"与"斥"相通之例有见。《易·系辞下》"尺蠖之屈"李富孙异文释："《考工记》弓人云：'糜筋庶蠖潘，'贾疏引《易》作斥蠖。"《广雅·释地》"斥，池也"，王念孙疏证："《淮南子·精神训》：'凤凰不能与之俪，而况尺鷃乎。'《新序·杂事篇》：'尺泽之鲵，岂能与之量江海之大。'尺并与斥同。鷃在斥中，故曰斥鷃，作尺者，假借字耳。"参看宗福邦、陈世铙、萧海波主编：《故训汇纂》，商务印书馆2003年版，第617页。

缓也。"① 《难经·十八难》："脉有三部九候,各何所主之?然三部者,寸关尺也。"② 晋王叔和《脉经·分别三关境界脉候所主》："从鱼际至高骨,却行一寸,其中名曰寸口,从寸至尺,名曰尺泽,故曰尺寸,寸后尺前名曰关。阳出阴入,以关为界。"③ 这些医籍中记载有寸、关、尺三脉在手腕的位置,而古人将尺脉附近、前臂内侧自腕至肘的皮肤称作"尺肤",从尺脉开始手腕至肘的肌肉则称作"尺肉"。④ 《灵枢·论疾诊尺》:"尺肤滑,其淖泽者,风也;尺肉弱者,解㑊。"⑤ 可参。隋代杨上善《太素》、明代张介宾《类经》、清代洪缉庵《虚损启微》等后代医书中"尺肉"之名也一直在使用。显然医籍中"尺""寸"含义与《相马经》所记截然不同。这类相近时代内的同名情况在古人知识体系中应是会互相干扰的。或许为了消除这种影响,表示"坼肉"的"尺"在后代相马资料中就不使用了。同样,"庍""坼"等字与"尺"音近,在读音上易与之混淆,或许因此也慢慢被回避。依据肌肉直观形态得名的"八肉"更通俗形象、便于记忆,且"八"本有分裂义,便就被使用流传下来。

(作者单位:武汉大学中国传统文化研究中心)

---

① 郭霭春主编:《黄帝内经素问校注》,人民卫生出版社1992年版,第391页。
② 凌耀星主编:《难经校注》,人民卫生出版社1991年版,第38页。
③ 沈炎南主编:《脉经校注》,人民卫生出版社1991年版,第5页。
④ 参看李经纬等主编:《中医大词典》,人民卫生出版社2004年版,第394页。
⑤ 河北医学院校释:《灵枢经校释》,人民卫生出版社1982年版,第316页。

庙号之争与制度渊源

——魏晋南北朝两种庙制传统在隋朝的碰撞

□ 范云飞

【摘要】 魏晋南北朝存在两种庙制传统。"曹魏-北朝传统"的特点是庙号太祖、合食太祖二位一体，以"太祖"为核心，尊重经义；"两晋-南朝传统"的特点是虚尊太祖、实尊高祖，以"高祖"为核心，尊重现实。两种庙制传统到隋朝而碰撞，使隋朝庙制陷入结构性的困境之中。炀帝即位以来，共有三种解决方案，分别是褚亮方案、炀帝方案、杨侗方案。三种方案都没有完美解决隋朝庙制的危机，但最隐晦不彰的杨侗方案反而与唐朝庙制发展路径暗合。

【关键词】 太祖；高祖；隋朝；庙制

关于"隋唐制度渊源"的研究，素为中古史的重要课题。陈寅恪将隋唐制度析为三源，其中尤以北魏、北齐之源最为重要。① 唐长孺将唐朝制度之源流演变提炼出"南朝化"的重要论断，并从均田、募兵、赋役、力役、门阀等制度以及学术、思想等方面进行详尽论证。② 近年来，学者亦从礼制的角度讨论唐朝对南北朝传统的择从与折衷，取得了丰硕的成果。③ 唐朝制度多承隋朝，故欲辨析隋唐制度渊源，隋朝的地位尤为关键。汉唐间宗庙制度错歧互出，隋朝庙制上承魏晋南北朝的不同传统，下启唐朝庙制的复杂论议，然而关于隋朝庙制的记载却甚简略，至今仍有颇多隐晦不彰之处。但若从"太祖""高祖"庙号之关系入手，则隋朝在中古庙制演变脉络中的关键地位将大为凸显。

经学意义上的"太祖"，指的是宗法层面的小宗初祖（"别子为祖"），以及封建层面的一国始封君。而庙号"高祖"则是一个历史概念，指的是王朝的主要缔造者（创业/

---

① 陈寅恪：《隋唐制度渊源略论稿·唐代政治史述论稿》，生活·读书·新知三联书店 2015 年版，第 3~5 页。

② 唐长孺：《魏晋南北朝隋唐史三论》，中华书局 2011 年版，第 468~473 页。

③ 杨华认为唐初制礼"考取郑、王、兼采南、北"，在礼学上郑、王杂糅，在礼制上南、北综汇。参见杨华：《论〈开元礼〉对郑玄和王肃礼学的择从》，《中国史研究》2003 年第 1 期。吴丽娱认为唐初经学折衷南北，经学是礼制的先导，故制礼也是折衷南北。参见吴丽娱：《从经学的折衷到礼制的折衷——由〈开元礼〉五方帝问题所想到的》，《文史》2017 年第 4 辑。

受命之君）。刘邦庙号太祖，又有"尊号"曰"高皇帝"，表其功高之意，① 后世称其为"高祖"，遂演变出"高祖"庙号。汉以来真正意义上的宗法、封建层面的"太祖"已不存在，仅剩虚名，只有创业/受命君比较明确，这就造成了汉以来"太祖""高祖"相乱的局面，成了此后历代庙制的重要主题。目前有不少学者关注庙号"始祖""太祖"的关系，② 但"太祖"与"高祖"在魏晋南北朝的交织互动，研究尚不充分。而隋朝因统一南北的特殊历史机缘，其"太祖""高祖"的矛盾尤为突出，故本文选取隋朝庙制作为分析对象，藉此阐明魏晋南北朝"太祖""高祖"交互关系背后的历史逻辑。③

为顺利展开讨论，本文须先厘清两个概念。史书中的"太祖"一般有两种不同层面的含义，一种是仅仅作为庙号的"太祖"；一种则是在宗庙中居于最尊之位、禘祫殷祭时诸庙神主合食于其室中的真正意义上的"太祖"。为方便讨论，本文把前者称为"庙号太祖"，后者为"合食太祖"。④ 前者为名，后者为实，在魏晋南北朝庙制实践中，名、实或离或合，形成几种不同的庙制模式。

一、魏晋南北朝两种庙制传统

厘清了"合食太祖"与"庙号太祖"之后，就需要进一步考察魏晋南北朝庙号"太祖"与"高祖"的关系。各朝一般都有始封君、创业/受命君的区别。韦玄成说："礼，王者始受命，诸侯始封之君，皆为太祖。"⑤ 区别了"受命君"与"始封君"，并把"受命君"归为"王者"，把"始封君"归为"诸侯"。但对于汉以后的各朝来说，作为"受

---

① 据《史记·高祖本纪》，群臣皆曰："高祖起微细，拨乱世反之正，平定天下，为汉太祖，功最高。"上尊号为高皇帝。太子袭号为皇帝，孝惠帝也。令郡国诸侯各立高祖庙，以岁时祠。《史记·高祖本纪》，中华书局 1959 年版，第 492~493 页；《汉书·高帝纪》，中华书局 1962 年版，第 80 页所载略同。又据《汉书·韦贤传》"至惠帝尊高帝庙为太祖庙"，参见《汉书·韦贤传》，中华书局 1962 年版，第 3115 页。

② 比如李衡眉：《历代昭穆制度中"始祖"称呼之误厘正》，《求是学刊》1995 年第 3 期；张焕君：《宋代太庙中的始祖之争——以绍熙五年为中心》，《中国文化研究》2006 年夏之卷；朱溢：《唐宋时期太庙庙数的变迁》，《中华文史论丛》2010 年 2 月刊；冯茜：《中晚唐郊庙礼制新变中的儒学色彩——礼制意义上的"太祖"在唐代郊庙中的出现及其地位的凸显》，《文史》2014 年第 3 辑；华喆：《中古庙制"始祖"问题再探》，《文史》2015 年第 3 辑；郝兆丰：《正统的诉求与建构——对刘宋文帝"太祖"庙号的考察》，《北京社会科学》2017 年第 8 期。

③ 关于隋朝庙制，陈成国曾概述其变迁大略，并指出隋文帝以皇考杨忠为太祖，跟魏以武帝曹操为太祖、晋以文帝司马昭为太祖一样，都是以始封君为太祖，这无疑是正确的。但曹操不仅是始封君，也是受命/创业君；司马昭、杨忠却不是晋、隋创业君，此问题陈氏并未涉及，本文将着力探讨。陈成国：《中国礼制史（隋唐五代卷）》，湖南教育出版社 1998 年版，第 8~9 页。郭善兵重点关注庙数与禘祫两个问题，对隋朝庙制变迁的基本史实作了详尽研究，并探讨了隋朝对郑玄、王肃两种庙制理论的择从。郭善兵：《中国古代帝王宗庙礼制研究》，人民出版社 2007 年版，第 357~372 页。

④ 冯茜也明确地区分了作为庙号的太祖与礼制意义上的太祖，然而其所谓"礼制意义上的太祖"稍嫌冗长，且未能点透这个"太祖"概念的本质，故本文姑且采用"合食太祖"的说法。参见冯茜：《中晚唐郊庙礼制新变中的儒学色彩——礼制意义上的"太祖"在唐代郊庙中的出现及其地位的凸显》，《文史》2014 年第 3 辑。

⑤ 《汉书·韦贤传》，中华书局 1962 年版，第 3118 页。

命君"的王朝缔造者，与始获国号之"始封君"，二者或离或合，并不总是一致，这就导致了太祖、高祖庙号的两种传统：曹魏-北朝传统和两晋-南朝传统。

（一）曹魏-北朝传统

所谓曹魏-北朝传统，其本质特征就是庙号太祖、合食太祖"二位一体"。换句话说，始封/创业君往往为庙号太祖，并毫无疑问地拥有合食太祖的地位。又因为作为始封/创业君的太祖往往是以武功取天下的，而作为继体守文之君的高祖，则并不以武功为最突出特点，又可以称为"武-太/文-高"模式。即太祖以武功创业，高祖以文德守成，且太祖往往以"武"为谥，高祖往往以"文"为谥。

由表 1 可知，曹魏、北朝各朝庙制虽屡有变动，且北魏孝文帝、北齐武成帝时期的变化尤为深刻，[1] 但庙号太祖、合食太祖始终是统一的，且除了北魏孝文改制前的庙制混乱期、北齐天统元年后之外，也都符合太祖以武功创业、高祖以文德守成的"武-太/文-高"模式。当然，太祖的谥号不一定都是"武"，因为即使其有武功，也未必一定就会谥为"武"；同理，高祖之谥也未必是"文"。另外，作为始封/创业君的太祖也并不一定是王朝首任皇帝，比如曹魏太祖曹操、北齐太祖高欢、北周太祖宇文泰生前并未称帝，但这并不影响其作为王朝始封/创业之君的地位。本文"武-太/文-高"的曹魏-北朝庙制传统意在揭示一种历史本质，而不是对表面现象的简单总结。

表 1　　　　　　　　　　　　**曹魏-北朝庙制太祖、高祖概况**

曹魏	太祖（合食太祖）	武帝曹操
	高祖	文帝曹丕
北魏（孝文帝改制前）	太祖（合食太祖）	平文帝拓跋郁律
	高祖	昭成帝拓跋什翼犍
北魏（孝文帝改制后）	太祖（合食太祖）	道武帝拓跋珪
	高祖	孝文帝元宏
北齐（天统元年，565 年前）	太祖（合食太祖）	献武帝高欢
	高祖	文宣帝高洋
北齐（天统元年后）	太祖（合食太祖）	高谥
	高祖	神武帝高欢
北周	太祖（合食太祖）	文帝宇文泰
	高祖	武帝宇文邕

---

① 关于北魏、北齐庙制变动及其意义，可参考赵永磊：《塑造正统：北魏太庙制度的构建》，《历史研究》2017 年第 6 期；赵永磊：《神主序列与皇位传承：北齐太祖二祧庙的构建》，《学术月刊》2018 年第 1 期。

（二）两晋-南朝传统

与庙号太祖、合食太祖名实相副的曹魏-北朝传统相比，两晋、南朝的情况就复杂多了。两晋-南朝传统的本质特征是虚尊太祖、实尊高祖，亦即特别重视作为创业之君的"高祖"，而不太重视只有虚名的"太祖"，所以往往以"高祖"作为合食太祖，而"太祖"仅有庙号虚名。两晋-南朝传统又衍生出三种子类型，比如与曹魏-北朝"武-太/文-高"模式相对应的"武-高/文-太"模式，亦即，以武功创业的王朝缔造者获"高祖"庙号，且居合食太祖之实；作为继体守文之君的后继者则为庙号太祖。

在"武-高/文-太"模式的基础上，还衍生出两种变型。第一种变型，就是仍以武功创业之君为庙号高祖，居合食太祖之实，但追尊高祖之父为太祖，比如陈武帝陈霸先为高祖，追尊其父陈文赞为庙号太祖。陈文赞虽有"太祖"之名，但并无"太祖"之实，其实还是高祖居合食太祖之位。[①] 第二种变型，就是"太祖高皇帝"模式，"太祖""高帝"二者一体，其实汉朝就是如此，南齐开创者萧道成也是"太祖高皇帝"，其背后的观念，仍然是以王朝创业之君为主，兼有"太祖""高祖"两种名号。我们将两晋、南朝庙制中太祖、高祖之关系列为表2：

表2　　　　　　　　　　两晋-南朝庙制太祖、高祖概况

两晋	高祖（合食太祖）	宣帝司马懿
	太祖（庙号太祖）	文帝司马昭
宋	高祖（合食太祖）	武帝刘裕
	太祖（庙号太祖）	文帝刘义隆
齐	太祖（合食太祖）	高帝萧道成
梁	太祖（合食太祖?）	文帝萧顺之
	高祖	武帝萧衍
陈	太祖（庙号太祖）	景帝陈文赞
	高祖（合食太祖）	武帝陈霸先

据表2可知，除了"武-高/文-太"模式及其两种变型之外，还有唯一的例外，就是

---

① 两晋、刘宋以高祖为合食太祖，比较明确。至于陈朝以高祖为合食太祖，据《陈书·高祖纪》载，永定元年（557年）十月戊子，"迁景皇帝神主祔于太庙"。既然是"祔于太庙"，则明显可见此"太祖"并非合食太祖，仅为庙号太祖。参见《陈书·高祖纪下》，中华书局1972年版，第34页。至于谁为合食太祖？推想起来应该是留待高祖成为真正的"合食太祖"。又，陈武帝时期，南郊、明堂、雩祀等祭祀，皆以皇考太祖德皇帝配诸天神，而陈文帝时期则改以高祖武帝配祀，可见太祖皇考本为虚尊，真正用意还是要等高祖武帝成为实际上的合食太祖。参见《隋书·礼仪志一》，中华书局1973年版，第111、121、126页。

梁朝。《隋书·礼仪志》载梁朝庙制曰："拟祖迁于上，而太祖之庙不毁，与六亲庙为七。"① 既然太祖之庙不毁，则似乎庙号太祖、合食太祖一体。若果真如此，则跟曹魏-北朝传统类似，但萧顺之却又无始封、受命之实，跟曹魏-北朝传统有本质区别。然而唐人对梁朝庙制的追述也未必可靠，颇疑所谓"太祖之庙不毁"，指的并不是庙号太祖萧顺之，而是指抽象的合食太祖。② 因梁武帝在位时间极长，而武帝之后又一直动荡无暇改定庙制，本文猜测梁武帝虚尊皇考为太祖，武帝身后以高祖的身份居合食太祖之实，跟陈朝类似。然因文献不足，姑且阙疑。总之，魏晋南北朝太祖、高祖之关系的两种传统可总结如表3：

表3 两种庙制传统概况

曹魏-北朝传统	武-太/文-高模式（曹魏，北魏，北齐，北周）
两晋-南朝传统	武-高/文-太模式（两晋，宋）
	变型一（梁，陈）
	变型二（南齐）

推究两种庙制传统的本质区别，在于对"太祖""高祖"之观念的不同认识。在曹魏-北朝庙制传统中，"太祖"居于核心位置，包含庙号太祖、合食太祖两层含义，两者不可分割。虽"太祖"的人选会发生变动，然一旦获庙号太祖之名，就具有合食太祖之实。在两晋-南朝庙制传统中，则是"高祖"居于核心位置。一般情况下，王朝的实际创业者"受命君"为高祖，具有合食太祖之实，至于庙号太祖，或始封之君居之，或继体之君居之，或仅为追尊之虚号，并无一定之准。

进言之，"太祖"基于礼经，"高祖"则源自汉制。以"太祖"为核心，意在据经定制；以"高祖"为核心，意在尊重现实。具体到汉唐之间经学与制度互动的南、北不同传统，阎步克把中古时期的"古礼复兴运动"总结为宗经、复古与尊君、实用两种类型，③ 仅就两种庙制传统来看，曹魏-北朝更接近前者，两晋-南朝更接近后者。楼劲把以北魏为代表的"儒家化北支传统"总结为依本《周礼》进行开国建制的"以经证统"活动。④ 虽然南、北双方都有争夺正统的迫切需要，但两晋、南朝文化发达，且拥有更为丰富的"汉魏故事"的制度资源，所以很多举措更倾向于延续"汉制"之实用主义的传统。曹魏锐意复古，北朝"以经证统"，则更依本经义。总而言之，曹魏-北朝传统重"太祖"，据经义；两晋-南朝传统重"高祖"，更现实。

---

① 《隋书·礼仪志二》，中华书局1973年版，第131页。
② 且《隋书·礼仪志》记载梁朝庙制曰"拟祖迁于上，而太祖之庙不毁"，与记载隋朝庙制的文字模式相同，此句亦一字不易，很有可能是涉隋朝庙制而误，并不是对梁朝庙制的如实记录。参见《隋书·礼仪志二》，中华书局1973年版，第136页。
③ 阎步克：《服周之冕——〈周礼〉六冕礼制的兴衰变异》，中华书局2009年版，第13页。
④ 楼劲：《北魏开国史探》，中国社会科学出版社2017年版，第166页。

二、隋朝庙制的发展逻辑

（一）隋文帝庙制及其困境

隋文帝初定庙制，陷入了南、北两种传统相冲突的困境。文帝甫即位，就追尊皇考为武元皇帝，庙号太祖,① 继而初步建立宗庙如下：

> 是时帝崇建社庙，改周制，左宗庙而右社稷。宗庙未言始祖，又无受命之祧，自高祖巳下，置四亲庙，同殿异室而已。一曰皇高祖太原府君庙，二曰皇曾祖康王庙，三曰皇祖献王庙，四曰皇考太祖武元皇帝庙。拟祖迁于上，而太祖之庙不毁。……三年一祫，以孟冬，迁主、未迁主合食于太祖之庙。五年一禘，以孟夏，其迁主各食于所迁之庙，未迁之主各于其庙。②

唐初史官评价文帝所立庙制，称其"改周制"，"未言始祖，又无受命之祧"。宗庙无"受命之祧"，这是很好理解的，因为文帝本人即是隋朝的受命之君，当然不会为自己预立"受命之祧"。至于文帝庙制"未言始祖"，则是唐人的偏见，因为庙制中本来就无"始祖"一说（关于"始祖""太祖"的关系，是另一个很复杂的经学、礼制问题，此处不赘）。文帝所立庙制结构如表4：

表4 **隋文帝所定庙制**

（太祖虚位）	
皇高祖太原府君	皇曾祖康王
皇祖献王	皇考太祖武元皇帝

此时的关键问题所在，是追尊皇考为"太祖"。众所周知，皇考杨忠并不是隋朝的受命/创业之君，而仅仅是最初获得"隋公"爵号的"始封君"。若文帝只是虚尊皇考为庙号太祖，自己百年之后则以受命/创业君的身份成为合食太祖，那么这就与梁、陈一样，是彻底地遵从虚尊太祖、实尊高祖的南朝传统了。

但此时隋朝初建，并未统一南土，朝廷中少南士，文帝也并未采取南朝传统，而是延续着北朝传统的惯性，以庙号太祖为合食太祖。上文中说"拟祖迁于上，而太祖之庙不毁"，祫祭时"迁主、未迁主合食于太祖之庙"，说明太祖武元皇帝是名副其实的合食太祖，而非仅享虚尊的庙号太祖。且文帝时制定礼制，圆丘、方丘、南郊、北郊、明堂、雩祀、五郊迎气祭诸天神，皆以太祖武元皇帝配,③ 足可见此"太祖"是实实在在的太祖，

---

① 《隋书·高祖纪上》，中华书局1973年版，第13页。
② 《隋书·礼仪志二》，中华书局1973年版，第136页。
③ 《隋书·礼仪志一》，中华书局1973年版，第116、117、122、128、130页。

在庙制中享有独尊、实尊的地位。然而文帝虽循北朝传统之名，以庙号太祖为合食太祖，但太祖并无受命/创业之实，而与梁、陈的情况类似。正是这样的名实矛盾，让文帝时的庙制陷入了深深的困境之中。而文帝崩后，这些矛盾开始真正显现出来。

（二）解决方案

炀帝即位，谥杨坚为文帝，庙号高祖，这就在名义上更为符合"武-太/文-高"的北朝传统。但正如前文所说，太祖皇考并无受命、创业之实，真正的受命之君文帝则无"太祖"之名。太祖无实，高祖无名；以南朝传统之实，用北朝传统之名。这种名实之间的矛盾在炀帝初表现得尤为深刻，故炀帝甫即位，就欲改定庙制，由此产生三种不同的方案。

1. 褚亮方案①

大业元年（605 年），隋炀帝"欲尊周法，营立七庙"②。定下基调。褚亮议定庙制，首先引用《礼记·王制》"天子七庙"之语，作为炀帝所定七庙的理论依据，又比较郑玄、王肃之庙制理论。郑玄持四亲庙之说，王肃持六亲庙之说。褚亮为炀帝所定"七庙"寻求经学、历史上的理据，同时采信王肃庙制理论，主张立六亲庙：

> [皇隋太祖武元皇帝仁风潜畅，至泽旁通，以昆、彭之勋，开契、稷之绪。]③伏惟高祖文皇帝，睿哲玄览，神武应期，[拨乱返正，远肃迩安，]④ 受命开基，垂统圣嗣，[鸿名冠于三代，宝祚传于七百。]⑤ 当文明之运，定祖宗之礼。且损益不同，沿袭异趣，时王所制，可以垂法。……今请依据古典，崇建七庙。受命之祖，宜别立庙祧，百代之后，为不毁之法。至于銮驾亲奉，申孝享于高庙，有司行事，竭诚敬于群主，俾夫规模可则，严祀易遵，表有功而彰明德，大复古而贵能变。……今若依周制，理有未安，杂用汉仪，事难全采。谨详立别图，附之议末。（其图，太祖、高祖各一殿，准周文武二祧，与始祖而三。余并分室而祭。始祖及二祧之外，从迭毁之法。）⑥

---

① 此方案《隋志》题为许善心、褚亮两人之议，见《隋书·礼仪志二》，中华书局 1973 年版，第137~139 页。《旧唐书》褚亮本传则题为褚亮一人之议，并无许善心之名，见《旧唐书·褚亮传》，中华书局 1975 年版，第 2578~2581 页。按：许善心为许敬宗之父，初唐官修史书，许敬宗总知《五代史》之修撰，史载其"自掌知国史，记事阿曲"，多点窜旧史，以徇私情。见《旧唐书·许敬宗传》，中华书局 1975 年版，第 2763~2764 页。此议为隋代庙议中的一代大手笔，许敬宗于文前添其父之名，以分褚亮之功，是很有可能的。本文据《旧唐书》褚亮本传，将此方案称为"褚亮方案"。又按《旧唐书·褚亮传》（中华书局 1975 年版，第 2579 页）作"后世"，不避李世民之讳；《隋书·礼仪志二》作"后代"，避讳，可见《旧唐书》虽然成书晚于《隋书》，但《旧唐书》所载比《隋书》更接近原貌，且字句亦多出不少，本文引《隋志》原文，错讹、阙漏之处以《旧唐书》补之。
② 《隋书·礼仪志二》，中华书局 1973 年版，第 137 页。
③ 据《旧唐书·褚亮传》补（中华书局 1975 年版，第 2580 页）。
④ 据《旧唐书·褚亮传》补（中华书局 1975 年版，第 2580 页）。
⑤ 据《旧唐书·褚亮传》补（中华书局 1975 年版，第 2580 页）。
⑥ 《隋书·礼仪志二》，中华书局 1973 年版，第 138~139 页。

据《旧唐书》所载褚亮之议的原文，此段开头先称颂太祖、高祖之功德，两者是并列的。而《隋志》则将有关太祖的文字全部删略，只突出高祖"受命开基"之功，两个文本具有本质区别。《隋志》之删略颇有深意，因为原文把太祖武元皇帝比作契、稷，而契、稷为商、周两代的"合食太祖"，但在褚亮方案中，武元皇帝仅为庙号太祖，并无合食太祖之实，增加此句，徒添误解，故史官删削之。虽《隋书》之修撰年代远早于《旧唐书》，但《旧唐书》所据之史料为国史、实录、奏议等资料，比较接近原始面貌；而唐初编修《隋书》，则经史官的删削润色，其文更为浑然，避讳也更严谨，虽说不如《旧唐书》能保留资料之原貌，但在逻辑上则更为顺畅。①

隋文帝所定庙制"改周制"，"未言始祖，又无受命之祧"，而炀帝为此次庙制议论定下的基调是"遵周法"，褚亮就要尽量向"周法"靠拢。既然文帝未立受命之祧，则褚亮以文帝"受命开基"，当立不毁之祧，也就是"别立庙祧"。又遵从王肃庙制，以七庙为通贯历代之制，再折衷周汉，定昭穆之制。至于所定庙制的具体格局，因其图已佚，只得根据《隋志》的描述，大致复原如表5：

表5 褚 亮 方 案

始祖		合食太祖	三庙各一殿
太祖	高祖	二祧	
高	曾	四亲庙	四庙同堂异室
祖	父		

如上所述，在高祖文帝、太祖武元皇帝之上，又增加一个"始祖"，以太祖、高祖为不毁之二祧，"始祖"是实质上的合食太祖。始祖、太祖、高祖三庙各有独立的一殿，万世不毁，以示尊崇；父、祖、曾、高四亲庙同堂异室，共一殿，亲尽迭毁。

2. 炀帝方案

表面上看，褚亮所构拟的庙制既符合炀帝"欲尊周法，营立七庙"的要求，又使高祖庙成为不毁之祧庙，充分考虑了高祖作为受命、创业之君的地位，但实际上跟炀帝真正的诉求相差甚远。

首先，隋朝此前庙制之矛盾的关键所在，就是高祖虽为受命、创业之君，却因北朝传统的限制，既无庙号太祖之名，也无合食太祖之实。要解决此矛盾，就要跳出北朝庙制传统，干脆将徒有虚名的"太祖"武元皇帝置之不顾，把高祖作为实质上的合食太祖，向更为符合隋朝实际情况的梁、陈类型靠拢。而褚亮方案非但未做此种尝试，反而在太祖、高祖之上又增加了一个并无功德、亦非受命的"始祖"，使得原来的名实矛盾更为突出。推褚亮设立"始祖"之意，是继续比附北朝传统。北魏平文皇帝尊神元皇帝拓跋力微为

---

① 监修《五代史志》者为令狐德棻，李延寿、敬播等人亦参与修撰，见《旧唐书·李延寿传》，中华书局1975年版，第2598、2600页。

"始祖"，① 孝文帝废除平文皇帝 "太祖" 庙号，以道武帝为太祖，却保留了神元皇帝 "始祖" 之称②。孝文帝之后，北魏并存始祖、太祖、高祖三庙号。褚亮所定之制，无疑也是以北魏庙制作为先例，是对北朝传统的强化。

炀帝的本来诉求，则是要独尊高祖，使其获得合食太祖之实，同时弱化太祖武元皇帝的地位。观炀帝即位初年议定庙乐之事，即可窥知其心中的微意：

> 大业元年（605 年），炀帝又诏修高庙乐，曰："……昔汉氏诸庙别所，乐亦不同，至于光武之后，始立共堂之制。魏文承运，初营庙寝，太祖一室，独为别宫。自兹之后，兵车交争，制作规模，日不暇给。伏惟高祖文皇帝，功侔造物，道济生灵，享荐宜殊，乐舞须别。今若月祭时祫，既与诸祖共庭，至于舞功，独于一室，交违礼意，未合人情。其详议以闻。"③

炀帝把高祖文帝与曹魏太祖相比。曹魏太祖享有别立一殿的规格，隋高祖功德盛大，也 "享荐宜殊，乐舞须别"。可见炀帝特别强调高祖受命、创业之功，欲于庙制中突出其特立独尊的地位。虽然此事 "难于改作，其议竟寝"，但隋炀帝想以高祖取代太祖的态度，却已十分明显。

其实，早在炀帝即位之初的大业元年孟春，炀帝就已经表露出了尊崇高祖的意思："孟春祀感帝，孟冬祀神州，改以高祖文帝配。其余并用旧礼。"④ 据前文，高祖时圜丘、方丘、南郊、北郊皆以太祖配祀，而炀帝将南郊、北郊改为高祖配祀，保留了太祖圜丘、方丘配祀的地位，比高祖略高一筹。虽是如此，但炀帝本人要继续推尊高祖的心态还是很明显的。

不知为何，褚亮竟未揣知炀帝的微意，不仅没有独尊高祖，反而在太祖、高祖之上又加了一个 "始祖"。只给高祖二祧之一的地位，显然并不符合炀帝的期望。且生搬硬套北魏庙制 "始祖" 之号，未必符合当时的一般观念。隋高祖不满魏收所撰《魏书》之褒贬失实，令魏澹别撰，魏澹另撰《魏史义例》一篇，其中批评魏世先祖谥号之滥，说："但力微天女所诞，灵异绝世，尊为始祖，得礼之宜。"⑤ 也就是说，只有拓跋力微这样 "天女所诞，灵异绝世"，确实可称为一族之始祖的，方可得 "始祖" 庙号。魏澹《魏史义例》应该可以代表隋文帝时之官方态度。至于褚亮滥加 "始祖"，则是强行模仿北魏庙制，而不顾隋朝的实际情况。这种方案是无法解决隋朝南、北两种庙制传统之矛盾的。

其次，也是尤为重要的一点，褚亮构建了始祖、太祖、高祖这种 "一祖二祧" 的模型，三庙别殿，万世不毁，却没有为炀帝预留位置，炀帝本人百年之后，就只能入亲庙之列，亲尽即毁，这是他极不愿意的方案。《隋书·礼仪志》载：

---

① 《魏书·序纪》，中华书局 1974 年版，第 5 页。
② 《魏书·高祖纪下》，中华书局 1974 年版，第 168 页；又见《魏书·礼志》，中华书局 1974 年版，第 2747~2748 页。
③ 《隋书·音乐志下》，中华书局 1973 年版，第 373 页。
④ 《隋书·礼仪志一》，中华书局 1973 年版，第 119 页。
⑤ 《隋书·魏澹传》，中华书局 1974 年版，第 1417~1418 页。

　　既营建洛邑，（炀）帝无心京师，乃于东都固本里北，起天经宫，以游高祖衣冠，四时致祭。于三年（607年），有司奏，请准前议，于东京建立宗庙。帝谓秘书监柳䛒曰："今始祖及二祧已具，今后子孙，处朕何所？"又下诏，唯议别立高祖之庙，属有行役，遂复停寝。①

　　可见褚亮议定之后，炀帝无心于京师建设宗庙，而是改弦更张，于东都洛阳起天经宫，致祭高祖。后来又干脆单立高祖之庙，《隋书·炀帝纪》对此有更详细的记载：

　　（大业三年六月）丁亥，诏曰："聿追孝飨，德莫至焉，崇建寝庙，礼之大者。然则质文异代，损益殊时，学灭坑焚，经典散逸，宪章湮坠，庙堂制度，师说不同。所以世数多少，莫能是正，连室异宫，亦无准定。朕获奉祖宗，钦承景业，永惟严配，思隆大典。于是询谋在位，博访儒术。咸以为高祖文皇帝受天明命，奄有区夏……朕又闻之，德厚者流光，治辨者礼缛。是以周之文、武，汉之高、光，其典章特立，谥号斯重，岂非缘情称述，即崇显之义乎？高祖文皇帝宜别建庙宇，以彰巍巍之德，仍遵月祭，用表蒸蒸之怀。有司以时创造，务合典制。又名位既殊，礼亦异等。天子七庙，事着前经，诸侯二昭，义有差降，故其以多为贵。王者之礼，今可依用，贻厥后昆。"②

　　炀帝此诏，颇值得玩味。他首先说"庙堂制度，师说不同"，"世数多少，莫能是正"，"连宫异室，亦无准定"，其实这些庙制中的关键问题，上述褚亮方案已经给出了明确的回答，则炀帝此语，无疑全面推翻了此前朝议通过的褚亮方案，进而改弦更张，建立符合自己意愿的新庙制。

　　炀帝方案与褚亮方案的关键不同，就是单立高祖之庙。炀帝诏书说高祖"受天明命，奄有区夏"，足以概括高祖的核心功德，就是受命、创业。按照南朝虚尊太祖、实尊高祖的庙制传统，高祖既有受命、创业之实，理应享有合食太祖之实。炀帝方案即是向南朝传统靠拢，但他更进一步，试图不顾太祖庙的存在，直接单立高祖之庙，这是一种相当激进的尝试。

　　炀帝之所以特尊高祖，根本上还是要为自己考虑。若高祖能取得合食太祖之实，则自己身后也就能获得成为不毁之祧庙的机会。若按照两年前的褚亮方案，"一祖二祧"既定，自己亲尽之后，就只能被迁毁了。总的来说，大业元年的褚亮方案过于偏向北朝传统，始祖、太祖、高祖叠床架屋，并不能解决太祖"有名无实"、高祖"有实无名"的矛盾。大业三年的炀帝方案则过于偏向南朝传统，直接单立高祖庙，将太祖置之不顾，也产生了新的问题。这两种方案都不能成为垂法后世的典范。

3. 杨侗方案

　　上述两种方案之外，还有第三种"杨侗方案"。大业十四年（618年），宇文化及弑

———————————————————

　　① 《隋书·礼仪志二》，中华书局1973年版，第139页。
　　② 《隋书·炀帝纪上》，中华书局1973年版，第69页。

炀帝，立元德太子杨昭之子杨侗为帝。关于杨侗集团对隋朝庙制的设想，史料极少，我们仅能参稽下述记载，略作推想：

> （杨侗）谥（炀）帝曰明，庙号世祖。追尊元德太子为孝成皇帝，庙号世宗。[1]
> （杨侗下书）我大隋之有天下，于兹三十八载。高祖文皇帝圣略神功，载造区夏。世祖明皇帝则天法地，混一华戎。[2]
> （杨）侗闻之怒曰："天下者，高祖之天下，东都者，世祖之东都。"[3]

杨侗集团以炀帝为世祖明皇帝，虽然不为正统史家承认，但却是符合炀帝生前愿望的。炀帝努力提升高祖的地位，就是想自己身后也能继高祖享有不毁之祧庙。杨侗将世祖（炀帝）与高祖并称，显然是继承了炀帝的遗志。杨侗集团虽然可能并无明确的庙制构想，但杨侗屡次把高祖、世祖并称，大概是想以高祖、世祖作为不毁之"二祧"，二祧之上，则是高祖所尊立之太祖，作为实际上的合食太祖。

表6　　　　　　　　　　　　褚亮方案、杨侗方案对比

褚亮方案		杨侗方案	
始祖		太祖（?）	
太祖	高祖	高祖	世祖（炀帝）

这样看来，杨侗集团其实是把褚亮所设想的旧"一祖二祧"（始祖、太祖、高祖）替换成了新"一祖二祧"（太祖、高祖、世祖）。不得不说，这个模式充分尊重了隋文帝、隋炀帝两人的意愿，既保留了文帝所设之太祖，又让炀帝成为不毁之祧。这个方案是站在隋朝皇室内部的立场而制定的，而炀帝之所以为"炀帝"，乃是唐朝人站在胜利者的角度对其作出的评价，并不符合隋朝集团的意愿。换句话说，唐朝集团谥杨广为"炀"，是为了惩劝，而非解决隋朝庙制的矛盾。

整体上看，关于杨侗集团的庙制构想，虽然史料极少（或者本来就没有构想），但其尊炀帝为"世祖"、与高祖并称的做法，已有折衷南、北两种传统的意识。其以庙号太祖为合食太祖，太祖之下设不毁之二祧，与曹魏-北朝传统类似。太祖仅为虚名，高祖才是真正的创业/受命之君，又与两晋-南朝传统相同。唐朝初年虽亦有太祖李虎、高祖李渊孰尊孰卑的争论，但高宗之后，基本确定了李虎具有庙号太祖、合食太祖二位一体的地位，而高祖、太宗有创业开基之功，二祧不毁。这与本文所论杨侗方案同构，可见唐朝庙制经过反复之后所达成的定制，已由杨侗方案开其端。

---

① 《隋书·杨侗传》，中华书局1973年版，第1438页。
② 《隋书·杨侗传》，中华书局1973年版，第1439页。
③ 《隋书·杨侗传》，中华书局1973年版，第1441页。

三、结　　论

综上所述，隋文帝初定庙制，遵循北朝传统，以杨忠为庙号太祖、合食太祖。一方面固然是制度惯性使然，另一方面，文帝因禅让得国，也需借重北朝之制度渊源，以彰显自己受命开基的合法性。但杨忠仅为始封君，而非受命君，故又与北朝传统有着结构性矛盾。为解决此种矛盾，炀帝以来共有三种庙制方案。褚亮虽为南士，其方案却向北朝传统靠拢，刻意模仿北魏孝文帝改制之后的庙制结构。炀帝深慕南朝文化，故其方案贴近南朝传统，甚至更为激进。杨侗方案颇为折衷，且以始封君为庙号太祖、合食太祖，亦对唐朝解决始封君太祖、受命/创业君高祖之间的紧张关系不无启发。三种方案或南或北，而终归于折衷。唐朝庙制虽屡经变动，亦终与隋朝的杨侗方案殊途同归，此可见唐朝对南北制度传统的择从与折衷，已由隋朝启其先声。本文分析隋朝庙制对于魏晋南北朝两种庙制传统的吸收与改造，对隋唐制度之渊源问题冀收窥豹一斑之效。至于唐朝庙制中太祖、高祖之关系，亦颇为复杂，已经溢出本文的范围，将另有专文讨论。

（作者单位：清华大学人文学院）

万历朝鲜之役期间浙闽官员对日本通贡的态度[*]

□ 焦　堃

【摘要】明神宗万历年间日本入侵朝鲜后，明朝派遣军队入朝与日军展开激战，在战况陷入僵持后又试图与日本进行和谈。双方之间的和谈交涉经历了曲折反复的过程，同时也在明朝内部引发了激烈的政争。针对以"封贡"为中心的和谈条件，尤其是日本通贡一事，众多官员都提出了反对意见。而在这些反对通贡的官员中，有不少是来自东南沿海的浙江、福建两省，或在这两省任职的官员。这些官员之所以反对日本通贡，很大程度上是因为担心通贡之后东南沿海一带安全形势等方面可能受到负面影响。故而围绕和谈问题的政争不仅是国家层面上的政策之争，同时也掺杂着地方利益的因素。

【关键词】万历朝鲜之役；日本；通贡；浙江；福建

　　明神宗万历二十年（1592 年），刚刚统一了日本的丰臣秀吉发动对朝鲜的大规模入侵。明朝接获消息后发兵救援朝鲜，中日两国军队在朝鲜半岛展开了激战。然而随着战事逐渐进入相持和消耗局面，明朝与日本之间又开始了议和活动，试图通过和谈来平息这场战争。双方在前线讲和的主要条件，是以"封贡"来换取日本从朝鲜撤兵。而所谓"封贡"，则是明朝对丰臣秀吉进行册封，同时允许日本恢复自嘉靖初年以来长期中断的对明朝贡。对于日本来说，如果恢复通贡，则可以在朝贡之际获得明朝的大量回赐并附随进行贸易，甚至有可能争取到与明朝之间额外开市。这对丰臣秀吉和部分参与入侵朝鲜的沿海地区大名来说均有利可图，故而日本方面愿意与明朝展开和谈。不过就在前线进行交涉的同时，围绕着和谈问题，明朝国内却爆发了激烈的争论和对立。朝中支持和谈的力量以神宗、内阁和兵部为主，而大量官员则对议和持反对态度。就作为议和条件的"封""贡"而言，后者即日本通贡所受到的反对尤其激烈。

　　目前国内外学术界对万历朝鲜之役期间围绕和谈问题的明朝内部之争陆续有所关注，亦出现了不少研究成果。然而仅就笔者目光所及而言，集中考察与日本通贡问题有关言论

　　* 本文受 2018 年度武汉大学国别和区域研究项目资助，归口基地为武汉大学中国边界与海洋研究院。

的作品仍然数量较少。日本学者中岛乐章于2007年发表《封倭と通貢——一五九四年の寧波開貢問題をめぐって一》① 一文，当是迄今为止讨论这一问题最为详尽的文章。中岛氏在此文中已注意到一些官员之所以反对日本通贡，与其出身于东南沿海一带有关。本文在此基础上，尝试进一步考察当时一些来自或任职于东南沿海地区，尤其是浙江、福建两省的官员在日本通贡问题上的立场，探讨围绕和谈问题的明廷政争中的地方因素。

万历朝鲜之役期间，围绕对日和谈问题的政争主要在内阁、兵部、言官乃至天子神宗等政治力量之间展开。然而与此同时，由于对日和谈条件之一的日本通贡可能会影响到东南沿海地区的形势，一些出身或者任职于浙、闽等省的官员出于地方利益的考虑，也加入这场政策论辩，令和谈与反和谈之争掺杂进了地方色彩。关于东南沿海官员如何站在地方角度上看待和谈，首先可举出在朝鲜之役期间进入内阁的沈一贯作为例证。

如中岛乐章所云，沈一贯对于日本通贡是极力反对的，而这和其家乡为浙江宁波一事有着直接的关系。沈一贯反对日本通贡的立场，集中表述于其《论倭贡市不可许疏》这篇上奏文稿之中。此文后来收入汇集了沈一贯各种章奏的《敬事草》一书，其中有云："顷者经略顾养谦力主倭奴封贡，一一当许，且欲就宁波开市，以餍其欲。臣乡老幼闻此，如兵在颈，失色相吊，以为今日何为开此一大衅也。……贡市一成，臣恐数十年后无宁波矣！"② 此语非常清楚地表明了沈一贯之所以反对顾养谦等人所支持的日本通贡方案，乃是出于对其乡里宁波，或者进一步说，对其自身在宁波的家族、产业之安危的顾虑。而日本通贡之所以会引发沈一贯的这种忧虑，无疑与对嘉靖时期倭寇活动的历史记忆有着直接的关系。沈一贯在此疏中叙嘉靖年间倭寇为祸之烈云：

> 自嘉靖壬子，来蹂躏我浙、直、山东，以至福建、广东，沿海万里，直入腹里淮、扬、徽、太、杭、嘉、金、衢之间，至窥南京。裂国家幅帽之半而焚掠之，所在为墟。于是用兵以百万计，费金钱不计其数，杀人如麻，弃财若泥。③

接下来又分析倭寇之起因云：

> 自古倭奴无贡，贡亦不过数十年偶一来，不知吾土虚实，所以祸少。自永乐来有贡，贡辄数来，则限以十年一贡。又不遵约，或数年一来。涉吾土若故乡，识吾人如亲旧，收吾宝物诸货如取诸寄。尤嗜古今图籍，凡山川之险易、甲兵之朽利、人性之刚柔、国纪之张弛，无不熟知。而吾民之顽黠者利其贿、负其债，反为之用。嘉靖中两以非期拒还，因泊海岛经岁，奸阑出入，益生心焉。是时谋国者昧大计，以为贡可以示广大、明得意。其悠悠小民，又不恤远，以为贡可以利金钱、得异物。虽倭之始

① ［日］中岛乐章：《封倭と通貢——一五九四年の寧波開貢問題をめぐって一》，（日本）《東洋史研究》第66期第2号，2007年，第267~299页。

② （明）沈一贯：《敬事草》卷1《论倭贡市不可许疏》，《续修四库全书》第479册，上海古籍出版社2002年版，第143~144页。

③ （明）沈一贯：《敬事草》卷1《论倭贡市不可许疏》，《续修四库全书》第479册，上海古籍出版社2002年版，第143页。

贡，岂遽有他心？而势之所渐，不祸不止。……向也吾民与倭通，勾倭为乱。四十年来民与倭绝，乱本始拔。贡市成，则民复与倭合。宁独倭也？王直、徐海之流，草莽之戎且伏，危矣危矣！①

正如中岛乐章所指出的，沈一贯此论，乃是认为永乐以后明朝允许日本入贡是引发嘉靖倭寇之乱的直接原因。② 据其疏中所言，日本通过前来进行朝贡而得以详细了解明朝内部之虚实，且与沿海地区贪图朝贡贸易之利的"顽黠"之民相勾结，故而引发嘉靖年间的大倭寇之乱。入嘉靖后明朝断绝与日本的朝贡关系，又经过四十年的抗倭斗争，才做到"民与倭绝"，消除了倭寇之乱再发的隐患。如今若在和谈之中允许日本入贡并进行贸易，则必然重复之前的错误，导致倭寇入侵的噩梦再度上演。

据中岛乐章所考证，此疏作于沈一贯于万历二十二年（1594 年）五月份入阁之前不久，此时其还在南京礼部尚书任上。③ 而疏文标题后有小字云"草成将上，得罢封贡之命而止"④，也就是说疏稿写成后不久神宗即下旨停止与日本的和谈，故而沈一贯最终并未奏上此疏。但其出于地方和个人利益而反对日本通贡的态度，在此疏中已然表露无遗。如疏文中所说，促使沈一贯作此疏的具体背景，是此前被任命为经略、也就是赴朝明军总指挥的顾养谦向朝廷要求同时允许对日本的册封和日本向明朝入贡，并欲沿袭永乐至嘉靖间的先例，令日本从浙江宁波入贡，同时开放宁波为与日本互市的口岸。以今日史学研究之眼光来看，沈一贯对倭寇起因的看法颇有问题。当今不少学者皆认为倭寇起于明廷严厉的海禁政策以及对沿海走私贸易的武力镇压，依靠隆庆之后对海禁的部分解除才最终得以消弭。而沈一贯则将永乐之后日本从宁波上陆通贡说成引发倭寇之乱的原因，又认为断绝与日本的关系后倭寇之乱才得以平息，与今日史学界的意见大为相左。然而沈一贯此种看法的形成，未必只是由于其见识有限、才力不足，很有可能是出于实际利益之影响和驱动。正如中岛乐章所言，嘉靖年间中日海上通商的利益皆为来自徽州、福建地区的海商所独占，而宁波地区的士绅、商人虽占据地利，却未能在贸易利润中分一杯羹，反而要直接承受倭寇所带来的破坏。⑤ 故而对宁波地区的士绅而言，恢复日本的朝贡并开放贸易对其不但没有任何好处，而且可能会导致国内其他地区的海上势力与日本方面相结合，成为威胁当地安全的隐患。故而沈一贯此疏可以说代表了宁波地区士绅的立场，主要出发点是对其个人及同一阶层人物之身家利益的打算。

---

① （明）沈一贯：《敬事草》卷 1《论倭贡市不可许疏》，《续修四库全书》第 479 册，上海古籍出版社 2002 年版，第 143～144 页。

② 参见［日］中岛乐章：《封倭と通貢——一五九四年の寧波開貢問題をめぐって—》，（日本）《東洋史研究》第 66 期第 2 号，2007 年，第 275 页。

③ 参见［日］中岛乐章：《封倭と通貢——一五九四年の寧波開貢問題をめぐって—》，（日本）《東洋史研究》第 66 期第 2 号，2007 年，第 275 页。

④ （明）沈一贯：《敬事草》卷 1《论倭贡市不可许疏》，《续修四库全书》第 479 册，上海古籍出版社 2002 年版，第 143 页。

⑤ 参见［日］中岛乐章：《封倭と通貢——一五九四年の寧波開貢問題をめぐって—》，（日本）《東洋史研究》第 66 期第 2 号，2007 年，第 277 页。

除了沈一贯之外，还有不少来自东南沿海地区的官员出于类似的地方利益考虑而反对允许日本通贡，甚至反对整个和谈方案。如吏部侍郎赵参鲁与沈一贯同样是宁波人，在朝鲜之役爆发后同样反对日本从宁波入贡。万斯同《明史》之《赵参鲁传》中云：

> 日本封贡议起，参鲁以贡必道宁波，恐贻桑梓害，力持不可。总督顾养谦闻之不怿，疏争于朝，且言参鲁于倭情最熟，宜令任之。章下廷臣，参鲁复持前说，因著《东封三议》，辨利害甚析。①

赵参鲁所著之《东封三议》今似已不存，因而无由得知其反对和谈的具体主张。但从"以贡必道宁波，恐贻桑梓害"一语，可知其基本出发点与沈一贯一样，都是出于对家乡宁波，或者说对于其自身利害的考虑。而同时期任吏部尚书的陈有年是浙江余姚人，其乡里紧邻宁波，而此人同样反对通贡甚为坚决。《明神宗实录》中记载万历二十二年五月一日事：

> 九卿科道奉旨会议倭事，尚书陈有年，侍郎赵参鲁，科道林材、甘士价等则各具疏揭，总之以罢款议守为主，不得已而与款，犹当遵明旨、守部议。兵部尚书石星采集以闻，因言："……今或降敕一道付小西飞，归谕关白尽撤釜山兵，以观诚伪，则请如罗万化议；或遣使往谕，必如中国约，乃许倭使具表，偕来请封，及守鸭绿以西，宜尽责督臣，则请如孙矿议；或封贡并绝，自修内备，令朝鲜淬砺图存，而我遥为声援，兵饷俱难再助，则请如陈有年、赵参鲁议。而众论之所佥同者，莫不汲汲于选将练兵、储器偫饷、屯田扼险，皆本计也。"②

据此条中所记针对和谈问题的廷议中之各人意见，陈有年、赵参鲁以及当时的兵部侍郎孙矿等都是强硬反对通贡的人物，其中陈、赵二人甚至提出"封贡并绝"，态度最为彻底。而孙矿与陈有年同样是余姚人，后来还曾继顾养谦之后出任经略。

日本学者小野和子曾在分析明朝内部的和谈之争后指出，当时不少反对和谈的官员，如王德完、逯中立、卢明诹、叶继美、林材、何乔远、岳元声、周孔教等在政治上与东林一派立场相近，甚至可以算是东林党人。③ 然而同时需要注意的是，这些反和谈的人物中有不少都出身于浙闽一带。如岳元声是浙江嘉兴人，叶继美是浙江嘉善人，林材是福建福州人，何乔远是福建泉州人。其反对和谈之际或不以家乡之利害为言，但与沈一贯、赵参鲁类似的考虑必定也在其间产生了不小的影响。

---

① （清）万斯同：《明史》卷331《赵参鲁传》，《续修四库全书》第330册，上海古籍出版社2002年版，第11页。

② 《明神宗实录》卷273，万历二十二年五月戊寅，台湾"中央研究院"历史语言研究所，1962年，第5057~5058页。

③ 参见 [日] 小野和子：《明季党社考》，李庆、张荣湄译，上海古籍出版社2006年版，第78~83页。

当然，以上之论述并不意味着来自浙、闽等地的官员必定持反对和谈的立场。主和派的主要代表人物之中即有不少是浙江人，如内阁大学士赵志皋是浙江金华府兰溪县人，①首任经略宋应昌是浙江杭州人，②实际与日方进行交涉的市井游士沈惟敬是浙江嘉兴人③。在浙江等沿海地区，除了像沈一贯、赵参鲁那样因惧怕倭寇死灰复燃而不愿与日本恢复关系的人物之外，应当还有不少人期望能够通过对日贸易而获得利益。尤其是如中岛乐章所论，当时的浙西平原一带是生丝和丝织品的重要产地，如果明朝允许日本通贡并随之展开互市，那么这一带的产品便可以输往日本而带来巨额的利润。④从这一点来说，浙江地区出现支持通贡、通商的声音是很正常的。更何况在当时，不少人其实应当清楚引发倭寇之乱问题的根源并非日本通贡，而是明朝的贸易政策。实际上，沈惟敬便是代表当时中日之间通商利益的人物。宋应昌任经略期间，曾在发给李如松的公文中提道："据平倭李提督禀称'沈惟敬随带布花卖与平壤倭贼……'等情到部。"⑤据此看来，沈惟敬在前线与日本方面进行接触时，便已经开始通过贸易活动谋利了。另据朝鲜人申炅所著《再造藩邦志》一书中云："惟敬或言浙江人，或言福建人，其父以商往来日本，备谙其国事情。"⑥如果此事属实，则沈惟敬本身便出自在中日之间从事海上走私贸易的商人家庭。另外，明人徐希震之《东征记》中甚至称沈惟敬"自谓曾商日本"⑦，即直接参与过对日走私贸易。故而沈惟敬之所以积极斡旋对日和谈，除了希图事成之后得到朝廷之封赏外，十有八九是为了在中日通贡、开市之后获取商业利益。至于赵志皋、宋应昌，虽然并没有史料能够证明其在主张和谈之际有地方商业利益方面的考虑，但从情理上来说，这些来自浙江的官员积极推进和谈也并非不可理解之事。

除了出身于东南沿海的朝廷官员之外，当时任职于浙、闽两省的官员中也多有反对和谈，尤其是反对日本通贡和开市的声音。如万历二十一年（1593年）时，浙江巡按御史彭应参在得知宋应昌等人正积极以封贡为条件与日本讲和后，即于七月九日上疏，对日本通贡一事表达了强烈反对。《明神宗实录》中记载其上奏内容云：

> 浙江巡按彭应参题：顷朝鲜用兵，两师压境，经略宋应昌令沈惟敬往来如织。及碧蹄一战，我师长驱之气已沮，倭奴请贡之词愈傲，而经略代求之说愈坚。时台省诸

① 关于赵志皋在朝中推动和谈的具体行动，可参看范敬如：《明朝首辅赵志皋与明日万历和议》，山东大学硕士学位论文，2017年，第15~28页。
② 关于宋应昌的主和立场，可参看孙卫国：《万历援朝战争初期经略宋应昌之东征及其对东征历史的书写》，《史学月刊》2016年第2期，第44~46页。
③ 关于沈惟敬的家世生平情况，可参看郑洁西：《沈惟敬的籍贯家世、生卒年日及其早年经历》，《宁波大学学报》（人文科学版）2016年第3期，第62~67页。
④ 参见［日］中岛乐章：《封倭と通貢——一五九四年の寧波開貢問題をめぐって—》，（日本）《東洋史研究》第66期第2号，2007年，第289页。
⑤ （明）宋应昌：《复国经略要编》卷5《檄李提督》，郑洁西、张颖点校，浙江大学出版社2020年版，第129页。
⑥ ［朝］申炅：《再造藩邦志》卷2，韩国首尔大学奎章阁韩国学研究院藏1693年刊本，第36页b。
⑦ （明）徐希震：《东征记》，韩国首尔大学奎章阁韩国学研究院藏清刊本，第3页a。

臣争之甚力，随奉不得轻许通贡之旨。臣切思倭奴通贡，断不宜许，皇上可一言而决耳。今旨谓不得轻许，是明示以权宜可许之意也。及得当事手书，称倭奴碧蹄馆一战之后畏威服罪、乞哀通贡，不出五月可了。夫是役也，大将仅以身免，倭奴何畏之有？而固乞哀求贡，岂真有心悔罪耶？不过经略以师出异域，久无成功，阴许通贡，速得倭奴回巢，归朝叙功耳。臣窃计之，倭奴通贡，势必自宁波入，而绍兴、杭、嘉等处皆必经之地。臣恐地方惊扰，设备劳费，万一乘便肆螫，则边海重地，财赋奥区，其受荼毒，当不知何如烈也。此其害之在地方者。又思天下财赋，岁入不过四百万。北虏款贡，浸淫至今，岁费三百六十万。罄天下之财，仅足以当虏贡，所幸东南无事耳。傥倭贡之套再成，则自淮扬、苏松、两浙、闽广间，在在皆可开市，皆当御备。而喜功黩货之夫，又复簸弄其间，则东南市费，当亦不减西北。此其害之在国家者。臣愿皇上断然不得许贡，不必调停两可，开诸臣以借口之隙；愿辅臣、本兵各输忠赤，毋过听匪人自便之计。仍敕兵部严谕经略诸臣，乘今六师既集、沿海有备之时，极力长驱，务令倭奴片帆不返。①

彭应参在上奏中首先提出日本当时并未陷入被迫求和的境地，宋应昌之所以积极与日本讲和，只是图个人之功勋而欲以姑息手段换取日本尽早撤军。此说是否符合当时的实际情况，与本文之主题关系不大，可暂且不论。而接下来所述，才是彭应参反对日本通贡的真正理由。首先是若允许日本前来朝贡，则使团将由宁波上陆，随后要经过绍兴、杭州、嘉兴等地，接待事宜必然要对各地造成负担。且万一日本人借朝贡之机而行劫掠之事，则浙江各地又将首当其冲而受害。这一顾虑与前述沈一贯、赵参鲁等人的想法类似，可以说仍然反映出了嘉靖倭寇之祸所留下的心理阴影。第二条理由则是财政方面的。在彭应参看来，对日和谈与隆庆年间明廷与蒙古方面的和议可以相提并论。当时明廷与俺答汗达成封贡协议，并随即在边境与蒙古方面开市；然而其结果却是导致明廷每年要耗费巨额的银两来维持与蒙古之间的这种和平关系。据彭应参所说，当时明廷每年的岁入只有四百万两白银，而其中三百六十万两都被蒙古贡市所消耗。倘若再与日本之间形成和蒙古同样的关系，则明朝之国家财政势必要走向崩溃。中岛乐章曾在介绍彭应参的这一意见之后，指出当时还有不少官员都有类似的财政方面的忧虑。② 虽然同时也有张翰等官员提出与日本等海外诸国的互市和与蒙古的互市有所不同，能够为明朝方面带来经济上的利益，③ 但从彭应参的上奏可以看出，在当时很多官员看来，如果日本通贡、开市得以实现，将会与蒙古方面的情况一样，沦为以金钱换和平的绥靖政策。

到万历二十二年五月六日，福建巡抚许孚远又向朝廷上疏，反对册封丰臣秀吉。《明神宗实录》中记此事云：

---

① 《明神宗实录》卷 262，万历二十一年七月辛酉，台湾"中央研究院"历史语言研究所，1962年，第 4853~4855 页。

② 参见［日］中岛乐章：《封倭と通贡——五九四年の宁波开贡问题をめぐって—》，（日本）《东洋史研究》第 66 期第 2 号，2007 年，第 274~275 页。

③ 参见［日］中岛乐章：《封倭と通贡——五九四年の宁波开贡问题をめぐって—》，（日本）《东洋史研究》第 66 期第 2 号，2007 年，第 287~288 页；［日］小野和子：《明季党社考》，李庆、张荣湄译，上海古籍出版社 2006 年版，第 64~65 页。

先是，尚书石星遣指挥史世用等，往日本侦探倭情。世用与同安海商许豫偕往，逾年豫始归，报福建巡抚许孚远。豫之伙商张一学、张一治亦随续报，互有异同。孚远备述以闻，因请敕谕日本诸酋长擒斩秀吉，朝廷不封凶逆，而封能除凶逆者。又云："莫妙于用间，莫急于备御，莫重于征剿。"疏下兵部。①

此处记载许孚远从海商许豫等人那里得到关于日本的情报后，向朝廷进行了汇报。同时许孚远又表达了对册封一事的反对，提出应当对丰臣秀吉采取强硬态度，招诱日本国内诸侯发动反叛，甚至直接出兵"征剿"日本。实录此处未收录许孚远之奏疏，但《明经世文编》中录有奏疏全文。此疏题为"请计处倭酋疏"，其中云：

谨会同巡按福建监察御史刘芳誉，看得……若我经略、总督诸臣，不过因惟敬辈而过信行长诸酋，又因行长诸酋而错视平秀吉，不知秀吉豺狼之暴，狐兔之狡，变诈反复，必不可以信义处者也。兹观总督所呈请封表，文末云"世作藩篱之臣，永献海邦之贡"。因封及贡，其情已露于此。盖秀吉狂谋蓄积已久，一封必不足以厌其意，要而得封，必复要而求贡、求市，得陇望蜀，凭陵及我，朝廷又将何以处之？……议者多谓封贡不成，倭必大举入寇，不知秀吉妄图情形久着，封贡亦来，不封贡亦来，特迟速之间耳。②

许孚远根据其所获得的情报，认为丰臣秀吉对中国抱有领土野心，仅凭封贡不足以令其满足，故而"封贡亦来，不封贡亦来"，对其只能采取强硬手段。同时需注意的是，许孚远提出若丰成秀吉获得册封，则接下来必然要"求贡、求市，得陇望蜀，凭陵及我"。这说明在其看来，朝贡贸易及互市对明朝都是一种"凭陵"，只对日本单方面有利。这种态度可以说与彭应参是完全一致的。而按照其逻辑，若日本对中国抱有领土野心，则通贡、开市之后，日本人所来往的东南沿海一带亦势必面临极大的安全隐患。故而许孚远之反对和谈，虽然有直接从日本方面打探而来的情报作为依据，但各种顾虑因素之中，有很多是与之前的浙江巡按御史彭应参的意见相通的。

上述引文开头还有"会同巡按福建监察御史刘芳誉"一语，说明许孚远在此疏中所述，其实是其与当时的福建巡按御史刘芳誉的共同立场。刘芳誉除此之外，还曾就和谈问题单独上疏。朝鲜《宣祖实录》中记载宣祖二十七年、即万历二十二年九月十一日，"督府出示通报福建巡按刘芳誉一本"，其具体内容为刘芳誉通过福建海商得知沈惟敬等人在与日本的交涉过程中答应与日本和亲，即将神宗之女嫁给日本天皇，而石星、宋应昌等未能察觉此事，仍然任用沈惟敬与日本和谈，需要为此承担责任。③ 此疏与许孚远上疏之角

① 《明神宗实录》卷273，万历二十二年五月癸未，台湾"中央研究院"历史语言研究所，1962年，第5059~5060页。

② （明）陈子龙辑：《明经世文编》卷四《敬和堂集·请计处倭酋疏》，中华书局1962年版，第4337~4339页。

③ 《宣祖实录》卷55，宣祖二十七年九月丙戌，《李朝实录》第28册，（日本）东京学习院东洋文化研究所，1961年，第148~149页。

度不同，但仍然凸显了刘芳誉反对和谈的坚定立场。

通过彭应参、许孚远及徐芳誉之例，足以看出当时除了出身于东南沿海的中央官员外，在此地尤其是浙、闽两省任职的官员之中，反对日本通贡、开市的态度亦颇为强烈。盖在当时很多地方官员心目中，即便是开放与日本的贸易，对于当地乃至整个国家的财政都不会有任何益处，反而会导致自己为严峻的海防形势承担责任，故而日本贡市对其有害无利。在这一点上，其动机可以说与沈一贯、赵参鲁等人一脉相通。

通过以上所论，足以看出明朝内部围绕和谈问题的政治对立并非只是单纯就政策内容而展开，而是与不同官员群体的政治经济利益紧密缠绕在一起的。卷入和谈之争中的不仅有相关的中央官员，同时还有在日本通贡后可能会受到影响的浙江、福建等省份的地方官。而即便是中央官员，也有很多是出于其乡里或者其个人的利益考量而参与争论。故而关于和谈的争论并非只是从整个国家的角度出发而展开的，其中还掺杂着站在地方立场上的种种考虑。其中最为明显的表现，便是当时一批出身自东南沿海的浙、闽两省的中央官员，或在这两省任职的地方官员对于日本通贡的激烈反对。出身于沿海地区者害怕日本贡市会招致倭寇之再起，进而对自己的家乡造成破坏；任职东南者则或以安全形势为言，或以财政负担为忧，很多仍是出于地方利益以及自身处境之考虑。而如上文所述，不少官员在议论之际只以和谈本身是否可行及其是非而言，但其间往往还掺杂着出于地方和个人角度的考量，对此不可不察。

（作者单位：武汉大学历史学院）

传统思想研究

孔子的文化多元观与其身份认同

□ 周启荣

【摘要】孔子是商王室的后裔，却出生在姬周统治的鲁国，他在政治上没有平等的参政机会。他对于自己的身份与商、周的政治理想经过一番挣扎，终于建立了超越族群，以"仁"为本的政治哲学，发展出一套文化多元观的政治理论。身份认同是儒学一个现代课题，对孔子复杂身世的分析有助于重新揭示孔子的文化多元观。通过从当代世界多元文化的角度来审视孔子在当时所经验的文化和族群认同问题，我们可以对儒家学说提出新的阐释，为解决当前的文化冲突开辟新的理论方向，为缔造 21 世纪的世界文明作出贡献。

【关键词】孔子；儒家；商周文化；文化多元价值观；身份认同；夷夏论；巫文化

一、儒学的现代课题：文化与族群认同

在 21 世纪的今天，中国儒家思想文化对现代中国发展是主要的障碍，还是一股重要力量，目前海内外华人学术界见仁见智。自新文化运动以来所提出打倒孔家店的激烈反传统思想，虽然还有人以不同的方式继续提倡，但主张对儒家思想重新评价的声浪越来越高涨。对儒家思想作新阐释的大抵集中在宗教、经济、伦理等方面。儒家思想中的个人身份认同问题与现代中国人的时代经验直接相关。个人主观上对文化及族群认同的问题对于生活在异国的海外华人来说，实在有着很密切的关系。若要复兴儒家思想及中国传统文化，必须要对儒学传统作新的阐释，借以使儒学能对当代这个重大课题作一个理论上的回应，从而参予目前许多国际学术思想领域关于这个问题的讨论与对话。从儒学传统来探讨文化与族群的认同问题，无疑是儒学对 21 世纪的世界文化作出贡献的重要一环。

要研究儒家思想中牵涉身份认同的问题，最理想是从孔子开始。本文试图以司马迁《史记》中的《孔子世家》为基线，采用《论语》及其他先秦传世文献，并参考商、周及先秦时代的历史、出土文献、考古研究，提出一个假定：孔子本人曾经对自己的身份认同经过了一番争扎，一生对周文化与商文化的认同有过不同的看法。孔子在四十岁前后，希望在鲁国能够实现他自己的王道思想，但政治现实却使他深深感到鲁国姬姓贵族对他及其他异姓才能之士的歧视。其身份认同徘徊于他母亲所属的周政权与父亲所属的殷王族背景之间。但经过一番深切的反省、思考，终于体验到，必须肯定异文化的共存，以及肯定文化多元性才能解决社会人群之间的歧视，而人类和平所以建立的基础乃是超越族类与血

缘的"爱",即孔子"仁"的学说。"仁"在政治上的实现有赖于异文化的包容与吸收。

二、孔子与殷商和宋王室的关系

(一) 宋国微子之后

自胡适、傅斯年以来,研究孔子的思想、儒家的起源都离不开鲁国、西周与殷商文化的关系。[1]胡适说:"'儒'本来是亡国遗民的宗教。"学者不一定同意这个说法,但孔子是从宋国逃难到鲁国的殷遗民的后裔却是无可怀疑的。[2]胡适与傅斯年只侧重论证儒家、孔子与殷商文化的关系,对于孔子的身份意识,强调政治权力关系层面的殷民族的亡国地位与他们的治丧相礼的职业群体性质。[3]对孔子思想的创新讨论,胡适特别强调孔子对于商、周文化的"折衷选择"。胡适与后来的学者只是围绕儒家起源的问题进行研究,他们没有从孔子个人思想发展的角度来分析当时不同的商、周文化与现实政治在孔子个人的政治生涯中的复杂关系及其变化。

要了解孔子身份意识的思想发展,首先要明白他极为复杂的家世、在鲁国活动的社会圈子,及商周婚姻制度。司马迁《史记·孔子世家》可说是第一部孔子传记。根据司马迁的说法,宋国微子启是孔子的祖先。微子本是商王纣之兄,《春秋左传》哀公九年,"微子启,帝乙之元子也"。纣继位为王后,王子之间可能曾有过争位之事。[4] 武王伐纣,微子支持武王,后来成王把他封在宋国。微子四传至宋湣公,湣公有长子弗父何,但他用商人兄终弟及继承法,传位于弟,即炀公(《孔子家语》作襄公)。湣公次子鲋祀杀炀公,鲋祀让位于弗父何,何不受,鲋祀自立为厉公。孔子便是弗公何的后裔,属于宋公室的嫡派子孙。孔子的高祖木金父的父亲孔父嘉在宋国一次政治斗争中被杀,木金父逃到鲁国。

孔子的曾祖曾担任鲁国臧氏防邑的大夫。孔子父亲叔梁纥也是个小邑陬(鄹)的大夫。他们虽然是商王室微子之后,但在鲁国却是异姓。鲁国是周公子伯禽的封国,属姬

---

[1] 胡适《原儒》、傅斯年《周东封与殷遗民》,收入胡适《胡适学术文集》(香港三达出版公司印行,出版日期不详,第3~102页)。虽然,学者如冯友兰、郭沫若、钱穆对于特定的礼制如三年丧、章甫是否殷礼有不同意见,但没有学者否认孔子是宋国殷人之后裔。参看陈来:《说说儒——古今原儒说及其研究反省》,《原道》辑刊第二辑,团结出版社1995年版。

[2] 傅斯年:《周东封与殷遗民》,胡适:《胡适学术文集》附录,香港三达出版公司印行,出版日期不详,第57页。

[3] 胡适借用耶稣被视为犹太人的弥赛亚的例子,指出亡国的殷人,包括宋国的国君仍然有复国的愿望。但孔子不但没有复兴殷商的政治目标,更没有复兴殷民族文化的愿望。孔子的文化观是多元的。犹太人的弥赛亚基本上是一个政治的解放领袖。所以用犹太人耶稣的比喻来分析孔子的经验与思想并不合理。

[4] 微子为商元子也见于《尚书·微子之命》:"王若曰:"猷!殷王元子。惟稽古,崇德象贤。统承先王,修其礼物,作宾于王家,与国咸休,永世无穷。"

姓。周人封建及宗法制度以亲亲为原则，异姓贵族在鲁国政治上的出路有限。①因此，孔子的曾祖、父亲叔梁纥终身不过做到大夫而已。②

叔梁纥虽然已经四世居住在鲁，但仍继承商人贵族的族内婚的礼法，娶原来居住在鲁国的殷遗民施氏的女子。③这是违反周人"同姓不婚"的礼制的。④因为叔梁纥与施氏都是子姓。施氏没有儿子，叔梁纥后来娶了住在陬邑尼山山麓的姬姓颜氏，生了孔子。⑤司马迁《史记·孔子世家》："纥与颜氏女野合而生孔子，祷于尼丘得孔子。"⑥历来学者对"野合"有多种不同的解释，但"野合"应该指没有经过周人正式婚娶礼仪的结合。⑦孔子很小的时候，父亲便死了。他母亲亦于孔子年轻的时候死去。⑧孔子想把母亲与父亲合葬，但不知父亲的葬地，后来孔子从陬邑人之母那里才知道葬处，终于把母亲与父亲合葬在一起。这种夫妻合葬的制度是周人贵族的礼法。⑨孔子因早年丧父，由姬姓母亲颜氏教养成人，除了家乡的殷文化，亦深受鲁国姬周文化的熏陶。这种双重文化背景使孔子自小便形成了思想上尊重异文化及文化多元性的思想倾向。但孔子思想来源的二元性，其实并非他个人所独有。实在与鲁国的政治、人口与文化结构有关。

（二）鲁国与殷、周文化

周武王未伐商纣之前，商朝的内史向挚、太师、少师已投奔周人。⑩武王又联络东方不满商纣的诸侯，包括商王室的微子启。⑪武王克商及后来周公东征都依赖殷商原来的领袖。周初对殷民腹地所在的封国如鲁、卫，都采取"启以商政，疆以周索"（《春秋左传》

---

① 周代的宗法及封建制度，就源流及完成的时间仍然意见分歧。王国维：《殷周制度论》，《观堂集林》卷10，中华书局1959年版，第451~480页。杜正胜：《周代封建制度的社会结构》，《中国上古史待定稿》第3本，台湾"中央研究院"历史语言研究所，1985年，第53~184页。杜正胜强调西周的封建与宗法制度的发展与周人在东方殖民的过程有密切的关系。

② 《论语·宪问》："孔子曰：'以吾从大夫之后，不敢不告也。'"。

③ 遗民六族分给鲁国的其中有施氏。殷人行族内婚，参阅张光直：《商史新料三则》，台湾《"中央研究院"历史语言研究所集刊》第50本第4分，1979年，第752页。

④ 《春秋左传》僖公二十三年："男女同姓，其生不蕃"；昭公元年："男女辨姓，礼之大司也"。《礼记·曲礼上》："取妻不取同姓；故买妾不知其姓则卜之。"《礼记·坊记》："子云：取妻不取同姓，以厚别也。"在现实上有违背同姓不婚的例子但这些例子都是被谴责的。参看李衡眉，《先秦史论集》，齐鲁书社1999年版，第272~273页。

⑤ 鲁国公族姬姓，有颜氏。《春秋左传》："齐侯娶于鲁，曰颜懿姬。"

⑥ 钱穆不信"野合"之说，认为颜氏居尼山山麓，所以祷于尼山。参阅钱穆：《孔子传》，台湾综合月刊出版社1975年版，第20页。

⑦ 《诗经·齐风》："取妻如之何、匪媒不得。"

⑧ 或说孔子十七岁时，或说二十四岁时。

⑨ 殷墟上万座墓，只有八例是合葬的。因此可以推定夫妻合葬是商代以后周代开始出现的一种墓葬模式。"在高级贵族夫妇墓墓位的排列上，商代行异地分离葬，周代则出现同地并列葬。"参看刘绪：《序》，陈东明：《商周墓葬比较》，中国社会科学出版社2016年版。

⑩ 参阅王利器：《吕氏春秋注疏》卷16《先识览》，巴蜀书社2002年版，第1785页；《史记·殷本纪》，中华书局2013年版，第139页；《史记·周本纪》，中华书局2013年版，第157页。

⑪ 孙氏引《吕氏春秋·诚廉》有关武王与微子结盟的事。参阅孙次舟：《微子与周人之关系》，《责善半月刊》1965年第2期。

定公四年）的政策，尽量依赖原来殷人的地方领袖，用商人的法度去统治。周人依赖殷商原有的领袖、官员与军队的政策是由人口规模决定的。周人往东迁移殖民，原来的姬姓人口分到各诸侯国，每一国所分得的人数非常有限，必须依赖当地投靠的地方领袖的支持。征服者当然亦是剥蚀者。"疆以周索"之周人对殷民及其他被征服的族民，实行"百亩而彻"，进行经济剥削。

鲁国建国所在的曲阜原是殷人的政治文化腹地，自伯禽受封开始即具有双重政治、人口与文化的成分。鲁国一方面代表周人的文化而另一方面又继承殷文化。傅斯年说："鲁之统治者是周人，而鲁之国民是殷人。"① 孔子出生的鲁国原来是商人所聚居的奄。奄是殷王盘庚迁往殷墟之前的都城，殷文化的核心地区。周公的儿子伯禽受封于奄，建立鲁国，以统治奄民及殷人。② 伯禽同时又分得殷遗民六族。《春秋左传》定公四年："分鲁公以大路大旗，夏后氏之璜，封父之繁弱，殷民六族，条氏、徐氏、萧氏、索氏、长勺氏、尾勺氏，使帅其宗氏，辑其分族，将其类丑，以法则周公，用即命于周，是使之职事于鲁，以昭周公之明德，分之土田倍敦，祝宗卜史，备物典策，官司彝器，因商奄之民，命以伯禽，而封于少皞之虚。"鲁国自始即依赖殷遗民的领袖、族长，"祝宗卜史"，统治奄地的殷民。因此，殷遗民的领袖并没有完全丧失他们的统治地位。只是他们现在要服从周人的命令，所谓"侯服于周"③。那些克商之前及后来投诚的殷人领袖，很多仍然可以"帅其宗氏，辑其分族，将其丑类"（《春秋左传》定公四年），当然还可以拥有田土，即《尚书·多士》所谓"尔乃尚有尔田"。

因此，鲁国及其他封国的殷遗民领袖并非亡国奴隶可比，他们仍然属于统治阶层，仍然保有他们的文化习尚。④ 鲁国除了有周社外，还有殷人的亳社。由此证明殷人虽然做了周人的附庸，但殷朝的习尚风俗并没有因姬周取代天下共主的地位而完全消失。孔子父亲叔梁纥娶殷人同姓施氏便是一个例子。自周平王东迁后，周天子权力不断下降，有一些殷人的旧习尚便随着庶姓士人的兴起而重新在诸侯国之间流行。例如左右的偏好。殷人尚右，周人尚左。周东迁后，尚左的变成尚右。中原诸侯国建立在殷商故地如晋、宋、齐都尚右。但秦则仍旧尚左。⑤孔子的身世及其出生与长大的社会正是此种殷商、姬周双重文化结合的产物。

（三）出生在鲁国的"异乡人"与殷遗民

孔子虽然出生于春秋时期代表周文化中心的鲁国，但他却生在一个具有很深厚商文化

① 傅斯年：《周东封与殷遗民》，胡适：《胡适学术文集》附录，香港三达出版公司印行，出版日期不详，第 84 页。

② 据《竹书纪年》所载，殷王南庚、阳甲、盘庚都曾以奄为都城。周灭商时，奄是殷人的重要政治、文化中心之一。参阅李启谦：《结合鲁国社会的特点了解孔子的思想》，《儒学国际学术讨论会论文集》，齐鲁书社 1989 年版，第 540 页。

③ 《诗经·大雅·文王》："殷士肤敏，裸将于京。厥作裸将、常服黼冔。王之荩臣、无念尔祖。"

④ 胡适为了要证明儒家是"亡国遗民的宗教"，过度强调儒家"柔弱"的人生观。胡适：《胡适学术文集》附录，香港三达出版公司印行，出版日期不详，第 57 页。

⑤ 晁中辰：《尚左、尚右辨》，《中国史研究》1988 年第 2 期，第 155～157 页。

背景的孔氏家族。① 孔子名字与殷文化的关系可以从几方面来说明。孔子名丘，字仲尼。孔子的姓是从他的祖先，孔父嘉而来。② "孔"字偏旁乙字，乙即乙鸟。乙鸟是商人崇拜的图腾。汤，大乙，即大虼。商的始祖契出生的神话亦与鸟图腾有关。有戎氏的女子，因吞了玄鸟蛋便怀了孕，生了契。因此，孔子的氏与殷人的鸟图腾信仰关系很密切。

此外，以"孔"为氏有政治上的特殊意义，亦与商朝有关。孔子的祖先从宋国始迁居鲁国的是木金父，要把生在鲁国的孔子与宋王室连起来，便要把鲁国的祖先往上推。孔父嘉便是处于宋国祖先及鲁国祖先的连接点。不以"孔"为氏，孔子显赫的宋王室背景便不能显现。宋国第一个诸侯王便是微子启，商纣的兄长，商朝的王子。孔子是商王室元子微子启的后裔。

孔子与鲁国的殷遗民有极密切的来往。这一事实也可以从几方面来证明。《史记·孔子世家》："孔子母死，乃殡五父之衢，盖其慎也。"孔子的母亲殡殓在五父之衢主要有两个原因：第一，孔子决定依照周人贵族夫妻合葬的礼制，但不知道父亲的墓所在；第二，孔子年幼丧父，不知什么原因，显然他母亲从来没让孔子知道父亲的葬地。所以，在寻访到父墓之前，母亲的尸体需要一个地方停放。五父之衢是鲁国一个非常重要的地方，是商遗民聚居之地。鲁国是周公子伯禽封国，在商奄。奄原本是殷人旧都，实际控制的范围相当大。③武王克商后，管叔、蔡叔与武庚策动的叛乱中心就是奄，而五父之衢是奄的一个重要地方。《后汉书·郡国志二》："奄国。有大庭氏库。有铁。有阙里，孔子所居。有牛首亭。有五父衢。"鲁国保留有大量的殷遗民的风俗习惯，五父之衢应该是鲁国殷人聚居的重要权力中心。当地可能有殷人贵族的祠庙。巫、史在殷商的社会地位极为崇高，在五父之衢居住的殷遗民，他们应该是掌握宗教、教育与政治权力的核心阶层。④

殷人习惯在祭祀上称祖先为"父"。商人"父"不特指生父，而是父辈，因此甲骨卜辞有"二父""三父""四父""多父"的称谓。⑤孔子祖先：弗父何、正考父、孔父嘉、木金父、祈父（或名罩夷），全部名字都带有"父"字。就连告诉孔子叔梁纥在防山墓地的"耶人輓父之母"的儿子"輓父"，他的名字也带有"父"字。⑥这绝对不是偶然的，因为奄、防山都是鲁国殷人聚居的地方，他们的名字称谓仍然保留殷商的习惯。

"五父之衢"极有可能是一个鲁国殷人举行集体祭祀与重要宗教活动的地方。祭祀包

---

① 鲁国与殷遗民的关系，傅斯年《周东封与殷遗民》、胡适《说儒》早有详尽的论证。

② 孔子为什么姓孔，《孔子家语》有不同的说法。孔父嘉，往上数五世便是弗父何，宋潘公的长子。潘公死，其弟立为襄公。潘公次子杀其叔父襄公，让其兄弗父何继位。弗父何让位于弟，依周代宗法，五世则迁。故别为公族，成为宋国的小宗。故孔子用孔为氏。《孔子家语》这个解释并没有特显"孔"氏与商文化的关系。

③ 《诗经·商颂·玄鸟》："古帝命武汤、正域彼四方。方命厥后、奄有九有。""九有"即"九域"。"奄"指奄国控制的有九域。另外，《诗经·鲁颂·閟宫》："泰山岩岩、鲁邦所詹。奄有龟蒙、遂荒大东。至于海邦、淮夷来同。莫不率从、鲁侯之功。"鲁颂此诗在夸耀鲁国地域的辽阔，有泰山，奄地兼及龟蒙，直至东面海滨，声威振于淮夷。

④ 参看王晖：《商周文化比较研究》，人民出版社 2000 年版，第 111~130 页。

⑤ 赵林《论商代的父与子》，《汉学研究》第 21 卷第 1 期，2003 年，第 3~5 页。

⑥ 《史记·孔子世家》，中华书局 2013 年版。王符《潜夫论》卷九《志氏姓》："（木）金父生祈父，祈父生防叔。"（《汉魏丛书》，台湾新兴书局 1977 年版，第 1201 页）

括祖先、鬼神、傩戏等活动。① 《礼记·表记》："殷人尊神，率民以事神，先鬼而后礼，先罚而后赏，尊而不亲。"鲁国殷遗民的"亳社"在曲阜东，"国社"在西。②鲁国殷人聚居之处"五父之衢"也在东面，与亳社靠近，同样是祭祀鬼神与举行宗教活动的地方。

《春秋左传》屡次提到鲁三桓结盟的礼仪需要祭祖，同时需要诅于"五父之衢"：

> 鲁襄公十一年："春，季武子将作三军，告叔孙穆子曰，请为三军，各征其军，穆子曰，政将及子，子必不能，武子固请之，穆子曰，然则盟诸，乃盟诸僖闳，诅诸五父之衢。"

> 鲁昭公五年："春，王正月，舍中军，卑公室也，毁中军于施氏，成诸臧氏，初作中军，三分公室而各有其一，季氏尽征之，叔孙氏臣其子弟，孟氏取其半焉，及其舍之也，四分公室，季氏择二，二子各一，皆尽征之，而贡于公，以书使杜泄告于殡曰，子固欲毁中军，既毁之矣，故告杜泄曰，夫子唯不欲毁也，故盟诸僖闳，诅诸五父之衢，受其书而投之，帅士而哭之。"

> 鲁定公六年："阳虎又盟公及三桓于周社，盟国人于亳社，诅于五父之衢。"

> 定公八年："阳虎劫公与武叔以伐孟氏，公敛处父，帅成人，自上东门入与阳氏战于南门之内，弗胜，又战于棘下，阳氏败，阳氏说甲如公宫，取宝玉大弓以出，舍于五父之衢，寝而为食其徒曰，追其将至，虎曰，鲁人闻余出，喜于征死，何暇追余？"

"诅"或与"祝"连称，"祝诅"或"诅祝"在先秦是经常与盟誓相连的一种宗教活动。《说文》说："巫，祝也。""祝"就是"巫"，底罪的诅咒是由"祝"来主持的。诸侯、大夫结盟，同时再加上"诅"以强化对于违约人的惩罚，就是《周礼·秋官·司寇》所说的"诅其不信者"。而主持诅的是巫，进行的地点可以是在祠内或野外。所以"祝诅"属于巫文化的一种。

《春秋左传》记载襄公、定公时的祝诅都在五父之衢举行。鲁定公六年"阳虎又盟公及三桓于周社，盟国人于亳社，诅于五父之衢"。"亳社"即殷社，微子封于宋，祀"亳社"。③鲁国的国人是殷人，所以阳虎除了与鲁公、三桓盟于周社外，还要与鲁国的商遗民盟于亳社，最后还要由祝在商殷民后裔聚居的五父之衢举行"诅"。从三桓到阳虎，鲁国的卿、大夫除了周社、鲁先公的祖庙，似乎都需要在五父之衢由祝进行"诅"的仪式。可以推断五父之衢应该是在鲁国的殷人后裔领袖，尤其是巫、史聚居的地方，一个殷文化集中体现的重要地点。孔子是商王室微子的后裔，在鲁国殷遗民后裔之中的地位非同一般。所以在未知父亲墓地所在之前，先殡其母于殷人后裔聚居的五父之衢是符合当时殷遗

---

① 胡适、傅斯年虽然列举了大量证据证明鲁国与殷商文化的关系，但对于"五父之衢"在鲁国的重要性却忽略了。

② （明）陈士元：《论语类考》卷三《地域考》，赵纪彬：《论语新探》，人民出版社 1976 年版，第 352 页。

③ 傅斯年首先注意到亳社（《周东封与殷遗民》，胡适：《胡适学术文集》附录，香港三达出版公司印行，出版日期不详，第 84 页）。

民习俗的。

据此，我们可以进一步推测孔子长大的地方应该是曲阜的东面，他父亲当过邑宰的陬。①陬离五父之衢不远，所以他才会从小便从殷遗民"父辈"学习商代的礼仪及周以前的历史。《史记·孔子世家》说："孔子为儿嬉戏，常陈俎豆，设礼容。"孔子少时居住的地方必定是殷遗民聚居的地方，祭祀活动和傩戏在日常生活中极为重要，所以孔子才会经常有机会目睹与学习。在《论语·乡党》里，孔子提到自己家乡的巫活动："乡人饮酒，杖者出，斯出矣。乡人傩，朝服而立于阼阶。"孔子从小便在殷文化极为浓厚的地区居住，深受殷人巫文化的影响。胡适、傅斯年、李泽厚、葛兆光等学者将儒家的起源追溯到巫是符合历史事实的。②

作为一个异姓没落贵族阶级的孤儿，孔子童年及少年的时候，生活都是贫贱的。一切"下贱"的工作都要自己做。所谓"贫贱"当然是以鲁国的贵族及孔子的家世为标准来说的。艰苦的生活令他很早就了解到学习贵族的礼乐、历史及文化的重要。因为这些知识和技能，即所谓"学"对在鲁国的异姓族民来说，是能够得到鲁国姬姓公室职位的唯一重要条件。所以孔子说："吾十五而志于学。"我们不知道他十五岁时跟何人学。但他所学的应当包括诗、书、礼、乐、射、御等文献知识与实用技能。从他后来教学生以六艺来看，诗、书、礼、乐都是他从具有巫、史背景的殷遗民那里学来的。离陬不远的五父之衢应该是他学习的一个重要地方。周朝史官的主体是商人史官系统，即异姓史官。③商代的史与周初的史都属于巫觋系统，所以鲁国的异姓巫、史是保存及维护商文化的中坚分子。王国维指出："礼在商代一开始跟巫文化是密不可分的。'子曰："周因于殷礼"，代殷而起的周王朝继承了商王朝在政治经济文化等方面的全部遗产。'"④孔子自言："'夏礼，吾能言之，杞不足征也；殷礼，吾能言之，宋不足征也。文献不足故也，足则吾能征之矣。'"⑤孔子对于夏、商代礼的知识必然是学自在鲁国殷遗民中传承商代巫、史传统的人。孔子好学，不耻下问，外国有学问的人到鲁国访问，他都不会错过学习的机会。

郯国的郯子多次入朝鲁国，熟谙东夷历史。孔子二十七八岁时，郯子来鲁国，孔子便向他学习。鲁昭公十七年：

> 秋，郯子来朝，公与之宴，昭子问焉，曰，少皞氏鸟名官，何故也，郯子曰，吾祖也，我知之，昔者黄帝氏以云纪，故为云师而云名，炎帝氏以火纪，故为火师而火名，共工氏以水纪，故为水师而水名，大皞氏以龙纪，故为龙师而龙名，我高祖少

---

① 《论语·八佾》："子入大庙，每事问。或曰：'孰谓鄹人之子知礼乎？入大庙，每事问。'子闻之曰：'是礼也。'"

② 最先从文字学的角度来指出上古巫术与儒家的关系是章太炎的《原儒》。赞成这个观点的学者不少，包括胡适：《说儒》，《胡适学术文集》附录，香港三达出版公司印行，出版日期不详，第7~36页；雷海宗：《孔子以前的哲学》，《金陵学报》第3卷第1期，1932年，转引自孔祥骅：《先秦儒学起源巫史考》，《社会科学》1991年第12期，第44页。李泽厚：《说巫史传统》，上海译文出版社2012年版；葛兆光：《中国思想史》第一卷，复旦大学出版社2001年版，第88~89页。

③ 胡新生：《异姓史官与周代文化》，《历史研究》1994年第3期。

④ 王国维：《观堂集林·卷六》。

⑤ 《论语·八佾》。

皞，挚之立也，凤鸟适至，故纪于鸟，为鸟师而鸟名，凤鸟氏历正也，玄鸟氏司分者也，伯赵氏司至者也，青鸟氏司启者也，丹鸟氏司闭者也，祝鸠氏司徒也，鴡鸠氏司马也，鸤鸠氏司空也，爽鸠氏司寇也，鹘鸠氏司事也，五鸠，鸠民者也，五雉为五工正，利器用，正度量，夷民者也，九扈为九农正，扈民无淫者也，自颛顼以来，不能纪远，乃纪于近，为民师而命以民事，则不能故也，仲尼闻之，见于郯子而学之，既而告人曰，吾闻之，天子失官，学在四夷，犹信。

郯子所说的官全是以鸟命名，殷商与东夷多以鸟为图腾。郯子应该也属于殷商史官之后。

孔子既然懂得文书、计算，便好像其他殷遗民，在鲁国可以做下层的工作。孔子曾经做过委吏、乘田等卑微的小吏。所以孔子一直是一个"未立"的士而已。他在鲁公或卿大夫的家里都还没有成为大夫，没能占有一席"位"。（此点解释见下节）孔子以宋公室之后的子姓而出生在鲁国，只能算是"二等公民"。即《孝经纬钩命抉》所说的"孔子在庶"。在庶姓之列，并不能享有鲁国姬姓贵族的政治特权。[1] 这便是为什么他在鲁国政治上始终属于边缘人，在政治上备受歧视的主要原因。由于异姓在鲁国不容易获得信任，仕途受到极大的限制。庶人不但不容易参政，而且没有议政的资格，孔子说："天下有道则庶民不议。"[2]孔子解释说，在天下无道的时候，庶人可以议论政事。这就证明依周代的礼制，正常情况下，庶人是不可以议政的，只有贵族有权议政。所以《礼记》说："礼不下庶人。"[3]庶姓平民（庶民）即使被任命为下级官吏，他们的地位仍在姬姓贵族之下。周制严别同姓、异姓，就算诸侯结盟，异姓国也排在姬姓国之后。[4]

（四）从"三十而立"到"四十不惑"

孔子自言："吾十五而志于学，三十而立。"孔子"十五而志于学"的其中一个目的是求"富贵"、求"达"。他说："己欲立而立人，己欲达而达人"，具体指自己希望能受命为大夫，"立"于朝。孔子认为"富与贵是人之所欲也"（《论语·里仁》），而他自己"富而可求也，虽执鞭之士，吾亦为之。如不可求，从吾所好"（《论语·述而》）。然而，鲁国的统治上层是公族。孔子出仕时，鲁国的大权握在三桓，季孙氏、孟孙氏及叔孙氏三家手中，孔子所谓："禄之去公室，五世矣！政逮于大夫，四世矣！"（《论语·季氏》）孔子政治上的出路必须依靠鲁国公族的赏识。孔子与季孙氏的关系比较密切。他年轻时便是担任季孙氏的委吏和乘田的工作。[5]因此经常与季孙氏其他的家臣接触。季孙

---

[1] 本文撰写完成之后，始见李启谦先生的《结合鲁国社会的特点了解孔子的思想》文中所强调的鲁国"亲亲"政策，不重"尚贤"。李启谦：《结合鲁国社会的特点了解孔子的思想》，《儒学国际学术讨论会论文集》，齐鲁书社1989年版，第540页。

[2] 见《论语·季氏》。参阅何晏注，邢昺疏：《论语注疏》卷16，阮元校刻：《十三经注疏》，中华书局2009年版，第5477页。

[3] 赵锡元：《周代的二等国民——庶人》，《史学集刊》1982年第3期，第5页。

[4] 《春秋左传》隐公十一年："周之宗盟，异姓为后。"

[5] 毛奇龄《四书改错》认为孔子很多弟子"多仕季氏"。参阅刘宝楠：《论语正义》卷7，高流水点校，中华书局1990年版，第223页。

氏有一个家臣阳虎经常侮辱他。①

在孔子追求"富贵""立""达"的过程中,三十岁左右是其政治生涯的一个转捩点。他晚年回忆过去一生的事业时说他自己"三十而立"。②孔子在季孙氏家只是个士,没有受到赏识,但后来却被三桓之一的孟孙氏所欣赏。鲁昭公七年(前535年)孟厘子与鲁昭公至楚国,由于不熟悉诸侯交聘之礼,不能为昭公主持交接之礼,深为羞惭。这个教训使孟厘子十分重视礼仪的学习。由此之故,他日后可能听闻孔子熟悉礼仪,所以聘用孔子为家臣,特别器重。③孔子对于礼仪与商周历史等知识特别渊博,只要有机会便向前辈学习。他二十七岁时,郯国的郯子访鲁,孔子听闻他熟悉东方诸夷礼仪,便跟随郯子学习。孔子对于各种礼仪的熟谙无疑是孟厘子临终时叮嘱孟懿子与南宫敬叔向孔子学礼的主要原因。孟厘子因为重视礼而赏识孔子,孔子因此而第一次受命为大夫。孔子自言"三十而立"应指他开始在孟厘子家任大夫而言。④

孔子仕于孟厘子之家为异姓大夫,有一职"位"可以"立"的时间,应该是大约三十四岁的时候。⑤先秦文献,"立"假借为"位"。"立"与"位"在金文、出土的战国简与汉简里意义相同而都写作"立"。⑥《论语·里仁》:"不患无位,患所以立。"有了位便可以"立"于朝而参与议政。⑦《孟子》"汤执中,立贤无方"所说的"立贤",也是给予贤能的士以官位的意思。无"大夫"位便不可以议政,即孔子所说的"不在其位,不谋其政"。孔子三十四岁开始在鲁国孟厘子"家"中受命为大夫,能"立"于鲁国上卿之家,所以"立"不应模糊地解释为知礼、成熟、成立的意思,而是非常具体地指孔子仕宦生涯中的一个重要节点。由于一般异姓在鲁国都会遭受不平等待遇,仕途发展空间有

---

① 《史记·孔子世家》:孔子丧母,"季氏飨士,孔子与往。阳虎绌曰:'季氏飨士,非敢飨子也。'孔子由是退"。参阅《史记·孔子世家》,中华书局2013年版,第2300页。

② 一般解释"三十而立"指孔子立于礼。这不能说错,但是,不能切实地与他的具体生活经验连接起来。参看刘宝楠《论语正义》卷2,高流水点校,中华书局1990年版,第24页。"立"指"官位"的用法又可见于《论语·里仁》:"不患无位,患所以立。"立,即位。参阅何晏注,邢昺疏:《论语注疏》卷4,阮元校刻:《十三经注疏》,中华书局2009年版,第5367页。

③ 《春秋左传》昭公七年:"公如楚,郑伯劳于师之梁,孟僖子为介,不能相仪,及楚,不能答郊劳。"

④ 孔子"三十而立"不应该机械地理解为正正三十岁那年。正如"四十不惑,五十知天命,六十而耳顺,七十而从心所欲"都不应该死板地认为发生在四十、五十、六十、七十的当年。

⑤ 鲁大夫孟厘子卒前要孟懿子与南宫敬叔向孔子习礼的事,司马迁系此事于孔子十七岁时。《史记·孔子世家》:"及厘子卒,懿子与鲁人南宫敬叔往学礼焉。"但钱穆依梁玉绳指出应当是孔子三十四岁时事。钱氏的解释比较合理。钱穆:《先秦诸子系年》,台湾东大图书公司1990年版,第3~4页。

⑥ 金文里,"立"是站立的意思,但后引申为人站立所在的"位"置。金文表达"位"的意义时都用"立"来表示,所以,可以说,"立"字假借为"位"字。田炜:《西周金文字词关系研究》,上海古籍出版社2016年版,第54~55页。郭店楚简中的《成之闻之》《六德》《唐虞之道》篇中"位"字都写作"立"。刘钊:《郭店楚简校释》,福建人民出版社2003年版,第109、136~139、149页。马王堆汉墓出土的《春秋事语》,"位"都写作"立"。参阅马王堆汉墓帛书整理小组:《马王堆汉墓出土帛书〈春秋事语〉释文》,《文物》1977年第1期,第33~35页。

⑦ 《春秋公羊传》宣公六年:"灵公为无道,使诸大夫皆内朝,然后处乎台上,引弹而弹之,己趋而辟丸,是乐而已矣。赵盾已朝而出,与诸大夫立于朝,有人荷畚,自闺而出者。"

限，当孔子得到鲁国孟氏的赐命为大夫时，[1]他便高兴得不得了，常常惦记着，作为一生事业的一大里程碑。但孔子的人生目标并非限于当个大夫，他对自己有更高的期望，那就是想自己当王，致太平！

（五）在武力与德治之间的抉择

孔子曾经有自己当王，行仁政，致太平的抱负。这个观点需要从多方面来证明。孔子自言："五十而知天命"，据此，孔子自己认为他五十岁以前是不知天命的。他所谓"天命"究竟指什么？在他的经验与先秦的文献里，"天命"指受命为王。[2]《诗经·商颂·玄鸟》："古帝命武汤、正域彼四方。方命厥后、奄有九有。商之先后、受命不殆。"也是说商先王受天命。孔子对自己王天下的理想在《论语》里表述得很清楚。用孔子自己的话来证明他曾经有过自己王天下的想法。《论语·子罕》："子畏于匡。曰：'文王既没，文不在兹乎？天之将丧斯文也，后死者不得与于斯文也；天之未丧斯文也，匡人其如予何？'"孔子自言周文王的"文"寄存于他的身上，而他相信天不会让他所继承的"文"沦丧。这种认为自己继承了周文王的文德的信念无疑是不寻常的。孔子这种自信多次向自己的弟子表露。宋国桓魋欲杀孔子，孔子说："天生德于予，桓魋其如予何？"《尚书》里夏、商、周文献中天命的降坠与领袖是否有德是直接相关的。《尚书·皋陶谟》："天命有德"[3]，与天命有关的"德"是"文德"。孔子对弟子说："远人不服，则修文德以来之。"（《论语·季氏》）人可以做的是修德，但天命是不可知的。[4] 天命能够维持多久也是不可知的。然而，可以知道的是受命为王的必定是有德的人。《论语·宪问》："不怨天，不尤人。下学而上达。知我者，其天乎！"对于不可知的天命，孔子一方面努力不懈修文德，但他也希望看到一些天命显示的预兆，如祥瑞珍禽异物如凤鸟、麟与河图等。《论语·子罕》：孔子感叹"凤鸟不至，河不出图，吾已矣夫！"为什么孔子将凤鸟与河图没有出现与自己关联起来。因为商人传说中祥瑞珍禽异兽与王天下的圣人出现有关。胡适指出商人亡国后有"五百年必有王者兴"的传说，而"孔子壮年时，已被一般人认作那个应运而生的圣人了"[5]。胡适解释说因为殷人流传一个"圣人复起的预言"，"孔子自己也就不能避免一种自许自任的心理"。[6] 胡适这个解释因为受犹太人对耶稣期盼的启示，虽然过分突出复国预言对孔子的驱使，但这个殷遗民中有圣人出而复兴商王朝的预言，无疑

---

[1] 春秋中后期，卿大夫自己的家臣中亦有大夫的职位。参看段志洪：《周代卿大夫研究》，台湾文津出版社 1994 年版，第 242~246 页。

[2] 胡适在《说儒》里也认为孔子，像宋襄公希望复兴殷商民族，但孔子的愿望是回应殷遗民对于民族复兴的一个预言，而不是自己本来就有的一个人生目标。胡适：《胡适学术文集》附录，香港三达出版公司印行，出版日期不详，第 39~50 页。

[3] 《尚书·咸有一德》："非天私我有商，惟天祐于一德；非民求于下民，惟民归于一德。"《尚书·旅獒》："明王慎德，四夷咸宾。"《诗经·大雅·文王》："有命自天、命此文王"。

[4] 《尚书·召诰》："我不可不监于有夏，亦不可不监于有殷。我不敢知曰，有夏服天命，惟有历年；我不敢知曰，不其延。惟不敬厥德，乃早坠厥命。我不敢知曰，有殷受天命，惟有历年；我不敢知曰，不其延。惟不敬厥德，乃早坠厥命。今王嗣受厥命，我亦惟兹二国命，嗣若功。"

[5] 胡适：《胡适学术文集》附录，香港三达出版公司印行，出版日期不详，第 44~47 页。

[6] 胡适：《胡适学术文集》附录，香港三达出版公司印行，出版日期不详，第 39、44 页。

对孔子自信能王天下提供了信心与动力，但也为孔子带来思想上的困惑与挣扎。

孔子的政治原则是"为政以德"，但"德"却是君子必须有德，就如孟子说的，任何人都可以修德而理论上任何人都有可能成为尧舜。①那个有德的人如何才能行道于天下？虽然孔子强调修德，但王族血脉的意识在当时仍然是非常牢固的。孔子身为微子的后裔，商王的子孙，这个身份无疑也是加强孔子自信有机会受命而王的一个重要的因素。孔子自认有德而同时又是圣王之后自然比谁都有机会获得天命。这也是孔子为"圣人之后"的名声让当时的一些人认为孔子将会王天下。

从当时人对孔子的期望来观察，孔子将会王天下的传闻可能在殷商故地的鲁、宋、卫、陈、蔡等地广为流传。孔子游卫时，仪封人对孔子的门徒说："'二三子，何患于丧乎？天下之无道也久矣，天将以夫子为木铎。'"《礼记·明堂位》："振木铎于朝，天子之政也。"仪封人显然认为孔子将受天命为天子，行天子之政。

如果孔子曾表示过自己将王天下而且有德足以胜任，他的弟子是否相信？孟子追述孔子弟子的看法，认为他所有弟子对孔子的德都是五体投地的尊崇与信服的。

> 以力服人者，非心服也，力不赡也；以德服人者，中心悦而诚服也，如七十子之服孔子也。（《孟子·公孙丑上》）
> 宰我曰："以予观于夫子，贤于尧舜远矣。"（《孟子·公孙丑上》）

宰我认为孔子比尧舜还要贤圣，孔子当王自然是理所当然的了。孔子的再传弟子公孟子同样认为孔子可以当王。墨子驳斥公孟子认为孔子足以成为王天下的天子。

> 公孟子谓子墨子曰："昔者圣王之列也，上圣立为天子，其次立为卿、大夫，今孔子博于诗、书，察于礼乐，详于万物，若使孔子当圣王，则岂不以孔子为天子哉？"子墨子曰："夫知者，必尊天事鬼，爱人节用，合焉为知矣。今子曰：'孔子博于诗书，察于礼乐，详于万物'，而曰可以为天子，是数人之齿，而以为富。"（《墨子·公孟》）

不仅在孔子的弟子及再传弟子的心中，孔子是可以当王的，而且孔子有王天下的志愿在春秋当时人的思想中客观上认为是可能的。《墨子·非儒》篇提到孔子游齐时，齐景公曾经希望给予孔子封地于尼溪但却因晏子反对而未果。②

> 孔丘之齐见景公，景公说，欲封之以尼溪，以告晏子。晏子曰："不可，夫儒浩

---

① 参看孟子对曹交的回答（《孟子·告子下》）。荀子与孟子一样，认为人可以学为圣人，"圣人者，道之极也。故学者，固学为圣人也"（《荀子·礼论》）。又《荀子·性恶》："圣人者，人之所积而致矣。"

② 《墨子·尚贤中》："古者圣王唯毋得贤人而使之，般爵以贵之，裂地以封之，终身不厌。"《墨子》里也有越王欲给墨子封地的记载。《墨子·鲁问》："子墨子游公尚过于越。公尚过说越王，越王大说，谓公尚过曰：'先生苟能使子墨子于越而教寡人，请裂故吴之地，方五百里，以封子墨子。'"

居而自顺者也，不可以教下；好乐而淫人，不可使亲治；立命而怠事，不可使守职；宗丧循哀，不可使慈民；机服勉容，不可使导众。孔丘盛容修饰以蛊世，弦歌鼓舞以聚徒，繁登降之礼以示仪，务趋翔之节以观众，博学不可使议世，劳思不可以补民，絫寿不能尽其学，当年不能行其礼，积财不能赡其乐，繁饰邪术以营世君，盛为声乐以淫遇民，其道不可以期世，其学不可以导众。今君封之，以利齐俗，非所以导国先众。"公曰："善！"于是厚其礼，留其封，敬见而不问其道。（《墨子·非儒》）

晏子反对给予孔子封地的理由只是反对孔子的治理方法，认为齐景公的做法会为齐国的臣民树立错误的榜样，"非所以导国先众"。《论语·季氏》只提到齐景公表示不重用孔子的话，但没有提到曾经想封尼溪田的事。①但希望给予孔子封地的诸侯不止齐景公，还有楚昭王。

（楚）昭王将以书社地七百里封孔子。楚令尹子西曰："王之使使诸侯有如子贡者乎？"曰："无有。""王之辅相有如颜回者乎？"曰："无有。""王之将率有如子路者乎？"曰："无有。""王之官尹有如宰予者乎？"曰："无有。""且楚之祖封于周，号为子男五十里。今孔丘述三五之法，明周召之业，王若用之，则楚安得世世堂堂方数千里乎？夫文王在丰，武王在镐，百里之君卒王天下。今孔丘得据土壤，贤弟子为佐，非楚之福也。"昭王乃止。其秋，楚昭王卒于城父。（《史记·孔子世家》）

楚令尹子西反对昭王封书社地七百里予孔子的理由与齐晏子不同。子西认为将封地给予孔子，会对楚国造成威胁，而威胁来自孔子才能出众的弟子。子贡为出色的外交使臣、颜渊具有宰相辅助治理之才、子路为统领军队的将才、宰予为管理官僚的能臣。子西认为孔子与他的弟子已经是一个最强的治国领导班子，如果昭王再给予他们土地，以孔子的贤德，必然对楚国构成威胁。所以昭王最终放弃他的决定。但最值得注意的是子西提到"夫文王在丰，武王在镐，百里之君卒王天下"。子西将孔子的威胁与周文王与武王"百里之君卒王天下"相提并论。刘向的《说苑》也记载此事，但文字与《史记》有出入。

楚昭王召孔子，将使执政而封以书社七百。子西谓楚王曰："王之臣用兵有如子路者乎？使诸侯有如宰予者乎？长官五官有如子贡者乎？昔文王处酆、武王处镐之间百乘之地，伐上杀主立为天子，世皆曰圣。王今以孔子之贤而有书社七百里之地，而三子佐之，非楚之利也。"楚王遂止。（《说苑·杂言》）

《说苑》同样提到周文王与武王以"百乘之地"终于"伐上杀主立为天子，世皆曰圣"。语气与态度虽然与《史记》迥然有别，然而意思同样强调百里之地可以王天下的历史事实。《史记》与《说苑》都是西汉作品，但是这种观念并非西汉时才出现。在战国文献如《墨子》《孟子》与《荀子》中已经极为显著。

---

① 《论语·微子》："齐景公待孔子，曰：'若季氏则吾不能，以季、孟之间待之。'曰：'吾老矣，不能用也。'孔子行。"

昔者，三代之圣王禹、汤、文、武，百里之诸侯也，说忠行义，取天下。（《墨子·鲁问》）

子墨子曰："古者汤封于亳，绝长继短，方地百里，与其百姓兼相爱，交相利，移则分。……昔者文王封于岐周，绝长继短，方地百里，与其百姓兼相爱、交相利则，是以近者安其政，远者归其德。"（《墨子·非命上》）

臣闻七十里为政于天下者，汤是也。（《孟子·梁惠王下》）

孟子曰："以力假仁者霸，霸必有大国，以德行仁者王，王不待大。汤以七十里，文王以百里。以力服人者，非心服也，力不赡也；以德服人者，中心悦而诚服也，如七十子之服孔子也。"（《孟子·公孙丑上》）

墨子与孟子都指出三代王天下的圣王开始只是有百里地的诸侯，而之所以能王天下是由于"说忠行义"或"以德行仁者王"。孟子指出文王以百里之地，并非以武力王天下，而是"以德服人"，最后竟然又以文王之德与"七十子之服孔子"之德相提并论。孟子对孔子的佩服真是五体投地！他对公孙丑说："自有生民以来，未有孔子也。"公孙丑问孔子与伯夷、伊尹三人之间有没有相同处。孟子回答说："有。得百里之地而君之，皆能以朝诸侯有天下。行一不义、杀一不辜而得天下，皆不为也。是则同。"（《孟子·公孙丑上》）孟子认为如果孔子得到百里的封地，必定能如商汤、周文王，可以以德王天下，成为天子！

三代圣王百里而王的观点在《荀子》里也是十分突出的。国之地不必大，只要为政以德、以义，百里之地也可以一天下。

汤以亳，武王以鄗，皆百里之地也，天下为一，诸侯为臣，通达之属，莫不从服，无它故焉，以义济矣。是所谓义立而王也。（《荀子·王霸》）

古者汤以薄，武王以滈，皆百里之地也，天下为一，诸侯为臣，无他故焉，能凝之也。（《荀子·议兵》）

汤居亳，武王居鄗，皆百里之地也，天下为一，诸侯为臣，通达之属，莫不振动从服以化顺之，曷为楚越独不受制也！（《荀子·正论》）

文王载百里地，而天下一；桀纣舍之，厚于有天下之埶，而不得以匹夫老。故善用之，则百里之国足以独立矣；不善用之，则楚六千里而为雠人役。（《荀子·仲尼》）

彼大儒者……用百里之地，而千里之国莫能与之争胜；笞棰暴国，齐一天下，而莫能倾也。是大儒之征也。……通则一天下，穷则独立贵名，天不能死，地不能埋，桀跖之世不能污，非大儒莫之能立，仲尼、子弓是也。（《荀子·儒效》）

荀子在《儒效》篇里说大儒的效用最理想的际遇是"通则一天下"，而孔子、子弓都是具有一天下为王的大儒！

孔子、孟子、荀子相信的"百里而王"的可能在于圣人能够以德服人，诸侯、人民自愿臣服其下，而无需使用武力强逼顺从。同时圣人的一个重要德行是礼让，选天下贤能而让位。《论语·颜渊》："舜有天下，选于众，举皋陶，不仁者远矣。汤有天下，选于众，举伊尹，不仁者远矣。"孔子深信尧舜等圣王治天下以德，而其中极为重要的德，又称为"至德"是礼让，将天下让予有德之人。孔子所推崇的上古圣王或圣人对于治理天下的权位都是辞让的。有德的人必然礼让。"泰伯，其可谓至德也已矣！三以天下让，民无得而称焉。"（《论语·泰伯》）此外，孔子又提到礼让的另外一个例子。他认为周文王并没有因为势力强大便夺取殷王的权位，而甘愿继续为殷王之臣。他说："三分天下有其二，以服事殷。周之德，其可谓至德也已矣。"（《论语·泰伯》）所以孔子说："能以礼让为国乎？何有？不能以礼让为国，如礼何？"（《论语·里仁》）孔子说的"礼让"不是一般礼仪上的谦让，而是"让位"，像泰伯三让天下，像尧、舜、禹以天下让。

> 尧曰："咨！尔舜！天之历数在尔躬。允执其中。四海困穷，天禄永终。"舜亦以命禹。（《论语·尧曰》）

孔子希望诸侯能以尧、舜、禹等圣王为榜样，选于众，见贤德而让位。尧命舜，舜命禹都是以德而不是以血缘，都是以礼让为政于天下。但是孔子在鲁国是异姓，周人亲亲，所以鲁国的政治现实让孔子的理想难以实现。

春秋时，异姓在各个诸侯国中可以担任大夫的职位。掌握较大权力的卿位主要还是由公室子孙透过世袭继承法所垄断，异姓贤能之士受命为卿的甚少。孔子在鲁国仕途并不畅顺是制度使然。鲁国卿全是公族，孔子在鲁国是异姓，根本不可能依鲁国继承法而循序获得权力，成为卿。孔子在鲁国的参政机会，主要是靠季孙氏与孟孙氏的信任。但季孙氏的僭越行为却又是孔子所反对的。[1]孔子一方面相信殷商史官"为政以德"的政治理想，故排除用武力取得权位的手段（详下）。但无卿位的官，不能有多大的作为。要在短时间得到权力，参与武装叛变是唯一的途径。当然，打倒季孙氏对孔子来说在礼法上是没有问题的，问题是令由谁出。参与背叛季孙氏的家臣的政权，借以达到自己的王道政治，无疑是以暴易暴。这是孔子最反对的。

孔子在三十岁到五十岁之间这段时间，在鲁国希望受到重用而没有成功。他的困境是，一方面，他以商史官政治理想——以德服人、尊贤、礼让为理想，故此对文王、周公标榜的德政十分仰慕，然而他在鲁国因为身为异姓，在仕途上却受到歧视，无法实现他的政治理想。这种困境不能不令他感到很困惑。身处歧视异姓的姬周现实政治之中，同时深深向往殷商的德治尊贤理想，孔子感到不知如何处理。是要像周武王用武力去解决政治问题，复兴商王朝呢，还是坚持以德来民的理想？如果坚持以德来民的理想，异姓在姬姓邦国中所受的歧视，复兴商王朝如何可能？从孔子在鲁国所面对的歧视及他的特殊身世来看，他对自己的身份认同问题极大可能经过一番痛苦的挣扎。这个看法亦可从他晚年追述他一生中的大转折推断出来。

孔子说："三十而立，四十不惑。"清代刘宝楠引孔子的话："知者不惑"来解释。[2]

---

[1]　孔子谓季氏："八佾舞于庭，是可忍也，孰不可忍也！"参阅何晏注，邢昺疏：《论语注疏》卷3，阮元校刻：《十三经注疏》，中华书局2009年版，第5355页。

[2]　刘宝楠：《论语正义》卷二，高流水点校，中华书局1990年版，第24页。

依这个解释，孔子到了四十岁便认为自己是知者，对任何事都不会有疑惑。这个解释无疑过于笼统，对知的范围漫无边界，不合理。"四十不惑"应该也是特别针对孔子生命中就某个具体问题的看法。所谓"四十不惑"应指他在四十岁左右，对一直困扰自己在理想与现实中如何取舍的问题，终于想通了，决定还是坚持为政以德的理念，不能用暴力手段来实现自己的德治理想。因此孔子晚年追忆一生的思想发展时，便说"四十不惑"。如果这个论点成立的话，孔子所谓"四十不惑"便是指对殷商史官以德来民、尊贤、礼让的政治理想，认同于商朝的政治文化。而这个以德来民、尊贤、礼让的政治理想却又可以解决孔子个人在商、周之间的取舍问题。因为以德来民便是要超越族群及文化的界限，尊贤、礼让就是要任官唯贤唯德，而不是用周人亲亲的标准。对孔子来说，这个殷商的政治原则也是周文王与周公所继承的政治理想。既然周文王、周公继承了商人的为政以德的传统，用武力复兴商王朝的手段便是违反为政以德的原则。在理想上，孔子的政治思想排除了使用武力手段来实现王天下的选择。

然而，理性上的认知与决定往往受到现实的试炼。在渴望实现王道的欲望驱使下，孔子避免利用武力争取权力的决心一再动摇。由三十岁前后出仕到五十多岁的时间，孔子几次徘徊于参与武力夺权和任德而王的两个选择之中。在两次季氏家臣叛乱中，孔子曾考虑过要参加，借以加速进入鲁国权力层核心。一次阳虎邀孔子做他的臣下的时候，批评他说："'怀其宝而迷其邦，可谓仁乎？'曰：'不可。''好从事而亟失时，可谓知乎？'曰：'不可。''日月逝矣，岁不我与！'孔子曰：'诺！吾将仕矣！'"① 另一次是季孙氏属邑费邑宰公山弗扰邀孔子参加（前502年）。孔子很想去，说："夫召我者，而岂徒哉？如有用我者，吾其为东周乎？"但由于他的弟子反对，结果没有成行。最后一次是孔子在卫时，佛肸以中牟邑叛，邀请孔子参加（哀公五年，前490年）。当子路质问他时，孔子说："吾岂匏瓜也哉！焉能系而不食。"②但结果孔子还是没有去。

以上三次，孔子都想应叛臣之召而参与，反映了他为实现王天下的理想而焦急的心情。他说："如有用我者，吾其为东周乎？"他急于要建立的东周，并不是要延续姬周的政权，而是要继承西周初所推行的统治政策："兴灭国、继绝世、举逸民，天下之民归心焉。"③"举逸民"就是任用异姓有才能的人。这一切都与用人惟亲的原则相反。所以孔子说："虽有周亲，不如仁人。"④但这种举逸民，用贤不问同姓、异姓的原则在鲁国姬姓公族用人唯亲的任官制度背景下是极难实现的。然而孔子最终还是能够按照自己"为政

---

① 阳虎在定公八年（前502年）叛，孔子五十一岁。阳虎有可能也是殷遗民后裔的异姓大夫。鲁定公六年："阳虎又盟公及三桓于周社，盟国人于亳社，诅于五父之衢。"阳虎如果不是殷人，为什么要与"盟国人于亳社"？阳虎因为孔子亦是殷人后裔，同时有鉴于孔子的地位与复国抱负，所以邀请孔子参与他的政府。阳虎很可能在前一二年或更早，即在孔子的四十到五十那段时间里便曾经有过招纳孔子的行动。

② 以上孔子三次想仕于叛乱的邑宰均见于《论语·阳货》。参阅何晏注，邢昺疏：《论语注疏》卷17，阮元校刻：《十三经注疏》，中华书局2009年版，第5484~5485页。

③ 何晏注，邢昺疏：《论语注疏》卷20，阮元校刻：《十三经注疏》，中华书局2009年版，第5508页。

④ 何晏注，邢昺疏：《论语注疏》卷20，阮元校刻：《十三经注疏》，中华书局2009年版，第5508页。

以德"的理想而拒绝使用暴力获取政权。

从孔子个人所体验到的鲁国姬姓对异姓的歧视来看，孔子所实行的"有教无类"意义便十分重大。赵纪彬有力地证明"有教无类"的"类"是指"族类"或"姓族"。①殷遗民贵族在成周、宗周、鲁、卫、齐、晋各个诸侯国任职的很多。虽然不少能受信任，但始终是异姓，即"庶姓"，在任官方面，都不免受到歧视，不能与姬姓贵族及其诸侯公室相比。这种思想在《左传》有很清楚的记述。史佚说："非我族类，其心必异。"② 明白了春秋时各族之间的不平等情况，才能了解孔子的教学主张"有教无类"，原是针对当时各国统治的公室对异姓的歧视。孔子他自己就不问同姓、异姓，有交学费的，都予以教导，以示族姓平等。事实上，孔子的弟子所属的社会阶层大部分都是"鄙""野"或"贱"，即是受歧视的异姓族群。③ 只有从这个角度来看，孔子的"有教无类"及他提倡仁的思想的时代意义才能特显出来。

孔子提倡以"仁"统摄亲亲的血缘原则在私人关系中的合理性与基础性，同时又限制了血缘原则在公共权力承传中的适用性。这种包含个人道德修养与达成社会公义的治理思想就是孔子认为的夏商周传承之"道"，他一生的目标便是要实现这个道。

（哀公）：十有四年春，西狩获麟。何以书？记异也。何异尔？非中国之兽也。然则孰狩之？薪采者也。薪采者则微者也，曷为以狩言之？大之也。曷为大之？为获麟大之也。曷为获麟大之？麟者仁兽也。有王者则至，无王者则不至。有以告者曰："有麋而角者。"孔子曰："孰为来哉！孰为来哉！"反袂拭面，涕沾袍。颜渊死，子曰："噫！天丧予。"子路死，子曰："噫！天祝予。"西狩获麟，孔子曰："吾道穷矣！"（《春秋公羊传》）

孔子自言"五十而知天命"其实是指他五十岁至六十岁之间，终于明白到天命是不可知的。之前相信自己会受命而王天下，但这个期望迟迟没有实现，所以"五十而知天命"吊诡地指他知道天命不可知！当孔子已经达到了"七十而从心所欲"的境界时仍然不忘自己实现"仁道"的希望。然而他认为最能够帮助他的弟子如颜渊、子路却先他而亡，让

① 赵氏解析"有教无类"指不分别族类，这是对的。但他以为"教"指教民战；"有"通"城"，即国。他认为是孔子的"有教无类"本是指"奴隶主贵族弱私家、强公室的政令"，并非说孔子超越阶级，教育一切人。赵氏文意上解析族是正确的，但解析背后社会结构：即是非王室，诸侯公室的族类，都会受到歧视。参阅赵纪彬：《论语新探》，人民出版社1976年版，第62～97页。

② 这句话虽然是史佚说的，但可以代表当时一般人的看法。佚亦是殷史官。参阅胡新生：《异姓史官与周代文化》，《历史研究》1994年第3期，第53页。无独有偶，郑吉雄也关注孔子的身份认同问题。但他认为殷遗民有不接受周人礼乐的情况，而孔子却主张调和商、周的文化。参见氏著《从遗民到隐逸：道家思想溯源——兼论孔子的身分认同》，台湾《东海中文学报》2010年第22期，第146～147页。

③ 《荀子·大略》："子赣、季路，故鄙人也。"参阅王先谦：《荀子集解》卷19，沈啸寰、王星贤点校，中华书局1988年版，第508页。《尸子》："子路，卞之野人也。子贡，卫之贾人也。"他们出仕的国，多在卫。参阅尸佼：《尸子》，黄曙辉点校，华东师范大学出版社2009年版，第1～2页。钱穆《孔子弟子通考》说："孔子弟子多起微贱。"（《先秦诸子系年》，台湾东大图书公司1990年版，第83页）

他不得不慨叹"吾道穷矣！"

以上简单地论述孔子的家世及其身世，主要在说明三点：第一，孔子的父亲是商王室的后裔，而母亲颜氏属鲁国姬姓。这个双重文化背景对于了解孔子的生平及思想发展极为重要。第二，孔子在鲁国是"外国人"，祖先是从宋国移民到鲁国的。孔子虽然出生在鲁国，但在姬周政治制度之下，亲亲的原则决定权力及财富的分配。无论他的才能、德行如何出众，孔子仍然不可能进入鲁国权力核心。第三，孔子对于自身的文化认同及族群歧视问题的感受与反思，直接影响了他对保存异文化与坚持为政以德的主张。孔子用德政理想来解决他身份中商、周因素的矛盾，以及调和"亲亲"与"尊贤"原则的冲突。

孔子克服自己身份认同的问题之后，对周公的文化多元政策，从反省的角度去肯定。同时，孔子的文化多元观成为他思想核心"仁"的社会理论基础。这个"仁"是超邦国、超族群的。"仁"的哲学便是要打破社会阶级和族姓的边界与族群的歧视。在政治选用人才时，不问是否"周亲"，只问是否为有才能德行的贤人、君子。在生活习尚方面而言，文化多元观又是具体体现"仁"的社会基础。面对各种不同的文化、族群，所应有的态度是"君子和而不同"。不同的族群之所以能和平共处是因为所有人都在"仁政"之下追求富贵与自己的幸福快乐。现在再回头看周初姬姓贵族领袖统治殷人的政策，借以了解孔子所谓"周监于二代，郁郁乎文哉，吾从周"的时代意义。

三、孔子对于周政权与周文化的分别观

（一）"郁郁乎文哉！吾从周"

要了解孔子对周朝的看法，必须对"郁郁乎文哉！吾从周"这句话作一新的解释。首先，"吾从周"的周指什么？① 这个"周"可以指姬周政权，或姬周的礼乐制度。一般的解释属于后者，特别是封建宗法制度。我们必须把周朝作为政治实体与作为文化传统分别开来。首先，孔子的政治理想强调以德来民。因此，无条件的效忠于周朝这样的一个政治实体，从孔子的政治理论来说是矛盾的，因为人民不会，也不应该效忠一个无德的政权。所以"郁郁乎文哉！吾从周"应指"从"周朝的文化而不是效忠于建立在血缘世袭的封建制度之上的周人政权。那么，周朝的文化对孔子来说是什么呢？不把这个说清楚，便会对孔子的文化观产生误解，对于他的"夷夏"观的理解也会有偏差。

（二）孔子所推崇的古圣王

要了解孔子的文化观，便要看看孔子对古代圣王的评论。孔子经常在他的弟子面前推崇周以前的圣王，如尧、舜、禹。孔子说："巍巍乎，舜、禹之有天下也，而不与焉。"他又说："大哉尧之为君也，巍巍乎，唯天为大，唯尧则之，荡荡乎，民无能名焉。巍巍乎，其有成功也，焕乎，其有文章！"对于舜的称颂，则说"舜有臣五人，而天下治"。他对于禹似乎特别推崇，说："禹，吾无间然矣！菲饮食，而致孝乎鬼神；恶衣服，而致

① 胡适认为孔子"吾从周"的周已经因袭夏殷文化的成分，这是对的。胡适：《说儒》，《胡适学术文集》附录，香港三达出版公司印行，出版日期不详，第53~54页。

美乎黻冕；卑宫室，而尽力乎沟洫。禹，吾无间然矣。"孔子经常提到的古代圣王如尧、舜、禹，都是强调他们有德而不视天下为一人或一姓所拥有的财产。孔子推崇他们，当然一方面是用来作诸侯、国君的模范；但另一个用意是将自己与他们相比。尧、舜、禹是他个人的模仿对象。他希望能做到像他们一样，成为天下的共主。所以他说："禹，吾无间然矣！"那是以自己比于禹，夏代的天下共主。

（三）孔子对周文王与武王的评价

孔子除了推崇周以前的圣王外，还对周朝的文王、周公称颂再三。孔子推崇周文王的原因是周文王的仁德。《论语·泰伯》提到文王，"三分天下有其二，以服事殷。周之德，其可谓至德也已矣"。周人的兴起大概在王季时，并开始对商殷构成威胁，导致商王文丁杀季历。① 文王时周人已打败商的诸侯国崇，虽然"三分天下有其二"是夸张之辞，但文王已成为商人在西方最具威胁的一大敌对方国却是事实。② 更重要的是文王已经成为西方对商王不满的各邦国的领袖。但文王没有因此而用武力推翻殷人的共主领导地位，攻灭商王朝。文王谥曰文。而孔子推崇文王的理由正是因为文王的"文"。

"文"是周文王姬昌的谥。"文"的意思是：服人。《管子·霸言》有如下的解释："一言伐之，武也；服而舍之，文也。文武具满，德也。"③ "服而舍之"就是宽恕打败的敌人，不滥杀，是"文明"的体现。因此，"文"实在具有仁的意义。孔子对文王的"文"的崇敬在他受困于匡时表露无遗。他以天命等同于文王的"文"。他说："文王既没，文不在兹乎？天之将丧斯文也，后死者不得与于斯文也；天之未丧斯文也，匡人其如予何。"④ 孔子虽然在匡被围，对自己受命延续"文"的信念一点也没有动摇，而他信服的是"文德"。

相比之下，孔子对武王便没有特别推崇。武王打败商纣之后，纣自焚，武王向纣的尸体射了三箭，然后把纣的头斩下，系在红色的大环刑具上，然后放在挂有白旗的车上。⑤ 此外，大量杀戮不服从的商人领袖，又大肆搜掠商人的财富。⑥孔子对武王没有特别的推

---

① 周人自太公亶父迁居岐下之后与商人的关系随时间变迁而改变，经过了臣服和敌对的关系。到了王季时代，开始侵略临近方国，商王文丁对周人的坐大实在担心，一方面拉拢为牧师，终于把季历杀了。后来文王便灭了邘和崇。参阅杜正胜：《关于先周历史的新认识》，《台大历史学报》1991 年第 16 期，第 28~39 页。

② 杜正胜：《关于先周历史的新认识》，《台大历史学报》1991 年第 16 期，第 38 页。

③ 僖公十五："贰而执之，服而舍之，德莫厚焉，刑莫威焉。"参阅杜预注，孔颖达疏：《春秋左传正义》卷 14，阮元校刻：《十三经注疏》，中华书局 2009 年版，第 3924 页。又宣公十二年："叛而伐之，服而舍之，德刑成矣，伐叛，刑也；柔服，德也。"参阅杜预注，孔颖达疏：《春秋左传正义》卷 23，阮元校刻：《十三经注疏》，中华书局 2009 年版，第 4078~4079 页。

④ 何晏注，邢昺疏：《论语注疏》卷 9，阮元校刻：《十三经注疏》，中华书局 2009 年版，第 5407 页。

⑤ 见于《逸周书·克殷解》，参阅黄怀信、张懋镕、田旭东：《逸周书汇校集注》卷 4，上海古籍出版社 1995 年版，第 363~368 页。也见于《墨子·明鬼下》："武王折纣而系之赤环。"参阅孙诒让：《墨子间诂》卷 8，孙以楷点校，中华书局 2001 年版，第 248 页。

⑥ 《逸周书·世俘解》："凡武王俘商旧玉亿有百万。"参阅黄怀信、张懋镕、田旭东：《逸周书汇校集注》卷 4，上海古籍出版社 1995 年版，第 473 页。

崇亦可由他评价乐舞《大武》与《韶》乐中得到证明。孔子在齐第一次听到《韶》。《论语·述而》载："子在齐闻《韶》，三月不知肉味。"他对《韶》绝对倾倒痴迷是有原因的。《论语·八佾》："子谓《韶》，尽美矣，又尽善也。"但对《大武》孔子却说："尽美矣，未尽善也。"《韶》是表扬舜以"圣德受禅"的乐舞，而《大武》乃系纪念武王克商的乐舞，进行时，舞者用干戈，象征周人武力。① 孔子强调以德服人，反对用武力征服异己者及不顺从的人。② 因此认为《大武》这个舞乐虽然悦目，但其所教导的意义未尽善。对孔子来说，礼乐是教化的主要手段，所以他不推崇歌颂武力的《大武》，而认为《韶》尽善尽美。

此外，孔子虽然提到武王，但并不推奖他的德行。孔子说："舜有臣五人而天下治。"武王曰："予有乱臣十人。"孔子曰："才难，不其然乎，唐虞之际，于斯为盛，有妇人焉，九人而已。"这里，孔子只是说武王有很多有才能的臣下。用武力征服天下，当然要有一群有才能的领袖，但舜以德服人只需要五个臣辅助，是武王的一半。对孔子来说，以德服人，"来远人"才是最理想的统治者。孔子对武王只提及他的"乱臣十人"，而对于禹则佩服得五体投地。所以孔子说："禹，吾无间然矣！"因为天子是天下的共主，并非天下的拥有者。所以孔子说："巍巍乎，舜、禹之有天下也，而不与焉。"

（四）孔子与周公

孔子说："吾从周"，若以周初的领袖来说，不包括武王。但必须包括周公。除了文王之外，孔子推崇备至的周王便是他经常梦见的周公。他为什么对周公这么推崇呢？武王克商后，当时的周人领袖是否都对殷人抱同样的态度？我们可以想象必定有主张用严峻杀戮的领袖，也有认为应该采取怀柔利用的政策，意见相当分歧。

有关殷遗民在周初的遭遇，我们不能不怀疑自周以来的传统说法，以为周人打败商人后对殷遗民没有残酷的杀戮和残害。虽然经过几百年的涂抹周人对商人的惨杀，及粉饰周人的仁政，东周时在殷人后裔的记忆中武王对顽抗的殷人的血腥镇压，还是很深刻的，历历如在目前。孟子乃周人姬姓之后，对殷人后裔的控诉自然否定，并不相信武王大量惨杀殷人。他相信"仁人无敌于天下，以至仁伐至不仁，而何其血之流杵也"③。但从《逸周书·世俘解》、《尚书》的《酒诰》和《多士》来看，武王、周公对殷人的杀戮与严厉警告很难令人们相信他们是仁义的王者，对不服从与反抗的殷人都不用武力去镇压。④不过，周公可能是比较主张镇压与怀柔并用的领袖之一。

对于殷人的策略，武王大概都听从周公的意见。《逸周书·大聚解》记述武王克商之

———————————————

① 有关对《大武》的解析，参阅孙作云：《周初大武乐章考实》，《诗经与周代社会研究》，中华书局 1966 年版，第 239~272 页。

② 郑玄解释《大武》未尽善的原因是武王未躬致太平。焦循认为武王未受命，未及制礼作乐，以致太平。刘宝楠反对孔注以《韶》比《大武》是以禅让比征伐。注当以孔注为优。刘宝楠：《论语正义》卷 4，高流水点校，中华书局 1990 年版，第 135~137 页。

③ 赵岐注，孙奭疏：《孟子注疏》卷 14，阮元校刻：《十三经注疏》，中华书局 2009 年版，第 6035 页。

④ 《逸周书·世俘解》："执天恶臣百人"，"告以馘俘"，又荐俘殷王鼎。参阅黄怀信、张懋镕、田旭东：《逸周书汇校集注》卷 4，上海古籍出版社 1995 年版，第 435~474 页。

后，曾向周公问统治殷人的政策。周公认为，"闻之文考，来远宾，廉近者。宾大夫免列以选。赦刑以宽，复亡解辱，削赦轻重，皆有数，此谓行风"。周公的建议是对殷人的贵族官员必须引用，选任人才，不必依其原来的等级（列）。同时对于有罪的必须依法示其罪之轻重，削官或赦免。最后，周公总结说："王若欲求天下民，先设其利而民自至。"①这便是"以德来民"的政策。武王死后，一切决策当是由周公制定，并得到召公的支持。周公在武王死后对殷商遗民继续采取宽大的政策。三年东征平服武庚、管、蔡之乱，征服奄之后，对殷人的政策并无大变化。他不但大量引用殷遗民辅助统治，后来，他向商人势力强固的东方进行征讨时，亦有赖于商人的帮助。②

但周初大量引用殷遗民的事实，不能简单地用来证明周公及其他的姬姓领袖对臣服的异姓领袖一视同仁，绝无分别。无论古今中外，所有征服者对于被征服的人来说，都是敌人，而且都是残酷的主人。周人打败商人后，对待商遗民并无例外，但由于部分商人在武王伐纣以前已经是周人的同盟及支持者，所以并非所有的殷遗民都得到相同的待遇。③ 例如分给鲁的殷民六族，很多都住在鲁的国中，并不都居于野。④ 但这不等于殷遗民一律都受到宽大的待遇。当武王死后，东方的殷贵族诸侯联结三监，起来反对周公的政权。周公用了三年的时间把商人联盟及奄征服。殷顽民被迫迁移到成周，沦为奴隶及臣属。⑤ 这些殷遗民的待遇不可能像克纣前后投诚并帮助周人的殷人领袖及其族属，如尹氏、辛氏、程氏、微氏等。被迁往成周的殷顽民，虽仍然"尔乃尚有尔土，尔乃尚宁干止"。但如果"尔不克敬，尔不啻有尔土，予亦至天之罚于尔躬"⑥。这些殷遗民的地位必远在尹氏、辛氏、程氏、微氏等之下。

周公对殷人的政策相对于周武王及其他姬周领袖，实在是比较宽大的。⑦ 他告诫封于卫的康叔说："绍间衣（殷）德言，往敷求于殷先哲王，用保乂民。汝丕远惟商老成人，宅心知训。"原来的殷民七族：陶、施、繁、锜、樊、饥、终葵便成为隶属于周人的臣

---

① 黄怀信、张懋镕、田旭东：《逸周书汇校集注》卷4，上海古籍出版社1995年版，第414~433页。

② 有关周公是否称王的讨论，参阅徐复观：《与陈梦家、屈万里两先生商讨周公旦曾否践阼称王的问题》，《中国思想史论集续编》，台湾时报出版公司1982年版，第151~205页；杜正胜：《尚书中的周公——兼从周初史实看周公称王之辩》，《大陆杂志》第56卷第3、4期，1978年，第99~124页。

③ 杜正胜认为周人东进殖民，以原居民为主。在鲁、卫、晋的国人都有殷遗民。引《左传》证明殷遗民在东方，是国人的主体，他们的地位颇高，每每与周人相提并论，与周统治者的关系似颇融洽，未见有备受压迫的痕迹。参阅杜正胜：《周代城邦》，台湾联经出版事业有限公司1985年版，第30~31页。

④ 赵世超认为在鲁国，殷遗民在政治上具有举足轻重的地位。参阅赵世超：《周代国野关系研究》，台湾文津出版社1993年版，第26~27页。

⑤ 《尚书·多士》："告尔殷多士。今予惟不尔杀，予惟时命有申。今朕作大邑于兹洛，予惟四方罔攸宾，亦惟尔多士攸服奔走，臣我多逊。"参阅孔氏传，孔颖达疏：《尚书正义》卷16，阮元校刻：《十三经注疏》，中华书局2009年版，第469页。

⑥ 胡新生：《异姓史官与周代文化》，《历史研究》1994年第3期，第43~46页。

⑦ 顾颉刚以为就算是周公，也不见得是传统所说的仁君，对奴隶并不见得仁慈宽大。《左传》中"周文王之法，有亡，荒阅"的意思指遇到有奴隶逃亡，便要大检阅。参阅顾颉刚：《古史杂记（二）》，《顾颉刚读书笔记》卷14，中华书局2011年版，第20~21页。

民。① 周公训示康叔笼络殷遗民的贵族领袖，用殷人的刑法管治殷人。② 周领袖要严禁周人酗酒。周公警告在洛邑的周人："群饮，汝勿佚。尽执拘以归于周、予其杀。"但对于殷人则采取宽宏缓进的政策："又惟殷之迪、诸臣惟工，乃湎于酒，勿庸杀之，姑惟教之。"（《尚书·酒诰》）

周公除了对殷遗民宽大外，还重视保存前朝文化。周公在《尚书·召诰》里向召公解释他对殷人的政策："我不可不监于有夏，亦不可不监于有殷。"这里，他指的是天命无常，"不可不敬德"。敬德便要"王先服殷御事"。意思是指周王要安抚殷民的领袖，和他们合作。最重要的是"蔽殷彝，用其义刑义杀"（《尚书·康诰》）。这种强调尊重殷人的法律习惯，让殷人的领袖依照他们固有的刑罚制度去统治，正是保存殷文化的具体例子。刑罚制度自然是属于广义的文化范畴，亦即是"文"。对孔子来说，所谓周人的文化传统，"文"已经包括了夏、商的礼法制度。

对孔子来说，周文化的可贵在于它的多元性与包容性。周文化并非一个纯粹无杂质的实体，而是包含异质的混合物。孔子所推崇的"文"实际上包括两方面：第一，夏、商两朝的文化，与周人缔造的文化。第二，周文化的缔造者如周公，是主动的把异质的前朝文化保存下来，以开拓更丰富的新文化。而保存的方法并非如近世民族国家的博物馆，作为一种被观赏的"死文化"，一个没有生命的"客体"而保留下来。乃是让地方文化在原来的族民中继续发展，并与其他的异质文化作多角度、多层面的自由互动。因此，"郁郁乎文哉！吾从周"并不是称赞周朝的文化是一个独特而又单元的体系，远比夏商二代的成就高。孔子"吾从周"的真正理由是周文化的多元性及包容性。而周文化本身又是继承了夏商二代有价值的文化。近世人类学研究多文化接触指出不同文化的交涉、碰撞的结果往往是产生新的文化。③所以孔子所推崇的周文化不是原来的在岐山周原的文化，而是周初的政治领袖如周公的建制与殷商巫、史，对于夏商周三代治理经验总结所建构的一个新的理想文化。明白了孔子"吾从周"并不指单一的原来、纯正的周文化后，我们可以进而对孔子的夷夏文化观作一新的阐释。

四、孔子的多元文化观

（一）夷夏文化差别的解释

传统的看法一般以夷夏为相对立的文化观念，事实上都把夷文化和夏文化单一化了。从这个约化的二分法观点来说，夷文化是全面落后的，不及夏文化的先进。即使有不同的

---

① 见于《尚书·康诰》。参阅孔氏传，孔颖达疏：《尚书正义》卷14，阮元校刻：《十三经注疏》，中华书局2009年版，第432页。

② 杜正胜：《尚书中的周公——兼从周初史实看周公称王之辩》，《大陆杂志》第56卷第3、4期，1978年，第101~104页。

③ John Berry, Acculturation: Living successfully in two cultures, *International Journal of Intercultural Relations*, July 10, 2005, p. 706.

夷狄文化，他们之间的差异性，并不重要。但我们要了解，对孔子来说，就算夷狄文化之间的差异不重要，并不等于孔子认为所有诸夏文化亦是同一无异质的，而缺乏多样性的差异。究竟孔子是否对东周时各地的文化习尚只作一种约化的二分法是一个极为重要的问题。

《论语·八佾》："孔子曰：夷狄之有君也，不如诸夏之亡也。"这句话经常被引用来说明孔子华夷之辨的思想，认为孔子卑视夷狄。这种解释并不完全正确，需要深入分析。孔子这里的意思是：君的责任是统治与教化。夷狄的落后，是就政治与教化方面来说的。当孔子说："夷狄之有君也"，他是说夷狄即使有君主统治和教导他们，他们仍然不及诸夏的邦国没有君主的时候。因为诸夏的人民虽然没有君主，但仍然有贤能的人出来维系政治秩序以及继续教导人民。社会秩序不至于解体。这个解释可以从孔子解释何以卫灵公这么无道还不亡国的话里窥见一斑。"子言卫灵公之无道也。康子曰：'夫如是，奚而不丧？'孔子曰：'仲叔圉治宾客，祝鮀治宗庙，王孙贾治军旅，夫如是，奚其丧？'"（《论语·宪问》）这里，孔子指出由于文化技术分别掌于各个贤能大臣的手上，所以，即使君无道，卫亦不亡。无道的君与无君同。因此，对孔子来说，东周各诸侯国的文化、技术一般比各方"夷狄"进步，而这些文化技术的承传并不只系在君主身上。诸夏各国之所以比夷狄进步，正是因为文化的程度高，足以使诸夏的人民不必要完全依赖君主。有贤能的大臣便足以维系社会秩序。这种强调文化所产生的社会凝聚力与孔子所谓以"礼乐"教化的主张是相一致的。孔子自己便是没有君主的权力而以礼乐教人的贤能君子。

此外，"夷狄"在孔子的时候，已经不再与诸夏完全对立。鲁昭公十七年，郯子朝于鲁，孔子跟他学习，后来"告人曰：'天子失官，学在四夷，犹信。'"[1] 孔子亦曾经想过要"居九夷"。可见夷人的社会，在孔子的眼中，并非千篇一律，与华夏完全脱节，还是君子可以定居的地方。

从现实的文化程度上来说，孔子认为夷狄文化不及诸夏进步。但从道德的立场论，孔子并不认为夷狄不配用诸夏的标准。"樊迟问仁。子曰：'居处恭，执事敬，与人忠，虽之夷狄，不可弃也。'"（《论语·子路》）恭、敬、忠是绝对的美德，不论诸夏之人，或夷狄都适用。不能因为面对的是夷狄便不需要以恭、敬、忠来对待他们。这是从道德的立场来平等地对待夷狄，因为恭、敬、忠也是夷狄作为人所应当有的德行。

提到孔子重视华夷之辨的思想，论者往往引孔子推崇管仲的话。孔子曾说："微管仲，吾其披发左衽矣！"孔子这番话的意思有申述的必要。孔子推重管仲，主要是因为管仲能不用兵车便能联合诸侯，合力抵抗夷狄的侵略，保存诸夏文化，不至于被征服。夷狄若战胜诸夏，必以征服者自居，把他们的文化，强加于诸夏人民身上，即孔子所谓"披发左衽"。这里，孔子所强调的是管仲保存诸夏各国及其文化，避免亡国及被强行同化的命运的功劳。并不是强调夷狄文化的卑下。当然孔子认为诸夏的文化比夷狄先进，但他不会主张文化先进的国家便有权去侵略和消灭文化不发达的国家或民族。所以孔子对夷狄的态度是用德来吸引，所谓"来远人"，而不是用武力去征服。夷夏的区别不是血缘、种

① 《左传》昭公十七。杜预注，孔颖达疏：《春秋左传正义》卷48，阮元校刻：《十三经注疏》，中华书局2009年版，第4526页。

姓，而是文化、道德行为。

（二）华夏文化的多元性

对孔子来说，华夏或诸夏有很多不同的族民，风俗习惯亦各有特色。因此，当颜渊问为邦时，孔子便说："行夏之时，乘殷之辂，服周之冕，乐则韶，放郑声，远佞人，郑声淫，佞人殆。"① 当然，夏、商、周三代所产生的文化都是"诸夏"或"华夏"文化。然而，所谓"诸夏"中亦有文化上的差异。而"夏之时""殷之辂""周之冕"便是把夏、商、周三代的文化象征都包括在里面。要注意这是孔子回答颜渊问治国的原则。而颜渊一直都是孔子最重视的弟子。回答最得意的门徒有关治国的原则时，却提出兼用异文化的重要。这段话的意义十分重大。孔子并不视诸夏的文化是单一的，而是多样、异质又各有价值的。

此外，孔子的文化多元观又可以从儒家经典中窥见。《礼记·王制》：

> 凡居民材，必因天地寒暖燥湿，广谷大川异制，民生其间者异俗，刚柔轻重，迟速异齐，五味异和，器械异制，衣服异宜，修其教，不易其俗，齐其政，不易其宜。中国戎夷，五方之民，皆有性也。……中国夷蛮戎狄，皆有安居，和味、宜服、利用备器。五方之民，言语不通，嗜欲不同。达其志，通其欲。②

这段文字，不是孔子的话。但跟孔子的思想很接近。大意是认为王者，指天子，建立制度，必须尊重地方风俗习尚，即衣食住行的生活习惯、语言的差异。而王者的责任便是"达其志，通其欲"，并非硬把自己的语言及风俗习惯作为绝对的标准，强加于他人身上。相反，王者的任务最重要是在于让各地的人民能实现他们的愿望、理想：得以满足他们的需求欲望，所谓"达其志，通其欲"。孔子说："我不欲人之加诸我也，吾亦欲无加诸人。"③ 这种态度，不但指要尊重个人行为好恶，实可以兼指一个国家、社会对异己文化习尚方面的尊重和容纳。

孔子提倡文化多元并不是把所有异文化都变成自己的文化，而是要包容异文化，不把异于一己的文化视作洪水猛兽。当然，在各种不同的文化中，自己所"生于斯、长于斯"的乡土文化对个人来说比异文化更为亲切。《礼记·儒行》："鲁哀公问于孔子曰：'夫子之服其儒服与？'孔子对曰：'丘少居鲁，衣逢掖之衣。长居宋，冠章甫之冠。丘闻之，君子之学也博，其服也乡。丘不知儒服。'"孔子的服饰显然与众不同，戴宋人"章甫"

---

① 何晏注，邢昺疏：《论语注疏》卷15，阮元校刻：《十三经注疏》，中华书局2009年版，第5468页。

② 郑玄注，孔颖达疏：《礼记正义》卷12，阮元校刻：《十三经注疏》，中华书局2009年版，第2896~2897页。

③ 见于《论语·公冶长》。参阅何晏注，邢昺疏：《论语注疏》卷5，阮元校刻：《十三经注疏》，中华书局2009年版，第5373页。

帽。"章甫"亦是商人的冠。① 这里要注意"君子之学也博，其服也乡"这句话。孔子强调博学的重要，无人不知，但很少人提到孔子重视个人的乡土意识。乡土意识一般寄托在语言、地方习尚和服饰上。孔子重视在服饰上表现他的文化多元思想是很清楚的。他的冠服很具体地展示他的双重文化背景：鲁国姬周文化及宋国殷商文化。

每个人都生长于一特定的文化传统里，它是每个人精神生命的泉源。因此，在肯定文化多元的前提下，个人对自己的文化传统，有强烈的认同感。孔子对殷文化有很强烈的认同感。这种感情最能见于他对三年丧的执着。三年之丧本是殷人的丧礼，在东方殷遗民的贵族中依然是理所当然的。② 在鲁国的殷遗民，绝大部分都住在曲阜的"野"外。孔子说"礼失求诸野"指的便是在殷遗民仍然实行的商礼。孔子所谓"先进于礼乐，野人也；后进于礼乐，君子也"，亦是指殷遗民居住于鲁国的野外，所以他们是先进于礼乐。③

孔子对商文化的深厚感情在他的文化多元思想里得到继续滋长。他在仁的学说里找到了化解社会里源于生理及历史的种种差异的歧视。司马迁在《史记·孔子世家》最后提到孔子临死前的一些话。孔子告诉子贡说："殷人殡于两楹之间，则与宾主夹之也；周人殡于西阶之上，则犹宾之也。而丘也殷人也。予畴昔之夜，梦坐奠于两楹之间。夫明王不兴，而天下其孰能宗予？予殆将死也"，"盖寝疾七日而没"。（《礼记·檀弓上》）这个故事可以作如下的解释。孔子临死之前感慨自己一生的奔走、提倡"为政以德"与"仁义"的学说，用以化解族群、文化之间的差异与矛盾，然而，没有成功。终于在感情上，体认到自己的殷人文化身份才是最真切的，是他个人具体生活中的真实生命。

五、结论：孔子学说与当代世界文明

本文对孔子思想及他所处的时代提出了一些新的看法。目的是从儒家的传统里找寻与现代人，尤其是当代的中国人切身相关的问题。要把孔子和儒家思想从"意的牢结"（ideology）的框框解放出来，不再视孔子为维护没落封建制度、腐朽的传统文化的拥护者、保守文化的复辟者和代言人，便必须要重新探讨孔子个人在鲁国所受到的歧视。更需要正视孔子作为一个异乡人而身兼双重文化背景的事实。这个事实足以使我们能就当代身份认同的重要课题建立一个儒学的历史视角，以作出一个合理的回应。此外，透过孔子个人所经历的歧视的再发现，我们可以对他所提出的"仁"和"德政"的理念有更深切的了解。孔子"仁"的哲学并非代表周人的贵族伦理，更非奴隶主的剥削理论，乃是孔子基于自己受歧视的经验，通过理性的反省而提出的超族群及超文化界限的"仁"的社会

① 《墨子·公孟》提到墨子与公孟子的对话，公孟子强调接见宾客必须换上章甫。参阅孙诒让：《墨子间诂》卷12，孙以楷点校，中华书局2001年版，第451~454页。《庄子·田子方》亦说："周闻之，儒者冠圜冠者，知天时；履句履者，知地形；缓佩玦者，事至而断。"参阅郭庆藩：《庄子集释》卷7，王孝鱼点校，中华书局1985年版，第718页。
② 杨朝明：《"三年之丧"应为殷代遗制说》，《史学月刊》1995年第2期，第12~16页。
③ 杨朝明：《"三年之丧"应为殷代遗制说》，《史学月刊》1995年第2期，第17页。当然，不是没有殷遗民居住于鲁国城内。

道德观。其作用可以化解社会上种种不平等关系，对于社会上不公平或歧视的制度，拒绝用武力、以暴易暴力的方式来改变。孔子把人间的道德建立在仁爱、忠恕、礼让的基础之上。这种道德观可以为我们提供有价值的观念架构，以发展出一个并不以个人主义为基础，而是以尊重、包容不同的文化价值与习惯的现代社会的治理理论。在多元文化的社会里，所有公民需要持有"君子和而不同"的态度。争取"和谐"，包容与礼让，而不是个人权利"优先"，才是不同族群能够和平共处的基础。所有不同性别、族群、宗教、文化的人秉持"和而不同""忠恕""礼让"的价值都可以在"为政以德"的"仁政"治理之下追求富贵与自己的幸福快乐！

（作者单位：美国伊利诺伊大学历史系及东亚语言文化系）

至人、圣人、真人：马斯洛需求层次论下孔子人格分析*

□ 付希亮

【摘要】孔子是中国古代的至圣先师，中国著名的思想家、教育家，同时也是一位文学家。中国古代虽重视对文学家人生境界的评价，但是缺乏衡量的尺度。马斯洛的需求层次论正好可作中国古代作家人格的衡量标准。从其一生人格成长经历看，孔子四十岁时完成了"求道"，四十岁后他倾力投入"传道"和"行道"事业，其人生境界处于自我实现层次。马斯洛归纳自我实现者所具有的十四项特征，与《论语》所记载孔子言行多相符合。孔子伟大人格可概括为目标至高（至）、见识广博（圣）、真诚坦率（真）三方面，对当时及后世知识分子产生了深远影响。

【关键词】孔子；马斯洛；需求层次论；人格心理分析；《论语》

孔子是中国古代的至圣先师，著名的思想家、教育家，其政治和道德观念影响其身后整个中华民族的历史。20 世纪以来，许多学者研究孔子的生平、思想，但很少有人从心理学的角度研究孔子的人格心理。从马斯洛需求层次理论的角度对孔子的人格心理进行研究，对于深入理解孔子的学术思想和价值具有重要意义。

一、选择马斯洛需求理论作为研究视角的原因

马斯洛是美国人本主义心理学家。他选择一些杰出人物，如历史上晚年的林肯、托马斯·杰斐逊、爱因斯坦等，以及一些与马斯洛同时代的人作为研究对象，研究人类品格所能达到的高度。在《动机与人格》中，他将人的需求从低级到高级分为生理、安全、爱和归属、自尊、自我实现五种。他提出低级需求满足后，人就会产生高级需求。由于人的行动决定于人的动机，而动机又决定于其需求层次，因此人的层次需求决定了人的行为。人所处的需求层次由其能力、社会地位决定，而一个人能力和社会地位的变化往往是缓慢

* 本文为国家社会科学基金项目"图腾分析路径下中国五帝文明及其起源综合研究"（16FZS002）阶段性成果。

的，所以人需求层次的变化也是缓慢的。一个人长期处于哪种层次，他就会表现为哪种稳定的人格特征。马斯洛理论对于探索中国古代作家人格有一定的适用性。

中国古代有悠久的人格评价传统。《史记·屈原贾生列传》对屈原的评价是："自疏濯淖汙泥之中，蝉蜕于浊秽，以浮游尘埃之外，不获世之滋垢，皭然泥而不滓者也。推此志也，虽与日月争光可也。""与日月争光"是司马迁对屈原人格高度的评价。王国维《人间词话》言："东坡之词旷，稼轩之词豪。无二人之胸襟而学其词，犹东施之效捧心也。"①《文学小言》言："三代以下之诗人，无过于屈子、渊明、子美、子瞻者。此四子者若无文学之天才，其人格亦自足千古。故无高尚伟大之人格，而有高尚伟大之文章者，殆未之有也。"②

既然司马迁、王国维都用"高尚伟大"评价屈原等四位文学家的人格，那么人格评价的尺度是什么？中国古代没有认真讨论过此问题。马斯洛需求论为我们衡量古代作家人生境界高度提供了理论支持。我们要研究古代作家人生境界高度，只要看他们一生所追求的对象是什么就可以了。追求仕途腾达、爱护自己名誉的，多属自尊型人格。一心钻营、不顾名誉地位的，尽管他们身居高位，他们仍属生理或安全人格。例如秦代李斯幼年生活困窘，他看到厕鼠和仓鼠两种处境，从而产生了逃避厕鼠、追求仓鼠处境的人生追求，结果他为保住官位，丧失了原则立场，最终被族灭。李斯虽然官居相位，但其人格属生理或安全类型，幼年的饥饿、恐惧处境给他带来的阴影使他一生停滞在生理和安全需求层次。在中国古代，有少数人人格发展比较健全，达到了自我实现层次。孔子就是其中一个。

孔子虽不算严格意义上的文学家，但据《论语》记载，孔子语言温雅，感情充沛，富有个性，我们有理由把孔子划入文学家行列。对于孔子的人格，研究者有必要从马斯洛需求理论的角度进行分析。从《论语》记载看，孔子四十岁之后人生境界达到了自我实现层次。

二、孔子生平经历及其需求层次的提高过程

在春秋时代士、农、工、商四民结构中，孔子家庭属于"士"民，即贵族家庭，其家庭子弟的出路是为鲁国高级贵族提供服务。孔子是宋襄公的后代。孔子的曾祖孔防叔是宋襄公第八代孙，因宋国华氏之乱而逃难到鲁国。孔子之父叔梁纥是鲁国陬邑大夫。裴骃索隐引《家语》云："（孔子）生三岁而梁纥死。"孔子由其母亲养大。因家庭困难，他少年时就在贵族家从事力所能及的劳动，挣钱补贴家用。《论语》记载孔子之言："吾少也贱，故多能鄙事。"他为人聪明、踏实，十五岁时开始"志于学"。孔子十七岁时曾向避难于鲁国的老聃学习礼仪。③后来，孔子被委任以比较重要的工作。《孟子·万章下》记载孟子之言："孔子尝为委吏矣，曰：'会计当而已矣。'尝为乘田矣，曰：'牛羊茁壮长而已矣。'"这时，孔子的收入已可养活其整个家庭。

———————————

① 郭绍虞、罗根泽主编：《中国古典文学理论批评专著选辑·蕙风词话、人间词话》，人民文学出版社1960年版，第213页。

② 郭绍虞主编：《中国历代文论选》（4），上海古籍出版社2001年版，第379~380页。

③ 高亨：《关于老子的几个问题》，《社会科学战线》1979年第1期。

孔子十九岁结婚。《史记·孔子世家》索隐引《家语》记载："孔子年十九，娶于宋之并官氏之女，一岁而生伯鱼。伯鱼之生，鲁昭公使人遗之鲤鱼。夫子荣君之赐，因以名其子也。"

孔子从十五岁致力于知识和礼仪学习，到二十多岁时学问已很渊博，开始授徒。孔子年纪大的弟子有颜无繇，字路，颜回之父。《史记·仲尼弟子列传》索隐引《家语》云："颜由字路，回之父也。孔子始教于阙里而受学焉。少孔子六岁。"孔子弟子仲由字子路，少孔子九岁。孔子受教育的年龄是十五岁，推想其弟子接受教育的年龄可能与孔子差不多。古代男子行冠礼的时间一般在二十岁左右，其接受教育时间必然在此前若干年，若假定颜无繇接受孔子教育在其十五岁时，则孔子当时二十一岁。子路十五岁时，孔子二十四岁。由此推知，孔子开始授徒时的年龄最晚当在二十至二十五岁之间。此时，孔子还在社会上主持婚丧嫁娶事务，其经济收入应属富裕阶层。此后推动孔子发展的动机主要是成长性动机。

孔子"三十而立"，指的是他在教学和礼仪主持上得到了社会认可和尊重，获得了一定的社会地位。这时，孔子的自尊需求获得了满足。从三十岁开始，孔子业余时间主要致力于知识扩充，满足求知欲，寻找合适的治国之道。《论语·里仁》记载孔子之言："朝闻道，夕死可矣。"孔子所说的道是治国之道。他的艰难求道完成于其四十岁之前，因为孔子四十"不惑"。他四十岁之后的工作是传道和行道，他要把自己的认识传授给学生，实施于社会。也就是说，孔子四十岁之前的工作是获得自我价值，四十岁之后的工作是实现自我价值。四十岁之后，孔子的人生境界达到了自我实现层次。

孔子行道即走上仕途，利用其知识服务社会，提高大众整体福祉。但是此时鲁国政局处于极不正常的阶段。在他四十二岁时，鲁昭公客死于乾侯，季孙氏立鲁定公为君。此年夏天，季平子去世，其子季桓子成为季孙氏的主人，鲁国的执政者。但是季桓子年轻，反而被其几个能干家臣所控制，其最强悍家臣是阳虎（货），季桓子反成了阳虎的傀儡，阳虎成为季孙氏和鲁国大政的决策者。

孔子年轻的时候，就与阳虎有矛盾。《史记·孔子世家》记载："孔子要绖，季氏飨士，孔子与往。阳虎绌曰：'季氏飨士，非敢飨子也。'孔子由是退。"阳虎当众斥退孔子，孔子自尊受到侮辱。在阳虎主持国政时，孔子可能曾寻求入仕，但为阳虎所压制，他只能等待时机。

后来，阳虎与季桓子及其他家臣矛盾越来越大，于是想寻求孔子支持。此时，孔子已成为鲁国名人，其弟子队伍庞大，人才辈出，已成为一支比较可观的政治力量。于是就有了《论语》对阳虎拉拢孔子的记载：

> 阳货欲见孔子，孔子不见，归孔子豚。孔子时其亡也，而往拜之。遇诸涂。谓孔子曰："来！予与尔言。"曰："怀其宝而迷其邦，可谓仁乎？"曰："不可！""好从事而亟失时，可谓知乎？"曰："不可！""日月逝矣，岁不我与！"孔子曰："诺！吾将仕矣！"

阳货即阳虎。"阳货欲见孔子，孔子不见"，说明阳虎有求于孔子，但孔子不愿见他，所以他只好耍花招"归孔子豚"，然后在家等孔子回拜。按当时的礼节，孔子接受"豚"

这样比较贵重的礼物，应该去阳虎家登门拜谢。但是孔子因为不想见阳虎，所以派人侦查，等阳虎出门后才去回拜。不巧，二人在路上相遇。从"来！予与尔言"看，阳虎还是比较强势的。"好从事而亟失时，可谓知乎？"说明孔子曾多次寻求入仕而没有成功。阳虎向孔子暗示其不成功的原因是"不知"，即找错了人。孔子的答话很简短，说明他对阳虎采取敷衍态度。

鲁定公八年，孔子五十岁，阳虎与季桓子矛盾激化，阳虎要杀季桓子，结果季桓子出人意料地逃出了阳虎的魔爪。阳虎在政治内斗中失败，逃出鲁国。第二年孔子就走上了仕途，仕鲁为中都宰，后为大司寇，这说明孔子四十到五十岁之间没有出仕的原因是不愿与阳虎合作。

鲁定公八年，阳虎的垮台和出奔为孔子跨入鲁国政坛提供了机遇。这时候，孔子进一步思考其人生价值，获知"天命"。"知天命"意思是认识到了上帝赋予自己的使命。[①]如果忽略其中神秘成分对此事进行理性分析，我们可以知道孔子领悟到了自己的人生使命，即自己独一无二的人生价值。[②] 传道于学生、将自己的政治理念推行于天下，实现拨乱反正的目的，成为其人生后二十三年的目标。总之，孔子四十岁时，其人生境界达到了自我实现层次。施明发先生认为孔子所说的圣人、仁人就是马斯洛所说的自我实现的人。他说："孔子的人格教育思想与上述亚伯拉罕·马斯洛的心理学理论极为相近。孔子鼓励人要立志，要自主追求发展与进步，向完整人格的目标努力。马斯洛主张人有追求价值的意志，会往最高境界去寻求需求的满足。孔子鼓励人往仁者、智者、圣人、君子的境界，最终可以享受'仁者不忧，知者不惑，勇者不惧'的精神满足。这种为圣为君子的追求，就是要成为人本心理学所称的'自我实现的人'。"[③]

三、孔子达到自我实现境界的表现

马斯洛的需求层次理论主要适用于中老年研究对象。由于社会个体自身和社会条件限制，人在青少年阶段需求层次普遍较低，人格处于发展阶段。到了成年之后，社会个体才能成家立业、安身立命。此时，他们才能充分发挥潜力，达到最高的需求层次。孔子也认为四五十岁是一个人的成熟期。他说："年四十而见恶焉，其终也已。"（《论语·阳

---

① 究竟是什么样偶然事件使得孔子"知天命"，今天已不知道，不过中国古代典籍中有周文王、武王有"受天命"的记载，可供我们参考。《逸周书·程寤解第十三》记载了文王受命之事："文王安商，在鄷。正月既生魄，太姒梦见商之庭产棘，小子发取周庭之梓树于阙间，化为松柏棫柞。寤惊，以告文王。文王命召太子发，占之于明堂。王及太子发并拜吉梦，受商之大命于皇天上帝。"《清华大学藏战国竹简》（壹）也有《程寤》一篇，记载周文王因为其妻太姒做了一个吉祥的梦，周人通过占梦确定上帝命周文王、武王取代商王纣管理天下。

② 宗超先生在《论孔子的"人格之教"》中对"知天命"的解释是："人一旦知天命，有了一种人性的自觉，便会油然而生一种当仁不让的人之所以为人的道德自觉和道德责任感，如此，想要达到'从心所欲，不逾矩'的'仁'之最高人格境界，便是'我欲仁，仁斯至矣'。"（见《孔子研究》2016年第5期，第29页）。

③ 施明发：《从当代心理学人格观省思孔子的人格教育思想》，《教育与教学研究》2016年第11期，第23页。

货》）"后生可畏，焉知来者之如今也？四十五十而无闻焉，亦不足畏也已。"（《论语·子罕》）

在《论语·为政》中，孔子对其一生的成长历程有清楚的表述："吾十有五而志于学，三十而立，四十而不惑，五十而知天命，六十而耳顺，七十而从心所欲，不逾矩。"我们对孔子的人格心理分析，从其四十岁开始。

按马斯洛的定义，自我实现者"大致被描述为充分利用和开发天资、能力、潜力等等。这样的人似乎在竭尽所能，使自己趋于完美……他们是一些已经走到，或者正在走向自己力所能及高度的人"①。马斯洛对那些追求自我实现的人进行调查，描述了他们所共有的 15 项特征：①对现实的更有效的洞察力和更加适意的关系；②对自我、他人和自然的接受；③自发性、坦率、自然；④以问题为中心；⑤超然独立的特性、离群独处的需要；⑥自主性、对于文化与环境的独立性、意志、积极的行动者；⑦欣赏的时时常新；⑧神秘体验、海洋感情；⑨社会感情；⑩自我实现的人际关系；⑪民主的性格结构；⑫区分手段与目的、善与恶；⑬富于哲理的、善意的幽默感；⑭创造力；⑮对文化适应的抵抗性。

结合马斯洛对自我实现的定义和描述，以及孔子本人的基本情况，下面从至人（专一有恒）、圣人（博古通今）、真人（坦率自然）三方面分析孔子与马斯洛自我实现者特征的适应情况。

（一）至人：专一有恒

达到自我实现层次的人往往在某一领域的认识和能力达到了出类拔萃的境界。他们对自己知识、能力、爱好等方面的优势和劣势有清楚的认识，非常珍惜自己的独一无二的价值，以至于必须倾尽后半生的时间和精力将自己的价值发挥出来，变成有益于社会的成果。这样的人有自己坚定的人生目标，并且心态稳定，做事主次分明，能集中所有的时间去实现自己的目标。因此，在外人看来，这些人都是人生境界至高的人，即"至人"。

孔子周游列国的时候，很多诸侯和大夫都向他咨询自己国家的事务（见《论语·学而》所记子禽与子贡的谈话）。楚国隐士接舆把孔子比作凤凰。孔子的学生把其师看作高不可及的人。子贡把孔子比之于日、月、高天（见《论语·子张》"叔孙武叔毁仲尼"条）。

1. 以解决有重大价值的问题作为自己的使命

在马斯洛所归纳的自我实现者 15 条特征中，有一条是"以问题为中心"②。它的意思是自我实现者以解决某些有重大价值的问题为自己的使命。孔子便是这样的人。四十岁之前，孔子完成了求道工作。四十岁之后孔子的工作是推行其政治理念，使鲁国乃至天下重新恢复到政治清明的状态。这项工作难度非常大。孔子教育其学生："士志于道，而耻恶衣恶食者，未足与议也"（《论语·里仁》），"志于道，据于德，依于仁，游于艺"（《论语·述而》）。从中可见孔子目标专一。

---

① ［美］马斯洛：《动机与人格》，许金声等译，华夏出版社 1987 年版，第 176 页。
② ［美］马斯洛：《动机与人格》，许金声等译，华夏出版社 1987 年版，第 187 页。

孔子要推行其政治主张需要全社会，特别是各国统治者的支持。孔子对自己的政治主张非常自信，他说："苟有用我者，期月而已可也，三年有成"（《论语·子路》）；"齐一变，至于鲁；鲁一变，至于道"（《论语·雍也》）；"吾观于乡，而知王道之易易也"（《礼记·乡饮酒义》）。但是孔子在争取鲁、卫、宋、陈、楚等国统治者支持上遇到了重重挫折。孔子离开鲁国后，在国外漂泊了十四年，没有一个诸侯给他施政机会。结果孔子拨乱反正的政治梦想破灭。孔子难过地说："道不行，乘桴浮于海"（《论语·公冶长》），"道之将行也与，命也；道之将废也与，命也"（《论语·宪问》）。

孔子及其弟子被匡人围困于陈蔡之间时，处境非常危险。《论语·子罕》记载孔子之言："文王既没，文不在兹乎？天之将丧斯文也，后死者不得与于斯文也；天之未丧斯文也，匡人其如予何？"这时，孔子觉悟到自己的身上还承担着保存和传播文王之道的责任，如果自己死于匡地，文王之道就要从此断绝。孔子从卫返回鲁国后，专心从事教学和修订六经工作，使文王之道传播下去。可见，孔子四十岁之后，他把全部精力都倾注到行道、传道、增加社会福祉工作上，全无利己动机，所以说孔子人生境界至高。

2. 神秘的使命体验

在马斯洛所归纳的自我实现者15条特征中，有一条是"神秘体验；海洋感情"[1]，指的是科学家经过长时间探索终于捕捉到灵感时所获得的豁然开朗和狂喜，或者是在欣赏文艺作品时所产生的强烈感动。这种感觉在科学家、艺术家、宗教家身上有程度不同的表现。

马斯洛所说的"神秘体验；海洋感情"在孔子身上表现为对《韶》乐的欣赏。《论语》记载："子在齐闻《韶》，三月不知肉味，曰：'不图为乐之至于斯也！'"《韶》乐是帝舜之乐，其歌舞内容大概是重现帝舜的业绩和功德。孔子对帝舜抱有无限景仰之情，因此欣赏那场乐舞之后，一连三个月都沉浸在其宏大场面、优美舞蹈旋律中。

关于孔子如何感悟"天命"，孔子没有细说，我们无法探知。孔子说："甚矣吾衰也！久矣吾不复梦见周公！"（《论语·述而》）"凤鸟不至，河不出图，吾已矣夫！"（《论语·子罕》）从这些记载看，孔子相信某些偶然"征象"反映了上帝的旨意。孔子修《春秋》绝笔于"获麟"，可能与这件事所带来的心理阴影有关。孔子获得他"天命"，可能与其梦境或偶然事件所获得的神秘体验有关。这是孔子在知识积累和对治国之道的艰苦探索完成后所偶尔获得的人生感悟，与科学家和艺术家所获得的灵感相似，只不过是采用神秘的表达方式而已。

3. 强烈的道德感

据马斯洛研究，自我实现者具有"区分手段与目的、善与恶"的特征。[2] 其含义是，自我实现者在处理社会事务的时候思路非常明晰，道德感极强，在宗教信仰浓厚的社会中，这些人被看成与上帝同道或神圣的人。胡家祥先生称自我现实的需要近于神性。[3] 孔

---

[1] ［美］马斯洛：《动机与人格》，许金声等译，华夏出版社1987年版，第192~193页。

[2] ［美］马斯洛：《动机与人格》，许金声等译，华夏出版社1987年版，第197~198页。

[3] 胡家祥：《马斯洛需要层次论的多维解读》，《哲学研究》2015年第8期，第104页。

子也具备这一特点。

孔子是一个有宗教意识且道德感极强的人。他有一次得了重病，子路请求向神举行祷告活动。孔子说："丘之祷久矣。"意思是他在日常生活中就用自己的行动向神祷告了，用不着举行专门仪式。《论语·八佾》记载，王孙贾问孔子："与其媚于奥，宁媚于灶，何谓也？"孔子说："不然！获罪于天，无所祷也。"孔子的意思是奥神或灶神都是小神，只有上帝才是最高的神，要是得罪了上帝，无论求告奥神或灶神都没用。可见，在孔子意识中，人言行都在上帝监督之下，一点都不能马虎。

孔子在外漂泊十四年，其政治主张得不到理解，心中的痛苦可想而知。但是他有了这份宗教感情，痛苦就减轻了。他说："不怨天，不尤人，下学而上达。知我者其天乎！"（《论语·宪问》）孔子把"知天命"作为君子必备的修养之一。他说："不知命，无以为君子也；不知礼，无以立也；不知言，无以知人也。"（《论语·尧曰》）

正如马斯洛所言，从社会行为看，自我实现者都是宗教信仰者。但与社会大众相比，他们的宗教信仰淡薄，算不上严格意义上的宗教信仰者。孔子虽信仰上帝，但在教学活动中不谈论鬼神。《论语·述而》记载："子不语怪、力、乱、神。"樊迟问孔子何为智，孔子说："务民之义，敬鬼神而远之，可谓知矣。"（《论语·雍也》）孔子唯恐樊迟因为迷信鬼神，日后干出愚昧的事情来。季路问事鬼神。孔子说："未能事人，焉能事鬼？"（《论语·先进》）孔子有实证主义精神，有确实证据才敢下结论。鬼神是否存在，他没有办法实证，于是就抱着存疑态度。他自己不谈鬼神，也不让弟子过多思考鬼神之事。

4. 目的专一、心态稳定

目标专一。马斯洛说自我实现者有"超然独立的特性、离群独处的需要"①，意思是自我实现者拥有坚定的目标。《论语》证明，孔子也具有这一特性。孔子的人生目标很坚定，他说："三军可夺帅也，匹夫不可夺志也"（《论语·子罕》），"君子之于天下也，无适也，无莫也，义之与比"（《论语·里仁》）。孔子教育学生的言论，正是他自己的人生感悟。

心态稳定。马斯洛说自我实现者有"自主性、对于文化与环境的独立性、意志、积极的行动者"的特征②，其意思是说，自我现实者有稳定的心态，不易受外在环境影响。

孔子有良好恒定的心态。《论语·述而》记载："叶公问孔子于子路，子路不对。子曰：'女奚不曰，其为人也，发愤忘食，乐以忘忧，不知老之将至云尔。'"这都说明孔子晚年的心态是快乐的、稳定的。《论语》记载孔子之言："知之者，不如好之者；好之者，不如乐之者。"（《论语·雍也》）整理古籍，给弟子讲学，都是孔子晚年乐于从事的工作。他还说："饭疏食，饮水，曲肱而枕之，乐亦在其中矣。不义而富且贵，于我如浮云。"（《论语·述而》）这是孔子对自己的生活的反思。他晚年从事古籍整理和教学活动，他设想自己即使条件再差些也没关系。这也是对他的弟子的教育。

---

① ［美］马斯洛：《动机与人格》，许金声等译，华夏出版社 1987 年版，第 188 页。

② ［美］马斯洛：《动机与人格》，许金声等译，华夏出版社 1987 年版，第 189~190 页。

（二）圣人：博古通今

自我实现者古代和现代都存在，他们用几十年的时间从事自己喜爱的活动，在知识和能力方面都达到了出类拔萃的境界。在知识体系浑融为一体的古代，自我实现者往往被看成无所不通的百科全书式大学问家。而在知识体系划分越来越严密的现代，自我实现者的知识体系往往跨越多个学科，在多学科上都有很大的贡献。

春秋人对"圣人"的理解是知识特别渊博、于事无所不通。臧武仲当时以多智见称，就被称为"圣人"（《左传》襄公二十二年）。

春秋战国时代，孔子也被称为圣人（见《论语·子罕》"太宰问于子贡"条）。孔子知道土怪羵羊、会稽山防风氏和肃慎楛矢的来历（《国语·鲁语下》），懂得五帝三代以来的历史（《礼记·礼运》），懂得未来社会的因革（《论语·为政》），因此被看作无所不知的人。

自我实现者之所以有如此成就，一是因为生活各方面相互联系，不同学科研究材料往往是共有的；二是因为他们的兴趣爱好比较广泛，能够吸收多学科有用的知识；三是因为他们拥有"明净的眼睛"。

1. "明净的眼睛"

据马斯洛研究，自我实现者观察其研究对象拥有较为特殊的眼光，即"对现实的更有效的洞察力和更加适意的关系"①，其意思是，自我实现者的眼睛特别明亮，他们既不会被自己的主观所蒙蔽，也不会被外界的种种假象所迷惑。他们对处于混沌状态的事物最感兴趣，并认为自己有能力将那些一般人所畏惧的混沌事物解剖开来，发现其内在本质和规律。他们在对混沌事物的观察、体验、实践中自然而然地寻找到合适的方法。

孔子作为思想家，他对世界的认识就是其最宝贵的研究成果。他的主要研究对象是华夏族历史和当时的现实。孔子把华夏族历史划分为大同和小康两个时代，并总结了其特征。在他看来，他生活的春秋末期是一个政治紊乱的社会，要想增进大众福祉，就得把这个社会治理好，治理方法是通过政治手段恢复周礼，约束社会。这是孔子给当时的社会病开出的一道药方。在今天看来，春秋中后期，铁器冶炼的进步推动社会快速发展，引起各国政治变化，当时的社会本身算不上病态。这就像儿童长大，儿时小衣服必须改换成大衣服一样。无论如何，孔子是春秋末年付出最多辛劳、吃了最多苦头来思考和解决社会问题的最杰出思想家和政治活动家，是一个博古通今的圣人。

人是地球上的高等动物，最难研究。对于人，孔子的研究方法是综合观察。他说："视其所以，观其所由，察其所安，人焉廋哉？人焉廋哉？"（《论语·为政》）孔子的弟子宰予白天睡觉。孔子对自己的研究方法进行反思："始吾于人也，听其言而信其行；今吾于人也，听其言而观其行。于予与改是。"（《论语·公冶长》）对于社会上的人，孔子主张摈除舆论影响，通过综合考察确定其本质。他说："众恶之，必察焉；众好之，必察焉。"（《论语·卫灵公》）因此，孔子对他所考察的人，评价往往特别准确。

孔子作为教师，他的考察对象首先是其学生。孔子对其学生的性格优缺点有很好的概

---

① ［美］马斯洛：《动机与人格》，许金声等译，华夏出版社 1987 年版，第 179~181 页。

括，并给予有针对性的指导。子贡问孔子："师与商也孰贤？"孔子答道："师也过，商也不及。"子贡问："然则师愈与？"孔子答道："过犹不及。"（《论语·先进》）孔子的学生师与商，一个愚笨，一个聪明，愚笨的不能完全理解老师的讲授，聪明的对于老师的讲授理解多有偏差，所以孔子针对学生进行专门指导。《论语·先进》记载了孔子与弟子的一段对话：

> 公西华曰："由也问闻斯行诸，子曰：'有父兄在'；求也问闻斯行诸，子曰：'闻斯行之'。赤也惑，敢问。"子曰："求也退，故进之；由也兼人，故退之。"

子路和冉有一个激进，一个谦退。孔子针对他们所提出的同一问题给予不同的回答，目的是让激进的学生做决断时慎重点，让谦退的学生做决断时迅速点、勇敢点。除了性格特点，孔子对其学生才能也有清楚的认识。

> 季康子问："仲由可使从政也与？"子曰："由也果，于从政乎何有？"曰："赐也可使从政也与？"曰："赐也达，于从政乎何有？"曰："求也可使从政也与？"曰："求也艺，于从政乎何有？"
>
> 子贡问曰："赐也何如？"子曰："女，器也。"曰："何器也？"曰："瑚琏也。"

孔子对于仲由、子贡、冉有才能有清楚认识，所以能清楚地列举出他们的优点。"瑚琏"是宗庙中盛黍稷的贵重器具。孔子认为子贡是适合于贵族上层社会的宝贵人才，所以拿瑚琏作比。这说明孔子注意观察其学生个性、才能和优缺点，看人很准。

2. 对知识的渴望

据马斯洛考察，自我现实者有"民主的性格结构"特征。[①] 它指的是用平等的眼光看待他人，尊重他人的人格，忽视那些世俗等级观念；愿意学习别人的长处，不断提高自己；有鲜明是非观，疾恶如仇。这些特点，孔子都具备。

孔子时刻注意发现他人的长处，向他人学习。他说："三人行，必有我师焉：择其善者而从之，其不善者而改之。""盖有不知而作之者，我无是也。多闻，择其善者而从之；多见而识之；知之次也。"（《论语·述而》）"见贤思齐焉，见不贤而内自省也。"（《论语·里仁》）卫公孙朝问子贡孔子的知识是从谁学来的，子贡说："文武之道，未坠于地，在人。贤者识其大者，不贤者识其小者，莫不有文武之道焉，夫子焉不学，而亦何常师之有？"（《论语·子张》）

好恶分明也是孔子的重要特征。孔子说："唯仁者能好人，能恶人。"（《论语·里仁》）子贡问孔子："乡人皆好之，何如？"孔子说："未可也。""乡人皆恶之，何如？"孔子说："未可也。不如乡人之善者好之，其不善者恶之。"（《论语·子路》）孔子看不惯三桓僭越做法："八佾舞于庭，是可忍也，孰不可忍也？"（《论语·八佾》）冉有在季孙氏家做家臣，为季孙氏搜刮钱财，结果使季孙氏比周公还富裕。孔子告诉他的学生：

① ［美］马斯洛：《动机与人格》，许金声等译，华夏出版社 1987 年版，第 196~197 页。

"非吾徒也，小子鸣鼓而攻之，可也。"（《论语·先进》）

孔子没有看不起蛮夷和工、商、农民子弟的做法。孔子是礼学专家，遇到矛盾时，他思考礼背后的东西。他认为礼制的理论基础就是仁。仁是对他人的尊重，不管对方的身份、种族等特征是否与自己一样。华夏与蛮夷有不同的文化，世人看不起四方的蛮夷。但孔子没有这种思想。他因无法推行其政治主张，曾赌气打算到九夷地区去居住。有人问他："陋，如之何？"孔子答道："君子居之，何陋之有？"（《论语·子罕》）孔子学生来自不同的行业、国家，孔子都一视同仁。樊迟想向孔子学习种田、种菜说明他可能来自农民家庭。《论语》有多处记载孔子与樊迟的谈话，说明孔子很重视对樊迟的教育。

（三）真人：心态舒展、坦率自然

达到自我实现层次的人在处理问题之时，往往不为利益、自尊和习俗所束缚，只做对实现自我价值有利的事情。他们在与人打交道时，能摆脱伪饰，显得真率自然。马斯洛所归纳的14条特征中的"对自我、他人和自然的接受"和"自发性、坦率、自然"说的就是这一特征。

"对自我、他人和自然的接受"的意思是自我现实者的心态舒展，没有扭曲变形。① "自发性、坦率、自然"指的是自我实现者言行率真、没有伪饰，不受世俗的束缚。②

从《论语》看，孔子就是一个心态舒展、坦率自然的人。他告诉子路："由，诲女知之乎？知之为知之，不知为不知，是知也！"（《论语·为政》）孔子教育子路不要弄虚作假。他还说："二三子以我为隐乎？吾无隐乎尔。吾无行而不与二三子者，是丘也。"（《论语·述而》）在学生面前，孔子就是一个透明的人。孔子说："孰谓微生高直？或乞醢焉，乞诸其邻而与之。"（《论语·公冶长》）微生高有直率的名声，但孔子从"乞醢"这件小事上看出，微生高的直率之名来得不真实。由此推知，孔子不屑于伪饰，讨厌虚伪的人。他说："巧言、令色、足恭，左丘明耻之，丘亦耻之。匿怨而友其人，左丘明耻之，丘亦耻之。"（《论语·公冶长》）

从《论语》记载看，孔子的日常表现坦率自然。子贡问孔子："有美玉于斯，韫椟而藏诸？求善贾而沽诸？"孔子答道："沽之哉！沽之哉！我待贾者也。"（《论语·子罕》）这段话显示，孔子一点也不清高。《论语·阳货》记载，孔子到小邑武城去，听见弦歌之声。夫子"莞尔而笑"，说："割鸡焉用牛刀？"子游回答："昔者偃也闻诸夫子曰：'君子学道则爱人，小人学道则易使也。'"孔子说："二三子！偃之言是也。前言戏之耳。""莞尔而笑"，显示出孔子对治理武城小邑工作的轻视，他觉得子游老实得太可爱，老师咋教学生就咋做，一点也不走样。当子游反驳的时候，孔子也就老老实实地承认自己说错了话。孔子与子路的一段对话很有意思：

> 子路曰："卫君待子而为政，子将奚先？"子曰："必也正名乎！"子路曰："有是哉，子之迂也！奚其正？"子曰："野哉，由也！君子于其所不知，盖阙如也。名不

① ［美］马斯洛：《动机与人格》，许金声等译，华夏出版社1987年版，第182~183页。
② ［美］马斯洛：《动机与人格》，许金声等译，华夏出版社1987年版，第184~186页。

正，则言不顺；言不顺，则事不成；事不成，则礼乐不兴；礼乐不兴，则刑罚不中；刑罚不中，则民无所错手足。故君子名之必可言也，言之必可行也。君子于其言，无所苟而已矣。"（《论语·子路》）

子路是个心直口快的人。"有是哉，子之迂也！奚其正？"这段话里有两个反问句，显示出子路的不礼貌，另一句是对孔子毫不客气的批评——"迂腐"。孔子的答话"野哉，由也"是对子路的反批评，"君子于其所不知，盖阙如也"是对子路的教育，最后给他讲为什么要"先正名"。从这段话可见孔子对于学生的教育多么尽职尽责，同时也可以看出孔子师徒之间谈话一点也不拘束。《论语·宪问》中还记载了这样一件事：

子问公叔文子于公明贾曰："信乎，夫子不言，不笑，不取乎？"公明贾对曰："以告者过也。夫子时然后言，人不厌其言；乐然后笑，人不厌其笑；义然后取，人不厌其取。"子曰："其然？岂其然乎？"

孔子听说公叔文子"不言，不笑，不取"，就向公明贾进行求证。公明贾说明了公叔文子的真实情况。公明贾话的意思是，公叔文子言行非常自然而得体，让人感觉很舒服。这让孔子很意外，孔子还想进一步探究公叔文子如何达到这种状态，于是自言自语："其然？岂其然乎？"这说明孔子认为"时然后言，人不厌其言；乐然后笑，人不厌其笑；义然后取，人不厌其取"是一种理想的言行状态，这也是孔子的修养状态。

孔子性格真诚善良。在学生看来，孔子就是一位既温和又严厉的父亲。孔子对待他的学生，就像对待其亲儿子一样。《论语·先进》记载了颜渊之死给孔子带来的巨大悲伤："子曰：'噫！天丧予！天丧予！'颜渊死，子哭之恸。从者曰：'子恸矣！'曰：'有恸乎？非夫人之为恸而谁为？'颜渊死，门人欲厚葬之，子曰：'不可。'门人厚葬之。子曰：'回也视予犹父也，予不得视犹子也。非我也，夫二三子也！'"孔子晚年，子路的死给他带来了更大的打击。关于这一点，本文就不展开了。

孔子去世之后，弟子为其服丧。《礼记·檀弓上》记载："孔子之丧，二三子皆绖而出，群居则绖，出则否。孔子之丧，门人疑所服。子贡曰：'昔者夫子之丧颜渊，若丧子而无服，丧子路亦然。请丧夫子，若丧父而无服。'"可见，子贡等弟子按照父亲的礼节来举办丧事。

孔子去世之后，其弟子很怕给老师丢脸。《礼记·檀弓上》记载："子夏丧其子而丧其明。曾子吊之曰：'吾闻之也，朋友丧明则哭之。'曾子哭，子夏亦哭，曰：'天乎！予之无罪也。'曾子怒曰：'商，女何无罪也？吾与女事夫子于洙泗之间，退而老于西河之上，使西河之民，疑女于夫子，尔罪一也；丧尔亲，使民未有闻焉，尔罪二也；丧尔子，丧尔明，尔罪三也。而曰女何无罪与！'子夏投其杖而拜曰：'吾过矣！吾过矣！吾离群而索居，亦已久矣。'"曾子指责子夏给老师丢了脸，让子夏这个耄耋老人羞愧得无地自容。由此可知孔子在其弟子心目中的地位。孔门儒学流传数百年不替，其名声两千多年不衰落，其中就有孔子伟大人格在起作用。

四、结　语

孔子是中国古代的思想家、教育家，是中国最早的文化巨人之一。从古到今，人人都知道他的伟大，但未必都能说清楚孔子伟大在何处。论其政绩，孔子的功劳不大。他曾在鲁国当过大司寇，参与过夹谷之会，曾派人去摧毁三桓的三都，结果只摧毁了两个。他曾经周游列国十四年，惶惶如丧家之犬，但最终没有一个国家重用他，从这个角度来说，孔子算不上成功者的榜样。孔子一生的功绩，不外乎教了一些学生，整理了几部教材。在《史记·孔子世家》中，司马迁对孔子表达了景仰之情，其景仰的原因是"自天子王侯，中国言六艺者折中于夫子，可谓至圣矣"，也就是说孔子是六艺的权威。在今人看来，光凭整理和研究几部书籍，好像算不上多大功劳。那么为什么宋代理学家说"天不生仲尼，万古如长夜"？笔者认为，这些都与孔子极高人格及其学术研究成果有关。

孔子从四十岁起，其人生需求上升到了自我实现的层次。在此以后的 33 年时间内，他为了传道、行道倾尽了全部精力。这种摆脱利己目的、为了增加大众福祉、受尽艰难而不悔的精神，为后代知识分子树立一个人格榜样。后代有作为的知识分子，以孔子为榜样，形成了一种忧道不忧贫，穷则独善其身、达则兼济天下的良好传统。有没有这个榜样，对于中国古代的知识分子是不一样的。

孔子四十岁之前，通过大量阅读古籍、访问贤者以及社会实践，苦苦寻求治国的方法。他发现纷繁复杂的周礼背后的本质就是仁爱。孔子从周礼中看出其仁爱的本质，对中国政治哲学作出了贡献。他的思想，正与西周时代的以怀保小民永保天命的德政思想相对接。

从仁爱理论出发，孔子要求统治者约束自己的欲望，以身作则、按周礼办事，反对无穷无尽地搜刮民财。战国时期，民本思想成为中国政治哲学的核心思想。中国古代走上仕途的许多知识分子以此为武器，限制君主的权力，保护下层民众的利益，降低改朝换代的频率，增进社会大众的福祉。所以说，孔子的政治研究成果对秦汉以后的中国社会发展起到了积极作用。从孔子人格的榜样作用及后代知识分子对孔子政治理论的践行成果看，我们无论给孔子多高的评价都不过分。

（作者单位：内蒙古师范大学文学院）

魏晋南北朝士族文人的道教圣境想象和神仙信仰*

□ 张文浩

【摘要】魏晋南北朝的士族文人阶层结缘道教，极大地提升了道教界的文化素养，展示了道教与文艺的双向推进关系。士族文人借助文艺载体展示他们关于道教圣境的想象，把他们的理想人格安放在道教圣境。如何在处理现实俗务与保持身心自由之间取得动态平衡，是他们不得不思考的原则问题和策略选择。大体来说，炼形和养神，是士族文人阶层形塑自我精神气质和人格形象的两种基本途径，在魏晋南北朝经历了三个阶段：正始和竹林时期侧重从理想人格的角度来养神，两晋时期侧重从满足肉体长生的角度来炼形，而南北朝时期倾向于融通养神与炼形，体现宗教文化合流的神仙信仰旨趣。

【关键词】道教圣境；神仙信仰；士族文人；炼形和养神

魏晋时期，道教组织受到统治政权的控制性发展。魏文帝曹丕于黄初二年（221年）下诏尊奉孔子为"命世之大圣，亿载之师表"，实施崇儒政策；次年下敕告豫州刺史称，孔子地位应当高于老聃，必须提防民间奉老子为神，"妄为祷祝，违反常禁"；黄初五年，禁止不合儒家祀典的民间祭祀，"自今其敢设非祀之祭，巫祝之官，皆以执左道论，著于令典"（《三国志·魏书·文帝纪》）。道教自然亦归于被禁之左道邪教。魏明帝更是崇儒贵学，禁止民间宗教活动。司马晋室依循曹魏旧例，"其案旧礼，具为之制，使功著于人者必有其报，而祆淫之鬼不乱其间"（《晋书·礼制》）；"遣兼侍中侯史光等持节四方，巡省风俗，除禳祀之不在祀典者"（《晋书·武帝纪》）。鉴于汉末黄巾反乱运动的史实，道教作为一种民间宗教组织，魏晋统治者深刻地认识到它发展壮大后的影响力，故都要严禁其坐大。

然而，宗教信仰的渗透力绝非一纸禁令可以阻遏，道教的传播方式也越来越多样化，特别是选择主动迎合统治阶层的政权巩固需要，甘被利用和扶植，奔竞权贵豪门，甚至直接参与统治阶层内部的政治权力斗争，各派政治集团也往往借助道教势力互相攻伐。两者

---

* 本文为教育部人文社会科学研究项目"中国游艺观念的审美文化史观照研究"（19XJA751010）阶段性成果。

在利益上取得共谋，一些君主也采取明抑暗扬的态度，一些豪门士族甚至本身就是道教信徒。魏明帝一方面申告"诏诸郡国，山川之不在祀典勿祀"，一方面把自称天神下凡、以符水治病魑邪的"寿春农民妻"迎入后宫而宠信多年（《三国志·魏书·明帝纪》），显然是利用道教来满足自己的欲望。司马炎篡位称帝前与一位装扮颇同太平道者有关联，"晋太子炎绍封袭位，总摄百揆，备物典册，一皆如前。是月，襄武县言有大人见，长三丈余，迹长三尺二寸，白发，着黄单衣、黄巾，柱杖，呼民王始语云今当太平"。晋王室争权过程中同样浮现过道教徒的身影。"八王之乱"中的赵王司马伦，"实庸琐，见欺孙秀，潜构异图，煽成奸慝。乃使元良遘怨酷，上宰陷诛夷，乾耀以之暂倾，皇纲于焉中圮。遂裂冠毁冕，幸百六之会；绾玺扬纛，窥九五之尊"（《晋书·司马伦传》）；而孙秀是琅琊人，世奉五斗米道，本人亦为道徒。孙秀利用道教帮助司马伦篡夺帝位，谋害愍怀太子司马遹，废贾后掌权柄，排除异己；司马伦早入西宫，孙秀令人诈称是受命于宣帝司马懿显灵降语；还一手策划禅位戏剧，矫作禅让之诏，"尚书令满奋，仆射崔随为副，奉皇帝玺绶以禅位于伦。伦伪让不受。于是宗室诸王、群公卿士咸假称符瑞天文以劝进，伦乃许之"。三王起兵讨伐司马伦之际，为掩饰不免败局的恐慌心理，"使杨珍昼夜诣宣帝别庙祈请，辄言宣帝谢陛下，某日当破贼。拜道士胡沃为太平将军，以招福祐。秀家日为淫祀，作厌胜之文，使巫祝选择战日。又令近亲于嵩山着羽衣，诈称仙人王乔，作神仙书，述伦祚长久以惑众"（《晋书·赵王伦传》）。其他晋王也都在纷争中以道教为舆论工具，如成都王司马颖获胜后挟持惠帝迁离邺城返归洛阳，而其母程太妃恋邺不去，正是一位自称圣人的黄姓道士解决了这个问题："及使呼入，道士求两杯酒，饮讫，抛杯而去，于是志计始决"（《晋书·成都王颖传》）。凡此种种，不必具列。此外，统治阶层信奉道教，或是道教徒。晋哀帝司马丕"雅好黄老断谷，饵长生药，服食过多，遂中毒"。简文帝司马昱"履尚清虚，志道无倦"。另从帝王年号也可略知道教在上层社会的影响：三国吴帝孙权有黄龙年号（229—231年）；三国魏明帝曹睿有青龙年号（233—237年）；西晋武帝司马炎有咸宁年号（275年）；孝武帝司马曜有太元年号（376—396年）；后凉国吕隆有神鼎年号（401—403年）；南燕国慕容超有太上年号（405—410年）；北魏太武帝拓跋焘有太平真君年号（440—451年）；北魏孝明帝元诩有神龟年号（518—520年）；梁武帝萧衍有太清年号（547—549年）；北周武帝宇文邕有建德年号（572—578年）；北周宣帝宇文赟有大成年号（579年）；北周静帝宇文阐有大象年号（579—580年）。帝王凡遇政治大事都要更改年号，喻示新时期皇基永固和社稷平安，而取自道教文化的这些年号，正是帝王重视道教的佐证。

一、士族阶层结缘道教并提升其文化素养

士族阶层与道教结缘甚深者亦复不少。陈寅恪《天师道与滨海地域之关系》经过考证后归纳天师世家：钱塘杜氏（以杜子恭、杜京产为代表）；琅琊孙氏（以孙泰、孙恩为代表）；琅琊王氏（以王羲之、王凝之为代表）；琅琊徐氏（以徐道覆为代表）；吴兴沈氏（以沈警为代表）；高平郗氏（以郗愔、郗昙为代表）；陈郡殷氏（以殷仲堪为代表）；东海鲍氏（以鲍靓为代表）；范阳卢氏（以卢循为代表）；会稽孔氏（以孔道隆、孔道微、孔灵产、孔稚珪为代表）；义兴周氏（以周勰为代表）；丹阳葛氏（以葛洪为代表）、丹阳

陶氏（以陶弘景为代表）；丹阳许氏（以许肇为代表）等。士族阶层加入道教队伍，无疑会提升道教组织的整体文化水平，从而在思想和组织等各方面更新道教面貌，道教徒的理论素养更是大大提高，相应地使道教理论体系更加完备、细致和精深。就拿书法艺术素养来说，晋至南北朝之天师道是家世相传之宗教，其书法往往为家世相传之艺术，陈寅恪举北魏之崔卢、东晋之王郗为最显著的例子，奉道世家与善书世家兼而为一也许有偶然的机缘，然艺术之发展多受宗教之影响，而宗教之传播亦多倚艺术为资用。① 王氏家族的书法艺术如王羲之、王献之等的成就和高度自不待言，且说崔氏家族之崔玄伯父子，"玄伯自非朝廷文诰，四方书檄，初不染翰，故世无遗文。尤善草隶行押之书，为世摹楷。玄伯祖悦与范阳卢谌，并以博艺著名。谌法钟繇，悦法卫瓘而俱习索靖之草，皆尽其妙。谌传子偡，偡传子邈；悦传子潜，潜传玄伯。世不替业。故魏初重崔卢之书。又玄伯之行押，特尽精巧，而不见遗迹。子浩，袭爵，别有《传》。次子简，字冲亮，一名览。好学，少以善书知名"（《魏书·崔玄伯传》）。"浩既工书，人多托写急就章。从少至老，初不惮劳，所书盖以百数，必称'冯代强'，以示不敢犯国，其谨也如此。浩书体势及其先人，而妙巧不如也。世宝其迹，多裁割缀连以为模楷。"（《魏书·崔浩传》）崔浩母亲是卢谌的外孙女，两个家族的书法风格相似。"魏初工书者，崔卢二门"，意谓北朝承赵、燕之后，书体多出于崔悦、卢谌二家，这两家皆传钟繇、卫瓘、索靖遗法。由此可见，陈寅恪所言天师道世家多兼书法世家的说法是有史实可证的。

陈郡殷氏家族也是天师道名门世族，史传殷仲堪父亲积年多病，"仲堪衣不解带，躬学医术，究其精妙，执药挥泪，遂眇一目"，行医是天师道传教方式之一，仲堪精研医术不足为奇。"仲堪少奉天师道，又精心事神，不吝财贿，而怠行仁义，啬于周急，及玄来攻，犹勤请祷。然善取人情，病者自为诊脉分药，而用计倚伏烦密，少于鉴略，以至于败。"（《晋书·殷仲堪列传》）殷仲堪的经世才能虽然不是特别突出，甚或为人诟病不已，但他却是东晋末年清谈名家，"仲堪能清言，善属文，每云三日不读《道德论》，便觉舌本间强。其谈理与韩康伯齐名，士咸爱慕之"。以《道德论》为清谈的理论资源，这里固然有魏晋玄学整体风气使然，但与其道教世族身份也是有关的。反过来，天师道由于豪门世族参与，文化品阶也由此提升。殷仲堪的清谈高才显然受家风影响，伯父殷浩、叔祖父殷融俱好《老》《易》，"融与浩口谈则辞屈，著篇则融胜，浩由是为风流谈论者所宗"，追尚清谈的家风昭昭然。殷浩更是识度清远，弱冠即有善谈玄言的美名，曾为一段时期的清谈领袖，这可以从名士谢尚对他的钦佩之情看出来："谢镇西少时，闻殷浩能清言，故往造之。殷未过有所通，为谢标榜诸义，作数百语；既有佳致，兼辞条丰蔚，甚足以动心骇听。谢注神倾意，不觉流汗交面。殷徐语左右：'取手巾与谢郎拭面。'"（《世说新语·文学》）殷浩精通天师教世的医术，《古今图书集成医部综录医术名流列传》之《医学入门》评价殷浩"妙解经脉，著方书"；史传也说他善医术，明脉诊。《世说新语·术解》记载一则关于他行医案例："殷中军妙解经脉，中年都废。有常所给事，忽叩头流血。浩问其故。云：'有死事，终不可说。'诘问良久，乃云：'小人母年垂百岁，抱疾未久，若蒙官一脉，便有活理。讫就屠戮无恨。'浩感其至性，遂令舁来，为诊脉处方。始服一剂汤，便愈。"医术之高简直可以与神医华佗媲美，而华佗也是天师道门徒。

---

① 陈寅恪：《金明馆丛稿初编》，生活·读书·新知三联书店 2001 年版，第 39 页。

士人阶层结缘道教，有助于对早期道教经典作出较为系统的总结，也推进了新的经典著作的产生。

士族阶层结缘道教，极大地提升了道教世界的文化素养，而道教世界的文化素养之提升，反而动之，展示了道教与艺术的双向互动的推进关系。比如南朝道教代表陶弘景善琴棋工草隶，其书法艺术造诣很高，在书法发展史上的贡献也是较大的。陶翊《华阳先生本起录》记载他搜集和保护古代书法真迹："先生以甲子、乙丑、丙寅（484—486 年）三年之中，就与世馆主东阳孙游岳咨禀道家符图经法。虽相承皆是真本，而经历摹写，意所未惬者。于是，更博访远近以正之。戊辰年（488 年）始往茅山，便得杨、许手书真迹，欣然感激。至庚午年（490 年）又启假东行浙越，处处寻求灵异……并得真人遗迹十余卷。"（张君房《云笈七签》卷一〇七）陶弘景也是个出色的书法鉴赏家，其《真诰叙录》比较杨羲、许谧、许翙与二王书法说："三君手迹，杨君书最工，不今不古，能大能细。大较虽祖郊郤法，笔力规矩，并于二王，而名不显者，当以地微，兼为二王所抑故也。掾（许翙）书乃是学杨，而字体劲利，偏善于写经，画符与杨相似，郁勃锋势，迨非人功所逮。长史（许谧）章草乃能，而正书古拙，符又不巧，故不写经也。"其书法品鉴涉及传承和创新、接受和影响等问题，从钟绍京、米芾、赵孟頫、董其昌等均受杨羲书法审美风格影响的事实来看，陶弘景对书法人物艺术地位的评估是相当准确的。陶弘景曾有机会观摩梁武帝收藏的法书和文物，并有书信来往互相探讨书法问题，张彦远《法书要录》将之辑为《陶弘景与梁武帝论书启》九篇，这些书信比较完备地体现了他的鉴赏水平和书法美学思想。以陶弘景为标杆，展示了魏晋南北朝时期的道教文化与书法美学的紧密关系。

二、文学载体中的道教圣境想象

道教神仙思想一直是观照中国文学发展的维度之一，无论是对虚幻仙境的向往和描述，还是对仙风道骨的歆慕和想象，都能反映在文学创作中。翻检魏晋南北朝文学作品，道教构想的仙境频繁出现，如曹植的《仙人篇》使用了众多描写或指代天宫的词语："仙人揽六著，对博太山隅。湘娥拊琴瑟，秦女吹笙竽。玉樽盈桂酒，河伯献神鱼。四海一何局，九州安所知？韩终与王乔，要我于天衢。万里不足步，轻举凌太虚。飞腾逾景云，高风吹我躯。回驾观紫微，与帝合灵符。阊阖正嵯峨，双阙万丈余。玉树扶道生，白虎夹门枢。驱风游四海，东过王母庐。俯观五岳间，人生如寄居。潜光养羽翼，进趋且徐徐。不见轩辕氏，乘龙出鼎湖？徘徊九天上，与尔长相须。"阊阖、天衢、太虚、景云、紫微、王母庐、九天等词语描绘了一个无垠高远的富含动感的神仙生活世界。其他诗篇如《游仙诗》《远游篇》《驱车篇》《五游咏》《升天行》《苦思行》《吁嗟篇》《桂之树行》等，也有大量指代天宫仙境之词，玄天渚、紫虚、神岳、太清、虚廓、太微堂、文昌殿、云间等，将曹植的忧患情绪转化成明净高洁的心胸，象征一个理想世界。

道教神仙生活之所往往在高山深林，昆仑、蓬莱是道教的圣山和圣岛，在文学作品里都美轮美奂，让人流连忘返。蓬莱圣岛是构成道教神话仙境系统的重要来源，与瀛洲、方丈三岛并称三座神山，被司马迁写入《史记》。旧题东方朔《神异经》、王嘉《拾遗录》、张华《博物志》、旧题刘向《列仙传》、葛洪《神仙传》等志怪叙事作品，都以最华美的笔触突显了昆仑山的神圣奇幻特征。他如曹丕《列异传》、干宝《搜神记》、陶渊明《搜神后记》、荀氏《灵鬼志》、陆氏《异林》、祖冲之《述异记》、祖台之《志怪》、任昉《述异记》、刘敬叔《异苑》、东阳无疑《齐谐记》、吴均《续齐谐记》等，共同描写了一个文学视角下的道教神仙世界。

神仙观念的深入传播，士族文人热衷修道、寻仙、问药者越来越多，仙境也在人间俗世产生了。葛洪《抱朴子》指出以抱朴纯莹的心境到清净的自然环境即可寻得仙境："山林之中非有道，而为道者必入山林，诚欲远彼腥膻，而此即清静也。"求道问仙于清静之山林即可，云雾缭绕的清幽山林最令玄思冥想者向往。通往仙山常常由一个小洞口进去，进入之后别有天地，这就是晋宋间道教所谓的洞天福地，以名山为主景，兼有泉瀑，山中有洞室通达上天并贯通诸山。东晋《道迹经》云："五岳及名山皆有洞室。"陶弘景《寻山志》："倦世情之易挠，乃杖策而寻山。既沿幽以达峻，实穷阻而备艰。眇游心其未已，方际乎云根。欣夫得意者忘形，遗形者神存。于是散发解带，盘旋其上，心容旷朗，气宇涤畅"，又在《真诰》卷十一构造"洞天"之地："小阿口直下三四里，便径至阴宫东玄掖门，入此穴口二百步。便朗然如昼日。"其实这种洞天思想是晋宋以来一种常见的理想生活类型，洞府仙乡故事也成为一种常见的故事类型，最经典的就是陶渊明《桃花源记》虚构出一个世外桃源，世外桃源又进而构成了文学里的乌托邦世界，是文人们抚平创伤的神往不已的精神家园。道教与南北朝文学更是有千丝万缕的联系，南北朝文学里写游仙、女神、山林隐栖、仙乡洞府、高士仙鬼等，基本上都与道教有关。其体裁不仅仅是志怪小说，志怪小说尤其突出。

道教与文学的融通互渗关系在整个魏晋南北朝一直维系着。从道教文本的文学性来考察，道教前史中的原始符箓派典籍有一定的文学价值，如《太平经》采用语录体文章形式，以对话形式，在问答中说明道教义理；而其类比的思维方法取自《易》学之观物取象、因象明理的卦象比拟手法；更值得注意的是，其雏形体的七言歌谣颇可重视，"至少在描述七言诗的发展历史时，它们具有一定的资料价值"①。魏晋南北朝的道教炼丹诗、咒语诗、游仙诗、步虚词、神仙传记等，都具有相当的艺术特色和价值。比如两晋时期的《黄庭经》，虽然艺术性并不强，但是其"意象创造具有明显的虚幻性倾向"，"以天、地、人诸物象作为作品意象的来源"，却又在此基础上"将诸物象神化，从而形成了一个系统的神灵意象群"。②咒语本是祝告之辞，以呼号的形式向神诉说情感，并赋予劝善戒恶的社会功能；在思想内容方面体现道教对现实世界的批判态度，在艺术成就方面塑造了大量富有道德色彩的形象类型，其意境经营、接受者心理把握均有可取处。这些都是文学经验的积累，构成魏晋南北朝文学景观的一部分。

三、炼形和养神：士族文人的神仙信仰

整个魏晋南北朝，士族文人对于道教圣境进行了多样化描绘，体现了现实生活和精神超越之间的双重关注。如何在处理现实俗务与保持身心自由之间取得动态平衡，是他们不

---

① 伍伟民：《太平经与七言诗的雏形》，《上海道教》1989 年第 3~4 期合刊。

② 詹石窗：《道教文学史》，上海文艺出版社 1992 年版，第 48 页。

得不思考的原则问题和策略选择。大体来说，炼形和养神，是士族文人阶层形塑自我精神气质和人格形象的两种基本途径，主要经历三个阶段。

1. 第一阶段：以玄学为底色的道教圣境

阮籍、嵇康可以说是代表。根据其诗文线索，可知他们经历了由入世后隐逸终归于游仙的人生路径。他们原本胸怀大志，以天下为己任。阮籍在政治上本有济世之志，曾登广武城，观楚汉古战场，慨叹"时无英雄，使竖子成名！"正是这份情怀，使他"昔年十四五，志好尚书诗；被褐怀珠玉，颜闵相与期"，显示出对儒家思想的崇奉，醉心儒家经典，旨在建立一番事功。嵇康生于世代儒业之家，胸怀青云之志，崇拜孔子，赞颂孔子"勤诲善诱，聚徒三千，口倦谈议，身疲磬折，形若救孺子，视若营四海"（《答难养生论》）；其《家诫》更是一篇弘扬名教礼制的文章；《与山巨源绝交书》则虽称"又每非汤、武而薄周、孔，在人间不止，此事会显，世教所不容，此甚不可一也"，但其实处处体现的是儒家的淑世情怀。只是到了成年时才好老庄之业，追求恬静无为境界。总的来说，阮、嵇二人有经纬之略，更有高远之态，对政治现实的云波诡谲和社会人生的阴晴圆缺极为关注，但随着政治形势恶化，其思想情绪才发生波动，这波动指的就是开始构设道家的理想人格，后又追慕道教神仙风度。

从人物交游观察，嵇康交往的所谓道教神仙至少有两位：邯郸王烈与汲郡山孙登，交往情形在葛洪《神仙传》、刘义庆《世说新语·栖逸》等中都详述备至。嵇康认为神仙是存在的，但非人人可成，"夫神仙虽不目见，然记籍所载，前史所传，其必有矣；似特受异气，禀之自然，非积学所能致也"；他在列举种种无用的"以小道自溺"的炼形行为之后，阐述养生思想："善养生者则不然矣，清虚静泰，少私寡欲，知名位之伤德，故忽而不营，非欲而强禁也；识厚味之害性，故弃而弗顾，非贪而后抑也；外物以累心，不存神气，以醇白独著，旷然无忧患，寂然无思虑，又守之以一，养之以和，和理日济，同乎大顺。然后蒸以灵芝，润以醴泉，晞以朝阳，绥以五弦，无为自得，体妙心玄，忘欢而后乐足，遗生而后身存，若此以往，庶可与羡门比寿，王乔争年，何为其无有哉！"[1] 嵇康认为善养生者就是养神，即在精神气质上效仿神仙，清虚静泰，少私寡欲，远离俗世名教的纠缠纷扰，保持神仙一般的超然心境。这与其诗"目送归鸿，手挥五弦；俯仰自得，游心太玄"所表达的意思完全是一致的，所谓神仙境界，也即无忧无虑，情绪中和，顺应天道人性。

嵇康对道教养神成仙思想的认同，当然吸收了玄学贵无论之理想人格的内涵，故神仙和黄老经常是融合为一的，其《游仙诗》营造的自然无为境界包含着厌恶俗世而远遁归隐的黄老旨趣，也包含着通过养神而尚友高人贤士于千载的期待心情，就像《高人贤士传赞》所叙写出来的"率然玄远"的高情远趣。阮籍也是向往神仙世界的，且养神求仙的缘由类似，"咄嗟荣辱事，去来味道真；道真信可娱，清洁存精神"（《咏怀诗》第七十四）；"列仙停修龄，养志在冲虚；飘飘云日间，邈与世路殊"（《咏怀诗》第七十八）。

---

[1] 《嵇康集校注》卷三，人民文学出版社 1962 年版。

阮籍认为通过炼形求仙是非常渺茫的，只能从精神自由这个角度来理解神仙的价值或意义。"道真"，是个玄学概念，等同于嵇康《杂诗》"仁义浇淳朴，前识丧道华；留弱丧自然，天真难可和"之"道华"，意谓隐逸生活的冲静自然状态。但是，嵇康、阮籍与曹魏皇室以及司马氏政治集团之间的错综关系，使二人在那个时候都不能如其所愿做真正的隐士。韩愈《送王秀才序》说："及读阮籍陶潜诗，乃知彼虽偃蹇不欲与世接，然犹未能平其心，或为事物是非相感发，于是有托而逃焉者也。"① 嵇康、阮籍为了摆脱志求归隐与现实焦灼的矛盾，都在精神上构建了一个自由的神仙世界，而他们追慕神仙世界只能通过养神方式。当然，养神并不排斥炼形，关键是炼形必须服务于养神这个大宗旨，"君子知形恃神以立，神须形以存，悟出理之易失，知一过之害生。故修性以保神，安心以全身，爱憎不栖于情，忧喜不留于意，泊然无感而体气和平，又呼吸吐纳，服食养身，使形神相亲，表里俱济也"（《养生论》）。形神相亲，表里俱济，而以精神的涵养为更高要求，才是真正的养神求仙。在史传笔记里，嵇康和阮籍都有曾与道教仙人交游经历，嵇康去山中采药遇孙登，阮籍获得了苏门真人长啸的技艺，其实都暗示着政治失意的士人如何进入心灵自由境界的一种途径。无疑，嵇、阮二人的神仙观念强调的是精神超越，其向往的道教神仙形象其实是他们设定的理想人格的另一种呈现。"从社会属性上看，这种神仙观念集中代表了士族阶层的价值观念和利益取向，尤其体现了士族道教强调精神求仙这一与世俗民间道教迥然有别的神仙观念。"② 这一改造，比较典型地突出了魏晋时代"人的自觉"这个精神主题。

2. 第二阶段：《抱朴子》对炼形养生方法的理性探索

此阶段的士族道教代表是葛洪，侧重于炼形。他在《抱朴子·论仙篇》里构造出"三仙"说法："按《仙经》云：上士举形升虚，谓之天仙；中士游于名山，谓之地仙；下士先死后蜕，谓之尸解仙。"其中的"天仙"和"尸解仙"大致相当于古代羌人的"飞升"和"登遐"两种成仙途径，成仙者均为非现实中人，这两种成仙途径对士族阶层来说显得不可操作。而地仙不同，葛洪把现实人物如孔安国、左慈、郭璞等都列入其神仙谱系。士族阶层的真实需要是仕隐兼修，即石崇所谓"士当身名俱泰"，"身"就是世俗欲望的满足，"名"就是修道成仙的实现。"地仙"的设置，正好适应了士族阶层的双重需求。具体如何炼形呢？《抱朴子·微旨》说："或曰：'愿闻真人守身炼形之术？'抱朴子曰：'深哉问也！夫始青之下月与日，两半同升合成一，出彼玉池入金室，大如弹丸黄如橘，中有嘉味甘如蜜，子能得之谨勿失。既往不追身将灭，纯白之气至微密，升于幽关三曲折，中丹煌煌独无匹，立之命门形不卒，渊乎妙矣难致诘。此师之口诀，知之者不畏万鬼五兵也。'"在他看来，形体是人的精神寄寓之所，身体若过于疲累，则精气易泄，则生命随之枯竭；要使生命的年寿延长，须遵守一些方法，如导引、行气、还精补脑、房中宝精、服食丹药、饮食起居适度、神思守一，这些都是具体的炼形养生术。炼形养生不必"委弃妻子，独处山泽，邈然断绝人理，块然与木石为邻"，这为世俗享乐制定了合乎

---

① 《韩昌黎文集校注》，上海古籍出版社1998年版，第258页。
② 宁稼雨：《魏晋士人人格精神》，南开大学出版社2003年版，第431页。

人性的道德依据；炼形养生也不必"役役于登天"，因为天上尊官大神有很多很多，新仙者位卑却奉事非一，实在是劳苦乏神，这等于怂恿士族阶层保持世俗特权。而且，他所说的神思守一、恬素淡泊指的是精神修养和生活规律，是为炼形的组成步骤，异于正始竹林的精神超越。地仙设置，使不食人间烟火的神仙置换成现实世界中的人格模范。这种炼形成仙的途径因其可操作性强，受到士人阶层的普遍欢迎，士人阶层亦依地仙模式打造自我的神仙形象。《世说新语》记载孟昶在微雪天透过篱笆窥见王恭乘坐高舆、身披鹤氅裘路过，感叹："此真神仙中人！"又记载中书郎太原王濛在积雪天步入尚书府，琅琊王洽遥望感叹："此不复似世中人！"王羲之赞叹杜弘治说："面如凝脂，眼若点漆，此神仙中人！"《颜氏家训·勉学》讲梁朝全盛之时的贵游子弟之容止："无不熏衣剃面，傅粉施朱，驾长檐车，跟高齿屐，坐棋子方褥，凭斑丝隐囊，列器玩于左右，从容出入，望若神仙。"以"神仙"字样来赞叹某人的超凡风度，在两晋以来的名士交往中经常出现，其中原委在于士族阶层是"地仙"思想的拥趸。

　　对于理想人格的设计，是汉末以来士人群体的愿望。《抱朴子》设计了多样化的人格模型，"孝人""道人""忠人""仁人""智人""雅人""真人""贤人""君子""达人""圣人""至人"等。在书里，君子人格以德行和文学为立身之本，努力建成道德之功，"君子欲正其末，必端其本；欲辍其流，则遏其源。故道德之功建，而多靡之门闭矣"（《守塉篇》）。这里显示出儒家传统的道德修养要求，抓本治末，在道德实践中匡君正俗，履行自己的社会责任。在葛洪看来，理想人格必须"制其情"，不要任情肆意，否则要损年命："见达人而不能奉之者，非知其实深而不能请之也，诚以为无异也。夫能和要道者，无欲于物也，不徇世誉也，亦何肯自摽于流俗哉？"（《祛惑篇》）达人人格对他物并无欲望，也不沽名钓誉，不随波逐流。"制其情"的办法是"以道制情"和"以计遣欲"。他深知"若纵情恣欲望，不能节宣则伐年命"（《微旨篇》）；"触情纵欲，谓之非人"（《崇教篇》）。"道"是情感发展的规范和限度，给情感欲望以合理的限度是一个有效的选择。他对元康名士的纵情任诞行为提出了严厉的批评："世人闻戴叔鸾、阮嗣宗傲俗自放，见谓大度，而不量其材力非傲生之匹，而慕学之：或乱项科头，或裸袒蹲夷，或濯脚于稠众，或溲便于人前，或停客而独食，或行酒而止所亲"（《刺骄篇》），这里列举了种种风颓教沮的行为；所谓崇教，就是推崇儒家名教礼制，纠正不当行为，调节性情。"顺通寒舍而一情，任性命而不滞者，达人也。"（《行品》）能够"以道制情"者即是达人。除了君子人格、达人人格，还有"与天地合其德"之圣人人格、"心遗乎毁誉"的至人人格。四种人格有循次进阶，但都具有儒家理想人格特征。其中的至人人格也是融化儒家人格的道教理想人格："瞻径路之远而耻由之，知大道之否而不改之，齐通塞于一途，付荣辱于自然者，岂怀悒闷于知希，兴永叹于川逝乎？"（《穷达篇》）"至人消未起之患，治未病之疾，医之于无事之前，不追之于既逝之后。民难养而易危也，气难清而易浊也。故审威德所以保社稷，割嗜欲所以固血气。然后真一存焉，三七守焉，百害却焉，年命延矣。"（《地真篇》）存真一或守三七者，皆是神仙养生的办法，但没有一般宗教里的神秘色彩，与早期道教的神化人格不同，葛洪的理想人格回到了现实社会。这就是说，长生能致，仙人也可学。葛洪主张神仙是实际存在的，因为"万物云云，何所不有；况列仙之人，盈乎竹素矣"，世界无所不有，史籍也有记载，没有见过不等于神仙不存在。为此，他专门写了《神仙传》十卷，认为这个世界不仅存在神仙，而且一个人通过修炼可以成仙："仙之可学致，如黍稷之可播种得，甚炳然耳。"（《勤求篇》）至于具体的修炼途径或条件，据丁宏武归纳，一是志诚信仙，禀值仙气；二是恬静无欲，守一知足；三是追随明师，勤求苦练；四是广知众术，养生却害；五是宝精行气，炼丹成仙；六是积善立功，忠孝为本。[①] 葛洪的神仙观念体现救世安民思想，故而注重在生活实践上兼修医术，强调身体修养和丹药炼制；又在具体的丹药炼制过程中注重实验记录，在医药学和古化学方面保留了珍贵验方和实验记录，其《金匮药方》《肘后备急方》都流传至今。因此，葛洪的神仙道教思想关注人的个体生命，对养生方法的积极探索更趋理性，又宣扬个体生命的存在必须履行一定的社会责任和义务，这与民间道教的神仙崇拜相比更有学术的价值和意义。葛洪把道教依托于道家，道教也尊奉老子并讽诵《道德经》；"他的原意一方面想提高本身的地位和声望，借以博得上阶层社会和知识分子的信仰；一方面想使道教长生的理想，和道家出世的人生观，能互相发越，而合乎乱世的个人理想。然而这种依托附会的结果，不但使后人容易混道教道家于一谈，而且有使道家和道教的发展，倾向于彼此结合的趋势。"[②] 不管如何，这种调和儒玄道、兼融百家、抱朴守拙的动机和实践，都证明了士族阶层参与道教信仰活动所产生的历史结果，是道教发展史上的一种新面貌。

3. 宗教文化合流：道教圣境中的形神兼修

第三阶段是炼形与养神融通，北朝寇谦之、南朝陆修静和陶弘景都持此主张，这与佛道儒走向融合的历史趋势有关。佛道儒由互相对诤走向融合，反映了南北宗教文化的合流，宗教文化合流又影响审美文化的合流。道教的神仙形象与佛教的神仙形象，此时包含两教的理想人格典范。比如在南朝，士族文人自觉地调和对佛道两教的接受态度，如刘义庆的《幽明录》既写人仙相恋的"刘晨阮肇"故事，又描写罗刹食人、为佛法所降的奇闻怪象。刘敬叔《异苑》既有王子晋成仙、徐公遇仙的道教传说，也分布了慧远咒龙、慧炽见形的佛教奇闻。这样，士族阶层追求的人生境界就不独是道教式的圣境。陈寅恪认为南朝士人普遍持调停佛道二家的态度，如南齐之孔稚。孔稚珪《荐杜京产表》说："窃见吴郡杜京产，洁静为心，谦虚成性，通和发于天挺，敏达表于自然。学遍玄、儒，博通史、子，流连文艺，沈吟道奥。泰始之朝，挂冠辞世，遁舍家业，隐于太平。茸宇穷岩，采芝幽涧，耦耕自足，薪歌有余。确尔不群，淡然寡欲，麻衣藿食，二十余载。虽古之志士，何以加之。谓宜释巾幽谷，结组登朝，则岩谷含欢，薜萝起抃矣。"笔下的杜京产，是形神兼美的道教人格楷模，充分体现出兼综多教思想的人生旨趣。南北朝众多士族文人都持此态度，谢灵运、颜延之、范晔、沈约、江淹、周颙、任昉、谢朓、徐摛、萧子显、庾肩吾、徐陵等，都形神双修，将炼形、养神、导引结合起来，在宗教信仰的选择上都采

---

① 丁宏武：《葛洪论稿：以文学文献学考察为中心》，中国社会科学出版社 2013 年版，第 297~303 页。

② 王寿南主编：《中国历代思想家·魏晋南北朝》，九州出版社 2011 年版，第 205 页。

取融通的态度，力求从各教中吸纳有助于设置和培育其理想人格的因素。

陶弘景归隐之前曾注释儒家经典，如《孝经》《论语》《尚书》等；平时也很"敬重佛法""恒读佛经"，更在茅山立佛道二堂，隔日朝拜。他曾梦见佛授其菩萨提论，"多为胜力菩萨，并于邻县阿育王塔受佛戒"（《梁书·陶弘景传》）。如此礼待佛教，或许考虑的是道教的长久生存大计，梁武帝是佞佛的名帝，南朝诸帝也基本上都对佛教崇敬有加，要想在佛教大盛的时期弘传道教，不得不合修儒释道。所以他说："万象森罗，不离两仪所育；百法纷凑，无越三教之境。"（《华阳陶隐居集下·茅山长沙馆碑》）在三教合流思想的贯彻下，陶弘景发展了道教的修炼理论，认为佛道均涉及形和神的修炼问题："凡质象所结，不过形神。形神合时，则是人是物；形神离时，则是灵是鬼。是非离非合，佛法所摄。亦离亦合，仙道所依。"（《答朝士访佛仙两法体相书》）佛道两家都要修炼形神，只是形和神的结合方式有所差异而已。故其养生学思想是主张形神兼修、养神与炼形并重。这个主张在他讲述上清派经法时就开始了，其《养性延命录》还指出服食药物也有助于导引、养神和炼形："若能游心虚静，息虑无为，服元气于子后，时导引于闲室，摄养无亏，兼摄良药，则百年耆寿是常分也。"他指出，如若不控制伤神的七情六欲，则炼形也是不可能成功的，"如恣意以耽声色，役智而图富贵，得丧恒切于怀，躁挠未能自遣，不拘礼度，饮食无节，如斯之流，宁免夭伤之患也"。不过，陶弘景并不想混同二教，他的思想主流在于道教思想，佛教主张"形尽神不灭"而否定了"形"的终极存在的可能性；他却主张"河山可尽，此形无灭"，通过陶冶形器达到生命的"表里坚固"，最终修炼成仙。道教修炼以成仙为最终目标，总的方法便是"以药石炼其形，以精灵莹其神，以和气濯其质，以善德解其缠"，遵循此一共通之法，则修炼成仙不再缥缈难及。

神仙界也是有等级的谱系存在，陶弘景参照佛教"六道轮回"思想和现实社会的等级制度，建立起一个道教的神仙谱系。"夫仰镜玄精，睹景耀之巨细。俯盼平区，见岩海之崇深。搜访人纲，究朝班之品序，研综天经，测真灵之阶业。但名爵隐显，学号进退，四宫之内，疑似相参。今正当比类经正，譬校仪服，埒其高卑，区其宫域"，认为"同号真人，真品乃有数。俱自仙人，仙亦有等级千亿"（《真灵位业图》序）。仙界等级取法于魏晋以来的选官"九品中正制"。在他看来，神、人、鬼或幽或显的世界都有品阶秩序，且现实世界和幽冥的神鬼两极世界会循环往复，"形非神常宅，神非形常载，徘徊生死轮，但苦心犹豫"（《正统道藏》第三十四册《真诰》卷三）。从他的神仙谱系的构造原理来看，梁陈之后发生在佛道之间的思想斗争已趋降温，一种调和论渐渐占据主流影响地位，陶弘景"万象森罗，不离两仪之育，百法纷凑，无越三教之境"的融通思想，与笃信佛教的萧子良"真俗之教，其致一也"是互相响应的，与居士沈约"内圣外圣，义均理一"也是前后照应的。

道教文化因素对魏晋南北朝士族文人的精神气质和人格理想的锻造是不能忽视的，或者说，士族文人的生活内容包括养神和炼形的养生活动。"先秦时期神仙观念在其形成的过程中，实际受到两种几乎是截然相反的精神意念的左右：一是从精神超越的角度理解和建构神仙的价值内涵，二是以肉体修炼的成功来确认神仙的存在和可行。前者在老庄等人的'圣人'、'神人'、'真人'等概念中得到了体现和说明，后者则由汉代的《太平经》、《老子想尔注》等早期的道教经典作出了较为系统的总结。"[1] 养生思想对于世族名士的精神生活起着重要的规定作用，选择炼形还是养神，或者两全，将反映出不同时期的世族名士的人生理想和态度。粗略地加以描述，或许可以这样说：正始竹林时期的名士侧重从理想人格的角度来养神，两晋时期的名士侧重从满足肉体长生的角度来炼形，而南北朝时期的名士倾向于融通养神与炼形，体现综合的神仙信仰旨趣。

（作者单位：长江师范学院文学院）

---

[1]　宁稼雨：《魏晋士人人格精神》，南开大学出版社 2003 年版，第 425 页。

关于《世说新语注》与《高僧传》的成书时间问题
——谨答王荣国、林友德二君

□ 姚彬彬

【摘要】 刘孝标《世说新语注》曾征引《安和上传》之文，昔年笔者撰文曾推测当即慧皎《高僧传》卷五之《道安传》。厦门大学王荣国等撰文批评此说为"学术笑话"，然其文断定《安和上传》是一部已佚的专门记载道安的传记之说，全无所据，大有臆断之嫌。通过查证《世说新语注》与《高僧传》的撰述时间可见，以《安和上传》出自《高僧传》之说，虽非确论，至少不失为一种可能性。同时，《安和上传》所指亦可能是更早一些撰述的僧祐《出三藏记集》中的《道安法师传》。
【关键词】《世说新语注》；《高僧传》；《出三藏记集》；道安

近因查阅有关释道安的材料，读厦门大学王荣国教授与其高足林友德博士所撰之《有关"释道安"的文献记载辨正——以〈世说新语〉及刘孝标注为对象》一文 [《西南民族大学学报》（人文社科版）2017 年第 5 期]，意外在文中看到拙名，并提及拙文《〈世说新语〉中所记道安与习凿齿史事辨正》。——自己的东西被同行引用，总是觉得荣幸的，不过王、林二君却对拙文中的一个观点讥为"学术笑话"，文谓：

> 武汉大学姚彬彬博士在《〈世说新语〉中所记道安与习凿齿史事辨正》中说："所谓'安和上传'当即《高僧传》卷五之《道安传》。"笔者认为，刘孝标所引《安和上传》是一部已佚的专门记载道安的传记，将其说成出自梁慧皎《高僧传》，可谓学术笑话。

《〈世说新语〉中所记道安与习凿齿史事辨正》是笔者在 2014 年为"襄阳道安论坛"撰写的一篇会议论文，毕竟隔了许多年，文中细节已经不大记得，既然遭到如此严厉批评，总要自我"反省"一下，于是翻出旧作，拙文所说如次：

> 刘孝标注介绍道安谓："安和上传曰：释道安者，常山薄柳人，本姓卫，年十二

作沙门。神性聪敏而貌至陋，佛图澄甚重之。值石氏乱，于陆浑山木食修学，为慕容俊所逼，乃住襄阳。以佛法东流，经籍错谬，更为条章，标序篇目，为之注解。自支道林等皆宗其理。无疾卒。"寥寥数语，概括安公之一生，亦见其为时人所共尊，所谓"安和上传"当即《高僧传》卷五之《道安传》。

平心而论，魏晋南北朝史的问题并非笔者学术专长，这篇文章只能算是一篇名副其实的"习作"。但由于多年来十分喜欢《世说新语》，所以就其中涉及道安和习凿齿交往的问题，对学界已有的种种不同说法进行了一些比较，当然谈不上有什么明显的创见。不过，被说成"学术笑话"，还真是有点意外。

笔者当时之所以断定刘孝标的《世说新语注》此处引文所据的《安和上传》，很可能就是梁代慧皎所撰《高僧传》卷五之《道安传》，原因很简单，请看《道安传》中之叙述：

释道安，姓卫氏，常山扶柳人也，家世英儒，早失覆荫，为外兄孔氏所养。年七岁读书，再览能诵，乡邻嗟异。至年十二出家，神智聪敏，而形貌甚陋，不为师之所重。……至邺入中寺遇佛图澄，澄见而嗟叹，与语终日。众见形貌不称，咸共轻怪。澄曰："此人远识非尔俦也。"因事澄为师。……

《高僧传》中文颇长，刘孝标注则为撮要略述，此古人著述中常见通例，谓之"檃括"。笔者所言虽未必为确论，何以就在王、林二君的眼中成了"笑话"呢？

以己意度之，二君或当认为，《世说新语注》的作者刘孝标（463—521年）比《高僧传》的作者慧皎（497—554年）年长许多，所以便认定《世说新语注》一定比《高僧传》要早，故觉得笔者一定搞错了二书的成书先后。进而，他们断定刘孝标著《世说新语注》之时一定没看过《高僧传》，故其征引的《安和上传》另有其书。

不过可惜的是，这个推论是不成立的，因为并不是年长者的作品就一定比年轻者的作品先问世。王、林之论，大有臆断之嫌。

首先，《高僧传》的成书时间是相对确定的，即南朝梁天监十八年（519年），此为《开元释教录》卷六所著录之年代。根据有关学者考证，在其后的几年可能还有增补修订。①

而《世说新语注》的成书时间，学界有多种说法，迄无定论，认定其成书于刘孝标晚年者为主流意见之一。如：

徐传武《〈世说新语〉刘注浅探》："刘孝标入梁以后，曾被召入西省典校秘书，奉安成王之命抄录事类，编纂《类苑》，未成，因病去职，后被梁武帝以文学之士召用。我认为他为《世说》作注，当始于此时。……孝标作注始于此时，但大部分注疏恐怕要在其后了，因这样的巨著绝非短时间所能完成，何况这时他还在编纂百二十卷的《类苑》。作

———————————————

① 参见刘学军：《从经录到僧传：〈高僧传〉之编纂成书及学术背景考察》，《中华文史论丛》2016年第2期。

注的主要时间极可能是在他栖居东阳紫岩山的晚年。"①

魏世民《〈世说新语〉及〈注〉成书年代考》："本书（指《世说新语注》）写作年代当不会超出梁天监元年至普通二年间（502—521）。"②

赵建成《刘孝标〈世说注〉撰著时间考》："《世说注》的主要撰著时间当在天监十五年（516）至普通二年（521）之间。《世说注》撰著的起始时间有可能在天监十五年之前。"③

由此可见，刘孝标《世说新语注》成书于《高僧传》成书的梁天监十八年（519 年）之后，是完全有可能的。而且，古人写作一部大部头著作，往往历时长久，《高僧传》在最终全部定稿之前，部分篇章先行问世，也在情理之中。

故吾人推定刘孝标所引证的《安和上传》即慧皎《高僧传》中的《道安传》，虽未必为确论，至少不失为一种可能性。——即使非慧皎之著，更早一些的僧祐（445—518年）《出三藏记集》中亦有一篇《道安法师传》，其所述史事与《高僧传》大体相符，当为慧皎撰述的蓝本之一。

王荣国、林友德二君《有关"释道安"的文献记载辨正》文中则遽尔断定"刘孝标所引《安和上传》是一部已佚的专门记载道安的传记"，其说却毫无佐证可言。因为，就笔者所及，从未见到历代任何佛教经目中提到过有这么一部叫"安和上传"的书。

史事考据，业内起码的一个共识性规范，即"无征不立"以及"孤证不立"，王、林二君之说，似乎连"孤证"也没见到一个。

当然，笔者所涉毕竟有限，若二君确能举证，历史上真真存在过这么一部叫"安和上传"的书，我也很愿意修正自己的看法。否则，所谓"学术笑话"之讥，只好完璧奉还。

（作者单位：武汉大学中国传统文化研究中心）

---

① 徐传武：《〈世说新语〉刘注浅探》，《文献》1986 年第 1 期。
② 魏世民：《〈世说新语〉及〈注〉成书年代考》，《常州师专学报》2002 年第 3 期。
③ 赵建成：《刘孝标〈世说注〉撰著时间考》，《古籍整理研究学刊》2009 年第 1 期。

六祖慧能黄梅得法的遗迹与历史记忆重建*

——以明清方志和田野资料为中心

□ 周 荣

【摘要】从较长的历史时段看，慧能黄梅得法历史记忆的形成可分为二个大的阶段，即晚唐至北宋初为第一阶段，是慧能六祖地位确立和形象塑造完成的时期，参与者主要是高僧、大儒和政要。宋至明清为第二阶段，内容体现为慧能相关记忆的叠加和延续，以遗迹、传说和地方史料为主，构建者主要是地方官绅。本着"了解之同情"的态度来观察，慧能黄梅得法这一极富生命力的集体记忆，折射了佛教中国化的真历史，也体现出从唐宋至明清中国地方社会士绅化、世俗化的演变趋势。

【关键词】慧能；黄梅；禅宗；集体记忆

在佛教中国化的进程中，自隋唐以来，一些富有中国特色的本土宗派相继诞生，其中禅宗是最富创造性的一个宗派，禅宗创造性的一个重要方面是结合中国宗法文化对禅法传承系谱的构建。宋代"文字禅"兴起后，有关禅宗祖师的传说和事迹充斥各类灯录、僧传之中。明清以降，伴随着地方志纂修高潮兴起，相关事迹又移植到地方志中，一些与禅宗祖师活动相关的地点也因此有了文化意义，相关建筑也不断地被修建和重建，直至今天仍是地方文化建设的重要素材。这些虚实参半的历史遗存有时可能经不起严肃的历史考据，但是它们经历较长的历史时段、经由历代文化精英的再创造，已成为地方不可或缺的文化符号。在一定意义上，这些创造性的禅史资料和历史遗迹，是我们认识真实的禅宗史和了解地方文化脉络的一条有效途径。本文即以影响深远的六祖慧能黄梅得法的历史记忆为中心，对此问题略抒己见。

---

* 本文为教育部人文社会科学重点研究基地重大项目"地方宗教文献与明清佛教世俗化研究"（16JJD730006）阶段性成果。

一、历史记忆初成：慧能其人及黄梅得法的早期记载

无论是作为普通人还是作为中国禅宗的"六祖"，目前学界对慧能已作了充分的研究。① 这些研究所揭示的唐代慧能形象，是后世对慧能进行种种塑造的基础。尽管关于慧能的籍贯、生平、家庭背景乃至是否实有其人，学界历来都争论不休，但是从现有研究成果中，我们仍然比较容易对慧能的生平事迹及黄梅得法的过程有梗概性的了解。慧能生平及黄梅得法事迹的确立以唐代碑传史料为基础，又在宋代灯录中得到强化。对与慧能相关的史料的梳理，以日本学者宇井伯寿和中国学者释印顺、杨曾文等用功较勤也较为系统。经他们的努力可知，自中晚唐至北宋前期，有关慧能的史料主要有以下诸种：（1）《光孝寺瘗发塔记》，撰写时间在唐仪凤元年（676 年）左右；（2）王维的《六祖能禅师碑铭》，撰写时间不晚于唐乾元二年（759 年）；（3）《神会语录》，撰写时间不晚于唐贞元七年（791 年）；（4）《历代法宝记》，敦煌出土文书之一，撰写时间在大历九年（774 年）左右；（5）《曹溪大师别传》，撰写时间在唐建中三年（782 年）左右；（6）柳宗元的《曹溪第六祖赐谥大鉴禅师碑并序》，撰写时间在唐元和十一年（816 年）左右；（7）敦煌本、敦博本《坛经》及其他诸本《坛经》，敦煌和敦博本《坛经》是现存《坛经》中版本最早的，抄写时间在唐元和十三年（818 年）左右，后世一些《坛经》版本中还附有《六祖大师比缘起外纪》；（8）刘禹锡的《曹溪六祖大鉴禅师第二碑并序》，撰写时间在唐元和十四年（819 年）左右；（9）宗密的《圆觉经大疏钞》，撰写时间在唐长庆三年（823 年）至唐会昌元年（841 年）之间；（10）《祖堂集》，成书时间在南唐保大十年（952 年）左右；（11）《宗镜录》，成书时间在宋建隆二年（961 年）左右；（12）《宋高僧传》，成书呈献朝廷的时间是宋端拱元年（988 年）；（13）《景德传灯录》，成书呈献朝廷的时间是宋景德元年（1004 年）；（14）《传法正宗记》，成书呈献朝廷的时间是宋嘉祐六年（1061 年）。② 尽管学者们在这些史料的撰写时间和真实性等方面仍有一些争议，但经过不同国家和地区僧俗二界学者的长期努力，关于慧能的生平事迹已涌现出相当丰富的成果，内容涉及慧能一生的每一阶段和一些具体细节，在一些重要的方面也达成了共识，由此我们可以获得慧能出生及黄梅得法的基本印象及形成过程。

结合早期禅史文献可知，在东山法门初传的时代，慧能是名不见经传的，一些含有慧能信息的史料，一般只把他作为五祖弘忍传法弟子中排名十分靠后的一位偶尔提及，即使称其为东山禅法的重要弟子，其重要性也仅限于岭南地区。上述诸学者的研究成果也显

---

① 关于中国禅宗史的研究目前在国际上较有影响力的仍是日本学者的研究成果。日本学者早期的成果参见忽滑谷快天、铃木大拙、柳田圣山等人的成果。近年的成果可参见伊吹敦、田中良昭、椎名宏雄、古贺英彦等人的成果。相关综述可参见：程正《近十年日本学者的中国禅研究成果》、圣凯《1990 年以来日本学界中国禅宗研究热点述评》，以上两文俱载《中国禅学》（第二卷），中华书局 2003 年版。大陆学者的研究可参见白光、洪修平：《大陆地区慧能与〈坛经〉研究述评》，《河北学刊》2016 年第 2 期。更多成果可参见释明生主编：《六祖慧能与〈坛经〉论著目录集成》，广东人民出版社 2014 年版。

② 对这些史料的梳理参见［日］宇井伯寿著，王进瑞等译：《禅宗论集》，贵州大学出版社 2013 年版；释印顺：《中国禅宗史》，中华书局 2010 年版；杨曾文等校：《新版敦煌新本六祖坛经》，宗教文化出版社 2001 年版等。

示，慧能一生，除了赴黄梅求法离开岭南之外，其余时间终生未逾五岭。慧能事迹逐渐为人所知是唐开元年间其弟子神会北上，特别是滑台大会之后："神会在滑台大云寺设无遮大会，攻击神秀门下普寂大师自称七代之谬妄，指出慧能为衣钵真传之六祖，北方人士始知有南宗。"① 天宝之后，"曹溪了义大播于洛阳，菏泽顿门派流于天下"②，著名诗人王维应神会之请，撰写了《六祖能禅师碑铭》，自此，慧能的生平事迹见诸文字者，方逐渐增多。不过，直到后晋组织编写《旧唐书》时，正史中慧能的简要生平仍附于《神秀传》之中，称他"与神秀行业相埒"。③

耐人寻味的是，王维在碑铭中对慧能的生卒年月和姓名籍贯等基本信息采用了十分模糊的处理办法，称"禅师俗姓卢氏，某郡某县人也。名是虚假，不生族姓之家；法无中边，不居华夏之地"。对黄梅求法等重要事件的发生时间也用"年若干，事黄梅忍大师"这样的表述一笔带过。④ 有学者根据文献中关于慧能"形貌矬陋"及被称为"獦獠"等记述，认定慧能可能是越族人："慧能是唐时岭南越族，在当时代即可谓定论，只是成了六祖后，为维护佛门尊严，后人作传，故意'略述家系'。"⑤ 从《神会语录》《历代法宝记》《曹溪大师别传》等史料的记述可知，在神会等弟子将慧能的禅法向北方弘传的过程中，慧能的家世已经有了完善的记述，基本情形均如《历代法宝记》所言："俗姓卢，范阳人也。随父宦岭外，居新州。"⑥ 范阳卢氏出自著名的"山东四姓"——崔、卢、王、谢之一的卢姓，是声名显赫的望族。慧能自幼与边蛮之民杂处，实因其父被贬谪到岭南。因此，慧能虽然贫寒，却出自诗礼传家的名门望族，他自然有着不同于一般人的慧根。随着慧能家世的完善，慧能黄梅得法的故事也开始流行，经由唐代文献的记述、宋代灯录的铺陈以及不同版本《坛经》的流传，其故事情节也逐渐详细和完善。综合上述文献及学者们的研究，慧能黄梅得法的过程主要有以下重要节点：

1. 辞母求法

依据《坛经》及上述诸文献的记载，慧能约于唐贞观十二年（638 年）出生于新州夏卢村，他在出生之时便出现了"毫光腾空，异香满室"等神异现象。但是，这些神异并未给他带来好运气，他三岁便丧父，家境清贫，未能入学，不得不以卖柴为生。直到有一天"忽见一客读《金刚经》，惠能一闻，心明便悟"，始知"宿业有缘，便即辞亲"，往黄梅求法。⑦ 慧能赴黄梅求法面临最大的困难是母亲的孝养问题，为此不同版本的《坛

① 何格恩：《慧能传质疑》，张曼涛主编：《禅宗史实考辨》，台湾大乘文化出版社 1977 年版，第338 页。

② （唐）释宗密：《圆觉大疏钞》卷三，转自［日］忽滑谷快天撰，朱谦之译：《中国禅学思想史》（上），上海古籍出版社 2002 年版，第 139 页。

③ 《旧唐书》卷一九一，中华书局 2000 年版，第 3476 页。

④ （唐）王维：《六祖能禅师碑铭》，杨曾文等校：《新版敦煌新本六祖坛经》，宗教文化出版社2001 年版，第 140 页。

⑤ 姜永兴：《禅宗六祖慧能是越族人》，《广东社会科学》1987 年第 2 期。

⑥ 《历代法宝记》卷上，蓝吉富主编：《禅宗全书·史传部（一）》，北京图书馆出版社 2004 年版，第 54 页。

⑦ 李申校译：《敦煌坛经合校译注》，中华书局 2018 年版，第 6 页。

经》及相关文献作了几种不同的"安排":宗宝本《坛经》称有客人赠给慧能十两银子，《祖堂集》说这位客人叫安道成，是他劝说慧能前往黄梅求法的:"其时道诚劝惠能往黄梅山礼拜五祖"，慧能报云:"缘有老母，家乏欠阙，如何抛母，无人供给?"安道诚遂给慧能白银十两，"惠能领得其银，分付安排老母讫，便辞母亲"①。也有一些学者认为慧能是等母亲辞世，安排了母亲的后事后才赴黄梅求法的。至于慧能赴黄梅的年龄，文献中有二十二岁、二十四岁、三十二岁、三十六岁等不同的记载和说法，每一种说法也都有一批支持的学者。慧能前往黄梅的时间也因此从唐高宗显庆年间延续至咸亨、上元年间，时间跨度达到十五年。慧能到达黄梅的经过和路程也有不同的说法，其中较有影响的说法有两种:一种说法以《曹溪大师传》的记述为基础，认为慧能去黄梅之前，先到韶州曹溪做了三年的学习准备，其间与村人刘至略结为义兄弟，与刘至略的姑姑无尽藏比丘尼探讨《涅槃经》经义，向惠纪禅师学《投陀经》，又向智远禅师学习坐禅。后惠纪禅师等向他建议"久承蕲州黄梅山忍禅师开禅门，可往彼修学"，慧能于是"策杖涂跣，孤然自行，至洪州东路"，独行穿过多虎的山林，到达黄梅。②《景德传灯录》《宋高僧传》等基本采用了这一说法。另一种说法以诸本《坛经》的记述为基础，认为慧能辞亲之后，求道心切，径直往黄梅，中间没有逗留。其中惠昕本、日本大乘寺本《坛经》称慧能"不经三十余日，便到黄梅，礼拜五祖"③。而契嵩本和宗宝本《坛经》则将见刘至略、遇无尽藏等事迹编排在慧能自黄梅得法回到韶州之后。

2. 初到黄梅

慧能到黄梅初见弘忍的情形，诸文献记载基本一致，他被视为南方来的异类，弘忍在考验他时甚至说:"汝是岭南人，又是獦獠，若为堪作佛法。"④ 慧能关于佛性的精彩对答立即让弘忍对他刮目相看:"人即有南北，佛性即无南北。獦獠身与和尚不同，佛性有何差别?"当时弘忍所奉行的东山禅法为自耕自食的农禅，弘忍一边将慧能默记于心，一边"发遣惠能，随众作务"，管事者"遂差惠能于碓坊踏碓八个余月"⑤。《曹溪大师传》述及这段经历时，有"坠腰石"的记事:"自嫌身轻，乃系大石着腰，坠碓令重。"⑥德异本以下各《坛经》亦以"祖潜至碓坊，见能腰石舂米"等语与此记载相呼应。⑦《六祖大

————————————

① (南唐)静、筠二僧编:《祖堂集》卷二，蓝吉富主编:《禅宗全书·史传部(一)》，北京图书馆出版社 2004 年版，第 472 页。

② 《曹溪大师传》，杨曾文等校:《新版敦煌新本六祖坛经》，宗教文化出版社 2001 年版，第 119页。

③ 《(大乘寺本)韶州曹溪山六祖师坛经》卷上，杨曾文等校:《新版敦煌新本六祖坛经》，宗教文化出版社 2001 年版，第 86 页。

④ 李申校译:《敦煌坛经合校译注》，中华书局 2018 年版，第 9 页。

⑤ 李申校译:《敦煌坛经合校译注》，中华书局 2018 年版，第 9 页。

⑥ 《曹溪大师传》，杨曾文等校:《新版敦煌新本六祖坛经》，宗教文化出版社 2001 年版，第 120页。

⑦ 参见王孺童编校:《〈坛经〉诸本集成》，宗教文化出版社 2014 年版，第 10 页。

师缘起外纪》声言:"师坠腰石,镌'龙朔元年卢居士志'八字。此石今存黄梅东禅。"①慧能在黄梅的八个月时间,大部分在碓房舂米。弘忍一直在暗中关注他,并在不经意间给予启发和教导。《曹溪大师传》记载了其中一个细节,慧能因身负坠腰石劳作,"遂损腰脚。忍大师因行至碓米所,问曰:'汝为供养损腰脚,所痛如何?'能答曰:'不见有身,谁言之痛'?"②

3. 作偈呈心

慧能黄梅得法过程中最精彩、最富创造力的部分是慧能和神秀争衣钵并作偈呈心的故事。尽管越来越多的学者认为慧能和神秀不可能共住东山并同学,很多学者相信慧能作偈呈心只是禅宗内部派系为争夺正统地位而编成的虚构故事,但这样的观点并不影响这一故事的流传,从古至今,相关偈语一直被人津津乐道。慧能所作的偈语目前较流行的是宗宝本所记录的"菩提本无树,明镜亦非台。本来无一物,何处惹尘埃",这一偈语直接针对神秀的呈心偈"身是菩提树,心如明镜台。时时勤拂拭,莫使有尘埃"而作。随着敦煌《坛经》等早期《坛经》版本的发现,人们发现慧能的呈心偈也有更原始的版本。如敦博本和旅博本《坛经》均记载,慧能见到神秀的偈语后,曾作了二首偈语:"童子引能至南廊,能即礼拜此偈。为不识字,请一人读。惠能问已,即识大意。惠能亦作一偈。又请得一解书人,于西壁上题著:呈自本心。不识本心,学法无益;识心见姓(性),即悟大意。惠能偈曰:菩提本无树,明镜亦无台;佛姓(性)常清净,何处有尘埃。又偈曰:心是菩提树,身为明镜台。明镜本清净,何处染尘埃。"③ 按照禅者通常的解读,神秀的偈语属于"拂尘看净"的渐悟修法,而慧能的偈语则是"直指人心"的顿悟法门。

4. 传衣付法

因慧能对众生皆有佛性的正确理解和作偈呈心所体现出的智慧,弘忍知其为法器。于是"五祖夜至三更,唤惠能堂内说《金刚经》,惠能一闻,言下便悟。其夜受法,人尽不知"④。诸本《坛经》和文献均表明,弘忍对慧能的传法是秘密传付。在付法的同时"忍大师即将所传袈裟付能",慧能不解:"法无文字,以心传心,以法传法,用此袈裟何为?"弘忍对慧能讲述了袈裟的来历:"衣为法信,法是衣宗。从上相传,更无别付。非衣不传于法,非法不传于衣。衣是西国师子尊者相传,令佛法不断。"⑤ 此后,慧能在向弟子讲法时,也对他们"诵先代五祖传衣付法诵"。考诸文献,"袈裟说"主要见于南宗信徒所编的禅籍当中,其他禅系的早期禅史不见此类记载。唯保唐系的《历代法宝记》

① 《六祖大师缘起外纪》,杨曾文等校:《新版敦煌新本六祖坛经》,宗教文化出版社 2001 年版,第 135 页。

② 《曹溪大师传》,杨曾文等校:《新版敦煌新本六祖坛经》,宗教文化出版社 2001 年版,第 120 页。

③ 《旅顺博物馆藏敦煌本六祖坛经》,上海古籍出版社 2011 年版,第 14~15 页。此据该页图片重新断句标点。

④ 《旅顺博物馆藏敦煌本六祖坛经》,上海古籍出版社 2011 年版,第 16 页。

⑤ 《曹溪大师传》,杨曾文等校:《新版敦煌新本六祖坛经》,宗教文化出版社 2001 年版,第 120~121 页。

力证传信袈裟的存在，不过其落脚点是要讲述武则天将"达摩祖师信袈裟"赐给保唐系智诜禅师"永为供养"的事实。① 学者们多认为传衣付法之说可能出自神会，神会在"北伐"的过程中常有"付衣定其宗旨"的言论，他说，"达摩在嵩山将袈裟付嘱与可禅师……忍禅师在东山将袈裟付嘱与能禅师。经今六代，内传法契，以印证心；外传袈裟，以定宗旨。从上相传，一一皆与达摩袈裟为信"，他甚至以见证人的口吻说"其袈裟今在韶州，更不与人"。② 神会的言论自然被南宗门人继承，王维受神会之请而撰《六祖能禅师碑铭》，故也有五祖"临终，遂密授以祖师袈裟"的碑文。③《历代法宝记》的作者也可能因神会言袈裟在韶州的说法，而编写了武则天将韶州袈裟索至内廷又转赐智诜的故事。印顺法师认为：传衣的故事在神会北上之前禅门中可能早有先例和传说，它体现了印度旧有的付法习惯，而且付法与是否得道没有直接的关系，"神会的立场，就是印度固有的付法说，是东山法门建立起来的一代一人的付嘱制。所以神会不只是否定神秀，为慧能争一六祖的地位；更重要的是，反对'分头并弘'而致禅法陷于分崩离析的倾向"④。

5. 得法南归

按《坛经》慧能的自述，五祖付法之后，便让他火速离开黄梅，其理由是"若住此间，有人害汝"，于是"能得衣法，三更发去。五祖自送能至九江驿"。⑤ 关于五祖送别慧能的情形，晚出的《坛经》有更详细的记载，以宗宝本为例："惠能三更领得衣钵，云：能本是南中人，素不知此山路，如何出得江口？五祖言：汝不须忧，吾自送汝。祖相送至九江驿。"⑥ 此"九江驿"的所在，学者们有不同定位，主要有两种说法，一说在江南的九江；一说在江北黄梅，是黄梅的一个驿站名。在九江驿，五祖和六祖之间有一段很有名的对话："五祖把橹自摇。惠能言：'请和尚坐，弟子合摇橹。'祖云：'合是吾渡汝。'惠能云：'迷时师度，悟了自度。'"⑦

按《坛经》等文献的记载，慧能北上求法，从大庾岭出岭南，走了三十多天才到黄梅。他得法之后南归，走的也是从九江到大庾岭的路线。由于得到弘忍的秘密传授，慧能的这次南归其实是一场逃难。其中较有戏剧性的一幕是僧人惠顺的大庾岭"夺法"。据旅博本《坛经》，慧能辞别弘忍之后"便发向南，两月中间，至大庾岭。不知向后，有数百人来，欲拟捉惠能，夺衣法。来至半路，尽总却回。唯有一僧，姓陈名惠顺，先是三品将军，性行粗恶。直至岭上，来趁把着，惠能即还法衣，又不肯取。'我故远来求法，不要其衣。'能于岭上便传法，惠顺得闻，言下心开。能使惠顺即却向北化人"⑧。后世《坛

① 《历代法宝记》卷中，蓝吉富主编：《禅宗全书·史传部（一）》，北京图书馆出版社 2004 年版，第 70 页。

② 参见杨曾文编校：《神会和尚禅话录》，中华书局 1996 年版，第 27~34 页。

③ （唐）王维：《六祖能禅师碑铭》，杨曾文等校：《新版敦煌新本六祖坛经》，宗教文化出版社 2001 年版，第 139 页。

④ 释印顺：《中国禅宗史》，中华书局 2010 年版，第 193 页。

⑤ 《旅顺博物馆藏敦煌本六祖坛经》，上海古籍出版社 2011 年版，第 16 页。

⑥ 王孺童编校：《〈坛经〉诸本集成》，宗教文化出版社 2014 年版，第 10 页。

⑦ 王孺童编校：《〈坛经〉诸本集成》，宗教文化出版社 2014 年版，第 10 页。

⑧ 《旅顺博物馆藏敦煌本六祖坛经》，上海古籍出版社 2011 年版，第 16 页。

经》及诸文献的记载与此大同小异，只是夺法的"惠顺"多写作"慧（惠）明"，慧明成为慧能所收的第一名弟子。慧明设法拦截和阻止了其他追击者，使慧能顺利南归。

总之，从晚唐五代至北宋，慧能的生平及黄梅得法等不同阶段的事迹都已十分完备，这些充满传奇色彩的经历成为"古典禅"时期宗门内外的集体记忆，一些艺术化的情节成为妇孺共知的大众记忆。

二、历史记忆的叠加：慧能黄梅得法的相关遗迹、传说和地方史料

慧能圆寂一百余年后，南宗禅在禅宗内部及佛教界取得了独领风骚的地位，元和十年（815 年）唐宪宗下诏追谥慧能为"大鉴禅师"，文学家柳宗元和刘禹锡相继为他撰写碑文，慧能在当时的影响，如柳宗元的碑文所言："其说具在，今布天下，凡言禅者皆本曹溪。"① 此时慧能禅宗六祖的地位已牢固确立，其影响力波及海内外，其形象也日益高大起来。在教内，随着《坛经》的抄刻流布，他的生平事迹被信徒们口诵心传。同时，宗门内外的对禅法有浓厚兴趣的学僧、文人、居士们孜孜不倦地编纂禅师谱系、语录、公案、灯录、碑铭等文字材料。从中晚唐至宋初，以这些口传和文字材料为依托的慧能形象连同黄梅求法的故事已经成为禅者和普通大众心中的常识。这些常识自然成为慧能行迹所及地区的文化传统，历宋元至明清，这些文化传统以不同的形式反复地重现并有新的演绎，如同雪球一样越滚越大。地方社会的每一次文化盛举，都有可能形成历史记忆的叠加和创新。文化工程捐建和地方志纂修是明清时期最常见的地方文化建设行为，在热心的地方官绅的主持下，一批展示地方文化特色的建筑被不断地翻修、新建、改建或扩建，禅宗六祖慧能的形象，自然成为相关地区争相攀附的文化符号。明清地方志纂修自嘉靖、万历年间起多次掀起高潮，许多地方志留存至今，慧能黄梅得法的传说和故事也成为地方志乐于记载的主题。在此以明清地方志的记载，配合田野调查资料，将搜集到的与慧能黄梅得法相关的遗迹和相关记载作一梳理和列举，借此窥视黄梅得法的历史记忆在明清时期反复叠加和重生的情况。

1. 广东新兴县六祖故居、金台寺、永宁寺、辞母石等

新州（今广东新兴）为慧能故乡，慧能生长于斯的种种传说在民间流行，与黄梅求法相关的贫居卖柴、闻经有悟、辞母求法等故事情节，到了明清时期都有了切实的遗物、遗迹和明确的记载。该地现在较早的地方志《（崇祯）肇庆府志》中已有对六祖故居的记载："六祖故居，国恩平寺是也。"又提到该地卢溪水因六祖慧能得名："卢溪水，发源于李峒岭，经卢村，过龙山，绕县城东门北流，合锦山水。六祖禅师所生之地。祖姓，因名。"② 从该志的序言很容易判断，这些记录是从更早的嘉靖、万历等志中沿袭而来的。这些记载也被后世的方志所沿袭，如《（康熙）新兴县志》在简介"龙山"时，称其

---

① （唐）柳宗元：《赐谥大鉴禅师碑》，杨曾文等校：《新版敦煌新本六祖坛经》，宗教文化出版社 2001 年版，第 145 页。

② 《（崇祯）肇庆府志》卷八《地理志·山川》，《日本藏中国罕见地方志丛刊续编》，北京图书馆出版社 2003 年版，第 261、266 页。

"形势蜿蜒如龙之盘，麓有唐中宗敕建国恩寺，即龙山寺，六祖禅师故居"，"卢溪水"条亦称"六祖禅师所生之地，以祖姓卢，故名卢溪"。① 康熙、乾隆《新兴县志》都记述了慧能出生和居住的地方草木不生、人易秃顶的神异现象："六祖故居，在仁丰都下卢村，离城二十五里，在龙山国恩寺前一里，即唐索卢县地，为六祖生身之所。师祖父初来居此，至今屋址不生草木，近其居者毛发稀秃云。"② 慧能偶闻《金刚经》的场所也有了明确的地点，并被后人建成金台寺以纪念之："金台寺，在县城南半里。相传为六祖卖柴时闻诵《金刚经》'应无所住而生其心'，遂大悟，发念学佛之处，盖县之古刹也。"金台寺在历史上被反复修建的情况亦有所记载："兴废不一。嘉靖间僧因基圮，建土屋三间居之。隆庆间又圮……万历二十四年士民重建。"③

慧能矢志不渝、为法舍亲，与相依为命的母亲辞别而出家求法，这件事牵涉到儒家的孝道，既体现了母爱之慈，又彰显了子志之坚，受到儒释两家的推崇。有关这一情节的文化遗存自然不少。据《（康熙）新兴县志》记载，慧能母子分别的地方后世也建了寺庙："永宁寺，在县正南望村五里，相传为六祖辞母之处。初，六祖往黄梅参五祖时，其母李氏送至望村而别，后人于此建寺。旁有辞母石，时有显迹。"④ 其"辞母石"条则称："辞母石，在仁丰都榔村，离城八里。时六祖赴黄梅求法，母送至此作别，故名。"⑤ 这些记载都被《（乾隆）肇庆府志》《（乾隆）新兴县志》等较晚的地方志所继承，《（乾隆）新兴县志》将"辞母石"改作"别母石"。⑥ 据学者的探访，在今天广东新兴县的六祖镇，仍有供人祭拜的"别母石"，是一分为二的两块巨石。"别母石"建有两层覆瓦的小亭予以保护，此亭称为"别母亭"。当地的介绍文字称："这两块大石头，经一千多年风雨，仍耸立在望村路口。"⑦ "别母石"之所以一分为二，新兴地方流传着一个"故老相传"的民间传说，大意是：慧能求法前与母亲先至望村外婆家禀报母舅，母舅为留住慧能，嘱他拜开村傍之石才准离母。慧能遵命焚香参拜，精诚所至，巨石为开，遂辞母赴黄梅。⑧

2. 广东乐昌县泷溪石室、六祖偃息床

乐昌县以乐石、昌山而得名，隋唐时属韶州，明清时期属韶州府。韶州是慧能北上求

---

① 《（康熙）新兴县志》卷二《山川》，《北京大学图书馆藏稀见方志丛刊》，国家图书馆出版社2013年版，第90、93页。

② 《（康熙）新兴县志》卷四《建置》，《北京大学图书馆藏稀见方志丛刊》，国家图书馆出版社2013年版，第171页。另参见《（乾隆）新兴县志》卷十六《山川》。

③ 《（康熙）新兴县志》卷十九《外纪》，《北京大学图书馆藏稀见方志丛刊》，国家图书馆出版社2013年版，第239页。

④ 《（康熙）新兴县志》卷十九《外纪》，《北京大学图书馆藏稀见方志丛刊》，国家图书馆出版社2013年版，第240页。

⑤ 《（乾隆）新兴县志》卷十六《山川》。《（康熙）新兴县志》卷四《建置》，《北京大学图书馆藏稀见方志丛刊》，国家图书馆出版社2013年版，第173页。

⑥ 参见《（乾隆）新兴县志》卷十六《山川》、《（乾隆）肇庆府志》卷十五《坛庙》等。

⑦ 林有能：《禅宗六祖慧能迹址探真》，商务印书馆2017年版，第31页。

⑧ 苏增慰：《六祖别母亭简介》，新兴县文史资料委员会编：《新兴文史》第12辑，1992年，第37页。另可参见黄尔崇编著：《六祖惠能民间故事》，2004年，第28页等。

法的必由之路，也是慧能弘法的重要基础。据学者考证，乐昌县的慧能遗迹主要与慧能赴黄梅求法有关：在今乐昌市西山石窟有"六祖慧能石床""六祖禅能坐禅处"等景点。该石窟即宋人余靖在《同游泷溪石室记》中提到的"泷溪岩石室"。游记中称"张炬而入则有六祖偃息石床存焉"。① 明清方志对此也多有记述，《（康熙）乐昌县志》在《山川志》中此泷溪岩："泷溪岭，俗呼为西石岩，在县治西北三里，高三十余丈，下石室高三丈，广五丈，左右各有斜窦可通游，右入则有石床，六祖往黄梅时曾憩于此岩，僧智远谓其神彩非常，往必得道。"② 在《古迹志》中，则有"六祖偃息床"的记载，称其"在泷溪岩"。③ 林有能先生认为，清代乐昌泷溪岩边尚有《同游泷溪石室记》的立石，因为阮元《广东通志·金石略》中收有此碑石，谓"张炬而入，则有六祖偃息石床存焉"。④ 广东乐昌县这些与慧能相关的遗迹显然是与《曹溪大师传》《景德传灯录》《宋高僧传》等文献中关于慧能在北上途中曾于韶州滞留，从惠纪或智远禅师学坐禅，智远等认为他"非凡常之见龙""劝往蕲春五祖印证去"⑤ 等记载相呼应而成立的。

3. 湖北黄梅东禅寺、六祖簸糠池、坠腰石及广东曲江之坠腰石

五祖弘忍向六祖慧能传法的寺庙，黄梅本地学者一般认为是东禅寺，而不是人们通常所说的冯茂山五祖寺。关于黄梅东禅寺与东山寺等寺庙的关系，笔者曾撰文辨析，⑥ 在此再补充一些史料略作说明。东禅寺的位置在黄梅县西一里左右，对此宋王象之的《舆地纪胜》及明清不同版本的《黄梅县志》均有记载。再以清人黄利通所撰《东禅寺新田记》为例，该记称"东禅寺距梅城里许，岭南卢大师所从满祖受法处，传称槽厂，其地也"⑦。民国年间丁福保先生在笺注《坛经》时，即引《湖北通志》称"东禅寺在黄梅县西南一里"。又引《名胜志》言"东禅寺号莲华寺，乃五祖传衣钵于六祖处。有六祖簸糠池、坠腰石及吴道子《传衣图》"⑧。康熙二十三年（1684 年），清初文坛领袖、时任少詹事的王士禛奉使祭告南海，他将自京师至广州驿程——记下，写成《南来志》。途中他专程游览了黄梅的著名景点，其行程为："康熙二十四年（1685）正月辛酉朔……谒东山五祖道场。……初二日，晨出西郭，过东禅寺，谒四祖、五祖、六祖像。四祖道场在广济破额山。距东山四十里而近殿侧竹圃，即槽厂故迹，有六祖坠腰石。二十里，过濯港。"⑨ 这些记载表明，自宋明以来，东禅寺及其附属的槽厂、簸糠池、坠腰石等一直是文人学士游览黄梅和传诵五祖、六祖传衣钵故事的景观或文化符号。今黄梅东禅寺已重建，五祖寺亦有"六祖文化长廊""六祖春米处"等景点。

因坠腰石载于通行本《坛经》，自宋以来，有关坠腰石的题咏和记载不少。如宋人朱

---

① 林有能：《禅宗六祖慧能迹址探真》，商务印书馆 2017 年版，第 43~44 页。

② 《（康熙）乐昌县志》卷一《山川》。

③ 《（康熙）乐昌县志》卷九《古迹》。

④ 林有能：《禅宗六祖慧能迹址探真》，商务印书馆 2017 年版，第 44 页。

⑤ （宋）释赞宁撰，范祥雍点校：《宋高僧传》（上），上海古籍出版社 2014 年版，第 173 页。

⑥ 周荣：《唐以降黄梅禅宗祖庭记忆的位移与重构》，《西华师范大学学报》2014 年第 3 期。

⑦ （清）黄利通：《东禅寺新田记》，《湖北文征》，湖北人民出版社 2014 年版，第 108 页。

⑧ 丁福保：《丁福保大德文汇》，华夏出版社 2012 年版，第 51 页。

⑨ （清）王士禛：《南来志》卷一，康熙二十四年正月辛酉。

塑的《南华五十韵》中有："乡里黄梅接，家居祖刹邻。常闻肉身佛，甘作碓坊人。坚有悬腰石，空无拂镜尘。已春诸米熟，自识本心真。拄杖敲顽质，袈裟绕净身。衣传千古信，法待五年抻"的诗句。① 从相关记载可知，宋代已经有了坠腰石的实物，如佛眼禅师语录云坠腰石上有"龙朔二年老卢记"的题字。② 到了明清时期，有关坠腰石的著录见于各种金石录和地方志中，《寰宇访碑录》《广东金石录》《湖北金石志》《黄梅县志》《曲江县志》《曹溪通志》等文献均有此石的著录和相关记载。由此可知，文献著录的坠腰石至少有二块，一在湖北黄梅，一在广东曲江。更为难得的是，黄梅和曲江的坠腰石今天仍有文物可见。黄梅县坠腰石现藏黄梅县博物馆，上刻有"六祖坠腰石"五个大字和著名诗僧晦山所题诗偈：块石绳穿祖迹留，曹溪血汗此中收。应知一片东禅月，长照支那四百州。③ 曲江县坠腰石现藏南华寺，上刻"龙朔元年镌。师坠腰石卢居士志"等二十字。④ 关于坠腰石从黄梅到曲江过程，《曹溪通志》提供了一种说法："师受衣钵南归，石留黄梅……至明嘉靖年间韶州有仕于黄梅者，遂持归曹溪，今存焉。"⑤ 明清官绅对坠腰石的咏颂和记述也很多，如明代文字家王思任崇祯间在江州任职时曾游南华寺，"看衣"、"看钵"、看"腰石"，作诗数首，其"腰石"诗有"曾说牛头苦练腰，谁知此石自西描"的句子。⑥ 明末清初"江左三大家"之一的龚鼎孳也曾游南华寺，"赋纪八章"，其四即以坠腰石入诗："坠石悬腰后，飞泉卓锡前。了知心不住，安用迹频传。"⑦ 崇祯十二年（1639年），陈丰玙在曲江县令任上特意为坠腰石立碑，他亲撰《六祖腰石铭》，其铭曰："师腰斯石，一举一俯。举则拔山，俯则饮羽。只求米熟，不求劳苦。……稽请大师，如黄梅日。顽质顽石，护以胶漆。劳彼迷根，永不得逸。"⑧ 此碑今存南华寺。

金石家在著录此二石时，一般持怀疑的态度，如叶昌炽认为："六祖坠腰石题字，广州亦有一石，疑皆非原本。"⑨ 翁方纲认为南华六祖坠腰石"石上之字，当属后人所刻，故年月不符耳。且既称'师坠腰石'，而又云'卢居士志'，文法不相连属，字划亦不佳，未可因'龙朔'字而目为古刻也。……黄梅东禅寺仍有一坠腰石，渔洋《皇华纪闻》亦载之，则此石亦未可信也"⑩。关于坠腰石故事的产生与流变，有论者已经作了详细的梳理和解读，认为：随着《坛经》版本的多次变化，"坠腰春米"这一情节经历了从无到有

────────────

① （宋）朱翌：《灊山集》卷三《南华五十韵》。

② （宋）颐藏主《古尊宿语录》卷三十四《舒州龙门佛眼和尚语录》。

③ 此石现藏黄梅博物馆。有文化学者言此石曾与"宋代五祖玉印"一起藏在五祖寺方丈室。参见孙君恒编著：《荆楚佛寺道观》，武汉出版社2012年版，第100页。

④ 参见刘解中：《六祖坠腰石辨伪》，曲江县政协编：《曲江文史》第3辑，1983年，第64页。

⑤ 《重修曹溪通志》卷一《山川形势》，杜洁祥主编：《中国佛寺史志汇刊》第2辑，台湾明文书局1980年版，第85页。

⑥ 《重修曹溪通志》卷七《诗》，杜洁祥主编：《中国佛寺史志汇刊》第2辑，台湾明文书局1980年版，第706页。

⑦ 《重修曹溪通志》卷八《诗》，杜洁祥主编：《中国佛寺史志汇刊》第2辑，台湾明文书局1980年版，第721页。

⑧ （明）陈丰玙：《六祖腰石铭》，莫昌龙、何露编著：《韶关历代寺院碑记研究》，暨南大学出版社2014年版，第341页。

⑨ （清）叶昌炽：《语石》卷二。

⑩ （清）翁方纲：《粤东金石略》卷五。

的过程。宋人著录的坠腰石,以《坛经》契嵩本为重要的文献基础,属禅宗"数典造物"的伪造。"黄梅藏石"和"曲江藏石"皆非宋人所见坠腰石的遗存,而是出自明清人之手。①

4. 湖北黄梅雨昙庵、摘芦庵,广东南雄放钵石、云封寺、六祖庙、卓锡泉

五祖半夜送慧能渡江又返回寺中是常遭人质疑的一个细节,对此,黄梅地方有一种说法认为五祖弘忍和慧能是在江边住宿一夜,第二天才渡江的,他们住宿的地方后来建成雨昙庵。乾隆和光绪《黄梅县志》都有雨昙庵的记载:"雨昙庵,昔六祖渡江时息此。"②有论者注意到,明崇祯进士文德翼曾撰《雨昙庵记》,称此庵的建成是"自然胜地而适遇高洁之僧,偶尔成庵"③。据走访当地文化干部,此庵的遗址在与九江隔江相望的黄梅分路镇,不过当地人已将雨昙庵讹传为"雨云庵",与此相关联的还有一个"摘芦庵"。分路镇一带流传着一个五祖"摘芦为舟"送六祖过江的传说:师徒二人走到分路口时,见江滩野岸,芦苇丛生,为安全考虑,决定先找个地方休息,再找船过江。此时有一老妪出现,请他们到她的芦苇棚内将就一宿,第二天一早又教他们"摘芦为舟",顺利渡江。弘忍返程时才发现,老妪实为菩萨化现。④

慧能得法北上和南下必经的大庾岭通道,唐时属韶州管辖,宋元时期属南雄州、南雄路。明洪武年间改路为府,清嘉庆以后为南雄直隶州。宋代南雄古旧方志中多有与慧能得法南归相关的记载,宋代地方志早佚,经学者从《永乐大典》等典籍中的辑佚,相关记载的内容仍部分可见。如宋《南雄郡志》有"放钵石"条:"在云封寺,章得象有诗云:'石上曾经转钵盂,石边南北路崎岖。行人不见空嗟叹,还识西来意也无。'"又有"曹溪六祖大师"条:"自黄梅得衣钵,秀上座领五百大众,追逐至大庾岭上,争取衣钵,祖师遂将钵覆石上,杖卓石,旁众揭不动,其古迹在岭头云封寺内。"⑤因大庾岭分属广东、江西两省,江西古方志中亦有相关记载。如宋《南安志》载:"大庾云封寺,有六祖圆明真空大鉴禅师塔,左卓锡泉,一名锡丈泉,有放钵石。"⑥宋王象之《舆地纪胜》的《南安军》部分载:"卓锡泉、放钵石:大庾云封寺有六祖圆明真空大鉴禅师塔,左卓锡泉,一云锡杖泉,右放钵石。释氏《坛经》云'六祖自黄梅传衣钵之曹溪,五百大众俗争取之,追至大庾岭,久立告渴,祖手拄锡杖,点石泉涌,清冷甘美,众骇而巡'。"⑦其《南雄州》部分亦有"放钵石、锡杖泉"条,先载前述章得象《放钵石诗》,次载张士逊《杖锡泉诗》,云:"灵踪遗几载,卓锡在高岑。妙法归何地,清泉流至今。苔花生细细,云叶映沈沈。桂魄皎清夜,分明六祖心。"⑧

---

① 邱亮:《〈坛经〉所见六祖惠能"坠腰石"考》,《中国典籍与文化》2016 年第 4 期。
② 《(光绪)黄梅县志》卷十四《建置志·寺观》。
③ 林有能:《禅宗六祖慧能迹址探真》,商务印书馆 2017 年版,第 336 页。
④ 此传说故事已被收入潘百佳主编《禅宗祖师传说》(华中师范大学出版社 2019 年版,第 208 页)。
⑤ 骆伟、骆廷辑注:《岭南古代方志辑佚》,广东人民出版社 2002 年版,第 385、387 页。
⑥ 刘纬毅等辑:《宋辽金元方志辑佚》,上海古籍出版社 2011 年版,第 526 页。
⑦ (宋)王象之:《舆地纪胜》卷三十六《南安军》。
⑧ (宋)王象之:《舆地纪胜》卷九十三《南雄州》。

明代《南雄府志》和清代《南雄直隶州志》中多有放钵石、云封寺的记载。如《(康熙)南雄府志》载："放钵石，在大庾岭云封寺侧，相传六祖既得衣钵南奔，惠明追至，祖掷衣钵于石上，明举之不动。"① 除方志的记载外，文人的题咏、游记及地方的碑铭也常常以这些遗迹为对象。如明提举陈进《云封寺》诗云："岭头浓翠隐钟声，古寺人传挂角名。寒重庐堂岚雾湿，禅枯坏榻鲜苔生。神僧西去衣随化，诸佛南来钵尚争。剩有清泉留卓锡，夜深圆月证空明。"陆圻的《云封寺》诗中也有"六祖东还度翠微""衣付南宗有是非"等诗句。② 清嘉庆十年（1805年）江西吉南赣宁道廖寅应地方官绅之请撰《六祖泉碑记》，对官绅建六祖亭、塑六祖像、修六祖井泉等义举予以赞扬，希望他们不仅要"籍六祖以神其说"，更要思"普济众生之义"，并作诗酬和。③ 清代旅行家陈徽言道光年间寓居广州期间撰写的《南越游记》也提及云封寺、卓锡泉等遗迹，称云封寺"旧为挂角遗制，有卢六祖卓锡泉"④。

放钵石、云封寺、锡杖泉所在的位置解放后属梅岭镇（2005年之后并入珠玑镇），据新编《南雄市志》，这里在明代立有梅关关楼，"庾岭寒梅""官道虬松"等处均为明清时的佳景，附近的古迹有云封古寺，"在梅关南侧，俗称持角寺，建于唐代。……现在原处重建。寺东有六祖庙，相传禅宗南宗六祖慧能南返脱险于此。有卓锡泉、放钵石遗迹"⑤。

5. 广西永福县双瑞岩、振衣池、放衣石等

经历大庾岭夺法事件之后，慧能南归的路线，一般都认为是按照弘忍"逢怀则止，遇会则藏"的预言，在广东怀集、四会等地隐藏了一段时间，然后回到曹溪。⑥ 近年，广西永福县慧能遗迹的出现，为慧能南归的路线提供了一种新的解释。

永福县位于桂林西南，明隆庆以后属永宁州辖境。据《(嘉庆)广西通志》引旧志所载："双瑞岩，州南八十里，乃六祖修炼之所。环山拱伏，在宋为永福县所辖，至明隆庆六年改县升州，因割隶永宁。"⑦《(光绪)永宁州志》对双瑞岩作了详细描述后曰："南宋高宗绍兴六年（1136年）县令黄昌世始得之，撰文立石，题曰'双瑞岩'，谓龟与鼓也，龟鼓之间，石乳凝结若人箕踞状，后人因镂石于旁，榜曰'六祖法身'。"⑧ 明确表述了双瑞岩遗迹是南宋以来地方官绅的创造。除了黄昌世的题字外，据称岩洞内还有碑刻

① 《(康熙)南雄府志》卷一《舆地志》。明清方志关于放钵石等遗迹的记载林有能先生在其著作中已多有引用，更多相关记载可参见林有能：《禅宗六祖慧能迹址探真》，商务印书馆2017年版，第62~64页。

② 《(乾隆)南雄府志》卷十八《艺文》。

③ 南雄市博物馆编：《南雄文物志》，内部资料，1998年，第95页。志称："该碑原立于梅关古道的六祖泉旁，现由市博物馆保存。"

④ （清）陈徽言：《南越游记》卷一《梅岭》，广东高等教育出版社1990年版，第158页。

⑤ 南雄市地方志编纂委员会编：《南雄市志》，方志出版社2011年版，第736页。

⑥ 今广东怀集、四会、广宁等县都有许多与六祖隐藏相关的遗迹，因与黄梅得法的关联不大，本文暂不赘述。

⑦ 《(嘉庆)广西通志》卷九十六《山川》。

⑧ 《(光绪)永宁州志》卷二《山川》。

多处，包括黄昌世所撰《双瑞岩碑记》、宋代《重修报身寺碑》、清嘉庆年间邑人刘迁京撰文并附其祖父刘新翰咏《六祖诗碑》、道光年间永宁州知州李崇发《宿双瑞岩太和寺诗碑》、道光年间当地解元余绍先所作《六祖禅踪词碑》、清代重修《太和寺碑》。此外，还有与六祖浣衣处相关的"振衣池""佛衣石"等。永福县文化馆干部梁熙成曾三次探访双瑞岩，据称这些遗迹 1984 年尚存，如今只留下"振衣池""佛衣石"及清代《重修太和寺碑记》之残碑，碑文有"六祖飞身于此，因营置寺而栖焉，闻六祖衣体得之五祖"等字迹仍可辨认。另有清代嘉庆年间的残碑一块，附刻有乾隆年间任江苏江阴县令的刘新翰所作"题六祖禅踪"诗一首，中有"南能飞锡自黄梅"和"衲子传衣"等诗句。清代嘉庆年间，"六祖禅踪"已是当地"八景"之一。①

广西永福县之所以会出现六祖慧能的遗迹可能与慧能从黄梅得法南归所选择的路线有关，据梁熙成的调研，《（光绪）永宁州志》编纂者刘汉镇为永福本地人，他在《永宁州志》刊刻后，继续搜集六祖慧能在永福县的史料，刘汉镇所留文稿对六祖慧能过大庾后的行迹有这样的描述：

> 过大庾岭，遂后数百人追来，欲夺衣钵。慧能隐草莽中七昼夜，见追人南下，便折向岭西，避开大路，尽择荒山僻径而行……倏忽春至，慧能行至一处，晃若世外桃源……果见报身寺，遂觅寺后一处山岩栖息。……一日慧能欲濯所授法衣，乃于岩侧清溪中浣洗。法衣一振，瑞气盘旋，清溪如泉涌涨，积以成池。……（能）坐禅于岩壁前，晒法衣于石上。（寺中一僧）惊其不俗，问曰："石上法衣何处得来？"慧能答曰："由来处得来。"问曰："黄梅意旨什么人得？"答曰："会佛法人得。"②

又据地方官员及学者的探寻，广西象州亦有"六祖岩"及摩崖石刻等断代为宋至明清的与慧能活动相关的遗迹和文物，③ 因此，慧能黄梅得法南归过大庾岭后，向西绕道广西不失为一种合理的假说。

三、历史记忆与历史真实：慧能黄梅得法文化现象的启示

慧能黄梅得法的故事，伴随着种种神异和传说，从唐代一直流传至今，影响地域越来越广，与之相关的遗迹越来越多，相关的故事情节也越来越完善，从而成为一种不可忽视的文化现象，这种文化现象的存在，足以引发一系列的思考：慧能黄梅得法的故事是真历

---

① 参见梁熙成《三访太和》（黄继树主编：《福寿之乡》，漓江出版社 2008 年版）、《福寿文物志·双瑞岩》（《永福福寿文化志》，中国档案出版社 2007 年版）、《永安双瑞岩石刻残碑》（《永福石刻》，广西人民出版社 2008 年版）及黄铮《广西六祖慧能遗迹述论》（《岭南文史》2015 年第 4 期）等。

② 梁熙成：《三访太和》，黄继树主编：《福寿之乡》，漓江出版社 2008 年版，第 151 页。另参见黄铮：《广西六祖慧能遗迹述论》，《岭南文史》2015 年第 4 期等。

③ 参见吴孝斌《探寻象州六祖岩》（《来宾日报》，2015 年 6 月 9 日）、《再探象州六祖岩》（《来宾日报》，2015 年 7 月 3 日）、《六祖岩又有重大新发现——三探象州六祖岩》（《来宾日报》，2015 年 7 月 14 日）。并参见黄铮《广西六祖慧能遗迹述论》（《岭南文史》2015 年第 4 期）。

史还是假历史？若是真历史，为什么有那么多自相矛盾的异说和经不起考证的细节？若是假历史，为什么在历史的长河中抹不去、挥不掉，一直顽强地活在人们心中？这些问题也许最终会指向一个根本性的问题：什么是历史？我们该如何研究历史？

从历史演变为一门学科开始，人们通常将历史作为一种科学来研究，习惯性地将"求真"作为研究历史的目标。正因为此，搜集史料、考订史料、运用史料探讨历史真实，就构成历史学研究最主要的内容。这种以"求真"为目的的史观进入禅宗史研究领域的时候，曾一度给禅宗史研究者带来极大的困惑并引发了相关的争议，也引发了人们对禅宗史研究方法论的反思。以与六祖慧能相关的研究为例，有论者指出："回顾上个世纪以来的《坛经》研究，学者们考证《坛经》版本的论述，其耗时不可谓不长，其用力不可谓不勤，其考察亦不可谓不精；何以始终未能获得比较明确和一致的结论？尽管有关《坛经》的研究从未中断，大家也推崇《坛经》在禅宗乃至中国文化史的重要地位（凡言禅，皆本曹溪），然而顶着这样一个光环的《坛经》，似乎也同时成了禅宗史上的黑洞，大量的专家学者投注了许多心血，却无法获得满意的结果，于是有些学者对此干脆避而不谈或含蓄带过，有些学者甚至怀疑'历史上真有惠能这个人吗？'"① 慧能和《坛经》研究中的这些尴尬局面，促使禅史研究者反思以往的提问方式或使用的方法是否有局限性，他们希望通过反省，以更具开放性与多元性的方法来研究禅宗史。② 其实，印顺法师在写作《中国禅宗史》时已有类似的反省，他认为既往的禅史研究常将现有的禅史资料作直线的叙述，而忽视历史记录的多样性，从而易犯"以古疑今""以今疑古"等错误，所以"禅宗史的研究，必须弄清楚超时空的自心体验，现实时空（历史）中的方便演化，才能恰当处理禅宗的历史事实"③。

禅宗史研究者的反思多侧重于将"禅"作为一种特殊的研究对象，所谓"诸佛妙理，非关文字"，禅的深义是语言文字无法描述的，不能单从语言的训诂和史料的考辨来解释和理解禅，不然就将活泼灵动的"禅"限制在历史的铺叙和语言描述之中了。禅学研究者的这些反思无疑是有说服力的，过度的训诂和考据的确容易偏离禅的本义。撇开禅的特殊性，从现代历史学理论方法演变的趋势看，"史料即史学"的实证史学观也日益受到挑战，倡导反对兰克模式的"新史学"在20世纪初已形成潮流，继起的法国年鉴学派已在理论和实践两个层面完成了这种"新史学"的书写。而法国年鉴学派正是对当代中国史学研究，特别是社会史的研究影响最深远的流派之一。年鉴学派的创始人吕西安·费弗尔在《为史学而战》一文中说："提出一个问题，确切地说来乃是所有史学研究的开端和终结。没有问题，便没有史学。"④ 年鉴学派的另一创始人马克·布洛赫从史学工作的本位出发，认为"时间"成为历史学家洞察过去、现在和将来的利器，面对真伪莫辨的史料，他指出"从另一方面来看，假如我们把这些传记作为反映作者所处时代的生活和思想材

① 何照清：《〈坛经〉研究方法的反省与拓展——从〈坛经〉的版本考证谈起》，《中国禅学》（第二卷），中华书局2003年版，第97页。
② 较系统的反省可参见龚隽：《禅史钩沉：以问题为中心的思想史论述》，生活·读书·新知三联书店2006年版；冯焕珍：《经藏游意：佛教义学综论》，上海古籍出版社2017年版等。
③ 释印顺：《中国禅宗史》，中华书局2010年版，《序》第7页。
④ 姚蒙：《法国当代史学主流——从年鉴派到新史学》，香港三联书店1988年版，第47页。

料，来加以参照（所有这些都是作者在无意中透露出来的），其价值就无与伦比了"①。为此他反对历史研究中判官式的褒贬和善恶判断，而提出了"千言万语，归根结底，'理解'才是历史研究的指路明灯"的著名命题。②

较之于兰克史学，年鉴学派向前迈进了一大步，擦亮"理解"的眼睛来审视慧能黄梅得法的文化构建，慧能黄梅得法的历史本来就是历代禅者创造思维的启用而形成的一段段被层累创造的历史，它们是那个时代所需要的集体记忆。不同历史时期的文献、遗迹和传说恰好完美地保留了禅宗在中国演进的历史记录，它们也是透视禅宗思想中国化的极好史料。回顾佛教在中国发展的历史，隋唐大一统局面形成之后，南、北方佛教教义也趋于融合，以此为义理基础的三论宗、唯识宗、天台宗等宗派也应运而生。中唐以后，被武周政权提拔使用的庶族士大夫精英成为新的权贵，旧有的皇族亲贵和旧士族受到一定的冲击。世俗政治生活的演变自然波及思想和宗教领域，禅宗便以教义革新的姿态出现在宗教生活舞台上，并受到庶族寒士阶层的广泛支持。"革新"是当时的时代主题，世俗社会的寒士可以朝为田舍郎，暮登天子堂，出家修行的僧众亦能顿悟成佛。慧能的禅学正是以大胆的教义革新对盛唐寺院经济和佛教义学发展所导致的腐败现象，提出了挑战，离文字相、离诸佛形象乃至"离一切相"的主张，使禅宗彻底摆脱了僵化的教条和仪轨的束缚，从而迎合了时代的潮流。在东山禅法初兴的时候，来黄梅求法者甚众，其中与神秀一样有着良好教养，精通儒释道诸家经义的禅师大有人在，例如资州智诜禅师"初事玄奘法师学经论，后闻双峰山忍大师……舍经论。遂于冯茂山投忍大师"。被弘忍评价为："汝兼有文字性。"③ 类似于神秀、智诜这样舍弃经论转而投向禅宗的不在少数。因此慧能以目不识丁的文盲行者而得法，便具备了革命性的意义。"兼有文字性"的法师们是绝不会离经离教的，只有不识字的慧能才能"不立文字""教外别传""直指人心"。恰如钱穆先生所言：

　　自佛教传入中国，到唐代已历四百多年，在此四百多年中，求法翻经，派别纷歧。积存多了，须有慧能其人者出来完成一番极大的消的工作。他主张不立文字，以心印心，直截了当的当下直指。这一号召，令人见性成佛，把过去学佛人对于文字书本那一重担子全部放下。如此简易的方法，使此下全体佛教徒，几乎全向禅宗一门，整个社会几乎全接受了禅宗的思想方法，和求学路径。把过去吃得太多太腻的全消化了。也可以说，从慧能以下，乃能将外来佛教融入于中国文化中而正式成为中国的佛教。④

慧能黄梅得法不是弘忍的偏爱，而是历史的选择，它在一定意义上为佛教义学开拓了

① 马克·布洛赫著，张和声、程郁译：《历史学家的技艺》，上海社会科学院出版社 1992 年版，第 50 页。

② 马克·布洛赫著，张和声、程郁译：《历史学家的技艺》，上海社会科学院出版社 1992 年版，第 105 页。

③ 《历代法宝记》卷中，蓝吉富主编：《禅宗全书·史传部（一）》，北京图书馆出版社 2004 年版，第 71 页。

④ 韩复智编著：《钱穆先生学术年谱》卷 5，中央编译出版社 2012 年版，第 1515 页。

新的思想领域，为陷入外部和内部双重危机的中国佛教找到了一条新的道路，这条道路也是唐宋以来佛教中国化的道路。

回放前文勾勒出的慧能黄梅得法的完整图像，在从唐宋至明清的长时段历史中，围绕着慧能黄梅得法这件事的种种历史记忆的形成过程，可分为两个大的阶段，即晚唐至北宋初为第一阶段，这一阶段是慧能六祖地位的确立和祖师形象塑造完成的时期。宋至明清为第二阶段，这一阶段是相关记忆的叠加和延续，以及禅宗信仰及六祖形象日益世俗化的时期。这两个阶段的慧能形象虽然一脉相承，但慧能形象的描绘者、书写方式、背后的策划组织过程乃至最终展现给世人的面目等方面均体现出明显不同，唐宋时期的慧能，从思想到禅风，都是区别于佛教其他各宗的宗师形象，慧能虽然"不生族姓之家"，却以最简洁的方式来宣扬佛教的根本精神，他开创的南宗禅在唐末五代动荡的社会环境下反而蓬勃发展，独领风骚。慧能形象的缔造者，既有神会这样的高僧，也有王维、刘禹锡这样的上层儒者和显要官员，甚至不乏最高统治者的多次参与。而到了第二阶段，慧能虽然仍以佛教禅宗六祖身份而存在，但是附着在他身上的正统宗教信仰的色彩大为减弱，六祖慧能更多地表现为地方性的文化符号，与地方社会文化发展紧密相关，甚至成为"数典造物"的景观。慧能形象的打造者主要是地方官绅，慧能形象的构成元素也日益琐碎化、日常化，以各种遗迹、传说和地方史料记载为主。也就是说，明清时期的慧能记忆更多地反映了士绅阶层的价值观。地方民众有时也参与慧能形象的塑造，在这种场合，慧能已无异于民间信仰中的地方神灵，承载着守土有责和有求必应、护佑一方的责任。六祖慧能黄梅得法记忆构建的两大阶段及其不同的特点，也真实地反映了中国历史自唐宋向明清演进过程中的一些特点。上述迹象至少可表明，从唐宋至明清，中国地方社会出现了一种明显的士绅化、世俗化的趋势。关于这一较长时段的历史演变，过去历史研究的焦点是"唐宋变革论"框架下的社会经济形态的演变，而忽略了基层社会组织结构及思想文化的演变。慧能黄梅得法的历史记忆所体现出这种士绅化、世俗化的演变趋势恰好可以弥补这方面的缺失。

总之，经过长时间的积淀，禅宗六祖慧能黄梅得法的历史已经成为一种有生命力的集体记忆。对这份记忆遗产所秉持的问题意识不同，就可以有不同的解读方式，只要抱着了解之同情的态度，将慧能黄梅得法的文化创造过程放回到特定的社会历史结构，放进禅宗信仰演变的因缘条件和区域社会发展的脉络中，就会衍生出更多值得挖掘的社会文化史议题和佛教名相之外的意义世界。

（作者单位：武汉大学中国传统文化研究中心）

治术、治体、道体*

——北宋儒家治理理论演进的三个层次

□ 张子峻

【摘要】北宋儒家治理学说有一由治术、治体向道体逐渐深化的演进过程。宋初的国家治理偏向使用礼、法等治之"术",但术的经验性无法确保自身的正当与普遍适用。故而,在正当性方面,儒者以仁义道德作为治之"体",引导治之术。在普遍性方面,儒者将道德性之"体"上达于"道",展开儒家治理理论的"道体"建构,以因应佛、道对治之术、治之体的挑战。道体建构是伦理型政治理论中道德内容的形上化,以王安石、张载、二程为代表。王安石首倡"道德性命之学",提出将道德上达于天,开道体建构之先。然其说掺杂佛道,犹以治术与治体为二,未完成道德的形上机制。张载则从气化宇宙论的角度,奠立道体学说中"天道"部分,其说有形下之嫌疑,尔后二程将"性命"与"天道"贯通,最终奠立治理之学中的"道体"。

【关键词】礼;法;理;治术;治体;道体

传统儒家政治理论是以道德介入公共治理的理论形态。在先秦时期,儒者多以具体情境论证伦理政治之合理性。① 秦汉至于宋代,儒者仍以道德切入政治,秉承伦理型政治之传统,然其理论于佛道之对儒家礼乐的消解缺乏有效回应。至宋代,在因应佛道对儒家伦常的消解中,儒者将伦理型政治理论的道德内容融于对"道"的阐发之中,以奠定治理之学道德内容之形上地位,建立起"道学"关乎"政术"的新"范式",② 以"道学"之兴废,"乃天下安危、国家降替之所关系"③,建构以哲学的抽象理论关怀秩序的模式。

---

* 本文为国家社会科学基金重大项目"宋学源流"(19ZDA028)阶段性成果。

① 先秦儒家道德伦理之论证,多采取某一具体情景来论证道德的合理性与普遍性,如《孟子·梁惠王上》"以羊易牛"、《孟子·告子上》言"人性之善,犹水之就下"等,这些论析均基于某种特殊"情境",儒家伦理政治的道德普遍性之论证尚未建立。可参考 Edward Slingerland. The Situationist Critique and Early Confucian Virtue Ethics. *Ethics*, 2011, 121(2), pp. 390-419. 其中,虽有如《孟子·尽心》《中庸》等将性上达于天,然其具体的修养内容总体比较简略。

② 譬如张载指出:"朝廷以道学、政术为二事,此正自古可忧者",即政治治理应当吻合或遵从"道学"的普遍原则。见(宋)张载:《张载集》,中华书局1978年版,第349页。

③ (宋)李心传:《道命录·序》,上海古籍出版社2016年版,第1页。

然近百年的宋明儒学研究偏于哲学式的书写，经过"先把道学从儒学中抽离出来，再把'道体'从道学中抽离出来"的两度抽离，儒学经世之旨掩于其中。故从宋儒对儒家伦理政治的道德内容之形上立法角度，重揭宋儒以道学建构"道体"的治理之旨，是理解道学关乎政事的重要途径。宋儒伦理政治理论形上化之建立过程，包含三个不断演进的层次：第一，宋初诸儒重视治理之"术"的使用。治术主要是指经验中的形下制度与仪节等，包括礼、法之制以及儒经所载治理方案、圣王治迹等内容。第二，在政治实践中，宋初诸儒逐渐认识到"术"作为零散的、个别性的经验汇整，须以善的引导来赋予政治实践中的合法性，这是治理理论第二层次的"治体"建构。治体是以"正心以正身"为起点的道德修养内容，主要为"治术"的推行赋予正当。① 第三，在回应佛、道对道德性的治之体的消解中，须向沟通天道性命的"道体"转进，对作为"治体"的道德伦理加以形上的立法，从而为儒教道德纲常确立至上的尊严，此为宋儒治理之学的第三个内容。本文旨在对北宋儒者的治理理论作一由治术、治体向道体演进概观，以此还原两度"抽离"后的儒学旨趣。

一、治术肇端：北宋初期儒者的致治之方

北宋政治长期处于失序状态，故儒家思想中能迅速廓除时乱、实现治绩的治术为统治者优先使用。执政集团"讲求治术"之切，甚至于"不惜顷刻之间，日御讲筵"，② 故宋初执政者的施政倾向凸显治效的治术。在理论阐释层面，宋初诸儒虽仍循肇端中唐古文经世之路径，但逐渐转向"重儒宗经"的宋学格局：针对宋初秩序状况，宋初儒者更加聚焦于将治理之"术"与儒家经义结合。概言之，宋初诸儒的秩序学说，大致是以回归儒经，以重建社会、国家秩序的政治宪纲之"术"为要务。

中唐、五代以来，社会治理层面法制不兴、"礼之失久"③，鉴于此，宋初治理尤重刑罚律令和礼乐制度两方面之建设。一是对法治的重视，史载："宋兴，承五季之乱，太祖、太宗颇用重典，以绳奸慝"，此风行久，以至"士初试官，皆习律令"（《宋史·刑法志》）。二是儒家礼治亦参与国家治理。晚唐至五代国家丧乱，治理层面的典章制度多所散逸。至五代晚期，后周世宗始诏学官考证《三礼图》，留意于礼乐之治，然彼时礼文仪注尚多"草创"，故"不能备一代之典"（《宋史·礼志》）。至宋立国，宋太祖制礼作乐，《新定三礼图》得以颁行，成为阙补礼失后"名数法式，上下差违"④ 之保证。由此可见，宋初治理所重在经验性的、具备操作性的治之术主要表现于以下三个方面。

其一，法以及律令等成为宋初政治治理的重要内容。法律刑赏作为高效的制度机制，相比柔性的礼乐教化，法令律条表现出强制与高效的特征，即"法之所用易见，而礼之

———————————————

① 治体理论作为一种学说传统，已为学界重视，可参任锋《中国政学传统中的治体论：基于历史脉络的考察》（《学海》2017 年第 5 期）、《治体论的思想传统与现代启示》（《政治学研究》2019 年第 5 期）、《中国政治传统研究与历史政治学的可能性》（《学术月刊》2020 年第 1 期），另参考其《立国思想家与治体代兴·导论》，中国社会科学出版社 2019 年版。

② （宋）李焘：《续资治通鉴长编》卷 202，中华书局 1985 年版，第 4903 页。

③ （宋）欧阳修：《欧阳修全集》第 1 册，中华书局 2001 年版，第 378 页。

④ （宋）聂崇义：《新定三礼图》卷 20，清华大学出版社 2006 年版，第 612 页。

所为生难知"(《汉书·贾谊传》),认为"法令既行,纪律自正,则无不治之国,无不化之民"①。因此,在经邦治国的治效考量下,众多儒士以习律学法为出仕之备。宋代儒家知识人往往以"兼通律令之学"② 为施政前提,其中熟稔律法者,甚至有"以法家自名者,有弗及也"③ 之情形。

其二,制度性的"礼"逐渐参与社会治理。儒士观念视界对刑、律、法、令等治之术的审慎传统,促使宋初"颇用重典"的法治氛围中,兴起儒者习礼、重礼之呼声。礼治的目的在于调和法治的严峻,所谓"立法之制严",必以礼调融法治,以使"用法之情恕"(《宋史·刑法志》)。在礼制建设方面,宋初颁行的《新定三礼图》虽涉及礼,但该书大致为考订绘制礼经各式礼器、服饰之图样与图说,非严格意义上阐释礼学、记录礼制的文本。④ 故重编宋代礼书、以施礼教的重任,就成为国家治理的题中之义。择要言之,北宋开宝中,"四方渐平,民稍休息"(《宋史·礼志》),皇帝乃命执政详订礼书、以究礼制,以儒家礼制来引导法治。在儒家治理理论中,政治治理的道德动机,是使治术不沦为暴虐之政的保证。故儒家治理之学以礼治为第一义,律令刑法为第二义,以此规避执政者的"无所畏惧,妄构刑狱"⑤。故至开宝中,太祖注意创制宋代礼乐之制,命儒臣"撰《开宝通礼》二百卷",嗣后又修《通礼义纂》一百卷,且"自《通礼》之后,其制度仪注传于有司者,殆数百篇"(《宋史·礼志》),构成北宋政治治理中的礼治依据。

其三,宋初诸儒还从儒经中圣王致治之方与为政准则获得治理经验。宋初,儒者对记载"先王治迹"的五经系统阐发最多,五经系统所载具体内容,大致为圣王为政的具体内容。在重建秩序的诉求下,宋初统治者汲汲以"学"求"治",其"学"多为《五经》中的治之术。如《尚书》记录圣王治迹和为政之方,多为策略的呈现,⑥"三礼"中《周礼》《仪礼》本就侧重治理制度、修养规矩之阐述,《礼记》虽多为阐释礼节仪式的内涵和义理,但亦不乏《曲礼》《内则》《冠义》《昏义》等阐述制度之"术"的篇什。

总之,宋初执政者基于现实治效的考量,以法、礼为治理首选。然而,从治之术运作过程的起点而言,人的道德动机其实决定着制度机制,也即"伦理景况是制度功能得以发生、制度有效性得以保证、制度本身的状态可以调整的依据"⑦。因此,治术的制定和实施还面临两个问题:一是所制治术,如何获得普遍认可性,以此避免"人存政举,人亡政熄"的窘境;二是在制定和实施治术过程中,是否贯彻儒家精神和价值,即宋初立法制礼,是否符合共同认可的"善",实施法、礼之治的行为主体,是否基于这一"善"的精神来推行治术,这促使宋初儒者将治理之学向更优先的"治体"推进。

① (宋)包拯:《包拯集校注》,黄山书社 1999 年版,第 98 页。
② (宋)王安石:《王安石全集》第 6 册,复旦大学出版社 2016 年版,第 935 页。
③ (宋)曾肇:《行状》,《曾巩集》,中华书局 1984 年版,第 792 页。
④ 张文昌:《制礼以教天下——唐宋礼书与国家社会》,台大出版中心 2012 年版,第 138~139 页。
⑤ (宋)包拯:《包拯集校注》,黄山书社 1999 年版,第 214 页。
⑥ 宋太祖读《尚书·尧典》时言:"尧舜之世,四凶之罪,止从投窜,何近代宪网之密耶!"故"自开宝以来,犯大辟非情理深害者,多贷其死"(李焘:《续资治通鉴长编》卷 16,中华书局 1985 年版,第 337 页)。
⑦ 任剑涛:《道德理想主义与伦理中心主义》,东方出版社 2003 年版,第 2 页。

二、治体追寻：治术转入治体的内在动力

承前揭，治之术能否取得预期治效，首先面临"术"在施行中是否具备正当性之考验。在宋初知识人强调的治术中，已经产生寻求"术"背后关乎正当性依据的努力。如宋初胡瑗所倡"明体达用之学"，强调以"君臣父子，仁义礼乐"之"体"引导"用"，① 表明在宋初强调操作性的治之术中，兴起探寻相对根本的、关乎价值的道德性内容。

宋初儒学中的体用之学，是以道德性的仁义为"体"，以之统摄技能性的治术之"用"。以胡瑗的"体用之学"为例，其体用体现于"湖学"的治事斋、经义斋中。经义斋"择疏通有器局者居之"，所学为儒家仁义忠孝等知识，属于作为"体"的道德仁义；治事斋则"人各治一事，又兼一事，如边防水利之类"②，侧重传授经验层面的治理技艺，属于治术范围之"用"。相比于作为用的治之术，价值上的道德性之"体"更为根本，但道德性之体尚不具备超越之意，"体用"实等同言事物之"本末"，总体属于形下层面的内容，即未对所揭义理作抽象的阐释，未将治理"人事"的"术"上达于天道。他主要是借"天人"相似"之理"发明人伦之序，以模拟天道论"人事"。他认为，"天地卑高既定，则人事万物之情皆在其中"，如此人道"皆有贵贱高卑之位"，故人间社会纲常在法象天地的过程，实现"其分位"的秩序。若"卑不处卑，高不处高，上下错乱"，则人伦贵贱尊卑、君臣父子、夫妇长幼就"不得其序"。③ 显然，胡氏"全以天气明其义"的阐释方式，是以天人比附论证人间秩序的合理性，停留在外部论证层面。

但不可否认，从宋初儒者强调的治理之术中，内生出为治术寻求合理性的动力，即给作为用的治之术，附加作为体的道德内容，由此奠定其合理性。治之体的产生，是由北宋治理之"术"向治理之"体"和治平之"理"的推进，大致基于以下两点原因。

其一，作为经验性的治之术，如何从现实中经营一隅的成功，适用于广阔的疆域，必须完成其推行的合理性与普遍性证明。而治术推行的合理或普遍与否，需要以法象天地而具备普遍性的道德性治之体完成。在宋初诸儒强调治术的阐释中，孕育出揭举儒经中以体引导用之理论进展。如胡瑗注意将内之"德"与外之"事"连接，他说："以人事言之，则是圣贤、君子有中庸之德，发见于世之时也。夫君子之道，积于内则为中庸之德，施于外则为皇极之化。"④ 刘彝谓其师说乃发明"圣人体用以为政教之本"，即强调作为内圣的道德性治之"体"，是外王之功劳的依据。孙觉重揭安定之旨言："为道而不至于三王者，皆苟道也；为学而不至于圣人者，皆苟学也。"⑤ 这表明，北宋初期的儒家知识人和政治人，在探寻秩序的过程中，兴起稽求三代圣王（人）之"治"与建立圣人治理之

---

① （明）黄宗羲：《宋元学案》卷1，中华书局1982年版，第25页。

② （宋）朱熹：《朱子全书》第12册，上海古籍出版社、安徽教育出版社2002年版，第318页。

③ （宋）胡瑗：《周易口义》，北京大学出版社2012年版，第341页。

④ （宋）胡瑗：《周易口义》，北京大学出版社2012年版，第17页。

⑤ （宋）孙觉：《孙氏春秋经解》，《文渊阁四库全书》第147册，上海古籍出版社1987年版，第615页。

"学"的"治体"自觉，以此为政治实践中的治术赋予合理与普遍。

其二，治"之体"的建立，亦有现实政治实践之考量。术的推行须以体用、本末设置，以避免彼此抵牾、掣肘，确保其治效。众所周知，传统儒学中礼优先于法、刑、律等治术，但宋初礼、法相提并重，法条律令与礼乐制度并行，形成礼、法交织的治理结构，导致对待同一事件就有可能出现礼、法之"术"的分歧，从而产生治理上的分歧。如在仁宗朝，"每朝廷有大事，议论纷然，累日而不决。司马君实与范景仁号为至相得者，钟律一事，亦论难数日而不厌"①。而神宗时期的"登州阿云案"，从定案到减刑，到朝议至再定罪，前后延宕十来年，成为影响政治集团斗争的重要事件。这在于这一事件既关乎礼治上夫妇地位之原则，也关乎法治上对婚姻关系确立与否的规定，同一案件中的人、事，投射于不同观念之执政者，往往产生极为相反的判决。所以，避免治理的低效，一要调整礼、法先后顺序，二要在制定、颁行中达成普遍的共识。基于此，从经验性的治之"术"，进展为较为普遍认可的道德性治之"体"，成为现实的治理需要。

总之，宋初治理策略偏于治之"术"，同时从中逐渐产生建构治之"体"的诉求。秩序理论由制度性、规范性的"术"，拓展至道德性之"体"。宋初诸儒已开建构"治体"之端绪，其"虽未能深于圣经，然观其推言治道，凛凛然可畏，终得圣人意思"②。此语虽有专指，然实可以之勾勒宋初寻求治之"体"的基本情状。

三、道体确立：儒家道德形上学的建立

治之"体"作为引导治之"术"的德性内容，属于儒学的价值层面对制度实践层面的调控内容。因此，价值层面本身的有效与否不仅关系着制度是否有效，更关系到以"学"求"治"的秩序目的能否实现。在现实层面，作为治之体的道德切入政治，虽自孔、孟以来大致已构成儒学传统，但汉末以至隋、唐，佛、道二教大炽，其说对儒家伦理政治之理论构成巨大理论挑战。

（一）道体建构的动力

一则，佛、道空无、寂灭观念，对士大夫积极昂扬的精神构成极大消解。佛道之说兴于汉唐，至宋，其盛尤胜前代，尤以佛教"人人谈之，弥漫滔天，其害无涯"③。神宗言其害在："释、老之说行，则人不务为功名，一切偷惰，则天下何由治。"④ 一旦佛道空无之说拓展至庶众的观念世界，世间的一切努力都被视为虚幻而无意义。故宋儒抵斥佛老，是"此一时代学人，基本要求非作'逃遁'，而是作'担当'"⑤，欲以排抵佛道，昌明儒者以天下为己任的担当。

二则，佛、道之说消解着儒家名教纲常的价值。从教义看，佛教之止、观法门，道教

① （宋）陈傅良：《永嘉先生八面锋》卷6，商务印书馆1936年版，第42页。

② （宋）朱熹：《朱子全书》第17册，上海古籍出版社，安徽教育出版社2002年版，第2869页。

③ （宋）程颢、程颐：《二程集》，中华书局1981年版，第3页。

④ （宋）杨时：《神宗日录辨》，《杨时集》，中华书局2018年版，第124页。

⑤ 劳思光：《新编中国哲学史》第3卷上，广西师范大学出版社2005年版，第55页。

之心斋、齐物我诸说，强调个体在精神上的超越和自足。这种超越表现为对经验世界的疏远，甚至对经验世界的否定，所谓"绝仁弃义""绝圣弃智"（《老子》第十九章）。佛家认为，人间社会的"相"，"皆由妄念而起"，"若离念，化念归心，则一切法本质上即是空如平等，只是一真心常在，不生不灭"。① 其以佛性为唯一的真实，往往以人生为虚幻和亟待解脱的苦海，采取背离社会生活以求生命根本的觉解。而道教的长生久视之说，容易导向抛弃人道之追求。基于此，儒者批评佛、老对形上与形下两个层面割裂的"体用殊绝"之弊。

在此情形下，兼以晚唐、五代乱世，导致社会治理严重失序。儒者不得已与"浮屠、老子辩"，正因其说对秩序构成极大的挑战。在回应佛、老之学中，宋儒反思所阐治之术和治之体的形下性，开始寻求为其建构一个更为根本、可靠的根基，以便为秩序的实现奠立至上的依凭，即关于"天道性命"之"道体"建设。宋代儒家治理之学的"道体"建构，是将道德与天道贯通，以为形而下的治之术、治之体奠定形上之地位。

（二）道体建构的过程

王安石首倡"道德性命之学"，透过援老庄之形上学入儒，以阐释道德性命的形上地位。他说："万物待是而后存者，天也；莫不由是而之焉者，道也；道之在我者，德也；以德爱者，仁也；爱而宜者，义也。"② 天作为万物生化的根本，道作为万物运化依循的依据，由天、道具备的至上地位，来确立道德的尊严。王安石引庄子"先明天而道德次之，道德已明而仁义次之"，论证作为治之"体"的道德、仁义引导作为治之"术"的"分守、形名、因任、赏罚"，并由之构成层次清晰的治理体系。

道德、仁义之上的"天"，则构成确立道德仁义之"体"至上地位的保证。"天"的至上性表征着道德的尊严，然而后世学人则悬置了"天"的道德义，将"天"降格为"不知其几千万里"的"彼苍苍而大者"。王安石强调，国家之治的扎实根基在道德上达于"天"，他说："古之言道德所自出而不属之天者，未之有也。"③ 他正是以追溯道德"所自出"，来确立其至上性，作为解决道德形上立法之课题，从而避免道德与人伦为异教所坏。

针对言道德而"窈冥而不可考"与言形名而"守物诵数"的二分之弊，王安石以"道之体"统摄"道之用"和"道之用"呈现"道之体"来解决。他说："道有体有用。体者，元气之不动者；用者，冲气行于天地之间"，此体用即有无、本末，"有、无之体用，皆出于道"，而"道之本，出于冲虚杳眇之际，而其末也，散于形名度数之间"。④ 即是说，道的"不动"之体与"形名度数"之用，分别涉及总括万物与观照现实之治的内容，通过整体的道之体用将道德与形名整合为一。

然王安石阐释道德心性掺杂佛、道，其性说经历由"性善""性可善可恶"，到以佛

① 牟宗三：《心体与性体》上册，上海古籍出版社1999年版，第499页。
② （宋）王安石：《王安石全集》第6册，复旦大学出版社2016年版，第1210页。
③ （宋）王安石：《王安石全集》第6册，复旦大学出版社2016年版，第1211页。
④ （宋）王安石：《王安石全集》第4册，复旦大学出版社2016年版，第165、156、155页。

教之"空"释性，谓"性无善恶"，最终被视为"出于私意之凿"，"特窃取释氏之近似者"①。同时，王安石偏向于对"形名度数"的治术，"以适用为本"，若"不适用，非所以为器也"②，强调"非有则无以见无，非无则无以出有"③。即通过"用"来展现"体"，使之具有现实针对性，以避免"体"流于空泛无实，实将"用"的重要性等同于"体"，导致体用"二本"，并未真正完成天道与性命、内圣与外王的贯通。其学侧重于为其变法奠立合理的知识体系，故偏重阐发治之术，于天道性命之学，他仅开了端绪。

王安石之说由于其对儒学道德形上学之推动，加之其学被纳入学官，在当时产生了广泛影响，也招致诸多批评。在道德形上化方面，张载以气阐发"天道"，以溯性命之源，二程将"天道"与人道的"性命"学说贯通，把人道的道德内容上达天道，才正式奠立治理学说由"治术""治体"向"道体"的转进，最终完成"道体"建构。而王安石、张载、二程分别代表"道体"理论的肇端、深化与奠立。④

天道论建构主要是由张载阐释的气化宇宙论来实现。在横渠之前，周敦颐、邵雍也都进行了宇宙论的阐释，但周敦颐言之过简、阐释未丰，邵雍则纯以数的规律性变化，阐发宇宙的演变奥秘，偏离了儒学心性之传统。而横渠正是通过阐发"宇宙之气"之天道论，使理学焕然一新，⑤丰富了儒家治理之学的"道体"内容。概言之，他反对将"道学"与"政术"裂为"二事"，注意从具体经验性治术层面投向自然天道，思考如何为道德立法，以给"治术""治体"奠定形上的根基，其宇宙学说作为解释人间秩序所以可能的"天道"根据。其主要是由"气"的聚散变化，建立宇宙生成和宇宙本体的哲学体系，以此解释人间秩序的根源。二程曾对此指出："横渠言气，自是横渠作用，立标以明道。"⑥标示"气"在发明张载治理哲学时的独特作用。

一方面，张载以"太虚"之"气"的聚散解释整个世界的生成和消逝过程，以此否定佛、道虚无之说，为儒家名教留下地盘。他指出："知虚空即气，则有无、隐显、神化、性命通一无二"，故佛之以实为空、以空为真，道之以无为体、无能生有，便在对"虚"气的特性规定中，"推本"万物"所从来"，从而否定了异教"蔽于诐而陷于淫"之论。⑦由"虚空即气"知"太虚"作为气之本初状态，是无形无状的、处在聚散变化中的"客形"，故"气聚则离明得施而有形，气不聚则离明不得施而无形"⑧。气往来于有形与无形之间，但无论如何变化，万物无非是气的聚散，故谓"聚亦吾体，散亦吾体"。即是说，整个世间万物均为气的聚散，"气不能不聚而为万物，万物不能不散而为

---

① （宋）张栻：《与颜主簿》，《张栻集》，中华书局2015年版，第1053页。
② （宋）王安石：《王安石全集》第7册，复旦大学出版社2016年版，第1369页。
③ （宋）王安石：《王安石全集》第4册，复旦大学出版社2016年版，第155页。
④ 黄震指出："本朝之治，远追唐虞，以理学为之根柢也。义理之学独盛本朝，以程先生（即二程）为之宗师也"，即言北宋治理理论的治体追寻直至二程而精微。
⑤ 陈荣捷：《宋明理学之概念与历史》，台湾"中央研究院"中国文哲研究所2004年版，第45页。
⑥ （宋）朱熹：《朱子全书》第12册，上海古籍出版社、安徽教育出版社2002年版，第999页。
⑦ （宋）张载：《张载集》，中华书局1978年版，第8页。
⑧ （宋）张载：《张载集》，中华书局1978年版，第7、8页。

太虚，循是出入，是皆不得已而然也"①。透过讨论介于隐显之间的气，解释万物的存在
情形，以抵斥佛、道等异端，从而起到维护儒家伦理和坚守儒家的礼乐秩序之作用。

　　另一方面，由气化宇宙生成论建构，将儒家伦理上达于天，确立人道的至上地位。以
"气"论事的思想传统，可远溯西周伯阳父以气释地震，但此气属形气，非论性之气。由
春秋战国至汉代，"气"仍多指"形气"，时兼及"精气"，不过尤有物质性的含义。魏
晋以"有无"言气，受到佛、道影响，其含义逐渐向生命本原、道德修养境界等发展，
气的道德性得以凸显，② 而宋代理学之气区别境界之气，亦非单言形气或性气。其中，张
载将"形气"与"性气"合而言之，指出："由太虚，有天之名；由气化，有道之名；合
虚与气，有性之名；合性与知觉，有心之名。"③ 其以太虚之"气"的聚合，来解说儒家
心性来源，从物质性的气中，拓展出道德的"性气"：太虚之气具有"湛一""无形"之
特性，"湛一，气之本""气本之虚则湛无形"，④ 此特性为构成"性"的依据，所谓"言
湛然纯一二不杂者，气之本体也，即所谓性也"⑤。由虚聚而气，由气聚而为人，人由此
禀受虚的"湛一"特性，从而构成儒家所言良善之"性"。⑥ 将气与性连接，是张载的发
明，他论证了"性"的根源问题，将性的来源溯及天道，奠定了伦理政治中的道德内容
之至上性。

　　从气禀上论证人性的自然根基，不仅是横渠对性善论的价值认可，而且还透过论证人
性的平等，暗示在社会治理上，可以由儒家温和的礼乐之治，来实现整个社群的教化与秩
序。可见，张载以气发明天道来阐心性之源，为天道与性命贯通奠定基础。但气化宇宙仅
完成天道下贯人道的准备，天道与人道之间的沟通，"形"与"性"的相辅相成，则尚待
详析。其理论中的核心概念"虚"，仍有形下色彩。二程否定横渠"以清虚一大为天道"，
批评"虚"气"乃以器言而非道"，认为"虚"犹未切实于"道体"。⑦ 二程将"虚"仅
作形下之"形气"理解，固然是对其"性气"内涵之忽视。但二程批评"清虚一大"的
形下性，的确点出横渠在"道体"建构中杂性、形为一体的二本问题。这在二程看来，
某一对象不可能兼具本体和构成万物质料身份，不可能同时为"形而上者"与"形而下
者"。透过否定"虚"的形下性和物质性，二程将"虚"的"性气"特质剥离出来为
"理"，指出"亦无太虚，遂指'虚'曰：'皆是理，安得谓之虚？天下无实于理
者'"⑧，将"太虚"的"神体"性质和物质性质剖分为"理"与"气"，从而由张载之
"虚"进展至二程之"理"。

　　在继承、批判前儒时彦以后，二程进一步完善其"理"学思想，建构北宋儒家治理
之学的道体内容。钱穆谓："正统理学，直要到二程才完成"⑨，实质反映二程心性论的

---

① （宋）张载：《张载集》，中华书局 1978 年版，第 7 页。
② 参考葛荣晋：《中国哲学范畴导论》，台湾万卷楼图书有限公司 1993 年版，第 47~52 页。
③ （宋）张载：《张载集》，中华书局 1978 年版，第 9 页。
④ （宋）张载：《张载集》，中华书局 1978 年版，第 22、10 页。
⑤ 转引自林乐昌：《正蒙合校集释》，中华书局 2012 年版，第 323 页。
⑥ 陈来：《宋明理学》，生活·读书·新知三联书店 2011 年版，第 73 页。
⑦ （宋）程颢、程颐：《二程集》，中华书局 1981 年版，第 118 页。
⑧ （宋）程颢、程颐：《二程集》，中华书局 1981 年版，第 196 页。
⑨ 钱穆：《中国学术思想史论丛》，安徽教育出版社 2004 年版，第 110 页。

天理化。正是通过将心性与礼上达于天，二程奠定了形下制度之礼与道德之心性的至上性，将治理理论中制度性的治术、道德仁义性的治体提升至天道层面的道体，从而确立道德的本体性，恢复伦理政治之道德的尊严。这主要由三个层面来完成：第一，二程奠定"理"的形上本体地位，指出"理，当然者，天也"；第二，二程还将"理"与"心""性"互诠，视"人伦者，天理也"；第三，二程将"理"与"礼"予以互释，对儒经中"礼者，理也"的旧说加以发明。① "天理"就是二程建立的儒家治理理论的"道体"内容，从而完成儒家伦理政治的道德内容的形上立法。

四、余　论

宋儒治世理论是在治术、治体而逐渐深入至道体这一过程中完成。宋初诸儒虽已展开对治之"理"的讨论，但大体侧重于术，朱子谓此时虽已知崇礼义、尊经术，然诸儒"说未透在"②，即言宋初诸儒虽于经义有发明，然未阐明治理之"道"。至北宋中期王安石首倡"道德性命之学"后，始切入伦理政治中道德立法之课题，经张载完成"天道"理论的建构、二程将"心性"与"天道"融贯，才真正实现北宋治理理论的历史书写。不过，作为"道体"的"天理"论，如何处理好形下之"礼"与形上之"理"间的平衡，是值得进一步省思的：既然"天理"至高无上，且构成对形下世界的统摄，理论上学人只须循天理，即可有形之用。但在事实层面，这可能将论说的内容定调过高，忽视世俗世界的礼治与习俗，导致学人苦心极力以求天理，致使其学愈深而其用愈薄，反而又堕回于空疏寂灭的境地。③ 故从儒学经世传统审中视"天理"，此"理"若无形下之"礼""法"等充实，则易流于概念分析，与其所批评的空疏无用无别。那么，这又须回到王安石强调的以"用"充实"体"，否则言体而疏于用，反而体用两失之。

（作者单位：湖南大学岳麓书院）

---

① （宋）程颢、程颐：《二程集》，中华书局1981年版，第757、394页。

② （宋）朱熹：《朱子全书》第18册，上海古籍出版社、安徽教育出版社2002年版，第4020页。

③ 如苏轼批评言："学者莫不论天人，推性命，终于不可究，而世教因以不明。自许太高，而措意太广，太高则无用，太广则无功。"见（宋）苏轼：《苏轼文集》第4册，中华书局1986年版，第1392页。

"治诸侯"与"日月例":《穀梁大义述》"善经"体系研究*

□ 许超杰

【摘要】柳兴恩《穀梁大义述》是晚清《穀梁》学最为重要的著作之一,柳兴恩试图从"《穀梁》善于经"入手,以《穀梁》日月例为核心,建构一个以"治诸侯"为核心的"《穀梁》善经"体系。而"诸侯卒葬例"作为《穀梁传》中最为详尽的日月例书写,成为此一体系的核心,柳兴恩将《穀梁》日月例的诠释建立在"诸侯卒葬例"的基础之上。由于《穀梁》"日月例"本身存在一定的抵牾之处,故柳兴恩试图以此为基础建构的"《穀梁》善经体系"也难免存在矛盾与歧互。但《穀梁大义述》对《穀梁》学体系的建构,开拓了《穀梁》学体系化研究的可能,故在《穀梁》学史上具有重要的意义。
【关键词】柳兴恩;《穀梁大义述》;《穀梁》善于经;诸侯卒葬例;《穀梁》学体系

柳兴恩(1795—1880),原名兴宗,字宾叔,江苏丹徒人。初治《毛诗》,后以《穀梁》学名世。著述颇丰,撰有《周易卦气补》《虞氏逸象考》《尚书篇目考》《毛诗注疏纠补》《续王应麟诗地考》《穀梁大义述》《群经异义》《刘向年谱》《仪礼释宫考辨》《说文解字校勘记》《宿壹斋诗文集》等,尤以《穀梁大义述》最为重要。①

《穀梁大义述》总三十卷,分为《述日月例》《述礼》《述异文》《述古训》《述师说》《述经师》《述长编》七个部分,重新建构了一个《穀梁》学体系,确乎清晚期《穀梁》学一大巨作。然《穀梁大义述》虽为《穀梁》巨著,但由于《穀梁》之学久湮于世,《穀梁大义述》亦不为世人所重。及至王先谦刊刻《皇清经解续编》,《穀梁大义述》才有了第一个较为完整的刊本,是后学者开始对此书有了进一步的研究与探讨。

阮元序《穀梁大义述》云:"郑玄《六艺论》云'穀梁子善于经'……二十年夏,柳氏(兴恩)挟其书渡江来,始得读之,知其专从'善于经'入手。而善经则以属辞比事为据,事与辞则以《春秋》日月等名例定之。"② 柳兴恩《穀梁大义述》之核心即在

* 本文受国家社会科学基金后期资助项目"《穀梁》释经学及其建构史研究"(19FZXB055)资助。

① 详见《清史稿》卷四八二《儒林三》,中华书局1977年版,第13282~13283页。

② 阮元:《揅经室再续集》卷一《镇江柳孝廉春秋穀梁传学序》,《揅经室集》,《续修四库全书》第一四七九册,上海古籍出版社2002年版,第575页。

"《穀梁》善于经",而其所以论证"《穀梁》善经"的核心则是日月例。学界对此似尚未有深入研究,故笔者不揣鄙陋,略述己见,以就教于方家。①

一、"治诸侯"与"诸侯卒葬例"

柳兴恩《穀梁大义述》无疑是要建构一条《穀梁》学史与一个《穀梁》学体系,即以《述日月例》《述礼》《述异文》《述古训》建构《穀梁》学诠释体系,而以《述师说》《述经师》《述长编》建构《穀梁》学发展史。要言之,柳兴恩欲以《穀梁大义述》重构一个《穀梁》学义理体系与《穀梁》学史。② 但如阮元所说,其所欲建构的《穀梁》学体系与《穀梁》学史之核心则在"《穀梁》善于经"这一理念。就此而论,《述日月例》则是其建构"《穀梁》善经"体系最为核心的部分。阮元论柳兴恩之《穀梁》学,言"其专从善于经入手,而善经则以属辞比事为据,事与辞则以《春秋》日月等名例定之",可见日月例之于柳兴恩《穀梁》学的重要性。

在柳兴恩的诠释下,《春秋》学的核心被指向"治诸侯"的理念,故亦将《穀梁》日月例体系的核心导向"治诸侯"。柳兴恩于《述日月例》"元年"条述曰:

> 余表弟蒋宝素著《春秋贯》云:"孔子藉鲁史以为东周,故开宗明义,首书元年春王正月。明乎元年者,诸侯列国或各不同,若正朔则周天子所颁。正月者,周以子为天正,即建子之月也。春王者,周王以建子之月为正月,即以建子之月为首春也。书一'王'字于'春''正月'之间,而藉鲁史为东周之意昭然若揭已。"今案:书"元年",鲁史也;书"春王正月",藉鲁史以尊王也。贯乎二百四十二年,其间有不书王者,有不书正月者,有不书春者,如桓公十余年无王,隐十年无正,定公元年无正月,文公五年王不称天,皆孔子即鲁史以示义。《穀梁》"《春秋》日月之例"即

① 目前学界对《穀梁大义述》的研究并不多,其中以武黎嵩、简逸光、吴连堂、文廷海四家所述最为深入。武黎嵩《柳兴恩与〈穀梁大义述〉》一文以稀见史料《京江柳氏宗谱》为核心,对柳兴恩其人、《穀梁大义述》之成书与刊刻经过、柳兴恩之学术倾向等方面作了介绍(《柳兴恩与〈穀梁大义述〉》,《古籍研究》第57~58卷,安徽大学出版社2013年版,第42~49页)。由于文章以《京江柳氏宗谱》为核心史料,故多集中在柳兴恩生平及《穀梁大义述》之编纂刊刻等内容上。虽然亦涉及柳兴恩之学术倾向,但限于篇幅与重心之异,作者仅举二例论述柳兴恩对《春秋》三传的态度,并未深入分析《穀梁大义述》之内容。简逸光《〈穀梁大义述〉与〈穀梁大义述补阙〉作者及成书探析》《清学史中的〈穀梁大义述〉》二文重在探讨《穀梁大义述》之成书过程、完阙问题等,对于《穀梁大义述》之主旨则较少涉及(《噶玛兰治经学记:春秋三传研究论丛》,台湾万卷楼图书有限公司2015年版)。若就对《穀梁大义述》内容之探讨而言,文廷海《清代春秋穀梁学研究》之"'昌明鲁学':柳兴恩《穀梁大义述》"节则对《穀梁大义述》的七类内容都作了较为全面的介绍(《清代春秋穀梁学研究》,巴蜀书社2006年版)。与此相仿,吴连堂《清代穀梁学》亦对《穀梁大义述》作了全面的介绍,且更为详尽、深入(《清代穀梁学》,台湾花木兰出版社2016年版),但无论是吴连堂还是文廷海,都重在对《穀梁大义述》作分类分析,而对《穀梁大义述》的核心脉络与贯穿始终的主题,即"《穀梁》善于经"下的"日月例"与"治诸侯"体系,则未予深入研究。
② 参见笔者拙作《柳兴恩〈穀梁大义述〉述略》,《中国四库学》第三辑,中华书局2019年版。

从此起，何莫非奉天子以治诸侯哉，此《春秋》所以为天子之事也。①

柳兴恩将孔子作《春秋》之意旨指向了"藉鲁史以尊王"，也就是"奉天子以治诸侯"，"尊王"与"治诸侯"成为柳氏《穀梁》学诠释体系的两个支点。当然，柳氏此说并不是独创，而是承自《孟子》之说。《孟子》曰：

> 尧舜既没，圣人之道衰，暴君代作。坏宫室以为污池，民无所安息；弃田以为园囿，使民不得衣食。邪说暴行又作，园囿污池，沛泽多而禽兽至。及纣之身，天下又大乱。周公相武王，诛纣伐奄，三年讨其君，驱飞廉于海隅而戮之，灭国者五十，驱虎豹犀象而远之，天下大悦。……世衰道微，邪说暴行有作，臣弑其君者有之，子弑其父者有之。孔子惧，作《春秋》。《春秋》，天子之事也，是故孔子曰："知我者，其惟《春秋》乎；罪我者，其惟《春秋》乎。"……昔者禹抑洪水而天下平，周公兼夷狄、驱猛兽而百姓宁，孔子成《春秋》而乱臣贼子惧。②

孟子据尧、舜、禹、武王、周公而言"世衰道微"、言"臣弑其君者有之"，则孔子《春秋》之作无非接续尧、舜、禹、武王、周公之绪，以《春秋》当"天子之事"也。故赵岐注曰：

> 世衰道微，周衰之时也。孔子惧王道遂灭，故作《春秋》，因鲁史记设素王之法，谓天子之事也。知我者，谓我正纲纪；罪我者，谓时人见弹贬者，言孔子以《春秋》拨乱也。③

朱熹亦曰：

> 胡氏曰："仲尼作《春秋》以寓王法。惇典、庸礼、命德、讨罪，其大要皆天子之事也。"……愚谓孔子作《春秋》以讨乱贼，则致治之法垂于万世，是亦一治也。④

无论是赵岐所谓"素王之法"，还是朱子所谓"致治之法"，其要皆在"讨乱贼"也。柳兴恩接续孟子之说，以夫子作《春秋》为"天子之事"，"讨乱贼"为夫子作《春秋》之主旨，更进一步将"讨乱贼"指向了"治诸侯"，故其言："奉天子以治诸侯，此《春秋》所以为天子之事也。"而"奉天子"与"治诸侯"本为一体之两面，"治诸侯即所以

① 柳兴恩：《穀梁大义述》卷一《述日月例》，《皇清经解续编》，光绪四十年刻本，第3页。
② 赵岐注，旧题孙奭疏：《孟子注疏》卷六下《滕文公章句下》，《十三经注疏》第八册，艺文印书馆2007年版，第117~118页。
③ 赵岐注，旧题孙奭疏：《孟子注疏》卷六下《滕文公章句下》，《十三经注疏》第八册，艺文印书馆2007年版，第117页。
④ 朱熹：《孟子集注》卷六《滕文公章句下》，《四书章句集注》，中华书局1983年版，第272页。

尊天子"① 也。也正是从这一角度出发,"治诸侯"成为柳兴恩《穀梁》时月日诠释体系的核心,故其言曰:

> 《穀梁》日月之例莫详且备于诸侯之卒葬,二百四十二年日月例各事之予夺,又皆自诸侯卒葬例来。治诸侯即所以尊天子,此《穀梁》所以为善于经。自汉唐诸儒正例、变例之纷纠,非余莫能为之观其会通、究其始终也。②

柳兴恩将"治诸侯"设定为《穀梁》日月例之"大义"起点,同时亦可谓《春秋》日月大义之核心与归结点。

二、《穀梁》日月例体系之建构

"治诸侯"在日月例中的体现,当以"诸侯卒葬"最为代表,因为"《春秋》所以治诸侯,故书其卒葬特详,而日月褒贬之例亦特备"③。故就其诠释体系而言,以"治诸侯"为起点,"二百四十二年日月例各事之予夺,又皆自诸侯卒葬例来"。故柳氏论"诸侯卒葬例"曰:

> 礼:天子七日而殡,诸侯五日而殡,大夫三日而殡。故传例云日卒正也,月卒非正也,时卒恶之也。天子七月而葬,七月则历三时矣;诸侯五月而葬,五月则历二时矣;大夫三月而葬,三月则尽一时矣。故传例云时葬正也;月葬故也;日葬故也,危不得葬也。其起例之反对,实理之自然,不假强为者也。而通传之以书日而褒者,皆自"日卒正也"之例推之,以书日为贬者,皆自"日葬故也"之例推之,此更一以贯之矣。后儒未窥此秘,但见同一书日,此既为褒,彼又为贬;同一不书日,而此既为贬,彼又为褒。且同一事也,而前以不日为信,后又以书日为美,遂纷纷议之,固无怪其一唱而百和矣。自此说出,而《穀梁》日月之例乃以悬诸日月而不刊云。④

柳兴恩以"天子七日而殡""诸侯五日而殡""大夫三日而殡"的礼制为依据,提出《穀梁》传例之书卒当以日为正,以时、月为非正、为恶。与此相同,又以天子、诸侯、大夫不同的葬制为依据,提出凡葬当以时为正,以月、日为非正。将"卒葬之礼"看作《春秋》书写"卒葬之例"的天然依据,并以此为中心,推及《穀梁》全传之日月例,即柳兴恩以"诸侯卒葬例"为核心,建构了一个《穀梁》日月例诠释体系,而这个体系的起点,就在"诸侯卒葬"。

但从这里我们不难发现一个问题,就是柳兴恩虽然以"述日月例"标目,但就"诸侯卒葬例"而言,其核心却是在"时"与"日"这两点上,而"月"似乎只是"时"与

---

① 柳兴恩:《穀梁大义述》卷一《述日月例》,《皇清经解续编》,光绪四十年刻本,第3页。
② 柳兴恩:《穀梁大义述》卷一《述日月例》,《皇清经解续编》,光绪四十年刻本,第3页。
③ 柳兴恩:《穀梁大义述》卷三《述日月例》,《皇清经解续编》,光绪四十年刻本,第13页。
④ 柳兴恩:《穀梁大义述》卷三《述日月例》,《皇清经解续编》,光绪四十年刻本,第13页。

"日"之间的一个过渡状态。当然,"诸侯卒葬"亦有书"月"例,柳兴恩亦予以探讨,但就其论而言,更能佐证"月例"并非《述日月例》之核心,其言曰:

> 隐公元年、三年,庄八年,传俱曰"诸侯日卒,正也",则举宋公和、蔡侯考父、陈侯林以例其余。……"僖十有四年冬,蔡侯肸卒",传"诸侯时卒,恶之也",则凡时卒者视此,皆不正也。又有月卒者……月卒者不言正不正,亦从简也。……葬例有三,与卒例正反。时卒恶之也,而时葬正也;月卒非故也,而月葬故也;日卒正也,而日葬故也,危不得葬也。①

就"诸侯卒例"而言,其书写之正否,在于是否书"日","日卒"为正,"时卒"为恶,而处于"日卒正"与"时卒恶"之间的"月卒",却"不言正不正,亦从简也"。"从简"和"不言正不正"的提出,也就意味着这仅仅只是"日卒"与"时卒"之间的一个过渡状态,褒贬的核心仍在于"时"与"日"。虽然相比于"月卒"之"从简"与"不言正不正","月葬"已经明确有了"故也"的诠释,但在书葬的时月日例中,"时葬"为正,"日葬"为"故""危不得葬","月葬"则仍是处于"时"与"日"之间的一个过渡状态。其蕴含褒贬大义的核心只是"书日例"和"书时例","书月例"只是介于二者之间的一种过渡状态而已。易言之,柳兴恩虽以"述日月例"为名论《穀梁》时月日体系,但其核心,却是"时"与"日",而"月"并非其体系之核心。柳兴恩正是通过以"时"与"日"为中心的"诸侯卒葬例",为我们建构了一个《穀梁》时月日书法诠释体系。

简言之,柳氏所书、所述虽略有异同,然要其归,其《穀梁》日月例诠释体系不过是从"诸侯卒,日正也,时故也"和"诸侯葬,时正也,月故也,日故也、危不得葬也"两条生发出去而已。在其为《穀梁》时月日例所诠释的体系中,"内盟""内大夫卒""内女""夫人薨葬""诸侯相伐""天王崩葬""王臣卒葬""来求""内伐""公观""围""周聘""雩""平""降""纳""伐我""筑""刺""外大夫来奔""公薨"等二十一例皆自"诸侯卒,日正也,时故也"例来。而"元年""来归""来朝""王会""入""山崩""取""弑""外杀""遇""立""城""诸侯来聘""内灾异""内败外""公葬""诸侯会""内大夫如""夫人至及如""有年""狩猎""外如""王后""庙祭""内战""外大夫见执""诸侯及大夫复归""诸侯出奔""迁""次""救""灭""逃""追""外灾异""外战""新作""作""溃""诸侯见执""乞""戍""天王出居""聘周""郊""闰月""诸侯来奔""内大夫见执""归"等四十九例皆是自"诸侯葬,时正也,月故也,日故也、危不得葬也"例来。

三、"日月例"与"《穀梁》学体系"

当然,如前所述,柳兴恩《穀梁大义述》之撰写,并不仅仅只是为了建构一个"日月例"体系,其最终目的则在建立完整的《穀梁》学体系。《述日月例》作为《穀梁大义述》最为核心的一部分内容,固然是建构柳氏《穀梁》学诠释体系的中心,但却仍需

---

① 柳兴恩:《穀梁大义述》卷三《述日月例》,《皇清经解续编》,光绪四十年刻本,第9~12页。

将"日月例"摆置在整个《穀梁》学体系中予以探讨。柳兴恩的《穀梁》学体系固然建立在"日月例"等内容之上,但"日月例"与《穀梁》学诠释体系之间,亦难免产生矛盾。故"日月例"之探讨,仍当以符合其《穀梁》学体系的最终建构为原则。如柳兴恩论"内大夫出奔"曰:

> 书日之义有二:公孙敖奔莒书日,谨而日之(此自"诸侯卒葬,日危也"例来),一也;侨如、臧纥之出,其日,正也(此自"诸侯卒葬,日正也"例来),二也。①

柳兴恩明确将"内大夫出奔"分为"谨而日之"和"其日,正也"两种情况,各与"诸侯卒例""诸侯葬例"相关联。但柳氏何以必分"内大夫出奔"例为二呢?这既有传文脉络体系之原因,又与柳氏《穀梁》学诠释体系有关。柳氏引文删略太过,无法看出此间脉络,不妨先将公孙敖、公孙侨如、臧孙纥出奔之经传文字梳理于次,以见其诠释理路。文公八年,"公孙敖如京师,不至而复。丙戌,奔莒"。《穀梁》曰:

> 不言所至,未如也,未如则未复也。未如而日如,不废君命也;未复而日复,不专君命也。其如非如也,其复非复也,唯奔莒之为信,故谨而日之也。②

范宁以"吊周丧"释"孙叔敖如京师"之目的,又曰"如其已行,当如公子遂至黄乃复,今不言所至而直言复,知其实未如也",其所以未如未复而书如复,则如范雍所言,"书如京师以显命行于下,不书所至以表不去之罪"。③ 也就是说,《春秋》书"公孙敖如京师,不至而复",实为贬斥公孙敖的不如不复。那么,何以知道公孙敖不如不复呢?即下一句经文所言,"丙戌,奔莒"也,故《穀梁》曰"其如非如也,其复非复也,唯奔莒之为信",即《春秋》书写中的"如""复""奔"中,只有"奔"是实然之事。如是,在贬斥公孙敖不如不复下"信然"的"奔莒",自然亦是当贬的。故《穀梁》所谓"唯奔莒之为信,故谨而日之",这里的"谨而日之",自然是对公孙敖的贬斥。故在此条中,出奔书日亦是一种贬斥的书法。由于这是《穀梁》明确发义而书贬,故柳兴恩亦遵而从之,以此为贬义,言其自"诸侯卒葬,日危也"例来。

由于成公十六年,"冬十月乙亥,叔孙侨如出奔齐"条④,《穀梁》并未发传,亦非柳兴恩所论焦点之所在,故不详论。而襄公二十三年"臧孙纥出奔邾"则又成柳兴恩与范宁、杨士勋争议之焦点。《春秋》:"冬十月乙亥,臧孙纥出奔邾。"《穀梁》曰:

① 柳兴恩:《穀梁大义述》卷五《述日月例》,《皇清经解续编》,光绪四十年刻本,第10页。
② 范宁注,杨世勋疏:《春秋穀梁传注疏》卷十"文公八年"条,《十三经注疏》第七册,艺文印书馆2007年版,第103页。
③ 详见范宁注,杨世勋疏:《春秋穀梁传注疏》卷十"文公八年"条,《十三经注疏》第七册,艺文印书馆2007年版,第103页。
④ 范宁注,杨世勋疏:《春秋穀梁传注疏》卷十四"成公十六年"条,《十三经注疏》第七册,艺文书馆2007年版,第142页。

其日,正臧孙纥之出也。蘧伯玉曰:"不以其道事其君者,其出乎?"①

范宁以"正其有罪"释《榖梁》之"正",以"必不见容"释蘧伯玉所谓"不以其道事其君者,其出乎",则不正臧孙纥之出奔。如果将"臧孙纥出奔"与"公孙敖奔莒"联系起来看的话,似乎内大夫出奔书日皆为贬,如是,则《榖梁》未发传之"叔孙侨如出奔齐"书日,亦当是贬。杨士勋即以书日为贬诠释"内大夫出奔"之义,言之甚详。杨氏于"公孙敖奔莒"条下曰:

> 襄二十三年冬十月乙亥,臧孙纥出奔邾。传曰:"其日,正臧孙纥之出也。"范云"正其有罪"。彼云正其有罪,则此亦正其有罪。两处发传者,此其如非如、其复非复,臧孙则实奔,嫌其意异,故举二者以包其余。成十六年冬十月乙亥,叔孙侨如出奔齐亦同此例,故不复发。若然,侨如亦是有罪书日,亦以包之。于彼注引徐邈云:"礼:大夫去,君埽其宗庙,不绝其祀。身虽出奔,而君遇之不失正,故详而日之,明有恩义也。"与此异者,书日之义有二种之意也:一为正罪,一为兼君恩。知者,以闵二年公子庆父出奔莒,文承九月下而不书日,传称庆父不复见,明罪重合诛,故去日以见恩绝,则书日者有恩可知。②

由杨士勋疏可知,范氏、杨氏都是将"内大夫出奔"之书法看作具有一个统一体例的诠释体系,具体而言,就是由公孙敖奔莒之书日为贬而推及其余,从而认定叔孙侨如、臧孙纥之出奔书日皆为贬。杨士勋更进一步将书日之义区分为"正罪"和"兼君恩"两个层次,用"兼君恩"更进一步论证出奔之"罪"。我们可以发现,这是一条由"例"而"义"的论证体系,就"内大夫出奔"而言,实可谓绵密可靠。但柳兴恩却不以之为是,认为范、杨之说为误,其言曰:

> 成十有六年,范注引徐邈曰:"案襄二十三年臧孙纥出奔邾③。传曰:其日,正臧孙纥之出也。礼:大夫去,君埽其宗庙,不绝其祀。身虽出奔,而君遇之不失正,故详而纪之,明有恩义也。"推徐邈之意,乃引臧纥之无罪以证侨如之有恩,见其书日之同,与公孙敖之日不同也。④

柳兴恩引成公十六年"叔孙侨如出奔齐"下范注引徐邈说为分析起点,认为徐邈之意只能证明"引臧纥之无罪以证侨如之有恩,见其书日之同",而"与公孙敖之日不同",进

---

① 范宁注,杨世勋疏:《春秋榖梁传注疏》卷十六"襄公二十三年"条,《十三经注疏》第七册,艺文书馆2007年版,第158页。

② 范宁注,杨士勋疏:《春秋榖梁传注疏》卷十"文公八年"条,《十三经注疏》第七册,艺文印书馆2007年版,第103页。

③ 案:"邾"原误作"齐",据正文及《榖梁传注疏》改。

④ 柳兴恩:《榖梁大义述》卷五《述日月例》,《皇清经解续编》,光绪四十年刻本,第10页。

而认为范注、杨疏之解读有误。但柳兴恩在此刻意忽略了杨疏的诠释逻辑，就此三条出奔而言，杨疏论证其书日例的支点在于"臧孙纥奔邾"与"公孙敖奔莒"这两点上，举公孙敖"其如非如、其复非复"和"臧孙纥之实奔"以包其余。而叔孙侨如出奔并不是范、杨二家建立"内大夫出奔"的逻辑支点，而只是建立出奔书日例之后的一种应用。成公十六年，叔孙侨如出奔下虽然引徐邈之言以为说，但徐邈之论也只是指向书日恩义说，与"出奔书日为贬"则无关。也就是说，柳兴恩对范、杨的批判并不能驳倒"内大夫出奔书日为贬"的论说。

而就范、杨二氏而言，他们对《穀梁》传例的解读都是由"例"而"义"的推理、诠释模式。范宁因为"公孙敖奔莒书日"为贬，推出"臧孙纥奔邾书日"亦为贬，故在"臧孙纥奔邾"下书"正其有罪"。杨士勋虽然在"公孙敖奔莒"下以"臧孙纥奔邾"书"正其有罪"为据，但就其诠释逻辑而言，"公孙敖奔莒""臧孙纥奔邾"为同例，故可互训。但究而言之，二者的逻辑起点仍在"公孙敖奔莒"之贬。

因为《穀梁》传文明确表达了对公孙敖奔莒之贬斥，柳兴恩亦不能不以之为贬。但他所采取的方法是，将"公孙敖奔莒"与臧孙纥、叔孙侨如分为两例，一为正，一为危、斥。那么，柳兴恩何以定要将三条出奔经文区分为两种书法呢？因为《穀梁》在"臧孙纥奔邾"下言"其日，正臧孙纥之出也"，"正"字的解读，牵涉到柳兴恩对《穀梁》学诠释模式的整体建构。如按照范宁"正其有罪"的理解，柳兴恩的《穀梁》学诠释模式就面临重大的挑战。故柳兴恩曰：

> 范注臧纥之出云"正其有罪"，此误以"正"字作"治"字也。隐十有一年传曰："元年有正，所以正隐也。"（范注：明隐宜立。）桓元年传曰："元年有王，所以治桓也。"则知治者治其不正，正者不待治也。纥如有罪，传当云治臧孙纥之出矣。范注、杨疏不明"正"字、"治"字之分，多误以"治"字解"正"字。①

柳兴恩《穀梁》学体系的核心与逻辑起点是"治诸侯"。而柳兴恩之所以撰写《穀梁大义述》，其触因就在于对"《春秋》何以始乎隐"这一《春秋》学的开端的提问，而其所作的解答，就在"治诸侯"三字。柳兴恩将"《春秋》何以始乎隐"指向了孔子与《春秋》对鲁隐公身份之"正"与其让位之"治"，这也成为他整个《穀梁》学体系的核心观点。而柳兴恩之所以能够见之"正""治"的诠释模式，首先就建立在对"正"隐"治"桓的理解上。② 如果按照范宁、杨士勋的理解，"正"字指向"正其有罪"的话，那么，其整个诠释体系都需要改写。是以，为了维护整个《穀梁》学诠释体系，同时又不能违背《穀梁》传文的情况下，只能将"内大夫出奔"区分为两种书法模式，如此才能使其《穀梁》学体系得以成立。如是之故，亦必当驳范宁、杨士勋之说。但柳氏之驳并不能使人信服，而区分一条日月例为两种书法模式，更是启人疑窦，但这也是柳氏在磨合条例与体系之间不得不为的一种做法。

---

① 柳兴恩：《穀梁大义述》卷五《述日月例》，《皇清经解续编》，光绪四十年刻本，第 10 页。
② 参见许超杰《正隐以治隐：〈穀梁〉体系中的隐公叙事》，《中国哲学史》2016 年第 4 期。

在柳兴恩的诠释体系中,《穀梁》学是一个完整的诠释系统,日月例是其中的一个组成部分。当"日月例"与"《穀梁》学体系"之间产生矛盾、抵牾之时,柳兴恩必将屈"日月例"以就"《穀梁》学体系"。盖柳兴恩的目的在于建构一个完整而系统的《穀梁》学体系,而非斤斤于一事一例者也。

四、柳兴恩日月例诠释体系之缺陷

柳兴恩虽然希望能以"诸侯卒葬例"推导、拢括所有《穀梁》日月例,但事实上却并不能如此整齐划一。由于柳兴恩对日月例与"诸侯卒葬例"的关系勾连缺乏实质而确凿的证据,故常常会存在似是而非、模棱两可的情况。如柳兴恩论"平"例曰:

> 范注"及郑平"曰:"传例'盟不日者,渝盟,恶之也',取夫详略之义。则'平'不日者,亦有恶矣,盖不能相结以信。"今案:范说非也。观下经"叔还如郑莅盟",传例"凡来盟、莅盟俱为前定之盟",盟且前定,则平何谓不能结信乎?然则,何以不日也?曰:平非一日之事也。观宣四年之"莒人不肎"及昭七年之"以内及外",则知不日之故矣。(不果成者书时,此自"诸侯卒葬,时恶之也"例来;其次书月,此自"月故也"例来。)①

范宁认为"平"不书日,如盟之不日,是不相结信的结果。但柳兴恩不以之为是,他认为"平"之不日,盖自"诸侯卒葬例"来。但柳氏将"平"分为成与不成两种情况,成则书日,不果成则书时、书月,用书时、书月显示《春秋》之褒贬。从"平例"与"诸侯卒葬例"之关系而言,即从"诸侯卒,日正也,时故也"例来。这里存在一个显见的问题,就是柳氏自言"平非一日之事也",如果"平非一日之事",那么,按照"诸侯卒例"与"诸侯葬例"之书法,则当以"时"为正,即"平例"当以"诸侯葬,时正也,月故也,日故也、危不得葬也"为依据。但柳兴恩依据《穀梁》传文却以书时为不正,②同时又要纠合"平非一日之事"之说,则难免左支右绌,难以自圆其说了。

如果说这只是"例"与"据"之间存在的难以圆融的情况,那么,除上述七十例之外,尚存数例难为"诸侯卒葬例"所拢括者,则是对此一诠释体系更大的挑战。这主要包含两种情况。一者,一例之内,兼具自"诸侯卒例"与"诸侯葬例"来者,如柳兴恩论"公至"曰:

> 庄二十有三年、定八年传例备矣。"往时正也,致月故也;往月致月,有惧焉尔。"此自"诸侯卒葬,时正也,月故也,日故也、危不得葬也"例来。"往时致月,

---

① 柳兴恩:《穀梁大义述》卷三《述日月例》,《皇清经解续编》,光绪四十年刻本,第31页。

② 《春秋》:隐公六年"春,郑人来输平"。《穀梁》曰:"输者,堕也。平之为言以道成也。来输平者,不果成也。"(范宁注,杨士勋疏:《春秋穀梁传注疏》卷二,《十三经注疏》第七册,艺文印书馆2007年版,第22页)则"平例"书时必为不正可知。

危致也；往月致时，危往也；往月致月，恶之也。"此自"外诸侯卒葬，危也、恶之也"例来。①

因为"往、致"有"往时正也，致月故也；往月致月，有惧焉尔"和"往时致月，危致也；往月致时，危往也；往月致月，恶之也"这样复杂的情况，无论是"诸侯卒例"还是"诸侯葬例"，皆无法完全拢括"往、致"的书法，故柳兴恩只能将其分为两种情况予以阐释。但这种区分与阐释，并没有强有力的证据，以至于柳氏自身难以完全梳理清楚，同时亦难以使人信服。

如果说柳兴恩对"公至例"的诠释仅仅只是不能为人所信服的话，那么，完全不符合"诸侯卒葬例"的日月例条目之存在，则是从根本上挑战柳兴恩的整套《穀梁》日月例诠释体系。柳兴恩在"宫庙""虫灾""侵""外大夫奔""献捷"等五条中，皆言为"诸侯卒葬"例之反对，就是他在难以将日月例放入"诸侯卒葬"体系下时的一种权宜性修补。现将此五例之柳兴恩述语列为表1：

表1　　　　　　　　《述日月例》中的"诸侯卒葬"例之反对表

宫庙	隐五年，范注云"失礼宗庙，功重者月，功轻者时"，此但较"丹桓宫楹"书"秋"言之，亦用虫灾"甚则月，不甚则时"之例，<u>盖与"诸侯卒葬，月故也，时恶之也"例为反对</u>
虫灾	甚则月，不甚则时，可由虫例而推。诸凡灾也，<u>亦与"诸侯卒葬，月故也，时恶之也"例为反对</u>
侵	侵时，谨而月之，传例备矣。<u>此与"诸侯卒葬，时正也，月故也"反对</u>
外大夫奔	奔书时者，恶之也，恶甚则月。<u>此与"诸侯卒葬，时正也，月故也"反对</u>
献捷	杨疏：一书月，一不书月者，徐邈云："霸主服远之功重，故详而月之也。"<u>此与"诸侯卒葬，月故也"例反对</u>

从上文的论述可知，柳兴恩《述日月例》之核心在于"日例"与"时例"，"月例"在柳兴恩的诠释体系中，只是处于"日例"与"时例"之间的过渡状态。但我们从表1也可以看到，在"宫庙""虫灾""侵""外大夫奔""献捷"这五种日月例中，"月例"才是正与不正之根本，"时例"则是进于"月例"的过渡阶段。是以，这五种日月例与柳兴恩之诠释体系之间，不可避免地产生了矛盾。为了弥合此一矛盾，柳兴恩又建构了"例之反对"一说，即原本只是处于过渡状态的"月例"反而成为评判日月例之正否的标准。这虽然弥合了二者之间的矛盾，但柳兴恩重设"例之反对"一说，则不但不能使其诠释体系得到圆融的完满，反而更使人看到了此一诠释体系中存在的隙缝。

---

① 柳兴恩：《穀梁大义述》卷四《述日月例》，《皇清经解续编》，光绪四十年刻本，第9页。

五、结　语

　　柳兴恩《穀梁大义述·叙例》曾对其治《穀梁》学之缘由作了追溯，这一溯源不单是在梳理自己治《穀梁》学之缘起叙事，更是在寻绎《穀梁》学体系与"《穀梁》善于经"的内在理路。在《春秋》与《穀梁》的书写与诠释之间，柳兴恩最终将其归结到孔子"治诸侯"的现实书写，并以此为核心与出发点，建构了《穀梁》日月例书法，并试图建立一个庞大的包括《穀梁》学书法义例与《穀梁》学史在内的《穀梁》学体系。

　　柳兴恩建构的此一体系虽并未臻于完美，其间不但存在不少缺乏依据、推衍过度之说，更有互相抵牾之论，但其试图建构的以"治诸侯"为中心的完整而系统的《穀梁》学体系，无疑是前无古人的杰构，也是《穀梁》学在清代被重新诠释的一大代表。《春秋》学研究，其核心在于对其体系之建构。柳兴恩对《穀梁》学的阐释，可谓《春秋穀梁传》完成之后的又一次重大而彻底的再建构，是《穀梁》学在清代的再发现与新起点。

（作者单位：湖南大学历史系）

牟宗三早期民族建国思想的三重维度[*]

□ 李　强

【摘要】 牟宗三是现代新儒家的杰出代表，其政治哲学以现代民族国家建构为出发点和关切点。其早期民族建国思想包含文化、政治、经济三重维度。文化维度构成其早期民族建国思想的道德理想主义根基，政治维度的民主主义是其刚性形式，而经济维度的社会主义是其内容要求，三者共同形成一套完备的儒家式民族建国方案。此一方案虽然存在不可克服的理论困难，但其对我们当前的国家建构不无启发意义。

【关键词】 牟宗三；民族建国；道德想主义

　　牟宗三是现代新儒家的杰出代表，其思想的各个方面都受到学界关注并展开了深入的研究，无论是其宋明理学研究、中西哲学会通研究、道德形上学体系研究，还是政治哲学研究，都得到了学界持续的关注。就其政治哲学研究方面而言，学界大多关注其"内圣开出新外王""良知自我坎陷"等命题，近来逐渐关注其自由观、民主论、国家说等方面，但学界的牟宗三政治哲学研究，大多集中于具体问题的讨论。牟宗三这些政治思考为何事而发，有无其核心的关切点，则是我们在进行牟宗三政治哲学研究不得不进行反思的问题。

　　笔者认为，以民族主义构建现代国家是近代中国知识分子的政治共识，也是牟宗三政治哲学的核心关切点，我们只有把牟宗三的政治思考放在此一问题意识中来思考，才能对其有更清晰的把握。因此，本文关注牟宗三早期民族建国思想，推进和深化牟宗三的政治哲学研究。

一、建国是一个民族自尽其性的神圣事业

　　中国近代民族主义产生于 19 世纪末 20 世纪初，其理论来源既有中国传统的民族主

　　* 本文为国家社会科学基金项目"二十世纪中国文化保守主义民族国家建构理论研究"（18CZX034）阶段性成果。

义思想，同时西方近代民族主义理论对其形成也产生了重要影响。西方近代的民族主义理论是西方社会从前近代的王朝国家向近代的民族国家转变过程中产生和发展起来的。因此，构建民族国家成为西方近代民族主义理论的核心议题。按照研究者的说法，前近代的王朝国家与近代的民族国家之间在两个方面存在差异，即（1）在王朝国家中，专制帝王具有至高无上的权力，其意志就是法律，广大民众只是帝王的臣民，帝王对他们有生杀予夺之权，而在近代的民族国家中，人民主权取代了专制王权，从前的臣民变成了公民，每个人都有权参与国家事务的管理。（2）在王朝国家中，王朝利益高于一切，当王朝利益和民族利益发生矛盾时，他们往往以牺牲民族利益为代价来换取对王朝利益的维护。所以，这种王朝利益从本质上阻碍着整体民族利益的形成，也阻碍着统一民族的形成。而在近代的民族国家中，民族利益高于一切，尽管正如马克思指出的那样，资产阶级在这里所讲的"民族利益"仍然不过是他们自己的一个阶级的利益而已，但民族利益的提出和确立，则有利于统一的民族国家的形成和稳定。[1]对比于此，中国在民族危机加剧的状况下，为免于被列强瓜分的危机，进而实现中华民族的独立和富强，民族国家建构就成为一代又一代先进知识分子孜孜以求的政治目标，也成为他们所有理论思考的核心出发点。我们可以首先在中国引进西方近代民族主义、提出"中华民族"概念的梁启超的说明为例。

> 今日欲救中国，无他术焉，亦先建设一民族主义之国家而已。以地球上最大之民族，而能建设适于天演之国家，则天下第一之帝国之徽号，谁能篡之。[2]

建立现代的民族国家成为当时的最强音。在此共识的基础上，对于建立一个怎样的民族国家以及如何建立，中国近代的先进知识分子进行了细致的理论探索，大致经历了三个阶段，首先即是 19 世纪末 20 世纪初，维新派和革命派的论争，维新派主张"合满"，建立一个包含满族、蒙族、回族、藏族等少数民族在内的多民族君主立宪制的国家，而革命派主张"排满"，建立一个单一的汉民族民主共和的国家，双方往复辩论，最后的结果是经过辛亥革命，建立一个统一的多民族国家成为共识，这就是中华民国的成立。

中华民国的成立成为近代中国民族建国初步完成的主要标准，但是随着袁世凯窃夺辛亥革命的胜利果实，中华民国成为一个有名无实的空头招牌，人民并没有实现各自的平等权利，国内的民族压迫依旧，国外的帝国主义侵略依旧，近代意义的民族国家并没有真正在中国建立起来。

接着即是中国近代民族主义第二阶段的发展。受第一次世界大战民族解放运动和十月革命以及列宁、威尔逊提出的民族自决理论的影响，中国此时的民族主义加上了反对帝国主义侵略和民族自决的内容。

第三阶段即是我们这里所要说的九一八事变、特别是七七事变日本全面侵华之后，面

---

① 李宏图：《西欧近代民族主义思潮研究——从启蒙运动到拿破仑时代》，上海社会科学院出版社1997 年版，第 256～257 页。

② 梁启超：《论民族竞争之大势》，《饮冰室合集》第 2 册，文集之十，中华书局 1989 年版，第 35页。

对帝国主义入侵日益严重的民族危机，国内虽然建立了国民党的南京国民政府，但只是表面上有民族国家的样子，实质上依然是一个传统的没有王朝的王朝国家。面对内忧外患，抗战建国成为此时中国民族主义的核心吁求，也吹响了民族复兴的响亮号角。国民党方面颁布了《中国国民党抗战建国纲领》，引起了热烈的讨论，学术界各种知识立场的学者皆对此进行了积极的回应和探讨。我们此处所要论述的牟宗三早期民族建国思想，即是对此问题的回应。牟宗三首先对抗战与建国的关系、国内当时的思想状况、民族建国的必要性等问题，进行了详细的说明。

关于民族建国的必要性和紧迫性，牟宗三把它提到了中华民族自尽其性的高度。

> 建国是严肃而神圣的工作，是民族"尽其性"的工作。一个民族不作到政体建国，便是未能尽其民族之性。亦如一个人之未能尽其性，便不可说是一个人格的存在。①

从这里我们可以看出牟宗三对于民族建国必要性的认识，这成为他社会政治思考的核心关切点。他在 20 世纪 30 年代关于中国农村问题的讨论、唯物辩证法的争论、国家社会主义的论述，乃至于后期自由问题、民主问题，内圣开出新外王等的思考，都是在为中国找寻新的出路，为建立一个现代的民族国家而做的思考。

明白了民族建国的必要性，那么牟宗三所设想的现代国家是什么样子，他是怎样展开其民族建国思考的，其中文化的、政治的、经济的各自主张为何，有一个怎样的关系，则是需要我们继续探讨的问题。由于牟宗三民族建国思想早期和中晚期的主张有所不同，本文只探讨其早期民族建国思想，也即其 20 世纪三四十年代的建国思想。

二、民族建国思想之文化维度

如所周知，牟宗三早期的学术兴趣、思考重点在逻辑数学、知识论方面，直到抗战中在各种内因外缘的刺激下，动心忍性，"生活之涉猎，世事之动荡，在在皆足以动吾生命之内蕴"②，才逐渐认识到形上学的价值，逐渐回归中国传统哲学，尤其是宋明理学，认识到心性哲学的价值，并认为这才是中国文化的大本大源，是一切个人的主观实践、成圣成贤，政治社会的客观实践的根源所在，也是他民族建国主张的道德理想主义根据。

> 这个作为基础的"方式"，便是民族活动的究极原理。这个究极原理就是孔、孟所抒发以及理学家所继承的道统。这个道统普遍于整个民族的活动中而为其所依据。从整个民族活动之所依据方面言，这个道统便叫做客观精神。整个民族的活动史便是

---

① 牟宗三：《五十自述》，《牟宗三先生全集》第 32 册，台湾联经出版事业有限公司 2003 年版，第 80 页。

② 牟宗三：《〈历史与文化〉旨趣答问》，《牟宗三先生早期文集》（下），《牟宗三先生全集》第 26 册，台湾联经出版事业有限公司 2003 年版，第 1002 页。

这个客观精神的表现。①

虽然牟宗三这里说的是中国的道统、宋明理学，文化的大本大源问题，但我们不难看到其中黑格尔历史哲学的影子，客观精神、主观精神、绝对精神等。正是受到黑格尔历史哲学的启发，牟宗三把中国文化中的大本大源、"道统"，看作黑格尔意义上的客观精神，而把现实中人的活动，其中包括个人自身方面的主观实践、成圣成贤，现实方面政治国家的客观实践，当做客观精神的外在表现。

对于这个"道体"，牟宗三认为以往的中国传统文化，特别是宋明理学，已经于个人的主观实践方面有很好的表现。但只此还不够，因为精神不能仅仅只是主观的表现、主观的自觉，并且在中国传统文化中这个主观的自觉还是道德性的，必须进到现实方面的客观实践，主观的自觉还必须表现在政治方面，成为一个有个性自觉的政治主体，如此才能使绝对精神得到充足的发展。

> 孔、孟所铸造的文化大统还只是在散的形式下表现。此即是说，只是在个人的身上表现，并没得着客观而普遍的集团实现。这种情形，我们用黑格尔的话说，便是在主观的状态中。②

此段话即表示精神、理性，以及上文所说的道统，在中国以往的文化发展当中，只是以主观的形态而表现、且只在个人的主体活动中表现。牟宗三认为，只在此一方面的表现是不够的，并不能展现精神发展的全体大用。精神，也即是中国传统文化中所说的道统，以及道统所代表的究极观念——道体，必须同时能够成为安顿润泽民族大生命的本源，也即是说精神必须同时在现实的社会生活中表现，"必要求贯彻下来，必要求一种客观而普遍的实现"③。而这个道体要贯彻下来，得到客观而普遍的实现，必须经过一个群体的组织，而这一个群体的组织就是政治形式所组成的一个客体，正是在这一意义上说，政治形式是组织集团生命的一个"刚性形式"，而在这个"刚性形式"中，民族国家即是最重要的形式。因此我们可以说，民族国家有其精神上的根源性，并不是一套外在的争权夺利、兴风作浪的工具，而道体、精神如果想要得到客观而普遍的实现，必须转化为一个客观的形式，也即是必须表现为民族国家，必须在政治法律、自由人权等价值和制度中实现。

到了"新外王三书"时期，牟宗三正式形成了其道德理想主义主张，以作为民族建国的根基。

> 儒家的传统精神是在尽伦尽性践仁：在此种实践中，显示出"仁"这个普遍的

① 牟宗三：《大难后的反省》，《牟宗三先生早期文集》（下），《牟宗三先生全集》第26册，台湾联经出版事业有限公司2003年版，第979页。

② 牟宗三：《大难后的反省》，《牟宗三先生早期文集》（下），《牟宗三先生全集》第26册，台湾联经出版事业有限公司2003年版，第985页。

③ 牟宗三：《大难后的反省》，《牟宗三先生早期文集》（下），《牟宗三先生全集》第26册，台湾联经出版事业有限公司2003年版，第982页。

原理、形上的实在，即"怵惕之感的良知之觉"这个"心理合一"的形上实在；显示出这个实在，即表示在实践中实现这个实在；因而反过来，藉这个实在成就一切实践，使一切实践成为有价值的、积极的、有理想意义的。①

这里的意思是说，儒家的实践活动，不管是主观面的尽心、尽性，还是客观面的尽伦、尽制，都是在其最高的道德实体——"仁"的指导、贯注下而进行的，"仁"具有无限的动力，有其不容已的创发性，其本身就有一股要求行动的力量，因此贯注到哪里，即实践到哪里，从而也使得此一实践成为"有价值的、积极的、有理想意义的"。如此主观地内在地说，儒家理想主义的实践在于保障人禽之辨与义利之辨，这里包括个人方面的修养成德、生命境界以及社会方面的义利、人禽之辨，这两者都是从深度方面来讲的；而客观地外在地讲，则是政治方面构造、建制的实践活动，此一方面在于保障前面所谓主观的内在的实践，另一方面其本身也有客观的价值和意义，成为道德理性所必然要求的内容。这就是儒家道德理想主义实践论的全体大用，使得民族国家建构有其形上学的根据，并且成为牟宗三民族建国思想的文化维度。

三、民族建国思想之政治维度

具体到民族建国思想之政治维度，牟宗三坚持民主政体建国的意识。他是通过对比分析当时两种社会思潮——国家社会主义和打天下的革命意识，批判后者，认同前者，由此形成了他对民主政治的看法的。

牟宗三首先分析了革命的打天下意识所造成的后果，此一后果有三个，独裁、人治和毁国。对于打天下与独裁统治之间的关系，不用多所论述，此征诸中国以往二千多年的历史，可以得到清晰的说明。打天下、革命，即视天下为个人之私产，是属于个人自己的东西，自己对其具有完全的所有权，因此，在此一意识之下，因为天下是自己的私产，所有天下的事情都必须取决于自己的意志，别人不满意，也只能通过革命或打天下的方式，表达其不满，这样天下又转为另一人之私产，产生独裁的结果却是没有丝毫改变，此即传统社会的王朝更替。

而由独裁所造成的结果即为人治，"打天下者为独裁，必为人治。……何以言其为人治也？以其以天下为私有也"②。并且说到了人治的恶果，"人治之恶果若何？曰：人存政存，人亡政亡，人善政善，人恶政恶。政随人走，法以人定。人之寿命不过数十寒暑，暂而不久，变而不常，是政治亦无百年大计，定常之轨明矣！此人所共知也。尚有甚于此者，即立法以绳人而有不绳于法之人是也"③。此即是人治的后果，"人存政举，人亡政息"。在此基础上，独裁、人治，接下来即为灭国，没有国家意识及其观念。传统中国为

---

① 牟宗三：《道德的理想主义》，《牟宗三先生全集》第9册，台湾联经出版事业有限公司2003年版，第51页。
② 牟宗三：《国内两大思潮之对比》，《牟宗三先生早期文集》（下），《牟宗三先生全集》第26册，台湾联经出版事业有限公司2003年版，第834页。
③ 牟宗三：《国内两大思潮之对比》，《牟宗三先生早期文集》（下），《牟宗三先生全集》第26册，台湾联经出版事业有限公司2003年版，第834页。

一文化单位而非国家单位，关于此点讨论很多，已成为学界共识。牟宗三主要批判了他所处时代国民党的党国体制，以独裁、人治，所造成的灭国、没有国家观念的事实。

> 现今之党国行独裁，取人治，亦欲谈建国，始真欺人之谈！彼辈以为以党建国，以党治国，党在国上，国由党出，即为建国。然吾恐国未建而先亡矣！盖以党治国，循至有党无国；以党独裁，循至有人无党。党且无矣，何有于国？更何有于建？党在国上已为千古未有之怪论，而复云以党建国，其谁之信？故独裁政治，国家必等于零。甲来，甲即为国；乙来，乙即为国。其初也以党为国，其继也以人为国，其终也人国俱亡矣！①

由此段论述我们可以看到，在独裁专制、人治而非法治的政治状态下，没有国家观念和国家意识，也不能建立现代民族国家，其所为只是以党建国，所谓党国政治，根本的结果即为有党无国。牟宗三概括此一套为"打天下的系统"，而相对于此"打天下的系统"，则为他所强调和论证的"治天下的系统"，即是国家社会主义立场上"民主、法治、有国"的主张。正是在此一"民主、法治、有国"主张论述的基础上，牟宗三论证了民主政治对于中国社会的必要性和必然性，以民主政体建立现代民族国家、作为民族建国政治维度的观念于焉形成。

针对革命打天下，牟宗三针锋相对地指出："吾人之显明主张为治天下，不为打天下。治天下以天下为公物，打天下以天下为私有。以天下为公物，为民主；以天下为私有，为独裁。"② 这里牟宗三的用意很明显，即是以现代的民主政治取代传统的独裁政治，而在"治天下的系统"之下，必为法治而不为人治。独裁导致人治，我们上面已经说过，而相对人治，与民主政治相应和的，则为法治。

上面提到了牟宗三"治天下的系统"的两个方面——民主、法治，我们接下来看其最后一项内容，即有国。牟宗三由法治说到了国家的存在："此法治之寄托何在乎？民主政治固亦其一，而民治之活动，要必有公共之国家始可施行，是法治之最后寄托必在国家之承认也。"③ 这里牟宗三从法治说到民主政治，又从民主政治说到国家的存在，即必须建立现代的民族国家，而这个民族国家说到底就是有法治基础的民主国家，此即最终的建国任务。

何为建国？"吾人先承认国家为客观的、公共的存在，一切政党皆活动于其中。于此前提下始可云建。建者，建一普遍之制度基础也。以此制度基础赋与国家，使其作超然之存在，国家不为零而为一矣。"④ 这里的意思很清楚，建国即是要建立一个客观的、普遍

---

① 牟宗三：《国内两大思潮之对比》，《牟宗三先生早期文集》（下），《牟宗三先生全集》第26册，台湾联经出版事业有限公司2003年版，第835页。

② 牟宗三：《国内两大思潮之对比》，《牟宗三先生早期文集》（下），《牟宗三先生全集》第26册，台湾联经出版事业有限公司2003年版，第834页。

③ 牟宗三：《国内两大思潮之对比》，《牟宗三先生早期文集》（下），《牟宗三先生全集》第26册，台湾联经出版事业有限公司2003年版，第835页。

④ 牟宗三：《国内两大思潮之对比》，《牟宗三先生早期文集》（下），《牟宗三先生全集》第26册，台湾联经出版事业有限公司2003年版，第835页。

的制度架构，建立一套法制系统作为基础，使得国家成为一个客观的形式架子，一个活动的舞台，任何人、任何事，都可以在这个形式架子、舞台之上活动，但任何事、任何人却不属于这个架子和舞台，这个架子和舞台也不属于任何一个人或事，即使国家成为一个这里所说的"超然的存在""不为零而为一"的存在，用牟宗三后来的话说即是成为一个"形式的实有、定常的实有"，① 此则必须是民主政治基础上的现代国家。

接着，牟宗三指出政党政治是现代民主社会的题中应有之意。在他看来，表达人民的四种权利，即参政、言论、集会、选举与被选举的中枢或枢纽在政党，"政党一方带来了人民的权利，一方鼓动了民众的运动。人民能够自动的运动（当然有运动的、有不运动的，此不必问），并能有那四种权利，则便是法治下的制度基础与法律典型，也就是真正的民治，真正的法治"② 此中的关键分别即在于政党政治中的政党并不是与国家结合为一的东西，而是国家为一超然的存在，各种政党在其中公开竞争活动，此即表达了人民的权利，也是民主政治的本质所在。

四、民族建国思想之经济维度

牟宗三早期民族建国思想的经济维度，即其国家社会主义的主张。此一主张是以他对20世纪30年代中国农村问题的分析为基础，是他为农村问题的出路所提出的解决方案，但又不仅仅有解决中国农村问题的意义，更是牟宗三为解决当时中国社会政治问题、实现国家独立、解决民族困境所提出的全盘性方案。③

牟宗三认为当时经济问题争论的焦点主要集中在两个方面，一是公有私有问题，另一是计划经济问题。④ 针对前一问题，他认为关键并不在财产权利的改变，而是在如何利用、如何统筹此一财产权利，以增加生产。公有私有，如果在一个计划得当的经济制度之下，都可以造成社会普遍繁荣，所以问题的关键在于计划经济。这一点可以说完全吸收了张君劢的看法，也可以说是20世纪30年代国家社会党主张"国家社会主义"的普遍共识和理论基点。⑤

这点明确之后，剩下的问题即在于计划经济。但需要说明的是，按照牟宗三的说法，

---

① 见牟宗三：《政道与治道》，《牟宗三先生全集》第10册，台湾联经出版事业有限公司2003年版，第22页。

② 牟宗三：《中国政治家之两种典型》，《牟宗三先生早期文集》（下），《牟宗三先生全集》第26册，台湾联经出版事业有限公司2003年版，第857页。

③ 关于此一"国家社会主义"对20世纪30年代中国农村问题的解决，彭国翔已经做了很细密的论述和分析，参看其《牟宗三早年对中国农村问题的研究》一文（见台湾《清华学报》，第36卷第1期，2006年），本文只在总体上论述牟宗三的"国家社会主义"主张，不特针对其农村问题。

④ 牟宗三：《国内两大思潮之对比》，《牟宗三先生早期文集》（下），《牟宗三先生全集》第26册，台湾联经出版事业有限公司2003年版，第837页。

⑤ 在《国家民主政治与国家社会主义》一文中，张君劢说："所有权仍归原主，而经营方针则立于国家计画支配之下。苏俄因没收政策予反对者以口实，因而工厂闭歇技师逃亡，一九一七后生产率之下降，不及战前之一半，此吾人所以不欲夺人民之所有权，而认为但限制营业权与分利权，已可达到统一的控制之目的矣。"见翁贺凯编：《张君劢卷》，中国人民大学出版社2014年版，第250页。

此一计划经济并不是完全公有制基础上的计划经济，而是融合了私有制、自由经济和完全公有制基础上计划经济的优点，又摒弃双方缺点，所形成的国家计划下的社会主义，也可以说是一种国家社会主义。

按照牟宗三的说法，自由经济、私有制基于人性的"自然的合理主义"，那么我们要把它和社会主义的计划经济融合起来，首先一个问题就是必须把自由经济、私有制与资本主义分开，确定两者之间没有逻辑的必然性。所以牟宗三开首即说："资本主义虽由自由经济与私有制而来，然与自由经济私有制乃截然两事。自由经济与私有制可以到资本主义，亦可以不到资本主义。"① 这样就为他在计划经济下吸收资本主义与社会主义的优点、避免双方的缺点，从而形成国家计划之下的"国家社会主义"主张提供了哲学基础。

牟宗三把自由经济称为"自然之合理主义"，而把社会主义的计划经济称为"当然之合理主义"。"社会主义由拘束而来，拘束节制亦合理主义也，亦基于人性也，吾可名之曰'当然之合理主义'。"② 在此基础上，牟宗三对两种合理主义各自的优缺点进行了对比及对其理上的必然性进行了分析说明。

> 自然之合理是合科学之理，当然之合理是合道德之理。前者是利性，后者是义性。前者是无所为，后者是有所为。前者是放任，后者是拘束。放任而有流弊，必须拘束以管辖。社会主义之计划经济即基于此拘束之管辖，然拘束而过当，必有害而无益。盖人不能纯理而无欲也。③

这段话可以说从"理上"对融合自然的合理主义与当然的合理主义进行了形上学的论证，也即是对建立在这两者基础上的"国家社会主义"主张的合理性，进行了形上学的证成。正是在此一哲学分析的基础上，牟宗三提出了吸收两者优点、摒除两者缺点的国家社会主义主张。此一主张牟宗三概括为以下五点：

> （一）因自然之合理主义，基于人性而不可磨灭，故确定自由与私有之限度：凡在均富或均贫状态范围内，而无可以造成特殊之富与特殊之贫者，皆允许其在自由与私有的范畴之下活动。
>
> （二）因当然之合理主义，基于人性而不可压抑，故确定公有与拘束之限度：凡在均富或均贫状态范围内，有可以造成特殊之富与特殊之贫者，皆收回使其在公有与拘束的范畴之下活动。
>
> （三）凡个人所不能办不宜办，并足以妨害社会公道者，皆在共有范畴下活动；

———————————

① 牟宗三：《国内两大思潮之对比》，《牟宗三先生早期文集》（下），《牟宗三先生全集》第26册，台湾联经出版事业有限公司2003年版，第839页。

② 牟宗三：《国内两大思潮之对比》，《牟宗三先生早期文集》（下），《牟宗三先生全集》第26册，台湾联经出版事业有限公司2003年版，第773、839页。

③ 牟宗三：《国内两大思潮之对比》，《牟宗三先生早期文集》（下），《牟宗三先生全集》第26册，台湾联经出版事业有限公司2003年版，第839页。

凡个人所能办所宜办，而不妨害社会公道者，皆可在私有范畴下活动。

（四）无论在私有范畴下活动，或在共有范畴下活动，要必按照国家一贯计划而施行而发展。当计划则计划，不当计划不必无事忙。需要计划与不需要计划，皆使其在自觉而一贯之状态下活动，此为计划经济之特色。此特色即在理性二字。

（五）在除消私有制，或使私有观念日形薄弱，而运用计划或组织，以致生产科学化、机械化时，私有制固已消灭无余，然在享受上、使用上，仍可承认其私有与自由之权利。此可见私有与自由屹然常在，而不必产生资本主义者明矣。不必在均富均贫，各个独立之势均力敌时，可以存在，即在极度发展而组织化、科学化时，亦仍可存在也。①

首先需要指出的是，牟宗三这里所概括的"国家社会主义"五点原则，是从国家社会党的纲领性文件《我们所要说的话》中关于经济问题的五条原则演变而来的。② 经过对比我们可以发现，牟宗三的五点原则对后者有进一步补充之处，有自己强调的重点，例如国家要在自觉、理性下活动，保障私有观念、自由权利等。由此可以看出来牟宗三即使在"国家社会主义"中，依然强调对个人权利的保障、国家活动的理性原则，而不让个人完全淹没在国家之下。始终以个人权利的保障为依归，这一点可以说是牟宗三始终坚持的，也是促使其社会主义向后期民主社会主义形态发展的内在动力。

接下来我们具体分析牟宗三"国家社会主义"的五条原则。第一、二、三点分别说到了在何种情况下允许自由经济与私有制的发展，在何种情况下应该实行社会主义的计划经济。由此我们也可以看出，牟宗三的国家社会主义是以承认人的私有财产权利为基础的，也即以自由经济、私有制为基础，计划经济并不在于改变财产权利关系，而是对其进行计划统筹，合理安排，这是首先必须说明的一点，是牟宗三国家社会主义的基底。

接着，其国家社会主义的第四点，即实行此一社会主义主张的、对其进行计划运用、合理安排的主体，必须是国家，而不能是其他的团体、组织或政党，由此才可以说是国家社会主义。这是"国家社会主义"中"国家"一词的第一层含义，也可以说是从实行社会主义的主体方面来说的，另外也可以从实行社会主义的目的方面来说，"国家社会主义"最终是为了国家的繁荣富强、民族的独立自主和人民的公道平等，用国家社会党的说法即是"民族自活"和"社会公道"。

在论述了执行计划经济活动的主体及目的之后，牟宗三谈到了执行的原则，即自觉的原则、理性的原则。第五点更说明了牟宗三国家社会主义主张是以承认、尊重个人的私有财产权利、个人的自由享受、使用的权利为前提的。此和第一、二、三点相互呼应，并预示着牟宗三国家社会主义向民主社会主义的演变和发展。惟此需要进一步强调的是，牟宗

---

① 牟宗三：《国内两大思潮之对比》，《牟宗三先生早期文集》（下），《牟宗三先生全集》第26册，台湾联经出版事业有限公司2003年版，第839~840页。

② 《我们所要说的话》的具体论述，参看左玉河编：《张东荪卷》，中国人民大学出版社2015年版，第291页。另需说明的是在张君劢写于抗战时期武汉的《立国之道》一书中，对其经济原则亦概括为此五点，参看《立国之道》，台湾文海出版社1979年版，第172页。

三国家社会主义主张中的"国家",实行计划经济遵守的原则为"自觉"与"理性",只能是有民主法制基础的现代民族国家,而不能是其他形态的国家,"吾人之计划经济之施行又必以治天下之政治系统为基础,而不以打天下之政治系统为基础"①。由此我们也可以看出来牟宗三民族建国思想经济维度与政治维度之间的关联。

五、结　　语

20 世纪三四十年代面对日本帝国主义的侵略,中华民族到了最危险的关头,抗战建国成为时代的最强音。各个政治力量、各种思想倾向的知识分子,都对此进行了艰苦的思索。我们知道,除了国民党提出的《抗战建国纲领》而外,中国当时的另一政治力量——中国共产党及其领导人,对于中国往何处去、应该建立一个怎样的新中国,也进行了孜孜不倦的理论探索和实践努力。最后,以毛泽东为主要代表的中国共产党人所提出的新民主主义共和国方案,成为当时中国社会建立新中国的唯一方案,这就是中华人民共和国的成立,取得了近代以来一百多年的民族解放和国家独立。除此而外,当时在两大政党之外许多不同思想背景知识分子也对于建立一个现代的民族国家、实现传统中国向现代中国的转型,进行了深入的理论探索。属于文化保守主义阵营的牟宗三,即是其中的理论代表。

与中国共产党的新民主主义共和国方案相似,牟宗三也从政治、经济、文化三重维度建立了一套完备民族建国理论体系。在这三重维度之间,文化维度的道德理想主义,无疑处于核心和基础性地位,贯穿和润泽着政治维度与经济为度,也决定着后两重维度的基调。具体地说,无论是民主主义还是社会主义,都是基于儒家道德理想主义精神,都有其唯心主义的哲学基础;而在民主主义与社会主义之间,牟宗三认为民主主义是建国的"刚性形式",社会主义是其"内容充实",并且以民主主义为实现社会主义的手段。总之,在文化保守主义的笼罩下,文化、政治、经济三者之间有一种相辅相成、相互润泽的关系,共同构成其早期民族建国思想主要内容,也成为中国近代文化保守主义国家建构理论的典型代表。

但是此一保守主义民族建国方案,其理论也本身存在着不可克服的缺陷。文化保守主义之为文化保守主义的地方,即在于认同儒家传统,并在此基础上融合现代西方哲学,作为他政治经济主张的道德理想主义基础。究其实质而言,牟宗三试图以理性主义哲学来解释社会历史现象,必然地陷入历史唯心主义的泥潭。离开社会的经济基础,而一味地用人的良心或者善良意志建构的政治理论或方案,势必不能推动社会历史的发展。

虽然此一文化保守主义民族建国方案存在着理论缺陷,并且没有成为近代中国的选项,但是他们的思想探索,对我们依然有所启发。例如虽然在社会主义的主张中强调国家计划经济,但却不没收私有财产,不是完全公有制基础上的计划经济,这与我们当前以公有制为主体、多种所有制共同发展的经济制度有相合之处。另外在社会主义的本质方面,

---

①　牟宗三:《国内两大思潮之对比》,《牟宗三先生早期文集》(下),《牟宗三先生全集》第 26 册,台湾联经出版事业有限公司 2003 年版,第 840 页。

他们认为社会主义不仅在于实现公平分配，更在于增加社会财富，也就是生产力水平的提高，而对此点我们经过半个世纪、付出惨重代价之后，才有清晰的认识。最后，文化保守主义强调要发扬中国优秀传统文化，作为政治经济的道德理想主义基础，对于我们正确对待传统文化，重新思考政治、经济、文化之间的关系，不无启发的意义。

（作者单位：西北大学马克思主义学院）

明清经济·社会·文化

疾痛中的性别隐喻
——以明代女性医案为中心

□ 王超群

【摘要】 明代医案的普及极大地补充了医疗中的社会信息，为深入解析女性疾痛提供了丰富的材料支撑。以疾痛"隐喻化"为切入点，将女性医疗置于性别文化框架内考察，通过对疾痛中性别隐喻的剖析，可知男权社会从礼教、德行和生育角度对女性身心及行为的性别权力规训。与此同时，医疗叙事内亦含有女性的意识和策略，她们遵从性别规训的要求，又从"地位""身份"和"性别"等社会因素中争取话语权，甚至补充自身形象与角色，进而带有"反规训"的意味。这种规训与"反规训"现象揭示出疾痛与性别间的交织和互动。

【关键词】 女性医案；疾痛；性别隐喻；医疗社会史

一、问题的提出

疾痛是病人对疾病引起的身体异常和不适反应的切身感受，也包括患者自己对如何尽力对付困苦，解决由此造成的实际生活问题的态度和看法。① 疾痛及其疗愈过程不单是患者的身体经验，更指涉其生活环境、家庭关系和医患问题等多方面内容，因而具有明显的社会特性。在医疗社会史领域中，围绕女性疾痛展开的性别议题，赋予女性身体更多的文化意涵。② 借此参照桑塔格的"疾病的隐喻"之概念，视疾病为一种修辞手法或隐喻，探索疾病在社会演绎中逐渐"隐喻化"的过程，即如何由身体的不适转换为道德或价值评判，被看作丰富的情感表达。③ 基于疾痛"隐喻化"之研究路径，再介入社会性别视角，对女性疾痛展开多重分析，有助于进一步挖掘女性身体的文化意涵，及其背后错综复杂之性别关系。

疾痛与性别相关的议题，学界历来研究颇多。道格拉斯、费侠莉谈及经血对男性健

---

① ［美］凯博文：《疾痛的故事》，方筱丽译，上海译文出版社 2018 年版，第 2 页。

② 余新忠：《新世纪中国医疗社会文化刍议》，余新忠、杜丽红主编：《医疗、社会与文化读本》，北京大学出版社 2012 年版，第 4 页。

③ 参见 ［美］桑塔格：《疾病的隐喻》，程巍译，上海译文出版社 2003 年版。

康、社会秩序的污染和威胁,指出女性疾病背后的性别意义。① 李贞德从生育与照护入手,论及女性的生产经验、产育禁忌和医护活动中的男女有别等,探究传统生育文化下女性的弱者形象和女性生育行为之规范。② 白馥兰将生育纳入社会性别的讨论框架,提到男医对女性生育力的重视及女性验孕、堕胎等生育选择。③ 此外又如陈秀芬、金仕起对女性邪祟症④、乳痈病⑤的探讨。可见既有研究多在性别框架下,聚焦于某种女性疾病,阐释疾痛与性别的可能联系。而较少以女性疾痛现象为研究载体,探究疾痛"隐喻化"中的性别文化内涵。

明代社会经济的发展及出版业之兴盛使医案成为流行的医书体裁,⑥ 相较以往围绕症状、诊断展开的记录方式,明代医案注重载录病患的疼痛、情绪和意识等细节,尤其在"男女有别"的医疗场域内,更能还原医者、病人及病人家属等的互动交流,内含医患双方对女性疾痛的态度和认知,为解读疾痛中的性别隐喻提供材料支撑,有着重要的史料价值。

有鉴于此,本文拟以明代女性医案为分析材料,结合疾痛中的性别隐喻视角,探寻传统医疗语境下礼教之防、男权社会对女性的规训,兼及女性群体的意识和策略。据此围绕女性疾痛信息,逐层剖析疾痛中的多重性别隐喻,揭示医疗场域中的性别权力规训及女性作为弱者的"反规训",深化对疾痛与性别关系的认识。

二、医疗场域中的性别权力规训

"男尊女卑、男主女从"是儒家性别差异文化中的核心思想,以女性"三从四德"、女性对男性强烈的依附性、女子规训书等为表现形式,本质上是一种男权文化。⑦ 在此一社会背景下,以男性为主体的医者群体在书写女性医案之际,亦视疾痛为一种隐喻式的修辞手法,从礼教之防、德行规范和生育角色三方面,提出对女性患疾身心的性别权力规训。

---

① 参见 [英] 玛丽·道格拉斯:《洁净与危险:对污染和禁忌观念的分析》,黄剑波、柳博赟、卢忱译,商务印书馆 2018 年版;Furth Charlotte, Blood, Body and Gender:Medical Images of the Female Condition in China 1600-1850, *Chinese Science*, 1986(7), pp. 43-60.

② 参见李贞德:《女人的中国医疗史:汉唐之间的健康照顾与性别》,台湾三民书局 2008 年版。

③ 参见 [英] 白馥兰:《技术·性别·历史——重新审视帝制中国的大转型》,吴秀杰、白岚玲译,江苏人民出版社 2017 年版。

④ 陈秀芬:《在梦寐之间——中国古典医学对于"梦与鬼交"与女性情欲的构想》,台湾《"中央研究院"近代史研究所集刊》第 81 本第 4 分,2010 年,第 701~736 页。

⑤ 金仕起:《中国传统医籍中的乳痈、性别与经验》,台湾《政治大学历史学报》2017 年第 47 期,第 1~74 页。

⑥ 梁其姿:《明代社会中的医药》,《面对疾病——传统中国社会的医疗观念与组织》,中国人民大学出版社 2011 年版,第 180 页。

⑦ 参见李娟:《儒家思想中的性别差异和角色定位》,《云南社会科学》2013 年第 1 期,第 61~63 页。

（一）礼教之防

传统性别文化要求"男不入，女不出"（《礼记训纂·内则》），明代社会亦对妇女交往空间的限制相当严格，尤其重视"男女之大防"，将妇女活动空间严格限制在"闺门"之内。① 此一性别规范延伸至医疗场域，强调在闺阃、产房等女性私密空间中，医患双方需谨守礼教大防，"或证重而就床隔帐诊之，或证轻而就门隔帏诊之，亦必以薄纱罩手"②。甚或一些病人家属"诊脉之际，帕拥其面，帛掩其容"③，以遮挡患者面容的方式，减少诊疗中的男女接触。明代医籍亦要求男性医者注重医学礼仪，与女病患保持距离，"凡遇妇女及孀妇尼僧人等，必候侍者在旁，然后入房诊视"④。面对寡妇、室女等身份特殊的女性时，更应注意避嫌，"寡妇室女，愈加敬谨，此非小节"⑤。是以女性就诊中常有隔帐、隔帏或薄纱罩手等隔绝男女的做法。如小说《警世通言》描述，吴小员外为褚员外爱女看脉，"养娘将罗帏半揭，帏中但闻金钗索琅的一声，舒出削玉团冰的一只纤手来"⑥，全程未见褚氏面容、神色等，仅能探知基本脉象。其中养娘实际地充当了区隔男女的角色，保证了医疗过程的礼仪性和规范化。这类性别区隔的就诊场景可谓礼教之防的医疗折射，且带有管控女性身体的道德意味。

鉴于疾痛常牵涉身体隐私，医患双方在恪守性别礼仪外，也需顾及两性禁忌，不宜过多交流女病患的疾病细节。"妇人常多讳疾之弊，虽问之未必尽吐"⑦，男性医者亦不便追问"某事曾否有无、某处如何痛痒、某物若为色状？"⑧ 等问题。两性层面的禁忌与约束导致医患间的沟通障碍，更影响女性疾痛的诊断及治疗。如明末清初《续名医类案》载喻昌诊治某女"邪祟"之疾：

> 喻嘉言治杨季登次女病，多汗，食减肌削，诊时手间筋掣肉颤，身倦气怯，曰："此大惊大虚之候，宜从温补……且闺中处子素无家难，其神情浑似丧败之余，此曷故也？"忽悟曰："此必邪祟之病，而其父何以不言？"往诊问其面色，曰："时赤时黄。"因谓："此症必有邪祟，吾有神药可以驱之。"季登才曰："此女每夕睡去，口流白沫，战栗而绝，以姜汤安神药灌方苏，挑灯侍寝，防之亦不能止。因见用安神药甚当，兼恐婿家传闻，故不敢明告也。"⑨

① 余新忠：《中国家庭史·明清时期》，广东人民出版社 2007 年版，第 196 页。

② （明）李梴：《医学入门》卷 7《习医规格》，中国中医药出版社 1995 年版，第 636 页。

③ （明）朱有燉：《诚斋新录·医术不必学说》，《续修四库全书》第 1328 册，上海古籍出版社 2002 年版，第 508 页。

④ （明）陈实功：《外科正宗》卷 12《医家五戒》，《中国医学大成》第 26 册，上海科学技术出版社 1990 年版，第 38 页。

⑤ （明）李梴：《医学入门》卷 7《习医规格》，中国中医药出版社 1995 年版，第 636 页。

⑥ （明）冯梦龙：《警世通言》卷 30《金明池吴清逢爱爱》，中华书局 2009 年版，第 310 页。

⑦ （明）孙志宏：《简明医彀》卷 7《妇科总论》，人民卫生出版社 1984 年版，第 381 页。

⑧ （明）闵齐伋：《女科百问·序》，（宋）齐仲甫：《女科百问》，上海古籍书店 1983 年版。

⑨ （清）魏之琇编：《续名医类案》卷 22《邪祟》，人民卫生出版社 1997 年版，第 687 页。

在传统中医话语中，"邪祟"病症为心虚惊惕，"如为邪鬼所附"，或"登高而歌，弃衣而走"①，或有言行异常、不守礼教之可能。喻氏察觉女病患身倦气怯，实为沾染邪祟，而其父一度隐瞒病情，最终才告知其病症发作时"口流白沫，战栗而绝"的身体反应，显然有杜绝非议之考量。尤其是杨氏为未嫁之女，就诊时强烈的性别禁忌，揭示出礼教之防加诸女性的性别规训。一是虑及男女之防，由父亲代为沟通医者，二是父亲顾念女儿名节，不愿坦言患者的异常症状。可见两性禁忌的规训下，女性疾痛不仅是病痛之创，更有医疗场域内礼法、名节对女性道德行为要求的限定。

当然，区隔男女的诊疗方式更多针对的是社会中上层，底层社会女性实际并不完全恪守礼教之防。某些特殊情境下，病人家属还向男医展示女病患的疾病部位，如《孙氏医案》载，一染匠之妇腹痛不止，医者孙一奎诊脉后询问患处，"匠即为解衣露腹指其痛所，始知膏药粘牢之故"②。染匠不避忌为妻子解衣露腹，医者亦不回避患者的身体隐私，诊疗时医患双方忽视了男女界限，即以诊疗互动看待女患之身体。但女性罹患隐疾时面临的礼教困境却客观存在。妇人隐疾约为"阴闭生息肉，阴痒生疮，带下阴，子脏不正，阴门挺出，阴肿坚隐疾方"③，是女性极具隐私、难以启齿的生殖方面的复杂疾病。故而迫于男女有别的礼教压力，大多数女性病者及其家人对治疗中的性别关系比较敏感，往往羞于讲述病情，乃至歪曲或避谈病情。④ 如《孙氏医案》所载：

> 一吴氏妇，有隐疾，其夫访于予，三造门而三不言，怏怏而去。后又至，未言而面先赪。予因诘之曰："诸来诣予者，皆谓予能为人决疑疗急也。今子来者四，必有疑于中。"……其夫乃俯首徐应曰："言之无任主臣，先生长者，即言之，谅无哂。山妇子户中突生一物，初长可三寸，今则五寸许矣。状如坚筋，色赤，大可拱把。胀而且痛，不便起止，憎寒壮热，寝食俱减。羞涩于言，每求自尽。闻先生能为人决疑疗怪，不啻扁华，特相访而祈一决。"予曰："疾成几年？"对曰："将百日。"予曰："盖凡所谓怪者，耳目无所闻睹，书籍无所注载。今所言者，乃阴挺症也。书有所征，奚足言怪。"⑤

"阴挺症"关涉女性私密的下体，吴氏妇因隐疾痛苦不堪，却又羞于言明，其夫代为求诊时亦态度怏恎，碍于向男医披露细节。虽则在医者孙一奎的劝导下，病人丈夫愿意倾诉疾病情况，但从吴氏妇及其夫"羞涩于言""未言而面先赪"种种表现中，可知隐疾为女性就诊带来的尴尬局面，以至于构成患者及家庭的礼教负担。相较于一般性疾病，隐疾集中

① （明）虞抟：《医学正传》卷5《邪祟》，中医古籍出版社2002年版，第313页。
② （明）孙泰来、孙朋来：《孙氏医案》卷2《三吴治验》，韩学杰主编：《孙一奎医学全书》，中国中医药出版社1999年版，第774页。
③ （唐）王焘：《外台秘要方》卷34《八瘕方一十二首》，张登本主编：《王焘医学全书》，中国中医药出版社2006年版，第868~869页。
④ 张田生：《女性病者与男性医家——清代礼教文化中的女性隐疾应对》，《自然科学史研究》2014年第2期，第194页。
⑤ （明）孙泰来、孙朋来：《孙氏医案》卷2《三吴治验》，韩学杰主编：《孙一奎医学全书》，中国中医药出版社1999年版，第773~774页。

反映了女性在医疗场域内的礼教困境，她们既希冀治愈疾病，又欲保护身体隐私。此一困境背后蕴含着男权社会对女性的礼教规训，同样强调维系妇女名节的重要性，有时甚至凌驾于女性的个体健康及生命之上。在礼教之防延伸出的性别规训下，女性患疾的身心无疑被赋予更多道德意涵，带有价值评判的色彩。

（二）德行规范

明代医籍中多有"妇人之病不易治"①的观点，例如"疗妇人为难"，妇人之病"比男十倍难治"等医论颇多。此一观点在很大程度上也是男权语境下所建构出的。具体而言，男性医者主张女性禀赋柔弱，疾病多于男子，如"男则气血俱足，女则气有余而血不足"②。一些医者承认女子杂症同于男子，也坚持"妇人之病多于男子者，经脉愆期、淋、带、崩漏，孕育胎产，乳、阴诸患，及妊娠所挟之证，此为病之不同也"③，即女性经血、胎产等生理构造是她们体弱多病的根源。与道格拉斯的"月经污秽"观点一致，传统文化对女性"月事""经血"等也非常忌讳，视其为不洁和危险而羞于启齿。④如《本草纲目》载，"女人入月，恶液腥秽，故君子远之，为其不洁，能损阳生病也"⑤，道明月经属于污秽之物，会污染男性、损伤男性身体。上述观点断定女性经血、胎产等生理现象有别于男子，实为天生的缺陷与不足，显然意图贬抑女性身体，凸显男性的先天优势和主导地位。

男性医者虽留意到女性在情志方面的困扰，但多视情绪化为女性的本能，甚少体察其后的现实因素。在描述女性情志状态时，他们屡屡使用"性偏执""忿怒妒忌"等具贬义性的词汇，勾勒出情绪偏激、心态极端的女性患者形象。然而女医谈允贤指出部分女性忧虑致疾在于夫妻不睦、生育不顺，⑥清代女医曾懿也提到"女子幽因于深闺之中，不能散闷于外，非但中怀郁结不舒，即空气亦不流通，多病之由"⑦，意指生活抑郁是女性敏感多病的主要原因。有别于女医的客观态度，男医较少体谅女性患者的身心处境，主观判定女性情绪不稳兼性格极端，从心理角度弱化女性形象，印证"妇人之病不易治"的观点。

继而男性医者借助神鬼之说，论证女性更易为"邪祟"侵袭，引入这一群体理应遵照的行为规范。"邪祟"不止是发作时伴有异常言行的一种病症，更事涉鬼神幽冥，关乎

---

① 此句摘自明代医者张介宾关于女性疾病的医论，即"谚云：宁治十男子，莫治一妇人。此谓妇人之病不易治也"。（明）张介宾：《景岳全书》卷38《总论类》，李志庸主编：《张景岳医学全书》，中国中医药出版社1999年版，第1339页。

② （明）万全：《万氏女科》卷1《立科大概》，傅沛藩等主编：《万密斋医学全书》，中国中医药出版社1999年版，第359页。

③ （明）孙志宏：《简明医彀》卷7《妇科总论》，人民卫生出版社1984年版，第381页。

④ 姚霏、鞠茹：《医疗内外的社会性别——近代中国子宫癌的认知、发病与诊疗研究》，《妇女研究论丛》2018年第11期，第74页。

⑤ 《本草纲目》卷52《人部·妇人月水》，（明）李时珍编著：《李时珍医学全书》，中国中医药出版社1996年版，第1230页。

⑥ 参见［美］费侠莉：《繁盛之阴——中国医学史中的性（960—1665）》，甄橙主译，江苏人民出版社2006年版，第262～263页。

⑦ （清）曾伯渊：《曾女士医学全书》第4种《妇科良方》，中国医学研究社1933年版，第1页。

女性心思不纯、触犯禁忌的状态。明代医籍向来有"妇人梦与邪交""妇人与鬼交通"之说，如"鬼胎"源于"或入神庙而兴云雨之思，或游山林而起交感之念，皆能召祟成胎"①，即在神庙、山林等鬼神活动场所心存邪念，招致鬼祟凭附。明末清初学者陈确申明"新妇切不可入庙游山，及街上一切走马、走索、赛会等戏，俱不可出看"②，强烈要求新妇避忌庙宇、山林等场所，似乎也可沿用至女性群体。关于女性误入禁地而招引鬼怪一事，以陈氏妇的鬼疰症为例：

> 韶州南七十里古田有富家妇陈氏抱异疾，常日无他苦，每遇微风吹拂，则股间一点奇痒，爬搔不定手，已而举体皆然，遂于发厥，凡三日醒。及坐，有声如咳，其身乍前乍后，若摇兀之状，率以百数。甫少定，又经日始困卧，不知人，累夕愈。至不敢出户，更十医不效。医刘大用视之曰："吾得其证矣……"已觉微减。然后云是名鬼疰，因入神庙为邪所凭，致精气荡越。③

"鬼疰"与鬼怪、魑魅等相关，"或因人死三年之外，魂神化作风尘，着人成病。或逢年月之厄，感魑魅之情，因而疠气流行身体，令人寒热交作，昏昏默默"④，实因撞邪致病，出现精神萎靡、寒热交作等异常身体反应。陈氏妇"发厥""摇兀之状"等怪异表现，契合"鬼疰"症状，也确乎由入神庙沾染邪气而起。该妇患病表面上源自体质虚弱、易受侵袭，但关键在于其进入神庙之举触犯禁忌，存在对其行为失常的价值判断。在鬼神活动的场所而被鬼神作祟一说，隐含着传统医学从整体的、多元的"生理-心理-场所"甚至兼顾鬼神因素的大、小宇宙观及生活世界来给予解释之模式。⑤ 从这一角度切入，女性易被"邪祟"侵袭，乃至"妇人之病不易治"的观点，在贬抑、弱化女性身心的基础上，将女性疾痛与行为规范相勾连，以此约束女性并达至规训其言行之目的。

再者医籍中还着力塑造柔顺的理想女性形象，从而阐明对女性的道德规范。如医者龚廷贤提到，"妇人之病，有可治、有不可治者，皆由其心性善恶所关也"⑥，性情柔顺、持家有道的女性必无灾病，即便患病也容易康复，反之天性嫉妒、不遵礼法的女性则会招致疾病乃至治愈无望。其中"心性善恶"的评判标准即为是否符合传统"三从四德"的道德规范。龚氏以外，明清之交的医者傅山也持有"妇人有怀抱素恶，不能生子者，人以为天心厌之"⑦ 的观点，将女性的不孕症引向心怀恶念、天所厌弃的道德高度。如

---

① 何高民编考：《傅青主女科校释》卷上《妇人鬼胎》，中医古籍出版社 1992 年版，第 44 页。

② （明）陈确：《陈确集》卷 10《补新妇谱》，中华书局 1979 年版，第 519 页。

③ （明）江瓘编：《名医类案》卷 8《鬼疰》，《景印文渊阁四库全书》第 765 册，台湾"商务印书馆"1983 年版，第 739 页。

④ （清）沈金鳌：《杂病源流犀烛》卷 20《邪祟病源流》，中国中医药出版社 1994 年版，第 319 页。

⑤ 李建民：《祟病与"场所"：传统医学对祟病的一种解释》，林富士主编：《疾病的历史》，台湾联经出版事业有限公司 2011 年版，第 68 页。

⑥ （明）龚廷贤：《寿世保元》卷 7《妇人科》，李世华等主编：《龚廷贤医学全书》，中国中医药出版社 1999 年版，第 702 页。

⑦ 何高民编考：《傅青主女科校释》卷上《嫉妒不孕》，中医古籍出版社 1992 年版，第 83 页。

《菽园杂记》载，秋官屠郎中妻无子而妒，因惧怕丈夫纳妾假装妊娠，某日忽然怀孕，却为"一胞，为鸟卵者四十七。破之，中有血水而已"①。该妇产下怪胎的结局背后，隐含作者对其嫉妒、假孕之举的不赞同态度。上述内容将女性疾痛引向"三从四德"之探讨，甚至归因于个人道德问题，以令女性的行为举止符合社会规范，加强对她们的身心规训。

（三）生育角色

传统中国多将家庭视为女性的主场，女性被更多赋予的是服务丈夫、回归家庭的形象。② 繁衍子嗣是女性在家庭事务中尤为关键的职能，明代医案里亦多番提及女性生育健康的重要性。面对生育相关的疾病，子嗣的诞生和存活是女性恢复健康、家庭获得幸福的唯一疗方。③ 社会风习极其注重女性生育，视子嗣为家庭要务，甚至于明代宗谱、族谱中被视为"兴家道"之一举。④ 日用类书亦将妇儿科独立成门，编有妊娠、保婴类的歌诀，如"四物汤中加减用，怀胎凉燥莫交逢"⑤。明代医籍亦主张女性需调养气血且控制情绪，以维系充盈的生育力，甚则还建议若妇人无法繁育后嗣，"便当广置妾媵，择其气血充盛者代举"⑥。在治疗生育方面的疾病时，男性医者关心患者是否恢复生育力，特意留下"次年生子""育一子"等记录。以《孙氏医案》中马凤林妻的隐疾为例：

> 迪老之子凤林，见予起乃翁疾，乘间语曰："内子包有隐疾，每月汛行，子户傍辄生一肿毒，胀而不痛，过三五日，以银簪烧红针破，出白脓盏余而消，不必贴膏药而生肉，无疤痕。初间用针刺，近只以指掐之，脓即出，但汛行即发，或上下左右而无定所，第不离子户也。于今八年，内外科历治不效，且致不孕，先生学博而思超，幸为筹之。"予沉思两日……未终剂而汛行不肿，次年生女。⑦

马凤林妻所患为月经引起的外阴肿毒，内外科均医治无效，患者饱受身心折磨之余，也多年未能孕育，可谓极具隐私性且严重的疾病。马凤林主动向医者孙一奎求助，亦不避讳妻子的隐秘部位，突破了礼教对女性的身体规训。除治愈疾病的实际需求外，病人丈夫也在意恢复妻子的生育力，此医疗语境中礼教与生育相碰撞，终究让位于生育健康。孙氏以"生女"为医案结尾的行为，也从侧面佐证了女性生育角色的重要程度。该案例中女性在生育方面的疾病已不限于医疗范畴，而关乎其是否能履行生育职责，既折射出社会风习对女性繁衍后嗣的需要，又暗含男性权力对女性身体的功能界定。

---

① （明）陆容：《菽园杂记》卷6，中华书局1985年版，第72页。

② 刘莉：《在场：海南疍家女性的空间、身体与权力》，《开放时代》2019年第1期，第211页。

③ ［英］白馥兰：《技术·性别·历史——重新审视帝制中国的大转型》，吴秀杰、白岚玲译，江苏人民出版社2017年版，第200页。

④ 廖福源编修：《廖氏宗谱》，《南开大学中国社会史研究中心资料丛刊·中国珍稀家谱丛刊·明代家谱》第3册，凤凰出版社2013年版，第899页。

⑤ （明）徐三友：《新锲全补天下四民利用便观五车拔锦》，明万历闽建云斋刊本。

⑥ （明）肖京：《轩岐救正论》卷1《广嗣方论》，中医古籍出版社1983年版，第27页。

⑦ （明）孙泰来、孙朋来：《孙氏医案》卷1《三吴治验》，韩学杰主编：《孙一奎医学全书》，中国中医药出版社1999年版，第743页。

治疗女性不孕症的同时，男性主导的医疗话语体系更有意推动"产男"的结局。诞育承继宗祧之子是女性生育价值的最终体现，明代医案中不乏有女性因不产男而忧郁成疾的事例，如"一妇生女不生子，多思所郁，小便秘而不通，胀闷不安者二日"①，可见"生女不生子"并非社会理想的生育结果。医案叙事中也将生育与因果报应相连结，暗示"产男"为一种福报。以冯商求子之事为例，"其妻每劝置妾，商取一女，已成。闻其父因官纲运欠折，鬻女以偿之，商恻然不忍犯，更益以资装，送还其父。明年生冯京，后登状元"②。冯商为求子嗣而置妾，出于对妾侍悲惨身世的同情，他主动放弃纳妾的念头，还出资送该女归家。冯氏的善举为其赢得福报，次年顺利诞下儿子冯京外，其子最终还考取功名。该案例没有明言冯商的妻子是否有生育障碍，也未提到求子类的疗治药方，重在突出冯商的善行和生子的因果关联，以彰显"产男"现象的福报效应。"产男"是社会期待的生育结果，体现出男性权力对女性身体的渗透和掌控，重申女性生育角色外，也增强了这一群体对丈夫及家庭的依附性。

合而观之，从"隐喻化"的分析视角看，女性疾痛已具有道德或价值评判的意味。其一，礼教之防申明医患间的性别区隔、两性禁忌，在医疗场域内对女性提出名节、礼法等规范，尤其女性罹患隐疾时的困境，更显现出性别规训带给这一群体的礼教桎梏。其二，男性医者以论证"妇人之病不易治"之方式，贬抑、弱化女性身心，并试图塑造柔顺女性形象，串联起女性疾痛与德行规范，藉此从身心层面规训女性的言行举止。其三，医疗叙事中重视女性的生育健康，热衷于达成"产男"的生育结果，这一现象既符合社会风习的子嗣需求，更是男性权力对女性身体的功能界定，亦增强了女性群体对丈夫及家庭的依附性。由此女性疾痛在礼教、德行和生育三层面的社会演绎中，由身体不适转化为道德上的评判与审视，凝结为男性对女性身心及行为的性别权力规训。

三、作为弱者的"反规训"？医疗叙事内的女性意识及策略

男性权力规训女性身心的同时，也留有其"反规训"的余地，即女性固然处于弱势地位，亦有自我意识及策略，尤其后者更能体现这一群体对性别规训的"背逆"。她们遵照礼教、德行和生育方面的要求，服膺于男权社会的身心规训，同时运用斯科特式的"弱者的武器"③，从女性的身份优势、性别特征等处获得支持，将身体不适转换为于己有利的话语表达，隐约流露"反规训"的态势。但这种"反规训"若置于"地位""身份"和"性别"等社会因素中考量，实际更趋近于女性应对性别规训的一种方式。

（一）身心规训下的女性意识

大多数情况下，明代女性谨遵礼教之防，甚少将隐秘的身心状况展露于人前。面对身

---

① （明）孙泰来、孙朋来：《孙氏医案》卷4《新都治验》，韩学杰主编：《孙一奎医学全书》，中国中医药出版社1999年版，第824页。

② （明）薛己：《校注妇人良方》卷9《求嗣门》，盛维忠主编：《薛立斋医学全书》，中国中医药出版社1999年版，第890页。

③ 参见［美］斯科特：《弱者的武器》，郑广怀、张敏、何江穗译，译林出版社2007年版。

心方面的不适感，她们的态度隐忍且克制，纵使借诗文抒发疾病体验时，也多使用"卧病""病中"和"咳疾"等含糊描述①。如明代才女邹赛贞作《春日述怀》时言"身病消容尤可恨"②，便仅暗指患病时面容的憔悴感，非展示具体可见的疾病症状。涉及身体隐私的疾病时，出自礼教之防的考虑，一些女病患也不愿配合男医的疗治手法。如某妇胸部生脓、胀痛难忍，医者薛己认为急需针灸以控制毒性，"彼不从，又数日痛极，始针，涌出败脓三四碗，虚症蜂起几殆"③。该妇起初拒绝针灸或许有讳疾忌医之可能，但也应有隐私层面的顾虑，所以直至病情恶化才同意施针。从上述情况看，这些女性遵守医疗场域内的性别区隔、两性禁忌，潜意识中相当认同礼教之防的身心规训。

针对"服三从之顺，谨内外之别"④ 之类的德行规范，女性患者亦秉持相对认可的态度。更有甚者，有严守"男女之防"的贞节女子，虽然得病也拒绝男医生为她们号脉者，这种行为甚至还被推崇褒扬。⑤《明史·列女传》载，会稽胡氏为夫守贞而常年居于室内，她在晚年时染疾也拒绝请医诊视，理由为"寡妇之手岂可令他人视"⑥。胡氏常居室内并放弃治疗一事，必然出自守贞的现实需要，但也从侧面反映德行规范对女性疾痛观的影响。至于庙宇、山林等为女性禁地之说，女病患也颇能接受，并反思自身触犯禁忌的后果。比较典型的是杨天成女撞邪一事，该女未出嫁而腹部隆起，医者滑寿质疑其为鬼祟侵袭，"女不答，趋入卧内，密语其侍妪曰：我去夏追凉庙庑下，薄暮过黄衣神心动。是夕，梦一男子如暮间所见者，即我寝亲狎，由是感疾。我惭赧不敢以告人，医言诚是也"⑦。杨天成女承认她曾误入神庙且对黄衣神心动，因羞于言明，请侍妪代为转述，这一曲折过程映射该女对禁地及"邪祟"的认知，即她意识到所患怪病为擅闯禁地、被"邪祟"侵扰的恶果，实属其举止不当、心思不纯的惩罚，此反面案例可推证出遵守德行规范的必要性。

传统社会历来看重生育一事，所谓"昏礼者，将合二姓之好，上以事宗庙，而下以继后世也"（《礼记·昏义》）。明代律法亦规定"其民年四十以上无子者，方听娶妾"⑧，即允许四十岁以上而无子的男性娶妾。在社会环境和世情风尚中，明代女性普遍

① 参见［加］方秀洁：《书写与疾病——明清女性诗歌中的"女性情境"》，石旻、王志锋译，［加］方秀洁、［美］魏爱莲编：《跨越闺门：明清女性作家论》，北京大学出版社2014年版，第28~32页。

② （明）郑文昂辑：《古今名媛汇诗》，《中国古籍珍本丛刊·安庆市图书馆卷》第24册，国家图书馆出版社2015年版，第320页。

③ （明）薛己：《外科发挥》卷8《乳痈》，盛维忠主编：《薛立斋医学全书》，中国中医药出版社1999年版，第148页。

④ （明）张介宾：《景岳全书》卷39《妇人规》，李志庸主编：《张景岳医学全书》，中国中医药出版社1999年版，第1355页。

⑤ 杜家骥：《明清医疗中女性诊病的男女之防问题——兼析"悬丝诊脉"之说》，《历史档案》2018年第1期，第78页。

⑥ （清）张廷玉等：《明史·列女传二》，中华书局1974年版，第7721页。

⑦ （明）李濂辑：《医史》卷9《沧州翁传》，《续修四库全书》第1030册，上海古籍出版社2002年版，第288页。

⑧ 《大明律》卷6《户律三》，《续修四库全书》第862册，上海古籍出版社2002年版，第461页。

接受其生育角色，视为重要的家庭责任和社会义务。但凡女性婚后多年不孕，或未能诞下子嗣，必然承受来自家庭及外界的多方压力。所以"无嗣""无子"堪称广大家庭妇女烦恼与痛苦的一大根源，如《校注妇人良方》载：

> 西宾钱思习子室，年三十余，无嗣，月经淋沥无期，夫妇异处几年矣。思习欲为娶妾，以谋诸余。余意此郁怒伤肝，脾虚火动，而血不归经，乃肝不能藏，脾不能摄也，当清肝火，补脾气。遂与加味归脾、逍遥二药四剂，送至其家，仍告其姑曰："服此病自愈，而当受胎，妾可无娶也。"果病愈，次年生子。①

钱思习的儿媳年过三十未有子嗣，兼有月经不调、夫妻异地的困扰，家中长辈筹划为其夫娶妾，更加重其内心的郁怒之感，愈发身体失调、难以有孕。为缓解病人及家属的焦虑，医者薛己在开方送药时提到病愈后即能受胎怀孕，结果诚如其言。钱氏妇的身心不适与子嗣问题相交叉，面临健康和生育的双重压力之际，患者还需应对丈夫娶妾的家庭危机，"生子"可谓其稳固、提升家庭地位的主要砝码。此案例揭示女性比较接受男权社会对其的功能界定，并以生育力为获取家庭认可、迎合身心规训的有效手段。

(二)"反规训"中的女性策略

在家庭医疗活动中，明代女性能利用伦理体系赋予的身份优势，掌握部分医疗资源。在父系家庭中，女性亲属如母、妻、女、姊妹，可因己身的尊卑长幼伦序，获得一定的权力与地位。② 因而一些女性长辈便能倚仗家庭中的地位，表达个人医疗诉求，选择是否治病、采取何种诊疗方式，如《程茂先医案》载：

> 方叔年尊堂时学孺人，年六十三岁，素羸弱清癯，气血两虚。平时六脉极微细，即感风寒而脉亦不甚鼓大。今年六月初旬，缘稍食瓜桃，其夜遂成霍乱，吐泄十余度，腹中作痛……孺人知用人参，便疑胸膈不宽乃补塞所致。因而年日人参加至一钱五分，竟不与知，服后胸膈顿宽，滞下顿减。一日孺人谓叔年曰："此数日来，膈中方块，再勿用参。"叔年唯唯应命，然而私与不佞加参无异往日。③

方叔年之母体质虚弱，又略知药理，以为胸膈不宽是服用人参、滋补过度所致，嘱咐停止用参，其子为母亲的健康着想，私下与医者继续加参。患者明确提出治疗要求，态度相当强硬，虽则方叔年违背其指示，但他"唯唯应命"、私下加参的行为，亦暗示了母亲的话语力量。该案例里方叔年之母透过疾痛传达对药理、病情的认知，有着强烈的主导意识，一改性别规训中的弱势形象，略有"反规训"的意味。但这种话语权源自病人的母亲角

---

① （明）薛己：《校注妇人良方》卷1《月水不断方论》，盛维忠主编：《薛立斋医学全书》，中国中医药出版社1999年版，第789页。

② 徐泓：《明代的家庭：家庭形态、权力结构及成员间的关系》，《明史研究》第4辑，黄山书社1994年版，第196页。

③ （明）程从周：《程茂先医案》卷1，安徽科学技术出版社1993年版，第7页。

色和家庭地位，应视为传统伦理体系给予女性的一种身份优势。

　　少数女性更以疾痛为"弱者的武器"，做出诈病、堕胎等举动，以达到于己有利的医疗结果。如《景岳全书》载，某妇妒忌妾侍、辱骂丈夫，"因而病剧，则咬牙瞪眼，僵厥不苏若命在呼吸间者"①，情形岌岌可危，其夫惊慌失措，该妾侍也连遭不堪，医者张介宾察觉为假病，但未刻意揭穿真相。该妇妒忌的言行不符"三从四德"，又诈病以恐吓丈夫、打压妾侍，其中疾痛症状更是她发泄不满、修复夫妻关系的身体武器。鉴于疾痛属于个人及内部的私密性，某些意外怀孕的女性还以破瘀通经之名，购买下胎药来终止妊娠。如杨孺人怀孕已两月，适逢丈夫北上科考，"不欲乱其意，潜买堕胎药下之。医误，过投毒品，饮即仓猝腹溃死"②。杨孺人私下买药堕胎之举，虽非蓄意控制生育，但也展露出她为丈夫前程，不惜牺牲自我的意图。诚然诈病、堕胎等做法不能与女性自强、能动性一概等同，而是她们应对病危或社会性危机的紧急干涉手段。③ 但这些女性或许意识到，疾痛的私密性提供了界定身体状态的间隙，可将身心不适的症状转化为"弱者的武器"，获得掌控身体的可能。然则女性对身体的掌控始终有限，且多基于维持家庭关系、个人名节等目的，非真正意义上的"反规训"意识。

　　尤为关键的是，女性医护者对待女性疾痛的态度，既有别于男性医者的主观界定，又部分地构成对性别规训的正面回应。前揭男性医者普遍认定女性柔弱、情绪化，缺乏对其身心处境的深入考量，同为女性的医护者则更愿探查女性疾痛的内在根源。如小说《醒世恒言》载，周胜仙爱慕范二郎而相思成疾，医婆王氏诊出"头疼浑身痛，觉得恹恹地恶心"为心病所致，再引导她说出实情，"我与你作个道理，救了你性命"④，随后周胜仙告知患病缘由，还在王婆的帮助下与范二郎定亲。王婆未将周胜仙之疾归咎于其禀赋柔弱的体质，敏感地捕捉到疾痛背后的患者思绪。

　　再以女医谈允贤为例，她在《女医杂言》中再三提及女性患者勤于家务、夫妻不睦和怀胎艰难等状态，以疾痛为中心，展现女性在家庭中的地位与贡献。如某三十六岁妇人连续三胎流产，其夫深忧无子，欲意娶妾，"其妇与某商议，无计阻当，忧忿太过，家事颇繁，愈加不能成胎"，经治愈后"次年五月，遂生一子"⑤。谈允贤关注患者焦虑忧忿、操劳过度的多重病因，同情其艰辛处境外，亦以"生一子"为结尾，直指患者在家庭的劳务和生育方面的贡献。上述事例表明，女性医护者留意女病患的身心处境，能体察女性疾痛与家庭、社会关系间的关联，这种迥异于男医的处理方式，既回应了性别规训对女性形象及职能之界定，也补充了这一群体在家庭和社会中的性别角色。这些医护者之所以能从疾痛中丰富性别规训以外的女性形象和角色，原因在于其处于社会性别中的"女性"

---

　　① （明）张介宾：《景岳全书》卷34《杂症谟·诈病》，李志庸主编：《张景岳医学全书》，中国中医药出版社1999年版，第1306页。

　　② （明）孙承恩：《文简集》卷57《张室杨孺人墓志铭》，《景印文渊阁四库全书》第1271册，台湾"商务印书馆"1986年版，第662页。

　　③ ［美］苏成捷：《堕胎在明清时期的中国——日常避孕抑或应急性措施?》，张宇译，黄宗智主编：《中国乡村研究（第9辑）》，福建教育出版社2011年版，第14~19页。

　　④ （明）冯梦龙：《醒世恒言》第14卷《闹樊楼多情周胜仙》，浙江古籍出版社2010年版，第156页。

　　⑤ （明）杨谈允贤：《女医杂言》，中医古籍出版社2007年版，第16页。

身份，便于接近女性患者并为其发声。

概言之，疾痛"隐喻化"的过程中，医疗叙事中的女性意识及策略亦是不容忽视的部分。在疾病处理及疾痛观上，整体上女性恪守礼教之防、德行规范和生育职责的要求，服从于男权社会对女性的身心规训。不过女性也尝试借助传统伦理秩序、疾痛的私密性等，争取医疗事务中的话语权，同时女性医护者对疾痛根源的挖掘，亦补充了女性形象和角色。然则这些话语表达，非"反规训"的成果，而是基于性别规训赋予的"地位""身份"及"性别"等有利因素，不能一概视为女性自强、能动性的表现，或可理解为她们应对这一规训的方式。

四、结　　语

从性别文化视角出发，女性疾痛绝非限于个体身心健康，实则包含医疗场域中男权社会对女性的规训、女性患者的意识和策略等丰富内容，可概括为两性间的规训与"反规训"关系。所谓性别权力规训，在医疗场域内的存在形式为礼教、德行及生育三层面。礼教之防划定医患间的性别界限，逐步对女性加强名节、礼法等要求。继而男性医者贬抑、弱化女性身心，更塑造柔顺女性形象，藉此规范女性的德行。再则男性主导的医疗话语体系亦看重女性生育力，希冀达成"产男"的理想结果，以界定女性的生育角色。

与此相应，女性并非全是医学权威被动的牺牲品，[①] 医疗叙事内亦多有女性意识和策略。她们在疾病应对及疾痛观上服膺于男权社会的身心规训，又运用"弱者的武器"，从身份优势、性别特征中取得医疗话语权，乃至补充自身形象和角色，略有"反规训"的表露。但是这种"反规训"基于"地位""身份"和"性别"等社会因素，仍在性别规训的范畴内产生及发展，并非女性自强、能动性的表现，实则趋近于女性群体应对性别规训的一种方式。

职是之故，以"隐喻化"为研究路径，探索女性疾痛在社会演绎中的多样转化，并非着力于从性别对立中窥视男权对女性的宰制、女性的主观能动性等，而是在传统社会的运作机制内，探讨疾痛与性别间的交织与互动，即性别权力对疾痛过程的渗透，疾痛过程折射且放大了性别权力的作用，从而演化为规训与"反规训"的形态，某种程度上丰富了疾痛的性别文化内涵。

（作者单位：武汉大学历史学院）

---

① ［英］克尔·瓦尔顿：《欧洲医疗五百年》，李尚仁译，台湾左岸文化事业有限公司 2014 年版，第 141 页。

解构与重筑：明清江南文房的空间构建

□ 徐佩佩

【摘要】文房是一个集起居、著述、交往等功能为一体的文化意象，是中国传统文化中散发着特殊韵味的一部分。明清江南文房不仅是物质空间，更是江南文人寄托情感的精神空间。

【关键词】明清；江南；文房；构建

文房是一个集起居、著述、交往等功能为一体的文化意象，是中国传统文化中散发着特殊韵味的一部分。有史可考的文房始于西汉扬雄的玄斋，历六朝至宋日益盛行。明清时文房进入高度成熟期，文人学士几乎都有自己的文房雅室。江南地区在进入近世之后在中国版图上的地位越来越重要，特别到了明代中后期，中央对地方的强力控制政策逐渐放松，作为当时全国经济、文化中心的江南地区获得了较大的发展空间，一直伴随文人生活的文房地位凸显，相关理论著作也相继诞生，明清时期的江南文房成为历代文房的集大成者。狭义上我们通常将文人的书房及在其中使用和玩赏的器物称为文房，而广义上的文房则包括文房外部环境、文房建筑形制、文房内部陈设和文房玩赏器物等。另外，江南文人将文房的经营作为寄情人生的文化载体，文房的环境、陈设、器具等都融入了文人的审美情趣和文化追求，成为他们心灵的栖息之地，因此江南文房不仅是物质空间，更是江南文人寄托情感的精神空间。

一、江南文化的界定

今日之"江南"不是一个行政区域概念，各时代各人使用其表达的范围概念不一致，导致长期以来对"江南"这一地域概念的区域范围和历史演进众说纷纭。这其中著名明清经济史学者李伯重先生的说法影响较为深远，在详细分析了"江南"这一地理名词含义的历史演变过程后，他认为明清时代的江南地区包括现今的苏南、浙北一带，是指苏州、松江、常州、镇江、江宁、杭州、嘉兴、湖州八府及太仓直隶州，这八府一州。①

---

① 李伯重：《简论"江南地区"的界定》，《中国社会经济史研究》1991 年第 1 期。

（一） 区域经济的繁荣

"中国在 18 世纪进入了一个繁荣昌盛的时代，这应归功于其农业、手工业和贸易史无前例的发展高潮。它以其生产以及内部交易的数额之巨而身居世界诸民族的首位。"[1]以八府一州为中心的江南地区，河湖纵横，沃野千里，具备得天独厚的自然条件，是中华文明的发源地之一。极具优势的自然地理环境，加上历代的开发，宋元以来，社会稳定，商贸昌盛，江南已成为全国经济最为繁荣的区域。区域经济的繁荣对传统的社会观念和价值取向产生了冲击。文人士大夫在封建社会中拥有超越普通人的政治地位和文化地位，有别于一般市民阶层，他们在社会风气转变的大环境下，转而追求生活上的自适，去建构一种高雅清逸的精神氛围。文房作为与文人密不可分的一个空间，受到了文人的密切关注和刻意营造。区域经济的繁荣，同时为士人带来了物质生活上极大丰富的可能，并为整个社会消费风尚的转变提供了物质保障。这为构筑文房提供了必要的物质条件，为文人创造良好的人文环境提供了必要的基础。

明清时期江南地区是全国的经济中心，对这一区域的研究也长期侧重于经济层面。相关研究成果代表作有樊树志《明清江南市镇探微》[2]、范金民《明清江南商业的发展》[3]、王家范《百年颠沛与千年往复》[4]、李伯重《多视角看江南经济史（1250—1850）》[5]等。社会文化史相关研究开展得比较迟，主要研究成果有陈江《明代中后期江南社会与社会生活》[6]、王家范《明清江南社会史散论》[7] 等。总体上看，明代江南社会生活层面的研究尚需全面挖掘，仍有较大的发挥空间。近年汉学家卜正民在《纵乐的困惑：明代的商业与文化》[8] 一书中描述了明中晚期中国经历的经济变革，商业的蓬勃发展，促使社会、文化发生一系列的变化，通过叙事手段，把官员、游人、外交使者、砖瓦匠、商人、纺织工人、妓女等社会各阶层人物和其故事串联起来，呈现出一幅明代社会文化的图景。

（二） 文化传统的积淀

在特定的时代背景下，文房文化之所以在江南地区表现得尤为显著，与江南这一区域独特的人文环境是密不可分的。作为全国文化中心的江南，重视文教蔚然成风，读书、藏书、著书风气盛行。中国人最令人喜爱的特点之一，就是他们对一切与文献，特别是书写和书写材料有关的事物，有一种发自内心的热爱。千百年来，一大批热诚而天才的学者对书法艺术和文人画珍视有加，他们在这些领域不断耕耘，逐渐发明出一套有关制作和保存

---

① 谢和耐：《中国社会史》，江苏人民出版社 1995 年版，第 416 页。
② 樊树志：《明清江南市镇探微》，复旦大学出版社 1990 年版。
③ 范金民：《明清江南商业的发展》，南京大学出版社 1998 年版。
④ 王家范：《百年颠沛与千年往复》，上海人民出版社 2018 年版。
⑤ 李伯重：《多视角看江南经济史（1250—1850）》，生活·读书·新知三联书店 2003 年版。
⑥ 陈江：《明代中后期江南社会与社会生活》，上海社会科学院出版社 2006 年版。
⑦ 王家范：《明清江南社会史散论》，上海人民出版社 2019 年版。
⑧ ［加］卜正民：《纵乐的困惑：明代的商业与文化》，方骏、王秀丽、罗天佑译，广西师范大学出版社 2016 年版。

各种艺术用品的独特规则，最后体现这些规则的载体得以在学者间传承下来。① 文房陈设用品成为精心挑选的具象体现，文房不仅是江南文人的读书场所也是实现其文化追求的场所。所谓一方水土养一方人，江南的灵山秀水孕育了大量的文人才士，在他们的引领下掀起了习文诵书的社会风气，同时也培养了他们清丽脱俗的人文意趣，从而使得明清江南文房显示出极具地域特色的文化内涵。好习文诵书的文化风气也带动了文化市场的活跃，碑帖文玩、金石鼎彝等文物清玩受到追捧。饮食肴撰、住宅园林、衣着服饰、陈设用具等方面大部分消费都和文房及文房用品有密切关系。②

（三）文人取向的转变

关于文人风气转变的研究主要有陈宝良《明代儒学生员与地方社会》③ 一书中对生员群体做了专门研究，考察了失意科场和仕进无门的生员层的社会流动及社会生存状况，这是文人文房发展兴盛的客观原因。李双华《论明中叶吴中士人的生活态度》④ 一文，对士人的生活方式及生活态度做了探讨，认为吴人读书不再是对功名孜孜不倦，而是以一种我行我素的生活方式寻求世俗生活的快乐和享受。刘春玲《论晚明士风的嬗变》⑤ 一文，由政治、经济、文化等方面的变化系统分析了明末的士风，认为当时士风的转变是进步性和消极性的统一。

明清江南文房的发展与江南地区为当时经济、文化中心地位有关，文房的主体——文人思想价值观的转变更是起到了直接推动作用。商品经济的发展，商人的社会地位提高，文人受到挤压。明清统治者对江南文人一以贯之的压制也导致仕途的阻塞。文人在寻求社会出路的时候，价值取向发生了转变。复杂的现实让他们更多地选择了退居斋室，去寻求个人精神的满足。明代中后期心学盛行，为文人满足私欲提供了理论依据。退隐这一古代文人的人生观念在此时也有了一些新变化，在此时文人看来，无论选择何种隐逸方式，最重要的是志在于隐，方能超然物外。"山林亦朝市，朝市亦山林"成为潮流，大隐隐于市的思想为凸显文房的重要性和其功能发展也提供了主观条件。明清的江南，文人传统的清净与世俗享乐结合了起来，一方面不舍弃尘世的快乐享受，另一方面也力求构建有别于普通人的高雅氛围。文房可以说是体现文人雅趣的主要手段。因此，文房得以大力营建。

文房及其附属之所以在明清时期的江南走上了发展的巅峰，实际上和江南社会风尚的转变有密切的关系，社会风尚的转变又改变了文人的人生追求和价值取向。通过了解相关社会变化和士风的转变可以有效把握江南文房发展的原因。其中有关社会风尚变化的研究主要有如下著述：牛建强、汪维真《明代中后期江南地区风尚取向的更移》《再论明代中

---

① ［荷］高罗佩：《砚史》，黄义军译，中西书局 2016 年版。

② 王家范：《明清江南消费风气与消费结构描述——明清艰难消费经济探测之一》，《华东师范大学学报》（哲社版），1988 年第 2 期。

③ 陈宝良：《明代儒学生员与地方社会》，中国社会科学出版社 2005 年版。

④ 李双华：《论明中叶吴中士人的生活态度》，《北方论丛》2005 年第 6 期。

⑤ 刘春玲：《论晚明士风的嬗变》，《阴山学刊》2003 年第 4 期。

后期江南地区社会风尚的变化》① 两文系统地对明代中后期江南的社会风尚变迁进行了研究；王卫平《明清时期太湖地区奢侈风气及其评价》一文中，关注江南地区具有代表性的太湖地区，对奢侈之风盛行的原因和表现做了研究，并充分论证了其社会作用。郑文《江南世风的转变与吴门绘画的崛起》② 一书，认为明代中后期江南世风的转变对于吴门绘画风格的形成、发展都起到了特殊的作用。

二、江南文房的空间建构

（一）物质空间

1. 建筑规制

明清江南地区的文房，因文人财力的不同和审美偏向的区别，其规模和形制也大不相同，堂、斋、室、楼、馆、阁、轩、山房、精舍等，都可以成为设计的选择。文人文房也常常与园林建筑结合在一起，形成一个完整的文化生活空间。文人在选择文房规制时，与周边环境能否相融也成为其关注点。文房规制若能因地制宜，选择得当，文人才能在文房中享受自然隐逸之趣。

2. 外部环境

对山水的向往是中国古代文人挥之不去的情思，因此在建造文房时，选择合乎己意的外部环境首要就是体现出这样一种清雅脱俗的山水审美趋向。避居深山过于寂寥，园林就成为折衷之选，园林内常常置以不事雕琢、自然天成的山林泉石，园内园外清新雅致的风景，为文房生活增添了情趣。江南文人对文房的外部环境有自然幽趣的偏好。这不仅给予文人审美上的享受，也对他们追求高雅清逸的文房生活有所助益。

3. 内部陈设

简雅和古朴之气是这一时期文房内部陈设的特点，江南文房家具以含蓄的精致和质朴的清雅为特色，其受到文人士大夫审美趣味的影响是不可否认的。文房作为文人藏修消闲之所，其内部的布局和陈设也受到文人的关注，江南文人追求功能至上的设计观和清雅的美学观。文房中的家具与文人的生活息息相关，其适用度直接关系到文人书斋生活的惬意和自适，因此江南文人还参与家具的设计，借此展现文人的审美意趣和文化理想。但与一般家具不同的是，文房中的生活家具更注重与文人文房生活的适配性。文房内的陈设因为文人的关注和参与，更多的时候体现了一种功能之宜与清雅之美兼得的状况，从而成为充满着文化气息的综合体。

① 牛建强、汪维真：《明代中后期江南地区风尚取向的更移》，《史学月刊》1990 年第 5 期；牛建强、汪维真：《再论明代中后期江南地区社会风尚的变化》，《河南大学学报》1991 年第 1 期。
② 郑文：《江南世风的转变与吴门绘画的崛起》，上海文化出版社 2007 年版。

4. 文房器物

江南文人对文房的营建，不仅注重外部环境与内部陈设的和谐性，以达到一种整体的美感，对其中的雅玩清供也极力购求。明清江南文人逐渐淡化器物收藏和赏鉴中所蕴含的考据色彩，而是使器物收藏和赏鉴成为实践其审美意趣和文化理想的一种生活常态。对器物的这种"清赏"和"雅玩"，是文人寄托清逸之趣的一种文化活动。明清时期，文人把玩和鉴赏对象的范围也几乎包含了所有的古今器物，法书画帖、金石鼎彝、笔砚纸墨、香茗琴棋等，书斋中所置雅玩清供丰富而讲究。书籍与文人有着不可分割的关系，明清江南私家藏书文化发展到了一个极盛时期，对古今名画的收藏和追捧也更为常见，画作成为文房必备之物。赏鉴书画碑帖也成为文人不可或缺的一种文化生活。文人的书斋生活离不开文房文具，对于文房文具不仅极力购求古雅之物，布列得当也关乎风雅。收藏古董也是此时期江南文人普遍的文化风尚，同时，文人不仅注重斋室外部环境的自然优美，即使在书斋内也利用盆景等物打造出极富生趣的意境，以达到情境交融。

文房物件研究是今人文房研究的热点，文房陈设、用具及文房清供方面的研究文章不少，但大部分研究多出于文物鉴别收藏的需求，如古董收藏鉴定等，缺乏系统性的研究。文房家具陈设上，王世襄《明式家具珍赏》① 《明式家具研究》② 是较为有名的研究成果，何晓道《江南明清椅子》《江南明清门窗》③ 是近年出版的相关研究。

文房清供特指书房清雅的陈设器具，即与笔墨纸砚相应发展而来的各种辅助用具（参见表1）。这些辅助用具的出现要晚于笔墨纸砚，文房清供是中国传统文房辅助用具的一种雅称，也称文房杂器，由精美的工艺造型和极具观赏性的器物组成。韩雪岩《明中后期苏州文人的书斋清玩与仿古风尚》、贾溢德《明清书斋雅玩》④ 是关于文房中雅玩的研究，介绍文房中清供雅玩的有张荣等编写的《文房清供》⑤ 一书，此书介绍了清代故宫皇家文房清供，包括笔墨纸砚印章等。魏学峰编写的《文房清供》⑥ 一书，则介绍了四川博物院馆藏的文房清供文物。张耀宗编写的《文房漫录》⑦ 一书则撷取了二十九位大家谈论文房清供、收藏雅趣的文章，按"纸笔""墨砚""古趣""新韵"结构四辑，对文房清供做了广泛介绍。刘传俊编写《文房》⑧ 四卷，是近年较为系统的文房用品大全。全套分四卷：文房之味、文房之属、文房之趣、文房之境，其中文房之味为学术论著，后三卷为文房书斋器具的实物图录及注释。全书将文房、书斋体系器具分为：文具类，清玩、雅玩类，清供、清赏类，动使类及其他类。通过大量详实的资料考据及图片文献，系统梳理了中国古代文房体系架构之形成、发展、演变及现状。《器蕴才华——文房

---

① 王世襄：《明式家具珍赏》，文物出版社2003年版。

② 王世襄：《明式家具研究》，生活·读书·新知三联书店2007年版。

③ 何晓道：《江南明清椅子》《江南明清门窗》，江苏美术出版社2013年版。

④ 韩雪岩：《明中后期苏州文人的书斋清玩与仿古风尚》，《艺术设计研究》2009年第3期；贾溢德：《明清书斋雅玩》，《上海工艺美术》2009年第4期。

⑤ 张荣编：《文房清供》，紫禁城出版社2009年版。

⑥ 四川博物院编：《文房清供》，西南交通大学出版社2019年版。

⑦ 张耀宗等编：《文房漫录》，生活·读书·新知三联书店2013年版。

⑧ 刘传俊：《文房》，文物出版社2020年版。

清供陈列》① 一书是天津博物馆近年文房清供的梳理，分作四德春秋、墨润飞香、纸寿千年、砚田墨海和杂宝诸陈五个单元来陈列馆藏文人的书画工具和清供实物，透过文物本身折射出文人的优雅生活和审美情趣，以及掌控文玩进行创作的高深造诣。同时该展还在展厅中通过不同文房景观及古人进行书画交流活动的绘画作品再现文人创作的环境。

表1   清代文房清供类目

笔用类	笔架（笔床、笔船、笔格）、笔筒、笔洗、笔掭、笔屏等
墨用类	墨床、墨罐、墨匣、墨斗等
纸用类	镇纸、镇尺、纸刀等
砚用类	砚滴（水注）、砚床、砚山、砚屏、水丞、水盛等
其他	印章、印盒、印规、仿圈、臂搁等

文房用具的材料范围很广，陶瓷、竹木、翡翠、玛瑙、水晶、金银、珐琅、石、铜、铁、玉、漆、紫砂等各种材质都被用来制作文房清供，不仅质地种类多样，造型也出奇精巧。不同时期又有不同的流行样式，如康熙时期，各种瓷质文房器具呈现繁荣景象；雍正时期盛行玻璃、珐琅制品；乾隆时期的珐琅文房器具较具特色。随着制作工艺的发展，清代新出现了笔屏、砚屏、墨罐、笔船，铜墨斗、笔掭等多种形制的文房用具。此外，清代还有以多种功用或多种器具组合的形式，如成套组合式的书写用具多盛盘，以多宝格形式制作的成套文房清供珍玩，旅行文具箱等。

（二）精神空间

1. 生活空间

文房首先是文人的生活空间，它给明清江南文人提供了一种怡然自得的起居空间，对于不仕的文人来说，是他们实现个人价值、寄托人生理想的场所。对于仕宦文人而言，则是他们灵魂的归所，很多文人在宦途中另辟一静室，起居其间，自得其乐。文房作为生活空间不仅在于它的舒适性，还在于它能够提供给文人一种文化上的满足感，在这个小小的空间内文人可实现由来已久的山水隐逸之思。

2. 创作空间

整编书籍、著述立言，书斋也给文人提供了一个创作空间。在文化创作过程中，无论是他们的行为动因，或是言论立场，还是情趣偏好，都蕴涵了文人个性化的意趣观念。处于社会困境中的江南文人，虽然在朝堂上不能实现其人生抱负，但在自己的文房中，他们的创作变成了一种实现其人生理想的更为艺术化、高雅性的方式。

---

① 刘渤编：《器蕴才华——文房清供陈列》，文物出版社 2013 年版。

3. 交游空间

文人在社会交往中所交之人往往都是与自己性情相投的人士，文房作为文人的活动空间，入此斋中，自是知己，与文房主人有相似的审美情趣和追求才能得为精神之交。文人的文房生活，除自我怡情寄兴之外，作为与友人的交游唱和的空间也是一种重要的营建目的。

对文房的研究目前主要集中于建筑学和美学层面，从社会文化史角度进行的研究较少。部分研究侧重于文房发展史和趣闻，学术性不足，即使少数文章对文房做了较为全面的论述，但因篇幅较小只能寥寥数语，未有更为深入的分析。童寯《江南园林志》①、顾凯《明代江南园林研究》② 是从建筑学角度对江南文人居住空间的代表性研究。文房作为江南文人生活的重要活动场所和身份的象征，与江南园林的发展有很大程度上的关系，伴随文房的庭院也必然受到影响。将研究重点投向文房与其所处环境的互动关系上的文章有王乐《江南古典园林书斋庭院分析》③，文中阐述了庭院的发展历史，而且通过收集江南古典园林中文房庭院的实例，从选址、空间布局、庭院要素等方面分析其特点，并与其他院落对比，从而获得更为清晰明了的认识。杨玲、张明春《明清江南书斋形态浅析》④ 则从建筑形制入手，对文房书斋选址、类型以及室内空间构成等几个部分进行了相应的整理和分析。朱亚夫、王明洪《书斋文化》⑤ 是一本研究文人文房史的书，书中描述了书斋文化的发展脉络，斋名的起源及其演变，书籍与书斋的关系，分析了历代书斋的文化特征，介绍书斋的建筑形式和装潢设计特点等。暴洪昌《明清时代书斋文化散论》⑥ 通过分析文房书斋文化领略文人学者的风采，同时通过对文房书斋美学价值的欣赏体验文房背后的文化。施晴《明代中后期江南文人的书斋研究》⑦ 则总结了前人的研究，探讨了明中后期文人书斋和社会发展之间的关系。

三、江南文玩的博易万象

1. 江南文玩的特点

书房是中国古代官员、学者和读书人的主要生活场所。文人雅士的书房，突出特点就是以文房清玩为点缀，烘托出和平安宁幽静的气氛，反映出文人所追求的是一种与世无争、悠闲安逸的生活状态。案头陈设砚台、铜水注（砚滴）、笔格、笔筒、笔洗、糊斗、水中丞、铜石质地的镇纸等文房用品。明朝中后期，许多随工商业逐渐发达起来的商人开始附庸风雅，赞助和支持艺术文化事业。文化与资本的结合，催发了士林价值观念和生活

① 童寯：《江南园林志》，中国建筑工业出版社 1984 年版。
② 顾凯：《明代江南园林研究》，东南大学出版社 2010 年版。
③ 王乐：《江南古典园林书斋庭院分析》，北京林业大学硕士学位论文，2010 年。
④ 杨玲、张明春：《明清江南书斋形态浅析》，《家居与室内装饰》2008 年第 1 期。
⑤ 朱亚夫、王明洪：《书斋文化》，学林出版社 2008 年版。
⑥ 暴洪昌：《明清时代书斋文化散论》，《齐鲁学刊》1992 年第 2 期。
⑦ 施晴：《明代中后期江南文人的书斋研究》，华东师范大学硕士学位论文，2012 年。

方式的转变。

广义的"文玩"，包括文人书房中所用的物品，有书画类挂饰，文具类以笔、墨、纸、砚四宝为主体，还兼及其他的实用器、玩赏品和陈设品，如笔插、笔筒、笔架、笔洗、砚滴、水丞、镇纸、臂搁、墨床、印章、印泥盒、香具等。文玩兴起于宋代，到了明代，文人阶层迅速增大，对文玩的需求日益增强，文玩艺术的范围不断扩大、品位也不断提升。及至清代，文玩器物更加成熟，人们通过精心的设计、制作和摆设，将原本的文玩实用器演变为具有装饰性的艺术品，成为书房里、书案上的一道雅致的风景。这些文玩材质广泛，玉质、瓷质、牙雕等无所不有；装饰手法多样，或镶嵌、或雕刻、或镂空、或堆塑，异彩纷呈；图案题材内容广泛，动物、植物、人物等应有尽有。因可用可赏，故被称为"文玩"，被冠之以雅玩之名。正如明人沈春泽所述，"非有真韵，真才与真情以胜之，其调弗同也"。

清代前期官府文玩制造以造办处匠人为代表，清代皇帝赏赐文玩给大臣的情形也十分多见，清代后期民间制造以江南等地工匠为代表。可以看出宫廷审美对民间的引导，如果从清代工艺角度来看，制作工艺的提升和装饰题材的扩展应该是两个显著特点，技术的飞速发展使得工艺制作水平远超前代，文玩的设计体现了装饰题材和装饰样式的创新，各阶段具有其时代特色。反映精英社会的审美，如雍正朝就包含有自然质朴和精雕细琢两种风格，并且出现偏爱黑色的特例，品味雅致孤高。

2. 鉴藏和交易情况

明代中后期资本主义萌芽的种子深埋在广阔的江南地区，禁海政策的放宽致使大量资本涌入，为 18 世纪的经济注入了新鲜的血液。江南地区农业、手工业商品化程度有了显著提高，发达的漕运贸易刺激着运河城市的兴起，扬州、苏州等地成为清代中期的经济重镇，商人成为一个极具购买力的消费群体在社会经济结构中发挥着重要的作用。"当商人努力用财富换取文学或政治上的声誉时，他们更愿与文人阶层为一体，不再认同自己本来的身份。"① 收藏实力逐渐增强，以新兴商人和传统文人为代表的收藏群体常有雅好文玩的情调，文玩类收藏品汇聚形成市场化运作，文玩的需求群体本以文人为主，随着需求的扩大，买卖及市场流通环节都有江南商人的参与，出现许多富于学养的亦商亦仕者和深谙鉴赏的收藏者。

江南地区以苏州为代表的文化艺术品市场向来发达，自明代起就出现不少收藏大家，如吴宽、陆完等，后来文玩市场逐渐兴起，徐珂《清稗类钞》记载清前期苏州士人有三好：曰穷烹饪，狎优伶，谈骨董，文玩成为清代苏州士人"三好"之一，其收藏之风对江南地区产生极大影响，常辉《兰舫笔记》记载"人情凡厌故而喜新，至于字画玩器，反尚故。故江东风俗，凡赞赏物，莫不曰旧"。这也从侧面反映了当时士人财力雄厚，更加讲究奢侈优雅，与民生日用相距益远。

这一时期江南的收藏市场以文人群体为代表，出现一些收藏世家大族，如苏州潘家、顾家，常熟翁家，杭州汪家等，他们的收藏间表现出千丝万缕的联系，反映了清代文人间

---

① Ginger Cheng-chi Hsu：《18 世纪扬州商人对绘画之赞助》，李铸晋编：《中国画家与赞助人——中国绘画中的社会及经济因素》，天津人民出版社 2013 年版。

的交友状况，对于文玩欣赏与选择互相影响，表现出地域喜好特点。经济实力决定购买力，文人仁者对于文玩的喜爱引起商人的趋之若鹜，为之搜罗，并且到了清代后期，随着藏品在家族间的流转，一定程度上也反映出各家族的兴衰变化。

3. 文化交融和影响

江南文房的构建是对传统文化进行解构与重筑的过程，一方面从审美上受到精英阶层的影响，以宫廷造办处物件为代表；一方面从技艺上受到鉴藏市场的影响，是中国传统文化的集中展现，同时也受到了外来文化的影响。明末清初，西方来华传教士将西方仪器、地图、纺织品、用具等物品作为礼物相赠与，这些新奇的外来物品引起了清代皇帝的兴趣，雍乾时期，这些物品大量输入清宫，进入江南社会，中西文化产生了新的交融。体现了交流路径的复杂性和交流内容的选择性，主要依靠官商买办。此外，外国使团进献和本国官员进贡，得以流行于清朝上层阶级，在吸收西方艺术和技术的基础上，结合精英阶层的审美，基于中国传统技术的二次加工，多见纹样部分的借鉴，进行有选择的构筑，形成中西艺术和技术互动下的产物。

四、结　语

明清江南文房是建筑空间，是设计空间，是艺术空间，也是自我空间，这一世界独立运转，又不可避免受到外部世界的影响，是外生与内生交织的解构与重筑。既是对历史文化的解构，将六朝以来逐渐形成的江南文化以具象的形式，符号化的语言来建构，同时也是空间主体人物的建构，这一空间中的主体与自我不可避免地参与一系列的社交与鉴藏活动，社交关系和地缘场域建构，拓展了对于这一空间世界与人物世界的认知。

（作者单位：武汉大学历史学院）

清代苏南义学与地方社会互动

□　刘玉堂　张帅奇

【摘要】义学是中国古代以官款、地方公款或地租设立，以招收贫寒子弟或少数民族地区子弟为主并提供免费教育的蒙学。清代苏南地区的义学因时代、地域的差异，呈现出不同的发展阶段与演变形态，且因主体建设力量的差异而形成不同的类型。其义学的建设、监督与管理是官民力量在地方社会中的重要互动，既是促进地方文化教育普及与科举繁荣的有效方式，又是维护地方社会秩序与保持基层稳定的重要手段。

【关键词】清代；苏南；义学；地方社会

　　义学是中国古代以官款、地方公款或宗族祠堂地租为主要经费来源，且多以孤寒子弟为教育对象而设立的具有公益性质的蒙学。它对提高地方教育文化水平、加强社会教化、传承家族文化以及维护基层社会秩序等具有重要作用。20 世纪 30 年代，学术界便开始对义学进行研究，但尚未出现专门的学术著作，大多是在论述教育历史与制度等方面的论著中附带提及。[①] 20 世纪 80 年代，学术界关于义学的研究主要集中于义学的经济状况、地区分布、管理与教育、义学与宗教的互动以及义学对家族社会的作用等方面，即大多学者仍然从教育历史与制度的角度去研究义学本身，而较少从义学与地方社会的互动及社会历史学的角度去分析探究。[②] 为此，本文以清代苏南地区的地方志、实录以及相关文人书籍等文献资料为基础，立足区域社会史学的角度，通过对清代苏南地区义学的分析与探讨，发掘官民力量与义学发展的互动作用，揭示义学与区域社会的互动关系。

---

　　①　部分研究成果参见黄炎培《中国教育史要》第四章（商务印书馆 1931 年版）；徐式圭《中国教育史略》清代部分第一章（中华学术社 1931 年版）；陈东原《中国教育史》第二十四章（商务印书馆 1936 年版）；陈青之《中国教育史》第五章（商务印书馆 1936 年版）。

　　②　部分研究成果参见欧多恒、王正贤：《明清时期的贵州教育》，《贵州社会科学》1984 年第 3 期；陈宝良：《明代的义学与乡学》，《史学月刊》1993 年第 3 期；王善军：《宋代族塾义学的兴盛及其社会作用》，《中国史研究》1999 年第 2 期；张羽琼：《论清代贵州义学的发展》，《贵州文史丛刊》2002 年第 1 期；冯明：《清代湖北义学研究》，华中师范大学硕士学位论文，2007 年；王永平：《北魏孝文帝崇佛之表现及其对佛教义学之倡导》，《学习与探索》2010 年第 1 期；卞浩宇：《伦敦会传教士米怜与近代马六甲中文"义学"的创办与发展》，《基督宗教研究》2014 年第 2 期；陈鹏：《清代"新满洲"八旗子弟教育研究》，《西南民族大学学报》（人文社科版）2018 年第 12 期；李文龙：《清中期边疆教化与国家认同教育——陈宏谋与义学发展》，《民族教育研究》2019 年第 1 期。

一、义学演进轨迹与清代苏南地区义学发展阶段

(一) 义学的演进轨迹

义学是一个泛称，它是由官方力量或民间力量独自建设，抑或由官民联合兴办，包括义塾、家塾、乡塾、社学以及带有蒙学性质的书院等。清代苏南地区经济繁荣、科举发达，很多地方对义学、义塾、家塾、社学、蒙童书院、乡塾及书塾的具体性质并没有严格的划分标准。因此本文讨论的对象是广泛意义上的义学，并非只局限于义学的狭义概念。

中国古代对教育较为重视，但并不是每个人都能接受教育，尤其是基层社会家庭中的孤寒子弟，义学因之应运而生。中国古代义学诞生于东汉，发展于唐宋，完善于元明，鼎盛于清代，最后消亡于新中国。① 义学最晚在东汉章帝时期就已经出现，《后汉书》记载杨仁"宽惠为政，劝课掾史弟子，悉令就学。其有通明经术者，显之右署，或贡之朝，由是义学大兴"②。但当时的义学只是作为名词出现在史书记载中，其具体内涵则语焉不详。唐昭宗时王潮任"福建等州团练使，俄迁观察使。乃作四门义学，还流亡，定赋敛，遣吏劝农，人皆安之"③。此义学似乎也只是地方官员招徕流民、发展经济以及稳定社会秩序的一种手段，并没有体现出其文化科教方面的功能。

真正对后世影响较大并具有文化教育作用的还是北宋时期范仲淹在义庄中设立的义学，"范文正公尝建义宅，置义田、义庄，以收其宗族，又设义学以教，教养咸备，意最近古"④。此时的义学具有一定的政治色彩，已成为地方社会增强家族内部凝聚力、提高文化素质进而维护宗族内部秩序的重要手段。元朝推行民族歧视与压迫政策，科举取士规模较小，官学与书院的教育质量下降，一些地方名儒多通过私人开办义学来培养家族子弟。诚如欧阳圭所言："有富而好礼之士出而建义塾焉，义塾既作，一乡之士患不志于学，一塾之师患学者之不勤，不患供艺之不继，推此至公之心，求复世道之古，其机不在兹心乎!"⑤ 明初，朱元璋大力发展官学教育，而义学作为官方教育的有益补充，对社会基层教育程度的提高发挥了一定的作用。明中期后，随着官学教育的衰落以及科举的兴盛，江南地区世家大族创办义学的风气大开，义学逐渐成为传承家族文化、凝聚家族力量以及维护宗族秩序的重要方式。清朝定鼎中原后，把义学变为国家提倡的地方官或士民为贫寒子弟和少数民族子弟举办的学校。⑥

① 吴琦主编：《明清地方力量与地方社会》，中国社会科学出版社 2009 年版，第 93 页。

② 《后汉书·杨仁传》，中华书局 1965 年版，第 2574 页。

③ 《新唐书·王潮传》，中华书局 1975 年版，第 5491 页。

④ 范能濬编集、薛正兴点校：《范仲淹全集》附录三《范仲淹著作历代序跋》，凤凰出版社 2004 年版，第 1014 页。

⑤ 欧阳玄：《圭斋文集》卷五《安成李氏重修安贤义塾记》，《景印文渊阁四库全书》第 1210 册，台湾"商务印书馆"1986 年版，第 9 页。

⑥ 王炳照、李国钧等编：《中国教育通史·清代卷》（中），北京师范大学出版社 2013 年版，第 261 页。

（二）清代苏南地区义学的发展阶段

苏南地区并不是一个固定的地域概念，依据不同的划分标准，其地理范围各不相同。李伯重先生根据地理上的完整性、内部经济联系的紧密性与经济水平等因素，认为江南地区的范围包括苏、松、常、镇、宁、杭、嘉、湖、太仓八府一州，得到不少学者的认可。① 本文所述义学在苏南地区时空分布的区域，即以李伯重先生划定的江南地区中苏、松、常、镇、太仓四府一州的范围为主。苏南地区的义学最早出现于北宋仁宗时期，由范仲淹创办于家乡苏州府天平山地区，"初，文正公建义宅，置义田，以赡族，又设义学，以教族人子弟"②，后毁于战乱。至清代，苏南地区的义学发展日益繁荣，这不仅与当时苏南地区经济发达、科举兴盛有关，而且也是维护宗族内部权威、巩固地方政权、稳定封建秩序的重要手段。清代苏南地区的义学发展呈现出明显的时间与空间差异性，试以各地地方志中记载的义学兴废状况，将清代苏南地区的义学划分为不同阶段进行相关性分析。

1. 顺康雍时期（1644—1795 年）：草创与兴建阶段

顺治初年，清政府的主要任务是镇压全国各地的反清力量，以便确立对全国的统治，因而无暇顾及建立学校等基本公共设施，故此时的义学多由地方士绅或宗族内部自主兴设，作为向乡里族人免费提供基础教育的场所，旨在提高乡里族人的文化水平。"震泽县义学，在本镇倪氏宗祠旁。雍正十三年，邑人倪兆鹏创设。兆鹏捐本邑田九十九亩一分二毫，吴江田二十二亩二分二毫，岁入租以给平望、震泽两镇义学脩膳。"③ 伴随清朝在全国范围内统治权的基本确立，学校教育等稳定社会的相关举措也逐步提上中央政府以及各级官府议事日程。康熙四十一年（1702 年），京师崇文门外，设立义学，特赐御书匾额。五城、地方各设小学，延塾师教，有成材者选入义学，凡义学、小学每年廪饩共三百两于府县，按月支给。④ 谕令不仅标志着义学的地位得到官方认可，而且凸显出清王朝正式以国家政权力量推动义学建立以加强统治的决心。康熙四十四年，谕令："黔省各府、州、县设立义学，土司承袭，子弟送学肄业……钦定《古文渊鉴》《资治通鉴纲目》等书于直省颁发，御书文教，遐宣匾额悬黔省各义学。"⑤ 国家对义学设立的范围已不断延伸，由京畿向内地、边区扩展，使得江南地区兴办义学的风气更为浓厚。雍正三年，"又命各省改生祠、书院为义学，延师授徒，以广文教"⑥。清代国家政策的持续推动使义学在苏南地区日益兴盛。

清代建立之初苏南地区四府一州本已存在具有义学性质的学校，但因明清战争与发展经费的限制而有所损毁和停办，遗留的义学数量相当有限。"浒墅关义学，在二都七啚关

① 李伯重：《简论"江南地区"的界定》，《中国社会经济史研究》1991 年第 1 期。

② 李铭皖、谭钧培修，冯桂芬纂：《（同治）苏州府志》卷二十六《学校二》，《中国地方志集成·江苏府县志辑 7》，凤凰出版社 2008 年版，第 24 页。

③ 陈和志修，倪师孟、沈彤纂：《（乾隆）震泽县志》卷七《学校》，《中国地方志集成·江苏府县志辑 23》，凤凰出版社 2008 年版，第 15 页。

④ 乾隆官修：《清朝文献通考》卷六十九《学校考七》，浙江古籍出版社 2000 年版，第 5492 页。

⑤ 乾隆官修：《清朝文献通考》卷六十九《学校考七》，浙江古籍出版社 2000 年版，第 5492 页。

⑥ 乾隆官修：《清朝文献通考》卷七十《学校考八》，浙江古籍出版社 2000 年版，第 5495 页。

署西北，基六亩三分一厘。明嘉靖中榷使方鹏建，监生沈完、榷使张世科先后捐田。历代关督屡有增修，规制宏备，春秋丁祭，塾师膏火俱动关项。后兵燹。"① 顺康雍时期苏南地区义学毕竟处于创设阶段，其建设以民间力量为主导，官方力量还比较弱，二者兴建义学103所，其中以官方力量主导建立的义学26所，民间自发兴办义学61所，官民合作建设义学16所。这一时期义学建设主导力量分布情况见表1：

表1　　　　清代苏南地区顺康雍时期义学建设主导力量汇总表

地区 \ 类型	官方力量主导型	民间力量主导型	官民合作型	合计
苏州府	8	21	4	33
松江府	4	9	6	19
常州府	5	14	5	24
镇江府	6	14	1	21
太仓州	3	3	0	6
合计	26	61	16	103

注：①《中国地方志集成·江苏府县志辑》，凤凰出版社2008年版。②部分地方家谱与族谱说明：本文统计义学范围包括义学、义塾、社学、蒙童书院、乡塾、书塾等。

由表1可知，这一时期民间力量主导型与官民合作型义学数量几乎是官方力量主导型的三倍，从某种程度上反映出清朝前期民间社会对地方教育的支持，也透露出官方力量对基层控制力量的弱化。另一个比较突出的特征是义学的兴办区域相对集中于以苏州为中心的周边府县，仅苏州一府就达33所，这可能是苏州经济发达、科教鼎盛的结果。与此相反，太仓州兴建义学数量最少且不存在官民合作型义学，这可能与太仓州行政区划频繁变更有关。顺康雍时期苏南地区对学校教育的重视程度相较于全国其他地区更甚，创办义学的时间较早，义学类型也更为丰富，原因在于清廷力图以教化民众的方式达到稳定苏南地区社会秩序，从而保证国家的财富根基的目的。

2. 乾嘉道时期（1796—1850年）：发展与繁荣阶段

乾隆时期处于康乾盛世的顶峰阶段，苏南地区社会稳定、经济发展为义学的发展奠定了雄厚的物质基础，特别是人口的迅猛增长与科举日益兴盛，对学校教育的社会需求持续扩大，促使江南地区的义学发展进入繁荣阶段。道光二年（1822年）十一月谕内阁："义学、书院皆州县所宜整饬，惟在各州县率由旧章，择经明行修之士认真董教，自不致空支修脯。至筹议闲款，劝捐富绅，亦恐启不削小县侵蚀勒索诸弊。其所请教官，稽查生儒各章程，并令该督抚岁终将各郡属办理情形开单汇奏。"② 谕旨下发后，各级地方官员踊跃

① 李光祚修，顾诒禄等纂：《（乾隆）长洲县志》卷四《官署》，《中国地方志集成·江苏府县志辑13》，凤凰出版社2008年版，第8页。

② 《清宣宗成皇帝实录》卷44，中华书局1986年版，第780页。

兴建义学，以实现追求政绩或造福地方的目的。乾嘉道时期苏南地区的义学官方兴设以倡建为主，而民间自发办学则成为苏南社会兴设义学的主导力量，加上政府的大力倡导与民间的广泛参与，不同程度上推动了官民合建义学模式的发展。这一时期义学兴建数量为355 所，其中以官方力量主导兴建 102 所，民间自发兴建 196 所，官民合建 57 所。这一期义学建设主导力量分布情况见表 2：

表 2 　　　　　　　　　　**清代苏南地区乾嘉道时期义学建设主导力量汇总表**

地区 ＼ 类型	官方力量主导型	民间力量主导型	官民合作型	合计
苏州府	42	81	24	147
松江府	13	24	6	43
常州府	21	42	12	75
镇江府	19	35	10	64
太仓州	7	14	5	26
合计	102	196	57	355

注：①《中国地方志集成·江苏府县志辑》，凤凰出版社 2008 年版。②部分地方家谱与族谱说明：本文统计义学范围包括义学、义塾、社学、蒙童书院、乡塾、书塾等。

由表 2 可知，这一时期民间力量主导型义学数量远远超过官方力量主导型与官民合作型义学，这在某种程度上反映出王朝鼎盛时期民间力量的壮大以及地方社会经济的发展。同时，苏州府兴设的各类义学数量都遥遥领先于其他府州，这既可能与苏州府经济发展程度水平较其他地方高有关，又可能是地方士绅造福乡梓行动的一种体现。

由于官方力量在义学修建上的自身实践与积极倡导，促使民间兴建义学的力量日益多元化，一些地方士绅与名儒纷纷在自己的家乡掀起兴建义学的热潮，以期通过教育族中子弟来提高乡里族人文化素质与凝聚宗族力量。"五亩园义塾，在桃花坞。光绪十八年邑人谢家福捐资开办，专课儒孤。全年经费一千元，由积谷存库发典余息项下拨给。"①　"侯氏书塾，在城中第八箭河。道光二十六年，侯咸建。初，咸父风藻捐田三十亩，至是咸及族人守廉，各捐钱千缗，桐捐田十六亩，钱七百千。"② 值得注意的事，在参与义学建设的民间力量中，出现了一定数量的以地方士绅与商人群体为主创建的专门性善堂，包括宣讲救孤、育婴、设立义学与义冢、施药以及资助鳏寡之人等，如"种德堂，在虎丘山塘。乾隆二年，邑人王国俊建义冢三所，并隶本县"③。

---

① 曹允源、李根源纂：《（民国）吴县志（一）》卷二十七下《义塾》，《中国地方志集成·江苏府县志辑 11》，凤凰出版社 2008 年版，第 1 页。

② 裴大中、倪咸生修，秦缃业等纂：《（光绪）无锡金匮县志》卷六《廨署》，《中国地方志集成·江苏府县志辑 24》，凤凰出版社 2008 年版，第 23 页。

③ 李光祚修，顾诒禄等纂：《（乾隆）长洲县志》卷四《官署》，《中国地方志集成·江苏府县志辑 13》，凤凰出版社 2008 年版，第 6 页。

3. 咸同光时期（1851—1912 年）：重创与恢复阶段

咸丰元年（1851 年），洪秀全领导的太平天国起义爆发，1853 年太平军攻克江南重镇江宁（南京），定为都城，苏南地区社会经济遭到重创，人口锐减、物质损失难以估量，受损程度远远超过明清鼎革之际。曾国藩在与友人书中说："近年从事戎行，每驻扎之处，周历城乡，所见无不毁之屋，无不伐之树，无不破之富家，无不欺之民众。大抵受害于贼者十之七八，受害于兵者亦有二三。"[①] 太平天国以推翻清政权为目标，其势力长期盘踞在苏南地区，不仅导致义学兴建的数量锐减甚至停止，而且大量义学遭到农民军毁灭性的打击。义学作为清政府推行国家意志、巩固统治的一种有力工具，必然成为太平天国势力攻击的重要对象。乾嘉道时期兴办的大量城镇义学惨遭摧毁，遗留的义学多分布在乡村的山地、丘陵地区，苏南地区四府一州的城镇义学已所剩无几。同治三年（1864 年），太平天国运动被中外联合势力残酷镇压，清朝进入"同光中兴"时代，社会的逐步稳定促使江南地区的义学日益恢复。在江南地区战后重建活动中，义学也得以复兴，其兴建以官方力量为主，民间力量广泛参与，并存在一定数量的官民合建义学，此时义学数量达 263 所，其中官方主导兴建 130 所，民间自发兴建 101 所，官民合建 32 所；义学兴建的区域扩大，分布于乡村者 184 所，城镇 79 所。这一时期义学建设主导力量分布情况见表 3：

表3　　　　　　　　**清代苏南地区咸同光时期义学建设主导力量汇总表**

地区＼类型	官方力量主导型	民间力量主导型	官民合作型	合计
苏州府	43	34	10	87
松江府	23	17	6	46
常州府	29	23	7	59
镇江府	24	18	6	48
太仓州	11	9	3	23
合计	130	101	32	263

注：①《中国地方志集成·江苏府县志辑》，凤凰出版社 2008 年版。②部分地方家谱与族谱说明：本文统计义学范围包括义学、义塾、社学、蒙童书院、乡塾、书塾等。

由表 3 可知，这一时期官方力量主导型义学数量几乎是民间力量主导型与官民合作型义学之和，这在一定程度上反映出官方力量在战后苏南地区社会重建中居于主导地位，但也可能是官方力量对基层社会控制力增强的体现，官方企图通过基础教育实现培养顺民、巩固统治的目的。

咸同光时期也是西方资本主义入侵时期，政府在无力应对外患时深感改革教育的重要性，遂着手进行教育改革，全国上自京师下至各省州府县书院依次更改为学堂，而传统义

———————————

① 范文澜：《中国近代史》，人民出版社 1953 年版，第 180 页。

学也逐渐发生改变甚至消失，并向现代教育转变。光绪二十四年五月（1899 年），下谕内阁要求各地大小书院一律改为兼习中学、西学的学校，至于自行捐办的义学、社学等也一律兼行中西。①

二、官民互动与清代苏南地区的义学兴设

（一）义学的倡导与建设

"康熙五十二年（1713 年）始令各省府、州、县多令立义学，延请名师，聚集孤寒生童，励志读书。"② 谕旨下达，各级地方官员尤其是基层府州县官员为推广教化、发展文教，积极地参与义学建设，或个人捐廉倡导，或划拨一定土地与财物，大力支持民间力量兴办义学，并以行政手段引导各地义学的发展。"松陵书院旧在学官后。嘉庆中知县李汝栋改移城内，已毁。同治六年，知县沈锡华于城东门建造二十三间。九年，续建一十七间，计用钱前后两千七百余千串。时禁革经造籍入田六百一十亩有奇，以一百九十亩有奇入郡城女普济堂，六百千串以入籍田，租息充建造经费外不足，捐廉一千二百五十串有奇。又籍没盗首朱大田及前志书院原捐田一百二十亩有奇，岁收田租给书院月课花红。又没入革役洪胜田四百九十亩有奇，岁收田租充宝兴费。"③ 清代江南地区义学兴设过程中，某地区相当一部分官员对义学进行持续重建与扩展，对当地义学的建设发挥了重要作用。"国朝各州县奉文广设义学，知县蔡澎以次增创。乾隆癸亥，城乡开设，始遍，嗣后迭有兴废。道光丙午，署知县陈延恩劝捐，在城兴办恤孤义塾，南外北外以次举行。咸丰庚申，燹废。同治五年，巡抚丁日昌通饬各属广兴义学，署县汪坤厚遵。御史王书瑞奏定章程，将不列祀典庵庙田产详请拨充经费。是以各乡创设数十处，庶孤子弟咸知向学焉。"④

封建社会体系中官员的影响力与号召力是巨大的，通过他们的倡导与动员，广大士绅、民众等社会力量参与社会公共事务，不仅节省了政府的公共财政资源，而且在一定程度上调动社会资本与社会阶层为公共事务服务。清代各级地方官员从事地方社会公共事务的常用手段为"捐廉倡导"，清代官民合作型义学亦采用此手段。"松陵书院在学官后。乾隆四年，邑人汪涵光捐建凡十一间，颜曰松陵，书塾教论廖维新记。乾隆十二年，知县陈口怀捐修，并设神厨，奉先贤朱子神位。"⑤ 义学的兴设毕竟属于一项社会公共事务，清朝中央政府虽然极力推崇地方兴办，却始终未设立专门的机构、划拨专门的经费以及安排专人管理，也未能将其纳入官方正式的教育体系。地方官员对义学的重视程度取决于自

---

① 刘锦藻修：《清朝续文献通考》卷一百二《学校考九》，浙江古籍出版社 2000 年版，第 8607 页。

② 乾隆官修：《清朝文献通考》卷六十九《学校考七》，浙江古籍出版社 2000 年版，第 5493 页。

③ 金福曾等修，熊其英等纂：《（光绪）吴江县续志》卷三《营建二》，《中国地方志集成·江苏府县志辑 20》，凤凰出版社 2008 年版，第 4 页。

④ 卢思诚、冯寿镜修，季念贻、夏炜如纂：《（光绪）江阴县志》卷五《学校》，《中国地方志集成·江苏府县志辑 25》，凤凰出版社 2008 年版，第 29 页。

⑤ 丁元正等修，倪师孟、沈彤纂：《（乾隆）吴江县志（一）》卷八《学校》，《中国地方志集成·江苏府县志辑 19》，凤凰出版社 2008 年版，第 30 页。

身考量以及地方的财政实力，即使大量义学得到兴设，地方政府也无法耗费大量的人力、物力以及财力对义学的日常进行维护，因此不得不发动民间力量去建立与发展义学。除此之外，为避免义学建设或使用过程中遭到地方社会中某些不法分子的破坏，官府通过立碑的方式保护义学。《吴县永禁滋扰义学碑》明文规定："……现在择日兴工告竣，即须举设，恐有无知之徒作践滋事，环叩给示勒碑永禁，以垂永远，等情。到县。除批示外，合行勒碑永禁。为此示，仰该地方邻佑人等知悉：现据胡宁受等捐设义塾，如有贫民子弟，听其负笈入学，毋须无知棍徒作践滋扰，有妨善举。如敢故违者，许即指禀本县，以凭提究。该地方倘敢徇庇藉扰，察出并究。均各凛遵毋违。特示。遵。嘉庆二十年三月二十四日示。发义学勒碑监立。"①

清代苏南地区的义学以官民合作型为主体，虽然官方力量在倡导与建设中发挥着重要作用，但始终以民间力量为导向。民间社会中有财富和名望的士绅往往成为地方官员与百姓之间衔接的桥梁，他们凭借自身实力与地位主持兴办义学，为基层社会民众提供教育服务。"铁沙义塾，在川沙堡北门外。乾隆七年，邑民田京山呈请学宪建设义学。贡生瞿淳、监生张芝鹏等捐田、出赀学舍三间。随有慕义之士捐田，岁充脩脯，延师训里中子弟。"② 同时各级地方官员为调动民间力量与社会资本参与义学的兴建，往往对义学作出巨大贡献的地方士绅给予精神或物质奖励，或奖给牌匾，或恩准建坊，或赏赐官职虚衔，以期形成良好的社会风气，推动诸如赈灾、水利、慈善、修路等社会公共事务的发展。如"双凤镇义塾，同治七年，设在本镇吉利桥西。镇人陶廷琅捐上下楼房十八间，以二间设塾，余房出借，收租银充费。知州蒯德模准立案，并给崇学尚义匾额"③。

（二）义学的基本类型

学界在探讨清代设置义学的基本类型时，通常以义学设立过程中的主导力量作为判断类型的基本特征，即以官方兴办或民间兴办划分。但是依据地方县志具体分析清代江南地区的义学设置与发展过程，发现简单以民办或者官办来划分义学的类型具有很大的主观性。因为在义学设置的过程中，两者的界限并不能清晰分割，并没有绝对意义上的官办、民办之差别，有的只是在义学设置过程中参与的程度不同，而更多的则是在义学设置过程中官方力量和民间力量之间的互动与合作。现根据清代江南地区各地义学设置过程中官方与民间力量参与程度不同，将各地义学分为官方力量主导型、官民合作型和民间力量主导型三大类。

1. 官方力量主导型

官方力量主导型义学一般由官方力量或具有官方背景的群体所建设，经费以政府拨给和官吏捐助为主，其中也不乏民间力量的参与、资助。"惠南义塾，在邑城隍庙东。知县

---

① 王国平、唐力行主编：《明清以来苏州社会史碑刻集》，苏州大学出版社1998年版，第348页。

② 宋如林、孙星衍修，莫晋纂：《（嘉庆）松江府志》卷三十二《学校志》，嘉庆二十二年松江府学明伦堂年刊本，第21页。

③ 王祖畬纂修：《（宣统）太仓州镇洋县志》卷九《学校下》，《中国地方志集成·江苏府县志辑18》，凤凰出版社2008年版，第12页。

胡具体倡建,邑人祝尔和捐田存草车荡三亩九分七厘。"① 此类义学基本上是由地方知府、知州、知县设立或捐建的,其中完全由官方力量建立的义学,运行经费通常都是由政府提供,财政来源较为充足,其中不排除有一部分经费由民间出资,但是义学的日常管理、监督权却掌握在各级地方官员手中。"西门外义塾,道光年间设在白公祠。同治十一年,知州吴承潞、镇洋知县刘端凝捐俸重设,在更楼铺李王庙内。每年州捐钱十千文,县捐钱十二千文,余里人捐助。"② 清代苏南地区官方力量主导建设义学分布情况见表4:

表4   **清代苏南地区官方力量主导建设义学分布表**

地区＼时间	顺康雍时期 (1644—1795 年)	乾嘉道时期 (1796—1850 年)	咸同光时期 (1851—1908 年)	合计
苏州府	8	42	43	93
松江府	4	13	23	40
常州府	5	21	29	55
镇江府	6	19	24	49
太仓州	3	7	11	21
合计	26	102	130	258

注:①《中国地方志集成·江苏府县志辑》,凤凰出版社 2008 年版。②部分地方家谱与族谱说明:本文统计义学范围包括义学、义塾、社学、蒙童书院、乡塾、书塾等。

由表4可知,清代苏南地区以官方力量主导建设的义学在时间上分布并不均衡,咸同光时期以官方力量主导建设的义学有 130 所,约占清代苏南地区同类性质义学总数的 50.4%,几乎与顺康雍时期和乾嘉道时期同类性质的义学总数持平,在某种程度上说明晚清苏南地区在经历内部战争与外部冲击后,政府力图通过倡办义学的基层教育方式以达到维护社会稳定的目的。而官方力量主导建设义学数量在顺康雍时期与乾嘉道时期尤其和咸同光时期差距巨大,则可能与明清鼎革之际对地方社会的破坏力度较大有关。

但由于各级地方官员有一定的任职期限,人员流动性比较大,加之繁琐的地方公务使他们常常无暇顾及义学的发展状况,导致这类义学日渐萎缩,也有一些地方官员为追求政绩或声望盲目建设义学,造成"人在政举,人亡政息"的局面。

2. 官民合作型

官民合作型义学一般由官方力量与民间力量共同创办和参与义学的师资建设、经费筹集与监督管理等。"丹徒镇义学,同治八年,该镇绅士禀请增设于木镇之海会寺,脩脯岁

① 宋如林、孙星衍修,莫晋纂:《(嘉庆) 松江府志》卷三十二《学校志》,嘉庆二十二年松江府学明伦堂刊本,第 21 页。

② 王祖畬纂修:《(宣统) 太仓州镇洋县志》卷九《学校下》,《中国地方志集成·江苏府县志辑18》,凤凰出版社 2008 年版,第 12 页。

三十千，由县捐廉暂给。"① "新德义塾，在陈墓镇东成区五口诚圩。同治八年，里人朱惟沅、陆溶等募捐田亩创立，陆张氏捐资建塾三楹。光绪三年，昆山知县金吴口酌拨充公庙田二十六亩有奇。"② 官民合作型义学在清代整个江南地区义学中的数量最少，且在清代江南地区的义学类型中始终保持较低的比例，可见其并不是被官方与民间普遍认可的一种义学建设方式。清代苏南地区官民合作建设义学分布情况见表5：

表5 清代苏南地区官民合作建设义学分布表

时间\地区	顺康雍时期（1644—1795 年）	乾嘉道时期（1796—1850 年）	咸同光时期（1851—1908 年）	合计
苏州府	4	24	10	38
松江府	6	6	6	18
常州府	5	12	7	24
镇江府	1	10	6	17
太仓州	0	5	3	8
合计	16	57	32	105

注：①《中国地方志集成·江苏府县志辑》，凤凰出版社 2008 年版。②部分地方家谱与族谱说明：本文统计义学范围包括义学、义塾、社学、蒙童书院、乡塾、书塾等。

由表5可知，清代江南地区官民合作型义学分布差异明显，其中乾嘉道时期达到57所，约占同类性质义学总数的 54.3%，这反映出此时期官民社会群体对公共基础教育的重视，同时也可能与苏南地区文化兴盛、社会稳定的局面有关。官民合作建设义学数量在清代社会呈现出先上升后下降的倒 V 字形分布，这固然同社会环境稳定与否有关，或许也可能是不同时期内苏南地方士绅实力强弱变化的反映。

3. 民间力量主导型

民间力量主导型义学一般由民间力量建设、管理，其经费以民间力量筹集的社会资金为主，但其中也不乏一些具有官方背景的人士参与。"养正义塾，在尚明甸镇街区四图宇宙圩。同治七年，里人梅金信等募捐田亩，创立并建塾五楹。光绪五年，昆山知县金吴口酌拨充公庙田二十六亩有奇。"③ 清代江南地区义学一开始就是在民间力量自发兴建的基础上产生的，处于政府建立的官学之前，是义学发展的重要形式。"义塾在县南三十五

① 何绍章、冯寿镜修，吕耀斗等纂：《（光绪）丹徒县志（一）》卷十九《学校》，《中国地方志集成·江苏府县志辑29》，凤凰出版社 2008 年版，第 44 页。
② 金吴澜、李福沂修，汪堃、朱成熙纂：《（光绪）昆新两县续修合志（一）》卷四，《中国地方志集成·江苏府县志辑16》，凤凰出版社 2008 年版，第 36 页。
③ 金吴澜、李福沂修，汪堃、朱成熙纂：《（光绪）昆新两县续修合志（一）》卷四，《中国地方志集成·江苏府县志辑16》，凤凰出版社 2008 年版，第 36 页。

里，邑民钱泽建于义庄中，义教族子弟也，束脩供膳俱给于庄租。"① 但民间力量主导型义学的划分是相对的，民间力量主导义学不能脱离官方，它必须在各级地方政府的允许范围之内运行，而且某些方面必须依赖官方力量才能发挥作用。清代苏南地区民间力量主导建设义学分布情况见表6：

表6   **清代苏南地区民间力量主导建设义学分布表**

地区 ＼ 时间	顺康雍时期（1644—1795 年）	乾嘉道时期（1796—1850 年）	咸同光时期（1851—1908 年）	合计
苏州府	21	81	34	136
松江府	9	24	17	50
常州府	14	42	23	79
镇江府	14	35	18	67
太仓州	3	14	9	26
合计	61	196	101	358

注：①《中国地方志集成·江苏府县志辑》，凤凰出版社 2008 年版。②部分地方家谱与族谱说明：本文统计义学范围包括义学、义塾、社学、蒙童书院、乡塾、书塾等。

由表6可知，清代苏南地区民间力量主导建设的义学分布呈现出一定的区域性，即主要集中于苏州府，其义学分布数量达136 所，远超苏南地区的其他府州。此外，民间社会自发兴设义学主要集中于乾嘉道时期，且此时的义学数量远超顺康雍时期和咸同光时期之和，这可能与此时苏南地区社会稳定、经济发达、科教兴盛的特征具有较强的关联性。

（三）义学的监督与管理

清代苏南地区的义学开始由民间自发建立，但在发展过程中始终受到官方的影响，官府通过各种手段逐渐将义学纳入自己的掌控，对义学的监督与管理是各级地方官府的重要任务，这主要体现在义学章程制定、教学管理与经费运营等方面。道光十五年（1835 年）七月谕内阁："各省府、州、县设立书院，置田收息，以资膏火，并建义学以教乡僻童蒙……近来奉行日久，视若具文，教官懈于训诲，士风习于浮夸。允宜亟加整顿，振起人材。"② 此谕旨在为加强各级地方政府对义学的监督与管理提供法理依据，促使政府对地方义学的监管由松散无序向井井有条的过程转变。各级官员限于州县事务繁杂，无法亲自对义学进行日常管理与监督，因此义学管理者通常是由地方社会中有功名、有地位的士绅对义学来担任，官府则通过这些地方社会中的士绅对义学实行间接管理。地方士绅负责义学管理在各种类型的义学中大量存在，他们因其社会名望与经济地位，成为义学管理的不二人选。此外，为维护义学的独立发展与防止基层胥吏对义田侵蚀或掠夺，并非所有的义

---

① 高得贵修，张九徵等纂，朱霖等增纂：《（乾隆）镇江府志（一）》卷十五《学校》，《中国地方志集成·江苏府县志辑27》，凤凰出版社 2008 年版，第 46 页。

② 《清宣宗成皇帝实录》卷 44，中华书局 1986 年版，第 780 页。

学都需要地方政府与官方儒学参与管理，其中相当一部分义学是由官府明文规定交给创建者管理的。"震泽镇义学，在本镇倪氏宗祠旁。雍正十三年，邑人倪兆鹏创设。兆鹏捐本邑田九十九亩一分二毫、吴江田二十二亩二分二毫，岁入租以给平望、震泽两镇义学脩膳诸费，县详宪题照学田例归儒学经管。乾隆元年奉旨，义学义田仍听本人经理，不可交官收管，以致胥吏侵蚀。巡抚因饬县碟学，将原田归兆鹏经理。"①

雍正元年（1723年）命"各省改生祠、书院为义学，延师教读以广文教。还定各州县设立社学、义学之例，旧例各州县放大乡巨镇各置社学，凡近乡子弟年十二以上、二十以下，有志学文者，令入学肄业。至是复经审定，将学生姓名造册申报学政，按临时如有能文入学者，社师优赏。若怠龄教习，钻营补充者被革……"② 谕令保证各级官府对义学享有绝对的知情权与主导权，且学生基本信息造册必须申报学政，同时规定义学教师的来源、聘用程序以及地方官员拥有对教师的最终任免权，让官方行政权力正式渗透于义学之中，使地方各级政府可以名正言顺地干预义学的事务。

清代苏南地区的义学设立时便获得官方力量或地方士绅捐赠的土地、田产以及银钱，以用于义学的日常开支。"义塾在县东南三十五里。耆民钱泽建于义庄中，以教族之子弟，束脩供膳俱取给庄租。"③ 义学经费的主要来源是田产收租与发典生息，其中田产收租所占的比重更大。"敦仁堂义学，在武进西半图直街。嘉庆十四年建。今有田二百四十亩，房四十间，岁收租钱给用。""安西乡义学，在武进安西乡奔牛镇。同治间重修。今有田三十余亩，岁收租给钱用。"④ 然而，由于充任义学日常管理的地方士绅良莠不齐，长期把持义学，加上地方官员的监管不力，造成义学田产盗卖或义学经费挪用一空，使得义学无法运转，故《苏州布政司永禁侵盗儒学田产碑》规定："钦命江南苏州等处承宣布政使司布政使恩，为给示勒石子孙世守事案……仰该庄裔遵照勒石，永远遵守，倘有奸徒捏冒，及不肖子孙私行盗卖，富者强宗谋吞口买，许即揭示首告，按律惩治。如非庄内田产，亦不得藉端控争，各宜凛遵毋违。特示。遵。同治十年十二月十八日示。"⑤

道光二年（1822年）十一月，上谕内阁："义学、书院皆州县所宜整伤，惟在各州县率由旧章，择经明行修之士认真董教，自不致空支脩脯。至筹议间款，劝捐富绅，亦恐启不肖州县侵蚀勒索诸弊。"⑥ 谕令在肯定义学资产商业化运营的同时，披露出义学经费民间来源过程中的弊端，对保护民间力量自发兴设义学的积极性具有促进作用。同时绝大部分的义学资产都必须向各级地方政府登记备案，受到政府的合法保护与免税优待，避免义学经费短缺，造成义学无法正常运转。"崇文书院在真义镇，魏恭简公校居第东木魏氏义学。明嘉靖中，校从子希明建。明季改为土神祠。国朝康熙三十一年里人黄宏等白县仍设

① 吴江区档案局、吴江区方志办编：《（乾隆）震泽县志》卷七《学校》，广陵书社2016年版，第126~127页。

② 乾隆官修：《清朝文献通考》卷六十九《学校考七》，浙江古籍出版社2000年版，第5495页。

③ 李景峄、陈鸿寿修，史炳、史津纂：《（嘉庆）溧阳县志》卷七《学校志》，《中国地方志集成·江苏府县志辑32》，凤凰出版社2008年版，第6页。

④ 王其淦、吴康寿修，汤成烈纂：《（光绪）武进阳湖县志》卷五《学校》，《中国地方志集成·江苏府县志辑37》，凤凰出版社2008年版，第8页。

⑤ 王国平、唐力行主编：《明清以来苏州社会史碑刻集》，苏州大学出版社1998年版，第349页。

⑥ 《清宣宗成皇帝实录》卷44，中华书局1986年版，第780页。

义学，延师训里人子弟，并为县尹学博宣讲乡约之所，其基地三亩有奇，申详免科立案。"① 对义学资产管理的官方化，使义学的控制权完全转移到各级地方政府手中，义学逐渐沦为政府加强地方统治体系的工具。

三、清代苏南地区义学与地域社会变动

（一）义学与地方文化教育

义学是存在于基层社会的一种特殊教育机构，与地方社会的教育发展紧密相关，其发展在某种程度上是地方社会教育程度的反映。义学的设立使更多的普通民众能够接受免费教育以脱离文盲状态，有利于推动地方文化教育的普及与科举事业的繁荣。

清代苏南地区虽然设立省府州县各级官学，但因官学的兴设数量有限，且多分布在城市内部，对招收的学童素质要求高，学生名额较少，只有一小部分学童能够有机会进官学就学，尤其是广大边远乡村地区的学龄儿童数量较多，官学却相对较少，学习的机会更难获得。而义学则不同，其招生人数远远超过各级地方官学，且入学门槛较低，无疑为城市尤其是广大偏远乡村的生童、百姓脱离文盲状态提供了机会。清代苏南地区四府一州义学数量大约在乾嘉道时期进入鼎盛时期，共有各类性质的义学达 355 所，广泛存在于乡村与市镇，覆盖面十分广泛，教育对象转向社会最基层的乡村生童，教育区域也由原来以城镇为中心延伸到边远乡村。义学的广泛设立为贫寒子弟提供就学机会、满足基层民众对教育的需求、缓解官学压力具有一定作用，同时也弥补了清代苏南地区基础教育的缺位，与各级官学共同构成相对完整的教育体系。

中国古代社会教育基本上为统治阶级所垄断，基层民众很难享有受教育的机会。清代苏南地区义学设立在一定程度上改变了教育垄断的局面，使一部分优秀孤寒子弟被选拔进入官学深造，参加科举考试以获得功名。尽管其中的相当一部分人并不能通过科举考试获得成功，仍需要自谋出路，或农或工或商，成为自食其力的劳动者，如苏州陆氏宗族所规定那样："自九岁至十五岁均可入塾，若十六岁以后，有造就之才，务为竭力成全，如难造就，则听另习他业。"② 但是他们通过义学获得文化知识与实践技能，有利于提高自身的修养与地方社会的整体文化素质。

苏州"为人材渊薮，文字之盛，甲于天下。其人耻为他业，自髫龀以上皆能诵习，举子应主司之试，居庠校中有白首不自已者"③。清代苏南地区科举鼎盛、人才辈出的局面与地方基层教育密切相关，其学校教育的主要目的之一就是科举考试，而作为学校教育的基础便是义学。义学作为蒙学教育的一种主要形式，在教育体系中处于基础地位，是科举考试的奠基场所，况且部分义学的教学水平较高，教授以科举考试为中心的儒家经典为主。一般参与科举考试的士子，大多要通过蒙学阶段学习为自己进入高一级学府奠基，即

---

① 张鸿、来汝缘修，王学浩等纂：《（道光）昆新两县志》卷四《学校》，《中国地方志集成·江苏府县志辑 15》，凤凰出版社 2008 年版，第 32 页。

② 陆锦瞵等修：《陆氏葑门支谱》卷十三《学校》，光绪十四年苏州丰裕义庄刊本，第 61 页。

③ 归有光：《震川先生集》卷九《赠送序》，光绪元年常熟归氏刊本，第 5 页。

使是无心科举的一般民众，也要通过义学进行蒙学阶段学习以提高自身的文化素质。一方面官绅与民众兴设义学的目的是期望贫寒子弟学以致用、科举入仕，以造福乡梓社会；另一方面义学中一部分优秀生童被选拔进入官学学习，通过科举考试入仕庙堂，在很大程度上促进了社会阶层正常的流动。清代科举考试始于顺治三年（1646 年）丙戌科，终于光绪三十年（1904 年）甲辰科，共举行 112 科，其中正科 84 科，加科 2 科，恩科 26 科。112 科中，共取状元 114 名。[①] 在 114 名状元中，仅属江南地域范围的就有 69 名，约占清代全国状元总数的 60.5%，以至时人陈夔龙有 "冠盖京师，凡登撰席而跻九列者，半属江南人士" 之论。[②] 清代苏南地区状元时空分布情况见表 7：

表 7 **清代苏南地区状元时空分布表**

时间 地区	顺康雍时期 （1644—1795 年）	乾嘉道时期 （1796—1850 年）	咸同光时期 （1851—1908 年）	合计（名）
苏州府	13	8	4	25
松江府	2	2	1	5
常州府	5	4	0	9
镇江府	0	1	0	1
太仓州	0	1	0	1
合计（名）	20	16	5	41

注：据《清朝的状元》（宋元强著，吉林文史出版社 1992 年版）中相关内容整理所得。

由表 7 可知，清代苏南地区咸同光时期状元分布数量远远少于顺康雍与乾嘉道时期，这可能与太平天国对苏南社会的破坏有关，反过来也在某种程度上说明清朝政权初期为实现征服江南地区的目的曾一度对知识阶层进行文化笼络。清代处于江南地域范围中核心位置的苏南地区的状元多达 41 名，约占清代全国状元总数的 36%，与苏南社会安定、经济繁荣、文化昌盛的局面不无关联。

清代苏南地区官绅与民众对基层教育的重视是提高地方文化素质、培养地方精英的重要手段，也为封建王朝提供了一定数量的人力资源，对维护地区社会秩序、实现社会阶层有序流动产生了重要作用。

（二）义学与地方社会秩序

义学作为基层蒙学教育的重要场所，其最终目的是教化民众，使之成为国家政策法令的遵守者与社会秩序的维护者，从而加强国家政权对基层社会的控制力。义学的核心课程是作为清政府推行地方教化的《圣谕广训》，其源于顺治皇帝颁发的《六谕卧碑文》与康熙皇帝的《上谕十六条》，雍正皇帝阐明陈述，并刊刻颁发于全国各省府州县，晓谕臣民每月初一、十五阅读。《圣谕广训》的核心内容是："敦孝悌以重人伦，笃宗族以昭雍睦，

①　扶之：《清代的状元》，《人文杂志》1997 年第 3 期。
②　陈夔龙：《梦蕉亭杂记》卷二，中华书局 2007 年版，第 107 页。

和乡党以息争讼，重农桑以足衣食，尚节俭以息财用，隆学校以端士习，黜异端以崇正学，讲法律以儆愚顽，明礼让以厚风俗，务本业以定民志，训子弟以禁非为，息诬告以全善良，诫窝逃以免株连，完钱粮以省催科，联保甲以弭盗贼，解仇忿以重身命。"① 义学通过对生童系统教授体现清朝统治者地方教化内容的《圣谕广训》，以期实现在精神上控制广大普通民众的目的，使基层人民以统治阶层所制定的规制作为行为处世的标准，从而成为政府的合作者与统治秩序的维护者。

清代苏南地区义学的广泛兴设、教育体系的完善使得地方教育程度显著提高，从而导致苏南地区士绅获得功名的机会大为增加，并最终进入仕途。但清政府所能提供的官职数量毕竟有限，故苏南地区大部分士绅不得不沉积于基层社会，往往成为民间社会中的领导者与主力军。"流动中的'社会沉淀'基本以生监为主，他们构成地方绅士的主体，并以高于平民的社会地位，成为基层社区的控制力量。"② 大部分长期在基层社会生活的士绅与普通百姓的关系比较密切，对农村社会的稳定、发展更为关心。这些士绅长期受到儒家思想的洗礼，利用自身在地方的影响力与号召力，通过兴办公共事业去造福桑梓，进而推广社会教化，其中兴设义学就是重要的一环。清代苏南地区的义学大多分布在基层社会中，本身就同广大的士绅群体生活空间相一致，对扩大他们的影响力与提升社会地位具有促进作用。

清人汪辉祖曰："官与民疏，士与民近。民之信官，不若信士。朝廷之法纪，不能尽晓于民，而士易解析。谕之于士年，使转谕于民，则到易明而教易行。境有良士，所以辅官宣化也。"③ 士绅群体本身往往也是中小地主阶层，处于国家与民众、地主与佃农之间的衔接处，更易获益于传统的社会运行制度，他们为保障自身的既得利益，会主动与政府达成政治默契以维护现有的社会秩序。特别是某些地区发生叛乱之时，义学的教化作用更为凸显，广大士绅群体会积极响应政府号召，参与平叛工作，以期恢复原有的社会秩序。咸丰时期爆发的太平天国起义，对江南地区社会造成几近毁灭性的打击，但地方士绅的实力犹存，他们与官方紧密合作，在镇压太平天国起义的运动中发挥了重要作用。咸丰三年，太平军连陷江宁、镇江时，距此二郡仅百余里的金坛士民纷纷震恐，"邑绅吴秉礼、袁昶、于燮、冯继蕃、于长岭等谋于县令，设筹防公局，募兵三百人，制旗帜铳炮刀矛日练之"④。在镇压太平天国农民起义的过程中，苏南地区的士绅阶层之所以能与政府合作抵抗起义农民军队，原因在于他们长期受到的教育促使其具有自觉维护统治秩序、保境安民的社会责任感。清政府借助地方士绅与平民的广泛参与，才将太平天国农民运动镇压下去，恢复与重建原有的社会秩序，保障了地方士绅以及城镇市民阶层的利益。

四、结　语

义学是面向孤寒子弟提供免费蒙学教育的场所，其本质上属于一种慈善行为。清代江

① 《景印文渊阁四库全书》，台湾"商务印书馆"1986年版，第594页。
② 王先明：《中国近代绅士阶层社会流动》，《历史研究》1993年第2期。
③ 郭成伟主编：《官箴书点评与官箴文化研究》，中国法制出版社2000年版，第204页。
④ 中国史学会编：《太平天国》，上海人民出版社1962年版，第193页。

南地区的义学与其他慈善活动不同，它先是由民间力量自发兴设，官方逐渐参与其中，最终民间力量沦落到官方的控制之下。在官方的鼓励与倡导下，社会各阶层广泛参与清代江南地区的义学兴办，或官吏捐廉首倡，或士绅乐善好施，或平民集资兴设，义学的兴设既有地方各级官员与士绅的个人行为，又有官民各阶层的广泛合作。在清代江南地区的义学兴设中，官方力量始终居于领导地位，民间力量在官方的控制下处于从属地位，尽管义学首先是由民间力量自发兴设而产生的。随着清代江南地区地方士绅势力的壮大，市民社会发展程度日益增强，民间力量逐渐成为社会公共事业的主导力量，看似政府对义学的控制力减弱，实则是民间力量在国家意志的左右下发展义学并逐步实行间接控制。国家义学政策、地方官员对义学的监督与管理、官方力量对义学的行政干预与渗透，使得义学的发展始终朝着国家的既定方向运行，无法摆脱官方的控制。义学是独立于清代学校教育体系之外的一种有益补充，既是培养基层人才、促进地方文化教育普及的重要手段，又是中央政府以教化育平民、加强基层控制、维护地方稳定与巩固政权的重要措施。

（作者单位：华中师范大学国家文化产业研究中心）

清代前中期边疆儒学的传播及其影响[*]

——基于文化认同与国家认同视角的考察

□ 彭孝军

【摘要】 清代前中期，清廷大力开发边疆，在此时代背景下，儒学在东北和西南边疆地区的传播成就空前。由于官方力量的全面介入，边疆儒学在传播途径、内容和实施手段上较之清以前更为多样化和切实有效，包括地方官学和书院的广泛开设，依托乡约组织的训谕宣讲制度的逐步完善，以及尊孔崇儒礼仪展演的宣传教化等，对于推动边疆与内地思想文化整合，加强边疆士民对清王朝的文化认同与国家认同都具有深远影响。与此相反，清朝在西北边疆长期用兵，不修文教，不仅导致该地区在清后期动荡不安，还造成了一系列历史遗留问题。

【关键词】 清代边疆；儒学传播；文化认同；国家认同

一、问题的提出

清朝作为中国古代最后一个大一统王朝，实现了边疆地区的空前一统和长治久安，究其原因，除了有效的军事部署、政权建置与经济开发之外，关键就在于清朝以空前的广度和深度向边疆地区推广儒学，促进了边疆与内地形成共同的文化认同与国家认同，这对于我国统一多民族国家的最终形成影响深巨，极具研究价值。

然而当前国内学界对相关问题还缺乏系统的专题研究①，反而是美国"新清史"学

---

* 本文为国家社会科学基金重大项目"中国传统礼仪文化通史研究"（18ZDA021）、贵州大学引进人才科研项目"清代官修礼书研究"（贵大人基合字〔2019〕001号）阶段性成果。

① 相关研究成果或仅限于边疆通史类著作中个别章节所作概述，或是以边疆特定区域为考察对象的个案研究，参见李治亭主编：《东北通史》，中州古籍出版社2003年版；方铁：《西南通史》，中州古籍出版社2003年版；谷苞主编：《西北通史》，兰州大学出版社2005年版；龚荫：《古代南方民族教育文化与民族发展》，《西南民族大学学报》（人文社科版）2006年第4期；刘晓东：《"术"与"道"：清王朝儒学接受的变容——以吉林文庙的设立为中心》，《中国边疆史地研究》2014年第3期；高福顺：《民族多元互动与儒家文化认同下边疆民族区域文教举措的演进特征》，《中国边疆史地研究》2016年第1期。

者率先提出了相反的观点，他们否认儒家文化对清朝新开拓的边疆地区产生过重要影响，一味强调清朝统御边疆的"满洲特性"和"内亚边疆"属性，甚至以所谓的全球史观将清朝统一边疆的历史视为"帝国主义"的"殖民侵略"史①。这一观点显然与史实相悖，虽然清朝在西北边疆长期用兵，文教失修，但总体来看，清廷作为边疆儒学传播的主导力量，对历代王朝的"儒化"边疆政策并未背离，而是在全面继承的基础上多有突破和创建，本文将围绕这一主题展开论述。

需要指出的是，儒学涵盖范围甚广，本文无法一一兼顾，遂将论述重点聚焦于清代边疆儒学传播较之前代具有突破性进展，并对后世产生深远影响的贡献上，具体包括以下两方面内容：一是向边疆士民传授、宣讲儒学文本知识和儒家伦理道德准则，主要以边疆地方官学、书院的广泛开设，以及乡约宣讲制度的发展完善为传播途径。二是借助礼仪展演的象征功能将官方儒学与边疆社会文化认同连接起来，主要以定期举行的尊孔崇儒祭典为传播途径。最后本文还将以上清代边疆儒学传播的成就与西北边疆文教失修的后果进行比较研究，以论证儒学传播对于构建边疆地区文化认同与国家认同所发挥的重要作用。

二、边疆地方官学、书院及乡约教育的推广

早在秦汉以降，随着中原王朝向边疆地区的不断开拓，边疆与内地在政治、经济、文化诸方面的交流已经逐步展开，儒学在边疆地区的传播也经历了一个不断深化的过程。然而清代以前，边疆少数民族政权或族群势力始终是与中原王朝抗衡的活跃力量，战和反复导致边疆与内地的文化交流严重受阻，且历代中原王朝统治者多受夷夏之防、华夷之辨传统观念束缚，将边疆少数民族看作"异类"，长期采取统而不治政策，导致官方始终没有成为"儒化"边疆的主导力量。至清代，历经顺、康、雍、乾四朝的不断经营，基本实现了边疆一统，这一时期，清统治者打破华夷分治、羁縻而治等传统治边策略，将中原儒学大力推广至边疆地区，以化民成俗，在官方力量推动下，边疆地方官学、书院和乡约教育组织得以广泛建立。

（一）边疆地方官学的发展完善

清以前中原王朝固守夷夏之防，在东北边疆长期采取羁縻建置，实行朝贡制度，统而不治，导致当地官学不兴。清初由于大批人口从龙入关，加之清统治集团尚未在中原地区站稳脚跟，无暇经理东北边疆，致使当地儒学教育主要由流放文人推动，虽然取得一定成效，但力量过于分散，且难以维持长久。随着全国一统目标的实现，清廷着手在满洲龙兴之地设立行政机构，进行直接统辖，并在当地大力推广官方儒学教育。

---

① 参见刘凤云、刘文鹏编：《清朝的国家认同——"新清史"研究与争鸣》，中国人民大学出版社2010年版；定宜庄、欧立德：《21世纪如何书写中国历史："新清史"研究的影响与回应》，彭卫主编：《历史学评论（第1卷）》，社会科学文献出版社2013年版；[美]卫周安：《新清史》，董建中译，《清史研究》2008年第1期；[美]米华健：《嘉峪关外：1759—1864年新疆的经济、民族和清帝国》，贾建飞译，香港中文大学出版社2017年版；[美]欧立德：《传统中国是一个帝国吗?》，《读书》2014年第1期。

早在清入关前，统治者即倡导尊孔崇儒，并重用汉族儒臣，清崇德元年（1636 年）八月，皇太极派遣内秘书院大学士范文程"致祭于至圣先师孔子神位前"，并以"复圣颜子、宗圣曾子、述圣子思、亚圣孟子配享"。① 清世祖亲政后，在上谕礼部时指出：

> 朕惟帝王敷治，文教是先，臣子致君，经术为本……今天下渐定，朕将兴文教、崇经术以开太平。尔部即传谕直省学臣，训督士子，凡经学、道德、经济、典故诸书，务须研求淹贯，博古通今。明体则为真儒，达用则为良吏，果有此等实学，朕当不次简拔，重加任用。②

在这一崇儒重道思想的指导下，东北地方官学逐渐兴起，顺治十一年（1654 年），清廷应辽阳知府张尚贤上疏所请，于辽阳府始建儒学。顺治十三年（1656 年），鉴于顺天学政姜元衡上疏所言："盛京发祥之地，取进童生，乃储才之首务……文教初兴，赴试人少。"清廷批准"将辽阳府暂照外省大学例，取进生员四十名，其辽海二县各取进十二名"③。

清圣祖即位后，继续推行文治方略，并将儒学教化的重要性提升至法律条文之上，他在上谕礼部时指出："至治之世，不专以法令为务，而以教化为先……盖法令禁于一时，而教化维于可久。若徒恃法令，而教化不先，是舍本而务末也。"④ 康熙四年（1665 年），清廷令盛京各府、州、县设学，并参照顺天府学建奉天府学，"照顺天例为京府学，考取生员七名。所属锦县为大学，考取生员七名。辽阳、宁远、海城为中学，考取生员五名。盖平、铁岭、广宁为小学，考取生员二名。锦州府为府学，考取生员四名"⑤。康熙三十二年（1693 年），清廷又设宁古塔儒学，这对于吉林地区儒学建设具有开创性意义。⑥

得益于雍正一朝大刀阔斧地除弊革新，至乾隆朝，社会趋于稳定，"盛世"局面形成，清廷的文治方略也得以全面实施。清高宗认为："治天下之道，当以正风俗，得民心，敦士行，复古礼为先。"⑦ "行典礼、观会通、章志贞、教经世者，所宜重也。"⑧ 在这一时代背景下，东北边疆的儒学建设又有新发展，此时盛京地区已建有儒学 14 所，乾隆四十八年（1783 年），高宗东巡盛京，对当地儒学教育大加褒奖："盛京为我朝根本重地……读书之士亦渐摩文化，蒸蒸日盛，堪与畿甸比隆。朕銮辂所临，青衿献诗趋迓，弦

---

① 《清太宗文皇帝实录》卷 30，崇德元年八月丁丑，中华书局 1985 年版，第 387 页。

② 《清世祖章皇帝实录》卷 90，顺治十二年三月壬子，中华书局 1985 年版，第 712 页。

③ 王树楠等纂：《奉天通志》卷 28，东北文史丛书编辑委员会 1983 年版，第 550 页。

④ 《清圣祖仁皇帝实录》卷 34，康熙九年十月癸巳，中华书局 1985 年版，第 461 页。

⑤ 参见《清圣祖仁皇帝实录》卷 16，康熙四年八月己卯，中华书局 1985 年版，第 241 页。

⑥ 长顺等修，李桂林、顾云纂：《吉林通志》卷 46《学校志三》，《续修四库全书》第 647 册，上海古籍出版社 2002 年版，第 788 页。

⑦ 高宗御制，蒋溥等奉敕编：《御制乐善堂全集定本》卷 5《唐总论》，《景印文渊阁四库全书》第 1300 册，台湾"商务印书馆"1983 年版，第 322~323 页。

⑧ 来保、李玉鸣等奉敕撰：《钦定大清通礼》，《景印文渊阁四库全书》第 655 册，台湾"商务印书馆"1983 年版，第 1 页。

诵彬彬具见。"① 在吉林地区，雍正四年（1726 年），清廷批准在新设立的永吉州以及长宁、泰宁二县皆设儒学，受奉天府学统辖。乾隆十二年（1747 年），清廷裁撤永吉州，改设吉林厅，永吉州学也旋即改为吉林厅儒学。乾嘉以后，由于吉林地区汉人不断增加，三姓、伯都讷、阿勒楚喀等地也陆续设立地方官学。②

清代前中期东北地区府、州、县学（不包含义学、社学）的建置概况如表1所示③：

表1

学校名称	始建时间	备　注
寄学	顺治元年（1644 年）	辽东十五卫学附寄永平府，康熙五年（1666 年）裁撤
辽学	顺治十三年（1656 年）	即辽阳府学，顺治十四年（1657 年）改为奉天府学，康熙五年（1666 年）移至沈阳
承德县儒学		由奉天府学兼辖
辽阳州儒学	乾隆二十五年（1670 年）	康熙十二年（1673 年）始建启圣祠、圣殿
海城县儒学	康熙十七年（1678 年）	顺治十一年（1654 年）始建文庙圣殿
盖平县儒学	康熙六十一年（1722 年）	康熙十一年（1672 年）建圣殿于城西北隅，康熙六十一年（1722 年）移至东南隅
开原县儒学	康熙四十九年（1710 年）	康熙四年（1665 年）始建圣殿
铁岭县儒学	康熙三十七年（1698 年）	
复州儒学	雍正十二年（1734 年）	
锦州府儒学	康熙九年（1670 年）	康熙五年（1666 年）始建圣殿
宁远州儒学	康熙三十六年（1697 年）	
广宁县儒学	康熙二十七年（1688 年）	康熙五年（1666 年）始建圣殿
义州儒学	乾隆九年（1744 年）	
宁海县儒学	乾隆十八年（1753 年）	
宁古塔儒学	康熙三十二年（1693 年）	
泰宁县儒学	雍正四年（1726 年）	原宁古塔儒学，乾隆二年（1737 年）并入永吉州学，乾隆十二年（1747 年）恢复为宁古塔学
长宁县儒学	雍正四年（1726 年）	雍正七年（1729 年）裁撤
伯都讷儒学	道光二年（1822 年）	
永吉州儒学	雍正四年（1726 年）	乾隆十二年（1747 年）裁撤
吉林儒学	乾隆七年（1742 年）	

---

① 王树楠等纂：《奉天通志》卷35，东北文史丛书编辑委员会1983年版，第701页。

② 长顺等修，李桂林、顾云纂：《吉林通志》卷46《学校志三》，《续修四库全书》第647册，上海古籍出版社2002年版，第788页。

③ 转引自佟冬主编：《中国东北史（第四卷）》，吉林文史出版社2006年版，第1846~1847页。

续表

学校名称	始建时间	备　　注
三姓儒学	道光以前	
阿勒楚喀儒学	道光以前	

与东北地区相比，西南边疆更加偏远，文化更为落后，历代统治者皆认为其边民难以教化，清朝则打破这一民族偏见，转而采取"用夏变夷"的积极治边理念和措施，这在西南边疆儒学推广方面体现得尤为明显。早在顺治十八年（1661年），云南巡抚袁懋功就上疏清廷，认为"滇省土酋，既准袭封，土官子弟，应令各学立课教诲，使知礼义。地方官择文理稍通者，开送入泮应试"①。这一建议得到清廷批准，"准云南省土司应袭子弟令各该学教训，俟父兄谢事之日，回籍袭职，其余子弟，并令地方官择文理稍通者，送提学考取入学"②。康熙三十三年（1694年），清廷在云南进行了一次较大规模的儒学建设，在曲靖、元江、开化等地设立府学8所，在建水、寻甸等17个州、县皆设儒学训导一名。③

在贵州，顺治十五年（1658年），贵州巡抚赵廷臣上疏朝廷云，贵州苗蛮"皆专事斗杀，不讲孝弟忠信，绝先王礼义之教，尚强凌暴众之习，其来旧矣。故驭苗者往往急则用威，威激而叛，缓则用恩，恩滥而骄"。他认为治理当地苗蛮，威逼利诱并非上策，而应当广施教化，淳厚风俗，"盖以教化无不可施之地，而风俗无不可移之乡也。……今后土官应袭年十三以上者令入学习礼，由儒学起送承袭，其族属子弟愿入学者，听补廪科贡，与汉民一体仕进，使明知礼义之为利，则名教日兴而悍俗渐变矣"。如此苗民便不致"争土夺职，庶乎风俗丕变，远迩苗民共沾"④。康熙四十四年（1705年），清廷下令于"贵州各府、州、县设立义学，土司承袭子弟送学肄业，以俟袭替。其族属子弟并苗民子弟愿入学者，亦令送学"。在广西，康熙五十九年（1720年），清廷在广西"土属十五处各立义学一所，令该抚择本省举人、贡生学品兼优者，每属发往一员教读"⑤。

随着康熙朝平定三藩之乱以及雍乾两朝实行改土归流、移民垦荒等政策，清廷在西南边疆地区逐步增加行政建置，进行直接管辖，当地儒学教育也逐渐转向以官方为主导。在云南，雍正六年（1728年），"定云南乌蒙府、州、县学，取进文武生各四名"⑥。乾隆年间，云南布政使陈宏谋"立义学七百余所，令苗民得就学，教之书。刻《孝经》《小学》

① 《清圣祖仁皇帝实录》卷2，顺治十八年三月甲戌，中华书局1985年版，第57页。

② 故宫博物院编：《云南府州县志（第二册）》，海南出版社2001年版，第110页。

③ 乾隆十二年敕撰：《钦定皇朝文献通考》卷69《学校考七》，《景印文渊阁四库全书》第633册，台湾"商务印书馆"1983年版，第665页。

④ 鄂尔泰等监修，靖道谟等编纂：《贵州通志（二）》卷35《广教化疏》，《景印文渊阁四库全书》第572册，台湾"商务印书馆"1983年版，第231~232页。

⑤ 乾隆十二年敕撰：《钦定皇朝文献通考》卷69《学校考七》，《景印文渊阁四库全书》第633册，台湾"商务印书馆"1983年版，第661、663页。

⑥ 乾隆十二年敕撰：《钦定皇朝文献通考》卷69《学校考七》，《景印文渊阁四库全书》第633册，台湾"商务印书馆"1983年版，第665页。

及所辑《纲鉴》、《大学衍义》，分布各属，其后边人及苗民多能读书取科第"①。在广西，雍正元年（1723 年），朝廷"设立广西太平土州学额，取文武童生各四名"②。据相关研究统计，终清一代，云南、贵州、广西所建儒学数量较之明代皆有增长，详见表 2③：

表 2　　　　　　　　　　　　　　　　　　　　　　　　　　　　　　　　单位：所

省份	明代儒学数量	清代儒学数量	增加数量
云南	73	101	28
贵州	47	66	19
广西	69	84	15

由于儒学教育与科举考试紧密相连，这就为边疆士子打开了入仕之门，激发了他们研习儒家经史知识的热情。据统计，清代云南省进士人数共计 618 人，较之明代增加 290 人。贵州省进士人数共计 560 人，较之明代增加 484 人。科举人才数量增加后，随之而来的文化效应就是文人著述的激增，其中贵州省的相关数据最具代表性，详见表 3④：

表 3

朝代	遵义	思南	都匀	贵阳	黎平	安顺	松桃	镇远	平越	铜仁	大定	兴义	思州	石阡	外籍	合计
明代	8	20	43	81	10	12		13	7	7	36	5	1	1	103	355
清代	339	31	85	359	90	115	11	44	51	54	76	63	19	5	197	1539
合计	347	51	128	440	100	127	11	57	58	61	112	68	20	6	200	1894

由表 3 可见，清代贵州文人著述总量是明代的 4.3 倍，可见清代西南边疆地方官学的推广对于当地文人士子的培养和儒学的发扬光大影响深巨。

（二）边疆书院教育的辅助作用

唐宋以来，书院一直是私人讲学处所，至元代，官府通过提供经费、设立山长等手段，逐步将书院教育纳入官学体系之中，明清两代书院的官方化进程则不断深化。康雍时期，清廷开始着力对书院教育加以扶持和引导，"各省书院之设，辅学校所不及"。最初设于省会首府，后于府、州、县次第开设。⑤

雍正十一年（1733 年），清世宗颁布上谕指出："建立书院，择一省文行兼优之士读

① 赵尔巽等：《清史稿》卷 307《陈宏谋列传》，中华书局 1977 年版，第 10560 页。
② 乾隆十二年敕撰：《钦定皇朝文献通考》卷 69《学校考七》，《景印文渊阁四库全书》第 633 册，台湾"商务印书馆"1983 年版，第 665 页。
③ 转引自方铁：《方略与施治：历朝对西南边疆的经营》，社会科学文献出版社 2015 年版，第 216 页。
④ 转引自蓝勇：《西南历史文化地理》，西南师范大学出版社 1997 年版，第 131、133 页。
⑤ 赵尔巽等：《清史稿》卷 106《选举志一》，中华书局 1976 年版，第 3119 页。

书其中，使之朝夕讲诵，整躬励行，有所成就。俾远近士子观感奋发，亦兴贤育才之一道也。"① 此后各省会在清廷授意之下相继创办书院，并受督抚直接控制，相关教育经费也由官府提供，书院教育的官方化趋势愈发明显。

在东北边疆，乾隆元年（1736年），盛京工部侍郎李永绍在奉天府学宫右侧建立沈阳书院。乾隆三年（1738年）海城知县戴惟杬创建海州书院。② 吉林地区最早建立的书院是嘉庆十九年（1814年）吉林将军富俊创办的白山书院，他"买民居为学舍"，八旗与普通百姓子弟皆可入学。原吏部尚书铁保被贬至吉林，曾题"白山书院"匾额，并书跋曰："此邦人士，重武备而略文事。将军富俊、副都统松筱首创书院，延前归德守熊西山之书，前经历朱慎崖、宇泰、前福建令朱玉堂，履中讲席，彬彬弦诵，文教日兴。"③ 可见白山书院对吉林地区文化教育影响之大。

西南边疆的书院建设也在这一时期迎来大发展，在云南，雍正十一年（1733年），云贵总督鄂尔泰在前代基础上扩建昆明五华书院，他还为该书院捐购大量图书典籍，并亲自拟定书院章程，使该书院远近闻名。在云南偏远的府、厅、县也建有许多书院，如丽江府建有雪山书院、玉河书院，思茅厅建有思诚书院，文山县建有文山书院、开文书院、萃文书院等。④ 贵州则有"贵阳三书院"，贵山书院是在阳明书院基础上扩建而成。嘉庆五年（1800年），贵阳又修建了正习书院和正本书院。⑤ 贺长龄于嘉庆十六年（1811年）始任贵州巡抚，他治理贵州共九载，着力振兴当地文教，在"贵阳、铜仁、安顺、石阡四府，普安、八寨、郎岱、松桃四厅，黄平、普定、天柱、永从、雍安诸州县皆建书院、义学"⑥。广西地区这一时期的书院建设由该省东部发展至桂西地区，著名的有西隆州安隆书院、田州化成书院、泗城府云峰书院、天保县秀阳书院、西林县毓秀书院以及永康州康山书院等。⑦

总体来看，清代各边疆地区新建、重建书院的数量较之明代有了显著增长，如表4所示⑧：

表4 　　　　　　　　　　　**明清边疆各省新建、重建书院数量对比**

省区	明代			清代		
	新建书院	重建书院	合计	新建书院	重建书院	合计
东北三省	6		6	33		33
广西	50	5	55	103	14	117

---

① 素尔讷等纂修，霍有明、郭海文校注：《钦定学政全书校注》卷72《书院事例》，武汉大学出版社2009年版，第285页。

② 李治亭主编：《东北通史》，中州古籍出版社2003年版，第550~551页。

③ 萨英额：《吉林外纪》卷6《儒林文苑》，《续修四库全书》第731册，上海古籍出版社2002年版，第663页。

④ 方铁：《西南通史》，中州古籍出版社2003年版，第755页。

⑤ 方铁：《方略与施治：历朝对西南边疆的经营》，社会科学文献出版社2015年版，第216页。

⑥ 赵尔巽等：《清史稿》卷380《贺长龄列传》，中华书局1976年版，第11619页。

⑦ 方铁：《方略与施治：历朝对西南边疆的经营》，社会科学文献出版社2015年版，第216页。

⑧ 数据来源参见邓洪波：《中国书院史》，东方出版中心2004年版，第141、219~220页。

续表

省区	明代			清代		
	新建书院	重建书院	合计	新建书院	重建书院	合计
云南	79		79	191	28	219
贵州	28		28	76	7	83
四川	66	3	69	321	32	353
甘肃	17		17	96	5	101
合计	246	8	254	820	86	906

由表 4 可见，清代边疆地区新建书院数量约为明代的 3.3 倍，重建书院数量更是由明代的寥寥 8 所，激增了近十倍，达到 86 所之多。从总量看，清代边疆书院是明代的 3.6 倍。明代书院建设已堪称繁荣，相比之下，可见清代边疆书院建设力度之大。

边疆书院作为地方官学的重要补充，其学规章程、教学内容同样以官方钦定的儒家经典和礼仪规范为中心，如四川尊经书院学规要求：

> 诸生案头，宜各置《圣谕广训》一部，晨起盥洗毕，敬整衣书案，默诵一则。……本县不时来院，即与诸生在明伦堂上宣讲一则，诸生如能于各条之下，引用经史，逐句疏证，融会贯通，并阐发朱子《小学》及《近思录》数条，则诸生信好既专，身心有裨，出为国家之大器，处为名教之完人。异日播之里邻，传之子弟，士习因之益纯，民风因之愈厚，则此书院之设，固不仅科第之荣云。①

《圣谕广训》是清世宗对圣祖《圣谕十六条》的诠解阐发，内容皆为清统治者钦定的儒家伦理道德规范及修身处世之法，是明文规定的官学考试内容，"布在学官，著于令甲，凡童子应试、初入学者，并令默写无遗，乃为合格"②。而朱熹的《小学》《近思录》更是规范生徒道德修养和礼仪规范的基本读物，可见清代边疆书院已经在很大程度上官方化，这对于构建边疆士子对清王朝的文化认同与国家认同具有重要作用。

（三）边疆乡约宣讲制度的推广

乡约是中国古代一种维护基层社会秩序的民间组织，最早由宋代士大夫倡建，明代时官方力量逐步介入其中。至清代，乡约组织更加官方化，由礼部管辖，功能也更加专门化，主要负责向地方百姓宣讲《圣谕》，随着乡约组织向边疆地区的推广，乡约宣讲也成为"儒化"边疆政策的重要宣传媒介。

清代乡约宣讲内容以《圣谕六条》《圣谕十六条》和《圣谕广训》等清统治者对儒家伦理道德规范的官方化阐释为主，其宣传目的在于使百姓知忠孝节悌，使地方社会安定无争。早在顺治九年（1652 年），清廷"颁行《六谕卧碑文》于八旗、直隶、各省"。其

———————————

① 转引自邓洪波：《中国书院学规集成（第一卷）》，中西书局 2011 年版，第 212 页。

② 《金毓黻手定本文溯阁四库全书总目提要（上）》，新华书店北京发行所 1999 年版，第 426 页。

内容为："孝顺父母、恭敬长上、和睦乡里、教训子孙、各安生理、无作非为。"顺治十六年（1659 年）正式于各省推行："设立乡约，申明《六谕》，原以开导愚氓，从前屡行申饬，恐有司视为故事，应严行各直省地方牧民之官与父老子弟，实行讲究。其《六谕》，原文本明白易晓，仍据旧本讲解。"①

清圣祖以《圣谕六条》为基础制定《圣谕十六条》，内容大为扩展。康熙十八年（1679 年），"浙江巡抚将《上谕十六条》衍说，辑为《直解》，缮册进呈。通行直省督、抚，照依奏进《乡约全书》刊刻各款，分发府、州、县、乡村，永远遵行"。康熙二十五年议准："《上谕十六条》，令直省督、抚转行提、镇等官，晓谕各该营伍将弁兵丁，并颁发土司各官，通行讲读。"②

清世宗又将《圣谕十六条》加以阐发而成《圣谕广训》，"颁发直省督、抚、学臣，转行该地方文武教职衙门，晓谕军民生童人等，通行讲读"③。并通过乡约组织向全社会进行普及宣讲，"于朔望日令有司合乡约耆长宣读，以警觉颛蒙"④。雍正七年（1729 年）奏准："令直省各州县大乡、大村，人居稠密之处，俱设立讲约之所。……每月朔望，齐集乡之耆老、里长及读书之人，宣读《圣谕广训》，详示开导，务使乡曲愚民共知鼓舞向善。"⑤

乾隆朝，随着西南边疆军事一统和经济开发的推进，依靠乡约组织宣讲《圣谕》的"儒化"边疆政策在该地区逐步推广开来。乾隆五年（1740 年），鉴于云南按察使张坦熊所奏地方教官难以遍及州县下辖的乡、镇、村进行乡约宣讲的问题，清廷下令"应照原议，令约正等勤加宣讲，仍饬地方官与教官不时巡行稽察，毋庸更易章程。至大小各官，凡遇士民吏役聚集之时，公事毕后，俱照前委曲开导。兵丁令该管官弁于操演之暇，详切教训。并各省义学行令教习，于生童课试之日，亦谆谆训诲，实力奉行"。可见边疆地区乡约宣讲的职责不限于地方教官，其他各级官员亦需承担，且宣讲对象遍及生员、兵丁乃至普通百姓。在四川地区，乾隆十一年（1746 年）议准："三齐等三十六寨番民，归隶茂州管辖。应于该寨适中地方，设立讲约处一所，每月朔望，该州暨儒学等官轮流前往，督率在城约正，带同通事至该寨，传集番民，宣讲《圣谕广训》。其整饬地方利弊文告及律例，仍择取数条翻译讲解，务令家喻户晓，咸知畏法。"⑥

清廷在西南边疆地区推广的乡约宣讲制度多有创新之举，首先，将传统乡约组织与边疆地区独特的基层社会组织相结合，以便于当地民众接受和认同。其次，乡约宣讲者一般

① 素尔讷等纂修，霍有明、郭海文校注：《钦定学政全书校注》，武汉大学出版社 2009 年版，第 291 页。
② 素尔讷等纂修，霍有明、郭海文校注：《钦定学政全书校注》，武汉大学出版社 2009 年版，第 291 页。
③ 素尔讷等纂修，霍有明、郭海文校注：《钦定学政全书校注》，武汉大学出版社 2009 年版，第 292 页。
④ 《金毓黻手定本文溯阁四库全书总目提要（上）》，新华书店北京发行所 1999 年版，第 426 页。
⑤ 素尔讷等纂修，霍有明、郭海文校注：《钦定学政全书校注》，武汉大学出版社 2009 年版，第 292 页。
⑥ 素尔讷等纂修，霍有明、郭海文校注：《钦定学政全书校注》，武汉大学出版社 2009 年版，第 293 页。

由当地少数民族头人担任，这样就将官方与边疆地方权力话语合一，有助于增强乡约宣讲的说服力。再次，相比于内地将乡约看作"贱役"，西南边疆地区担任乡约宣讲的待遇较高，这就调动了边民的积极性，有助于乡约宣讲制度的不断推广①。

通过实施上述因俗而治的乡约宣讲制度，清廷得以将此前仅仅局限于西南边疆地方精英阶层的官方儒学推广至基层百姓中去，成效显著，据《康熙天柱县志》（天柱，今贵州省东部）载，当地"寨图有别，里甲攸归。乡约以解其纷，千保以均其役。一好尚而同风俗，此道得之"②。《（光绪）永宁州志》（永宁，今贵州省西南部）载："朔望行乡约，习礼仪，无非欲训干戈以俎豆，束甲胄以衿带，潜消其犷悍不平之气，以率归我道化。"③可见乡约宣讲对于整饬边疆社会秩序和移风易俗确实发挥了重要作用。

三、边疆崇儒祭典的礼仪教化功能

将知识传授与道德培养置于同等重要地位，是儒学教育的一大特色，因此边疆地方官学和书院除了向生员讲授儒家经典外，还担负着宣扬儒学道统与精神信仰的职责，其中，追念儒学先圣先师、先贤先儒的祭典仪式，是最具象征性、最为直观有效的宣传手段。具体言之，借助时间节点设定、空间场景布置、礼器陈设、揖让跪拜、祝辞乐章等礼仪要素，"表演者"和观众的情绪都受到了强烈感染，相较于从理性层面灌输儒学文本知识，礼仪展演是从感性经验层面使参与者对儒家文化产生认同甚至信仰，进而对掌握礼仪操演合法性的清王朝产生国家认同。这些崇儒祭典活动除了有地方官和知识精英主持、参加外，普通民众亦可前往观礼，因此相比于学校教育影响范围更广。

（一）崇儒祭典在边疆地区的推广

在东北边疆，当地府、州、县学举行的文庙祭典皆采用清朝官方钦定的礼仪程式。据《钦定盛京通志》记载，奉天府学每年春秋仲月上丁，皆于文庙举行释奠礼典，"斋戒省牲……荐帛奠爵、豆、登、簠、簋、铏、笾……陈牺牲，设舞乐……悉如《会典》仪"。各州、县儒学亦于每月朔望令"该教官率诸生于先师神位前，上香焚帛，俱用常仪"④。《吉林通志》亦可见吉林府、州、县学崇儒祭典仪式，其礼器陈设、仪式流程等内容与奉天府学大同小异，此处不赘⑤。

在南部和西南边疆，三藩之乱平定后，贵州巡抚杨雍建认为王阳明有功于黔，"黔人

---

① 有关清代西部少数民族乡约组织特点的研究，参见段自成：《清代西部地区少数民族乡约的推行及其原因》，《西南民族大学学报》（人文社会科学版）2011 年第 9 期。

② 《（康熙）天柱县志·坊乡》，民国年间影印本。

③ 《（光绪）永宁州志·艺文志》，光绪二十二年刻本。

④ 阿桂、刘谨之等奉敕撰：《钦定盛京通志（二）》卷44《学校二》，《景印文渊阁四库全书》第 502 册，台湾"商务印书馆"1983 年版，第 146 页。

⑤ 详见长顺等修，李桂林、顾云纂：《吉林通志》卷 46《学校志三》，《续修四库全书》第 647 册，上海古籍出版社 2002 年版，第 788 页。

之俎豆先生宜不能怠"，故重建阳明书院。① 当时阳明祭祀已有深厚的民间土壤，以至于"岁时伏腊，咸走龙场致奠，亦有遥拜于其家者……虽樵人猎士过其地者，无不感而生敬……"② 诗山书院位于福建海疆，该书院落成后举行释菜礼，"凭栏观者以千计，踵堂与课者以数百计"③。据《诗山书院志》记载，该书院的崇儒祭典除了由地方官担当正献、分献官等角色外，当地其他文武官员亦可以参加陪祭，"陪祭可用二人或三人，大约五页以上，均得陪祭。……武科甲与武员礼宜陪祭"④。从上述诗山书院崇儒祭典之隆重，可见在官方主导下，当地崇儒学、重礼教的观念已经深入人心。

在西北地区，雍乾两朝两度赴任西宁道的杨应琚："初莅兹郡，即以学校为首务，重建泽宫，广立社学，延远方博雅之士……修四礼乡饮之仪，布乐舞源流之制，举宾兴之典，严考课之法，多年陶染，不惜心力。"⑤ 杨应琚鉴于"宁郡祀典阙略，延浙儒周兆白至，教弟子员俎豆乐舞之仪，刊示广布……承祭之晨，琴瑟旗章，金鼓析羽，俯仰节奏。殿廷之上，士民跄跄翼翼，观礼识古于戟门、泮池之间，咸叹息前所未有"⑥。另据相关研究显示，清代西宁府、县、厅皆依官方礼制兴建文庙、文昌宫、乡贤祠、关帝庙等祠庙，并定期举行祭祀仪式。⑦

(二) 礼仪展演的教化功能——以丁祭为例

于文庙祭祀以孔子为首的儒学先圣先师、先贤先儒、名宦乡贤自古有之，这些祭祀对象是两千年儒家文化积淀的象征。在祠庙中举行的祭祀典礼通过一整套场景布置和仪式流程，凸显对塑像、画像、木主的崇拜，他们所倡导的学说思想以及所代表的儒家伦理道德品格也因此得以彰显，年复一年反复操演的祭祀仪式形塑了边疆士子的文化记忆，他们对儒学的认同和信仰也逐渐形成。时至清代，学校与书院所举行的崇儒祭典在祭祀场所、礼器陈设、仪式流程等规定上皆遵循官方礼制规格，强调国家的在场，这对于构建边疆地区的国家认同影响深远。下面以边疆地区所举行的丁祭礼典为例，考察相关礼仪展演的教化功能。

丁祭是祭奠以孔子为首的儒家先哲的祭典，由府、州、县学长吏主持，在当地文庙举行，顺治二年（1645年）定制，每年春、秋二祭，皆在仲月上丁，故称丁祭。首先来看

---

① 《（道光）贵阳府志·余编卷8》，《贵州府县志辑》第14册，江苏古籍出版社2002版，第134页。
② 《（道光）贵阳府志·余编卷8》，《贵州府县志辑》第14册，江苏古籍出版社2002版，第136页。
③ 《诗山书院志》卷7，四川大学古籍整理研究所编：《儒藏·史部》第242册，四川大学出版社2010年版，第426页。
④ 《诗山书院志》卷6，四川大学古籍整理研究所编：《儒藏·史部》第242册，四川大学出版社2010年版，第418页。
⑤ 杨应琚撰，崔永红校注：《西宁府新志》卷11《建置志三》，青海人民出版社2015年版，第180页。
⑥ 杨应琚撰，崔永红校注：《西宁府新志》卷35《艺文志》，青海人民出版社2015年版，第741页。
⑦ 谢佐主编：《中国地域文化通览（青海卷）》，中华书局2013年版，第212~213页。

祭祀典礼前的准备事宜，据云南《霑益州志》记载，当地在举行丁祭前两日，献官、陪祭官与其他陪祭人等皆需斋戒，"沐浴更衣，散斋一日。不吊丧问疾，不听乐、燕会，不行刑，不与秽恶之事"①。上述斋戒禁忌，旨在营造一种庄严氛围，促使与祭者将精神贯注于对祭祀对象的追思之中，为祭典仪式上祭拜者与祭祀对象的精神沟通做好情感酝酿和准备。除斋戒外，祭祀前的准备工作还包括陈设祭品与礼器，洒扫、布置祭祀场所等环节。祭品与礼器作为物化的仪式符号，其形制规格和摆放位置需严格按照祭祀对象的地位品级进行排列，如"先师位""四配位""十哲位"等相关陈设皆有严格的等级差别。②以上祭祀准备工作体现了与祭者对祭祀典礼的重视，象征着边疆士子对儒家先哲的崇拜以及对儒学道统的服膺。

祭典仪式正式开始后，由主祭、陪祭、分献各官主持典礼，每次献祭的仪式流程主要包括迎神、献祭、送神三个部分，现将云南《宜良县志》所载祭孔典礼中初献之礼部分祭仪摘录如下：

> 迎神，乐生执麾者唱乐，奏昭平之曲，引赞生二人由东西脚门出至棂星门外，向西一揖，由棂星门至泮桥进大成门，由甬路进大殿神位前，向上一揖，通赞赞三跪九叩礼。赞奠帛，行初献礼，乐生执麾者唱乐，奏宣平之曲，执节者唱乐，奏宣平之舞，引赞生诣主祭官面前引行初献礼，至丹墀东阶赞诣盥洗所，勺水进巾，诣至圣先师孔子神位前，跪奠帛，初献爵，叩首，起，诣读祝位跪。通赞赞众官皆跪，引赞赞读祝文，执麾者唱乐生读祝毕，引赞赞叩首，通赞亦赞叩首，一叩礼，起，执麾者唱乐作。③

以上可见，与祭者在司仪的引导下由固定路线前往祭祀场所，向祭祀对象鞠躬、跪拜、行献礼（奠帛献爵），以及其他赞礼者颂读祝文、演奏乐曲和乐舞诸环节，使整个行礼过程显得庄重而繁复。行礼者受礼仪程序中身体动作和视觉、听觉冲击的影响，强化了内心对于祭祀对象的崇敬之情，即《礼记·祭统》所谓："贤者之祭也，致其诚信与其忠敬。""夫祭者，非特自外至者，自中出，生于心也，心怵而奉之以礼。是故唯贤者能尽祭之义。"④ 这正符合清廷举行边疆崇儒祭典的政治诉求，即通过组织边疆士子祭拜儒学先哲的塑像或牌位，使他们受到先圣先师、先贤先儒事迹的感召，作为自己学习奋斗的目标和楷模，最终将中原儒学内化至边疆士子心中，使其认同官方儒学和清王朝的统治。

此外，在崇儒祭典的迎神、献祭、送神各仪式环节皆配有不同乐章和祝辞，不仅表达了与祭者对儒家先哲的赞美与缅怀，也蕴含着对其所代表的儒学学术理念和道德准则的认同。祝辞文本的念诵配合祭品、礼器等物化仪式符号，再辅之以悠扬的音乐伴奏，便形成一种近乎宗教性的说教氛围。如云南《新兴州志》所载赞颂先师孔子的祝辞，迎神辞曰："大哉至圣，峻德弘功，敷文衍化，百王是崇，典则有常，照兹辟雍。"初献辞曰："觉我

① 故宫博物院编：《云南府州县志（第二册）》，海南出版社2001年版，第131~132页。
② 详参故宫博物院编：《云南府州县志（第二册）》，海南出版社2001年版，第132页。
③ 详参故宫博物院编：《云南府州县志（第二册）》，海南出版社2001年版，第248~249页。
④ 《十三经注疏》，北京大学出版社1999年版，第1345~1346页。

生民，陶铸前圣，魏巍泰山，实予景行。"亚献辞曰："至哉圣师，天授明德，木铎万世，式是群辟。"终献辞曰："猗欤素王，示予物轨，瞻之在前，神其宁止。"送神辞曰："煌煌学宫，四方来宗，甄陶胄子，暨予微躬。"① 这些祝辞从不同层面解释了先师孔子之所以受到尊崇与供奉的原因，使祭祀的意义超越了对祭祀对象本身的崇拜，而上升为对儒学学术理念和道德准则的信仰与认同。正如有学者指出："仪式语言共同预设了某种态度——信任和尊敬、服从、悔悟或感激，从而要求仪式参与者应该具有共同的情感和一致的行为。在仪式中，通过不断重复带来凝聚力的代词时，共同体也就此形成。"②

综上所述，通过丁祭礼仪展演，儒家先哲得以跨越时空，同与祭者实现精神上的对接。文本化、动作化、声音化以及物化了的仪式符号所承载的象征意义，为一代代边疆士民祭拜者提供了丰富的文化养料，强化了他们对官方儒学的信仰和认同以及对清王朝的国家认同。

四、余　论

虽然清代边疆地区的儒学传播取得了上述空前成就，但在西北边疆却有明显缺失，清统治者认为西北边疆地区的宗教信仰、文化习俗与内地迥异，难以教化，故长期对该地区采取用武不用文的治策。自康熙二十九年（1690 年）清圣祖发兵平定噶尔丹叛乱始，历经雍正朝平定青海、西征准噶尔，乾隆朝两次金川之役，再到嘉庆朝平定回疆张格尔叛乱以及光绪初年平定阿古柏之乱，200 年间西北边疆战乱不断，清朝国力为之损耗巨大。

晚至嘉庆八年（1803 年），伊犁将军松筠和给事中永祚鉴于伊犁地区的内地移民日益繁多，上奏清廷请求于该地增设学额，"示以鼓舞，庶几礼教兴而风俗可期归厚……庶可移积习而化黠骜，于边地民风似有裨益"③。然而此项建议却遭到仁宗皇帝的严厉批驳，他认为"该处毗连外域，自当以娴习武备为重。若令其诵读汉文，势必荒疏艺勇，风气日趋于弱，于边防大有关碍"④。道光十八年（1838 年），乌鲁木齐都统富呢扬阿再次向清廷请求在当地设立书院，同样遭到宣宗皇帝的严词拒绝，他明确表态乌鲁木齐为用武之地，兴文教乃舍本逐末之举，"乌鲁木齐地处边疆，全以武备为重。该都统等特膺简命，自当讲求训练，实力操防，安辑兵民，抚驭回众，俾得有备无患，方为不负委任。似此不知所重，率以振兴文教为词，创修书院，是舍本逐末，必致武备废弛，安望其悉成劲旅？"⑤ 直到光绪十年（1884 年），清廷在新疆设立行省，当地儒学和书院教育才陆续兴起，但此时新疆与内地的文化隔阂已是积重难返。由于中原儒家文化的内向凝聚力未能在西北边疆发挥应有的作用，最终导致该地区分裂势力不断崛起，叛乱不断，清朝为此付出了沉重代价，也造成了一系列颇为棘手的历史遗留问题。

---

① 故宫博物院编：《云南府州县志（第三册）》，海南出版社 2001 年版，第 297 页。

② 马敏：《政治象征/符号的文化功能浅析》，《华南师范大学学报》（社会科学版）2007 年第 4 期。

③ 转引自贾建飞：《清乾嘉道时期新疆的内地移民社会》，社会科学文献出版社 2012 年版，第 205 页。

④ 《清仁宗睿皇帝实录》卷 108，嘉庆八年二月乙巳，中华书局 1986 年版，第 444 页。

⑤ 《清宣宗成皇帝实录》卷 308，道光十八年四月庚申，中华书局 1986 年版，第 798 页。

综上所述，虽然自汉代以来中原儒学早已在边疆地区逐步传播开来，但主要以边疆少数民族主动学习和被贬文人士子、边吏的个人文化行为为主，中原王朝统治者则长期固守夷夏之防，虽然与边疆常有和亲、互市之举，但冲突与对峙仍在较长时期内存在，官方始终未能成为边疆儒学传播的主要推动力量。与前代不同，清统治集团敏锐地意识到边疆少数民族地区对内地的文化认同对于巩固清朝大一统国家的重要性，因此打破了华夷之别传统观念，主张边疆与内地文化一体发展，由清王朝发起的"儒化"边疆政策因此空前广泛、深入地推广开来。

从效果来看，清朝通过地方官学、书院、乡约组织等教育媒介，向东北和西南边疆士民灌输官方儒学知识和伦理道德准则，又通过崇儒祭典的反复操演，强化边疆儒学的神圣性和正统性，以上"儒化"边疆举措最终使边疆士民对清朝的政治与文化认同空前加强。在此影响下，清代东北边疆大片领土在清朝长达二百余年的统治下基本无战事、无动乱，西南边疆除了突发式的小规模动乱之外，也长期保持稳定，与清以前两地长期动荡不安的局势形成鲜明对比，这些治边成就对于我国统一多民族国家的最终形成至关重要。当然我们也不能忽略，清朝在西北边疆屡起刀兵，不修文教，造成该地区儒学教化的缺失以及颠覆势力的不断膨胀，这一文化决策失误导致终清一朝该地区始终多动乱，成为清朝统治的心腹大患。

笔者认为，清朝在东北和西南边疆推广儒学所取得的成功以及在西北边疆的缺失，作为历史经验和教训，对我们今天解决边疆问题、发展边疆文化具有如下借鉴意义：政治、经济和军事力量只是实现边疆一统与安定团结的前提和基础，边疆与内地文化的相互融合与认同才是确保国家统一和民族团结的关键因素。共同的文化认同是各民族和地区形成内向凝聚力的灵魂和纽带，是一个长期积累的过程，任何政治、经济和军事力量都无法替代它的作用。

（作者单位：贵州大学旅游与文化产业学院）

有关清末留日运动史实的补充
——基于新见近代日本涉华档案

□ 李少军

【摘要】在近代日本涉华档案中，有一些驻华领事及日本机构、中国驻日公使馆涉及中国对日派遣留学生的报告、文书，颇有助于了解中国各区域派出留日学生的先后、数量、抵日后去向等情况，可据以弥补相关论著之欠缺、修正其误差，并进一步证明长江流域是近代留日运动的发源地，在清末民初派出留日学生最多。

【关键词】清末留日运动；日本领事报告；中国驻日公使馆文书；长江流域

有关清末留日运动的论著为数不少，但还存在一些不大确切或不够严密之处。笔者近日见到一些清末驻华日本领事及日本国内一些机构人士涉及留日问题的文电，还有中国驻日公使馆的相关文书，其记述有助于校正以往一些说法的讹误、偏差，对相关史实做有益的补充。故以此为据，做些叙述，并乞大方指教。

一、派遣留日学生的开端

关于这个问题，人们熟知的史实，是 1896 年驻日公使裕庚派人招募 13 名学生，这些学生来自上海、苏州、宁波等地方。关于这批留日学生的姓名，中日相关论著的叙述不一致，多有讹误。而根据当时裕庚致日本政府照会，他们的姓名、年龄如下：

韩寿南（23 岁）、朱光忠（22 岁）、冯闿模（20 岁）、胡宗瀛（20 岁）、王作哲（19 岁）、唐宝锷（19 岁）、戢翼翚（19 岁）、赵同颉（19 岁）、李宗澄（18 岁）、瞿世瑛（18 岁）、金维新（18 岁）、刘麟（18 岁）、吕烈辉（18 岁）。①

此外，从裕庚的其他照会可知，这些留学生到日本后不久，还有些变化：不到 5 个月，在嘉纳学校肄业的李宗澄、韩寿南、赵同颉、王作哲 4 人回国，裕庚又补送福建人黄

---

① 见《中国驻日公使裕庚致日本文部大臣兼外务大臣西园寺公望》（光绪二十二年五月初六日）所附《学生名数》，日本外务省外交史料馆藏，B-3-10-5-3 之 2。藏所相同的日本档案，后面注释中不再标明藏所。

涤清（22 岁）、安徽人吕烈煌（16 岁）到嘉纳学校。①

关于长江流域派遣留日运动的正式开端，至今仍有一些论著认为是 1899 年 1 月湖广总督张之洞从湖北派出 20 名留学生。但吕顺长等学者很早就指出：浙江巡抚廖寿丰在 1898 年就向日本派出留学生了。② 笔者所见日本档案，证明后者所言准确，且可补充更多的情节。

1898 年 5 月下旬，浙江巡抚廖寿丰派候补知县张大镛（江苏嘉定人，38 岁）、候补巡检蒋嘉名（上海县人，31 岁）赴日考察，同时，让求实书院学生钱承誌（浙江仁和县学廪生，24 岁）、陆世芬（仁和县学附生，27 岁）、陈榥（义乌县学廪生，25 岁）、何燏时（诸暨县监生，21 岁），武备学堂学生谭兴沛（湖南茶陵人，26 岁）、徐方谦（湖北江夏人，31 岁，蓝翎五品，把总先用）、萧星垣（湖南善化人，25 岁，五品军功）、段兰芳（湖南茶陵人，23 岁，五品军功），分别作为文武留学生，跟随张、蒋前往日本，并要求日方将文留学生"择拨学问最精之学校"，将武留学生"拨入成城学校"，"将来得有进益，再行商请分别改拨，俾各尽所学，藉资实用"。他们一行，于 1898 年 6 月 10 日到达日本横滨。③ 另外，浙江官府在同年 10 月，又要求日方接纳"愿自备脩膳川资赴日本国游学"的嘉善县附生吴振麟，将他"拨入前次出洋文学生陈榥等学堂，一并肄业"。④ 当时，浙江留日学生集中住在东京小石川区指谷町 140 番地，房主宝阁善教于 1899 年 1 月 28 日呈报的浙江留日学生名单中，就有吴振麟，可见吴的确到了日本。在名单上与他同为自费生的，还有来自杭州府瓣莲巷的汪友龄。⑤ 这证明，清政府分官费、自费两个部分派出留日学生，都是由浙江在全国率先实行的。

日本档案还同时印证：湖广总督张之洞与两江总督、南洋大臣刘坤一，就地方重臣派遣留日学生而言，的确是走在最前面。1899 年 1 月，他们分别向日本派出湖北"专习武备"学生 20 人，江苏武备学生 14 人与上海南洋公学学生 6 人（4 人学政治法律、2 人学师范）。这些留日学生的籍贯，除了分别有 2 人是广东、直隶外，都是长江流域省份。⑥

---

① 《中国驻日公使裕庚致日本外务大臣大隈重信照会》（光绪二十二年十月初三日），B-3-10-5-3 之 2。

② 见吕顺长《清末浙江籍早期留日学生之译书活动》，《杭州大学学报》1996 年第 2 期。

③ 《浙江巡抚ヨリ我陆军兵学研究ノ为メ留学生派遣之件具申》（1898 年 5 月 9 日驻杭州代理领事速水一孔致外务大臣西德二郎）、《浙江省文武留学生並二遊歴官派遣之件具申》（1898 年 5 月 25 日驻杭州代理领事速水一孔致外务大臣西德二郎）、《浙江省ヨリ派遣文武两学生学资金送之件》（1898 年 5 月 25 日驻杭州代理领事速水一孔致外务次官小村寿太郎）所附浙江洋务总局督办恽祖翼、陈允颐同年 5 月 28 日致速水一孔函，《日本邮船株式会社致外务省电》（1898 年 6 月 10 日），B-3-10-5-3 之 1-001。

④ 《浙江省私费留学生一名本邦へ派遣之件》（1898 年 10 月 24 日驻杭州代理领事速水一孔致外务次官鸠山和夫）及所附同年 10 月 22 日浙江洋务总局总办恽祖翼、陈允颐致速水一孔函，B-3-10-5-3 之 1-001。

⑤ 《东京小石川指谷町 140 番地宝阁善教呈外务大臣青木周藏》（1899 年 1 月 28 日），B-3-10-5-3 之 1-001。

⑥ 《張総督派遣ノ学生出発二関スル件》（1899 年 1 月 6 日驻上海代理总领事小田切万寿之助致外务次官都筑馨六）、《湖北江蘇派遣学生姓名及人数通知ノ件》（1899 年 1 月 8 日驻上海代理总领事小田切万寿之助致外务次官都筑馨六）所附张之洞向小田切万寿之助提供的湖北留日学生名单，《湖北江蘇派遣学生出発期日及江蘇学生姓名人员並二学费资金送付之件》（1899 年 1 月 12 日驻上海代理总领事小田切万寿之助致外务次官都筑馨六）所附《南洋大臣派遣学生姓名》，B-3-10-5-3 之 1-001。

张之洞派遣留日学生虽较浙江略晚，但就规模而论却是后来居上，继首次派出 20 人之后，于 1899 年 4 月又加派了官费赴日步、炮、工兵学生 4 人、自费生 1 人；① 到 10 月下旬，再向日本分别派官费、自费生 78 人、3 人，其中 29 人学陆军、24 人在炮兵工厂修兵器学、2 人考察日本学校、4 人学测量术、12 人修农工商学、10 人学制革②。这一年，北洋方面及福建官府也开始向日本派遣留学生。北洋方面从天津的水师学堂、武备学堂及头等、二等学堂选拔的 20 名留日学生，于 3 月中旬抵达日本，较之浙江、湖北及以南洋大臣名义派出的留日学生，人数少很多，且抵日时间较晚。③ 10 月上旬，闽浙总督许应骙在日军少佐宇津宫太郎促动下，派员到日本考察军事④，同时派出了留学生 8 名，其中包括许应骙之孙。⑤

二、庚子年留日学生之续派与在日留学生人数

1900 年，清廷与列强矛盾激化，是否继续有地方官府派留学生赴日？既往相关论著多语焉不详，而日本档案则显示：这年 5 月中旬，张之洞派其子张权与湖北 6 名军政官员、3 名武备学堂学生赴日考察军事，同时还派出 12 名留日学生（长期、短期生各 6 名）。名单如下：

考察人员：户部主事张权（张之洞之子），总兵吴元恺，游击张彪、纪堪荣、刘水金，都司王恩平，县丞白寿铭，哨官、武备学生严寿民、艾忠琦、戴任。

留学生监督：知府钱恂，知县（委员）徐元瀛。

长期留学生马肇裡、卢定远、刘修鉴、姚恭寅、董鸿祎、沈翔云；短期留学生陈问咸（原文如此，"咸"当为"咸"）、李熙、卢弼、左全孝、尹集馨、黄轸。

---

① 《湖北学生监督钱恂氏渡航之件》（1899 年 4 月 7 日驻上海代理总领事小田切万寿之助致外务次官都筑馨六）及所附相关名单，B-3-10-5-3 之 1-001。

② 《湖广总督张之洞派遣留学生出发之件》（1899 年 10 月 19 日驻上海代理总领事小田切万寿之助致外务大臣青木周藏）及所附留学生名单，B-3-10-5-3 之 1-001。

③ 《驻天津领事郑永宁致外务次官都筑馨六》（1899 年 3 月 6 日），《北洋派遣学生出発ノ件具申》（1899 年 3 月 10 日驻上海代理总领事小田切万寿之助致外务次官都筑馨六）及所附留学生名单，《兵库县知事大森鐘致外务大臣青木周藏》（1899 年 3 月 15 日），B-3-10-5-3 之 1-001。

④ 《外务大臣青木周藏致陆军大臣桂太郎》（1899 年 10 月 18 日），日本防卫研究所藏，陆军省-壹大日记-M32-10-16。

⑤ 这批留学生，由赴日考察军事的许应骙亲军福胜后营营官崔祥奎及福建船政提调、四川特用道沈翎清等官员带到日本。见《外务次官高平小五郎致横滨税关长水上法躬》（1899 年 10 月 11 日）及所附《派遣员官姓名》。另外，《許閩浙總督ヨリ本邦ヘ派遣ノ官吏帰福後ノ景況》（1900 年 1 月 24 日驻福州领事丰岛舍松致外务大臣青木周藏）称，崔祥奎与沈翎清返回后向丰岛舍松致谢，沈还说"已派遣的总督之孙"等都在日本受到优待，但他认为"只从此地派一回学生无益"，而向许应骙建议"每年或隔两年"将留学生派到日本。丰岛舍松认为："自崔、沈二氏及留学生前往我国以来，此地官民对我国的感情更入佳境。"日本外务省外交史料馆藏，B-3-10-5 之 3-4。

他们于 5 月 12 日乘日船"博爱丸"从上海出发，而后张权从神户、其他人从横滨上岸。①

常被论者征引的冯自由《革命逸史》初编，称 1900 年各地官派留日学生还不到 100 人。② 然而，上述日本档案所述史实证明此说有误。截至 1900 年，廖寿丰、张之洞、刘坤一前后所派留日学生共计 148 人，连同北洋、福建所派 28 人，总数为 176 人，除去 1899 年 11 月中旬期满回国的湖北留日学生 4 人③，个别因病返回者④，也还有 170 人左右。

三、清末"新政"中各地派遣留日学生情况

1901 年，清朝开始实行"新政"，而刘坤一、张之洞作为"新政"的规划者，将"奖劝游学"、特别是留学日本置于重要地位，化为"新政"之重要方针，促使留日浪潮开始在全国涌起，而长江流域则成为这一浪潮最强劲的区域。

从日本档案可见，张之洞所辖湖北省，在 1901 年 7 月、12 月，向日本再派留学生共计 14 名。⑤ 其他地方，率先响应刘、张"奖劝游学"奏请的是湖南。这年 9 月上旬，湖南巡抚俞廉三决定将在南洋公学研习矿物学的湘潭、长沙监生梁焕彝、张孝准派往日本留学，并请日方照应。⑥ 12 月下旬，湖南矿务总局在派平江金矿分局候选同知黄忠绩赴日考察矿山的同时，又令黔阳、浏阳、新化的监生向同超、陈洪铸、曾鲲化留学日本，学习

① 《張権及湖北武官軍事視察ノ為本邦ヘ渡航ノ件並ニ湖北学生渡航ノ件》及所附名单（1900 年 5 月 12 日驻上海代理领事小田切万寿之助致外务大臣青木周藏）。另外，张权与张厚琨与随员，于同年 9 月 3 日乘"西京丸"，离开长崎港前往上海。见《清国人帰国ノ件》（1900 年 9 月 4 日长崎县知事服部一三致外务大臣青木周藏），B-3-10-5 之 3-4。关于黄兴（黄轸）1900 年首次赴日，还可参见萧致治：《黄兴首次赴日时间及其思想转变小考》，《历史研究》1999 年第 1 期。

② 见冯自由：《革命逸史》，中华书局 1981 年版，第 98 页。

③ 《湖北留学生监督、知府钱恂致日本外务省会计课长三桥信方函》（1899 年 11 月 18 日），B-3-10-5-3 之 1-001。

④ 《三桥信方致高楠顺次郎》（1900 年 4 月 28 日）称，日华学堂学生张、黎 2 人从上年患病，一直未治愈，明天或后天回国，B-3-10-5-3 之 2。

⑤ 1900 年 7 月 20 日，中国驻日公使李盛铎照会日本外务大臣曾祢荒助，要求其转商日本陆军方面，接受"湖北总督派来学生"马肇裡、卢定远到成城学校肄业。《李盛铎致曾祢荒助照会》（1901 年 7 月 20 日），B-3-10-5-3 之 1-001。1900 年 12 月 14 日，湖北向日本新派的留日学生汪荣宝、饶凤璜、饶凤珀、饶凤璪（饶氏三兄弟为当时新疆巡抚饶应祺之子）、刘大猷、单恭脩、慕学炜、罗泽暐、岳开先、邹致钧，在钱恂、徐元瀛带领下，在上海乘"神户丸"前往日本。同行者有被张之洞派往日本考察教科书的罗振玉等 6 人，及赴日游历的陈赓如、张式乡 2 人。见《清国学生出発之件报告》（1901 年 12 月 10 日驻上海代理总领事岩崎三雄致外务大臣小村寿太郎）。12 月到日本的留学生中，还包括盛宣怀所派自费留日、拟研究政治学的试用道陈光淞、候选道薛莹中。见《清国張之洞ヨリ我中小両学校用教科書参考編訳及校况諸取調ノ為委員派遣ニ来リシ並ニ盛宣懐ヨリノ自費留学生ヲ送リ超セシ事ニ付通知》（1901 年 12 月 24 日外务大臣小村寿太郎致文部大臣菊池大麓），B-3-10-5-3 之 2。

⑥ 《清国各省本邦秋季大演習来観文武官員並ニ学生派遣之件》（1901 年 9 月 28 日驻上海代理总领事小田切万寿之助致外务大臣小村寿太郎）所附同年 9 月 9 日奏办湖南洋务总局致小田切万寿之助的照会，B-3-10-5-3 之 2。

矿山学。① 四川省官府，在时间上稍晚于湖南，但响应的力度却更大，在 10 月 10 日向日本派出了 22 名留学生。② 曾最先向日本派遣留学生的浙江省，在 11 月下旬，决定再派候选县丞沈沂、巡检凌士钧，及试用县丞经家龄作为自费生到日本。③ 这一年，还有福建官府在 7 月间将 1 名学军事、北洋方面在 11 月中旬将 26 名学警务的留学生派到日本。④ 另据一资料，1901 年从各地派到日本的留学生，还有贵州的 10 名，广东的 23 名，内蒙古的 4 名，山东、陕西、广西、奉天的各 1 名，以及宗室 2 名、满洲 14 名。⑤

1902 年 3 月中旬，湖南自费生范源濂在东京，由湖北留学生监督钱恂保送高等师范学校⑥；4 月，湖南官府为培养师范师资而选拔的俞诰庆等贡生员 12 名⑦，及自费生 5 人，分别前往日本弘文学院、成城学校留学⑧；5 月下旬，湖南举人杨度又作为自费生被派往日本学师范，还有江苏自费生杨翼、杨敏与之同行⑨。此后，湖南又有作为自费生的

---

① 《湖南省ヨリ鉱务视察员并ニ学生ヲ本邦へ派遣之件》（1901 年 12 月 27 日驻上海代理总领事岩崎三雄致外务大臣小村寿太郎）及所附同年 12 月 12 日奏办湖南洋务总局致小田切万寿之助照会，B-3-10-5-3 之 2。刘泱泱主编：《湖南通史·近代卷》，湖南出版社 1994 年版，第 527~528 页。

② 这 22 名留日学生是：孙海环、龚秉权、周道刚、胡景伊、陈崇功、徐孝刚、周嗣培、周家彦、江庸、张义新、张天培、黎渊、黎迈、任传榜、毛席丰、刘鸿达、李伯任、李仲通、李景圻、徐朝宗、王佩文、陈绍祖（其中，原籍为四川者 7 人，浙江、贵州各 4 人，福建 2 人，湖南、湖北、江西、江苏、广西各 1 人）。见《四川总督派出学生出发之件》（1901 年 10 月 11 日驻重庆领事山崎桂致外务大臣小村寿太郎）及所附《四川总督派遣学生姓名表》，B-3-10-5-3 之 1-001。王笛：《清末四川留日学生述概》，《四川大学学报》（哲学社会科学版）1987 年第 3 期。

③ 《清国候补官吏本邦留学ノ件》（1901 年 12 月 12 日驻杭州副领事大河平隆则致外务大臣小村寿太郎），B-3-10-5-3 之 2。同题名的档案有两件。

④ 是月，"福建总督咨送自备经费学生"刘荃业要求到成城学校，见《李盛铎致曾祢荒助照会》（1901 年 7 月 20 日），B-3-10-5-3 之 1-001。北洋方面所派"警务学生"26 人是：长福、忠芳、钟音、连印、全兴、彦恿、桂龄、玉麐、崇岱、长敏、春寿、文英、崑山、世昌、兴贵、德铨、延龄、玉权、立佩、全顺、世荣、联成、柯兴昌、宜桂、延鸿、裕振。见《中国驻日公使李盛铎致日本外务大臣小村寿太郎照会》（1901 年 11 月 16 日），B-3-10-5-3 之 2。

⑤ 《日本留学生调查录》，见陈学询、田正平主编：《中国近代教育史汇编·留学教育》，上海教育出版社 2007 年版，第 388~389 页。

⑥ 《中国驻日公使蔡钧致日本外务大臣小村寿太郎照会》（1902 年 3 月 14 日），B-3-10-5-3 之 2。

⑦ 这 12 人是：俞诰庆（善化举人）、龙纪官（湘乡附生）、仇毅（湘阴监生）、胡元俊（湘潭拔贡）、俞蕃同（善化监生）、颜可铸（湘乡廪生）、朱杞（湘乡附生）、汪都良（善化廪贡）、王履长（长沙举人）、李致桢（龙阳举人）、刘佐楫（醴陵廪贡）、陈润霖（新化附生）。见《湖南省ヨリ本邦へ留学生派遣之件》（1902 年 4 月 2 日驻上海代理总领事岩崎三雄致外务大臣小村寿太郎）及所附 1902 年 3 月 13 日奏办湖南洋务总局致小田切万寿之助照会，B-3-10-5-3 之 2。

⑧ 5 名自费生分别是主事赵世缵，监生刘棣蔚、蒋国经、李致梁，巡检钟铣。见《湖南省ヨリ本邦へ留学生派遣之件》（1902 年 4 月 2 日驻上海代理总领事岩崎三雄致外务大臣小村寿太郎）及所附 1902 年 3 月 13 日奏办湖南洋务总局致小田切万寿之助照会，《湖南省ヨリ本邦へ学生派遣ノ件》（1902 年 4 月 19 日驻上海总领事小田切万寿之助致外务大臣小村寿太郎）所附湖南洋务总局致岩崎三雄照会。湖南留日学生的去向，见《弘文学院院长嘉纳治五郎致外务省政务局长山座圆次郎》（1902 年 11 月 4 日），《湖南巡抚派遣ノ留学生本邦へ向ケ出发ノ件》（1902 年 3 月 25 日驻汉口领事山崎桂致外务大臣小村寿太郎），B-3-10-5-3 之 2。

⑨ 《清国留学生本邦へ渡航之件》（1902 年 5 月 28 日驻上海总领事小田切万寿之助致外务大臣小村寿太郎），B-3-10-5-3 之 2。

新化监生杨源濬、张镇衡、陈能容及湘乡监生李奂中在8月下旬①，新化小学堂肄业生曾继焘、高兆奎、谭钟廷3人在10月中旬②，前往日本留学。此外，浙江洋务局督办遵巡抚之命，在同年1月中旬、2月上旬分别照会日本驻杭州副领事，告以续派海宁州附生蒋方震、候补通判费善机、附贡生杨临、监生高尔登、文童高尔翰、仁和县附生任允、奉化先监生杨占春作为自费生赴日留学。③ 该省15名学师范生在8月上旬④，以及作为自费生的仁和县附生王庆候、王庆柱、傅玉瑶、钱塘县监生汪橚、山阴县附生陈威，浙江大学堂学生郑延龄、杭州中学堂学生张承礼7人在12月下旬⑤，分别前往日本。这年3月下旬，南京陆师学堂总办俞明震奉刘坤一之命，率该学堂22名毕业生以及南洋公学周树人等6名矿务学生，启程赴日⑥；其后，江苏巡抚恩寿从南京格致书院选拔的13名学习"物理化矿电学"的学生在6月上旬⑦，作为自费生的原甘肃提督周达武之子周家纯、云贵总督魏光焘之子魏肇文、江苏记名道台陶森甲之子陶煦、江苏补用道唐廉之子唐书琦、补用知县蒋金鳌之子蒋隆权5人在11月上旬⑧，张之洞从湖北派出的师范学生30名、警察弁目20名、自费生4名在6月中旬⑨，后面增派的警察学生即候补知县廷启和浙江候补盐大使石沅在7月中旬⑩，还有从两湖书院派出的学生陈嘉会、彭方传在12月中旬⑪，

---

① 《湖南省ヨリ本邦ヘ留学生派遣之件》（1902年8月22日驻上海总领事小田切万寿之助致外务大臣小村寿太郎），B-3-10-5-3 之2。

② 《湖南省ヨリ本邦ヘ留学生派遣之件》（1902年10月10日驻上海总领事小田切万寿之助致外务大臣小村寿太郎），B-3-10-5-3 之2。

③ 《清国候補官吏等本邦留学之件》（1902年2月10日驻杭州副领事大河平隆则致外务大臣小村寿太郎）及所附照会日期与自费生名单，B-3-10-5-3 之2。

④ 《留学生派遣之件》（1902年8月30日驻杭州副领事大河平隆则致外务大臣小村寿太郎），B-3-10-5-3 之2。留学生名单未见。

⑤ 《驻杭州副领事大河平隆则致外务大臣小村寿太郎》（1902年12月26日）及所附自费生名单，B-3-10-5-3 之2。

⑥ 《南京陸師学堂俞総辦留学生引連レ本邦ヘ向ケ出発之件》（1902年3月21日驻上海代理总领事岩崎三雄致外务大臣小村寿太郎），B-3-10-5-3 之1-001。留日的江南陆师学堂22名毕业生名单未见。南洋派出的6名"矿务学生"是：徐广铸、顾琅、周树人、张华邦、刘乃弼、伍崇学。见《中国驻日公使蔡钧致日本外务大臣小村寿太郎照会》（1902年4月11日）及所附南洋派遣矿务学生名单，B-3-10-5-3 之2。

⑦ 13人名单未见。《南京ヨリ本邦ヘ留学生派遣之件》（1902年6月4日驻上海总领事小田切万寿之助致外务大臣小村寿太郎）及所附江苏巡抚恩寿致小田切万寿之助的信，《南京ヨリ本邦ヘ留学生派遣ノ件》（1902年6月12日外务大臣小村寿太郎致弘文学院院长嘉纳治五郎），B-3-10-5-3 之2。

⑧ 《南京ヨリ私費留学生派遣之件》（1902年11月6日驻上海总领事小田切万寿之助致外务大臣小村寿太郎），B-3-10-5-3 之2。

⑨ 师范学生为：李熙、李实荣、罗襄、李鑫、王式玉、万声扬、金华祝、沈明道、汪步扬、陈英才、程明超、卢弼、周龙骧、左德明、冯开濬、张继煦、李步青、黄轸、纪鸿、谈锡恩、胡铮、阿勒精阿、向国华、马毓福、李书城、余德元、陈鸿叶、周维桢、陈文哲、刘云龙。警察弁目为：陈从义、王文乡、何万福、杨金榜、王宝恒、刘庆恩、张策平、王占海、罗连陞、马镛桂、张汉清、窦洪胜、刘国祥、邓贤才、陈锦章、杜锡钧、徐荣生、张明远、山有升、雷云山。自费生名单未见。《湖北省ヨリ本邦ヘ留学生派遣之件》（1902年6月10日驻上海总领事小田切万寿之助致外务大臣小村寿太郎）及所附张之洞致小田切万寿之助电报抄件，B-3-10-5-3 之2。

⑩ 《張総督派遣ニ係ル警察学生出発之件》（1902年7月10日驻上海总领事小田切万寿之助致外务大臣小村寿太郎），B-3-10-5-3 之2。

⑪ 《湖北ヨリ留学生並ニ教育制度視察員派遣之件》（1902年12月19日驻上海总领事小田切万寿之助致外务大臣小村寿太郎），B-3-10-5-3 之2。

前往日本。此外，4月间，还有派出方不明、作为自费生的湖南人周元承、龙毓峻和江苏人丁文江3人，于4月间抵达日本东京，要求就学于成城学校。①

同在1902年，直隶总督袁世凯于3月下旬向日本派出军事留学生55人②、福建船政局于5月上旬派出自费生李锡青、梁训勤③、两广总督陶模于4月中旬从时敏学堂派出留学生7名④、6月中旬派出讲习速成师范生27人⑤、天津严修之子严智崇于10月到东京宏文学院附属中学⑥……

有论著根据《清国留学生会馆第一次报告》，指出1902年留日学生有570多人，所列当时长江流域贵州、四川、湖南、湖北、江西、安徽、江苏、浙江各省留学生人数，总计为402人，相比直隶、陕西、山东、广东、广西、奉天、山西、河南、福建及八旗留学生的总数，占压倒优势。⑦ 与新见日本档案对照，虽有些数字可能未必精确，但就当时长江流域的留日浪潮远高于全国其他区域来说，还是彼此一致，近乎实情的。

1903年在日本的中国各地留学生人数，时任中国驻日公使杨枢有过奏报，说有1300余人，可见较之上年倍增不止。而这年新增的留日学生，有相当一部分仍来自长江流域。从日本档案看，该年山东、直隶分别向日本派出速成师范科留学生54人、23人⑧，而浙

---

① 《清国留学生成城学校入学ノ件照会》（1902年4月21日外务大臣小村寿太郎致参谋总长大山岩），B-3-10-5-3之1-001。

② 《青木中佐致参谋总长密电》（1902年3月8日），B-3-10-5-3之1-001。名单未见。

③ 《福州船政局学生本邦留学ノ件》（1902年5月2日驻上海总领事小田切万寿之助致外务大臣小村寿太郎），B-3-10-5-3之1-001。

④ 《驻香港总领事野间政一致外务大臣小村寿太郎》（1902年4月12日），B-3-10-5-3之2。

⑤ 这27名师范生是：胡衍鸿、谢祖诒、陈廷泰、朱念慈、冯博、区乃琮、冯梁、陶敦勉、刘勋承、关庚麟、范公谠、罗汝楠、李文榘、沈诵清、李潜枢、张金光、杨玉衔、易廷元、蒋禹廷、詹宪慈、沈藻清、姚礼镛、彭金铭、周祥鸾、陈懋功、周起凤、庄达。见《驻香港总领事野间正一致外务大臣小村寿太郎》（1902年6月18日）及所附派遣留学生的名单，B-3-10-5-3之2。

⑥ 《外务省政务局长山座圆次郎致弘文学院院长嘉纳治五郎》（1902年10月16日），B-3-10-5-3之2。

⑦ 李喜所：《清末留日学生人数小考》，见氏著《中国留学史论稿》，中华书局2007年版，第249页。

⑧ 山东省1903年6月下旬派出的54名师范学生是：邹平拔贡高永超、附生张建业，历城附生郭甲林、贾毓鹗、宿以诚，齐东廪生康银业、章丘附生张朱、增生王庆翰、长清附生郑桂荣、禹城附生王允文、杨守铺，商河拔贡王晓山、平原增生汪志诚、附生赵祥宽、堂邑廪生念桐荫、茌平附生周之桢、泰安优生王达森、利津附生崔麟台、綦衍麟、阳信廪生马鸿骥、滨州廪生郑钦、运学附生方作霖、张玉庚、观城拔贡王泽同、附生王朝俊、郓城廪生韩履祥、单县附生时克荫、曲阜附生孔庆遹、孔繁芝、增生宋绍唐、陈宪镕、兰山廪生段荫远、日照附生许任世、丁惟椂、济宁附生林云国、赵为楷、安丘拔贡周树桢、孟广樾、马润泽、诸城廪生杨兆庚、博山附生孙宝栋、平度增生傅绶恩、附生张登岱、潍县附生杨家幹、黄县廪生李茂棠、东平贡士侯延爽、文登廪生丛□珠、丛琯珠、沂水附生薛继庠、寿光监生王志勋、聊城廪生杜坦之、肥城附生徐树人、夏津附生陈凤诰、高密附生王照清。见《山东省ヨリ速成师范学生派遣ノ件》（1903年6月26日本驻上海总领事小田切万寿之助致外务大臣小村寿太郎）。同年10月中旬由直隶总督袁世凯对日派出的23名师范生是：有举人身份的定州王振垚、马鉴滢、王璟、高阳王倬、霸州高步瀛、清源吴鼎昌、祁州崔瑾、获鹿张良弼、天津胡家琪、刘宝慈、陈恩荣；有附生身份的滦州张云阁、宁河周焕文、天津李金藻、刘宝和、徐蔚、陈宝泉、郑炳勋、华泽元、俞明谦；廪生身份的南宫赵宪曾。此外，沧州监生路沛霖、永年廪生胡源汇为自费生。见《中国驻日公使杨枢致日本外务大臣小村寿太郎》（1903年11月2日），B-3-10-5-3之2。

江派出留日学生 26 人①，湖南 50 人②，湖北 49 人③，四川 4 人④。虽然资料明显不全，但可由此窥见当时长江流域仍是向日本派出留学生持续性最强、人数最多的区域。如果将视线延伸到 1904 年，则对此判断更无疑义。这年 9 月 23 日（光绪三十年八月十四日），中国驻日公使馆向日本外务省提供了中国各方面所派的在日留学生大概数目，如表 1 所列。

从表 1 可见，不算云南，长江流域所派留学生共有 1233 人，在留日学生总数中所占比重将近 66.6%；派出官费生数量居前三位的地区是湖北、四川、湖南；而自费生数量居前三位的则是湖南、浙江、四川。无论从哪个方面说，都可断言当时留日浪潮在长江流

---

① 1903 年 1 月，浙江官府向日本派出师范速成科留学生 9 人（其中 2 人未能成行，7 月上旬又补派 1 人）。见《日本驻杭州副领事大河平隆则致外务大臣小村寿太郎》（1903 年 7 月 8 日）。2 月上旬，派出 8 名自费生：钱塘蒋鸿林、吴仁山、张允斌、汪酉，仁和傅疆、傅锐，山阴陈绍唐、陈绍华。见《日本驻杭州副领事大河平隆则致外务大臣小村寿太郎》（1903 年 2 月 7 日）。5 月上旬，浙江官府向日本派出程尧章（安徽人，1901 年已派到日本留学，从成城学校毕业后，又被浙江官府作为官费生，进入日本陆军士官学校），李祖宏、李祖植（均为江苏武进人），许燊（浙江瑞安人）、丁嘉之（浙江山阴人）。见《日本驻杭州副领事大河平隆则致外务大臣小村寿太郎》（1903 年 5 月 4 日）。7 月上旬，浙江官府以永嘉附生吴钟镕为官费生，以秀水县蒋可宗、董绍祺、汪镐台及嘉兴县濮元龙为自费生，派往日本。见《日本驻杭州副领事大河平隆则致外务大臣小村寿太郎》（1903 年 7 月 8 日），B-3-10-5-3 之 2。

② 1903 年 3 月 21 日，湖南巡抚俞廉三所派官费生 24 人、校费生 4 人、自费生 12 人从上海出发到日本，他们是：武陵吴友炎、吴友松、戴修礼，善化陈家瓒、刘颂虞、王闿宪、张振仪，临湘黄圣清，蓝山彭世俊、成凤韶，安化陶思曾，新化曾总梧、陈天华，湘乡陈甬锡、杨秉谦，溆浦舒和钧，芷江张学齐，泸溪廖名缙，湘潭王代懿、吴家骏、李德裘、胡荣迈、张藻六、朱德裳、吴家驹、梁焕均、梁焕廷、黄笃闿、周大备、李傥、罗宜照，长洲孙传第，龙阳余焕东、刘棣茂，长沙杨昌济，湘阴仇世匡，邵阳石陶钧，宁乡廖楚璜，衡山刘揆一，江华骆通。见《湖南省ヨリ本邦へ留学生派遣之件》（1903 年 3 月 19 日日本驻上海总领事小田切万寿之助致外务大臣小村寿太郎）及所附《湖南巡抚俞ヨリ本邦へ留学ヲ命シタル学生人名表》，B-3-10-5-3 之 2。另外，同日从上海前往日本的，还有湖南巡抚俞廉三派出的武备学生 10 人，他们是宁乡袁宗翰、齐瓒、齐璜、廖家文，湘潭黄笃谧、杨政，安化李云龙，凤凰朱树藩，善化贺家琨，醴陵张翼鹏。见《湖南省ヨリ本邦へ武備学生派遣之件》（1903 年 3 月 20 日日本驻上海总领事小田切万寿之助致外务大臣小村寿太郎），B-3-10-5-3 之 1-001。

③ 1903 年 3 月 14 日，湖北省派出的 45 名留学生从上海前往日本，他们是：原籍四川华阳的王文炯、王文焘、王文烈、任峄，安县李如枬；顺天府宛平瞿世久、瞿栐邺、瞿栐鄂；浙江归安赵之骢、赵之骧，瑞安林大闾、黄曾延、黄曾铭、黄曾错；湖南善化尹集馨；湖北汉川欧阳启勋、王镇南、刘邦瀚、梁耀汉，随州易思侯、叶秉甲、杨汝梅，江夏叶于兰、张彬、陈庆飏，荆州驻防旗人春梁，监利黄瑞兰，黄冈祝长庆、黄世芳，钟祥杨霆垣，房县赵建勋，沔阳戚运机、徐天叙、杨建勋，汉阳张炳标、方家燿，武昌江华本，保康吴元钧，郧县张焜；安徽休宁金家爵，怀宁邓远长；广东番禺张万梓、章启贤、章启祥，新会陈复。见《湖北ヨリ本邦へ留学生派遣之件》（1903 年 3 月 13 日日本驻上海总领事小田切万寿之助致外务大臣小村寿太郎）及所附人名表，B-3-10-5-3 之 2。同年 6 月 30 日，由湖北农务学堂选拔留日的农学科、蚕桑科首届毕业生各 2 人（姓名不详），与其他考察农桑人员离开武昌，前往日本。见《湖北農務学堂ヨリ本邦へ留学生並ニ修学旅行者派遣ノ件》（1903 年 6 月 29 日日本驻汉口领事山崎桂致外务大臣小村寿太郎），B-3-10-5-3 之 2。

④ 1903 年 5 月，四川总督岑春煊经与福岛安正商洽，派陆军学堂毕业生曲得胜、童长标、喻得标、刘炳龙到日本户山学校学习体操。见《中国驻日公使蔡钧致日本外务大臣小村寿太郎》（1903 年 5 月 25 日），第 1 卷，B-3-10-5-3 之 1-001。

域最为强劲。

表1   **1904 年 9 月在日本的中国留学生人数**

所属	官费	自费	所属	官费	自费
北京	39	8	湖北	296	53
北洋	53	—	广东	97	66
直隶	50	76	四川	185	78
山东	46	11	云南	24	27
山西	50	5	江苏	—	73
南洋	30	—	安徽	—	38
浙江	26	141	广西	—	15
福建	13	26	河南	—	2
江西	10	27	陕西	—	1
湖南	125	151	使署	10	—
总计			1852		

资料来源:《中国驻日公使馆参赞马廷亮致日本外务省书记官岩村成允》(1904 年 9 月 23 日),日本外务省外交史料馆藏,B-3-10-5-9。

1905 年 3 月初,中国驻日公使馆统计的在日本各种学校的中国各省留学生总数为 2399 人,按各省人数排序,前四位依次是湖北(362 人)、湖南(335 人)、四川(311 人)、江苏(257 人),如将浙江(194 人)、安徽(77 人)、江西(47 人)、贵州(39 人)加在一起,则共有 1622 人,在中国留日学生总数中占 67.6%。[1]

1906 年是中国留日学生数量达到最高峰的年份,有论著根据光绪三十二年出版的《学部官报》第 8 期,列出在日本的各省留学生人数,其中居前三位的是湖北(1366 人)、湖南(589 人)、江苏(558 人),第 4 位变为直隶(454 人),而浙江紧随其后(448 人),四川的较上年 3 月统计人数还有增加(337 人)。连同江西(194 人)、安徽(190 人)、贵州(136 人),长江流域在日本的留学生在该统计中共有 3818 人,在全国各省总数 5798 人中,所占比重将近 65.9%。[2]

在中国留日学生中,来自长江流域省份的占最大比重的现象,一直持续到清朝被推翻时。有论著统计了光绪三十四年九月至宣统元年七月、宣统元年七月至宣统二年六月、宣统二年六月之宣统三年七月各省留日学生总数,居前五位的是湖北(410 人)、江苏(331

[1] 《中国公使馆参赞官马廷亮致日本外务省书记官》(1905 年 3 月 1 日),日本外务省外交史料馆藏,B-3-10-5-9。
[2] 李喜所:《清末留日学生人数小考》,见氏著《中国留学史论稿》,中华书局 2007 年版,第 251 页。

人）、浙江（318 人）、四川（302 人）、湖南（239 人），而江西（130 人）、安徽（106 人）则在第九、第十位，连同贵州的 34 人、荆州驻防 3 人，长江流域各省共有 1873 人，在全国总数 2971 人中，占 63%。①

（作者单位：武汉大学历史学院）

---

① 沈殿成主编：《中国人留学日本百年史》上册，辽宁教育出版社 1997 年版，第 213~215 页。

文学书写研究

刘禹锡文集中的历史与政治[*]

□ 刘　顺

【摘要】在唐后的儒学谱系中，刘禹锡并无甚高的思想史位置。但其家世门风与社交网络却赋予了其在历史认知与危机应对时，更为务实的风格。刘禹锡的天论否定了"天"的主宰义，强调人对"天"的利用，但以其政治哲学而言，其在强化历史维度之影响的同时，也弱化了"天"所具有的超越维度的价值，从而为其政论留下了难以回应的难题。其对历史的理解则多受杜佑的影响，强调"法"的核心作用，但其重视观念并以之为"法"，则是其理论的贡献。若衡以诗歌的演变，刘禹锡对于历史的书写，无疑具有宗师性的历史位置。其在诗中所展现出的悲欣交集，在不同的时间尺度上更易理解，而多重叠加的时间尺度也正定位了人在历史中的位置。

【关键词】刘禹锡；天论；超越维度；社会治理；历史理解

　　长庆四年（824年），韩愈病逝，刘禹锡作《祭韩吏部文》以为悼念，其中有"子长在笔，予长在论，持矛举盾，卒不能困"的表述，① 以概括彼己之专擅。此一言论，在后世曾引起非议，② 且若衡以两宋以来思想世界对韩、刘二人接受上的差异，"予长在论"的自评似乎有高自标置的嫌疑。但迟暮之年的刘禹锡在明了韩愈当世影响的境况之下，犹作此语，并以"时惟子厚，审言其间"，则其必有以此评为"公论"的自信。后世思想谱系中影响的差异，虽然有其内在的学术逻辑，但对于一般性话题的偏好，无疑会弱化对更为语境化的思想言论的关注，也易于以言论的理论深度压制其实践的效度。韩愈、柳宗元、刘禹锡三人中，刘离世最晚，与政治高层间亦有着更为强大的关系网络，③ 且其父及其本人有较为长期在刘晏、杜佑幕下从事盐铁转运的经历，故而，相较于韩、柳，其政论有着更为明确的实践取向。在此意义上，"予长在论"一个合理的解释，即是对于当世政治与社会问题解决的适恰度的评价。虽然，注重于具体问题的应对，有时不免以深度思考

＊　本文为国家社会科学基金项目"初盛唐的儒学与文学"（2016XZW003）阶段性成果。

①　刘禹锡撰，瞿蜕园笺证：《刘禹锡集笺证》，上海古籍出版社2018年版，第1537页。

②　"刘梦得文不及诗，《祭韩退之文》乃谓：'子长在笔，予长在论，持矛举盾，卒不能困。'可笑不自量也。"王应麟：《困学纪闻》卷十七，上海古籍出版社2013年版，第1855页。

③　刘禹锡的交游网络，可参见瞿蜕园《刘禹锡集笺证》附录二（上海古籍出版社2018年版，第1587~1699页）的相关考证。

为"空言",而忽视超越维度的价值,但对历史经验的尊重以及对历史多层次的考察与体验,也会强化相关言说的"历史感","历史"遂成为刘禹锡政治理解的基本视角。这既体现于天人相分框架下,其"政治哲学"的历史维度的强化、政治实践(国家治理)以"制度为要"的历史识见,亦体现于以咏史抒怀为政治评价的方式选择之上。虽然,对于身处中唐历史语境中的刘禹锡而言,政治认知上的形式齐整,应非其自觉的追求,但后世采铜于山的理解惯例,却不得不依赖于特定的知识框架以寻求理解的可能。

一、"天与人交相胜":政治认知中历史维度的强化

在先秦以来的儒家学说中,对于"天"的理解,逐步形成自然之天、主宰之天与义理之天的共识。"天人关系"的理解,也成为儒家构建社会秩序的重要依托。"天"作为超越维度的终极依据关乎秩序构建的合法性;"人"作为历史维度的现实依据则关乎秩序构建的合理性。① "天人合一"在此意义上,即是社会秩序之"应然"与"当然"的统一。但两汉以来,"天人感应"观念在政治领域的实践却逐步产生了两者内在关系上的紧张,现实的权力逻辑,常常左右对"当然"的解读,从而将逻辑上的以"人道合天道"转化成历史生活中的"以天道合人道"。② 自"禅让"而"汤武革命"以至"应天受命",儒家在权力来源的正当性与合法性上,越来越失去道义、天命对于世俗权力的制衡能力。③ 故而,自魏晋以来,以"天人感应"为主要表现形式的"天人合一"不断受到质疑与挑战。"天"成为政治权力运作中的工具与手段之时,其超越维度遂渐趋消隐。④ 即使在政治话语中"禅让"与"天命"的铺陈依然表现出强大的惯性,但以之为政治之缘饰的定位,已不足以形成对于现世政治的反思性批评。⑤ 李唐时,伴随"天行有常"观念的流行,"人事"在历史认知与现实政治中的影响也由之提升。虽然,在政治话语中,直接否认"天命"依然有违一时期的政治共识,"不独天命"方是更为策略化的表述方式,⑥ 但"天论"出现于中唐知识氛围已然形成之时。

元和中,时在朗州的刘禹锡,因柳子厚所作《天说》,"非所以尽天人之际,故作《天论》三篇以极其辩"曰:

> 人能胜乎天者,法也。法大行则是为公是,非为公非。……故曰:天之所能者,生万物也;人之所能者,治万物也。法大行,则其人曰:"天何预于人邪? 我蹈道而已。"法大驰,则其人曰:"道竟何为邪? 任天而已。"法小驰,则天人之论驳焉。今以一己之穷通,而欲质天之有无,惑矣! 余曰:天恒执其所以能临乎下,非有预乎治

---

① 丁为祥:《命与天命:儒家天人关系的双重视角》,《中国哲学史》2007 年第 4 期。
② 黄一农:《制天命而用——星占、术数与中国古代社会》,四川人民出版社 2018 年版,第 16 页。
③ 参见曹婉丰:《先秦与汉儒家革命思想的变迁》,《中国哲学史》2017 年第 2 期,第 58~63 页。
④ 孔颖达:《左传正义》,阮元:《十三经注疏》,中华书局 2003 年版,第 2049 页。
⑤ 华喆:《高贵乡公问〈尚书〉事探微》,《中国史研究》2018 年第 2 期,第 51~62 页。
⑥ 王德权:《为士之道——中唐士人的自省风气》,台湾政大出版社 2019 年版,第 239 页。

乱云尔；人恒执其所能以仰乎天，非有预于寒暑云尔。①

与韩愈主张"天与人交相残"、柳宗元言"天与人不相与"相较，刘禹锡以"天与人交相胜，还相用"，在天人相分的共有理解之下，有限认可了天人之间相互影响的存在，其观点也更为柔和而圆融。但"天"的自然化，却是极为明确的论断。作为"有形之大者"，天以生物、有四时寒暑为能。"天"虽有关于人事活动的空间、资源与限度，但与世间政治的治乱无关。人则以"法"的创制与运用为能，并担负世间治乱的全部责任。与柳宗元《贞符》一文对于世间文明起源的描述相似，② 刘禹锡同样将"法"的制作作为文明的节点，但"法"若不仅追求某种结构与秩序的形成，而与"公是""公非"相关，则"法"必然面临着"何谓善（"公"）之法""一个善的法应当如何""何以可能""有何效用"等系列问题的追问。对于刘禹锡，乃至同样主张天人相分的韩愈、柳宗元而言，"何谓善之法"，或许是最难回应的问题。

在《天论下》中，刘禹锡再以回眸历史的方式，强调"天"无预于人事："尧、舜之书，首曰'稽古'，不曰'稽天'；幽、厉之诗，首曰'上帝'，不言人事。在舜之进，元凯举焉，曰'舜用之'，不曰天授；在殷高宗，袭乱而兴，心知说贤，乃曰'帝赉'。尧民之余，难以神诬……由是而言，天预人乎?"③ 刘禹锡对《尚书·尧典》"曰若稽古帝尧"的解释，相左于郑笺以"稽古"为"同天"，认可孔疏"以人系天，与义无取"的判断，但也同时回避了孔疏对于超越维度的认同。孔疏曰：

> 言顺考古道者，古人之道，非无得失，施之当时，又有可否。考其事之是非，知其宜于今世，乃顺而行之，言其行可否，顺是不顺非也。考古者，自己以前，无远近之限，但事有可取，皆考而顺之……郑玄信纬，训稽为同，训古为天，言能顺天而行之，与天同功。《论语》称"惟尧则天"，《诗》美文王顺帝之则，然则圣人之道，莫不同天合德。岂待同天之语，然后得同之哉！《书》为世教，当因之人事，以人系天，于义无取。且"古"之为"天"，经无此训。④

孔颖达认为《尚书》的首要功能在于社会治理，当以人事活动的历史为依据，方为深切著明，而不应推之于"天命"，且训"古"为"天"也缺少经学文献的支撑。但孔颖达并未因此否定"天"作为超越维度的价值，亦认可同天合德的可能，且在《诗》之疏解中有以"古"为"天"的例证，⑤ 刘禹锡《天论下》中对于"古""天"的分疏，在天人关系的基本理解上已不同于孔疏。虽然，注重历史，在人的历史实践中追索道义、公正与有序的世间生活的可能，是自孔子以来的儒家旧传统，⑥ 但相较于孔孟，在历史脉络的

---

① 刘禹锡撰，瞿蜕园笺证：《刘禹锡集笺证》，上海古籍出版社 2018 年版，第 139~140 页。
② 柳宗元：《贞符》，《柳河东集》卷一，上海古籍出版社 2018 年版，第 18 页。
③ 刘禹锡：《天论下》，瞿蜕园笺证：《刘禹锡集笺证》，上海古籍出版社 2018 年版，第 146 页。
④ 孔颖达：《尚书正义》卷二《尧典》，阮元：《十三经注疏》，中华书局 2003 年版，第 119 页。
⑤ 孔颖达：《毛诗注疏》，阮元：《十三经注疏》，中华书局 2003 年版，第 623 页。
⑥ 徐复观：《原史》，《两汉思想史》卷三，华东师范大学出版社 2001 年版，第 157 页。

勾画中藏经于史，以"天命""天道"或"民本"作为世俗的正义与公平超越维度的支撑，刘禹锡天人相分框架下的"法"，则缺少了本应具有的超越维度。若与汉儒的某些言论相参照，即可知此"天人相分"对于政论的影响。《汉书·谷永传》曰："臣闻天生蒸民，不能相治，为立王者以统理之，方制海内非为天子，列土封疆非为诸侯，皆以为民也。垂三统，列三正，去无道，开有德，不私一姓，明天下乃天下之天下，非一人之天下也。王者躬行道德，承顺天地，博爱仁恕，恩及行苇，籍税取民不过常法，宫室车服不逾制度，事节财足，黎庶和睦。"① 谷永以"天"为民而立王，乃是"公天下"主张的超越维度的依托。而类似观念，即使是在秦政而后的两汉，亦屡见于各类著述，实可视为知识领域的基本共识之一。儒家对于权力之公有的追求，在理论形态上，以"义理之天""天命"说主张权力原出于天，而以"天子"为爵位之一作为制约权力的制度形式。② 但君天同尊甚而"天子僭天"的历史现实，却形成巨大的反讽效应。《汉书·贡禹传》曰：

> 今大夫僭诸侯，诸侯僭天子，天子过天道，其日久矣。承衰救乱，矫复古化，在于陛下。臣愚以为尽如太古难，宜少放古以自节焉。《论语》曰："子乐节礼乐。"……今民大饥而死，死又不葬，为犬猪食。人至相食，而厩马食粟；苦其大肥，气盛怒至，乃日步作之。王者受命于天，为民父母，固当若此乎！天不见邪？……天生圣人，盖为万民，非独使自娱乐而已也。故《诗》曰："天难谌斯，不易惟王"；"上帝临女，毋贰尔心"。③

"天子过天道"是对天道（天命）的僭越，与公权力的私化互为表里。在家天下的时代，即使儒家的知识人在政治理念上，依然保有追求权力"正当"的热情，④ 但两汉经学尤其是今文经学对于政治生活的影响，主要体现于经义而非礼制，对于权力制衡的政治追求，既缺少结构性力量的支持，也难以转化为相应的政治制度⑤。故而，其影响逐步衰减，而呈现出以经义缘饰政教的历史面向。魏晋以来的对于政治权力的公共运用，已更多是在认可皇天同尊的前提下，指向官僚权力的社会治理，政治言论中"政治哲学"的意味弱化，而更偏好于在历史事件中，建立人物典范与治理模式。但超越维度影响的弱化乃至被工具化，与其理论位置的彻底失落之间，毕竟有着根本的不同。在此意义上，"天论"的出现，预示着一个新的思想时刻的到来。

在刘禹锡的《天论》中，"天"被自然化为"有形之大者"，虽然"天"依然以境遇、资源、限度等方式影响人类历史，但并不具有超越维度的意义。虽然，自历史事实的角度而言，《天论》对于"主宰之天"的否定，有助于时人认清政治的"真实"面容，提升政治认知的理性。⑥ 但刘禹锡并未能再进一步确立"义理之天"的超越位置，故而，

---

① 《汉书·谷永传》，中华书局 2006 年版，第 3466~3467 页。
② 孔颖达：《礼记注疏》，阮元：《十三经注疏》，中华书局 2003 年版，第 1260 页。
③ 《汉书·贡禹传》，中华书局 2006 年版，第 3070~3072 页。
④ 参见李若晖：《久旷大仪——汉代儒学政制研究》，商务印书馆 2019 年版，第 196~235 页。
⑤ 陈壁生：《经义与政教》，《中国哲学史》2015 年第 2 期。
⑥ 刘禹锡：《山阳城赋并序》，瞿蜕园笺证：《刘禹锡集笺证》，上海古籍出版社 2008 年版，第 33~34 页。

也即难以解决历史生活中"公是""公非"何以成立,而历史中的"法"又何以能够达成此一企向的问题。虽然,自历史维度而言,在"法"的有无与优劣的判断上,相关结论通常并不缺乏普遍性。然而,若对于"善"的超越维度无所考量,则"法"之善的标准自然会形成结果导向的优势,进而会强化世俗团体或个人的权威。虽然,一种"善"法,本身就应是有效的,有助于提升社会的治理水平,但超越维度缺失的影响,于刘禹锡的政论而言,不仅仅在于何谓"公是""公非"的难题,同时也在于"法"何以可能的追问?且在"法"的诞生过程中,有无自发性秩序产生的可能,其在"法"的形成过程中又有何种意义?在更早而同样主张天人相分的荀子处,其以圣人的存在作为问题的答案,而刘禹锡则大体沿用此一思路。《荀子·性恶》曰:

> 今人之性恶,必将待师法然后正,得礼义然后治。今人无师法则偏险而不正,无礼义则悖乱而不治。古者圣王以人之性恶,以为偏险而不正,悖乱而不治,是以为之起礼义,制法度,以矫饰人之情性而正之,以扰化人之情性而导之也。始皆出于治,合于道者也。今之人,化师法,积文学,道礼义者为君子;纵性情,安恣睢,而违礼义者为小人。用此观之,人之性恶明矣,其善者,伪也。①

荀子以人性本朴(恶),故圣人制法度。虽然回应了制度何以可能的问题,但圣人与常人有何异同的问题,又应之而生。圣人可以是智力出众者,但若其本性中没有"善"的存在,或者即人的认知能力中不含有德性的维度,则圣人何以有导人向善的人性责任?② 无论在构建人类历史脉络的过程中,秉持何种人性理论、对"天"又有何种理解,问题最终依然会追索而及"善"在人类文明起源中的作用。刘禹锡在将"天"自然化的同时,也以"大凡恒人之所以灵于庶类,以其能群以胜物也"③,并在人性的理解上表现出对荀子人性论的接受。其《竹枝词》其六曰:"懊恨人心不如石,少时东去复西来";其七曰:"长恨人心不如水,等闲平地起波澜"。④《游桃源一百韵》曰:

> 大方播群类,秀气肖翕辟。性静本同和,物牵成阻陌。是非斗方寸,荤血昏精魄。遂令多天伤,犹喜见斑白……尝闻虑忠信,可以行蛮貊。自述希古心,妄恃干时画。巧言忽成锦,苦志徒食蘖。平地生峰峦,深心有矛戟。曾波一震荡,弱植忽沦溺。⑤

天地万物,一气化生,气有清浊,故有愚智之分,然人性本静则圣凡无殊。但因人欲而生纷争,加之是非难定,遂有现实人心的险如山川。虽然,刘禹锡并未直言人性本恶,但个

---

① 荀子撰,王先谦集解:《荀子集解》卷十七《性恶》,中华书局1998年版,第435页。
② 梁涛:《〈荀子·性恶篇〉"伪"的多重含义及特殊表达》,《中国哲学史》2019年第6期。
③ 刘禹锡:《上杜司徒书》,瞿蜕园笺证:《刘禹锡集笺证》,上海古籍出版社2008年版,第238页。
④ 刘禹锡撰,瞿蜕园笺证:《刘禹锡集笺证》,上海古籍出版社2008年版,第853页。
⑤ 刘禹锡撰,瞿蜕园笺证:《刘禹锡集笺证》,上海古籍出版社2008年版,第654~655页。

体的政治经历与生命遭际，自然会影响其对于道德在社会生活中影响的定位，其于现实人心之恶的不断书写，也强化了对于"智"的认可。"至人之生，无有种类。同人者形，出人者智"①，能够制"法"者，必然是智力超群者。因为对人性的怀疑，刘禹锡更为在意"法"对于人之生命成长以及社会生活的影响。"嗟乎！石以砥焉，化钝为利。法以砥焉，化愚为智。武王得之，商俗以厚。高帝得之，杰材以凑。得既有自，失岂无因？汉氏以还，三光景分。随道阔狭，用之得人。五百余年，唐风始振。悬此天砥，以砻兆民。播生在天，成器在君。天为物天，君为人天。安有执砥世之具而患乎无贤欤！"②刘禹锡认为世间的有序生活以"法"为前提，强调制度对于人性的制约与引导，则政治组织（国家）在文明起源与存续的价值上必然优先于个人，并自然会逻辑地导向人之生命的等差。而对"法"之社会效应的强调，则使其政治主张具有了一定的开放度：

> 然则儒以中道御群生，罕言性命，故世衰而寝息。佛以大悲救诸苦，广启因业，故劫浊而益尊。自白马东来而人知象教，佛衣始传而人知心法。弘以权实，示其摄修。味真实者，即清净以观空；存相好者，怖威神而迁善，厚于求者，植因以觊福；罹于苦者，证业以销冤。革盗心于冥昧之间，泯爱缘于生死之际。阴助教化，总持人天。所谓生成之外，别有陶冶。刑政不及，曲为调柔。其方可言，其旨不可得而言也。③

"法"的合理性需要建基于对于人情与人心的理解，刘禹锡称赏佛教的社会教化功能，而其在《赠别君素上人并引》中慨叹"余知突奥于《中庸》，启键关于内典"，亦同样表明其对于佛教在治人心上的系统周密的体认。但其既称"同人者形，出人者智"，又曰"佛以大慈救诸苦"，则已然认可"智"与"善"的内在同一。此一点，对于"以中道御群生"的儒家而言，具有明确的启示之意。

超群的智力或许能制作出适应社会治理需求的礼法、制度，但此类制度如何能够同时是"正当"的？又如何能够确定权力运用在面对个体或群体时的边界与限度？而若不作"正当性"的考察，一个有秩序的社会又如何一定能是保有对"公是""公非"的理想的良性社会？这意味着，身处"天人相分"的思想氛围下，如刘禹锡者，难免会同样面临着如何在人性、良性的社会与超越维度之间建立关联的挑战，但以"所以然"与"所当然"的统一的"天理"的构建，需至两宋方始完成。朱熹《四书章句集注》曰：

> 天命之谓性，率性之谓道，修道之谓教。
> 命，犹令也。性，即理也。天以阴阳五行化生万物，气以成形，而理亦赋焉，犹命令也。于是人物之生，因各得其所赋之理，以为健顺五常之德，所谓性也。率，循

---

① 刘禹锡：《大唐曹溪第六祖大鉴禅师第二碑》，瞿蜕园笺证：《刘禹锡集笺证》，上海古籍出版社2008年版，第106页。

② 刘禹锡：《砥石赋》，瞿蜕园笺证：《刘禹锡集笺证》，上海古籍出版社2008年版，第3页。

③ 刘禹锡：《袁州萍乡县杨岐山故广禅师碑》，瞿蜕园笺证：《刘禹锡集笺证》，上海古籍出版社2008年版，第118页。

也。道，犹路也。人物各循其性之自然，则其日用事物之间，莫不各有所当行之路，是则所谓道也。修，品节之也。性道虽同，而气禀或异，故不能无过不及之差，圣人因人物之所当行者而品节之，以为法于天下，则谓之教，若礼、乐、刑、政之属是也。盖人之所以为人，道之所以为道，圣人之所以为教，原其所自，无一不本于天而备于我。①

朱熹的"天理"观，沿宋儒剥离神灵之天的传统，主张天理与人性的同一，并深化了天理的层次，乃是宋儒理学最为集大成的体现。"天理"既是抽象的所当然，也是具体的所当然，其涵括了所以然、能然、必然、自然等丰富的层次。在坚持"天理"的超越价值的同时，也尝试以具体领域的"应该"与"如何"（格物致知）确保了"正当"在社会生活中被实践的可能。② 虽然，一种良性的主张并不必然会转化成制度现实，也难免在权力介入的过程中背离其初衷，但宋儒在"天理"构建上的运思，毕竟展现出理论所可能达及的深度，以及儒家知识人在回应社会问题、参与社会治理上的真诚。而在此意义上，更能见出中唐与两宋之间内在的联系性。

二、政治实践中的历史识见

文宗开成三年，刘禹锡作《许州文宣王新庙碑》称美杜佑之孙杜悰治理许州的功绩。在文中，其追溯在杜佑幕下的经历曰："禹锡昔年忝岐公门下生，四参公府"③，对于杜佑的提携之恩念兹在兹。杜佑一代名相，其从政履历，多与度支盐铁相关，编撰《通典》亦主张自典章制度观察历史变迁，寻求理国之道，故其政论偏重实学。永贞之后，杜佑对外贬的刘禹锡，少有援手，似关系渐疏，但刘禹锡对杜佑执礼不衰。而刘禹锡父刘绪、舅卢征均为刘晏故吏。缘此影响，在中唐时期的国家与社会治理问题上，刘禹锡极为务实，且展现出清晰的"制度性权力"的观察视角。④ 虽然，在今日留存的刘禹锡文集中，并无系统的典章制度类的著述，但其对于"法"的重视，并不仅仅体现于"法"之制作所具有的文明开创的意义，同样也展现其在国家与社会治理中的核心作用的确认。

贞元十六年（800年），二十九岁的刘禹锡入杜佑幕，先后为徐泗濠及淮南节度掌书记，直至贞元十八年方始调补京兆渭南主簿离幕。而在此期间，杜佑《通典》得以撰成，刘为其助手之一，⑤ 另若衡以《汴州刺史厅壁记》《天论》诸文，杜佑《通典》重视历史理解中典章制度的基本理念，刘禹锡应无异议。杜佑《进通典表》曰：

　　夫《孝经》《尚书》《诗》《易》《传》，皆父子君臣之道，十伦五教之宏纲，如

---

① 朱熹：《四书章句集注》，中华书局 2003 年版，第 17 页。
② 参见杨立华：《天理的内涵：朱子天理观的再思考》，《中国哲学史》2014 年第 2 期。
③ 刘禹锡撰，瞿蜕园笺证：《刘禹锡集笺证》，上海古籍出版社 2008 年版，第 78 页。
④ 罗祎楠：《中国国家治理"内生性演化"的学理探索——以宋元明历史为例》，《中国社会科学》2019 年第 1 期。
⑤ 参见卞孝萱：《刘禹锡年谱》，中华书局 1963 年版，第 19~28 页。

日月之下临，天地之大德，百王是式，终古攸遵。然率多记言，罕存法制，愚管窥测，岂达精深，辄肆荒虚，诚为臆度。每念惽学，冀探政经，略观历代众贤高论，多陈粢失之弊，或阙匡拯之方。臣既庸浅，宁详损益，未原其始，莫畅其终。尚赖周氏典礼，秦皇荡灭不尽，纵有繁杂，且用准凭。至于往昔是非，可为来今龟鉴，布在方策，亦粗研寻。自顷纂修，年涉三纪，识寡思拙，心昧词芜。①

杜佑并不否认儒家经典在社会治理中的纲领作用，但"罕存法制"，却使得儒家之"道"，缺少实践的具体路径。空言"正当"与"应当"的理想，既不足以解决现实的社会危机，也会自然损耗"道"的价值。② 虽然，儒家自孔子即有"见之于行事"的明确主张，但史事关联制度亦有涉于义理，故后世即使同重"人事"，也不免解释偏好上重"制"与重"义"的不同。③ 在历史回眸中，为当世提供资治之道，本是史学的基本功能。中唐之时，处于时代巨变之下的儒家知识人，同样尝试在通古今之变的框架下，追寻应对危局重整社会秩序的可能答案。但此时的李唐，"中央—地方"的行政体制、胡汉间的区隔与认同、官僚的能力与道德、士人与乡里的离合等问题丛杂交错，欲提纲挈领，必有高超的政治识度方始可能。在此过程中，史学之功能已自传统取鉴求治、惩善扬恶转向以史治世、重典章舆地之学及以史治心、正心以治世的两大新取向。④ 前者即以贾耽、刘秩、杜佑、李吉甫诸人为主，而后一系则以啖、赵《春秋》学派及韩愈、李翱、皇甫湜为代表。皇甫湜曾著《编年纪传论》，言及"良史"曰：

> 湜以为合圣人之经者，以心不以迹；得良史之体者，在适不在同。编年、纪传，系于时之所宜，才之所长者耳，何常之有！夫是非与圣人同辨，善恶得天下之中，不虚美，不隐恶，则为纪、为传、为编年，是皆良史也。⑤

所谓"良史"之要，已非直笔实录，而是能合圣人之经，得天下是非之中。由此，撰史者对于圣人褒贬的用心应有体认，并以之为董理世道人心的根本大法。而李翱则在《答皇甫湜》中表达了大体相近的认识："用仲尼褒贬之心，取天下公是公非以为本。群党之所谓是者，仆未必以为是；群党之所谓非者，仆未必以为非。使仆书成而传，则富贵而功德不著者，未必声名于后；贫贱而道德全者，未必不煊赫于无穷。韩退之所谓'诛奸谀于既死，发潜德之幽光'，是翱心也。"⑥ 李翱同样认为当以圣人所立褒贬之标准校正天下人心，以人心之约束与教化作为达成社会治理的根本路径。若以皇甫湜和李翱的史论与杜佑《献通典表》相参照，即可发现杜佑"愚管窥测，莫达高深，辄肆荒虚，诚为臆度"的表述，所隐含批评的正是此一系的观点。刘禹锡在历史认知及士人参与国家与社会治理

① 杜佑：《进〈通典〉表》，王文锦等点校：《通典》，中华书局 2003 年版，第 1 页。
② 李昉等：《太平广记》卷二四四《杜佑》，中华书局 2003 年版，第 1889 页。
③ 章太炎：《答铁铮》，《章太炎全集》第 4 册，上海人民出版社 2014 年版，第 388~389 页。
④ 参见谢保成：《隋唐五代史学》，商务印书馆 2007 年版，第 191~234 页。
⑤ 皇甫湜：《编年纪传论》，董诰等：《全唐文》卷六八六，中华书局 1996 年版，第 7030 页。
⑥ 李翱：《答皇甫湜》，董诰等：《全唐文》卷六三五，中华书局 1996 年版，第 6410 页。

中路径选择的差异，也应是此种史学取向的根本差异所致。①

刘禹锡以"人能胜乎天者，法也"，其对"法"在位置与影响的认可，近于杜佑。《通典》"以食货为之首（十二卷），选举次之（六卷），职官又次之（二十二卷），礼又次之（百卷），乐又次之（七卷），刑又次之（大刑用甲兵，十五卷。其次五刑，八卷），州郡又次之（十四卷），边防末之（十六卷）"②，举凡社会组织之基本制度如经济、法律、职官、军事边防、地方行政等均有论略，可见杜佑史识之高卓。刘禹锡对于"法"的理解，在此规章制度层面与杜佑并无异见。但其似乎对"法"的理解相较宽泛，颇为重视观念层次，尤其是政治话语作为一代之"法"的意义，而此一点也符合今日政治学对于"制度"的一般性理解。③ 其《唐故中书侍郎平章事韦公集纪》曰：

> 谨按公未为近臣已前，所著词赋、赞论、纪述、铭志，皆文士之词也，以才丽为主。自入为学士至宰相以往，所执笔皆经纶制置财成润色之词也，以识度为宗。观其发德音，福生人，沛然如时雨；褒元老，谕功臣，穆然如景风。命相之册和而庄，命将之诰昭而毅。荐贤能其气似孔文举；论经学其博似刘子骏，发十难以摧言利者，其辩似管夷吾。噫！逢时得君，奋智谋以取高位，而令名随之，岂不伟哉！④

刘禹锡赞叹韦处厚的文学长才，尤其是对其知制诰时所作诏令的得体与良好的社会效应，大加称誉。在魏晋以来的知识传统中，"文章者，乃经国之大业"的表述，并非一种过于夸大的修辞表达。由于政治生活必须建基于语言之上，故而，政治的语言维度对于国家与社会治理的影响持久而深远。王朝的政治运行，既体现于制度与礼仪的运行与展演，同样也体现于其对于具有共识意义的政治话语的制作与传递。政治话语表达着政治参与者对政治生活性质和目标的理解，乃是一个时代政治文化塑形的重要依托。故而，流行的政治话语，在社会各阶层与各地域分享价值共识、凝聚社会认同上的作用实无可替代。⑤ 政治话语涵盖日常表述、各体诗文、章表奏疏、墓铭碑志及诏令王言，而若以其对于政治话语流行度的影响而言，又以诏令王言最为重要。在今日可见的刘禹锡诗文中，存有数篇拟诏文字，其虽非正式颁行的王朝诏令，但其写法依然可以见出刘禹锡的用心。《授仓部郎中制》曰："周制，仓人以辨于邦用，廪人以待乎匪颁。后代或均输，或平粜，皆周官仓廪之职也。于戏！王者藏于天下，吾何私焉。收敛以时，储蓄必谨，俾夫凶荒无患，贫富克均。亦味京坻之诗，勿守豆区之限。可。"⑥《授主客郎中制》曰："汉制，尚书郎四人，

① 王德权：《修身与理物——中唐士人自省之风的两个面向》，《台湾师大历史学报》2006年第35期，第1~48页。
② 杜佑撰，王文锦等点校：《通典》，中华书局2003年版，第1页。
③ 罗祎楠：《中国国家治理"内生性演化"的学理探索——以宋元明历史为例》，《中国社会科学》2019年第1期。
④ 刘禹锡撰，瞿蜕园笺证：《刘禹锡集笺证》，上海古籍出版社2008年版，第487页。
⑤ 参见刘顺：《经国之大业：中古政治与文学分析初步兼及张说的政治观念》，《上海师范大学学报》2019年第4期。
⑥ 陶敏、陶红雨校注：《刘禹锡全集编年校注》，中华书局2019年版，第1904页。

一人主营部，成帝又置客曹，主外国戎狄事，皆今主客之任也。"① 大体言之，刘禹锡拟制中层职任，多叙制度、明职任而兼及任官者的德性。其集中尚有《授比部郎中制》《授屯田郎中制》，写法相近。对于高层或皇亲的拟诏，则重在凸显德能风范与共识性价值。如《拟册皇太子文》曰：

> 咨尔元子王某，袭列圣之姿，体健行之质。吹铜秉异，辨日耀奇，早习德成，克敬师保。事业可大，和顺积中，天纵温文，生知孝悌。洎分茅土，望出东平，符采昭彰，礼乐文错。固可正位重震，为天下储君；人神叶从，德任相称。仰稽令典，光载盛仪，是用册命尔为皇太子，往钦哉！夫富贵莫大于家天下，忠孝莫大于敬君亲。俟尔一人，贞于万国。②

虽然诏令类文字的书写，不免有写法上的格套化，但其频繁使用，却会形成某一时期关于"政治正确"的常规理解，进而成为常规政治运作的基本话语方式并强势影响基层社会的日常表达。刘禹锡在拟诏中对于"家天下"与"忠孝莫大于敬君亲"的强调，也可见出在"四郊多垒"的现实格局下，士人试图重树王朝权威的努力。③ 在刘禹锡的关系网络中，元稹对诏令的此种作用有着极为清醒的认识。"制诰本于《书》，《书》之诰命讯誓，皆一时之约束也。自非训导职业，则必指言美恶，以明诛赏之意焉。是以《说命》，则知辅相之不易；读《胤征》，则知废怠之可诛。秦汉以来，未之或改。近世以科试取士文章，司言者苟务刓饰，不根事实；升之者美溢于词，而不知所以美之之谓，贬之者罪溢于纸，而不知所以罪之之来；而又拘以属对，局以圆方，类之与赋判者流，先王之约束盖扫地矣。"④ 元稹是中唐时期对于诏令革新有着明确意识，而又有知制诰及入相经历的文官。其尝试通过诏令训导约束功能的重新强化，以达到名实相符，以名生实的政治效果。刘禹锡与元稹交情甚笃，其对于政治语言的理解及拟诏文的书写，理应受到后者的影响。⑤ 其虽与韩、柳交往密切，但在古文的理解上则保持了相应的距离，政治观念上的差异，应是其根由所在。

刘禹锡强调"法"在国家与社会治理中的作用，同于杜佑；而其强调"法"之框架下"人"的作用，亦同于杜佑。"客有能通本朝之雅故者，曰：'时之污崇，视辅臣之用房与杜，迹何观焉？建官取士之制，地征口赋之令，礼乐刑法之章，因隋而已矣。二公奚施为？'余愀然曰：'三王之道，犹夫循环，非必变焉，审所当救而已。隋之过岂制置名

① 陶敏、陶红雨校注：《刘禹锡全集编年校注》，中华书局 2019 年版，第 1906 页。

② 陶敏、陶红雨校注：《刘禹锡全集编年校注》，中华书局 2019 年版，第 1912 页。

③ 仇鹿鸣在《权力与观众：德政碑所见唐代的中央与地方》一文考察了德政碑作为政治景观，在沟通中央与藩镇中的作用，其考察重心在于制度过程与规制及景观效应。此文收入《长安与河北之间：中晚唐的政治与文化》，北京师范大学出版社 2018 年版，第 124~173 页。李唐中后期诏令中政治话语的变化及其意图，另见刘顺《诏令中的政治史：高宗武则天政局之语言维度的考察》（未刊行）。

④ 元稹：《制诰序》，周相录校注：《元稹集校注》，上海古籍出版社 2011 年版，第 1007 页。

⑤ 瞿蜕园先生以刘禹锡与元稹有"声应气求之感"，交情甚密。见《刘禹锡集笺证》附录二《刘禹锡交游录》，上海古籍出版社 2008 年版，第 1617~1621 页。

数之间邪？顾名与事乖耳。因之何害焉？夫上材之道，非务所举必的然可使户晓为迹也。'"① 在国家与社会治理中，制度虽然居核心位置，但制度的运行，依然会有较大的弹性空间，故而，人在此过程中有着不可忽视的影响。况制度有因革，为政者须能识时而变，"法"的地位的强化，理应包含对于参与者与运作过程的重视。② 故而，在较为宽泛的意义上，刘禹锡所言之"法"既包括制度与观念，也涵括了"制"与"政"两个不同的层面。《答元饶州使君书》曰：

> 太史公云："身修者官未尝乱也。"然则修身而不能及治者有之矣，未有不自己而能及民者。今号为有志于治者，咸能知民困于杼柚，罢于征徭。则曰司牧之道莫先于简廉奉法而已。其或才拘于局促，智限于罢懦，不能斟酌盈虚，使人不倦，以不知事为简，以清一身为廉，以守旧弊为奉法，是心清于根閒之内，而柄移于胥吏之手。岁登事简，偷可理也；岁札理丛，则溃然携矣。故曰身修而不及理者有矣。若执事之言政，诣理切情，斥去迂缓，简而通，和而毅，其修整非止乎一身，必将及物也。③

刘禹锡认可修身对于士人的意义，但并不认为道德修养与为政能力之间的直接对应。士人若不能亲知庶务、明计簿、理案牍、知变通，④ 则难以达成任官理民的目的，即使在道德上无可非议，亦只是自了汉而已。李唐中后期的政治文化本即"有蓝衫鱼简者""浮薄相尚"的风气，⑤ 刘禹锡对于行政能力的注重，遂有针砭此风气的意图。其《古调二首》之二曰："簿领乃俗士，清谈信古风。吾观苏令绰，朱墨一何工！"⑥ 苏绰乃北周名臣，杜佑《通典》以之为与姜太公、管仲等齐名的"六贤"之一，可谓推崇备至。⑦ 刘禹锡此诗称赞苏绰，则着重点出其对文案程式的用心，⑧ 以对治以"亲簿领为俗"的高调。也因对于为政之道因时而变及治理实效的强调，王道与霸道的严格分辨在刘禹锡的观念中已无足轻重。"古之贤而治者，称谓各异。非至当有二也，顾遭时不同耳。夫民足则怀安，安则自重而畏法。乏则思滥，滥则迫利而轻禁。故文景之民厚其生，为吏者率以仁恕显；武宣之民瘁于役，为吏者率以武健称。其宽猛迭用，犹质文循环，必稽其弊而矫之，是宜审其究夺耳。"⑨ 王霸之辨本是先秦儒家政治哲学的基本观念，此一分辨牵涉政治权力的正当与制度设置的合理等根本问题，并指向对于良性政治生活的理解。"王道"强调德治、强调民心、强调礼乐规范，否定统治者的功利性和将民众工具化，其主张者以孟子

---

① 刘禹锡：《辩迹论》，瞿蜕园笺证：《刘禹锡集笺证》，上海古籍出版社 2008 年版，第 128 页。

② 李翰：《通典序》，杜佑撰，王文锦点校：《通典》，中华书局 2003 年版，第 1~2 页。

③ 刘禹锡：《答元饶州使君书》，瞿蜕园笺证：《刘禹锡集笺证》，上海古籍出版社 2008 年版，第 257 页。

④ 刘禹锡：《讯甿》，瞿蜕园笺证：《刘禹锡集笺证》，上海古籍出版社 2008 年版，第 156 页。

⑤ 《旧唐书·哀帝本纪》，中华书局 1975 年版，第 791 页。

⑥ 刘禹锡撰，瞿蜕园笺证：《刘禹锡集笺证》，上海古籍出版社 2008 年版，第 557 页。

⑦ 杜佑撰，王文锦等点校：《通典·食货十二》，中华书局 2003 年版，第 295 页。

⑧ 《周书·苏绰传》，中华书局 1971 年版，第 382 页。

⑨ 刘禹锡：《答元饶州使君书》，瞿蜕园笺证：《刘禹锡集笺证》，上海古籍出版社 2008 年版，第 257 页。

为代表；而霸道则注重严刑峻法及威逼利诱在治理中的作用，其主张者多为法家一系。①
王霸之辨基于不同的人性理解，刘禹锡在人性论上接近荀子，其对于王霸之道的选择，也
类似于荀子，以两者并无性质上的差异，而只是程度有别，故称赞吕温"能明王道似荀
卿"。② 其以"文景"与"武宣"治理之术"宽猛迭用，犹质文循环"，亦是其对于汉家
杂霸道而治之之道的认可。而此种认识，也是中唐时代思想氛围的影响使然。③

三、咏史抒怀中的政治评价

在唐后诗文评的流行观念中，中唐似乎是一个与盛唐截然不同的历史时期，尤其是在
诗歌领域，相较于盛唐气象的高华壮气，中唐的衰飒寒俭已成为唐帝国逐步走向衰亡的征
兆。无论此一结论是否一定能够成立，但自诗文的阅读经验而言，中唐士人确然感受到所
处时代已迥然不同于贞观与开元、天宝时期。虽然，自时间的距离而言，玄宗朝的落幕尚
不足百年，但清晰的断裂感却加剧着中唐士人"时过境迁"的体验，也由之强化着这一
群体的"历史感"。"历史"的含义之一，是指在时间维度上所发生的事件的部分或总和，
然而于人类社会而言，唯有建立于以变化、转折、断裂为表现形式的"历史性"之上，
历史方始成立。以人对历史的经验而言，既有基于历史遗存与文献所形成的关于过往的客
观感知，亦有一种将当下与过去联系在一起的悲欣交集、爱恨交织的奇特感受——"崇
高的历史经验"④。而后者更类似于一种对于历史难以明言的直观的把握。此两种历史经
验，在刘禹锡的诗文中，均可寻得非严格意义上的对应。由于史书编撰本就有明确的政治
意图，⑤ 加之八九世纪，政治对于社会演化的影响力，历史著述虽有纪传、编年等体式之
异，但同样多为政治史，政治事件或制度变革则成为"历史性"的判准。在此时代的知
识风习中，刘禹锡的历史书写成为政治观念表达的常用方式，其书写中的历史认知与感受
也应政治意图与感受的变化而呈现出较为复杂的样态。

历史在一般的理解上是发生于时间与空间中的人事的部分或总和，故而，对历史的书
写，总会在不同的时间与空间的层面上展开，而时间则通常又被视为空间中的运动，故
而，以时间为历史书写的尺度也即隐含着以相应的空间为尺度。刘禹锡的历史书写，若为
分析上的便宜，可适当以时间为尺度作相应的区分。⑥ 如此，或许可以看出刘禹锡对于历
史理解及政治评价的不同层次，以及其相应的解释限度。其第一种时间尺度，主要以个人
的经历与遭际为坐标，通过对历史人物、事件的书写，以传递个人的感受与对当世政治的
评价。其《咏史二首》曰："骠骑非无势，少卿终不去。世道剧颓波，我心如砥柱"（其

---

① 参见王正：《重思先秦儒家的王霸之辨》，《中国哲学史》2016 年第 3 期，第 13~19 页。
② 刘禹锡：《唐故衡州刺史吕君集纪》，瞿蜕园笺证：《刘禹锡集笺证》，上海古籍出版社 2008 年
版，第 509 页。
③ 廖宜方：《唐代的历史记忆》，台大出版中心 2011 年版，第 131 页。
④ 参见周建漳：《历史哲学》，北京大学出版社 2015 年版，第 76~136 页。
⑤ 蒋大器：《三国志通俗演义序》，明嘉靖元年刻本。
⑥ 此处的时间尺度的划分，参考布罗代尔在地中海叙述中时间单位的区分。转引自陈慧本：《论
历史时间的空间化及其与隐喻、叙事的关系》，《史学月刊》2019 年第 4 期。

一）；"贾生明王道，卫绾工车戏。同遇汉文帝，何人居贵位？"（其二）① 第一首用任安之典。《汉书·霍去病传》："乃置大司马位，大将军、票骑将军皆为大司马。定令，令票骑将军秩禄与大将军等。自是后青日衰而去病日益贵，青故人门下多去事去病，辄得官爵，唯独任安不肯去。"② 第二首用卫绾事，而与史实略有出入。"《汉书》：绾以戏车为郎，事文帝，功次迁中郎将。应劭曰：'能左右超乘。'颜师古则曰：'戏车若今之弄车之技。然绾亦似在谊后，非同时也。绾在文帝时未尝居贵位，魏泰《隐居诗话》已辨之矣。而改'戏车'作'乘车'以趁韵，亦觉未安。'"③ 两诗以"咏史"为名，写法上一仍班固《咏史》以来的旧传统，其意图并不在于对于历史事实真伪或历史进程的某种认知，而是借助人物或事件以传递个人的感叹。在此过程中作为案例或样本的历史并不一定在真实性上无可挑剔，甚而某种流行的对于历史人物的脸谱化的评价，亦可以成为较为稳定的"历史知识"。《咏史二首》作于永贞元年秋八月，此时王叔文已失权柄，刘禹锡投身于其中的永贞新政也将被强行终止，长安政坛不免一场新的人事调整。两诗借任安、卫绾之事，讥讽世态炎凉、慨叹贤愚失序。在此类历史书写中，时间因以个体的生命时间为坐标，故而并非被刻意强调的因素，而更易表现出当下的"点"与历史之"点"的对应。书写者通过对历史人物和事件的回眸，以传递相应的政治意图或生命感受，从而为自我的行动与处境寻得合理化的依据，其目的并不在于事件真伪的考辨与历史中人事活动的深层次认识。由于生命经历与感受的投射，其对于历史人物或事件的评价，通常会具有浓厚的情感色彩。④ 但也因为此种感慨的不断重演，具体的情感表现，会具有某种较为一致的形式。此种古今同慨，每每指向对于权力逻辑过于强势的无奈。《华佗论》曰：

> 夫以佗之不宜杀，昭昭然不可言也，独病夫史书之义，是将推此而广耳。吾观自曹魏以来，执死生之柄者，用一恚而杀材能众矣。又乌用书佗之事为？呜呼！前事之不忘，期有劝且惩也，而暴者复籍口以快意，孙权则曰："曹孟德杀孔文举矣，孤于虞翻何如？"而孔融亦以应泰山杀孝廉自譬。仲谋近霸者，文举有高名，犹以可惩为故事。矧他人哉？⑤

权力逻辑的过度强势，会导致权力的私化，并进而产生对权力结构本身的颠覆。史书编撰本有著录教训以为鉴戒的明确意图，但后之视今，犹今之视昔的感慨，或许更能见出以历史阐释约束政治的弱势。以个人的经历与遭际为坐标的历史书写，本指向对具体的时间与人物的评价，遂有明确的情感投射，但并不必然导向对政治现实的彻底失望，而常常表现出失望中"人事可为"的坚守，且对个人命运的转机保有较高的期待。然而，个体命运的不断叠加与重演，自然会产生拓展历史观察时段的冲动。

元和十年，刘禹锡赴连州刺史任，有《荆州道怀古》曰：

---

①　刘禹锡撰，瞿蜕园笺证：《刘禹锡集笺证》，上海古籍出版社 2008 年版，第 574~575 页。

②　《汉书·霍去病传》，中华书局 2006 年版，第 2488 页。

③　汪师韩：《韩门缀学》卷五，清乾隆刻上湖遗集本。

④　邓京力：《历史评价的理论与实践》，人民出版社 2009 年版，第 45 页。

⑤　刘禹锡：《华佗论》，瞿蜕园笺证：《刘禹锡集笺证》，上海古籍出版社 2008 年版，第 134 页。

南国山川旧帝畿，宋台梁馆尚依稀。马嘶古树行人歇，麦秀空城泽雉飞。风吹落叶填宫井，火入荒陵化宝衣。徒使词臣庾开府，咸阳终日苦思归。①

此诗虽然提及身在北周不得南返的庾信，但诗歌的重心却已是一个王朝的衰亡。其时间尺度不再是个体的经验与遭际，而转化为"中时段"的社会（王朝）时间。"中时段"的时间尺度，由于帝制时代历史变动感的频率有限，在诗文中常以一个王朝的终结为典型形式。一个王朝的衰落，可以在另一个王朝兴起的历史叙事中得到历史定位。但如若历史进步的线性论尚未能进入书写者的历史视野，王朝的终结即不免产生"发展"与"循环"之间的冲突。书写者对于历史回望，总会有偏离圣王相承历史的废墟或遗迹的出现，提示着无可跳脱的兴盛衰亡、周而复始的生命周期。虽然，刘禹锡并无明确的历史发展观念的表述，但其对于人类文明创制的历史脉络的构建，却自然隐含了文明发展演化的推论。而其在南方的任官经历，也同样可以佐证中原与在地之间文明程度的高下。《阳山庙观赛神》曰："汉家都尉旧征蛮，血食如今配此山。曲盖幽深苍桧下，洞箫愁绝翠屏间。荆巫脉脉传神语，野老婆婆启醉颜。日落风生庙门外，几人连踏《竹歌》还。"② 南蛮塞神、血食征南的汉将、连踏《竹歌》是中原士人所观察而及的南方，也不免质朴而开化不足的流行表述。在其所服膺的杜佑《通典》中，则有更为清晰的表述："昔贤有言曰：失道而反德，失德而后仁，失仁而后义，失义而后礼，诚谓削厚为薄，散醇为醨。又曰：古者人至老死不相往来，不交不争，自求自足。盖嫉时浇巧，美往昔敦淳，务以激励勉其慕向也。然人之常情，非今是古，其朴质事少，信固可美；而鄙风弊俗，或亦有之。缅惟古之中华，多类今之夷狄，有居处巢穴焉，有葬无封树焉，有手团食焉，有祭立尸焉，聊称一二，不能遍举。"③ 杜佑以为非今是古虽是人之常情，却并不能反映真实的历史过程。华夏早期质朴不免夷狄之风，然惟"服章之美、礼仪之大"方为华夏别异于周边族群的根本所在。但对于历史进程，即使儒家士人大多认可由蛮荒而文明的演进，《公羊》中亦有自乱世而至太平世的"三世"说，王朝兴盛衰亡的周期重演依然有足够动摇文明线性演进的自信。政论中文质循环表述的强势，难以导出自文明、或生产关系等视角观察历史规律的可能，历史"循环"的感受与王朝治乱的往复相叠加所形成的认知惯性，对于已尝试自制度角度理解王朝政治与历史脉络的杜佑、刘禹锡，依然构成强大而难以突破的理解模式。

"天下英雄气，千秋尚凛然。势分三足鼎，业复五铢钱。得相能开国，生儿不象贤。凄凉蜀故妓，来舞魏宫前。"④ 乘势而起的英雄或造势的英雄的存在，均可证明人并非历史过程的被动参与者与旁观者。正是人的参与方使历史成可能，也让王朝兴盛衰亡的历史有了真实展演的可能。故而，在王朝的兴盛中，有对英雄的赞叹；在王朝的衰亡中，有对无能者的讥讽。"台城六代竞豪华，结绮临春事最奢。万户千门成野草，只缘一曲《后庭

---

① 刘禹锡撰，瞿蜕园笺证：《刘禹锡集笺证》，上海古籍出版社 2008 年版，第 678 页。
② 刘禹锡撰，瞿蜕园笺证：《刘禹锡集笺证》，上海古籍出版社 2008 年版，第 672 页。
③ 杜佑撰，王文锦点校：《通典·边防》，中华书局 2003 年版，第 4980 页。
④ 刘禹锡：《蜀先主庙》，瞿蜕园笺证：《刘禹锡集笺证》，上海古籍出版社 2008 年版，第 594 页。

花》。"① 对于一位尝试自制度角度观察政治运作与历史演变的士人而言，将王朝的兴亡归于"一曲《后庭花》"多少有了一点反讽的意味。毕竟，在王朝兴亡的周期重演面前，自不免有人力难为的感叹！"世间人事有何穷？过后思量尽是空。早晚同归洛阳陌，卜邻须近祝鸡翁。"② 历史的进程与走向，在人事尽空的感慨之下，自然难以把捉："汉寿城边野草春，荒祠古墓对荆榛。田中牧竖烧刍狗，陌上行人看石麟。华表半空经霹雳，碑文才见满埃尘。不知何日东瀛变，此地还成要路津。"③ 一座城池、一片地域在历史中的位置与影响，于沧海桑田的漫长时光中，有着非人力所能领会的秘密。对于历史，作为有"智"者，有认知探索的生命冲动，但作为有限度的生命，历史总在接受认知中，拒绝一劳永逸式的认知幻相。

"长时段"的时间宽度最大，所涉及的空间范围也最为宽广。刘禹锡"长时段"的历史感主要出现于怀古类诗歌的书写中，受限于体式，其空间选择多以某种具有历史兴亡之感的历史遗迹叠加自然景观，以呈现空间的深广度。其《西塞山怀古》曰："王濬楼船下益州，金陵王气黯然收。千寻铁锁沉江底，一片降幡出石头。人世几回伤往事，山形依旧枕寒流。今逢四海为家日，故垒萧萧芦荻秋。"④ 此诗是刘禹锡的名作，"人世几回伤往事，山形依旧枕寒流"一联有纵目千年，阅尽人世沧桑之感。⑤ 虽然此种写法在中唐而后的中国诗学史中渐趋熟滥，但对于刘禹锡这样生活在中唐的诗人而言，则是一种对于观念与技法的开创。人事变迁流转与山形万古如旧的参照，是中晚唐敏感士人对于时代巨变所产生的断裂感的一种言说的尝试。⑥ 在此种表达中，山静水流、日升月落的宇宙自然节奏、兴盛衰亡的历史节奏以及个体对于历史与宇宙意义的追问，交融一体。在其表层，似乎极易感受到相对于自然永恒的生命的短暂与世俗功名伟业的虚幻，唯"樵音饶故垒"⑦ "月夜歌谣有渔夫"⑧，樵夫与渔夫方是能与山水同在的人世的"永恒者"⑨。但渔夫与樵夫在生活方式上的自然质朴，以及樵音与渔歌中对于"古今多少事"的言说，与其说是在"笑谈"中否定历史的沉重，毋宁说以之为一种关于生命、历史、宇宙的不论之论。此种超越的"笑谈"，乃是提示世人意义制作的限度，无论如何努力去参与生活、言说生活，终究只是一种关于生活的"真实"的言说，历史的"真实"在此言说之内，又在此

---

① 刘禹锡：《台城》，瞿蜕园笺证：《刘禹锡集笺证》，上海古籍出版社 2008 年版，第 712 页。

② 刘禹锡：《重寄表臣二首》之二，瞿蜕园笺证：《刘禹锡集笺证》，上海古籍出版社 2008 年版，第 1322 页。

③ 刘禹锡：《汉寿城春望》，瞿蜕园笺证：《刘禹锡集笺证》，上海古籍出版社 2008 年版，第 674 页。

④ 刘禹锡撰，瞿蜕园笺证：《刘禹锡集笺证》，上海古籍出版社 2008 年版，第 669 页。

⑤ 汪师韩：《诗学纂闻》，《丛书集成续编》第 201 册，台湾新文丰出版公司 1989 年版，第 443 页。

⑥ 邝龑子：《多少楼台烟雨中——从杜牧诗看自然之道中的历史感》，《南开学报》2016 年第 5 期，第 31~51 页。

⑦ 刘禹锡：《晚岁登武陵城顾望水陆怅然有作》，瞿蜕园笺证：《刘禹锡集笺证》，上海古籍出版社 2008 年版，第 757 页。

⑧ 刘禹锡：《自江陵沿流道中》，瞿蜕园笺证：《刘禹锡集笺证》，上海古籍出版社 2008 年版，第 1464 页。

⑨ 赵汀阳：《历史·山水·渔樵》，生活·读书·新知三联书店 2019 年版，第 60 页。

之外。唯有世人真切地投入历史，追寻"真实"，樵音与渔歌才不是无根的闲谈。故而，在长时段的时间尺度中，真实投入的生命有失落有忧伤，但生命的不完美与历史生活的不完美，是需要在世者去承担的命运与责任。山形依旧、人事流迁，但"芳林新叶催陈叶""病树前头万木春"，遗迹与山水之间正是人在宇宙之间的位置。

四、余 论

在李唐而后的思想史中，刘禹锡并非一个不可或缺的人物，无论是其对于天人关系的理解，还是对于"法"在文明演进与国家治理中影响的强调，似乎都不足以形成具有区分度的系统理论。但刘禹锡围绕以上问题，所表现出的历史感，却有着特殊的思想史意义。其提示着出身于时代危机之下的士人，如何回应问题，形成何种具体主张，进而又会在何处留下当时虽已明确却未能有效回应的问题，以及当世或许未曾明确而后世必须予以回应的问题。或许，正是在这些问题的不断回应中，才会达成思想与社会的转型。而若衡以诗歌的演变，刘禹锡对于历史的书写，无疑具有宗师性的历史位置。其在诗中所展现出的悲欣交集，在不同的时间尺度上更易理解，而多重叠加的时间尺度也正定位了人在历史中的位置。

（作者单位：黑龙江大学文学院）

"苟非先圣开蒙吝，几作人间浅丈夫"

——《周易》对邵雍诗歌的渗透影响

□　朱新亮

【摘要】 邵雍既以"成诗为写心""诗扬心造化"为诗歌宗旨，又富"羲轩之书，未尝去手"的读易经历，其诗歌不可避免地承担起阐述易理的性质功能，以诗写易、以易赞诗亦成为邵雍鲜明的个人风格和独特的写作套路，体现着宋诗"主意""主理"的典型特色。具体而言，邵雍诗歌别出心裁地借鉴了《周易》爻辞的艺术结构，保存了《周易》语言文字的雪泥鸿爪，开辟了以诗歌承载《周易》哲学思想的别样路径。"苟非先圣开蒙吝，几作人间浅丈夫"，不仅是《周易》哲学对邵雍人生思想的化导与开示，也使邵雍诗歌或有意、或无意地冲撞出一条诗歌苑囿的偏路野径，《周易》与诗歌经由语言文字的撮连牵合，编织为一个具有独特个人风格的艺术整体，成为"邵康节体"的显著特征。

【关键词】 周易；邵雍；《高竹》组诗；易辞；易理

一、引　　言

　　南宋严羽《沧浪诗话》言及诗体时，曾按"以人而论"的标准列举两宋诗家七家，"东坡体、山谷体、后山体、王荆公体、邵康节体、陈简斋体、杨诚斋体"①。邵雍诗歌的艺术成就显然不足与以上六家齐驱并驾，却被严羽称为"邵康节体"而赫然列为两宋诗家代表，诗坛名流诸如梅尧臣、欧阳修、陆游、范成大、朱熹等人却皆不在列。弃取诸人而特取邵雍，实际反映出严羽注重诗歌创作是否能够自成家数，是否呈现显著的个人风格，是否具有典型的写作范式的取舍标准。尽管《伊川击壤集》存在不少攸关风月之作，然对宣称"成诗为写心""诗扬心造化"（《无苦吟》）② 的邵雍来说，以诗歌阐述哲理，尤其是阐述其"先天之学"的易理是自然而然的事。以诗写易、以易赞诗亦构成邵雍鲜

———————————

　　①　严羽：《沧浪诗话校释》，人民文学出版社 1961 年版，第 54 页。
　　②　本文所录邵雍诗歌皆出自（宋）邵雍著，郭彧整理《伊川击壤集》（中华书局 2013 年版）。

明的个人风格和独特的写作套路，体现着宋诗"主意""主理"的典型特色。

学界关于邵雍诗歌的研究已然不少，邓红梅、张海鸥等学者皆有论述。关于《周易》与邵雍诗歌关系的研究亦有数篇，较重要者如程刚《"以易释史"——邵雍咏史诗的一大特征》从邵雍咏史诗概括出邵雍"'履霜冰至'与'否极泰来'的思想，'思患防豫'与'知几如神'的思想，'顺动致豫'与'吉凶由人'的思想和'各行其位'与'时行时止'的思想"①，应该说是一篇很有价值的研究论文。但马汉亭曾统计邵雍咏史怀古诗数量为80首，仅占邵雍全部诗歌的5.6%，其他诸如语录诗（28%）、写景纪游诗（25%）、赠答寄和诗（20%）、自述诗（11%）、论诗诗（9.5%）的创作数量皆远高于咏史诗。②此类文献皆蕴含邵雍诗歌受容《周易》的明显痕迹，是学者们不应忽视的考察对象。故笔者拟从《伊川击壤集》全面考察《周易》于邵雍诗歌留下的文学印痕，探究邵雍究竟是如何将《周易》卦爻辞、哲理思想转化为诗性的诗歌语言。

二、易象的渐进：《高竹》组诗的艺术结构借鉴

在《周易》六十四卦中，最鲜明地体现易象随爻位变化而渐进的是渐卦。渐者，进也，渐卦讲的就是渐进之意，故取水鸟自下升高，飞临山石陵陆为譬喻。渐卦为艮下巽上，初爻为阴爻居于阳位，且与六四无应，又不居中，故爻辞曰"鸿渐于干，小子厉，有言，无咎"③。"干"是水涯，水鸟刚飞到水边，还未获安宁，象征事物处于初始阶段，还存在一定的困难。六二"鸿渐于磐，饮食衎衎"，此爻为阴爻居于阴位且得中，故以水鸟飞到稳固的磐石上，快乐悠闲地享受饮食作为譬喻。九三"鸿渐于陆。夫征不复，妇孕不育，凶。利御寇"。"陆"指高平的山顶，由于此爻位于下卦最上端，"是进而得高之象"，故以水鸟飞至小山顶作为譬喻。然九三虽位于上端，却是下卦的上端，故此"陆"非谓高山而乃山丘。六四"鸿渐于木。或得其桷，无咎"。此爻虽乘于九三阳爻之上，却进而得位，如同水鸟飞临高树，寻到平稳枝柯栖息下来。九五"鸿渐于陵"，此爻阳爻居阳位，进于中位，处于尊高，故如水鸟渐进于山陵。上九"鸿渐于陆。其羽可用为仪"。上九处于渐卦的最上端，故以水鸟渐进于高山为喻。渐卦从初爻至上九是逐渐升高的，水鸟从渐于干、渐于磐、渐于陆、渐于木、渐于陵、渐于陆，亦是逐渐升高的。渐卦爻位的变化与易象的迁变如影随形、若合符契，典型体现了《周易》"观物取象"的思维特征。由于《周易》每卦皆存在从初爻至上九、上六的爻位变化，故易象的渐进不仅是渐卦的独特构成方式，亦成为《周易》卦爻辞的共通特征，如：

> 需于郊；需于沙；需于泥；需于血；需于酒食（需卦）
> 剥床以足；剥床以辨；剥床以肤；小人剥庐（剥卦）

---

① 程刚：《"以易释史"——邵雍咏史诗的一大特征》，《周易研究》2007年第1期。
② 马汉亭：《"语录讲义之押韵者"辨——宋·邵雍〈伊川击壤集〉初论》，《南都学坛》1989年第4期。
③ 本文所引周易卦爻辞皆出自（魏）王弼注，（唐）孔颖达疏《周易正义》（北京大学出版社2000年版）。

      咸其拇；咸其腓；咸其股；咸其脢；咸其辅颊舌（咸卦）

      艮其背；艮其趾；艮其腓；艮其限；艮其身；艮其辅；敦艮（艮卦）

      井泥不食；井谷射鲋；井渫不食；井甃；井冽寒泉；井收勿幕（井卦）

以咸卦为例，咸者，感也，兑柔在上而艮刚在下，如同阴阳二气交合以相授与，故此卦所明为男女交感之事。咸卦爻辞以人体感应设喻，将初爻至六爻的爻位变化分喻为男女交感从"体之最末"的足趾升至腿肚、大腿，继而转进脊背、脸颊嘴巴，"咸其"的多次使用近似诗歌的复沓手法，徐徐带出男女交感的节奏，突出男女交感时缠绵、热烈的情感，亦于层层递进中揭橥爻位变动带来的吉凶祸福。

    此外，蒙卦、临卦、观卦、贲卦等爻辞亦于复沓中描述着爻位变化带来的事物渐进与发展，只是这些卦象的易象色彩不够突出，如蒙卦"发蒙；包蒙；困蒙；童蒙；击蒙"，爻辞大体由一个动词和一个名词"蒙"组成，"蒙"这个静态易象是凝固刻板的，变化的仅是对待蒙童的动作，动作远不如易象那样富于形象性，这就很大程度消解了爻辞的美感与诗性。将渐卦与蒙卦对读，犹如《诗经·蒹葭》《诗经·芣苢》对读一样。《蒹葭》三章皆在相同位置措置"蒹葭""白露""所谓伊人""在水"等相同语言，这种复沓手法促使《蒹葭》读来朗朗上口，颇富诗的韵味。苍苍、萋萋、采采等修饰词的变化，伊人所在方位的名词变化，则使《蒹葭》的诗歌语言流淌生姿，在整齐中蕴含变化，在重章中彰显灵动。与之相较，《芣苢》以采、有、掇、捋、袺、襭六个动词描写采芣苢的动作进程，三章仅换六字，相对欠缺《蒹葭》的多姿意象和丰富意涵，读来多少有点枯燥乏趣。

    邵雍《高竹》组诗借鉴了《周易》卦爻辞的易象渐进模式，是邵雍诗歌深受《周易》影响的显在证明。这组诗歌共八首，第一首为：

      高竹百余挺，固知为予生。忽忽有所得，时时闲绕行。自信或未至，自知或未明。窃比于古人，不能无愧情。①

此时的竹子还不是"高竹"，以"高竹"开篇仅是组诗形制统一的需要，它还只是包裹着褐色箨叶的竹笋，春回大地之际忽然钻破地面、展露圭角，"挺"字形象写出竹笋挺特荦确、坚实饱壮的模样。这百余个竹笋时常惹得诗人步绕流连、恍若有得，引来诗人观物之后的自我比况、自我思考。接下来的四首《高竹》将笔墨倾注于青翠苍绿的夏季高竹。第二首曰：

      高竹临清沟，轩小亦且幽。光阴虽属夏，风露已惊秋。月色林间出，泉声砌下流。谁知此夜情，邈矣不能收。②

此时的"高竹"大约抽出了一两米的竹竿，它濒临着浅浅清沟，照映得清沟愈发翠绿净

---

    ① 《高竹八首》其一，（宋）邵雍著，郭彧整理：《伊川击壤集》，中华书局2013年版，第9页。

    ② 《高竹八首》其二，（宋）邵雍著，郭彧整理：《伊川击壤集》，中华书局2013年版，第9页。

澈，照映得诗人所居轩窗格外清雅幽谧。当夜幕降临的时候，月色如纱，洒入竹林，清幽竹影随风摇曳，明净山泉叮咚作响，如梦如幻的景色令诗人迷醉其间，思绪倘恍、神游物外。第三首曰：

> 高竹已可爱，况在垂杨下。幽人无轩冕，得此自可诧。枉尺既不能，括囊又何谢。贾生若知此，恸哭亦自罢。①

此时的"高竹"应该有五六米高了，日渐茂密扶疏的竹叶亦变得可赏可爱。诗人幽隐林下，原本拒弃了尘世的利禄轩冕，造物主却仿佛要弥补、追承诗人高洁介独的道德品行，慨然赠赐了诗人这幢幢竹盖的自然轩冕。"枉尺既不能，括囊又何谢"连用两个典故，"枉尺"出自《孟子·滕文公下》："陈代曰：'不见诸侯，宜若小然。今一见之，大则以王，小则以霸。且志曰'枉尺而直寻'，宜若可为也。"② 八尺为寻，枉尺直寻意即屈小伸大，通过损害小的利益来获得大的利益。"括囊"出自《坤卦》六四爻辞："括囊，无咎，无誉"，王弼注曰："括结否闭，贤人乃隐"，孔颖达正义曰："括，结也。囊所以贮物，以譬心藏知也。闭其知而不用，故曰'括囊'"③，即此爻以阴居阴且不得中，非通泰之时，贤人应当谨慎行事、退居隐处。邵雍由高竹形成的自然竹冠联想到世间的轩冕利禄，反思自己无法做到枉尺直寻、与世同流，便自甘括囊隐退。最后两句援引西汉贾谊的历史故实，设想贾谊若懂得于小人当道之时闭知括囊，就不会做出痛哭长沙的举动了。这首诗蕴含的联想、浓缩的故实皆缘于"高竹"的亭亭冠盖，诗人的笔触从自然物象转进历史人生，无疑增强了诗歌的纵深感。

第四首"高竹碧相倚，自能发余清。时时微风来，万叶同一声"，这时的高竹已超过柳树的高度，高竹与高竹相倚相连于明净的碧空，微风吹过竹林，众多竹子摇摆晃曳着发出沙沙声响。第五首"高竹如碧幢，翠柳若低盖"，此时的高竹更如翠绿的旗帜耸入半空，曾经在它上面的翠柳也显得甚为低矮了。第六首"高竹杂高梧，还惊秋节初"，秋天的梧桐树叶变黄飘落，诗人才意识到时间已从夏天移至秋天，高竹还是那样青翠欲滴，黄昏时分送来习习凉风供诗人卷舒旧帙。第七首"高竹数十尺，仍在高花上。柴门昼不开，青碧日相向"，诗人仍在昼日玩赏数十尺的高竹。第八首"高竹逾冬青，四月方易叶。抽萌如止戈，解箨若脱甲"，时节从秋天过渡到了冬天、春天，冬天的翠竹虽凌寒冒雪而青翠如故，直到来年四月的万物复苏时节，高竹变换着绿叶，新笋萌发蠢动，又回到第一首《高竹》诗。

《高竹》组诗与《周易》爻辞相似之处在于它们皆采用渐进方式，着意描写事物从初始渐趋终点，进而开始新的轮回的发展过程。不同的是，《周易》卦爻辞的重章复沓存在于同一卦中，每一条爻辞就相当于一节诗歌，邵雍则将这种重章叠唱变成组诗形式，每一首诗的首句采用复沓形式，进而将整组诗歌连为一个有机整体。这种组诗应昉自杜甫

---

① 《高竹八首》其三，(宋) 邵雍著，郭彧整理：《伊川击壤集》，中华书局 2013 年版，第 9 页。

② 《孟子·滕文公下》，(清) 焦循撰，沈文倬点校：《孟子正义》，中华书局 1987 年版，第 409 页。

③ (魏) 王弼注，(唐) 孔颖达疏：《周易正义》，北京大学出版社 2000 年版，第 34 页。

《同谷七歌》，然其前四歌首句"有客有客字子美""长镵长镵白木柄""有弟有弟在远方""有妹有妹在钟离"① 呈现的写作对象实属并列关系而非逻辑上的渐进关系，至白居易"何处春深好"二十首、"何处难忘酒"七首，李至"吾家何所有""朱门多好景""出门何所适"各五首，李昉"秘阁清虚地""低僻尘埃少""老去心何用"各五首，虽然首句逐渐规整，但仍不具备诗意上的渐进思维，直到邵雍才将这种组诗形式与《周易》爻辞模式相结合，遂创造了这种具有开创性质的组诗形式。

邵雍大型组诗《首尾吟》的诗歌体制也曾借鉴《周易》爻辞。白体诗人的复沓组诗皆以首句复沓勾连各首诗歌，《首尾吟》则既以"尧夫非是爱吟诗"作为每首诗的开端，又以之作为结束，这就将诗歌结撰成一个闭合环路，如同"日往则月来，月往则日来""寒往则暑来，暑往则寒来"②，一切都在相推相磨，循环往复、周而复始，亦如《周易》六十四卦从初爻的起始阶段渐进到六五、九五的至尊之位，继而前进到上六、上九的开始转折，进入一个新的循环。可以说，《高竹》《首尾吟》是邵雍对《周易》循环往复思想的诗歌实践，是邵雍诗歌艺术结构、艺术思维的突破创新，因之亦构成了"邵康节体"的某种独特风味。

三、易辞的征引：邵雍诗歌的《周易》语言元素

邵雍诗歌不仅深受《周易》爻辞结构编排的影响，亦时常征引《周易》的文本语言，这主要体现在三个方面：对《周易》概念范畴的征引；对《周易》卦爻辞的征引；对《周易·系辞》的征引。

首先，邵雍诗歌极多地引用了《周易》乾、坤、否、泰、无妄等概念范畴，这些概念范畴进入邵雍诗歌，成为他表达思想感情的文字工具，传达着特定情境下诗人的思想感情。乾、坤两卦是《周易》门户，于六十四卦中有着相当重要的意义。邵雍对乾、坤的征引亦为数甚多，如《观棋大吟》写弈棋输赢引发弈者宠辱之情云："得者失之本，福为祸之梯。乾坤支作讼，离坎变成睽。弧矢相凌犯，言辞共诋欺"③，讼卦为下坎上乾，将坤卦中爻的阴爻两横连通支撑，变为阳爻，再加上卦乾卦，就构成了讼卦，此即"乾坤支作讼"。睽卦为下兑上离，将坎卦初爻由阴爻变为阳爻，再加上卦离卦，就成为睽卦，此即"离坎变成睽"。这句诗巧妙运用《周易》阴爻、阳爻的转化来喻指祸福、得失的互相转化以及双方凌犯争讼的肇端开启。此外，诸如"乾坤今岁月，唐汉旧山川""闲将岁月观消长，静把乾坤照有无""闲中气象乾坤大，静处光阴宇宙清"等诗句，或以乾、坤与唐、汉这两个国力最盛的历史时期相对，或与岁月、宇宙等时间、空间词语为对，拓展了邵雍诗歌的宽度、广度、深度。

现实生活中的苦难厄运带给人的心理创伤是刻骨铭心的，因此，人总是盼望通过占卜预知吉凶悔吝，达到趋利避害、趋吉避凶的主观意图。苦难亦是邵雍诗歌的关注对象，举

---

① 《乾元中寓居同谷县作歌七首》，（唐）杜甫著，（清）仇兆鳌注：《杜诗详注》第2册，中华书局1979年版，第693~696页。
② （魏）王弼注，（唐）孔颖达疏：《周易正义》，北京大学出版社2000年版，第358页。
③ 《观棋大吟》，（宋）邵雍著，郭彧整理：《伊川击壤集》，中华书局2013年版，第1页。

如否、泰、蹇、剥、归妹、明夷、无妄等代表顺逆处境的卦爻就常被邵雍诗歌征引。如写否卦、泰卦："泰到盛时须入蛊，否当极处却成随""否泰悟来知进退，乾坤见了识亲疏""安得一片云，救取人间否"；写剥卦："圣智不能无蹇剥""剥丧既而遭莽卓"；写归妹、明夷卦："周诗云娶妻，周易云归妹""时过犹能用归妹，物伤长惧入明夷"；写无妄卦："灾由无妄得""或灾兴无妄""明夷用晦止于是，无妄生灾终奈何"等。以上诗句皆以卦名、卦义入诗，寄寓着邵雍福祸相倚、否极泰来等辩证思想。此外，邵雍"草木尚咸若""迅雷震后山川裂""泽火有名方受革，水天无应不成需"等诗句亦征引了《周易》卦名入诗，或使诗歌用字新颖鲜活，或给诗歌注入陌生感，避免滑熟媚俗之病，或深化了诗歌的思想内容和情感特质。

除去对《周易》概念范畴的直接征引，邵雍还尝试着以诗歌语言解说《周易》的某些范畴概念，这些诗歌成为他阐释易理的文字工具，展示着宋诗长于说理的艺术特征。如《乾坤吟》：

> 用九见群龙，首能出庶物。用六利永贞，因乾以为利。四象以九成，遂为三十六。四象以六成，遂成二十四。如何九与六，能尽人间事。①

乾卦、坤卦的特殊之处在于多了用九、用六两条爻辞，此诗就从这两条爻辞谈起，九为阳，六为阴，阴阳两仪涵盖了空间中的所有事物。三十六与二十四相加为六十，六十为一个甲子，九与六便又涵盖了时间中的所有事物。四方上下、古往今来皆熔铸于九、六之中，引得邵雍对九、六的功用慨叹不已。再如《大易吟》：

> 天地定位，否泰反类。山泽通气，损咸见义。雷风相薄，恒益起意。水火相射，既济未济。四象相交，成十六事。八卦相荡，为六十四。②

诗以四字句的语言形式描写天地、山泽、雷风、水火八经卦变换上下位置构成否、泰等八别卦，再加上八经卦自己重叠成的八别卦，即能代表十六种事，天、地、山、泽、雷、风、水、火各自相磨相荡又可组成六十四卦。虽然"天地定位""山泽通气""雷风相薄""水火相射"皆出自《说卦》，但《说卦》原本就是解说《周易》八卦概念的篇目。这首诗歌蕴含着《周易》六十四卦的构成原理，是以诗歌阐释易理的典型作品。此外，邵雍《阴阳吟》《水火吟》等诗歌阐述了阴阳、天地、水火的性质，皆凝构了邵雍诗歌的哲理特色。

其次，邵雍诗歌征引了为数众多的《周易》爻辞，尤其是具有鲜明意象色彩的爻辞。邵雍特别喜欢在诗中采用贲卦"贲于丘园，束帛戋戋"、颐卦"舍尔灵龟，观我朵颐"两条爻辞，甚至常将这两条爻辞原封不动塞入诗中，如"贲于丘园，束帛戋戋。义既在前，利在其间。舍尔灵龟，观我朵颐"(《义利吟》)、"舍尔灵龟，观我朵颐。背义从利，人无远思。贲于丘园，束帛戋戋"(《趋向》)、"盖惧观朵颐，敢忘贲丘园"(《寄谢三城太

---

① 《乾坤吟》，(宋) 邵雍著，郭彧整理：《伊川击壤集》，中华书局 2013 年版，第 206 页。
② 《大易吟》，(宋) 邵雍著，郭彧整理：《伊川击壤集》，中华书局 2013 年版，第 275 页。

守韩子华舍人》）。邵雍之所以多次征引这两条爻辞，一是由于这两条爻辞具有鲜明意象，较为适合以形象见长的诗歌，二是由于这两条爻辞皆是四字句，具有诗歌朗朗上口的语感节奏，三是由于这两条爻辞切合邵雍的义利取舍思想和乐天处世态度。邵雍还多次征引坤卦初六爻辞"履霜，坚冰至"、上六爻辞"龙战于野，其血玄黄"，如"局合龙蛇成阵斗，劫残鸿雁破行飞"（《观棋长吟》）、"龙战知何所，冰坚正在兹"（《观棋大吟》）、"履霜犹可救，灭木更何求"（《又浩歌吟二首》其二），龙战、鸿雁、坚冰、履霜、灭木等爻辞意象皆成为邵雍诗歌鲜明醒目的意象，彰显出深厚的文化底蕴。再如邵雍《观棋大吟》："河洛少烟火，京都多蒿藜。长天有鸟度，白骨无人悲。城有隍须复，羊无血可刲。大厦之将颠，非一木可支"，"城有隍须复，羊无血可刲"分别取自泰卦上六爻辞"城复于隍，勿用师，自邑告命，贞吝"和归妹卦上六爻辞"女承筐，无实。士刲羊，无血，无攸利"，两爻皆位于泰卦、归妹卦的最顶端，如同事情发展盛极而衰，象征东汉社会经由连年征战而日渐凋敝。再如"劳谦所以有终吉，迷复何尝无大亏"（《病浅吟》）征引了谦卦、复卦爻辞，"既无一日九迁则，安有终朝三褫之"（《首尾吟》其三十四）征引了讼卦爻辞，"日中屡见斗，六月时降霜"（《无客回天意》其一）征引了丰卦爻辞等。而"龙不冬跃，萤能夜飞"（《有时吟》）、"兽困重来日，鸿飞远去秋"（《又浩歌吟二首》其二）等诗句则借用了乾卦、渐卦的典型意象。

最后，邵雍诗歌对《周易·系辞》的征引也极为频繁，阐释《周易·系辞》的诗歌为数不少。《周易·系辞》有两段阐述万物化生的话："易有太极，是生两仪，两仪生四象，四象生八卦，八卦定吉凶，吉凶生大业"[1]，"天地絪缊，万物化醇。男女构精，万物化生"[2]。邵雍在安乐窝自在逍遥、饮酒微醺之时，常觉自己窥入万物化生之前的太极、两仪境地，"何事感人深，求之无处寻。两仪长在手，万化不关心"（《逍遥吟》其四）、"亦恐难名状，两仪仍未分"（《喜欢吟》）、"恍惚阴阳初变化，氤氲天地乍回旋"（《恍惚吟》）等诗句皆是邵雍耽溺此种境界的诗歌述说，展现了他观物体道的日常生活和精神世界。《周易·系辞下》还有一段重要的话："日往则月来，月往则日来，日月相推而明生焉。寒往则暑来，暑往则寒来，寒暑相推而岁成焉"[3]，邵雍汲取这种变动不居的思想，写下了"日夜无息，相代于前"（《偶书》）、"日往月来，终则有始"（《欢喜吟》）、"日月既来还却往，园林才盛又成衰"（《首尾吟》其一一二）等相关诗句。张衡《西京赋》云："夫人在阳时则舒，在阴时则惨"[4]，邵雍将日月的往来推移、寒暑的交替更革、阴阳的时舒时惨结合，遂成为《伊川击壤集》的一种常见对偶方式，如"日往月来无少异，阳舒阴惨不相妨"（《苍苍吟寄答曹州李审言龙图》）、"寒暑同舒惨，昏明共蔽亏"（《观棋大吟》），体现了他对时间变动不居的认识。其他诸如"吉凶悔吝生乎动，刚毅木讷近于仁"（《答友人》）、"神无方而易无体，藏诸用而显诸仁"（《治乱吟五首》其三）、"日中为噬嗑，交易是寻常"（《日中吟》）等诗句亦皆出于《周易·系辞》。

---

① （魏）王弼注，（唐）孔颖达疏：《周易正义》，北京大学出版社2000年版，第340页。
② （魏）王弼注，（唐）孔颖达疏：《周易正义》，北京大学出版社2000年版，第365页。
③ （魏）王弼注，（唐）孔颖达疏：《周易正义》，北京大学出版社2000年版，第358页。
④ 《西京赋》，（汉）张衡著，张震泽校注：《张衡诗文集校注》，上海古籍出版社2009年版，第19页。

四、易理的诠解：邵雍诗歌的《周易》思想祈向

邵雍在《观物外篇》里说："知《易》者，不必引用讲解，始为知《易》……人能用《易》，是为知《易》。"① 所谓"用《易》"，即如"孟子著书未尝及《易》，其间《易》道存焉"，注重的是从思维上汲取《周易》宗旨而不落语言文字的筌蹄。这种观念反映在诗歌上，则是诗歌在立意、内容等方面表达了许多《周易》哲学思想，尤为显著的当数乐天知命、祸福转化的哲学思想。

首先，邵雍诗歌表现出强烈的命由天定、乐天知命思想。《周易·系辞上》有"乐天知命，故不忧"的语句，意即人的贫贱富贵皆由天命规定，人若能察觉于此，便能对示现于前的诸种逆境处之泰然。邵雍《观物内篇》说："夫人之能求而得富贵者，求其可得者也。非其可得者，非所以能求之也"②，意即上天虽能赐予人富贵，却需要人通过自己的修养去争求，但人能求取的富贵仅限于上天早已注定的那部分，超出的部分是无论如何觊觎、追求也难得到的。邵雍不仅自己奉行"乐天知命"的思想，所写诗歌亦多有阐述。如《秋日登崇德阁二首》其一：

> 无限高贤抑壮图，登临不用起长吁。山川千古战争后，冠剑百年零落余。浪把功名为己任，那知富贵岂人谟。丹青曲尽世间妙，写得凭栏意思无。③

首联从现实着笔，高尚贤良的人抑郁不得志，登临崇德阁时也不用长吁短叹。这是为什么呢？因为经历千百年的战争后，山川依旧挺立在那里，古代勋业卓著的功臣们却已凋零陨落。"浪把功名为己任，那知富贵岂人谟"乃全诗立意所在，书写人们总将建功立业当作自身责任，却不知功名富贵实已由天注定，不是汲汲营求就能谋划到手的。"既知富贵须由命，难把升沉更问天"（《和登封裴寺丞翰见寄》）、"事到强图皆屑屑，道非真得尽悠悠"（《岁暮自贻》）、"料得人生皆素定，空多计较竟何如"（《何如吟》）等诗句亦处处体现着富贵功名皆由命定、强图悉为枉然的思想。"以命听于天，于心何所失"（《重病吟》）、"唯将以命听于天，此外谁能闲计较"（《疾革吟》）、"上天生我，上天死我。一听于天，有何不可"（《听天吟》），这些邵雍生命最后关头的诗句，仍体现着他面对生死的豁达，是他参透人生、参透天地规律的最终结果，是他对《周易》"乐天知命"思想的信受奉行。

正是由于"人生固有命，物生固有定"（《静坐吟》），而"命不可忽，天不可违"（《四不可吟》），所以邵雍早已看开功名富贵，自我定位为"乐天为事业，养志是生涯"（《击壤吟》），悠游于山水之间，借诗与酒打发着光阴，寄托着情怀。他在《和人放怀》中写道：

① 《观物外篇》下之中，（宋）邵雍著，郭彧整理：《邵雍集》，中华书局 2010 年版，第 159 页。
② 《观物内篇》，（宋）邵雍著，郭彧整理：《邵雍集》，中华书局 2010 年版，第 23 页。
③ 《秋日登崇德阁二首》其一，（宋）邵雍著，郭彧整理：《伊川击壤集》，中华书局 2013 年版，第 56 页。

为人虽未有前知，富贵功名岂力为。涤荡襟怀须是酒，优游情思莫如诗。况当水竹云山地，忍负风花雪月期。男子雄图存用舍，不开眉笑待何时。①

所谓"前知"，即预先知道事物的发展情况，邵雍虽谦称没有"前知"，但又深明富贵功名皆由命定，并非强求可以得来，故终日以酒沃胸、以诗自怡，流连水竹云山、风花雪月之间，远离人世扰扰纷华，追寻着生命中的自在与快乐。

其次，邵雍诗歌体现了世事物极必反、人生祸福转化的思想。《周易》卦爻辞、《周易·系辞》、《周易·序卦》皆存在事物向相反方向转化的思想，如《周易·系辞下》："子曰：'危者，安其位者也。亡者，保其存者也。乱者，有其治者也。是故君子安而不忘危，存而不忘亡，治而不忘乱，是以身安而国家可保也。易曰："其亡！其亡！系于苞桑"'"②，今日的危、亡、乱者皆是昔日安于其位、保持其存、具有其治者，可见安与危、存与亡、治与乱之间的相互转化关系，惟有常存亡国的警惕心理，"惧以终始"，安不忘危、存不忘亡、治不忘乱，才能保持身心安泰，国家政权才能如系于苞桑那样稳固。又如《周易·序卦》："物不可以终通，故受之以否。物不可以终否，故受之以同人"，"物不可以终尽剥，穷上反下，故受之以复"，"晋者，进也。进必有所伤，故受之以明夷"③，六十四卦的排布序列亦存在物极必反的逻辑关联，此皆《周易》作者"其辞危。危者使平，易者使倾"④ 的忧患意识之具体表现。

邵雍常于安乐窝中体悟物理，晓察天心，故诗歌多阐扬物极必反、兴衰更替、祸福转化的思想，尤为警惕由喜转忧、由得转失、由福转祸的细微征兆。如《题淮阴侯庙十首》其十：

若履暴荣须暴辱，既经多喜必多忧。功成能让封王印，世世长为列土侯。⑤

韩信于楚汉战争中立下赫赫勋业，先后拜相并被封为异姓诸侯王，可谓"暴荣""多喜"。若是韩信主动让出诸侯王封赐而甘愿做个列侯，最终也不至兔死狗烹，遭受"暴辱""多忧"而命丧吕后之手。邵雍《答友人劝酒吟》"人人谁不愿封侯，及至封侯未肯休。大得却须防大失，多忧元只为多求"可与此诗参读。人的欲望无穷无尽，封侯之后还想封王，却不知"大得"之后是"大失"，"多求"之后是"多忧"。邵雍其他诗句如"既有非常乐，须防不次忧。谁能保终始，长作国公侯"（《立秋日川上作》）、"爽口物多须作疾，快心事过必为殃。与其病后能求药，不若病前能自防"（《仁者吟》）、"祸福转来如反掌，可能中夜不沉吟"（《天地吟》），皆体现着对事物向坏的方面转化的担忧，阐发了荣

———————

① 《和人放怀》，（宋）邵雍著，郭彧整理：《伊川击壤集》，中华书局 2013 年版，第 20 页。
② （魏）王弼注，（唐）孔颖达疏：《周易正义》，北京大学出版社 2000 年版，第 362 页。
③ （魏）王弼注，（唐）孔颖达疏：《周易正义》，北京大学出版社 2000 年版，第 395~397 页。
④ （魏）王弼注，（唐）孔颖达疏：《周易正义》，北京大学出版社 2000 年版，第 375~376 页。
⑤ 《题淮阴侯庙十首》其十，（宋）邵雍著，郭彧整理：《伊川击壤集》，中华书局 2013 年版，第 15 页。

辱、喜忧互相转化的原理。既然世间的荣誉喜乐皆不长久,那人到底应该追求些什么呢?邵雍《名利吟》写道:

> 名利到头非乐事,风波终久少安流。稍邻美誉无多取,才近清欢与剩求。美誉既多须有患,清欢随剩且无忧。滔滔天下曾知否,覆辙相寻辛未休。①

名利、美誉获得太多,到头皆非乐事,只有清欢是无人争抢、无人贪求的,是诗人可以永远索求而不用担心负面影响的。因此,"此身甘老在樵渔"(《答人放言》)便成了诗人追求的理想生活方式。

五、结　语

邵雍对《周易》的嗜好品读贯穿于整个晚年,他在诗中写道:"长具斋庄缘读易,每惭疏散为吟诗"(《清风短吟》),"安乐窝中事事无,唯存一卷伏羲书"(《安乐窝中吟》其二),"少日挂心唯帝典,老年留意只羲经"(《旋风吟二首》其一)等。正是由于安乐窝中"羲轩之书,未尝去手"(《瓮牖吟》)的潜心品读经历,使邵雍诗歌别出心裁地借鉴了《周易》爻辞的艺术结构,保存了《周易》卦爻辞语言文字的雪泥鸿爪,开辟了以诗歌承载《周易》哲学思想的别样路径。邵雍曾说:"苟非先圣开蒙吝,几作人间浅丈夫"(《安乐窝中吟》其二),这不仅是《周易》哲学对邵雍人生思想的化导与开示,也使邵雍诗歌或有意、或无意地冲撞出一条诗歌苑囿里的偏路野径,《周易》与诗歌便经由语言文字的撮连牵合,编织为一个具有独特个人风格的艺术整体,成为"邵康节体"的显著特征。

(作者单位:四川师范大学、四川文化教育高等研究院)

---

① 《名利吟》,(宋)邵雍著,郭彧整理:《伊川击壤集》,中华书局 2013 年版,第 31 页。

清代乡试诗命题与白居易诗歌的接受*

□ 刘美艳

【摘要】 白居易诗歌在清代乡试诗命题中占有重要地位，为以唐诗命题的三大出处之一。出自白居易诗歌的乡试诗题，从时间上来说，大量分布于道光到光绪时期；就地域而言，倾向于其在江州与杭州期间的闲适之作，及作品中的浅切自然之句；负责乡试命题的考官，或擅长诗歌创作，或通于书法、经史，又以江浙文人为主。清代文人在命题中大量选择白居易诗歌，与道光之后对白居易浅易风格诗作的大量接受，及白居易在江浙之地的深远影响有关。

【关键词】 白居易；清代科举；乡试诗命题；接受

科考试诗起源于唐代，乾隆二十二年清代科考也开始试诗，乡试诗歌始于乾隆二十四年。近年来科举文献整理、研究逐渐深入，清代试律诗也受到学界的关注，但研究多集中于试诗制度的形成，试律诗选本的编纂，试律诗的创作方法及审美原则等方面，对诗题的研究较少。目前仅会试诗题略受学界关注，① 乡试诗题则鲜有问津，值得深入探究。

白居易诗歌历来受到文人的关注，尽管学界对白居易诗歌在清代的接受，已作了不少研究，但从科举角度出发的很少见。本文以《清秘述闻三种》中所收的 1036 个考题及《清代朱卷集成》中补入的 23 个考题，共 1059 个考题为研究对象②，试图从命题的角度，论证乡试诗命题与白居易诗歌接受的关系，以期为白居易诗歌的研究提供一个新的视角。

---

* 本文为国家社会科学基金项目"唐宋转型与宋代家学、家风及文学研究"（17BZW101）阶段性成果。

① 杨春俏、吉新宏《清代会试试帖诗题目出处及内容类型分析》（《晋阳学刊》2007 年第 2 期），以清代会试诗题为研究对象，对诗题的题目出处、内容分类与当时的文学风尚、思想文化及社会风貌等作了分析，颇有见地。

② 本文关于清代乡试诗题的量化统计，主要依据法式善等《清秘述闻三种》（中华书局 1982 年版）与顾廷龙主编《清代朱卷集成》（台湾成文出版社 1992 年版），下文中的统计如无另附说明，均以该二书为据，不再注明。

一、道光时期命题的骤增情形及原因分析

对于清代试律诗的命题，清人商衍鎏有这样的论述：

> 出题必有出处，或用经、史、子、集语，或用前人诗句，如"馌彼南亩"之用《诗经》，"同声相应"之用《易经》，"射使人端"之用《淮南子》，"十日一雨"之用《京房易候》，"扪虱而言"之用《晋书·苻坚载记》，荷盖、苔钱、松针之用《格物总论》，"春城无处不飞花"之用韩翃《寒食》诗句，举例一端，可概其余。①

清代乡试诗命题大抵也如此，大部分考题依经据典，据现存考题统计，经部出题121例，史部46例，子部36例，渊源于集部的考题最多，共计834题，还有22例考题未考出处（包括随意命题以及即景之题）。现存考题涉及先秦到清代的文人众多，作品数量庞大，即便如此，命题次数在30次以上的文人作品却屈指可数，命题所涉唐代80多位文人中，只有三位作家的作品达到30次以上，白居易位列其中，可见，清人在命题中对白居易诗歌的重视。

命题选自白居易诗歌的35例考题，各省乡试有34例，宗室乡试1例，出于白居易的24首诗作。白居易诗歌所出考题数量，在清代各个时期相差较大，乾隆、嘉庆时期各1例，道光时期到光绪时期分别为12例、2例、7例、12例，就总数而言，低于杜甫、李白诗歌的出题数量，但如果将此数据与其他两家的出题数据进行对比，白居易诗歌在命题中的特征便明显地呈现出来（见表1）。

表1 　　　　　　　　　　　清代乡试诗命题唐诗出题概况表

时代	李白	杜甫	白居易	唐诗	存题总计
乾隆	7	11	1	63	288
嘉庆	6	17	1	57	181
道光	14	18	12	127	255
咸丰	2	4	2	31	71
同治	3	10	7	44	75
光绪	13	21	12	100	189
总计	45	81	35	422	1059

从表1可以看到，道光之前，出自白居易诗歌的考题数量与李杜相差较大；道光时期开始，白居易诗歌的出题数量骤增，可望二人项背；道光到光绪，三人的出题数量分别为32例、53例、33例，显然，白居易诗歌在这期间出题数量大增，甚至超过李白诗歌此期

① 商衍鎏：《清代科举考试述录》，生活·读书·新知三联书店1958年版，第251页。

的出题量。道光时期，究竟是什么原因使得白居易诗歌在命题中发生如此大的转变？为此，笔者进一步将白居易诗歌与唐诗的出题变化趋势作了对比（见图1）。

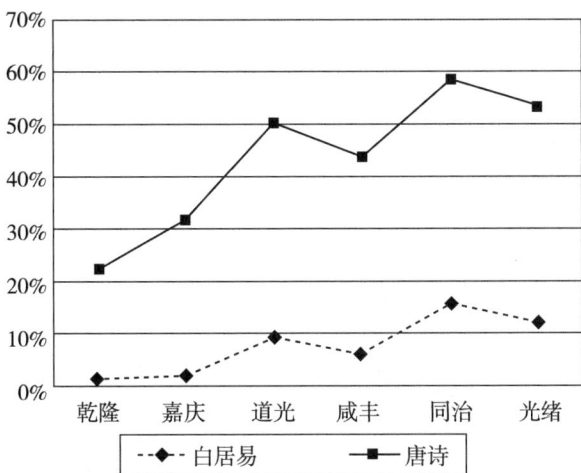

图1　清代乡试白居易诗歌及唐诗出题变化趋势图

如图1所示，道光之前，白居易诗歌的出题比例变化趋势，与唐诗的差别较大，唐诗占所有考题的比例一直上升，而白居易诗歌在唐诗中所占比例极低；道光时期开始，白居易诗歌出题比例变化趋势与唐诗的一致，并随唐诗比例变化而变化；很明显，道光前后，并非命题中唐诗的比例变化，引起白居易诗歌出题的变化，而是另有其他原因，这一点无疑值得进一步探究。

在探究道光时期白居易诗歌命题发生转变的原因前，让我们先对白居易诗歌在清代的接受情况作简单的疏理。清代不同时期，清人对白居易诗歌接受情况有所不同。清天下初定，统治阶层重视儒学，因而标榜温柔敦厚的诗教观，康熙皇帝曾在《御选唐诗序》中说："孔子曰：温柔敦厚，诗教也。是编所取，虽风格不一，而皆以温柔敦厚为宗，其忧思感愤、倩丽纤巧之作，虽工不录，使览者得宣志达情，以范于和平，盖亦用古人以正声感人之义。"① 以当时诗坛领袖王士禛为代表，清初文人多认为白居易诗歌流于浅易，如诗论家田同之批评曰："神韵超妙者绝，气力雄浑者胜，元轻白俗，皆其病也。然病轻犹其小疵，病俗实为大忌，故渔洋谓初学者不可读乐天诗。"②

乾隆时期，清人对白居易诗歌的接受逐渐发生转变，以《唐宋诗醇》为标志，不仅大量选入白居易诗歌，还对其诗风予以肯定，其中说"变杜甫之雄浑苍劲而为流丽安详，不袭其面貌而得其神味者也"③。显然，从清初的"浅俗"评价，到此时的"流丽安详"，说明清人已经开始正视白居易诗歌，并给予理性的评价，无疑《唐宋诗醇》中的评价成

————————

① 《御选唐诗》卷首，康熙五十二年武英殿本。

② 田雯：《西圃诗说》，郭绍虞编选，富寿荪校点：《清诗话续编》，上海古籍出版社2016年版，第727页。

③ 爱新觉罗·弘历编：《唐宋诗醇》，中国文学出版社2000年版，第521页。

为白居易诗歌在清代接受史上的转捩点。此后,性灵派大家袁枚、赵翼等从"性灵说"的角度对白诗予以肯定,袁枚在《随园诗话》中说:"周元公云:'白香山诗似平易,间观所存遗稿,涂改甚多,竟有终篇不留一字者。'余读公诗云:'旧句时时改,无妨悦性情。'然则元公之言信矣。"① 袁枚认为白居易诗歌并非不事雕琢,而是人力济之天性形成的平易浑成。赵翼论诗主性情,对白居易的古体与长篇之作都评价较高,他在论及元白高于韩孟时说:"坦易者,多触景生情,因事起意,眼前景、口头语,自能沁人心脾,耐人咀嚼。……一喷一醒,视少年时之微之各以才情工力竞胜者,更进一筹矣。故白自成大家,而元稍次。"② 公然反驳前人给予白居易诗歌轻俗的评价,并认为白居易晚年诗歌才气纵横,随意抒写,不刻意求工,较有风趣。

然而,乾嘉诗坛对白居易诗歌的接受莫衷一是,不乏批评者,且乾嘉时期的统治者推崇的仍是温柔敦厚的儒家诗教,乾隆二十八年沈德潜重订《唐诗别裁集》时,虽增入白居易诗歌,但推崇的仍是白居易的讽喻诗,《重订唐诗别裁集序》中说:"白傅讽谕,有补世道人心,本传所云'箴时之病,补政之缺'也。"③ 翁方纲推崇的是以杜甫、韩愈为代表的质实诗风,注重学问,认为白居易诗歌太过于浅露,他在《石洲诗话》中说:"诗至元、白,针线钩贯,无乎不到。所以不及前人者,太露太尽耳。"④ 批评白居易诗歌太露太尽的缺点,认为白诗与儒家含蓄蕴藉的诗教观背道而驰。

白居易诗歌被清人广泛接受,要到宋诗兴盛的道光时期。陈衍在《石遗室诗话》中对道咸以来诗歌风尚论述说,"顾道咸以来,程春海、何子贞、曾涤生、郑子尹诸先生之为诗,欲取道元和、北宋,进规开天,以得其精神结构所在,不屑貌为盛唐以称雄"⑤。此论说明道咸以来文人所崇尚的是唐代元和时期、北宋所开创的宋诗风貌,通过诗歌继承与创变的关系肯定宋诗,反对专宗盛唐,在宗杜甫、韩愈、黄庭坚的同时,又对元、白、苏轼等予以肯定。白居易诗歌秉承写实精神,将日常生活诗化,淡泊闲逸的情调、平易自然的诗风,是对盛唐风貌的改变,开宋诗风气。袁枚曾从独辟蹊径的角度对白居易诗歌予以肯定,他说:"阮亭《池北偶谈》笑元、白作诗,未窥盛唐门户。此论甚谬。……余按:元、白在唐朝所以能独竖一帜者,正为其不袭盛唐窠臼也。阮亭之意,必欲其描头画角若明七子,而后谓之窥盛唐乎?"⑥ 袁枚认为白居易诗歌的创新之处正是对盛唐风貌的改变,这与道咸之后文人的诗歌观点不谋而合。嘉庆道光时人梁章钜说:"王渔洋力戒人看《长庆集》,此渔洋一家之论,后学且不必理会他"⑦,公然挑衅王士禛的观点。谭献说:"光绪二年八月二十二日上道,舆中阅乐天诗,老妪解,我不解。"⑧ 此语道出多少

① 袁枚著,顾学颉校点:《随园诗话》,人民文学出版社 1998 年版,第 193 页。
② 赵翼著,江守义、李成玉校注:《瓯北诗话校注》,人民文学出版社 2013 年版,第 109 页。
③ 沈德潜:《重订唐诗别裁集序》,《唐诗别裁集》,上海古籍出版社 2013 年版,第 3 页。
④ 翁方纲:《石洲诗话》,中华书局 1985 年版,第 26 页。
⑤ 陈衍:《石遗室诗话三》卷 21,商务印书馆 1929 年版,第 13 页。
⑥ 袁枚著,顾学颉校点:《随园诗话》,人民文学出版社 1998 年版,第 80 页。
⑦ 梁章钜:《退庵随笔》,郭绍虞编选,富寿荪校点:《清诗话续编》,上海古籍出版社 1983 年版,第 1976 页。
⑧ 谭献:《复堂日记补录一则》,陈友琴编:《古典文学研究资料汇编·白居易卷》,中华书局 1962 年版,第 362 页。

文人心中之语，冷静分析，白居易与老妪解诗只是传闻，不足为信，而他人引以为证，也只是为了论证己见而已。随着道咸时期宋诗运动的愈演愈烈，白居易大量浅切平易风格的诗歌被清人接受，一直到清末，科考中受此风气的影响，也多以白居易诗歌命题，并在道光之后保持稳定的命题趋势。

二、江州、杭州诗作的重视及浅切自然之句的偏爱

清代乡试诗命题所选的白居易诗歌，涉及其在长安、江州、杭州、苏州、洛阳等各地诗作，而各地作品出题数量并不均衡，江州诗作出题最多，共10例，与杭州相关的考题有9例，长安期间作品出题7例，此外，苏州作品还有5例，洛阳诗作还有4例，江州及杭州相关诗作所出考题，占出自白居易诗歌考题的一半以上，显然，命题中尤以江州及杭州期间诗作为重。

出自江州诗作的考题，如光绪元年乙亥恩科江西考题《赋得芦荻花中一点灯（得中字）》，道光十四年甲午科江西考题《赋得绕船明月江水寒（得寒字）》及道光二十四年甲辰恩科湖北考题《赋得水绕芦花月满船（得秋字）》，都为萧瑟凄清之景。秋日芦荻花凋零，肃杀凄清，"一点灯"虽稍见希望，更反衬景致的凄清。月夜行舟、明月独照、江水清寒、月照船舱、芦花萧瑟，更显凄清孤独之感；这些凄清、凋零、萧瑟之景，出自《浦中夜泊》《琵琶行》《赠江客》三首诗作，作品中借萧瑟秋景，表达仕途的失意、贬谪的冤愤之情。

更多的考题则表现出闲适、淡泊之态，同出于江州诗作，光绪十七年辛卯科江西考题《赋得影落杯中五老峰（得杯字）》，借山峰倒映杯中写元十八隐居环境的幽雅脱俗，为清新明净之景；同治三年甲子科广东考题《赋得竹雾晓笼衔岭月（得笼字）》则为拂晓月色半衔远岭，光芒散落竹林间的朦胧、幽美、静谧之景；道光元年辛巳恩科江西考题《赋得湖光朝霁后（得光字）》为江州秋气早来，晴空万里，湖面澄澈，天气爽朗之景；道光二十年庚子恩科江西考题《赋得江山入好诗（得秋字）》，笼统地说对大好河山的眷恋；道光十七年丁酉科山西考题《赋得稻陇泻泉声（得声字）》，用细腻笔触描写早行所见，静中有动，颇具地域民风色彩。这些考题出自《题元十八溪居》《庾楼晓望》《江楼早秋》《早发楚城驿》等，或描摹江州的自然风光，或抒发江州生活的体验，都为作者在江州期间闲散恣意生活的写照，隐藏在文字背后的，即为作者淡泊的心性、平静适意的心态及闲适的生活追求，《旧唐书》本传称："自是宦情衰落，无意于出处，唯以逍遥自得，吟咏情性为事。"[1]《江楼早秋》中明确表达了林泉之思"欲作云泉计"，作官是为"伏腊资"，即为归隐作隐资，官满的出路即为归隐林泉，而为官只是生存所需。

出自杭州诗作的考题，道光十七年丁酉科浙江考题《赋得十里沙堤明月中（得堤字）》与道光二十四年甲辰恩科浙江考题《赋得潮头欲过满江风（得风字）》，出自《夜归》：

半醉闲行湖岸东，马鞭敲镫辔珑璁。万株松树青山上，十里沙堤明月中。楼角渐

---

[1] 《旧唐书·白居易传》，中华书局1975年版，第4353~4354页。

移当路影，潮头欲过满江风。归来未放笙歌散，画戟门开蜡烛红。

酒足饭饱，月夜归来，闲行岸边，见西湖倩影，"万株松树""十里沙堤"略带夸张色彩，虚白的月光挥洒在十里沙堤之上，一片澄明，西湖夜潮涌动，狂风席卷，浪花拍岸，见阔大之景，《唐宋诗醇》中评曰："较许浑'山雨欲来风满楼'更为阔大。"① 赏佳景而归，见居所红烛，更见知足温馨。作者对西湖钟爱有加，在《春题湖上》中称"未能抛得杭州去，一半勾留是此湖"。道光十一年辛卯恩科浙江考题《赋得月点波心一颗珠（得珠字）》，"一颗珠"简洁明了，月影倒映西湖，澄明的江水，皎洁的月色，仿佛一颗珍珠置于其上，为恬静淡然之美，其心境的淡泊可见一斑。

道光二十年庚子恩科广东考题《赋得江色鲜明海气凉（得凉字）》与道光二十九年己酉科江西考题《赋得雁点青天字一行（得天字）》，出自《江楼晚眺景物鲜奇吟玩成篇寄水部张员外》：

澹烟疏雨间斜阳，江色鲜明海气凉。蜃散云收破楼阁，虹残水照断桥梁。风翻白浪花千片，雁点青天字一行。好着丹青图画取，题诗寄与水曹郎。

作者用淡墨着色，白描书写，沉浸于雨疏烟淡的景色中，"江色鲜明海气凉"即为雨后江景澄澈，爽气拂来，清爽怡人之景。作者见海色之变幻，雨雾散去，蜃楼消失，虹桥欲断，代之而起的风翻白浪、雁阵横空之景，"花千片""字一行"简洁平淡之语，却意蕴深厚，雁过长空，列队而过，点成一字，清新简明，为警策语。

与杭州相关的考题，同治十二年癸酉科浙江考题《赋得州傍青山县枕湖（得州字）》为对杭州之景的总体概述，出自杭州诗作《余杭形胜》；光绪十五年己丑恩科浙江考题《赋得与君约略说杭州（得州字）》，出自苏州诗作《答客问杭州》，诗中对杭州景观津津乐道，青翠的天竺山，碧绿的钱塘江，大屋檐、小航船，对杭州生活表现出深深的眷恋之情；光绪十四年戊子科浙江考题《赋得遥飞一盏贺江山（得遥字）》，出自洛阳作品《送姚杭州赴任，因思旧游二首》其一，"贺江山"不仅是对姚杭州致贺，更是追忆杭州生活的自得，一语双关，《唐宋诗醇》中评曰："不曰'贺诗人'，而曰'贺江山'，立言特妙。感旧传衣，颂姚扬己，几层意思，总摄在内，真仙笔也。"②

白居易江州及杭州期间的闲适诗作，对清人影响较大，潘德舆曾在《养一斋诗话》中说："近人好看白诗，乃学其率易之至者。试随意举其五律，如'寻泉上山远，看笋出林迟'……'暝色投烟鸟，秋声带雨荷'；'山明虹半出，松暗鹤双归'。此例一二十句，皆灵机内运，锻炼自然，何等慎重落笔！专以率易为白之流派者，试参之。"③潘德舆此诗话主要秉持儒家诗教观，因而他认为白居易这些诗句风格率易，但这也说明，从嘉庆、道光时期开始，清人注重学习白诗中风格浅易的写景之作，而这类作品，主要从江州时期开始，江州时期白居易由"兼济"转向"独善"，杭州刺史期间为白氏

---

① 爱新觉罗·弘历编：《唐宋诗醇》，中国文学出版社 2000 年版，第 643 页。
② 爱新觉罗·弘历编：《唐宋诗醇》，中国文学出版社 2000 年版，第 696 页。
③ 潘德舆著，朱德慈辑校：《养一斋诗话》，中华书局 2010 年版，第 16 页。

生涯中最为快意的时期，这两地诗作为白居易闲适生涯的代表，而苏州、洛阳时期作品稍见慵懒之态。何承燕的《满庭芳·白傅生日，即集香山杭州诗句，为湘浦题册》即出自杭州诗作：

> 风景堪怜，未能抛得，多情总为杭州。三年小住，望海也登楼。湖上春来似画，香山去，谁更勾留。空赢得、摆尘野鹤，拍水几沙鸥。
> 回头。堪怜处，重招酒伴，遥溯风流。好沽取梨花，箸下新篘。座上髭须雅称，铺歌席、藤绿香稠。兰桡动、烟波澹荡，扶醉上归舟。①

"未能抛得""湖上春来似画"出自《春题湖上》；《杭州春望》中有句"望海楼明照曙霞，护江堤白蹋晴沙"，白居易又作有《江楼晚眺景物鲜奇吟玩成篇寄水部张员外》；《答微之见寄》中言："摆尘野鹤春毛暖，拍水沙鸥湿翅低"；《湖上招客送春汎舟》曰："欲送残春招酒伴，客中谁最有风情？两瓶箸下新求得，一曲霓裳初教成"；《杭州春望》有句："红袖织绫夸柿蒂，青旗沽酒趁梨花"；《余杭形胜》中言："独有使君年太老，风光不称白髭须"；《西湖留别》中吟："翠黛不须留五马，皇恩只许住三年。绿藤阴下铺歌席，红藕花中泊妓船"；《西湖晚归回望孤山寺赠诸客》中有句曰："晚动归桡出道场"及"烟波澹荡摇空碧，楼殿参差倚夕阳"。集句所出诗作，都为白居易杭州期间的作品，而清人对其欣赏之意，自不必言。

命题所选诗句，多浅切之语，如"湖光朝霁后""稻垄泻泉声""州傍青山县枕湖""雁点青天字一行""月点波心一颗珠""远树望多圆""岩泉滴久石玲珑""新秋雁带来"等，看似平常之语，实则精警，正如刘熙载所评："常语易，奇语难，此诗之初关也；奇语易，常语难，此诗之重关也。香山用常得奇，此境良非易到。"② 出自白居易诗歌的这些诗句，看似平易，但又取得新奇的境界，而所表达的道理又极平常，即便是清初批评白诗俗的人，对这些诗句也予以肯定，王士禛说："绝句作眼前景语，却往往入妙，如'上得篮舆未能去，春风敷水店门前'，'可怜九月初三夜，露似珍珠月似弓'之类，似出率易，而风趣复非雕琢可及。"③ 田雯也说"乐天极清浅可爱，往往以眼前事为见到语，皆他人所未发"④；又说"香山山峙云行，水流花开，似以作绝句为乐事者"。⑤ 对五律、七绝之作予以推崇。二人所评的正是白诗中浅切平易之句，貌似平易，实则精纯，为纯熟自然之句，命题时对这类诗句的选择，体现出道光之后，清代文人对白居易率易风格诗作的接受。

---

① 张宏生主编：《全清词·雍乾卷》第 10 册，南京大学出版社 2012 年版，第 5831 页。
② 刘熙载撰，袁津琥校注：《艺概注稿》，中华书局 2010 年版，第 314 页。
③ 王士禛著，张宗柟纂集，戴鸿森校点：《带经堂诗话》，人民文学出版社 2006 年版，第 55 页。
④ 田雯：《古欢堂集·杂著》卷 2，郭绍虞编选，富寿荪校点：《清诗话续编》，上海古籍出版社 2016 年版，第 680 页。
⑤ 田雯：《古欢堂集·杂著》卷 2，郭绍虞编选，富寿荪校点：《清诗话续编》，上海古籍出版社 2016 年版，第 681 页。

三、白傅遗响及江浙考官对白居易诗歌的青睐

清代乡试以白居易诗歌命题的考官，多擅长诗歌创作，如裴谦著有《竹溪诗草》；廖文锦著有《佳想轩诗钞》；廉师敏有《深柳堂集》；何彤云作有《赓缦堂诗集》四卷；李士彬著作总集为《石我集》，《石我园图咏》刊行其诗近百首。更多的考官博学多才，有以诗词著称的，如桂文耀、张金镛、童华等；有诗书皆通者，如何凌汉、杨能格、殷兆镛、田雨公、杨泰亨等。有些考官虽不以诗歌著称，但都精通文墨，如李文田以蒙古史和碑学著称，擅长诗歌书法，还通晓兵法、经史、天文、地理等；徐会沣精通经史，还工诗书；汪鸣銮精于说文之学，通于书画；戚人镜、赵光、高人鉴工于书法；吴其濬以植物、矿产、地理等经世致用之学为重；吴同甲擅长医术。

其中不乏宗崇白诗之人，如宝廷诗歌兼采唐宋，学王维、岑参、白居易、陆游、杨万里等，并且在诗作中体现出对浙江山水的热爱，他在《石门舟中即景》中称："莫讶此间风景异，水光山色近杭州"，又在《被议后自为诗》中说："江浙衡文眼界宽，两番携妓入长安"，洒脱不羁，留恋江浙风光。

但多数考官并不以白居易诗歌为宗，如陈万全诗学韦、柳，据朱方增所作序中称："先生少嗜吟咏，诗体出入韦、柳间。"[1] 边浴礼诗歌向汉魏及杜甫、王维、孟浩然学习，据记载："先生则孕汉、魏之华，抉少陵、王、孟之奥，精邃赡逸，无奇不臻，要能自成其家。"[2] 王先谦精于史学、经学、训诂学，诗学杜甫、苏轼，苏舆敬所作《虚受堂诗存序》中称："先生煮茗论文闲疏，示古今诗人怡趣为乐，于少陵东坡诸作，尤能暗诵无遗，即先生所得可知矣。"[3] 邵曰濂诗学宝銎，《缉雅堂诗话》中说："其尊人文靖公诗，曾问筱村同年，已不可得，为之慨然。"[4] 钱桂森擅长词赋、诗歌，据《（续纂）泰州志》记载："文章雍容典贵，得承平台阁体。"[5] 这些诗学倾向不一的考官，在命题中不约而同地选择白居易诗歌，显然并非因为偏爱白诗，个中缘由无疑值得深究，为此，笔者进一步统计了出题考官籍贯（参见表2）。

表2　　　　　　　　　清代乡试以白居易诗歌命题的考官籍贯表

时间	浙江	江苏	湖南	湖北	河南	广东	云南	顺天	汉军镶红旗	总数
乾隆	1									2
嘉庆	2									2

① 陈万全：《三香吟馆诗钞》，《清代诗文集汇编》第417册，上海古籍出版社2010年版，第398页。

② 边浴礼：《健修堂诗集》，《清代诗文集汇编》第659册，上海古籍出版社2010年版，第3页。

③ 沈云龙主编，王先谦著：《虚受堂诗存》，近代中国史料丛刊第六十九辑，台湾文海出版社1973年版，第1153页。

④ 潘衍桐编纂，夏勇、熊湘整理：《两浙輶轩续录》第13册，浙江古籍出版社2014年版，第3779页。

⑤ 韩紫石等纂：《（续纂）泰州志》卷24，1981年泰州市图书馆据抄本影印。

续表

时间	浙江	江苏	湖南	湖北	河南	广东	云南	顺天	汉军镶红旗	总数
道光	3	3	2	2	3	1	3	2		24
咸丰	1									4
同治	3	1	1					1	1	12
光绪	3	3	2	2	1	3			2	22
合计	13	7	5	4	4	4	3	3	3	66

清代乡试诗命题，除顺天乡试外，各省乡试考题由考官所出，考官分正副主考，乡试的省份各一人。笔者对《清秘述闻三种》中，以白居易诗歌出题的考官籍贯进行了统计，宗室、顺天乡试考题为钦命，不计入。表2统计清代乡试以白居易诗歌命题的考官籍贯出现3次以上的省份。此外，江西、山西、四川、福建、陕西、直隶及山东籍的考官都为2人，安徽籍的1人，另外还有旗籍8人，考官籍贯共涉16省。可见，出题考官籍贯所涉地域广泛，又以浙江、江苏籍的考官居多，浙江籍考官居首。清代文人，尤其是江浙文人，为何在命题中对白居易诗作青睐有加，这一原因有待分析。

且从白居易与江浙的渊源谈起，他曾任杭州、苏州刺史，在任期内，不仅做了一些益于民生的政事，惠政于民，还过着"中隐"的生活，沉溺于苏杭山水美景，创作吟玩山水及吟咏性情之作，他在《留题郡斋》中称：

> 吟山歌水嘲风月，便是三年官满时。春为醉眠多闭阁，秋因晴望暂褰帷。更无一事移风俗，唯化州民解咏诗。

杭州刺史期间吟咏山水，闲居醉眠，秋晴远望，并自谦没有做出移风易俗的政绩，而是以百姓能读懂自己的诗歌感到自豪。他在《咏怀》中又对杭州、苏州刺史生涯概括说：

> 苏杭自昔称名郡，牧守当今当好官。两地江山蹋得遍，五年风月咏将残。几时酒盏曾抛却？何处花枝不把看？白发满头归得也，诗情酒兴渐阑珊。

作者不仅励志做一名好官，还遍踏两地，吟哦山水，吟咏性情，把酒吟诗，在山水审美中寄托怀抱，自得其乐。他将所见之景写入诗歌，如杭州诗作《江楼晚眺景物鲜奇吟玩成篇寄水部张员外》，"澹烟疏雨间斜阳，江色鲜明海气凉。蜃散云收破楼阁，虹残水照断桥梁。风翻白浪花千片，雁点青天字一行。好着丹青图画取，题诗寄与水曹郎"。

并将此诗寄予时在长安的张籍，张籍在《答白杭州郡楼登望画图见寄》中言：

> 画得江城登望处，寄来今日到长安。乍惊物色从诗出，更想工人下手难。将展书堂偏觉好，每来朝客尽求看。见君向此闲吟意，肯恨当时作外官。

张籍答诗，抒发了普天下文人的心声，白居易杭州诗作恬淡的自然景色、闲散恣意的生活、坦然豁达的心态，将传统文人的高雅之趣与浪漫诗兴相结合，引起了文人的共鸣。又如其苏州之作《泛太湖书事寄微之》：

> 烟渚云帆处处通，飘然舟似入虚空。玉杯浅酌巡初匝，金管徐吹曲未终。黄夹缬林寒有叶，碧琉璃水净无风。避旗飞鹭翩翻白，惊鼓跳鱼拨剌红。涧雪压多松偃蹇，岩泉滴久石玲珑。书为故事留湖上，吟作新诗寄浙东。军府威容从道盛，江山气色定知同。报君一事君应美，五宿澄波皓月中。

太湖风景秀丽，白居易沉溺于"烟渚云帆"之景中，游湖浅酌，余音绕耳，见黄、绿、白、红景色变换，作者记湖山胜景于太湖的石上，并作诗寄予时在浙东的元稹。白居易优游于江浙山水间，愉悦知足，享闲雅之趣，颇为自得；在山水吟咏中展现诗才，并寄予友人欣赏，颇为自负。他在《诗解》中言："新篇日日成，不是爱声名。旧句时时改，无妨悦性情。"山水审美中的闲雅自得之态，与以诗道山水之美的才艺自负，将文人风流发挥到极致，对江浙文人影响深远，陈文述在《重登第一楼怀诂经精舍诸子》中说"白苏山水诗千首"①，诂经精舍弟子王衍梅有诗作《诂经精舍赋得新绿呈云台师》：

> 已遣落红归别浦，旋邀新绿上回廊。湖山澹澹春云远，帘幕愔愔白昼长。太傅独吟饶丽景，少年相映借清光。自从领略油然趣，但觉林亭一味香。②

可见吟咏山水之风的深远影响，诂经精舍师生也不免受其影响。江浙文人多怀念白居易，以杭州府及江宁府称盛。杭州有白居易生日集会的传统，据记载：

> 国朝叶廷琯《鸥波渔话》云：杭州旧有香山生日会。嘉庆中，阮文达公先督浙学，继任浙抚，杭人因文达诞辰与香山同日，故厥会弥盛。我郡则虎丘虽有白公祠，未闻有为公生日致飨者。咸丰壬子，为公降生后第十九甲子转头之年，海宁杨芸士广文文荪时寓吴中，特于正月十九公生日，虔设牲醴，招邀朋侣，展拜虎丘祠下，此实吴中创举。③

杭州白居易生日雅集由来已久，阮元督学浙江期间，集会更为频繁，后由于战乱，杭州白居易生日集会中断，俞樾对此深表遗憾。其中还提到嘉兴海宁文人雅集，海宁的白居易生日集会也较为频繁，如《正月二十日为唐白文公暨国朝阮文达公诞辰衍庐招同人集双山讲舍祭之礼成以余方四十初度借酒为寿赋此鸣谢并索和章》④，《白阮生日讲舍小集

---

① 陈文述：《颐道堂诗选》，《清代诗文集汇编》第504册，上海古籍出版社2010年版，第353页。
② 王衍梅：《绿雪堂遗集》，《清代诗文集汇编》第517册，上海古籍出版社2010年版，第328页。
③ 俞樾撰，贞凡等点校：《茶香室丛钞》，中华书局1995年版，第1111~1112页。
④ 蒋学坚：《怀亭诗录》，《清代诗文集汇编》第759册，上海古籍出版社2010年版，第205页。

醉后戏赠衍庐用两太傅故事》① 及《前调·衍庐招集东山书院祭白文公时辛卯正月二十日》② 等为雅集所作。

以白居易为由头的文人雅集在金陵也颇盛。金陵山水胜景得天独厚，江苏文人多在江宁的飞霞阁、莫愁湖、愚园等地雅集，既纪念白居易对江浙之地的贡献，同时以诗文会友，再创文坛佳话。飞霞阁集会之作如《香山生日集飞霞阁和赵季梅先生韵》及《白傅生日集飞霞阁出旧藏浈川春泛图示座客用卷中吴谷人祭酒韵》③；莫愁湖雅集之作如《正月二十日香山生日同人集于莫愁湖》④ 及《正月二十日白香山生日孙琴西观察召祀公于莫愁湖上》⑤；愚园雅集诗作有《白香山生日侍薛慰农师宴集胡氏愚园即席》⑥。江浙文人于白居易生日雅集应较为普遍，正如今人所说："白、苏生日会在清代文士中颇为流行，而白、阮生日并列当在道光朝以后的浙江，三人的生日会是有记录的集会中的重头。"⑦

白居易诗作表现出的闲适淡泊之态及平易晓畅的诗风，得益于江浙山水，而江浙山水不仅陶冶了白居易，也陶冶了江浙文人。历代文人中，以白居易在江浙之地影响较大，秦缃业在《藤香馆诗钞序》中对此进行了分析，他说：

> 诗之为道通于政事，盖得温柔敦厚之旨者，其人必慈祥恺悌。以之从政，有不爱民恤物而为良二千石者乎？然汉之龚黄、召、杜不闻善诗，后若大谢之守永嘉、小谢之守宣城，文采风流足以称其山水矣，而政绩无得而述。惟唐之白文公、宋之苏文忠公以诗鸣一代，而皆官于杭，皆兴西湖水利，遗爱至今在民。观于二公，而诗与政通之说益信。全椒薛君慰农为白、苏之诗，官白、苏之地，而即行白、苏之政，非所谓诗人而循吏者欤？⑧

秦缃业论及白居易在江浙之地的影响，与谢灵运、谢朓作比，二谢在诗坛上虽有一席之地，但不及白之处在于白居易诗歌与政绩并举，江浙文人崇白不仅源于其诗作，同时得益于其政绩，白居易在江浙之地的惠政，深入人心。《藤香馆诗钞》为薛时雨所作，薛时雨曾主讲于杭州崇文书院、金陵尊经书院及惜阴书院，辗转于江浙两地从事教育事业，还组织文士在西湖结社吟诗，带动江浙之地的吟咏之风，文人的吟咏离不开白居易的影响，秦缃业评价薛时雨诗歌说："君居杭久，其诗如西湖山水，清而华，秀而苍，往往引人入

---

① 蒋学坚：《怀亭诗录》，《清代诗文集汇编》第 759 册，上海古籍出版社 2010 年版，第 216 页。

② 蒋学坚：《怀亭词录》，《清代诗文集汇编》第 759 册，上海古籍出版社 2010 年版，第 250 页。

③ 刘寿曾：《傅雅堂诗集》，《清代诗文集汇编》第 737 册，上海古籍出版社 2010 年版，第 92 页。

④ 孙衣言：《逊学斋诗续钞》，《清代诗文集汇编》第 662 册，上海古籍出版社 2010 年版，第 326 页。

⑤ 汪士铎：《梅翁诗钞》，《清代诗文集汇编》第 612 册，上海古籍出版社 2010 年版，第 664 页。

⑥ 邓嘉缉：《扁善斋诗存》，《清代诗文集汇编》第 759 册，上海古籍出版社 2010 年版，第 113 页。

⑦ 徐雁平：《清代东南书院与学术及文学》，安徽教育出版社 2007 年版，第 420 页。

⑧ 薛时雨：《藤香馆诗钞》，《清代诗文集汇编》第 671 册，上海古籍出版社 2010 年版，第 552 页。

胜，趋向固不外白、苏二家。"① 秦缃业为江苏无锡人，曾在江浙一带任职，晚年还主讲杭州东城书院，他的一番言论，不仅包含自己的认知，更是吐露了江浙文人的心声。江苏淮安人李宗昉题汪文端长生位言："政并白苏遗泽远，文成雅颂继声难。"② 在视学浙江时又赋诗："秦黔万里捋吟须，况此名山似画图。得友更欣逢白傅，无诗或恐负西湖。淡妆浓抹皆奇格，秋实春华总奥区。多少楩楠期入贡，肯遗大泽夜光珠。"③

　　白居易任杭州、苏州刺史期间，雍容闲雅的郡守生活，是审美生活情趣与优雅人生态度的结合，白诗及其政绩，在江浙之地流芳千古。江浙文人对白居易的崇尚，既为附庸风雅文人情怀的体现，还寄托政治抱负，是世俗功名与心灵自由的高度契合，体现出对文人理想生存模式的追求。而考试命题是对考官个人素养的考察，如果不熟悉作品，随手拈来，难免会犯错误，如所载：

　　　天下西湖三十有六，惟杭州最著。福建福州府亦有西湖，朱子集中《西湖》诗云"湖光尽处天容阔"，其起句云"越王城下水融融"，对句云"潮信来时海气通"，乃闽之西湖也。道光戊子年，浙闱主司以此句命题，盖误以为浙之西湖诗也。④

　　道光八年戊子科浙江乡试，考官以《赋得湖光尽处天容阔（得天字）》为题，表现对浙江山水的倾倒，但误以描写福建西湖之句命题，诸如此类，贻笑方家事小，罚俸受惩事大。因而，江浙文人虽未必专宗白居易诗歌，但白诗在江浙之地影响深远，他们必然谙熟，在命题中多选择白居易诗歌。

　　综上所述，清代乡试诗命题中大量选择白居易诗歌，是从宋诗兴盛的道光时期开始的。清人在命题中倾向于其风格浅易之作，而这些作品主要以白居易江州时期，尤其是杭州期间的闲适之作为代表，白居易诗歌的浅切率易之句，看似平常之语，实为纯熟之句，又取得新奇的境界。负责乡试命题的考官多擅长诗歌创作，有以诗词著称的，有诗书皆通的，尤以江浙文人为主，江浙文人多怀念白居易，继承吟咏之风，还在白居易生日雅集，文人崇白不仅源于其诗作，同时得益于其政绩，白居易的诗歌与他的政绩并举，在江浙之地影响深远，因而江浙考官在命题中多选择白居易诗歌。

（作者单位：西北大学文学院）

　　① 薛时雨：《藤香馆诗钞》，《清代诗文集汇编》第 671 册，上海古籍出版社 2010 年版，第 552 页。
　　② 陆以湉：《冷庐杂识》，中华书局 1997 年版，第 353 页。
　　③ 陆以湉：《冷庐杂识》，中华书局 1997 年版，第 391 页。
　　④ 陆以湉：《冷庐杂识》，中华书局 1997 年版，第 327 页。

姚鼐的学术品格与其诗之"儒者气象"*

□ 温世亮

【摘要】 以古文显于乾嘉及以降的姚鼐,在诗歌方面亦有成就。姚鼐推崇宋学,不满当时汉学家置"义理"而不顾的做派,以追求道德昌明为职志。受其学术品格的影响,姚鼐论诗重人品,倡导"道与艺合",其诗亦每见道义情怀,或阳刚,或阴柔,或刚柔并济,有"儒者气象"。姚鼐之诗有深厚的乾嘉学术背景,是其"道与艺合"与"镕铸唐宋"观念作用下的产物,是承载其学术思想的重要路径,维护世道人心、规范社会秩序的目的明确。

【关键词】 姚鼐;学术旨趣;诗歌创作;儒者气象;儒者之用

以古文成就显于乾嘉及以降的"桐城派"宗匠姚鼐,其诗名在当时亦颇为响亮,时人于其诗均不乏称美者,如秦朝釪以"沉郁有体裁,才思纵横,无不入律,比兴往复,得风人之遗"① 誉其诗,王昶于其人其诗则有"蔼然孝悌,践履纯笃,有儒者气象"② 之谓。所谓"儒者气象",实即儒家"内圣外王"精神外化于形的表征,包孕广大,刚柔相济,富于道义情怀,关联人格品性与艺术表现,既显温厚雅洁的姿态,又不失闲远旷达的气度。

就实际而言,姚鼐一生信守"程朱",以儒者自居,以重振世道人心为职志,对儒者之义亦多有阐发。如其《孝经刊误书后》以为"夫儒者有德行,有言语、有文学,苟非亚圣之才,不能备也"③;论诗每以儒者为规模,《敦拙堂诗集序》谓"古诗人,有兼雅、颂,备正变,一人之作,屡出而愈美者,必儒者之盛也"④,《荷塘诗集序》则称善诗者

---

* 本文为国家社会科学基金项目"桐城麻溪姚氏家族与清诗发展嬗变研究"(17BZW117),汕头大学科研启动经费项目(STF18017)阶段性成果。

① 秦朝釪:《消寒诗话》,何文焕、丁福保:《历代诗话统编》(五),北京图书馆出版社 2003 年版,第 587 页。

② 姚莹:《惜抱先生行状》引王昶语,《东溟文集》卷六,清同治六年中复堂全集本。

③ 姚鼐:《惜抱轩诗文集》,上海古籍出版社 1992 年版,第 67 页。

④ 姚鼐:《惜抱轩诗文集》,上海古籍出版社 1992 年版,第 50 页。

需有"忠义之气，高亮之节，道德之养，经济天下之才"①。那么，姚鼐是否具有道德、文章、经济兼备的儒者品性呢？若如是，其品性在其诗学观念及创作中有没有得以贯彻呢？其诗又会有怎样的文学文化意义呢？本文即就这些问题展开讨论。

一、学术品格："伪学纵有禁，道德终昌舒"

钱穆在《略论朱子学之主要精神》中指出，中国文化的一大特点便是"信而好古"，"为学即是学为人，而为人大道则在人与人之相同处，不在人与人之相异处"②。正因如此，《论语·里仁》所谓"士志于道"、《论语·泰伯》"士不可不弘毅，任重而道远"，便成为中国传统士人所信守的经典格言，每为后世君子津津乐道，而将"崇道""传道""弘道"作为自己的人生信条，千百年来，风流弘长。从某种意义上讲，生活于乾嘉时的姚鼐，便是这样一位儒家道义的弘扬者。

姚鼐（1731—1815年）为学，"义理、考据、辞章三者并重为宗旨"③，其学术思想的形成有深厚的家学和师承因素。姚鼐雍正九年（1731年）出生于桐城南门的"树德堂"，虽说少时家道已趋中落，又体弱多病，但他"嗜学澹荣利，有超然之志"，最为伯父姚范激赏。故每与里中方泽、叶酉、刘大櫆、王洛等贤达谈道论文，姚范必携鼐于身侧以进学（《惜抱先生行状》)④。值得注意的是，无论伯父姚范，还是方泽、叶酉、刘大櫆、王洛等乡里师辈，都是尊崇"程朱"的理学中人。如姚范治学汉宋兼修，但以"程朱"为归，而方泽乃"论学宗朱子"（《方侍庐先生墓志铭》)⑤；至于叶酉、刘大櫆，则均曾师事于"学宗宋儒，于宋、元经说，荟萃折中其义理名物，训诂则略之"⑥ 的方望溪，同为悉心宋学之人。诚如姚鼐《怀叶书山庶子》诗所云"遗学千秋赖服膺"⑦，这些乡先辈无不是其学术思想的启蒙者和引路人，为其后来矢志于宋学打下了坚实的基础。而其《答王生》所云"乡耋盛文行，孟韩绍同科。……犹欲抱残缺，为昔扬其波"⑧，则表明他本身也乐意做他们的后继者。

姚鼐《阜城作》云："仆年弱冠岁，始窃乡曲名。充赋自南来，意气颇纵横。谓当展微抱，庶见康民甿。"⑨ 嗜学穷经的他，弱冠即举江南乡试。由此诗可见，在"立德、立功、立言"三不朽这一认识上，姚鼐与一般的封建士人并没有太大的差别，他同样有着强烈的儒家入世情怀，或者说事功意识。正因如此，他才会屡蹇而屡试于春闱，终于乾隆二十八年（1763年）癸未春应礼部试中式，授庶吉士。散馆后改兵部主事，旋改礼部仪制司主事。嗣后，任山东、湖南乡试副考，继任会试同考，再迁刑部广东司郎中，并在近

---

① 姚鼐：《惜抱轩诗文集》，上海古籍出版社1992年版，第50~51页。
② 钱穆：《宋代理学三书随札》，生活·读书·新知三联书店2002年版，第206页。
③ 徐世昌等编，沈芝盈等点校：《清儒学案》（四），中华书局2008年版，第2001~2055页。
④ 姚莹：《东溟文集》卷六，清同治六年中复堂全集本。
⑤ 姚鼐：《惜抱轩诗文集》，上海古籍出版社1992年版，第207页。
⑥ 徐世昌等编，沈芝盈等点校：《清儒学案》，中华书局2008年版，第2001~2055页。
⑦ 姚鼐：《惜抱轩诗文集》，上海古籍出版社1992年版，第538页。
⑧ 姚鼐：《惜抱轩诗文集》，上海古籍出版社1992年版，第481页。
⑨ 姚鼐：《惜抱轩诗文集》，上海古籍出版社1992年版，第463页。

十年的仕宦磨砺中逐渐显露出厚重的学养深功。乾隆三十八年（1773年），朝廷开四库馆，受刘统勋、朱筼之荐，与戴震、程晋芳、任大椿等八人同事纂修官之职。对姚鼐而言，这无疑是一个施展才华、实现抱负的大好时机。只是自乾隆中叶以来，"海内经学大师始严汉宋之辨，藩篱高峻，惠栋、钱大昕、金榜、戴震为之魁"①，当时的四库馆中的汉学家 "竞尚新奇，厌薄宋元以来儒者以为空疏，掊击讪笑不遗余力"②，经史考据之学已然成为学术主流。受姚范、方苞、刘大櫆等乡贤的深刻影响，姚鼐论学虽不废考据，但其重心乃在宋儒之 "义理"，强调学术当有维护世道人心和规范社会秩序的价值，与四库馆汉学之士的学术思想并不谐和③。

清代的考据学，应该说是利弊并存，它 "虽然发扬了儒家的致知精神，但同时也不免使 '道问学' 和 '尊德性' 分得越来越远。和 '尊德性' 疏离之后的 '道问学' 当然不可能直接关系到 '世道人心'，也不足以保证个人的 '成德'"。乾嘉时期，与经史考据蔚为大观相对应，义理之学却趋于式微，社会每见失序之表现。而一些不良的社会习气的滋生，如道德的沦落、政事的荒怠，似又与当时汉学考据之风的盛行、理学的式微有着内在的关联。对此，学者昭梿《啸亭杂录》即有 "自乾隆中，傅、和二相擅权，正人与之梗者，多置九卿闲曹，终身不迁，所超擢者，皆急功近名之士。故习理学者日少，至书贾不售理学之书"④ 之谓；对当时经史考据泛滥所致的社会危害，嘉道时著名学者段玉裁在《与陈恭甫书》中更是径直指出："愚谓今日之大病，在弃洛、闽、关中之学不讲，谓之庸腐。而立身苟简，气节败，政事芜。天下皆君子而无真君子，未必表率之过也，故专言汉学，不治宋学，乃真人心世道之忧。"⑤

与昭梿、段玉裁的批判相似，对当时风行的汉学考证可能或已导致的后果，姚鼐亦以于世道人心的维护和社会秩序的规范有无益处为出发点，与当时的汉学家展开论争，这可从其诗文中找到依凭。试录两则如下：

> 覃溪先生劝人读宋儒书者，真有识之言。夫汉儒之学，非不佳也。而今之为汉学乃不佳，偏徇而不论理之是非，琐碎而不识事之大小，哓哓聒聒，道听途说，正使人厌恶耳。读书者欲有益于吾身心也，程子以读史书为玩物丧志。若今之为汉学者，抱残举碎，人所少见者为功，为其玩物不弥甚邪。（《与陈硕士》）⑥
>
> 近士大夫侈言汉学，只是考证一事耳。考证固不可废，然安得与宋大儒所得者并论。世之君子，欲以该博取名，遂敢于轻蔑闽洛。此当今大患，是亦衣冠中之邪教也。阁下任世道人心之责，故亦不敢不以奉闻。溟海波平，吏民从化，遥望额庆。（《与汪稼门》）⑦

---

① 金天翮：《姚鼐传》，钱仲联主编：《广清碑传集》，苏州大学出版社1999年版，第591页。

② 姚莹：《惜抱先生行状》，《东溟文集》卷六，清同治六年中复堂全集本。

③ 对这种关系的不谐和，姚鼐也曾多次直接提及，如其《与石甫侄孙莹》谓："吾孤立于世，与今日所云汉学诸贤异趣。" 姚鼐：《姚惜抱尺牍》，上海新文化书社1935年版，第81页。

④ 昭梿：《啸亭杂录》，中华书局1980年版，第503页。

⑤ 陈寿祺：《答段茂堂先生书》附录，《左海文集》卷四，清道光九年刻本。

⑥ 姚鼐：《姚惜抱尺牍》，上海新文化书社1935年版，第59~60页。

⑦ 姚鼐：《姚惜抱尺牍》，上海新文化书社1935年版，第9~10页。

不难看出，姚鼐对汉学并非一笔抹杀。他以为"汉儒并非不佳"，只是"今之言汉学者""琐碎而不识事之大小"，局限于"考证"一途，缩小了"汉儒"的治学范围，忽略了学术的"义理"功用，未得汉儒之真传，自然无法肩负"任世道人心之责"。在《赠钱献之序》中，姚鼐更是清晰地梳理了儒学的演化过程，辨析不同时代的学术均有其短长，指出汉之通儒有"贯穿群经，左右证明，择其长说"之长，亦有"杂之以谶纬，乱之以怪僻猥碎"之弊。进而强调宋学"修身、齐家、治国、平天下"的实际功用，称它最得圣人精髓："宋之时，真儒乃得圣人之旨，群经略有定说，元、明守之，著为功令。当明佚君乱政屡作，士大夫维持纲纪，明守节义，使明久而后亡，其宋儒论学之效哉。"①

此外，姚鼐《题外甥马器之〈长夏校经图〉》一诗同样表达了自己鲜明的学术态度。一方面，他对宋学"才当为世用"的功绩大加称美，称"圣人不可作，遗经启蒙愚。大义乖复明，实赖宋诸儒。其言若澹泊，其旨乃膏腴。我朝百年来，教学秉程朱。博闻强识士，论经良补苴。大小则有辨，岂谓循异涂"；另一方面，于"今之言汉学者"弃义理而不顾的做派则多有批判："奈何习转胜，意纵而辞诬。竞言能汉学，琐细搜残余。至宁取诚纬，而肆诋河图。从风道后学，才杰实唱于。以异尚为名，圣学毋乃芜。言多及大人，周乱兆有初。彼以不学敝，今学亦可虞。"②

对来自治汉学者的攻击，姚鼐虽敢于奋然相抗，往复辩难，但以"尤喜隐诋汉儒"③的总纂官纪昀、汉学徽派魁首戴震，及力挺汉学的馆事之倡建者朱筠等为中心的四库馆，已成为"汉学家的大本营"④，已完全为"今之言汉学者"把持。正所谓"草宿重因天下痛，百家新学总讹淆。……此日羊昙重下泪，百年端木永离群"（《自海峰先生丧十余年鼐不至枞阳今年自江宁循江西上过其故居不胜追怆乃作二诗》）⑤、"嗟吾本孤立，识谬才复拘。抱志不得朋，慨叹扣山庐"（《题外甥马器之〈长夏校经图〉》）⑥，恰是在如此势单力孤、知音寥落的境况下，姚鼐毅然于乾隆三十九年（1774年）辞馆告归⑦。

"男儿起任天下事，问舍求田非所志"（《许秋岩太守问耕图》）⑧，辞四库馆职后，据姚莹《惜抱先生行状》记载，姚鼐既没有选择居高位者的推荐再入仕途，亦未因此屏迹于荒江野墅作真正的"隐士"，而是抱着一颗入世传道之心，从告归后的第二年（1775年）起，便开始了他长达四十年的书院山长生涯。自扬州的梅花书院到安庆的敬敷书院，再到歙县的紫阳书院、江宁的钟山书院，姚鼐一路推扬着"躬行为己，乃士所以自立于世根本所在，无与之并者，安得同列而为三"⑨的人文思想，毋庸置疑，书院或书院教育实际已成为他传播、光大宋学义理的重要阵地。在传承学术思想的过程中，他时时希冀那

① 姚鼐：《惜抱轩诗文集》，上海古籍出版社1992年版，第110~111页。
② 姚鼐：《惜抱轩诗文集》，上海古籍出版社1992年版，第515页。
③ 金天翮：《姚鼐传》，钱仲联主编：《广清碑传集》，苏州大学出版社1999年版，第591页。
④ 梁启超：《中国近三百年学术史》，上海三联书店2006年版，第19页。
⑤ 姚鼐：《惜抱轩诗文集》，上海古籍出版社1992年版，第605页。
⑥ 姚鼐：《惜抱轩诗文集》，上海古籍出版社1992年版，第515页。
⑦ 关于姚鼐辞四库馆职的原因，聚讼纷纭。但与四库馆总纂纪昀、纂修戴震等汉学家的学术思想不合，当为其主因。具体讨论，可参王达敏：《姚鼐与乾嘉学派》，学苑出版社2007年版，第55~57页。
⑧ 姚鼐：《惜抱轩诗文集》，上海古籍出版社1992年版，第503页。
⑨ 姚鼐：《复林仲筹书》，姚永朴：《旧闻随笔》，黄山书社1989年版，第207页。

些能与汉学流俗抗争的"英异之才"出现，以"上继古人，振兴衰敝"（《与刘海峰先生》）①。又常告诫学生"为学不可执汉、宋疆域之见，但须择善而从"②，"为学之要，在于涵养而已"③（《答鲁宾之书》），以有益于教化；同时，又要求他们"博闻强识，而用心宽平不矜尚，斯为善学。守一家之言则狭，专执己见则陋"④。当然，他同样希望"海内诸贤能捄"纪晓岚之流于宋学"持论大不公平"之弊，并倡言天下同道"为世道忧"（《与胡雒君》）⑤。更为重要的是，姚鼐在授徒明道的同时，亦以著书立说的方式传布儒家之道。例如，尝以"敦实践，倡明道义，维持雅正"为己任，"为《九经说》，以通义理考据之邮；撰《古文辞类纂》，以尽古今文体之责；选《五七言诗》以明振雅祛邪之旨"⑥。质而言之，姚鼐既持有"古圣垂教弘且远，六籍具存可说诵"⑦的信念，又坚信"伪学纵有禁，道德终昌舒"（《题外甥马器之〈长夏校经图〉》）⑧，牢记着为"义理、考据、文章"兼重之说的传播而尽心尽力，他深信人文讲学也是弘扬儒学义理的重要途径，以书院教育为途径同样可以从不同的方面阐发宣扬儒家的道义精神，藉此终究可以规正或者说重振趋于颓废的"世道人心"。

总之，姚鼐前半生奔波于场屋，然究其仕宦目的则莫过于《复张君书》所谓"其志可行于时，其道可济于众"⑨。其后半生不避"力小而孤"（《复蒋松如书》）⑩，继孔氏、续"程朱"，守"内圣"之学，矢志于儒家道义精神之传播，以护佑"世道人心"为己任，以儒者标准律己，以书院为阵地，甘做销声匿迹于仕途的著述者、讲道者、弘道者，无论穷达均不失其初心，表现出"为往圣继绝学"的儒者情怀，可谓德行、言语与文学兼备。金天翮称其"守正不挠"⑪，殊为得当。

二、精神境界："惜抱诗同玉样清"

汉学之士"专以考订、训诂、制度为实学；于身心性命之说，则斥为空疏无据"，文章之士"喜逞才气，放蔑礼法，以讲学为迂拙"⑫，义理、考据、辞章分途已成为姚鼐所处时代最为突出的学术文化特点。处于如此环境中，姚鼐难免受其影响，其"义理、考据、辞章"合一说，即是最好的佐证。不过，姚鼐虽求"三者不偏废"，然"必义理有

① 姚鼐：《姚惜抱尺牍》，上海新文化书社1935年版，第1页。
② 姚鼐：《姚惜抱尺牍》，上海新文化书社1935年版，第74页。
③ 姚鼐：《惜抱轩诗文集》卷六，上海古籍出版社1992年版，第21页。
④ 姚鼐：《姚惜抱尺牍》，上海新文化书社1935年版，第26~27页。
⑤ 姚鼐：《姚惜抱尺牍》，上海新文化书社1935年版，第24页。
⑥ 姚莹：《姚氏先德传》卷四，清同治六年桐城姚浚昌安福县署刻清末印中复堂全集本。
⑦ 姚鼐：《惜抱轩诗文集》，上海古籍出版社1992年版，第415页。
⑧ 姚鼐：《惜抱轩诗文集》，上海古籍出版社1992年版，第515页。
⑨ 姚鼐：《惜抱轩诗文集》，上海古籍出版社1992年版，第85~87页。
⑩ 姚鼐：《惜抱轩诗文集》，上海古籍出版社1992年版，第96页。
⑪ 金天翮：《姚鼐传》，钱仲联主编：《广清碑传集》，苏州大学出版社1999年版，第591页。
⑫ 姚莹：《姚氏先德传》卷四，清同治六年桐城姚浚昌安福县署刻清末印中复堂全集本。

质，而后文词有所附，考据有所归"①，自是以程朱"义理"为核心。而"义理"之谓，实即讲求儒家经义的学问，关涉"世道人心"又不乏现实指向。

在姚鼐的意识中，诗歌创作同样是传布其"义理"说的重要途径。他强调诗文创作当以达道见志为目标，须有益于世道人心，只有这样的诗歌才足以"美"相称，《喜陈硕士至舍有诗见贻答之四十韵》云"文章非小技，古哲逮今寿"②，《答翁学士书》谓"道有是非，而技有美恶，诗文皆技也。技之精者，必近道，故诗文美者，命意必善"③。故他总喜欢将人品、诗品结合，以评析古今诗人诗作：

　　夫文者，艺也。道与艺合，天与人一，则为文之至。……自秦、汉以降，文士得三百之义者，莫如杜子美。子美之诗，其才天纵，而致学精思，与之并至，故为古今诗人之冠。（《敦拙堂诗集序》）④
　　古之善为诗者，不自命为诗人者也。其胸中所蓄，高矣、广矣、远矣，而偶发之于诗，则诗与之为高广且远焉，故曰善为诗也。……夫诗之至善者，文与质备，道与艺合，心手之运，贯彻万物，而尽得乎人心之所欲出。（《荷塘诗集序》）⑤
　　世父语鼐："永君伉直诚笃君子也。"鼐既知小尹，小尹出其先君子之所为诗曰《晚香堂集》见示。读之得其度越流俗之概，音和而调雅，情深而体正，益以信吾世父之言不虚。（《晚香堂集序》）⑥
　　师道人品既高洁，其诗亦深厚沉淡，不以声色为工，是以朱子最喜之，谓其有胜黄庭坚处。（《惜抱轩书录》）⑦

总体看来，姚鼐论诗以《诗经》为正脉，强调"道与艺合"，人品决定诗品。认定诗文乃"技"、乃"艺"，是达"道"之津梁，以为只有将且"高"且"广"且"远"之气、之节、之养、之才融入诗中，文质兼备，方得"诗之至善"。同时，他明确指明"道"在创作中的统摄作用和中心地位，俨然将之视为衡量作品优劣的最为重要的准则。从某种意义而言，这又是对先儒"志于道，据于德，依于仁，游于艺"（《论语·述而》）说的继承和推衍，只是将之落实于创作这一层面而已。张健认为姚鼐"把传统诗学中关于内容、关于主体道德学问修养方面道德内容用一个哲学范畴'道'来概括，而审美的内容则被归纳为'技''艺'"⑧，若从这个意义上讲，所见甚是。在创作中，姚鼐更是以其诗学旨趣为指导，极力奉行"道与艺合"的主张，因此其诗亦时时吐露忠厚之言，彰显儒者襟抱。

其一，姚鼐崇尚"忠义之气，高亮之节"，因此那些有刚毅贞亮节操的志士，便成为

① 金天翮：《姚鼐传》，钱仲联主编：《广清碑传集》，苏州大学出版社 1999 年版，第 591 页。
② 姚鼐：《惜抱轩诗文集》，上海古籍出版社 1992 年版，第 498 页。
③ 姚鼐：《惜抱轩诗文集》，上海古籍出版社 1992 年版，第 84 页。
④ 姚鼐：《惜抱轩诗文集》，上海古籍出版社 1992 年版，第 49 页。
⑤ 姚鼐：《惜抱轩诗文集》，上海古籍出版社 1992 年版，第 50~51 页。
⑥ 姚鼐：《惜抱轩诗文集》，上海古籍出版社 1992 年版，第 56 页。
⑦ 姚鼐：《惜抱轩书录》卷四，《惜抱轩遗书三种》之二，清光绪己卯桐城徐氏刊本。
⑧ 张健：《清代诗学研究》，北京大学出版社 1999 年版，第 641 页。

其诗之重要描写对象。被黄宗羲誉为"天地之元气也"① 的遗民，乃易代之际最具文化内涵的群体，宋儒推崇的"忠臣不事二主"的品节在他们身上表现得尤为突出，对他们操守的礼赞，自成为历来文士所乐意为之的事情。姚鼐崇尚宋学义理，主张"道与艺合"，因此遗民也便成为其笔下之常客。如《过汶上吊王彦章》一首：

> 杨刘兵度大梁危，饮泣犹当奋一麾。乱世鸟飞难择木，男儿豹死自留皮。天连白草横残垒，日落阴风拥大旗。莫问夹河争战事，浑流徙去黍离离。②

王彦章为五代后梁将领，《五代史·王彦章传》谓："唐兵攻兖州，梁遣彦章御之，战败被擒，唐庄宗谕降，不屈死。"显然，诗即着意于此，刻画王彦章的贞节孤忠形象。其他如《张方伯讳秉文祠》"历数天将改，藩篱国早亡。士余忠壮志，家在战争场"③、《杨龙友墨竹图》"秣陵春尽倍销魂，红勺花残绿萼存。被恼更寻修竹径，千丛原是画时孙"④、《婺源胡奎若藏黄石斋自书五言诗迹题后》"直言濒死荷戈余，社稷犹思再扫除。指佞朝廷惟汲黯，存亡时势异申胥"⑤、《王太常雨景》"沙上浦渔归，烟际村林闭。风雨黯成昏，湖山转清气"⑥、《徐半山桂》"已将僧衲谢尘缘，犹有深情拜杜鹃。极望湘南天更远，秋风零落桂连蜷"⑦、《题孙节愍武公先生乡试被放后诗册》"才子声华义烈雄，偏安又见失江东。时当倾覆千城后，身入孤危一旅中"⑧，等等，或怀古伤悼，或直抒胸臆，或婉转用笔，或移情入景，诗中所表彰的人物分别指桐城张秉文、贵州杨龙友、太仓王时敏、宣城徐半山、桐城孙临，而他们又无不是易代之际孤忠耿介、血泪并溅的守志遗民，实即儒家道义精神的化身。

与书写孤忠耿介的遗民相应，那些敢于与朝廷权奸作斗争的耿介之士，同样是姚鼐称美的对象。如《哭钱侍御三十二韵》，歌颂的对象为云南钱沣，乾隆年间进士，"少从师立品为教"，"和珅秉政，窃张威福，朝士耻趋其门者，世已贵之，而沣独侃侃讼言其失"，后直军机处，积劳成疾卒。⑨ 诗所云"士尽归遗直，朝方赏谏臣"，"迁官依日侧，持节渡江滨"，"孤危仍不恤，溘死又谁论"，⑩ 赞叹其刚直不畏权势的品节，皆本其事而发。又阳湖洪亮吉，为乾隆五十五年进士，与钱沣一样，"忼爽有志节"，曾以"侍从之列"上书成亲王论时政，疏议和珅之奸弊，而被流放伊犁；罢官后遍游天下名山大川，以遂其不屈于人的节概。⑪ 《题洪稚存游历图十六幅末学圃重梅二事其在伊犁时事》一

① 黄宗羲：《黄宗羲全集》第 10 册，浙江古籍出版社 2005 年版，第 426 页。
② 姚鼐：《惜抱轩诗文集》，上海古籍出版社 1992 年版，第 532 页。
③ 姚鼐：《惜抱轩诗文集》，上海古籍出版社 1992 年版，第 536 页。
④ 姚鼐：《惜抱轩诗文集》，上海古籍出版社 1992 年版，第 584 页。
⑤ 姚鼐：《惜抱轩诗文集》，上海古籍出版社 1992 年版，第 588 页。
⑥ 姚鼐：《惜抱轩诗文集》，上海古籍出版社 1992 年版，第 604 页。
⑦ 姚鼐：《惜抱轩诗文集》，上海古籍出版社 1992 年版，第 606 页。
⑧ 姚鼐：《惜抱轩诗文集》，上海古籍出版社 1992 年版，第 625 页。
⑨ 王钟翰点校：《清史列传》，中华书局 1987 年版，第 5934~5935 页。
⑩ 姚鼐：《惜抱轩诗文集》，上海古籍出版社 1992 年版，第 608~609 页。
⑪ 王钟翰点校：《清史列传》，中华书局 1987 年版，第 5559~5561 页。

诗，既写出洪亮吉忠介之品性，亦从惺惺相惜的表达中表露自己守志不易的操守：

> 迹登海内名山遍，身向天涯绝塞穷。种菜便判迁客老，看花敢忘故人同？玉关生入承优诏，讲帷遥思更竭忠。我昔翰林曾着论，对君悲喜叙愚蒙。①

相反，对那些苟且偷生、徒慕富贵前程之徒，姚莹则多予以严正批判。在这一点上，《邳州》无疑具有一定的代表性，诗中有句云："千秋遗迹寻黄石，一片寒阳下白楼。难得真龙逢汉帝，易将穷虎缚温侯。"② 将为利禄功名而几易其主的吕布视为"穷虎"，不堪一击，其轻鄙之意，甚为明白。借古以抒怀，在此，诗人想要传达的无非是那种于"世道人心"颓废的担忧。

其二，姚莹重视诗人的"道德之养"，认为它是诗文达到"至善"境界的重要条件。此中之"道德之养"，与袁枚《随园诗话》所言"诗文之道，凡志奇行者易为工，传庸德者难为巧"③ 的内涵是一致的，均强调诗人需要有"独善其身""兼善天下"的人格修养，并能融之于诗，大体不悖于儒家之道德准则。其实，姚莹亦善于以诗推阐诗学见解，借此发挥诗人传道、弘道的作用。惟其如此，姚莹之诗也便有了"诗旨清隽，晚学玉局翁，尤多见道之语"④ 的特点，呈现出清朗豁达的儒者气象。具体而言，其诗或警策自己不为贫贱的处境所动摇。如《穀树》"墙西生穀两株连，阴蔽斜阳媚夕烟。恶木岂能妨志士？吾庐何厌聒繁蝉！窗闲细响鸣秋籁，屋角新光照上弦。幸假不才居隙地，清风时为至江天"⑤、《赵承旨天寒翠袖图》"冷落山花闲竹竿，谁言空谷异长安。态浓意远无人见，自倚天风翠袖寒"⑥ 两首。前者作于诗人晚年讲习安庆敬敷书院时，托物言志，表达自己坚守宋学理路，不为汉学攻讦所折服的意志；后者则化用杜甫《丽人行》"态浓意远淑且真"之意，展露只要志存高远无论在朝在野皆能自得其道的情怀。或告诫亲友当安贫乐道，不因贫寒离别而凄怨。如《束马雨耕》："团扇抛时逼授衣，棱棱霜气复侵帷。遥知谷口泉成酿，无那江南客未归。猿鹤山中通梦寐，雁鸿云际送音徽。世间离合寻常世，感叹晨星故侣希。"⑦ 或劝慰友人当守志不扰，有老骥伏枥之志，即便衰朽不堪亦不妨论事谈道，以有用于世。如《寄李雨邨》："故人与我尚人间，曾傍金羁玉笋班。地势风烟难蜀道，天涯云水各江关。偶将文笔传消息，竟谢簪缨孰往还。衰鬓不妨论事业，发挥潜德又诛奸。"⑧ 总之，既能身先垂范，又能以嘉言懿行感化周边人群，这不仅是姚莹的人生志向所在，亦成其诗之重要特点。

其三，在前引《荷塘诗集序》中，姚莹称有"经济天下之才"是诗人成就至善之诗的又一重要条件。"经济天下之才"承"道德之养"而来，从精神层面就儒家"修身、齐

① 姚莹：《惜抱轩诗文集》，上海古籍出版社 1992 年版，第 629 页。
② 姚莹：《惜抱轩诗文集》，上海古籍出版社 1992 年版，第 531 页。
③ 袁枚撰，王英志批注：《随园诗话》，凤凰出版社 2009 年版，第 197 页。
④ 王昶：《蒲褐山房诗话新编》，人民文学出版社 2011 年版，第 98 页。
⑤ 姚莹：《惜抱轩诗文集》，上海古籍出版社 1992 年版，第 561 页。
⑥ 姚莹：《惜抱轩诗文集》，上海古籍出版社 1992 年版，第 603 页。
⑦ 姚莹：《惜抱轩诗文集》，上海古籍出版社 1992 年版，第 631 页。
⑧ 姚莹：《惜抱轩诗文集》，上海古籍出版社 1992 年版，第 602 页。

家、治国、平天下"的忧生、淑世志向予以衍释。在这一点上予以强调，显然是要求诗人应关注现实社会，承担美刺教化的社会责任，其说同样不脱儒家"诗言志"的畛域。姚鼐之诗，自然不可避免地受到这一诗学观念的影响，并于故实时情及义理的阐发中得以体现。

《咏古》五首便是逆时而行之典范，借古喻今，指摘时弊，正印合其以"经济天下之才"行于诗的意愿。大致而言，像《周礼》《楚辞》《上林赋》之章句及《国语》《左传》《史记》《汉书》之掌故，每见于篇什①，浸淫于史籍的目的，却在于直面现实，借古以讽今，而非一味的歌颂。对此，钱仲联先生已从康熙朝博学鸿词科、发展经济、大行苛政、百姓负担沉重及反对乾隆帝大举侵犯边地少数民族等方面进行了诠释。② 其实，在姚鼐诗中，像《咏古》这样的咏史怀古之作并不在少数。如《秦帝卷衣曲》是一首古乐府曲，写南北朝苻坚事，姚永楷称"盖为刺时而作"③，钱仲联称以苻坚事"影射满族皇帝"④，意见大致统一。若结合诗中"别有春风飘绮罗，花灯斗帐夜烟和"，"贵主还留钜鹿台，小腰绝爱鲜卑束"一类的艳事描写，及结尾"碧云散尽梧桐影，太息阿房几度秋"的情感发抒予以考虑，姚钱之论虽皆为索隐生义，但又是合乎情理的。又《景阳钟歌》"景阳山作元嘉帝，逸游已匮民生计。累世增加到齐武，采集良家万佳丽。朝朝从猎到琅琊，夜夜严妆看星嘻。端门钟远禁庭幽，此时别起景阳楼。万钧虡猛悬云陛，五夜蒲牢惊翠帱。永明英主犹为此，何怪黄奴极淫侈。……我悲亡国此遗迹，闻见要留戒淫僻，不然熔毁用之何足惜"⑤，叙说南朝帝王不顾民生之凋敝，逸游四方，荒淫乱政，其警策当下的意识就更见清晰了。

需要注意的是，姚鼐诗中亦不乏直接反映民生疾苦的作品，自是其"经济天下之才"说的实践。《赵北口舟中作》《渡淮》两首，分别作于乾隆二十九年秋充山东乡试副考官、乾隆三十五年充湖南乡试副考时。⑥ 写途中见闻，前者如"民昨歌子威，皇今谓河伯。不见秋归壑，那免春无麦"，后者若"西城未为恶，苦被飞蝗恼。连村扑未尽，何以实万宝"，针砭时事之意是极为明晰的。值得一提的是，清代乃有史以来文网最为繁密的时期，桐城文士深受其祸，顺康朝有方拱乾父子"丁酉科场案"及戴名世"南山案"；至乾嘉时期，"文字狱"更是迭起。但姚鼐并未完全被朝廷的政治淫威震慑，在其诗中依然可见那些忤时刺事之词，只是更见含蓄深沉罢了。前人评姚鼐诗，多以歌颂盛世为词称，依此看难免偏颇。

晚清浙江海宁诗人沈寿榕论姚鼐诗云："论文漫诋桐城派，惜抱诗同玉样清。若并海峰同日语，让渠真切更奇横。"⑦ 玉有润泽以温、瑜不掩瑕的品质，有忠信、醇雅、高洁的象征意义，是中国传统文化的重要组成部分，诸如"宁为玉碎""冰清玉洁""金相玉

---

① 关于诗歌化用典籍的具体情况，可参姚永朴：《惜抱轩诗集训纂》，黄山书社2001年版，第8~11页。

② 魏中林整理：《钱仲联讲论清诗》，苏州大学出版社2004年版，第46页。

③ 姚永朴：《惜抱轩诗集训纂》，黄山书社2001年版，第44~45页。

④ 魏中林整理：《钱仲联讲论清诗》，苏州大学出版社2004年版，第49页。

⑤ 姚鼐：《惜抱轩诗文集》，上海古籍出版社1992年版，第494页。

⑥ 姚永朴：《惜抱轩诗集训纂》，黄山书社2001年版，第77、92页。

⑦ 沈寿榕：《玉笙楼诗录·续录》卷一，清光绪九年刻增修本。

质"一类成语，所表达的正是其至刚至柔、至善至真的文化品性。大体而言，姚鼐重视诗歌创作的内在精神的表现，重视儒者之道义情怀在文字中的蕴蓄包容，并在实践中予以贯彻。沈氏将姚鼐诗喻为清洁之玉，恰是从精神境界的角度予以评价，应该说贴切地概括了姚鼐诗的儒者品性或精魂。

三、风格取向："阴阳刚柔，并行而不容偏废"

风格亦即刘勰所谓的"体性"，乃"夫情动而言形，理发而文见，盖沿隐以至显，因内而符外者也"（《文心雕龙·体性》），是创作主体"情"与"理"等主观思想在诗文作品中的外在表现，或者说是创作主体的内在"情"与"理"的侧面反映。阳刚与阴柔即涉及文学的艺术风格问题。以"刚柔"论诗文，至迟可追溯到刘勰所谓的"风趣刚柔，宁或改其气"（《文心雕龙·体性》）、"刚柔以立体"（《文心雕龙·熔才》）。而更为直接地使用阴阳、阴柔的概念以探讨文学风格的则是姚鼐。其《海愚诗钞序》谓：

> 文章之源，本乎天地；天地之道，阴阳刚柔而已。苟有得乎阴阳刚柔之精，皆可以为文章之美。阴阳刚柔，并行而不容偏废。①

"一阴一阳之谓道，继之者善，成之者性也。"（《周易·系辞上》）"阴"与"阳"本为中国古代哲学中一对相反相成的范畴，将"刚柔"与"阴阳"综合，显然有以哲理贯通诗文的意味。需指出的是，姚鼐论诗衡文似更愿意将它们与创作主体之"气"亦即个性怀抱、道德修养等联系，尝谓："文字者，犹人之言语也，有气以充之，则观其文也，虽百世而后，如立其人而与言于此；无气则积字焉而已。"（《答翁学士书》）② 又称："诗道非一端，然要贵在才气。人年衰，则才气多随而减，故吾年七十以后不复常作诗矣。"③其实，其"阴柔阳刚"说亦未能溢出"以气论诗"这一范围，如其《复鲁絜非书》所谓：

> 其得于阳与刚之美者，则其文如霆，如电，如长风之出谷，如崇山峻崖，如决大川，如奔骐骥。其光也如杲日，如火，如金镠铁。其于人也，如冯高视远，如君而朝万众，如鼓万勇士而战之。其得于阴与柔之美者，则其文如升初日，如清风，如云，如霞，如烟，如幽林曲涧，如沦，如漾，如珠玉之辉，如鸿鹄之鸣而入廖廓。其于人也，漻乎其如叹，邈乎其如有思，暖乎其如喜，愀乎其如悲。观其文，讽其音，则为文者之性情形状举以殊焉。④

---

① 姚鼐：《惜抱轩诗文集》，上海古籍出版社 1992 年版，第 48 页。
② 姚鼐：《惜抱轩诗文集》，上海古籍出版社 1992 年版，第 84 页。
③ 引自姚雉：《题惜抱轩诗后集》，姚永朴：《惜抱轩诗集训纂》附录，黄山书社 2001 年版，第546 页。
④ 姚鼐：《惜抱轩诗文集》，上海古籍出版社 1992 年版，第 93~94 页。

认为古今诗文或得"阳与刚之美",或得"阴与柔之美",呈现出不同的风格面貌,若究其根本原因,则在于有着"文者之性情形状"的差别。"性情形状"本是一个外延极为宽泛的概念,内中自然包含个性怀抱、道德修养等因素,其阴阳刚柔之旨由此可见一斑。

值得注意的是,姚鼐虽强调"阴阳刚柔,并行而不容偏废",但又称"惟圣人之言,充二气之会而弗偏,然而《易》《诗》《书》《论语》所载,亦间有可以刚柔分矣,值其时其人,告语之体,各有宜也",清楚两者并非总是交融于同一作品,各有所宜。不过,姚鼐似乎更青睐孟子所谓的那种"至大至刚"的"浩然之气"(《孟子·公孙丑上》)。因而,他称美杜甫七律"含天地之元气,包古今之正变,不可以律缚"①,有心系天下安危和黎庶苍生苦难的宏伟怀抱;评说陈用光《述梦作》诗甚佳,则以"气流转而语圆美,此便是心地空明处所得,由是造古人不难。……欲得笔势痛快,一在力学古人,一在涵养胸趣"② 为断语;教人为诗,亦不主张"平易",以为"古体诗,须先读昌黎,然后上泝杜公,下采东坡"③;而无论杜韩、还是苏轼之诗,在其意识中,既不乏气逸飞动的雄健美,又不失儒者的品藻④。与此相适应,其《海愚诗钞序》明确提出"文之雄伟而劲直者,必贵于温深而徐婉"(《海愚诗钞序》)⑤ 的主张。厉志《白华山人说诗》有言:"惜抱先生诗,力量高大,音韵朗畅,一时名辈,当无其匹。"⑥ 曾国藩则如是说:"惜翁有儒者气象,而诗乃多豪雄语。"⑦ 要之,受学术旨趣和诗学观念的影响,一如前人所言,姚鼐能将儒者的襟抱涵容于词章,故无论古、近体,均不乏"得阳与刚之美者"。

先来读其古体诗。《漫咏》五古三首,借古喻今,实乃"士不容则不容于人"⑧ 背景下的自我写照。前两首感叹时下考据横流,儒道沦丧,若其中"得国容有之,天下必以仁。秦法本商鞅,日以虏使民","两汉承学者,章句一何拘。硁硁诚小哉,贤彼不学徒"云云,指摘批判,溢于言表。第三首乃承前而来:

> 子长千古士,被难深何穷。悲哉百年后,毁誉犹不公。孔子录《小雅》,怨诽君子风。美善而刺恶,史笔非不忠。文园为令客,窃赀自临邛。将死劝封禅,佞谀以为工。文章两司马,擅为西汉雄。人君取士节,优略安得同。如何永平诏,抑扬恣其胸。宜乎朝廷士,进者多容容。所以歌《五噫》,邈然逝梁鸿。⑨

诗人褒贬分明,颂美司马迁穷不失志,称誉孔子美善刺恶,贬斥司马相如贪财佞谀,感叹梁鸿守节安贫,每以历史人物为鉴戒,感情发越,在雄放刚劲的风格中显现作者

---

① 姚鼐:《今体诗钞》卷首《序目》,上海古籍出版社1986年版。
② 姚鼐:《姚惜抱尺牍》,上海新文化书社1935年版,第44页。
③ 姚永朴:《惜抱轩诗集训纂》,黄山书社2001年版,第79页。
④ 如周煌《海山诗稿序》引姚鼐语称"子瞻之诗,纵横奇变,无所不有,而意未尝不归诸雅训"。引自袁行云:《清人诗集叙录》,文化艺术出版社1994年版,第1269页。
⑤ 姚鼐:《惜抱轩诗文集》,上海古籍出版社1992年版,第48页。
⑥ 厉志:《白华山人说诗》卷二,《清诗话续编》,上海古籍出版社1983年版,第2287页。
⑦ 引自姚永朴:《惜抱轩诗集训纂》,黄山书社2001年版,第298页。
⑧ 徐璈:《桐旧集》卷七,民国十六年景印本。
⑨ 姚鼐:《惜抱轩诗文集》,上海古籍出版社1992年版,第419页。

的儒者襟怀。

《王君病起有诗见和因复次韵赠之》则是一首七言古,作于乾隆二十年会试不第寓京师时。铺叙与王文治"何由昌歜独嗜余,不惜揄扬杂谏讽"的真挚情谊,为其"磊落君才只自知,支离余德弥无用"的遭遇鸣不平,表达"耻作小儿号游贡,神全聊当比木鸡"的高洁志尚。大抵以古文之法通于诗,用词造句苍劲古削,起承转合亦见整饬,全诗押"种"字韵而不换他韵,一气呵成,颇显恣肆纵横的姿态,内中抱负自见,故后人有"坚拗劲削,一韵到底,最似昌黎《酬崔立之》篇"① 之评价。

再来看其近体之作。姚鼐的七言律,最为后人称誉,如张裕钊称其"独七律为最工""卓然自立,不愧古人"②。实际上,姚鼐七律最大的特点也莫过于风格雄健、意境阔大、气骨饱满,这样的实例在在皆是。《登永济寺阁寺是中山王旧园》诗,即是这样一首受后人称道的名作:

> 中山王亦起临濠,万马中原返节旄。坊第大功酬上将,江天小阁坐人豪。绮罗昔有岩花见,钟磬今流石殿高。倚立碧云飞鸟外,夕阳天压广陵涛。③

诗以登临标目,以明开国元勋中山王徐达的丰功伟绩为引抒发感慨,无论叙事还是写景,都颇见雄浑勃发的气概,诗人的艳羡追慕之情亦深深地浸溢其中。郭麐称此诗"辞气雄放,真有笼罩一切之概"④,而曾国藩称姚鼐有"儒者气象"而诗"多豪雄语"⑤,亦以此为典型。又《自咏》一首:

> 群贤鼓舞赴明廷,陋巷无车户久扃。已作元龙床下士,每书子玉座旁铭。故交四海多衰白,何事千秋托汗青?风雪绕窗灯火暗,更披朱墨读遗经。⑥

这首作于晚岁讲席安庆敬敷书院时的七言律,同样是将宏伟的怀抱融入辞句之中,在雄浑的气局中显示自己虽居陋巷而壮志不屈的情状。他如《寄李雨村》,规劝友人"衰病不妨论事业,发挥潜德又诛奸",要自始至终保持那种为弘扬儒道而奋斗的精神,徐璈称它"笔势超俊,声情激楚,此苏李《河梁》之遗"⑦,至为精切。

姚鼐的绝句同样"不为柔脆之音,而清气入骨"⑧,每见清新刚健之气。如《山行》是一首七言绝:"布谷飞飞劝早耕,春锄扑扑趁初晴。千层石树通行路,一带山田放水

---

① 徐璈:《桐旧集》卷七,民国十六年景印本。据钱仲联《韩昌黎诗集释》,《酬崔立之》为《赠崔立之》之误。

② 张裕钊:《张裕钊诗文集》,上海古籍出版社 2007 年版,第 211 页。

③ 姚鼐:《惜抱轩诗文集》,上海古籍出版社 1992 年版,第 527 页。

④ 郭麐:《樗园销夏录》卷下,清嘉庆刻本。

⑤ 引自姚永朴:《惜抱轩诗集训纂》,黄山书社 2001 年版,第 298 页。

⑥ 姚鼐:《惜抱轩诗文集》,上海古籍出版社 1992 年版,第 559 页。

⑦ 徐璈:《桐旧集》卷七,民国十六年景印本。

⑧ 郭麐:《樗园销夏录》卷下,清嘉庆刻本。

声。"① 写山行见闻，气息流畅，清新明快。如果说此诗多着意于山水景象及日常生活的描绘，并无太多的深层内涵可言，那么《陈约堂武陵泛舟图》一首则假图抒怀，"旷怀无染俗情浓，芳树春流到处逢。唤作武陵何不可？桃源元止在君胸"②，既见清隽健拔之气，又清晰地展示其旷世情衷。姚莹《识小录》称姚鼐"七绝神俊高远，直是圣人说法，无一凡近语矣"③，若以此诗论，实非过誉。如前文所引《王太常雨景》《赵承旨天寒翠袖图》《徐半山桂》几首意趣遥深的五七言绝句，就风格言，健秀可读，自可纳入姚莹评说的范围。

总体而言，姚鼐为诗似乎更愿意走刚健一路。不过，受仕途挫折、人事纷扰，以及学术论争等因素的牵绊，姚鼐坚韧的心志也难免要受到影响，辞馆后他笃信释氏，甚至认为"寻阅佛书，与佳僧谈论，胜于服药，此急救心火妙方也"④。与此同时，他本身并未否认呈阴柔风格的作品，甚至以为"清韵高格"有"空蒙旷邈"境界之诗，乃"诗家第一种怀抱，蓄无穷之义味者也"（《答苏园公书》）⑤，只是"温深徐婉之才，不易得也"（《海愚诗钞序》）⑥。故我们并不能以此否认其诗便无"阴与柔之美者"一类的存在。兹录几首为证：

> 昨宵雨未足，劚畦俟南塘。果闻北山雷，檐溜夜已长。开门阴正重，匝地垂千杨。朝日尚未升，风条自轻飏。环村水尽白，丹杏独含光。荷锸向陇上，但闻土膏香。邻里尽言好，吾欲良亦偿。勤劬待一饱，四体诚安康。相与不相负，莫若种稻粱。（卷一《田家》）⑦
>
> 空庭朝复暮，邈尔若无依。自顾与人远，方知近道稀。暑云檐外尽，晚日竹中微。谷鸟翩翩影，孤翔识所归。（卷八《夏日》）⑧
>
> 秋馆虫吟出草根，倚窗尘榻一镫昏。潇潇半夜龙江雨，知有寒潮又到门。（卷九《雨夜》）⑨

如果将这几首小诗放到仕途受挫、汉宋对立的背景下予以分析，那么其意境风神就甚见分明了。第一首为五言古，借田家景象的描绘来衬托自己的归隐心结，语境恬淡，结构自然，有陶诗意境。第二首为五言律，乃夏日之玄想，在清寂的景色中抒写知音寥落而志向坚韧、独善其身的怀抱，清新淡远，则颇见王孟兴味。第三首为七言绝，通过雨夜幽静景致的描摹，隐显凄凉孤寂、无复依傍的情思，诗律精细又不乏清新，故徐璈称它足与韦应

---

① 姚鼐：《惜抱轩诗文集》，上海古籍出版社 1992 年版，第 516 页。
② 姚鼐：《惜抱轩诗文集》，上海古籍出版社 1992 年版，第 584 页。
③ 姚莹：《识小录》，黄山书社 1991 年版，第 132 页。
④ 姚鼐：《姚惜抱尺牍》，上海新文化书社 1935 年版，第 37 页。
⑤ 姚鼐：《惜抱轩诗文集》，上海古籍出版社 1992 年版，第 294 页。
⑥ 姚鼐：《惜抱轩诗文集》，上海古籍出版社 1992 年版，第 48 页。
⑦ 姚鼐：《惜抱轩诗文集》，上海古籍出版社 1992 年版，第 421 页。
⑧ 姚鼐：《惜抱轩诗文集》，上海古籍出版社 1992 年版，第 552 页。
⑨ 姚鼐：《惜抱轩诗文集》，上海古籍出版社 1992 年版，第 573 页。

物"《滁州西涧》相媲美"①。

尚需注意的是，姚鼐还强调诗以"清矫为贵，此昔贤最高之格也"②。"清矫"指向诗文的艺术风格，是诗人高洁品性、刚直气概相融化后的外在表现，具有清峻畅达、柔中带刚之义，将之视为诗家最高格，与其所谓"阴阳刚柔，并行而不容偏废"的内涵契合。其实，姚鼐并不缺少那种刚柔并济的作品，对此前贤亦有论析。如当洪亮吉称其诗"山房秋晓，清气流行"③，"清气"之谓固然有脱俗之意，但同样内含深婉淡远、清隽畅达相兼的意蕴。而在读姚鼐诗后，陆莹有"文房、水部有替贤"④之叹，将其与唐诗人刘长卿、张籍相比，并以《由宿松向黄梅》"月澹松滋郭，云生天柱峰"、《黟县》"雨歇群山响，春深万木齐"、《德化县》"夜潮千嶂闭，明月九江寒"、《枞阳漫兴》"斜阳万里背人去，落叶前声与客悲"、《怀叶书山》"伏生老有残经惧，韩愈师为举世憎"、《岳阳楼见月》"云间朱鸟峰何处？水上苍龙瑟未终"等为例，借此印证姚鼐诗柔中带刚、思致深厚的艺术美。姚莹亦有类似之论，称："家惜翁在钟山书院，日有句云：'空庭残雪尚飘萧，时有栖鸦语寂寥。久坐不知身世处，起登高阁见江潮。'乃深得寂静中境味语也。"⑤而对《望庐山》——"我行昨出庐山西，藤竹苍苍阴虎溪。……宫亭湖东日初出，岚彩欲见一片清烟迷。……沧州森漭万余里，岩风忽落如天鸡。屏风叠开张，侵入青颇黎。……莫言灵境近咫尺，帆樯倏过难攀跻。将游天地之一气，庐山从我到处如提携"——这首古风，钱仲联以为"诗里的思想为儒家正统思想"，是"杜甫、李白、苏轼三人风格的兼体。七言古中有五言句，意境、句式皆似李太白，但淡远处又似苏东坡，风调似杜甫"⑥。由于体会了姚鼐那种明澈向上的博大心境，看清了姚鼐不同风格诗在暗合儒家正统诗学观上的一致性，前贤之论虽说只是一鳞半爪，但都足以说明其诗亦有区别于雄健的一面。事实上，在融入宏伟怀抱的前提下，将阳刚与阴柔交织统一，这也正是姚鼐对诗歌创作所提出的最高要求，并于实践中努力经营着。

综上分析可知，或阳刚，或阴柔，或刚柔相济，这正是姚鼐诗留给读者的总体印象。只是受诗人人生经历、诗学观念等因素的影响，阳刚与阴柔在姚鼐笔下的分布确又有主次、轻重之别。而姚鼐论诗重"气"，亦即性情怀抱、道德修养的浸润，故无论表现为哪一种风格形态，其诗中涵容深厚的儒者气识，又是明显的。刘开《祭姬传夫子文》中一段沉痛悲凉而慷慨淋漓的文字，实可作为其诗风格的总结陈词，兹录如下：

> 不见夫卓而为石，喷而为波，怒而为奇禽骇兽，逸而为孤琴浮磬，幽而为窈谷深林者，皆其发见之文章。盖惟积于中者独厚，故形诸容貌，措诸实行，既以从容乎道义，而充于言辞，流于文字者，沛乎其莫能御，渊乎其无尽藏。⑦

---

① 徐璈：《桐旧集》卷七，民国十六年景印本。
② 姚鼐：《姚惜抱尺牍》，上海新文化书社1935年版，第5页。
③ 洪亮吉：《北江诗话》卷一，人民文学出版社1983年版，第5页。
④ 陆莹：《问花楼诗话》卷三，《清诗话续编》，上海古籍出版社1983年版，第2320页。
⑤ 姚莹：《康輶纪行》卷十四，清同治六年桐城姚浚昌安福县署刻清末印中复堂全集本。
⑥ 魏中林整理：《钱仲联讲论清诗》，苏州大学出版社2004年版，第48页。
⑦ 刘开：《刘孟涂集·文集》卷十，清道光六年姚氏檗山草堂刻本。

四、儒者之用："以正雅祛邪"

姚鼐诗与其弘道意识相呼应，不乏于现实之关注，诚不失"忠义之气，高亮之节，道德之养，经济天下之才"，每见"儒者气象"，自有其文学文化意义。当然，探讨其诗的文学文化意义又不能不联系其诗学宗旨。姚鼐论诗，以"镕铸唐宋"为宗旨。那么，姚鼐主张"镕铸唐宋"，其目的性、针对性又如何呢？

姚鼐"镕铸唐宋"之说，首见于与鲍桂星的一封书信：

> 镕铸唐宋，则固是仆平生论诗宗旨耳。又有《今体诗钞》十八卷，衡儿曾以呈览未，今日诗家大为榛塞，虽通人不能具正见。吾断谓樊谢、简斋，皆诗家之恶派。此论出，必大为世怨怒，然理不可易，非大才不足以发明吾说，以服天下。①

钱锺书说："唐诗多以丰神情韵擅长，宋诗多以筋骨思理见胜。"② 从字面上讲，姚鼐倡导"镕铸唐宋"，自是要将唐诗的"丰神情韵"与宋诗的"筋骨思理"耦合，将性情与志向、学问与兴味精神融为一体。雍乾诗坛，以沈德潜为首的宗唐派与以厉鹗为代表的宗宋派，并驾齐驱，肇端于南宋的"唐宋诗之争"被再度激发，而姚鼐"镕铸唐宋"旨趣的形成，与这一风潮大有关系。只是，相对于宗唐宗宋的偏执，姚鼐则予以折衷的态度，并以《今体诗钞》推广其意旨。

不过，"唐诗、宋诗，亦非仅朝代之别，乃体格性分之殊"③，唐宋诗之分，乃着意于诗人的"体格性分之殊"，故姚鼐的"镕铸唐宋"又绝非局限于唐宋诗形式的辨析，亦关涉诗之雅俗、正邪等精神层面的问题。面对"今日诗家大为榛塞"，其策略则是编选《今体诗钞》以正之，对此其亦多有明示，或称选《今体诗钞》为诗家之"正法眼藏"④，或谓"以俗体诗之陋，钞此为学者正路耳"⑤。姚鼐所谓"俗体诗"，乃相对"雅正诗"而言，更多的是指向诗之精神层面。因此，其称"欲作古贤辞，先弃凡俗语"（《与张荷塘论诗》）⑥，又称"大抵作诗古文，皆急须先辨雅俗。俗气不除尽，则无由入门，况求妙绝之境乎"⑦，且谓"近人不知诗有正体，但读后人集，体格卑卑。务求新而入纤俗，斯固可憎厌"⑧，并指出黄山谷"突兀磊落之气，足与古今作俗诗者藻擢胸胃，导启性灵"⑨，就作俗诗的态度、俗诗的表现危害及应对的方法予以解析。其实，《今体诗钞》

---

① 姚鼐：《姚惜抱尺牍》，上海新文化书社 1935 年版，第 33 页。
② 钱锺书：《谈艺录》（补订本），中华书局 1984 年版，第 2 页。
③ 钱锺书：《谈艺录》（补订本），中华书局 1984 年版，第 2 页。
④ 姚鼐：《姚惜抱尺牍》，上海新文化书社 1935 年版，第 23 页。
⑤ 姚鼐：《姚惜抱尺牍》，上海新文化书社 1935 年版，第 66 页。
⑥ 姚鼐：《惜抱轩诗文集》，上海古籍出版社 1992 年版，第 485 页。
⑦ 姚鼐：《姚惜抱尺牍》，上海新文化书社 1935 年版，第 56 页。
⑧ 姚鼐：《姚惜抱尺牍》，上海新文化书社 1935 年版，第 82 页。
⑨ 姚鼐：《今体诗钞》卷首《序目》，上海古籍出版社 1986 年版。

所选亦多为"格正调高之作"①。将这些因素综合起来考察，足见姚鼐反对"俗体诗"的目的无非是认为它不及古，无"裨益于教化"②，不契儒家诗教。

姚鼐致鲍桂星信中所称"樊谢""简斋"者，分别指厉鹗和袁枚。厉鹗为清中叶浙派巨擘，推崇宋诗，以书为诗材，强调学问根柢；为诗好"隶事用典"，诗风以"萧寥通峭"为特色，其缺点在于"格局狭小，非大家气象"及"喜欢用僻典、代字"两个方面③，负面影响则在于易成饾饤、拇扯之弊，破坏诗之整体艺术效果。此现象不仅在厉鹗诗中存在，其末流则更为严重，沈德潜"樊榭学问淹洽，尤精熟两宋典实，人无敢难者，而诗品清高，五言在刘眘虚、常建之间。今浙西谈艺家，专以饾饤拇扯为樊榭流派，失樊榭之真"④之谓，即说明了这一点。至于袁枚，论诗不分唐宋，主张创作主体"性灵"的率意发挥，有游离于儒家诗教外的趋向，创作有"浅直俚诨之病，不能及古，而见喜于流俗"⑤之病。显然，这一切与姚鼐的诗学趣尚，正背道而驰。惟其如此，在姚鼐的意识中，厉鹗与袁枚便成了作"俗体诗"的代表，这亦即其指斥"樊谢、简斋，皆诗家之恶派"的原因所在。综上可知，呼应其"道与艺合"的观念，姚鼐"镕铸唐宋"的论诗宗旨乃根源于正统的儒家诗教观，虽其并不否认诗之审美表现，但对诗之教化功能则更为看重。

如前文所论，姚鼐的学术品格、论诗宗旨与其创作桴鼓相应。在审美情趣方面，姚鼐以宋学为范，守正不挠，义理、词章并重，故其诗涵容"道与艺合"的旨趣而有唐宋兼融的艺术面貌，吴德旋称其"诗从明七子入，卒之兼体唐宋，模写之迹不存焉"⑥，并非无据。就精神境界而言，姚鼐一生以弘扬儒家道统为职志，认为"言自贵有益于事耳，岂徒得文章之美哉"⑦，强调诗文创作须有益于世道人心，将之视为传道之"技"。因此，其诗同样显现高洁的儒者面相，精深而博大。在艺术风格上"惜抱轩诗"表现出或阳刚、或阴柔、或刚柔相济的特点，究其根本又无不是儒者诗人姚鼐自身学养积淀、性情怀抱、道德修养培育下的产物。同样值得注意的是，因有感于世道人心的颓废，姚鼐"以正雅祛邪"的创作态度，又是乾嘉持守宋学义理观之士的普遍追求，其著者如彭绍升、朱孝纯、王文治、王昶、秦瀛、蒋士铨、罗有高等，大抵如此。总体看来，他们的诗学路径难免有差异，所取得的成就亦未尽相当，但姚鼐其人其论及其诗，在当时诗坛的典范意义则是毋庸置疑的。更为重要的是，姚鼐以义理为内核，以诗法教人，以书院为阵地，门人遍南北，其诗坛影响力在嘉道以降，愈见突出。正因如此，张际亮《润臣以近诗见示率题三绝》拿他与王士禛并称，云：

风雅微茫有正声，渔洋惜抱两分明。为君更话沧浪旨，千载骚人过眼轻。⑧

---

① 文廷式：《纯常子枝语》卷四十，民国三十二年刻本。
② 姚鼐：《姚惜抱尺牍》，上海新文化书社1935年版，第16页。
③ 张仲谋：《清代文化与浙派诗》，东方出版社1997年版，第229~242页。
④ 沈德潜编：《清诗别裁集》，中华书局1975年版，第424页。
⑤ 杨钟羲：《雪桥诗话余集》卷八，民国求恕斋丛书本。
⑥ 吴德旋：《姚惜抱先生墓表》，《初月楼文钞·续钞》卷八，张寿荣雨花楼丛钞本。
⑦ 姚鼐：《姚惜抱尺牍》，上海新文化书社1935年版，第74页。
⑧ 张际亮著，王飚校点：《思伯子堂诗文集》卷二十六，上海古籍出版社2007年版，第1012页。

综之，相对姚鼐"镕铸唐宋"的诗学宗旨，其诗亦从审美形式和精神意涵两方面进行构思，并契合"道与艺合"的理路，同样有着深厚的乾嘉学术背景，是成就其学术思想和文学地位的重要路径，维护世道人心、规范社会秩序的目的明确。

（作者单位：汕头大学文学院）

物我之间：清代琉球诗人的季节书写与文化心灵*

□ 吴留营

【摘要】清代琉球长期葆有汉文书写传统，琉球燕行使及来华官生、勤生的汉诗作品在琉球汉文学格局中占有重要地位。具有旅华经历的琉球汉诗人，穿越海陆，纵横南北，极大地开阔了视野，丰富了诗歌选材内容。更为重要的是，琉球本土冬夏常温，经历过四季轮回、物华荣枯的燕行诗人，有了对世事人生更深层次的体悟。对物我关系的思考，触动于心，外化为文字，形成大陆文明与海洋文明共同泽被的文学样式。敏感于季节变换，琉球汉诗人常流露出对时光易逝的无奈，蕴生出久别故土、思亲怀友的情绪，继而以诗歌为载体抒发对漂泊生涯的感喟。这一主题的作品，相较于我国传统的同题材诗歌以及琉球本土诗歌，既有牵连，又有着别具特色且值得探究的艺术价值。

【关键词】琉球汉诗；季节书写；文化心灵；物我关系

自诗骚以来，古典诗歌中所吟咏的春花秋月、夏雨冬雪，可谓千姿百态，作品则浩若烟海。① 琉球汉诗，作为后起而杰出的一脉，对春夏秋冬的感怀也不乏篇章。值得一提的是，看似平常的四季分明、周而复始，对地处亚热带海岛的琉球族群而言，却并非人人皆有的际遇。远涉重洋、渡船而来的琉球诗人，踏上中土大地，感受四季，也感受四季变化中的自然、人文风貌，留下了别具一格的诗歌文献。这类诗歌，与琉球本土所作汉诗，与我国传统的同题材诗歌相较，究竟有何异同之处，其所体现的艺术价值如何？本文拟就所掌握文献资料，作一探析。

* 本文系国家社会科学基金青年项目"明清中国与琉球交往诗歌文献整理研究"（20CZW026）、中国博士后科学基金资助项目"清代中国与琉球诗歌交流研究"（2020M670952）、国家社会科学基金重大项目"东亚汉诗史"（19ZDA295）阶段性成果。

① 如潘国琪等编《历代四季风景诗 300 首》（北京师范大学出版社 1997 年版）、严明《花鸟风月的绝唱：日本汉诗中的四季歌咏》（宁夏人民出版社 2006 年版）等。

一、春日题咏：三春欲尽恨难留

地处北方内陆，燕京的四季变化分明，这是琉球文人在琉球或福州难有的体验。北京的春季，干旱少雨。琉球诗人蔡大鼎《北燕游草》言"京都入春以来，雨泽稀少"，以至于"皇上亲诣大高殿祷雨"。① 春风送暖，是郊游的好时节。道光年间琉球官生阮宣诏、郑学楷、向克秀等皆有《春游曲》诗。郑学楷《春郊即景》诗云："淡荡春风满帝城，花光柳色十分明。一声布谷催东作，到处郊原有力耕。"全诗有声有色，尽显明媚春光。观其首句，明人虽已有"晓日春风满帝城"之句②，郑诗"淡荡"二字却因情态毕至而更胜一筹。且以淡荡修饰春风，语出有自。陈子昂《与东方左史虬修竹篇》诗中已有"春风正淡荡，白露已清泠"之句。郑诗结句"力耕"二字，由景及人，更为鸟语花香的春天增添了生机和活力。

在琉球诗人作品中，不只有春游之乐，也有春愁。向克秀《送大文武德润与力向筠秀》一诗，首句即谓"久客独愁杨柳春"，其师孙衣言评曰"起句黯然销魂"。不难想象，久做他乡之客，诗人情感一触便发，更便于送行诗离愁别绪的抒写。同治间琉球官生林世功《春日书怀》诗写道：

> 客舍长安岁月深，萋萋芳草怅离襟。春风车骑晴郊路，丽日莺花故国心。优渥承恩犹作客，宽闲养性独弹琴。不堪东望扶桑远，渺渺云烟接翠岑。③

春天万物或复苏，或重生，一派欣欣向荣的景象。而由冬天的沉寂到春天的喧嚣，最像是季节轮换的"强提醒"。客居他乡又是一年，因此才有了"萋萋芳草怅离襟""丽日莺花故国心"，以乐景写哀情，繁花愈盛，惆怅愈深，东望扶桑的思乡之情愈切。琉球官生教习徐幹评此诗曰"意深情苦，微婉动人"，故土之思易有共鸣，更何况是万里之遥游子的抒怀。

与此相类，另一官生林世忠《春日有怀》绝句诗曰："春城愁见草萋萋，到处飞花踏作泥。何事天涯音信断，东风还送小莺啼。"与多数诗篇春日里喜见草长花发不同，此诗开篇即言愁。三四句并未见古典诗话中常谓的"收"，反而更进一步，将愁思递升为嗔怒。故乡音讯皆无，东风未把书信送来，反倒吹来小莺乱鸣的声音。徐幹评此诗曰"情见乎辞"，确是句句含情，甚至愁绪满溢。

时光如水，北京的春天尤其短暂。郑学楷《桃花》诗曰："二月长安物候新，桃绯婀娜见天真。花朝已过清明近，无那轻抛客里春。"虽短短四句，却将春光易逝，岁月难留的情绪生动展现。琉球地处亚热带，受气候差异影响，难见春秋变换，故作于琉球本土的

---

① 蔡大鼎：《北燕游草》，《琉球王国汉文文献集成》28 册，复旦大学出版社 2012 年版，第 283 页。除非另注，本文所引琉球汉诗均自该集成。

② 李英：《甲子元日晓望》，《游历集》卷上，见于欧大任《欧虞部集十五种》，清刻本。

③ 徐幹辑选：《琉球诗录》卷一，《琉球王国汉文文献集成》32 册，复旦大学出版社 2012 年版，第 40 页。

汉诗少有伤春悲秋的情感。而身在北京，面对花开花谢的季节更替，则有了些许伤感。如《客中践春》诗曰："一片花飞动客愁，三春欲尽恨难留。可怜柳畔莺声老，为惜年光懒上楼。"可谓是句句含情，首句中的"愁"，次句以"恨"为对；第三句再用"怜"字，尾句以"惜"对之。绝句中如此密集的铺排情绪，并不多见。

再如蔡大鼎《送春》诗云："他乡送汝百花残，惜别流莺雨里寒。何处来知何处去，报家依未出长安。"此诗虽只有一个"惜"字，可贵之处在于短短四句已有了你、我对话的书写形式。春光已尽，所要送别之汝，是凋残的百花，是雨中的流莺。而依，亦即作者自己，滞留京华尚未出城。同样以《送春》为题的诗写道："繁华洗尽雨声中，回首园林寂寞红。蝶惜飞花莺惜柳，无情风日去匆匆。"写法则又推陈出新，此诗中，怜惜百花凋零的不是作者而是蝴蝶，依恋春柳的则是那莺鸟。与前述数诗相较，此诗反到了"无我"的境界。"我"的情感则转移到蝴蝶、莺鸟之上，赋予其爱恨意识，假托它们来抒发。

东国兴《上巳志忆》诗写道："暖风晴日客中天，花笑莺啼春色妍。惆怅江楼几人在，相思应指白云边。"上巳俗称三月三，在清代是士民郊外游春，文人临水宴饮赋诗的时节。"暖风晴日客中天"一句，虽胎源于李东阳"暖风晴日丽层天"，但"客中"二字，已奠定全诗情感基调。下文惆怅、相思均给原本郊游宴饮为乐的上巳节，增添了几分不同寻常的色彩。为了对比而形成反差，花笑、莺啼、春色妍的乐景也助力不少。此所谓的"江楼"，显然不在诗人客居的北京。琉球诸诗人作品中多出现"江楼"，如蔡肇功《仲春夜雨共话》"惠风吹雨点江楼"、《夏日游江楼》，蔡文溥《上巳同诸友集饮江楼》、《暮春有感》"江楼客子叹年华"、《江楼新晴》、《登江楼》，周新命《雨后晚眺》"江楼独坐频搔首"、《秋日集饮程素文江楼迟业师不至》①等诗句，可知此江楼当位于福州闽江之畔。时间或短或长，琉球诗人皆曾客居于榕城。再逢上巳，已各分南北，于是有了这相思怀远之作。

向克秀作于上巳节的《上巳》诗可并观，诗云："天气晴新三月三，携樽快赏百花潭。兴来醉向春风舞，醒忆家乡恨不堪。"虽为绝句，起承转合仍不疏怠。宴饮赏花，兴致最高处醉而随风起舞，但醒来则念及故乡而不得归，不由得怅恨不已。其师推赏曰："跌宕颇得青莲之妙，忽喜忽恨亦是客中情况。"这一醉一醒间，已有说不尽的悲喜。

琉球三十六岛，耕地短缺，民生素赖海外贸易。中国古代向以农业立国，帝王须亲临省耕。康熙帝曾命人重绘《耕织图》，并赋诗题序。琉球诗人程顺则曾在京得观此图，有诗题为"圣制耕织图"，其中谓"忧民圣主重农桑"。并非孤例，琉球多数诗人对京郊春耕颇加注意，并记于笔下。如《春耕曲》诗曰："一声布谷报芳辰，农事相催及仲春。短短秧针初出水，平田新绿涨鱼鳞。"三四句连用比喻，烘托出一幅绿苗上长的生动景象。

东国兴《春耕》诗二首俱佳。其一云："杏花微雨晚霏霏，滑滑香泥映翠微。田水声中闻叱犊，春风桑柘挂蓑衣。"除了叠字运用将微雨、春泥的描写更显细致外，无论是画境的构造还是意境的营造，皆可圈点。其二则是另一番模样，诗云："生涯十亩最关心，春到田家乐自深。为看儿孙耕绿野，老翁倚杖绿桑阴。"诗歌由春耕之景转向写春耕之人，主要视点并未放在田间繁忙的耕作场面，而是聚焦于树荫下观看儿孙耕田的一位老

---

① 分别见于《琉球王国汉文文献集成》第 25 册，复旦大学出版社 2012 年版，第 25、28、220、221、222、223、149、153 页。

者，可谓避熟就生，别出心裁。各安其事、各得其所的安排，也使田家之乐更为凸显。郑学楷《春耕》一诗写道：

> 布谷鸣桑间，声声催农事。田家感天时，农夫出稼器。争向东皋原，始耕南亩地。胼胝知力田，俯载随地利。农夫唱田歌，农妇馌酒食。谈笑占有年，力食无俗累。不才遇主知，驰逐追骐骥。挂帆昌风波，负笈游幽冀。旅食移三秋，膝下旷随侍。既夺天伦欢，又隔园林志。因念田家人，风尘愧羁系。①

此诗笔触由春景及农人，再到自己。既有布谷鸟催促农事，农夫应时而动，力耕田亩的热闹场面，又有夫妇分工协作，自力更生而安详和谐的农家之乐。重点是诗歌行笔至此，用五韵的篇幅反省自己，负王命而驱驰海外，三年不得亲奉父母，因羡慕农家平凡但和美的天伦之乐，自愧不已。孙衣言评此诗曰："'力食无俗累'五字，大似陶靖节，语出储王田家诗之上。"诚然，唐人田园诗多处于冷静旁观的他者之笔，往往不能像陶氏躬耕田园而乐在其中。储光羲田家诗多首，虽有分食于田鸟，且言"我心多恻隐""我心终不移"②，但仍处于自述的层面，未及自省。王维《渭川田家》歌罢田家之乐，以"即此羡闲逸，怅然歌式微"做结，是其隐逸之志的流露。王建《田家行》既写田家男欣女悦，又批判官家剥削造成的农家之苦，对白居易新乐府不无影响。及白氏创作《观刈麦》，以长篇书写农家男妇乃至幼子不畏辛劳，田间劳作，输税尚有不足，不禁自愧无功受禄。返观郑学楷《春耕》诗，由田家农事写到自省，可谓是接续王维、白居易诸诗的遗响，不拘一家且有所翻新。

二、夏日闲趣：一榻茶烟清入画

无论是北处燕京，还是南居榕城，夏天都显得炎热而漫长。琉球诗人作于夏季的诗歌，可观者多以纳凉、观荷、听蝉、采莲为主题。阮宣诏、郑学楷、向克秀等人皆有《湖亭纳凉》诗，林世忠《纳凉词》写道：

> 南窗寄傲拟游仙，闭户时寻梦里缘。一枕黄粱最清绝，碧阑干外抱琴眠。纱窗竹簟出尘凡，况复槐阴满翠严。不必嫩凉夸马上，薰风也自透蕉衫。画舫常依水作家，篷窗四面压荷花。诗人底事风流甚，茗战才赢又战瓜。③

琉球诗人在京如何消夏？此诗或可解答。首四句一组镜头在室内，起句"南窗寄傲"，句出陶潜《归去来兮辞》"倚南窗以寄傲"，已有几分闲逸之态。"闭户时寻梦里

---

① 孙衣言辑选：《琉球诗录》卷二，《琉球王国汉文文献集成》31 册，复旦大学出版社 2012 年版，第 180 页。

② 储光羲：《田家即事》，《储光羲诗集》卷二，上海古籍出版社 1992 年版，第 11 页。

③ 徐幹辑选：《琉球诗录》卷一，《琉球王国汉文文献集成》32 册，复旦大学出版社 2012 年版，第 75~76 页。

缘"一句在苏东坡"闭户时寻梦"基础上有所生发,诗人欲在梦中游仙。接续一联移至室外,抱琴而眠,依旧是雅事。其后四句转写庭院,树荫满翠,熏风送凉。尾四句视角继续外延,登上画舫,傍水临窗,可观荷花。更为有趣的是,三五同好聚集,斗茶战瓜,消解夏日之烦闷。此诗所描绘各处场景,被其业师徐幹评赏为"均有逸趣"。结句所言"茗战",典出有自,且唐宋以来诗文中用之甚多。而"战瓜"又作何解?明人冯梦龙《古今谭概》言"瓜战"曰:"昔人喜斗茶,故称'茗战'。钱氏子弟取雪上瓜,各言子之的数,剖之以视胜负,谓之'瓜战'。然茗犹堪战,瓜则俗矣。蔡君安夏日会食瓜,令坐客征瓜事,各疏所忆,每一条食一片,如此名'瓜战',便不俗。"① 由此,既可知琉球诗人夏日闲趣,又可见其对事典、民俗的理解程度。

与林世忠同在国子监受业的林世功,同题《纳凉词》云:"绿阴半亩映书帷,赤日行天午不知。一榻茶烟清入画,晚来犹有雨催诗。"树下乘凉,有书卷、清茶相伴,亦是雅事。午间炎热,傍晚落雨,正符合北京夏季气候特征。"雨催诗"一语,源自老杜纳凉时所作诗句,后世如陆游、范成大诗歌中反复用及。诗中他处字句出自陆游、王彦泓者,亦可见林氏学诗门径。

郑学楷《净业湖观荷花》:"一碧湖光冷似秋,荷花绰约绕江楼。倚栏人立垂杨外,无数闲鸥自在游。露碎波心隐钓舟,湖光树色共沉浮。芙蕖不似天涯客,叶叶花花各并头。"题中所谓净业湖即西海,"或因内多植莲,名为莲花池。或因水阳有净业寺,名为净业湖"②。夏日于敬业湖畔观荷,是北京消夏好去处。纳兰性德、法式善、潘世恩等人皆有相关题材诗歌。前人虽有"一样春光冷似秋",郑氏言"一碧湖光冷似秋",形容炎炎夏日临湖而觉的凉意,亦甚贴合。诗中景幽人静,物我相洽,孙衣言评语曰"言情绮丽"。除此外,尾联亦值得注意,"芙蕖不似天涯客,叶叶花花各并头",花叶相接的莲花倒让孤身一人的天涯游子心生怨慕起来,这在诸多同题材诗中别出心裁。另有东国兴《净业湖北楼观荷花》诗,亦由观湖中之荷联想到万里之外的海上家乡,可与郑诗同赏。

林世功在《新蝉》诗中写道:"饮露清如许,吟风暑不知。一声孤磬远,万树夕阳迟。有客频生感,无人识所思。幽窗听寂寥,赢得鬓如丝。"新蝉渴饮甘露,在酷暑中吟风长鸣。远处传来一声钟磬之音,夕阳燃遍层林,迟迟不肯落下。其师徐幹评语曰:"次联格律在韦孟之间。"袁枚女弟子席佩兰《蝉声》诗曾有"小楼清梦觉,老树夕阳迟"③之句,就格律和意境来看,林诗对仗工稳,意境亦更显开阔悠远。后二联由景及人,将镜头拉近,写游子思亲,无人能会。隔窗传来的蝉鸣,终日保持同样的节奏频率,无疑更让人心生寂寥。另一首《夏日书怀》云:

> 向夕敛微雨,残虹挂城头。山色浓于染,槐荫翠欲流。清风洒然至,爽气满驿楼。蝉声在高树,双蝶穿花游。门前人不到,客迹感萍浮。独倾一樽酒,翻添离别忧。欲取丝桐弹,知音不可求。去年逢夏日,乘凉偕子由。蕉衫并蒲扇,携手任去

---

① 冯梦龙编著,栾保群点校:《古今谭概》卷八,中华书局 2007 年版,第 111 页。
② 于敏中等:《日下旧闻考》卷五十三,北京古籍出版社 1985 年版,第 850 页。
③ 席佩兰著,李雷点校:《长真阁集》卷二,《清代闺阁诗集萃编》4 册,中华书局 2015 年版,第 2082 页。

留。一旦弃我去，生死隔明幽。梦中见颜色，梦醒空悠悠。唯有多情月，西窗伴客愁。①

林世功在琉球官生中诗才上乘，驾驭长篇"毫不费力"（徐幹语）。此夏日诗从前贤佳作中点化成句者亦多。白居易《偶作二首》中有"清风飒然至"，或可闻秋风飒飒之声。林氏"清风洒然至"，远接陶潜《饮酒二十首》中"清风脱然至"，同显诗人对夏日清风翩然而至的洒脱和愉悦感受。"蝉声在高树"一语，引用前七子之一边贡《山中杂诗》中成句。"独倾一樽酒"句似乎也在江总"独酌一樽酒"与杜牧"因倾一樽酒"之间拿捏取舍。行笔至此，诗人由独自纳凉饮酒转入对逝去友人的怀念，愁绪郁结到不忍卒读的地步。去年与子由携手乘凉，今岁已是生死两隔，梦中常见，而梦醒皆空。其中可圈者，"一旦弃我去""生死隔明幽"皆语出有自，明初刘基追念往昔时，有"一旦舍我去"云云之句，而其好友宋濂在追忆刘基、叶琛等好友时则有"悼死隔明幽"② 之语。随同林世功一同往北京国子监受业的琉球官生另有三人，分别为毛启祥、葛兆庆、林世忠。毛氏在登陆福建后未及入京即亡于途，兆庆、世忠二人亦先后病卒，最终唯有世功完成学业回国复命。身处异域，故友又逐一辞世，这种难掩的心灵创伤自然会外化于文字，见诸作品中。全诗以"唯有多情月，西窗伴客愁"做结，笔端归于外物，尝试跳出愁闷之事，却也让孤寂之情再次强化。此诗由傍晚写至月映西窗，由户外山色写到门庭，由去年写到今朝，由梦中写到梦醒，大致上分前后两段，视点多而不乱。

三、秋日有感：魂梦空随落叶飞

琉球诗人对秋天的书写，作品最多，叙事、描写也是最为充分的。主题多围绕咏菊、赏月、登高等，同样抒发感怀，却也情态各异。康熙间册封琉球使汪楫撰有《中山沿革志》，该书所附《中山诗文》收录有琉球本土诗人所作的咏菊诗。这首由紫巾官夏德宣所作题为"咏菊"的诗歌写道："中山十月菊初黄，但见阳和不傲霜。满把摘来香在手，还家高捧万年觞。"③ 菊花有夏菊、秋菊、冬菊，夏氏所言"十月初黄"之类应属秋菊中的晚菊。重要的是，与中土秋菊不同，始终处于温暖气候中的琉球菊花并不曾有迎霜凌寒的遭遇。因此在琉球赏菊难有季节轮回的联想。

无独有偶，蔡文溥有《东宫菊花应教》一诗，是献给中山王世子的。诗云：

最爱秋花独傲霜，托根鹤禁带恩光。嫩枝点玉重重白，细蕊浮金朵朵黄。雨歇亭

① 徐幹辑选：《琉球诗录》卷一，《琉球王国汉文文献集成》32 册，复旦大学出版社 2012 年版，第 13~14 页。

② 分别见于刘基：《旅兴》其六，林家骊点校：《刘基集》卷二十，浙江古籍出版社 2011 年版，第 472 页；宋濂：《忆与刘伯温章三益叶景渊三君子同上江表五六年间人事离合不齐而景渊已作土中人矣慨然有赋》，《萝山集》卷五，《宋濂全集》1 册，浙江古籍出版社 2014 年版，第 91 页。

③ 汪楫：《中山沿革志》附《中山诗文》，黄润华、薛英编：《国家图书馆藏琉球资料汇编》（上），北京图书馆出版社 2000 年版，第 1075 页。

皋添秀色，风生篱下送幽香。曾闻仙菊能延寿，特为东宫泛酒筋。①

此诗中间二联一写颜色，二写香气，设喻恰当，对仗颇工。首尾二联则突出该诗应制而成的特点。首句即言菊花之傲霜特性，为人所爱；尾联言菊花泛酒以为世子延年益寿。菊花酒能祛病延年之说在汉魏时期即屡见诸诗文笔记中，自不必言。那么，此处琉球菊花何以能"傲霜"了呢？此诗的受主——中山王世子尚纯，未及即位就病殁。在蔡文溥《四本堂诗文集》中，紧邻该诗之后，是《恭哭王世子十首》的悼亡诗。由此推知，此处强调菊花"傲霜"之本性，意在为病中的世子祈福，以抒臣衷。

而客居中土时所作的咏菊诗，自有别样风情。周新命《咏菊》一诗写道："老圃秋容向出尘，疏疏落落有精神。孤芳似与春为妒，晚节偏宜月作邻。岂共佳人称彼羡，恍疑高士是前身。自从彭泽归来后，结伴东篱友逸民。"言菊花之超凡脱俗，不徒为秋日园圃增添生气，更贵在品性高洁且隐而不彰。陶渊明东篱采菊诗之后，题菊之人往往言及陶氏，或称赏其高士品质，或借喻自身。而林世忠《咏菊》诗则写道："点缀秋容更可怜，襟怀淡荡趣陶然。品题未必归高士，我亦闲吟耸瘦肩。"菊花能为秋色增容之貌，淡雅之色亦足令人喜悦。忍不住要题诗一首，不为自比高士，只因心生爱怜。此诗为菊花褪去种种附丽的光彩，可谓回归本色。

此诗之后，林世忠再赋《供菊》《菊影》二诗，可谓一咏三叹。《供菊》诗云："手折金英玉露垂，胆瓶新插两三枝。珊瑚架畔清香袭，分得秋光半入诗。"前诗既然写爱慕菊花容貌，于是摘取几枝插入瓶中细赏。清香袭人，只需三两枝，已截取一方秋色移至室内，也展于诗中。瓶中之花虽是静物，却写得动态十足，颇有生气。徐幹以"澹静"评之，未察静中之动。"胆瓶新插两三枝"当是化自戴亨《咏瓶花》"胆瓶斜插两三枝"之句，超越之处在于"两三枝"与结句"半入诗"前后呼应，含蓄有度，不漫不溢。

末一首《菊影》曰："如此清姿画得不？花花叶叶总风流。参差瘦影随明月，斜映疏帘上玉钩。"起句"画得不"之问，上承前诗。美景佳境，素有"半归图画，半入诗囊"之说。而此诗的发问，作者并未正面回答，对句"花花叶叶总风流"已暗含了答案。前述女诗人席佩兰咏《周服卿莲渚文禽图》有"花花叶叶总相依"② 之句，花叶相依之态可拟，而风流之姿却画图难足。似如前文所引周新命《咏菊》诗所谓"偏宜月作邻"，林诗中的菊花得明月映照，投影于帘幕上，渐渐爬上了玉钩。影不易写，以菊影入诗，历来鲜有闻者。林氏此作可谓是一次有益尝试。

以古体抒情有着更为自由、便利的优势。道光年间琉球官生教习皆注重上溯汉魏，以古诗为法。孙衣言在《琉球诗录》序言中云：

> 中山人士往往能为诗，然多为五七言律绝，以资酬答而已，鲜有为古诗者。予为教习时，颇令弟子辈泛览汉魏唐人以来诸家作者，间语以古人作诗格法蹊径，皆洒然

---

① 蔡文溥：《四本堂诗文集》，《琉球王国汉文文献集成》25 册，复旦大学出版社 2012 年版，第233 页。

② 席佩兰：《长真阁诗余》，《清代闺阁诗集萃编》4 册，中华书局 2015 年版，第 2152 页。

有得其所，为诗亦往往可观。①

同治间琉球官生教习沿袭这一作法，故而同治本《琉球诗录》集中亦多见《拟左太冲咏史诗》《拟短歌行》《长相思》等古风题。琉球诗人所作拟古诗，究竟成效如何？试举林世忠《杂诗》一观。

> 孟秋寒霜至，明月照我床。竟夕不成寐，揽衣独彷徨。凉风入罗帷，衣带自飘扬。蟋蟀声何哀，北雁已南翔。触物多所怀，游子隔河梁。出户无所之，泣泪沾衣裳。庭阶空伫立，感叹心内伤。②

这首拟古之作，古朴自然，不事雕琢，读来犹如出入于汉魏间，徐幹评之曰"音节苍凉"，亦无不妥。观其追摩标的，"明月照我床"一句显然摘自曹丕《燕歌行》"明月皎皎照我床"。"竟夕不成寐"拟自刘禹锡《酬乐天小亭寒夜有怀》"竟夕不能寐"。"揽衣独彷徨"化自曹丕《杂诗》"披衣起彷徨"。"触物多所怀"拟自张协《杂诗》"感物多所怀"。"游子隔河梁"化自庾信《拟咏怀诗》"游子河梁上"。"出户无所之"拟自曹植《杂诗》"出亦无所之"。"泣泪沾衣裳"拟自曹丕"不觉泪下沾衣裳"。"庭阶空伫立"拟自李白《菩萨蛮》"玉阶空伫立"。"感叹心内伤"拟自张华《情诗五首》"感慨心内伤"。由此看来，半数以上的诗句由汉魏佳作中易一二字而得。秋风萧瑟，触物感怀固然是古今文人共通之处。琉球诗人的拟古之作，音节、语言都可以做到仿古随古，终究是少了些自身面目。

咏物也好，拟古也罢，秋天里物候变迁，草木凋零，终究会给旅居中土的琉球诗人心中留下深刻的印记，触动情感。林世功《秋日杂感》"长安为客几时归，魂梦空随落叶飞。万里白云亲舍远，三秋紫塞雁行稀。西风何处寒吹角，明月谁家夜捣衣。惆怅游人眠不得，一灯孤影照书帏"，写的是游子思归，身借此地，而心灵已随落叶飞向远方。西风明月之中，吹角声、捣衣声令诗人不堪入眠。周新命《秋兴》诗则写道：

> 无边木叶下秋风，楼外云山四望中。满眼烟光都在菊，一林霜气半宜枫。离情每向闲中切，玄草还从醉后工。岁月易过生幻想，好携瓢笠访崆峒。③

《秋兴》七律当推老杜，周氏此诗虽不及杜诗纵横开阖，饱含离乱之苦和家国之忧。但就抒发个人经秋之感来说，在琉球汉诗中可推为上乘。首联放眼四外，气势宏阔；颔联紧承上联，视野渐趋收缩，聚焦于菊映秋光、枫林带霜。颈联由景及人，谈离情，谈作

---

① 孙衣言：《琉球诗录序》，《琉球王国汉文文献集成》32 册，复旦大学出版社 2012 年版，第 7 页。

② 徐幹辑选：《琉球诗录》卷二，《琉球王国汉文文献集成》32 册，复旦大学出版社 2012 年版，第 55 页。

③ 周新命：《翠云楼诗笺》，《琉球王国汉文文献集成》25 册，复旦大学出版社 2012 年版，第 147~148 页。

诗，颇有理致。尾联对人生的感悟更上台阶，时光易逝，万物兴衰皆有定数，进而产生遁世的思想。此可谓是物华荣衰对文人心灵影响至深的写照。

四、冬日抒怀：夜半拥炉有所思

虽经过秋天的长期铺垫，才渐次进入寒冬，但北国的独特体验仍使琉球诗人在作品中留下鲜明的印记。林世功连有《寒山》《寒渔》《寒柝》《寒灯》四诗叙写北地之寒，其中不乏"天寒山欲瘦，寂寞不须论"，"十万人家静，三更雪色凉"等佳句可赏者。

对于鞍马在途的使者而言，遭遇雪天并非可喜之事。程顺则《维扬遇雪》写于贡事已毕，离京回国的途中。诗曰："匹马维扬道，霏霏觉惨凄。冻云凝废井，衰柳软长堤。帽重檐低压，鞭轻手莫携。漫言歌白雪，客里补诗题。"已是天寒地冻，雨雪霏霏更令人马行走困难，诗人已陷窘迫之境，甚至自觉凄惨。然而，此时之雪虽不可歌，却因前所未见而值得一记。

琉球本土难见雪景，客居燕京的诗人遇雪，往往喜而赋诗。琉球王国晚期陈情使蔡大鼎在其《北上杂记》中言："本月念九清晨，所得白雪，多倍日前。即开去纸窗，几回吟咏，不啻有柳絮因风起之趣。殊令君臣上下皆娱目娱心也。无如本国有霰无雪，故第知有六出之名，而未见其形。即蝉不知雪之类也。至其水冻，亦无不然。"① 雪花六角，中国古诗文中向以六出为雪花之别称，未曾见雪花者自然不易理解。琉球无冰雪，故而对北京的冰雪天气情有独钟。其如阮宣诏《喜雪》诗云：

> 寒天色惨淡，万里连海涯。朔风逐雨雪，六出花霏霏。的皪映纸户，渐历飘松篱。鸟道混上下，人迹迷东西。四野遍滋润，三农频扶犁。行看年谷稔，欢声满田畦。佳瑞自相应，庶几慰圣思。

雪前天光暗淡，万里浑然一色。做足了铺垫，雪花始随风飘洒而下。以的皪形容雪花光泽，以渐历模其声响，均细致妥帖。其后视野外扩，雪中飞鸟、行人几欲迷失方向。雪后田野获得滋润，农人丰收在望。全诗以瑞雪慰圣衷做结，这"喜雪"一题似乎有了更深层次的意涵。阮宣诏同窗向克秀《喜雪》诗结句是"饱食善歌咏，藉以慰皇情"，郑学楷《喜雪》诗亦同此类，且获其师评语曰"末幅归本圣德，深得立言之体"。郑诗云：

> 黑云满城头，惨惋昏白日。天公试玉手，剪落雪六出。朱栏纵双眸，气暧若溟渤。已疑撒银盐，还似度明月。拾食冻雀忙，封岭樵径没。纷纷落阶除，凉气逼裘褐。冒寒策枯筇，言出旷野阔。陌阡滋浓膏，枯苗乍欲活。田老占岁丰，击壤喜洋溢。圣人至德隆，祠祷况精一。一时回天心，已慰望泽渴。我亦蒙殊恩，咫尺近金

---

① 蔡大鼎：《北上杂记》卷二，《琉球王国汉文文献集成》29 册，复旦大学出版社 2012 年版，第 348 页。

阙。相将寻梅花，已向沙岸发。①

　　郑诗与阮诗结构大致相当，各处过渡衔接自然，语言却更显活泼。天公玉手剪落雪花、撒银盐、度明月的比拟写法增添了不少生气。此外，郑诗以沙岸寻梅做结，不局限于有个颂圣的"尾巴"，多了几分诗人性情，留下了充分的想象余地，给人以余音未了的期待。

　　琉球官生学诗于国子监，平日多作应制诗、帖体诗，雨雪题材诗歌不免沾染习气。放眼更多作品，则不拘一格。同样是写雪，郑学楷在《寄家兄》一诗中传递喜悦，诗云"幽州二月寒未尽，有时飞雪如银沙。花光雪色时相映，烟景何殊神仙家"，将花中飞雪之景比作仙家。转而又写道："风光虽好不解爱，往往离思牵苍葭。天南天北不相见，江云江树愁如何。"既有对雪花的喜爱，又见相思之愁，家书中的"私情"更为真实而自然。

　　位于京城西郊的西山（今香山一带），是燕行琉球诗人作品中经常出现的景致。西山积雪，更是和太液秋风、卢沟晓月等并立为"燕京八景"，金元明清历代题咏者众。琉球诗人东国兴《望西山积雪》："寒风从北来，积雪西山冷。云端白溟濛，侵空送寒影。朝烟敛轻霏，远树合暮景。泠泠城堞遥，相映远峰静。因之思高人，踪迹在层岭。"诗中"侵""敛"等字锤炼皆精。西山既在云端，又有烟雾弥漫，寒冷而静谧。料有高人出入其间，更突出西山是一处高处不胜寒的清幽之地。

　　林世功亦有《西山积雪》，写道："天地气严凝，出门行人少。扑面朔风来，晴雪万家晓。霞飞碧落间，日出扶桑表。世界画图明，回头纵远眺。一山蓟门西，积素何缥缈。岭冻不流云，千里绝飞鸟。何当登山顶，一望卅六岛。"据笔者所考，此诗大致以王锡《冬晓登韬光禅院后山望晴雪》诗为基础，翻新改造而成。② 康熙间仁和布衣文人王锡，诗词俱佳，有《啸竹堂集》。王氏本人"名不出里巷"③，以至于乾隆时沈德潜往来浙西，历访诸人皆不知其名，最终偶得其诗。而早在康熙三十五年之际，王氏之诗得一流文人毛奇龄选刻，朱彝尊作序，姜宸英等人评点，被称许为"卓荦大雅""雅洁华瞻"④。沈德潜录王氏诗10首入《国朝诗别裁集》，而此望雪诗正居其一。林世功或由是集得赏该诗，进而拟作。值得一提的是，林诗并未止步于摘句和追摹，如尾联虽化自杜甫《望岳》诗，但"一望卅六岛"一句却出人意料，不落窠臼，将咏物与怀乡主题打通（琉球素称三十六岛），且在结构上与"日出扶桑表"前后呼应，这是王诗乃至杜诗中未及之处。

　　冬天室外的寒冷和静谧，给了诗人更多思考的时间。郑孝德《冬夜书怀》一诗写道：

---

① 孙衣言辑选：《琉球诗录》卷二，《琉球王国汉文文献集成》31 册，复旦大学出版社 2012 年版，第 191~192 页。
② 王锡原诗为："天地气严凝，出郭游人少。踏雪登山巅，凌虚纵远眺。万户炊烟迟，奇景湛清晓。竹折枝蒙密，松危势夭矫。足底多寒云，眼前绝飞鸟。风惊碧落间，日出扶桑表。千重越岫明，一带钱江小。百里纷皑皑，万象争皦皦。积素射晴霞，异光互回绕。目眩下高峰，冥蒙林壑杳。举首望精蓝，楼台俱缥缈。"见于王锡《啸竹堂集》卷四，康熙刻本。该诗另收入沈德潜《国朝诗别裁集》、徐世昌《晚晴簃诗汇》。
③ 沈德潜等编：《清诗别裁集》卷二十一，上海古籍出版社 2013 年版，第 850 页。
④ 毛奇龄：《啸竹堂集序》、朱彝尊：《啸竹堂集序》，王锡：《啸竹堂集》卷首，康熙刻本。

"寒冬冷月照书帷，夜半拥炉有所思。学步常忧中道废，潜修宁愿外人知。心从静后能忘我，文到神来自得师。倾覆须先防未满，悔尤每自小瑕滋。"① 与前述大量描写之作不同，此诗不事铺陈，而以叙事说理为主，明显偏入宋诗一路。乾隆初年，厉鹗等人推宋诗有年。郑孝德是乾隆二十五年入国子监就学的琉球官生，在此之际，诗宗盛唐的沈德潜辞职离京已逾十年，在京有翁方纲倡"肌理说"，在外有袁枚诸人别树旗帜，诗坛已成多极生态。郑孝德此诗与前述周新命《秋兴》诗均可见琉球诗人诗法多元、不拘一格的创作道路。

五、书写进路与艺术特质

康熙末年清廷派出的册封琉球副使徐葆光，五月出洋，因候风不至而在琉球度过冬天，越明年二月始回。据其《海舶集》载，琉球一年两熟，"冬夏常温仙岛泉，不须冰雪换新年"。"无花不是一年开"，《中山秋思》诗有"芙蓉醉里可知霜?"《岁暮咏怀》诗则写到"聒耳蚊雷已暮冬"②，深冬时节依然蚊声如雷。彼地气候及动植物习性可见一斑。

琉球本土，特别是琉球汉诗人长居的首里、久米两地，冬无严寒，甚至难以用四季来切割。中土潇湘八景、燕台八景、关中八景等自然文化景观，往往可兼顾朝暮、四时、山水、日月、雨雪等多重组合。而琉球八景则因气候原因少了一些元素。但这似乎并不妨碍汉诗作品中的四季想象，正如琉球、日本汉诗中皆有塞外、江南等本土所无的意象。

譬如雪景，蔡大鼎在没有燕行经历之前，于道光年间的诗集《漏刻楼集》中即有《漏刻漏四时景》诗，其中"雪埋秃树酿阴晴"的描写，可视为四时意象的组合。成于道咸之际的《钦思堂诗文集》中《甲寅腊月霰落》诗记有"今朝霰落如银米，点点争跳小院中"。《丙午春雪》有"林间却认梅花发，户外浑同月色明"。《乙卯春雪》记曰"缤纷白雪落春风，杨柳垂珠月色笼"。至光绪年间，滞留燕京时，亲见北国雪景，才对"六出"有了更深刻的体认。

穿梭于中土大地，往还于东海之间的琉球诗人，对四季轮回以及随季节变迁而增华却最终衰歇的草木，对"时过境迁"的人生、世事都有了更加深入的思考。"诗人的描绘季节运行中的光影声色，常常不只是季节风物的简单书写，更是自我心灵的投影与折射。"③对琉球诗人而言，四季变化触动心灵感应，外化成诗，而传世诗作成为我们反观其文化心灵的凭借。

由林世功《春日书怀》《夏日书怀》《秋日杂咏》《秋日杂感》《都门秋日》《都门雪中作》诸诗观之，皆有着对四季敏感的分期意识。此外，诗集中《园中雨霁》《池上有

---

① 黄润华、薛英编：《国家图书馆藏琉球资料汇编》（下），北京图书馆出版社 2000 年版，第 699 页。

② 徐葆光：《海舶集》，王菡编：《国家图书馆藏琉球资料三编》，北京图书馆出版社 2006 年版，第 263、241、271 页。

③ 张德明：《季节歌吟与生命感发》，《诗想的踪迹》，四川文艺出版社 2017 年版，第 103 页。

怀》《闻雁》《冬晓》四诗依次排比，虽未必尽以春秋命名，但其内容显然就四季分别叙写。春之回暖，鸟语花香；夏之炎热，观荷乘凉；秋之萧索，咏菊赏月；冬之严寒，凝冰飞雪。此等丰富的自然物象，为琉球诗人所捕捉，融入诗中。

四季的存在，丰富了物象；四季的变化，则提醒着岁月的消逝，常常勾起诗人的时光之叹。蔡肇功《岁旦》诗首句即言"日月如梭瞬息移"。见有新燕飞来，东国兴赋诗云"春分才到秋分去，何似人生别几年。檐外差池话旧因，离情一载又逢春"。郑学楷见北雁南飞，叹息曰："年光已近荣萸会，回首深牵旅容愁。"在家书中言"忽忽年华改，旅食经三秋"，亦在于友人的赠诗中云"年华如流矢，瞬息三秋移"。向克秀既言"久客独愁杨柳春"，又在《奉贡使》诗中写道："燕蓟一分袂，几历岁月更。瞬息春芳歇，萧疏秋风生。"林世功诗中言"忽忽光阴岁屡更"如果还是常人的感慨，《腊月八日即事》中"异地岁华流水逝"则显然突出了客居京华所觉的光阴流速。其在《岁晚作》中同样写道："百川东注海，岁月去如斯。蓬转经三载，梅开第几枝。"

久客异域，不能膝下承欢，尽享天伦，感叹时光飞逝的同时，往往思乡怀远，或借书信，引为慰藉。写于小年夜的《杂诗》中，郑学楷感慨"日月如流昼夜忙，天涯每苦小年长"。在辞旧迎新之际，东国兴《送岁》诗曰："日月无停景，宇宙寄行迹。百年人几何，东流水奔激。"喜得家书之时，林世功"辞家犹如昨，异地岁屡移。凉风吹木叶，万里雁南飞。飞雁去何速，游子尚未归。故园回首望，云烟接海湄"。并在与友人的书信中感叹"人世如浮萍，年来风尘走"。而翻山越岭的书信未必常得，因此又徒增烦恼。试由郑学楷《望家信书怀》诗一观：

> 此身犹浮萍，飘泊屡易迹。海南隔天门，三秋为远客。楼息太学傍，春风沾膏泽。独怀倚闾人，望云时叹息。十月吹朔风，纷纷卷沙石。积雪凝庭除，落月照坐席。游子思故乡，夜夜驰梦魄。千山落木多，音问骤难获。策马出城门，试问城南驿。忧心无已时，况此风雨夕。怅望悬心旌，对灯感凤昔。安得双鲤鱼，为我舒胸臆。①

琉球汉诗在表达上往往直抒胸臆，较少繁文铺陈。② 与林诗同样是感叹人生如浮萍，郑诗在开篇点题。当然，浮萍之感并非空无来由，后联所补充交代的三秋为客、怀念故乡即为愁绪的肇因。而这般愁绪，又恰在三月春雨、十月朔风的物华变迁中得到了进一步的催生、强化，甚至到了忧心不已、夜坐难眠的地步。对亲人魂牵梦绕，策马赴驿站问信，只为了得到一封能舒慰心灵的家书。同类主题的作品在我国古典诗歌中似乎并不罕见，但这种久客思亲的情绪，在琉球汉诗中具有相当的普遍性。而"飞蓬""浮萍"等琉球本土诗歌中少有的意象，在此类作品中则大量存在。以"三载客""天涯客"自谓，亦成了一大特色。

对季节变换的敏感，琉球汉诗人流露出对时光易逝的无奈，蕴生出久别故土、思念亲

① 徐幹辑选：《琉球诗录》卷二，《琉球王国汉文文献集成》31 册，复旦大学出版社 2012 年版，第 174~175 页。

② 吴留营：《清代琉球诗人的江南书写》，《江西社会科学》2017 年第 2 期，第 107~114 页。

友的情绪，继而以诗歌为载体抒发对漂泊生涯的感喟。这一书写进路，成就了琉球汉诗中饱含悲欢离合情感的重要篇章。诗歌字句间跳动的文化心灵，其实也反映了有清一代中国与琉球在封贡体系下文学共通的一种交流方式。有了这个特殊背景，才结出了如此丰硕且别具风情的成果。

（作者单位：复旦大学中文系）

记忆、创伤与疗愈[*]

——台湾文学中的灾害书写

□ 杨　森

【摘要】自古以来台湾灾害频繁，因此台湾文学中对于灾害的书写也有着较为源远的历史。此外每个历史阶段的灾害书写，都有着不同的意涵。明清时期的文人士大夫透过灾害写作，突显了当时台湾的蛮荒，并寄托了无法施展人生抱负的心境。日据时期杨逵等作家透过报告文学的方式，记载了地震灾害中殖民政府的无所作为，展现了天灾与人祸下殖民地当中广大人民的苦痛和无奈。当代台湾经历了 20 世纪末最严重的地震灾害，透过这场地震也让人们开始反思现代性一味追求的进步观。此次地震威力巨大导致大量死伤，这也对人们造成了精神创伤，因此作家试图透过文学对人们进行疗愈。并以复魅的方式重新召唤出了神话/宗教，以此抚慰人们的心灵创伤，这也是文学的重要功用之一。

【关键词】台湾文学；灾害；记忆；创伤；疗愈

一、前　　言

一直以来，中国文学都有书写灾害的传统，如《诗经·小雅》中《十月之交》描写的洪水、地震。道光十一年间，澎湖经历了惨重的风灾和旱灾，澎湖书生蔡廷兰上书了《请急赈歌》四首，时任福建省兴泉永道道员周凯则同样以诗歌的方式进行答复，创作了《抚恤六首答蔡生廷兰》。二人的诗歌带动了其他知识分子的创作，透过这些诗歌记录了当时灾情和赈灾的情形。包括后来明代的小说《三刻拍案惊奇》中描写的浙江海溢，清朝蒲松龄《聊斋志异》中《水灾》《牛癀》《柳秀才》《地震》《雹神》等篇目同样描述了种类繁多的灾害。以及近代臧克家的《难民》，韩秀峰的《无名的死尸》，田涛的《灾魂》；丁玲的《水》，匡卢的《水灾》，蒋牧良的《旱》《荒》，欧阳山的《崩决》，洪深的《五奎桥》《青龙潭》等。进入到当代，刘震云的《温故一九四二》，陈忠实的《白鹿

* 本文为 2019 年中国青少年研究会立项课题"同一修辞理论视域下加强台湾青年祖国认同"（2019B09）、2020 年佛山市社会科学共建课题"粤港澳大湾区视野下的佛山文学研究"（2020-GJ057）成果。

原》，路遥的《在困难的日子里》、阎连科的《年月日》《日光流年》《受活》，莫言的《红蝗》等，主要围绕水灾、饥荒、旱灾、瘟疫等角度，叙写了中华民族所面对的种种苦难。此外包括香港作家施叔青的"香港三部曲"，记载了殖民地时期香港发生的鼠疫，以及后来的李欧梵、也斯、陈冠中、沈祖尧透过文学的方式，记录了非典时期下的香港。然而目前学界较少探讨台湾文学中的灾害书写。台湾位于环太平洋地震带，作为地处副热带与热带的一座海岛，气候常年炎热潮湿，台风肆虐、蛮荒多瘴，地震频繁。作为灾害频发的地区，台湾在不同的历史时期都经历了林林总总的灾害。正如学者对灾害的定义："灾害是一个发生于特定时空的社会事件，对社会或该社会的某一自足（self-sufficient）区域造成严重损坏，招致人员及物质损失，以致社会结构瓦解，无法完成重要功能或工作。"① 灾难（disaster）一词的字源是由拉丁文 dis，蕴含了 against 翻译为反对、噩兆，并且与 astrum（指向的是 stars 星球的含义）组合而成，所以灾害又可以翻译为"星球违背常态不利于人"。这背后也包含了人类被一种具有噩兆的环境所包围，当中带有不祥与不安的含义。

台湾历史中对于灾害的记载由来已久，其中包括日本学者考证的由荷兰殖民者所记录的台湾地震："1624 年荷人占领台湾旋即开始建筑'海地'等城堡，最先感觉惊愕的是台湾附近地形之隆起与大量泥沙之地积及地表变形。"② 后来明清时期的赴台文人卢若腾、郁永河、孙元衡，记载了早期台湾蛮荒落后的一面。日据时期的林朝崧、傅锡祺、杨逵，书写了殖民地下台湾遭遇灾害时的种种惨状。记录了九二一大地震、八八水灾的作家向阳、简媜、林云阁、瓦历斯·诺干等，他们的文字展现了灾害对台湾人民造成的精神创伤，可以说台湾文学对于灾害的书写有着较为源远的历史。对此，本文将聚焦于不同历史时期发生的灾害对台湾社会所产生的深刻影响。关于文学中的灾害叙事主要包括以下几个层面："一、引发惊惧感受的叙事类型，配合死亡人数、灾难数来说明灾难的惨烈程度。二、疏离效果的叙事类型，以客观报告、究责等角度，提醒读者站在审视的立场。三、转化悲愤至反思的叙事类型，引导读者借此抒发自我情绪。四、行动式的叙事类型，提供读者思考后续如何因应的行动架构。"③ 本文也将透过以上四个层面，进而探讨台湾文学中的灾害书写，所具有的丰富内涵。

二、从明清到日据——灾害书写意涵的转变

明清时期的台湾"瘴疠"十分致命，甚至有许多人将台湾称为"瘴疠之地"，当时的科学医疗较为落后，一旦感染了瘴疠将会非常难以医治，身体虚弱者往往会暴毙而亡。当时台湾地处偏远人烟稀少，有着大片没有开发的原始森林，瘴疠则是在这些茂密的山林

---

① 臧国仁、蔡琰：《由灾难报导检讨新闻美学的"感性认识"：兼谈新闻研究向美学转向的几个想法》，《新闻学研究》2003 年第 4 期。

② 阿部胜征著，李毓昭、马国凤译：《大地震：地震真相与防灾》，台湾晨星出版社 2000 年版，第 9 页。

③ 齐伟先：《媒体灾难叙事的社会意义建构：日本福岛核灾的戏剧分析》，《思与言：人文与社会科学杂志》2013 年第 1 期。

间，由潮湿闷热气候所产生的一种毒气。卢若腾的诗歌《岛噫诗》写道："惊闻海东水土恶，征人疾疫十而九。"① 当中的"疾疫"指的正是瘴疠，同时正如学者指出，当时的赴台文人包括蒋师辙、胡传、史久龙等，都深受瘴疠的困扰。② 并且除了现实层面的疾病以外，瘴疠也成为一种隐喻，带有蛮荒、落后、死亡的意涵，指向的是当时这些被发配到台湾的文人知识分子，郁郁不得志无法实现人生抱负的心情。此外，地震同样是台湾极为常见的灾害。1661 年清朝官员黄叔璥记载："荷兰为郑成功所败，地大震。郑克塽灭，地亦震。"③ 此时地震除了作为一种自然灾害，还带有改朝换代历史巨变的象征，这也是明清时期灾害书写的重要特征。人们将无法解释的自然灾害，与现实生活和历史联系在一起，认为地震灾害是不祥的征兆。根据资料显示，从康熙十五年（1676 年）到光绪二十三年（1897 年），台湾有重大伤亡损失传出、有记载的地震超过百次。④ 施琼芳记载了 1851 年的嘉义大地震，其中的诗句："莫是媪神出，着鞭跑青牛。抑真地痛痒，搔按不能休。"以设问句的形式提出疑问，是否地神在用鞭子驱赶地牛，才造成这样的动荡，透过神话的形式解释地震的产生。"巨鹿壁垒摇，昆阳屋瓦震。晕眩凭簸掀，欲逃无孔进。"⑤ 并使用了历史典故"巨鹿之战"和"昆阳之战"，将地震与中国历史上的战争进行类比，展现了地震所带来的巨大伤亡。可以看到，清治时期的灾害书写，较多地使用了历史典故、神话传说的修辞手法。由于当时的科学技术落后，人类对于自然界充满了敬畏之心，认为自然灾害作为一种天命，是上天借此向人间传达某种讯息，人们感受到了大自然的力量和人类的渺小，因此也有种天意难违的宿命感。

随着 1895 年中日甲午战争，清朝的全面溃败，最终签订了《马关条约》，将台湾割让给了日本，台湾也不得不沦陷为日本殖民地，时间从 1895 年到 1945 年，跨度长达五十年。这期间台湾也经历许多不同的灾害，其中 1906 年发生在嘉义民雄的七级大地震较为严重，当时许多文人都以诗歌进行哀悼，例如林朝崧所写"屋坏二万间，瓦砾堆未扫。死者千余人，压扁髓出脑"，记录了当时嘉义地区的惨况。陈锡如的《澎湖荒年歌》同样写道："哀我澎湖民，僻处洋海滨。嗟我澎湖岛，地瘦又民贫。"相比于明清时期的灾害书写，将灾害与神话或是不祥之兆挂钩，日据时期作家的灾害书写更多是以纪实的笔法，从而展现了殖民地下台湾民众的悲苦命运。尤其是 1935 年发生的大地震，更是激发了许多作家透过文学重现了当时的惨况。傅锡祺以长诗的形式，透过纪实的笔法展现了灾害情形："重伤轻伤一万二千人，万死一生说到当时犹战栗。更有三千二百五十余，横被鬼箓勾一笔。哭夫哭妻哭亲子，声声酸鼻痛入耳。"造成如此惨痛的死伤，一方面与地震威力巨大有着密切关系，然而另一方面则源于当时日本殖民政府疏于对台湾的管治。只是将台湾视为资源的掠夺地，完全无视台湾普通民众的生死存亡。萨依德曾清晰地讨论过帝国主义的本质："遥想、定居、控制你不会拥有'遥远而且为他人居住和拥有的土地上'。"⑥

① 施懿琳等编：《全台诗》第一册，台湾文学馆，2004 年，第 13 页。
② 郑丽霞：《清代台湾游记研究》，福建师范大学博士学位论文，2016 年。
③ 黄叔璥：《台海使槎录·赤嵌笔谈·记异》，台湾省文献委员会，1996 年，第 78 页。
④ 台湾地震数据查询网站：http：//gis.geo.ncu.edu.tw/gis/eq/eqtwqry.htm。
⑤ 施琼芳：《石兰山馆遗稿》，台湾龙文出版社 2002 年版，第 267 页。
⑥ ［美］萨义德：《东方学》，王宇根译，生活·读书·新知三联书店 1999 年版，第 65 页。

这也正是台湾所遭受的境况，此时日本并未真心实意地要治理台湾，而是将台湾作为原材料的进口地，以国家强权的方式强占农地，兴建了大量的蔗糖厂，被侵占了土地的农民非常有意见，形成了官民对立的尖锐局面。因此当后来发生了大地震时，日本殖民政府的救援都显得相当迟缓，并没有真的打算以国家力量解救身处水深火热的灾民。对此杨逵的灾害书写则更具有批判性，分别以日文书写了《台湾地震灾区勘察慰问记》和《逐渐被遗忘的灾区——台湾地震灾区劫后情况》两篇报告文学。尤其是《台湾地震灾区勘察慰问记》作为台湾报告文学的开山之作，杨逵以报告者的视角深入观察了日据时期 1935 年发生在新竹、台中的大地震灾情。透过亲自前往灾区的观察，杨逵写道："虽说地震造成的严重灾害是无法防范的，但如果国家力量真正代表国民大众，加以整顿，所有的建筑都依照专家充分考虑过耐震结构才建造的话，即使蒙受同样的灾害，理应不致如此惨重。现今台湾农村的许多房子都属于危屋，不过因为生活困顿，应该改建也没钱改建，临时以棍柱顶撑，必须修缮的也无力补修，任其放置。我必须说住在这样的破屋中，碰上这种地震，不发生灾难才匪夷所思。"① 杨逵详实地记载了生活在殖民地下台湾百姓的苦难，杨逵后文还记载了像村公所和张信义这些由政府兴建的公馆就没有倒塌，这也正是最好的说明。尽管地震作为天灾，但是造成这样惨重的死伤却完全是人祸所造成，日本对台湾的殖民完全是出于资源的掠夺，因此对台湾人民并未真正关心，这也正是台湾作为殖民地的悲痛与无奈之处。

杨逵更是极力地痛斥了日本殖民政府救灾的无心和无能，在《逐渐被遗忘的灾区——台湾地震灾区劫后情况》中，作者将视角主要放在灾后重建工作之中，然而却发现政府部门以职权私吞救灾物资的情况。并且由于殖民地政府对救灾的懈怠，赈灾过程中出现了种种问题。"丰原公所带来的慰问队虽然送来饭团，但在马路上转瞬即过，有的因为重伤没法去拿，有的根本就不知道，抱着肚子喊饿。有一个八岁大的孩子分到两个饭团，高兴得直跳，问他这么高兴吗？他就发着呆，问他父母是否平安？他才哇的哭了起来。我不知道该如何形容自己的心情。"② 杨逵记载了由于官员敷衍了事的态度，导致许多灾民根本不能及时得到救援物质，以及面对丧失双亲的幼童五味杂陈的心情。"大概因为地处偏僻吧，来帮忙挖掘尸体的人一个也见不到。我们乡公所派来的配给员恳求公所多给一些米粮，配给员说：'主管人员说这样就够了，有稀饭吃该够了。'不理会我们。"③进一步揭露了官员在赈灾时的傲慢，对于灾民并没有同情之心，不顾底层民众的生死。面对政府缓慢而低效的救灾机制，灾民们只能采用相互自救的方式，杨逵也书写了在困难时期底层民众之间互帮互助的美好情谊。"大甲一位身住破屋，七十岁以上的老太婆拄着拐杖，将现金两圆连同钱包捐给募捐班。募捐班的人员担心探问：'这样没问题吗？'她火冒三丈：'再嘀嘀咕咕，我拿这拐杖打你喔！'"④ 同时透过近距离观察这次地震灾情，再一次让杨逵对社会阶级有了更深入的思考。杨逵发现，在苦难中身处富裕的上层社会从未真正地关心过下层民众，真正关心的还是相互间的底层民众，正如杨逵写道："通过这

① 杨逵：《杨逵全集》第 9 卷诗文卷（上），台湾文化资产保存中心，2001 年，第 204 页。
② 杨逵：《杨逵全集》第 9 卷诗文卷（上），台湾文化资产保存中心，2001 年，第 204 页。
③ 杨逵：《杨逵全集》第 9 卷诗文卷（上），台湾文化资产保存中心，2001 年，第 204 页。
④ 杨逵：《杨逵全集》第 9 卷诗文卷（上），台湾文化资产保存中心，2001 年，第 204 页。

次经验，让我确信穷人才会真正关心穷人，有钱人之间，除了具有社会意识的少数人之外，几乎都是极端自私自利之徒。拿出多少的义捐，就想获取某种效用，真正关心灾民处境的人少之又少。"① 从中能看到，透过此次地震灾情观看到的种种，也进一步地深化了杨逵的社会主义阶级意识。杨逵终生都信奉马克思理念，直到晚年仍自称为"人道的社会主义者"②。

正是杨逵以一种纪实笔调的写法，以报告文学的方式进行书写，才让人们看到了灾情中真实的一面。当时的殖民政府为了掩盖救灾的不力，不断透过宣传试图向人们宣扬虚假的消息。地震过了已经三天，日本政府才从皇室经费中下拨了 10 万日元的款项，对当时的情况而言可谓杯水车薪，可是殖民地政府却大肆宣传这是"御下赐金"，将其称为"天皇的赠礼"。更为荒诞的是，在救灾的紧要关头却将灾民们聚集到广场，举行崇高的"领受"仪式，向人们灌输这是天皇伟大的恩惠。并且要求灾民领到款项之后不能随便使用，必须购买日本国旗或是纪念品。并透过神话的方式，塑造了一个台湾学生詹德坤在面对地震灾害，临死前仍然歌唱日本国歌君之代，将其称为"君之代少年"③，将这个所谓的"皇民模范"故事传播到了马来西亚、新加坡等地。正因如此，才更加突显了杨逵开创的台湾报告文学的重要功用，杨逵深入现场以客观的灾害书写，如实地反映了当时的真实情景。正如杨逵对报告文学所下的定义："报告文学顾名思义，是笔者以报告的方式，就其周边、其村镇，或当地所发生的事情所写下来的文学。"④ 报告文学接近于以新闻报告的方式，真切地展示了一个时代，尤其是当出现了大灾害，这些深刻影响社会走向的大事件发生时，具有纪实性的报告文学就显得尤为珍贵。因此真实性成为报告文学的核心与关键，这与殖民地政府的虚假宣传形成了鲜明的对比。杨逵一再强调写实对于报告文学的重要性："写实是报告文学的生命，报告文学具有以下几个特点：第一，极为重视读者（阅读报告的人）。第二，以事实的报告为基础。第三，笔者对应该报告的事实，必须热心以主观的见解向人传达。为求尽善尽美，报告文学虽然允许对事实做适度的处理与取舍，但决不允许凭空虚构。"⑤ 可以看到，杨逵对于真实在报告文学中的作用极其看重，这样一种写实主义技法也贯穿了杨逵一生的创作之中。包括《模范村》《水牛》《送报夫》等，杨逵都以纪实的笔法展现了殖民地下台湾人民的苦难，正如胡风对杨逵作品的评价："台湾自一八九五年割让以后，千百万的土人和中国居民，便呻吟在日本帝国主义铁蹄之下。然而那呻吟痛苦的奴隶生活究竟到什么程度？却没有人有深刻地描写过。这一篇是去年日本《文学评论》征文当选的作品，是台湾底中国人民被日本帝国主义统治了四十年以后，第一次用文艺作品底形式将自己的生活报告给世界的呼声。"⑥

因此杨逵笔下的地震灾害也可视为一种隐喻，代表了台湾人民在日本殖民地政府下的苦痛和无奈。包括杨逵本人同样如此，这两篇报告文学原文都由日文所写，并刊载在日本

① 杨逵：《杨逵全集》第 9 卷诗文卷（上），台湾文化资产保存中心，2001 年，第 204 页。
② 杨逵：《杨逵全集》资料卷，台湾文化资产保存中心，2001 年版，第 271 页。
③ 杨选华：《日据台湾时期"皇民化运动"之嬗变研究（1895—1945）》，福建师范大学硕士学位论文，2005 年。
④ 杨逵：《杨逵全集》资料卷，台湾文化资产保存中心，2001 年，第 503 页。
⑤ 杨逵：《杨逵全集》资料卷，台湾文化资产保存中心，2001 年，第 503 页。
⑥ 张禹：《杨逵·〈送报侠〉·胡风——一些资料和说明》，《新文学史料》1987 年第 4 期。

媒体上①。这也是源于日本政府当时开展的"皇民化"运动，大力推行"国语"政策，包括杨逵创刊的《台湾新文学》杂志，当中的"汉文创作特辑"都被查禁。这也逼迫了杨逵等台湾作家不得不以日文进行创作，一个作家连祖国的语言文字都无法使用，这也深刻展现了殖民地下台湾人的身不由己。正如马尔克斯的作品《霍乱时期的爱情》，这场霍乱灾害也成为一个时代象征。作品大量描写了霍乱发生时的悲惨境况，而这样的惨况发生地和台湾相似，主要出现在底层民众的聚集区之中，也就是当地的黑人群体。这些黑人和台湾人情况相似，在殖民者的压榨下，都身处社会的底端。书中描写了西方殖民者对殖民地的掠夺，现代资本对当地资源无止境地抢夺，这样一种人工灾害带来的伤害不亚于自然灾害。《霍乱时期的爱情》中乌尔比诺的家乡原本是一座优美的城市，可是当西方殖民者降临以后，这座城市最终变成了一座废墟，这也是拉美地区遭受殖民带来的恶果。马尔克斯透过文学将西方殖民者隐喻为霍乱，也包含了作者对于殖民/现代性的批判。此外，加缪的《鼠疫》同样如此，鼠疫不仅仅是一种致命的疾病，同时隐喻了法西斯德国对法国的殖民，在法西斯的强权之下，人们不得不面对死亡与饥荒。以及卡雷尔·恰佩克的《白瘟疫》（1937年），瘟疫同样出现在一个即将被法西斯掌权的国家中。包括施叔青的"香港三部曲"中同样如此，鼠疫爆发于殖民地下的香港，并且主要是华人聚集区。这是由于受到殖民者压榨，华人的生活条件极其艰苦和不卫生，尽管当时瘟疫极其严重，可是英国殖民政府并没有认真管治，使得最后出现了大量的死亡。并且最为讽刺的是，最后瘟疫的解决还是靠的英国人，殖民地下的华人丧失了自我主体性，连自我拯救的能力也被剥夺了。此时这些灾害都带有殖民的意涵，杨逵正是透过书写这场地震，同样隐喻了日本对台湾的殖民，面对灾害台湾民众并没有太多自主权，所能仰赖的依然是殖民政府，背后蕴含了对于台湾作为殖民地的无限同情。正如杨逵阐述自己的文学观："我生长在日本的异族统治下，我成人以后从事的无论是实际行动的文化运动、农民运动或工人运动，以至后来的文学创作，无不是跟我整个反侵略、反帝国殖民政策、反阶级压迫的根深蒂固的思想有关，直到今天，我的文学观依然如此。"② 这样的反帝反殖民的文学理念，也贯穿了杨逵的一生，这也正是杨逵进行灾害书写的重要原因。

相比于清治时期的灾害书写，以杨逵为代表的日据时期台湾作家，对于灾害书写的写实性大大增加，并且笔触更加锋利尖锐，批判的对象直指日本殖民政府，展现了灾害文学的记忆性和反思性。同时这源于人生信念的逐步清晰，正如杨逵所说："资本主义崩溃的时代已经到了，取而代之的将是马克思主义，马克思主义将是未来世界的'新希望'。"③这样一种左翼文学思潮，一直存在于台湾文坛之中，从早期的杨逵、赖和、许寿裳，到后来的陈映真、吕正惠等人，都秉持了这样一种文学创作理念。同时正如黎湘萍评价杨逵的殖民地创作："中国近现代史上，具有最鲜明的、自觉的'殖民地意识'的首推台湾作家。从文学的角度看，'殖民地意识'非常直接地影响到作家的文学创作与批评理念。有

———————————————

① 此外，杨逵仍时常以作者的身份写作具有反抗色彩的文章刊载于日本媒体上，通过批判殖民当局的教育、语言、土地等政策，希望以此让日本读者了解台湾的真实情况，从而唤起日本民众对殖民地台湾的同情。

② 杨逵：《台湾新文学的精神所在谈我的一些经验和看法》，《文季》1983年第4期。

③ 杨逵：《杨逵全集》资料卷，台湾文化资产保存中心，2001年，第61页。

自觉的'殖民地意识'和没有'殖民地意识'两者之间所产生的文学形态有明显的差异，这个差异正是以赖和、杨逵为代表的'抵抗'的文学和殖民主义者'皇民文学'之间的差异。"①

三、灾害创伤与文学疗愈

进入当代，台湾则经历了 20 世纪末最严重的一次地震灾害，发生在 1999 年 9 月 21 日的"九二一大地震"，这次地震造成台湾两千多人死亡，一万多人受伤。这次地震灾害对台湾社会造成了深远的影响，这也使得当时沉醉于现代资本高速增长喜悦中的人们，开始对自身所处的周遭进行了重新的反思。透过这次地震，让人们清醒地看到人类文明的脆弱性，并将当时积压了许久的种种社会问题暴露了出来。人们这时才发现早已习以为常的生命状态并不牢靠，也许哪一天就彻底被击垮了，因此这次地震不只是物理意义上的地壳运动，更是一次震撼人心的大震动。对此，许多台湾作家都书写了这场灾害，包括简桢的散文；向阳、杨牧、林云阁的诗歌；杨树清、吴子钰、瓦历斯·诺干的纪实报告文学等。乃至地震十周年、二十周年纪念日时，仍然有许多作家透过文学写作在重新回望与反思那场地震灾害。这也形成了一种"震灾文学"："重大灾害地震，使人类生命与财产、生理与心理、社会与自然环境都遭到同程度的影响。对于整体社会而言，在一瞬间突然出现了上千名死者上万灾民，动摇了社会的所有领域。面对这突发的灾难，兴起一股以叙述震灾中人们体验、抒情、报告或反省为主的文学。"② 包括大陆方面反映 1976 年唐山大地震的有钱钢《唐山大地》、刘晓滨《唐山！唐山！》、张庆洲《唐山警世录》、李润不《四天四夜——唐山大地震之九死一生》。以及展现 2008 年汶川地震的有歌兑《坼裂》、骆平《隔绝》、虞慧瞳《全中国都下雨》、梁佐政《映秀湾》等。面对地震灾害，海峡两岸的作家都不约而同地选择了用文学进行记录与反思。

简桢的《秋殇》延续了杨逵等台湾左翼文人的传统，透过文学书写对当时的政府进行了批判。简桢对于那些遭受了灾害死亡的普通民众抱持着深刻的同情，"他们只是大地上憨厚傻气的人民，信任政府、信仰天，以为用选票选出来的应该都是清官贤吏；以为平生不做亏心事，应得佛祖菩萨保佑。为什么断垣残壁不压贪官、污吏？为什么钢筋铁条不困土豪、劣绅？为什么哀哀欲绝的总是手无寸铁的布衣平民而不是高高在上的、不问民间疾苦、不管他人死活的败类呢？"③ 当时的台湾由于此前已经四十多年没有发生地震，因此人们普遍缺乏灾害的忧患意识。并且政府和房屋建造商狼狈为奸，建造房子时为了追求利润偷工减料，并没有建造足够抗震的房屋。正如报告文学家杨树清通过实地调查采访发现："钢筋用太细，施工时地基即已一度塌陷、水溢而出。挑高结构体不稳，传言建商原始以七层建筑申请，最后又变更为现有的十一层核准通过。"④ 此外，由于当时政府救援

---

① 黎湘萍：《"杨逵问题"：殖民地意识及其起源》，《华文文学》2004 年第 5 期。

② 郑世楠、叶永田：《地震灾害对台湾社会文化的冲击》，收录于《灾难与重建——九二一震灾与社会文化重建论文集》，台湾"中央研究院"台湾史研究所筹备处，2004 年，第 143 页。

③ 简桢：《水问》，九洲图书出版社 2000 年版，第 56 页。

④ 向阳主编：《报导文学读本》，台湾二鱼文化，2012 年，第 199 页。

队的设备技术落后，也严重影响了救援工作的开展，救援的迟缓和不力也让民众怨声载道，这场地震灾害一下将仍然沉醉在资本高速增长美梦的台湾民众震醒。九十年代的台湾属于亚洲四小龙之一，经济得到了快速的发展，当时甚至有"台湾钱淹脚目"的说法，意思是由于经济发达，钱堆积在地上都可以盖过脚踝。因此全民都陷入了资本浪潮的美梦之中，然而这场地震灾害所暴露出台湾社会的种种问题，让人们看到了所谓的经济奇迹背后是内在的脆弱和不堪一击。同时这场地震也成为一个时代预言，2000 年的台湾政坛也经历了大震荡，国民党首次失去了执政党地位。

并且透过这次地震灾害，也让人们开始对现代性所一味追求的"进步""发展"观念重新进行反思。这场灾害中最让人触目惊心的人文景观，正是那些直插天际的高楼大厦崩塌。如诗人所写"一夕之间，层层帛裂。你埋上层，我埋下层，何其阴暗的深渊。距离，生的近伤，死的远别。"① 这些高高耸立的摩天大楼在平日代表着现代科技文明，原本与中国建筑美学并不相容，并且也并不适合于处在地震带的台湾，可是过往人们迷信于现代性所带来的高速发展，因此一座城市的繁华程度，常常是用高楼大厦的多少来进行界定。正如李欧梵指出："中文里的'摩天大楼'字面意思就是通向天空的神奇大楼，作为工业资本主义兴起的一个可见标志。"② 然而在这场地震中，这些包裹着钢筋水泥的庞然大物纷纷倒塌，这也让人们意识到看似强大的现代科技文明，面对大自然的威力同样不堪一击。并且也让人们开始警醒，当我们不断沉迷于现代科技的高速发展，认为现代科技可以解决一切问题，以一种线性进化观不断高速狂飙之时，借由这场地震灾害自然界也在迫使人类放缓脚步，重新对自我进行思考。正如本雅明对一味的讲求进化观念提出的质疑："没有一座文明的丰碑，不同时也是一份野蛮暴力的实证。在历史进步、文化繁荣的天方夜谭中，人们忘记了进步对物性自然和肉体自然的残害和暴虐。"③ 当人们过度沉迷于现代发展观念，违背了大自然规律时，必然也会遭受到大自然的报复。包括当时各地的地铁等公共交通纷纷停运，这些交通工具作为现代性的象征，代表了一种都市的日常秩序。当这些日常规律被打破时，也隐喻了灾害对现代生活造成的影响，改变了人们的日常模式。如同人类学者阿波所写的作品《日常的中断：人类学家眼中的灾后报告书》，书名"日常的中断"指的正是灾害事件会将人们习以为常的生活节奏打乱，时间突然在某一刻中断停止了。正如九二一地震或是汶川、唐山大地震后，人们所收藏展出的由于地震震坏而停止在地震发生那一刻的钟表，人们也进入了一种时间裂缝（time-gap）之中："时间裂缝在我们对于时间流逝的意识中产生了迷一样的空白。这种时间错觉同样应被视为一种可扰因素，它使得我们难以把握当下"④，这对于早已被"线性时间观"所内化的现代人而言，带来了不小的冲击和考验。

然而此时也出现了一个吊诡的情形，对于习惯了启蒙、理性的现代人而言，除魅

① 林云阁主编：《世纪震痛》，台湾台中县政府，1999 年，第 114 页。

② 李欧梵：《上海摩登——一种新都市文化在中国（1930—1945）》，毛尖译，浙江大学出版社 2017 年版，第 18 页。

③ ［德］本雅明：《启迪：本雅明文选》，王斑译，生活·读书·新知三联书店 2012 年版，第 79 页。

④ 李道新：《"后九七"香港电影的时间体验与历史观念》，《当代电影》2007 年第 3 期。

（disenchantment）是一种本能冲动，因此人们在讨论九二一大地震时，仍然时常会陷入简化的思维，人们将灾害的原因仅仅视为是技术的落后，最好的办法就是发展出更好的技术，依旧将科学、理性当做解决灾害的唯一办法。可是当人们见识到了大自然的威力，地震灾害所带来的震惊和创伤都是现代科技所无法解决的，这也让人们陷入了巨大的彷徨和困顿之中。阮秀莉指出，尽管倒塌的摩天大楼隐喻文明的崩坏，可是这样一种运行多年的现代文明并不会马上退场："大楼主结构破坏等于已经死亡，但是外表仍然庞然的占扩一方，或是站立或是横躺。我们看到文明顽固不化的一面，这些最强有力的文明作品，也有着最僵硬的内在固结，形成最大的障碍。文明的原则在自我的体系内运作的时候，通行无阻，但是一旦这个体系运作出了问题，内在的症结就给暴露出来了，越大的建构一旦崩溃，后果越严重。"① 现代文明转瞬之间的分崩离析，也让人们对自我和身处的环境，产生了深刻的怀疑，正如林云阁的诗歌《文明的崩裂》写道："崩裂，从山地的崩裂，到都市的崩裂，怎会出现如许重重的裂痕？大地的崩裂，是否也象征一个文明的崩裂？"② 可以看到在这场大地震之后，这种裂缝无处不在，不只是地貌的崩裂，还是文明的崩裂，也是信仰、道德的崩裂，更有可能是人心的崩裂，这也成为 20 世纪末人类心灵图景的写照。

因此九二一大地震也成为群体性的精神创伤，不管是直接还是间接经历了这场灾害的人。正如许多新闻报道在叙述九二一大地震时，时常会采用的话语："一九九九年九月二十一日凌晨一点四十七分十二秒，熟睡中的台湾岛屿突然陷入一阵剧烈的摇撼晃动中，仿佛天崩地裂。"③ 前半段采用了极为精确的时间概念，不过也再一次突显了科技的无力，看似发达的科技尽管事后可以如此精准地播报地震讯息，却依然无法在事前做出预判。同时正如本雅明指出，震惊防卫（shock defense）的精神机制运行方式，就是在意识中将突发事件标示出明确时间。这段话也形成了一组矛盾话语，前半段是精确到秒的论述，后半段则用了"仿佛"的模糊修辞，这样一种撕裂的语言正是人们面对地震突如其来时的震惊创伤体验。因此包括这时期的对地震的书写也充满了血淋淋的身体意象，当中充满了死亡与悲痛："偏偏我的手已断，偏偏你的脚折压在门坎。山石把你滑落，林木把我横倒，那么一瞬的震裂。"④ "天地撕裂，大楼骨肉分离。挖掘机把我们的过去，把我们的梦，我们的心肝脾肺肾，全部挖掉掏空，而让瓦砾堆积成台湾的形状。"⑤ 创伤（trauma）一词源自希腊文，原意指身体的伤口，后来在医学及精神病理学的文献上，尤其是弗洛伊德的精神分析学中，主要指的是心灵的创伤。"以创伤指称心灵经验，精神分析学上指刺激能量的过度汇流，超过精神装置的容忍度，使精神装置无法卸除（discharge）刺激，无法依循恒常原则（principle of constancy）调除刺激，精神层面产生穿透破坏，导致精神能量运作上持久紊乱，在精神组织中引起持久的致病效应。"⑥ 可以看到，九二一大地震不只

① 阮秀莉：《大地的变貌·自然的铭刻：论述九二一集集大地震景观》，《中外文学》2002 年第 9 期。

② 林云阁主编：《世纪震痛》，台湾台中县政府，1999 年，第 220 页。

③ 研考会主编：《台湾生命力的再生：九二一大地震记实》，台湾晨星出版社 2000 年版，第 96 页。

④ 林云阁主编：《世纪震痛》，台湾台中县政府，1999 年，第 253 页。

⑤ 渡也：《渡也集——台湾诗人选集》，台湾台湾文学馆，2010 年，第 87 页。

⑥ 张小虹：《看·不见九二一：灾难、创伤与视觉消费》，《中外文学》2002 年第 8 期。

是造成个人的创伤，同时也形成了一种群体性的精神创伤，这也是一个社会发生灾害事件时经常会出现的情形。

群体创伤对于整个社会有着深远的影响，面对这种情形人们也在试图进行疗愈，因此文学的疗愈功能此时显得尤为重要。余丰指出："文学对于个体心理的治疗可以达到放松、疏导转移（移情）、排遣、镇静、消解、娱乐等作用，进而促使人体在生理机能上得以收益。"① 这时期许多作家在进行灾害书写的同时，也在试图透过写作抚慰人心。包括诗人向阳为了悼念九二一大地震，所写的诗作"震殇三部曲"，这三首诗歌也代表了多数人的心境变换。地震次日所作的《黑暗沉落下来》仍然延续了纪实风格，"黑暗，乱石堆叠，沉落下来"②。透过黑暗、乱石等意象展现了地震所带来的伤害，此时死亡仍然是诗人所着重展现的。然而在经历了最初的震惊和绝望以后，人们也在废墟中重新寻找生的希望。后面两首《迎接》与《春回凤凰山》，则勾勒生命的新天地："如今终已停息，震后四个月，寒流躲回北方，太阳重又升起。我看到新绿，跳于回乡的路上。"③ 透过太阳、新绿的意象，则让人们重新寻找生命的勇气，向阳的诗歌经历了从死亡到新生的转变历程。包括杨牧的诗歌同样如此，早期所写的《在断层上与你相拥——祭九二一台湾世纪末大地震》："我在黑暗中摆向死亡的震幅里，以逆流的泪水重整我的五脏六腑。"④ 此时沉浸在悲伤情绪之中的诗人，因此语言仍然是相对沉重的。随后所作的《地震后八十一日在东势》，此时则试图跳脱初期的恐怖、悲痛氛围，以一种异常平静的话语，如同安魂曲一般在安抚死者："不要打扰舞者：让她们像白鹭鸶那样掩翅休息。"⑤ 全诗采用四节形式，每节七句，每节最后两句都以舞者的姿势意象为结尾。诗人使用了重复的修辞，产生了一种生命无穷无尽的含义，这也是杨牧常用的诗歌美学手法。白鹭鸶的掩翅休息，也象征了灾害中盖着白布的尸体，不要打扰舞者，隐喻的是让人们不要再去打扰那些长眠不起的逝者。杨牧透过一场舞蹈的方式，去祭奠在灾害中不幸离世的人们，同时也是在抚慰仍然在世的人们，以一场美丽而平静的舞蹈承载了人们不可言说的悲痛。正如鲁迅所说："感情正烈的时候，反而不宜作诗，否则锋芒太露，能把诗美杀掉。" 相较之下，杨牧、向阳在平复了心情之后所作的诗，水平要高于初期沉浸于悲伤情绪之中的作品。

复魅（re-enchantment）也成为这时期创作的重要特征，作家在写作中融入了大量的神话/宗教意涵。科学理性曾经将人们从宗教的压抑中解放出来，可是随着科技的高度发展，人类被科技工具化/异化却也愈发严重。可以看到，包括向阳诗歌中的凤凰意象，指向的正是凤凰涅槃浴火重生的神话故事。以及杨牧诗歌中的白鹭鸶，在中国古代神话中同样象征了长寿、幸福的寓意。此外包括宋泽莱的《血色蝙蝠降临的城市》，以寓言的方式书写了血蝙蝠出现以后，整座城市陷入了淹水、地震、大火等种种天灾之中，笼罩在一种世界末日的情景之中。"地面突然山摇地动起来，车站的楼顶哗哗地崩落了水泥和屋瓦的

---

① 余丰：《文学与治疗》，社会科学出版社 1999 年版，第 150 页。
② 向阳主编：《2003 台湾诗选》，台湾二鱼文化有限公司，2004 年，第 15 页。
③ 向阳主编：《2003 台湾诗选》，台湾二鱼文化有限公司，2004 年，第 17 页。
④ 杨牧：《杨牧诗集》，台湾洪范书店，2010 年，第 76 页。
⑤ 杨牧：《杨牧诗集》，台湾洪范书店，2010 年，第 89 页。

碎片，蝙蝠们都飞起来了，随着一阵天崩地裂的声音自地面发出。"① 当书中的人们行之将死的时候，正是一个"白袍人"将其救治过来，而这个白袍人指向的正是宗教中的圣灵。小说中遭受了灾害创伤的人们，依靠宗教与神话力量而被拯救。② 面对突如其来且十分迅猛，超出日常生活体验的灾害，神话/宗教作为一种抚慰人心的力量，可以让人们回到由神话所构建的精神家园之中，从而找到确定的存在意义。这与人类对家园的追寻有着密切的关联，人们只有找到一种"在家"感，才能安置漂泊无根的生命。此时的神话家园诚如海德格尔所说："家园意指这样一个空间，它赋予人一个处所，人唯在其中才能有'在家'之感，因而才能在其命运的本己要素中存在……故乡本身临近而居。它是切近于源头和本源的原位，返乡就是返回到本源近旁。"③ 因此作家以复魅的方式透过一种灾害中的神话/宗教书写，正是试图以文学的方式疗愈现代人所面临的种种创伤。

四、结　语

本文主要探讨了从明清到日据，再到当代台湾以来的灾害书写。可以看到，明清时期文人对台湾灾害的写作，展现了台湾当时作为蛮荒之地的景象，以此寄托了文人士大夫无法实现人生抱负的悲凉心境。并且受限于当时的科技水平，人们只能以神话的方式去解释这些神秘的自然现象，将灾害视为不祥的征兆。这与初期台湾少数民族中的动物、巨人、神灵恶魔等地震神话相通，这也是人类潜意识中的"原型恐惧"。进入到日据时期的灾害书写，此时则更偏向于现实主义笔法，作家详实地记载了地震灾害对人们生产生活所造成的巨大伤害。尤其是杨逵开创的报告文学，真实地记录了日本殖民政府赈灾的无力与怠慢，进一步造成了灾民的惨况，从而戳破了殖民政府的谎言。同时地震灾害也成为一个隐喻，包括加缪《鼠疫》、恰佩克《白瘟疫》、马尔克斯《霍乱时期的爱情》中的瘟疫灾害象征了法西斯暴虐，杨逵透过书写地震灾害，以此展现了日本殖民下台湾广大民众的无奈与悲痛。同时也成为一种历史见证，这也正是灾害文学的重要功用之一，使得健忘的人类可以记住这段惨痛的灾害记忆。

进入当代，台湾再次经历了 20 世纪末最严重的地震灾害，此时作家延续了杨逵的左翼文学传统，以报告文学的方式批判了当时政府赈灾过程中的种种问题。同时透过这次地震，也将看似强大的现代性文明一下击垮，让迷失在经济高速增长喜悦的人们开始进行自我反思。与此同时，地震所带来的时间裂缝与巨大死伤，也对人们造成了心灵创伤。作家也在试图透过写作对人们进行疗愈，此时也经历了从除魅到复魅的过程。作家重新将神话/宗教召唤出来，以此进行书写，从而对人们的灵魂进行疗愈。正如生态作家王家祥所说："每当我对现实的台湾社会感到苦闷且窒息时，每当我独自游晃梭巡于海岸线仅剩的沼泽荒野时，常常不由自主地循着古文献回到诸神浮现的古台湾。那时代，猎人全心信仰的天地诸神仍然眷顾着这片土地，诸神会饮所剩的琼浆玉汁自高山流下成为白水溪，白浊

---

① 宋泽莱：《血色蝙蝠降临的城市》，台湾草根出版事业有限公司 1996 年版，第 2 页。

② 这时期台湾的新乡土文学中，神话鬼怪书写也成为重要一环。包括黄春明《青番公故事》《天灯·母亲》《鬼姑娘》；袁哲生《时计鬼》；李昂《看得见的鬼》等。

③ 海德格尔：《荷尔德林诗的阐释》，孙周兴译，商务印书馆 2002 年版，第 15 页。

的溪水在流入急水溪汇聚为倒风内海。"① 作家正是透过对古代神话的追寻，以此恢复被殖民历史、西方现代化所不断损害的台湾，只有这样才能重新回到海德格尔所说的"天、地、人、神"的和谐安居状态之中。

（作者单位：广东财经大学人文与传播学院）

---

① 王家祥：《倒风内海》，台湾玉山出版社 1997 年版，第 2 页。